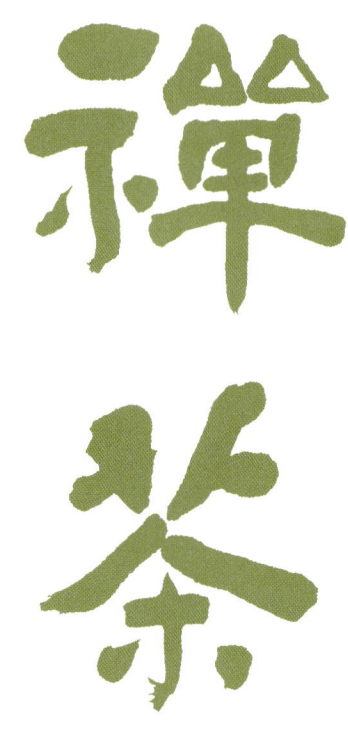

최석환 지음

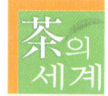

"천년간 이어져 간 한국 선차의 맥"

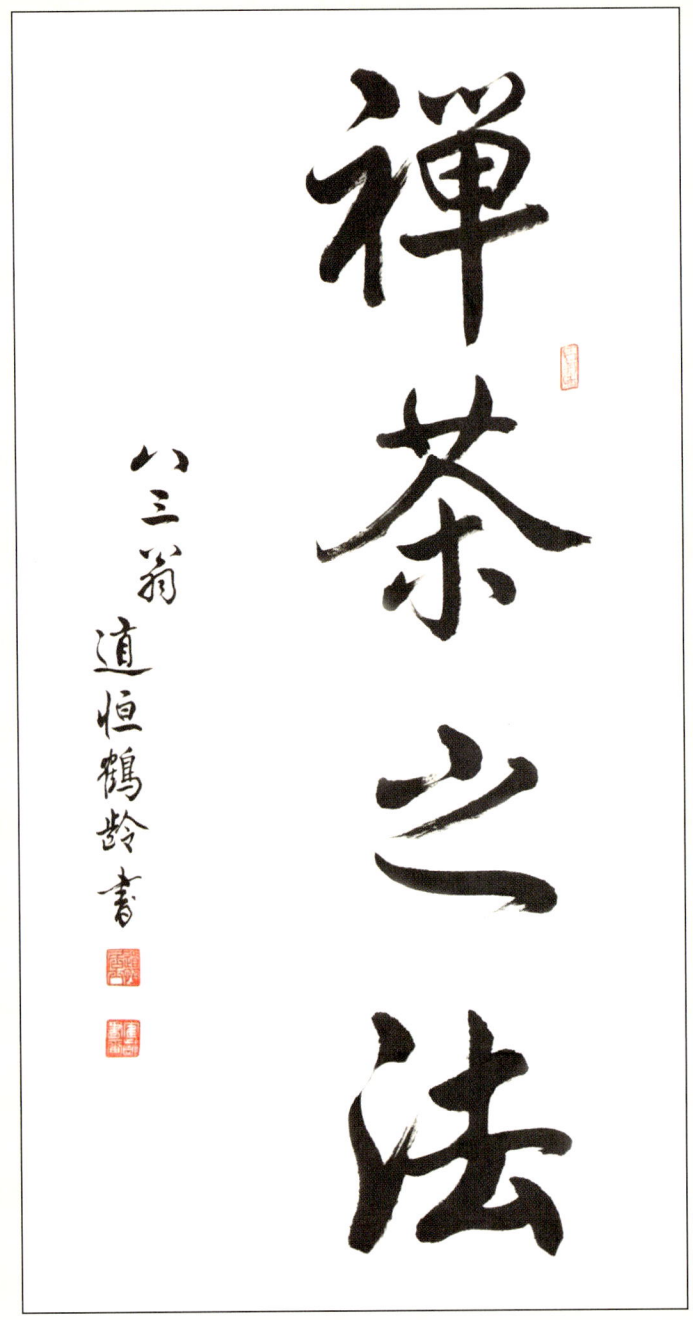

중국의 서법가인 펑하림 선생이 쓴 무상선사의 선차지법.
선차지법으로 인해 한국의 선차가 되살아났다

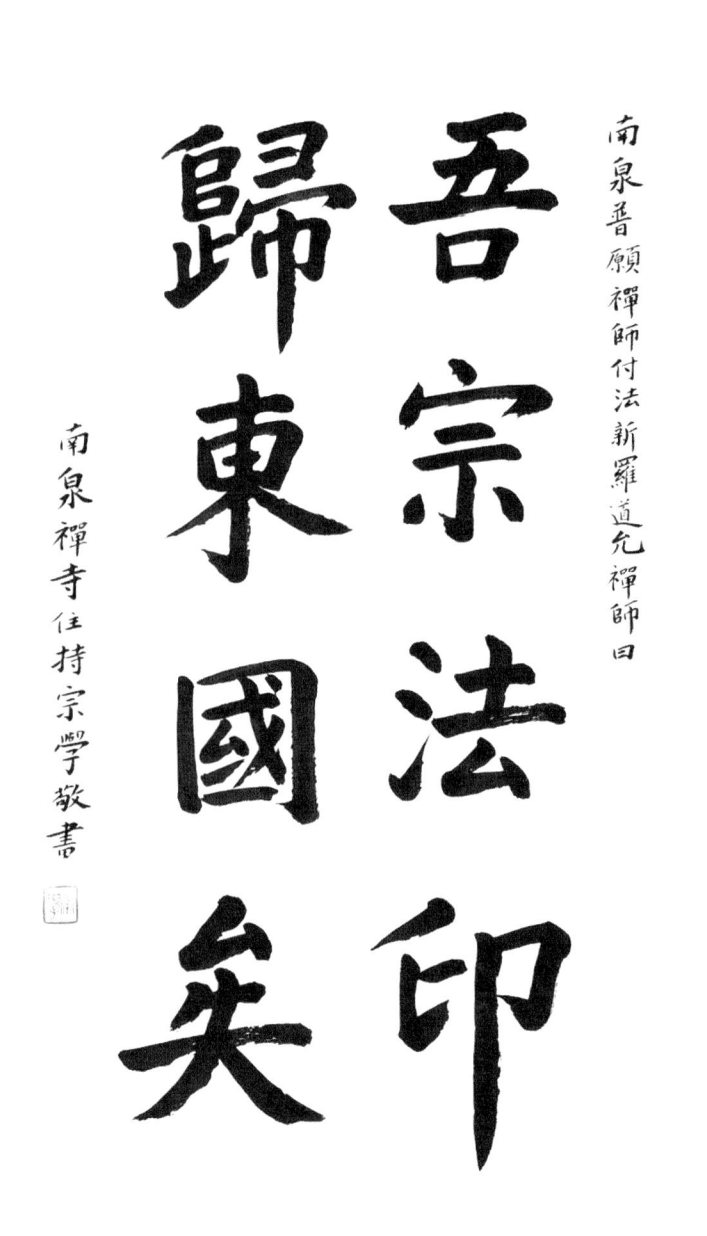

중국 남전선사 주지 종쉬에(宗學) 스님이 남전선사가 철감도윤 인가하며
'우리종의 법인이 몽땅 동국으로 돌아가는구나'라는 게송을 전해주었는데
남전사 주지 종쉬에 스님이 선묵으로 남전의 게송을 보내왔다.

佛法西來法東流光明普照四部洲
有僧住世龍天喜無僧説法鬼神愁

歲時共和甲辰夏玉蓮峰齋主沙門賀志書

푸젠성 자국사 주지 현지스님께서
중국의 선법이 동쪽나라로
건너가게 된 내력을 남겼다.

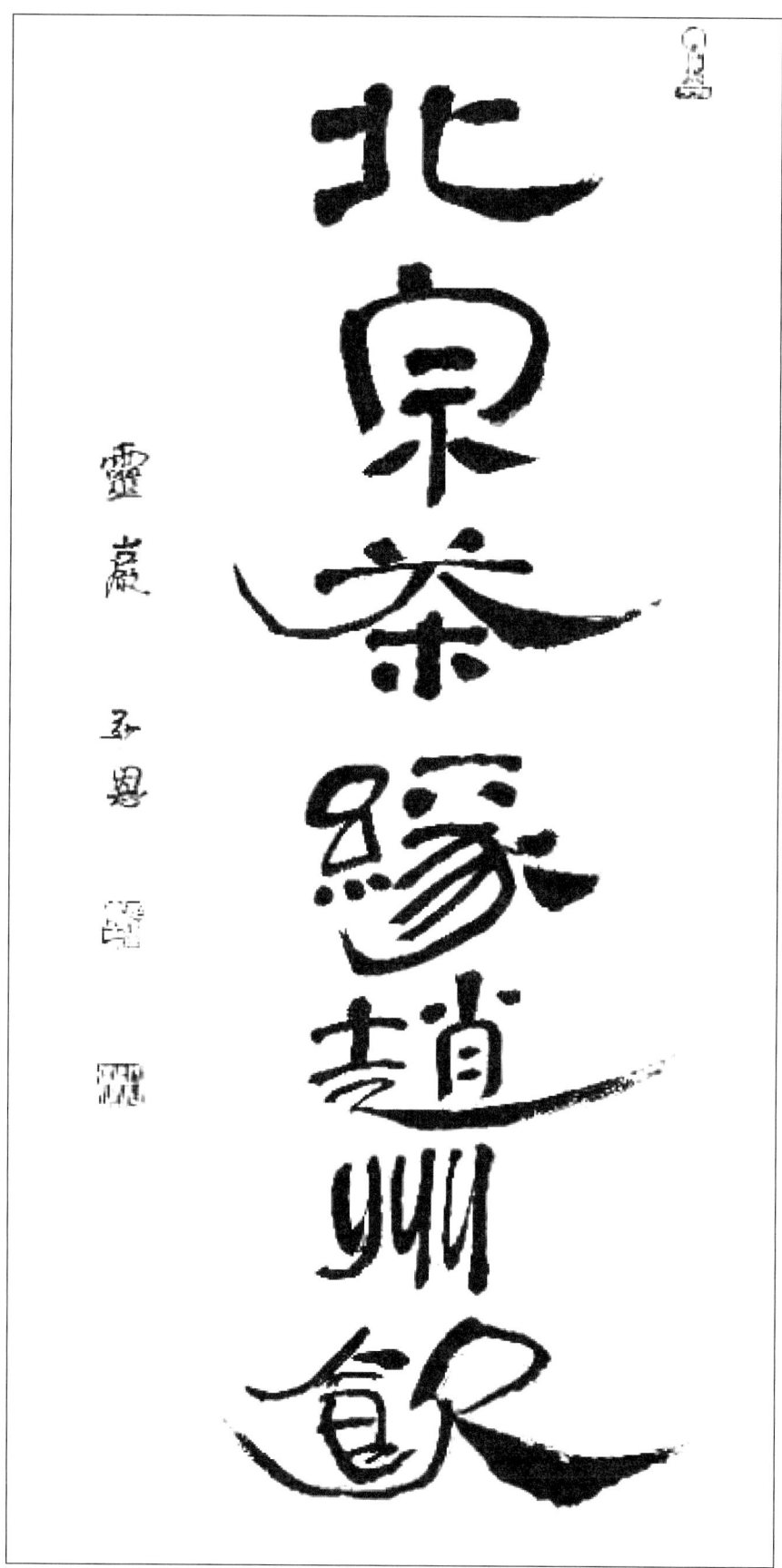

산둥성 태산 영암사 쓰홍언(弘恩) 스님이 북종의 다연을 조주선사가 음다풍을 천하에 떨친 "북종다연조주음(北宗茶緣趙州飮)"이라는 선묵을 남겼다.

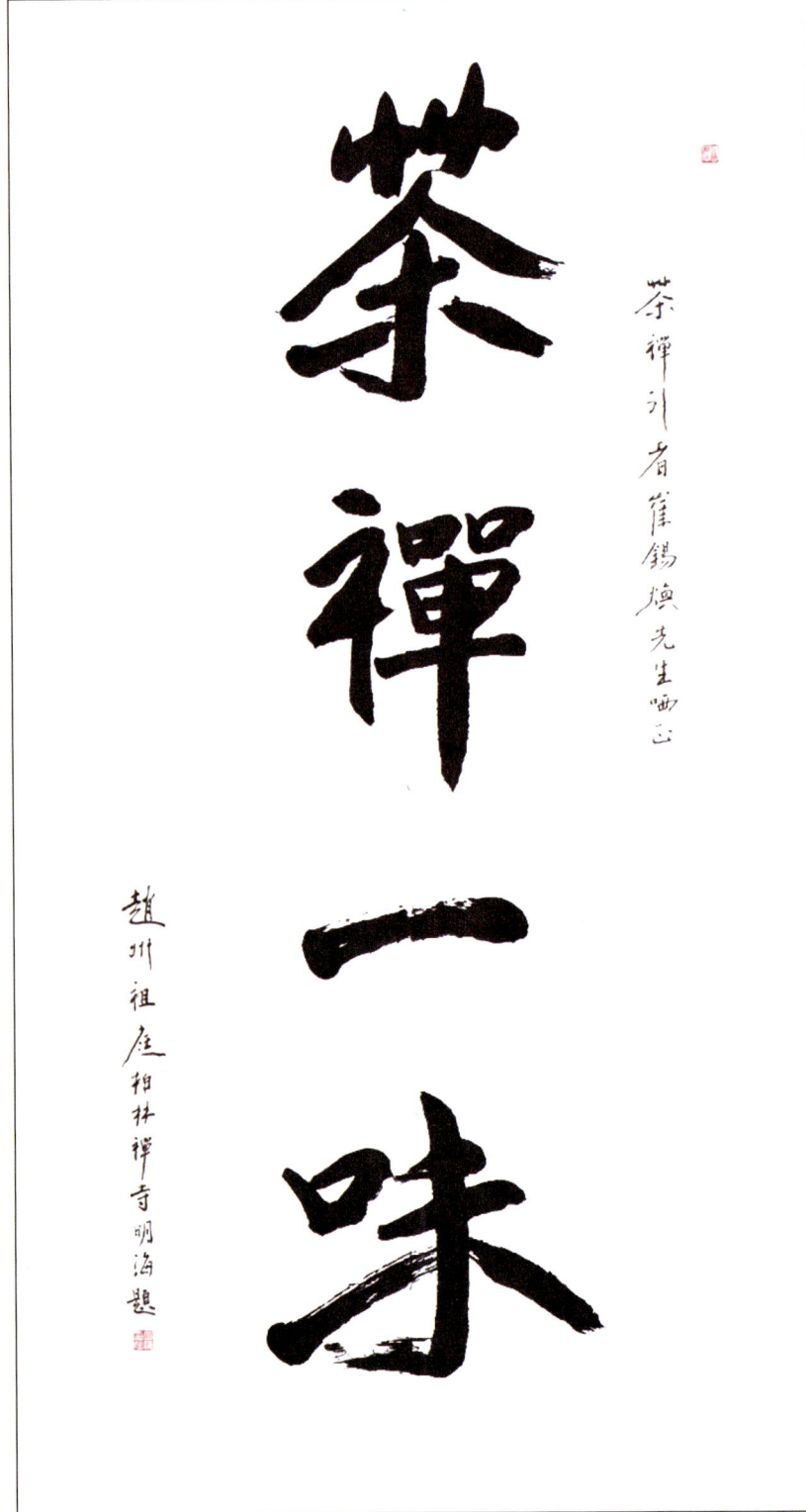

백림선사 방장 밍하이(明海) 선사가 쓴 '다선일미' 묵적

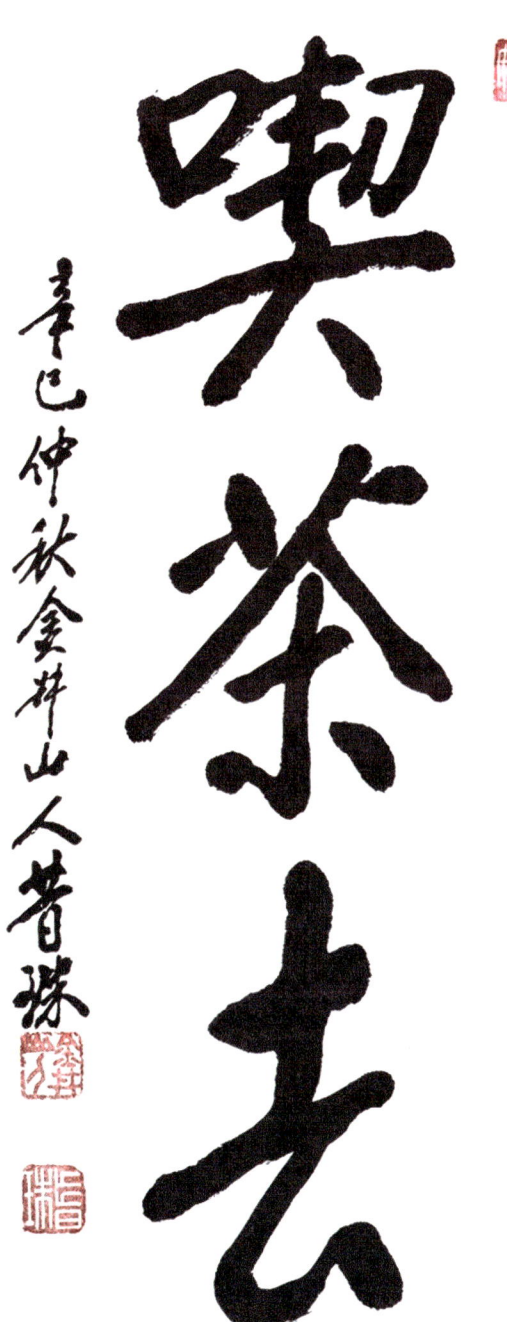

칠보사 조실을 지낸 석주스님의 '끽다거'

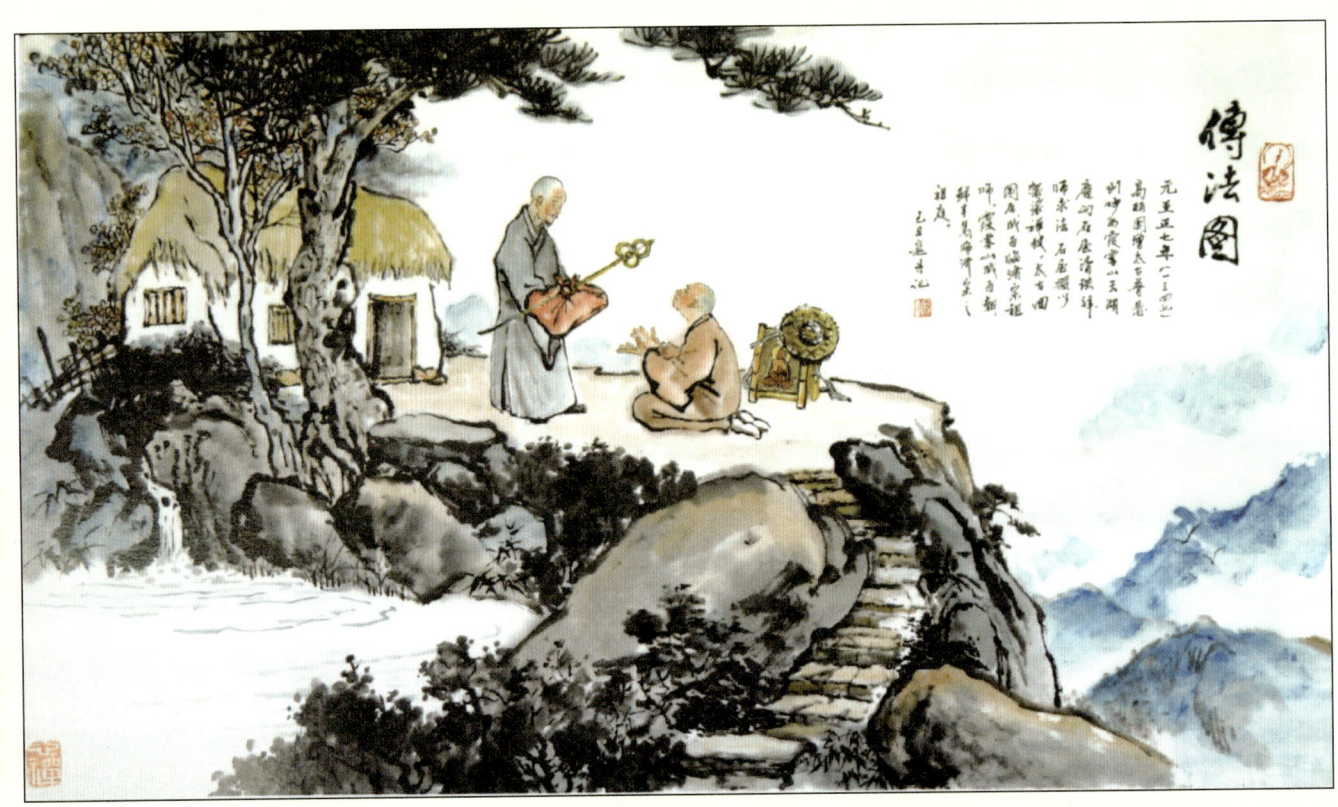

석옥청공 선사가 태고보우 선사에게 전법을 내리면서 '금린이 곧은 낚시에 올라온다'라는 시구를 내렸다.
이 선화는 중국 저명차인 커우단 선생이 그려냈다.

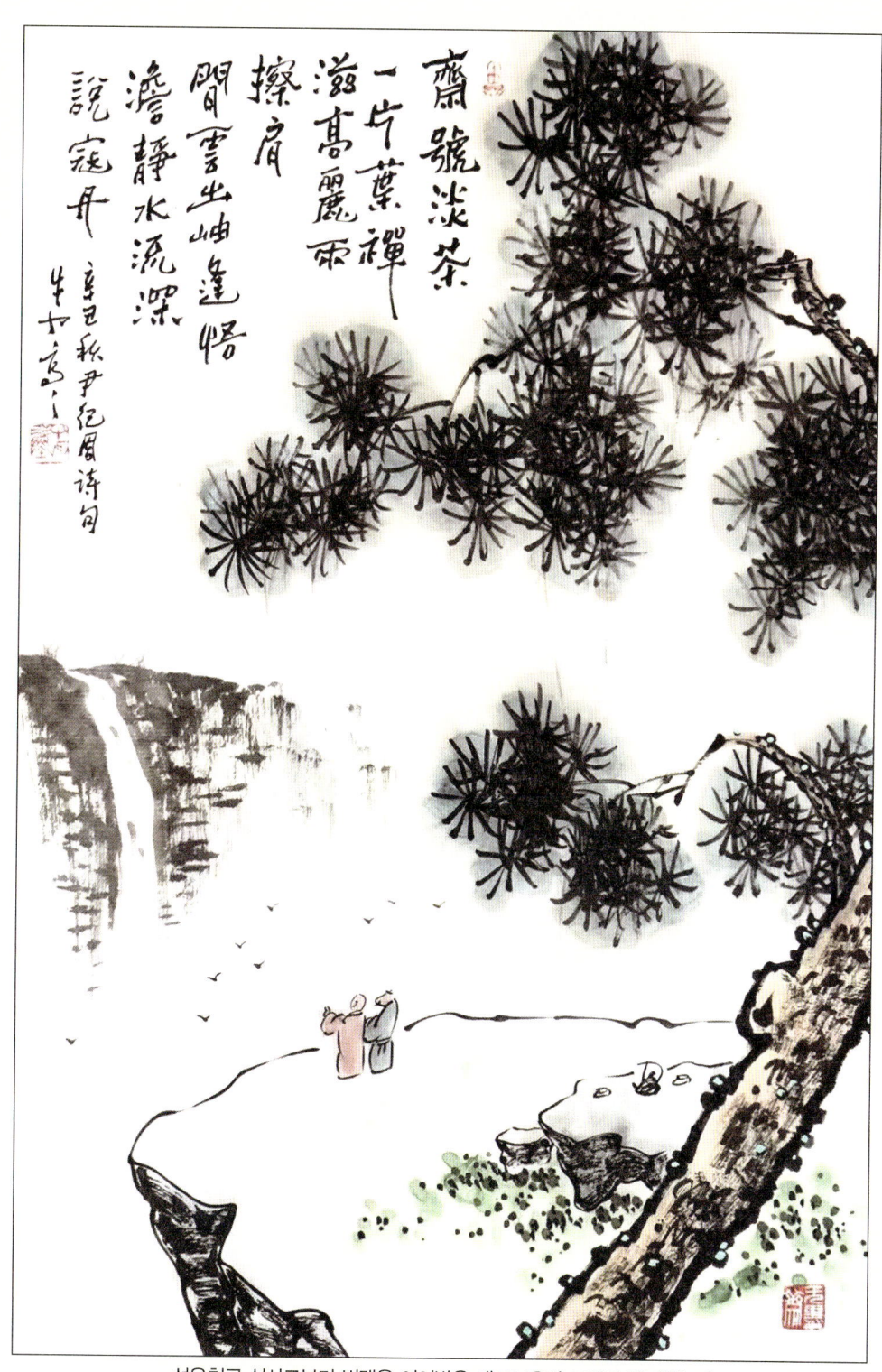

석옥청공 선사로부터 법맥을 이어받은 태고보우가 고려로 건너왔는데
석옥청공은 어서 고려로 건너가라고 배웅하고 있다.
그림은 중국의 화가 우력(牛力)이 그렸다.

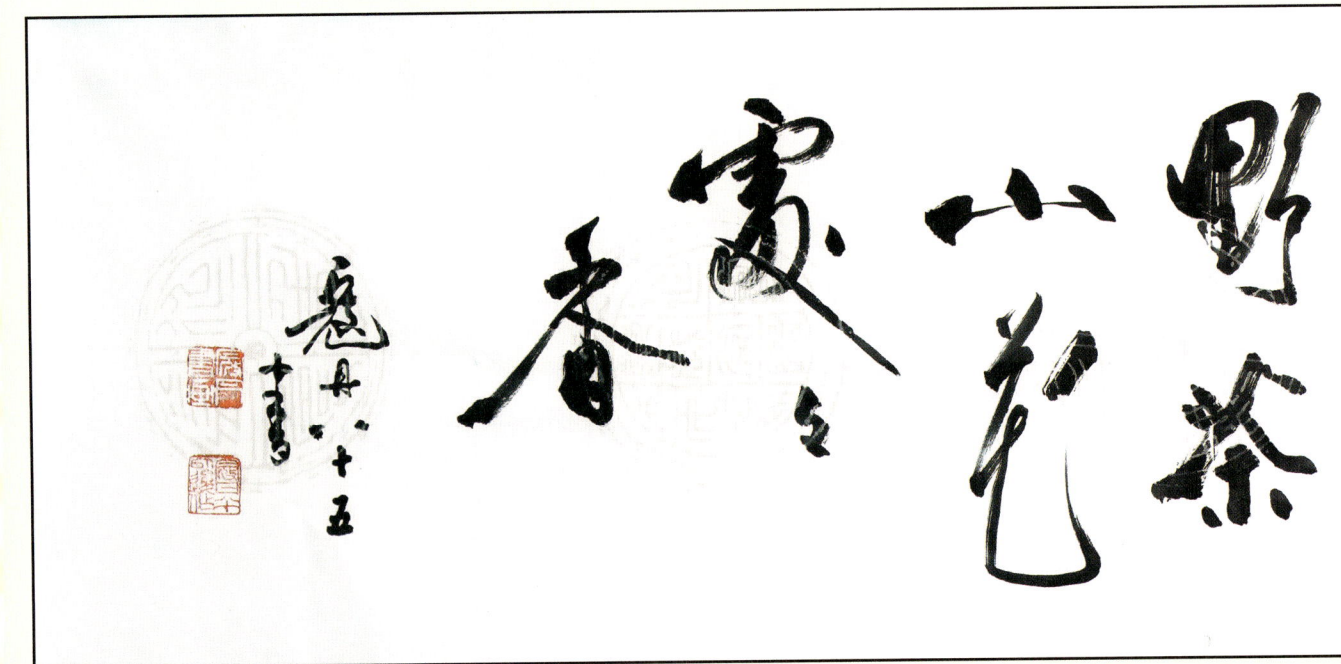

野茶山花寒香

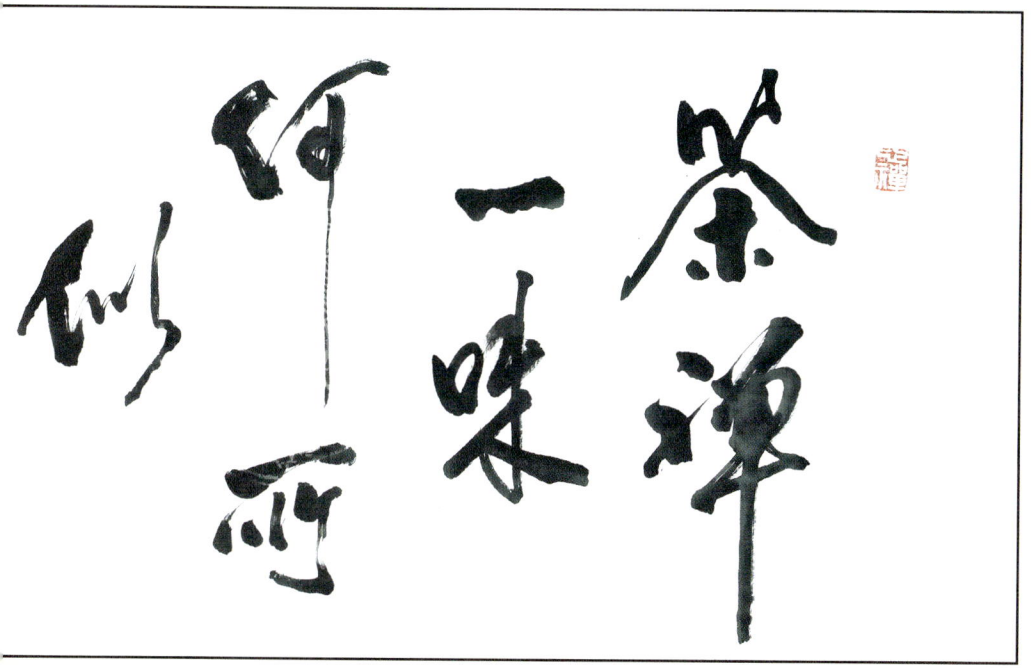

중국의 저명 차연구가인 커우단(寇丹) 노사가 '다선일미는 무엇같은가 야차산의 꽃이 곳곳에서 향기롭구나(茶禪一味何所似,野茶山花處處香)'라는 묵적을 남겼다.

서문

선다일미(禪茶一味)를 달여 만 사람에게 권하니

진제법원(眞際法遠 · 前 大韓佛敎曹溪宗 宗正)

　조주고불(趙州古佛)에게 예배하노니, 죽이고 살리고 주고 빼앗는 것이 때에 따라 씀이로다. 선다일미를 달여 만 사람에게 권하니, 마시는 자는 다 생명을 얻음이로다.
　남전 선사가 어느 때 말하기를,
　"문수보살과 보현보살을 어젯밤 삼경(三更)에 각각 이십 봉씩 때려서 철위산 지옥을 향해 던짐이로다."
　조주 선사가 이르기를,
　"화상은 누구의 방망이를 맞으십니까?"
　남전 선사가 이르되,
　"일러라, 왕노사(王老師)는 허물이 어느 곳에 있음인고?"
　조주 선사가 예배하고 물러나가시다.
　도리어 알겠는가?
　용과 범이 서로 부딪힘에 번갯불 긋는 기틀이 있음이로다.
　비록 그러하나 시자야! 차를 달여 두 분의 선사께 차를 올려라.

稽首趙州 曾古佛殺活縱奪臨時用
禪茶一味萬人權飲者皆是失命根
南泉禪師有時云文殊,普賢昨夜三更
每人與二十棒貶向二鐵圍山
趙州禪師云和尚教誰喫棒
南泉禪師云且道王老師過在什處
趙州禪師禮拜而出
還會

龍虎相撲電之機在
雖然如是侍者
煎茶來二 禪師呈茶

발간축사

한국 선종사원의 다풍이 담긴
《선차(禪茶)》 출간에 부쳐

의정(義正, 상원사 용문선원 선덕, 선탑차연회 이사장)

오랜 세월 선가(禪家)에 이어져온 다풍(茶風)을 담은 한국의 《선차》 출간을 기쁜 마음으로 축하드립니다.

천여 년 전 신라 충담(忠湛) 선사가 삼월 삼짇날에 삼화령 미륵(彌勒) 부처님께 차 공양을 올리고 돌아오다가 경덕왕을 만나게 되고 왕의 청으로 안민가(安民歌)를 지어 올려 신라의 차문화가 발전되었습니다.

그러다가 나말려초(羅末麗初) 구산선문(九山禪門)이 생겨 기록을 찾을 수 없으나 선이 부흥했던 만큼 차도 발전했으리라 생각되며 조선과 근현대를 거치면서 차문화가 쇠퇴해갔을 때 근근이 선종사원을 중심으로 차문화가 명맥을 이어갔습니다.

한국의 선종사원으로 이어져온 선원청규(禪苑淸規)로 명맥만 유지하고 있을 때 소납이 2004년 전국선원수좌회에서 선원청규 제정(制定)을 발의하고 2006년 선원청규편찬위원회를 발족하여 한국최초로 한국의 선원청규를 편찬 반포하였습니다.

때마침 오랜 기간 선차를 연구해온 최석환 거사가 《선차》를 출간하여 축사를 쓰게 되었습니다. 그간 한국 땅에서 잊혀져간 선차를 깨우면서 선차가 동아시아 중심으로 자리 잡은 데는 최 거사의 노력의 결과라고 말할 수 있습니다.

한국불교의 중흥조라 평가받고 있는 태고보우(太古普愚) 국사는 석옥청공(石屋淸供) 선사로부터 임제(臨濟)의 선법을 받았고 석옥 선사로부터 금린(錦鱗)을 이어와 고려에 선차를 전승해갔습니다.

이 책은 입당(入唐)구법승부터 시작하여 한국 선차문화의 전승과 한국사원 다풍을 기술함으로써 선차의 정통성을 세우고 있습니다.

  이능화(李能和)의 《조선불교통사》에 '차는 초목의 성현이며 곧 선이라'는 말과 같이 차와 선은 불가분의 관계를 맺고 있습니다.

  인류 정신문화의 최고봉인 선과 종합예술이라고 할 차의 만남은 인류문명에서 중요한 일입니다. 이즈음에 천 년을 이어져간 선차의 맥이 담긴 《선차》의 출간은 많은 기대와 희망을 갖도록 해줍니다.

  이 시대에 선차문화가 꽃피어 현대 문명의 대안 역할을 해나가기를 염원하며 출간을 진심으로 축하드립니다.

2024년 4월, 곡우날에
용문사 상원사 용문선원에서

발간축사

선과 차의 선양

석성우 (불교 TV 회장)

　오늘날에 선양하는 '선다(禪茶)'는 불교계에서는 가장 중요한 선승들의 수행에 있어서 필수적인 '선'과 '차'의 연관이다. 선과 차는 '하나의 몸'이라는 의미이기도 하다. 《선차》의 발간 소식을 접하고 최석환 월간 《차의 세계》 발행인을 축하하는 이유는 고대부터 전승되어온 선차의 역사가 선양하고 있기 때문이다. 선을 중심으로 선양하던 시대에도 선승들에게 차는 가장 중요한 깨달음의 화두이자 가장 아름다운 성취를 의미했다. 그렇기에 선이라고 칭하는 선의 원조 달마로부터 전승된 차의 근본 또한 선이었다. 선의 선양이야말로 선불교의 차로부터 전승되어야 한다. 고대 선은 당나라부터 신라 도신의 제자인 법랑을 중심으로 단속사까지 전해내려왔기에, 선승들에게 있어 선차는 하나일 테다. 나는 시 한 편으로 선차에 의미를 부여하고자 한다.

차 한 잔

한 잔의 차는 사람의 마음을 따뜻하게 하고
한 잔의 차는 사람의 마음을 맑게 한다.
한 잔의 차 속에 무량한 역사가 있고,
한 잔의 차 속에 아름다운 향기가 있다.

한국불교를 중흥하는 선승들의 선양을 전승하기 위해서는 선승들이 선백을 전승하듯이 다맥을 전승해야 한다. 특별히 선다일미의 정신을 선양할 때 한국의 선불교가 전승되리라 확신한다. 당나라 시대 신라에 전승한 선불교를 발전·계승하는 선승들처럼 우리는 신라에 전승된 다맥을 이어야 한다.

2024년 9월, 추분날에

발간축사

선(禪)에 담긴 일차일미의 세계

홍파(泓坡, 낙산 묘각사, 낙산다회 회주)

　보리 달마(菩提達摩, ?-535) 대사가 숭산 소림사(少林寺)에서 9년간 면벽하던 중 졸음이 몰려오자 눈꺼풀을 바닥에 던져버렸는데 그 자리에서 차나무가 자라났다고 합니다. 그는 그 잎으로 차를 우려 마신 뒤, 선정을 닦았습니다. 선차는 달마 대사(이조혜가)와 삼조 승찬(오조홍인)부터 남종혜능·북종신수·검남지선으로 이어진 법맥을 신라의 무상 선사가 선차지법(禪茶 之法)으로 실천해오며 탄생했습니다. 그 후 선승들은 식후에 마시는 차 세 잔을 승려의 가풍으로 이어갔습니다.

　신라 흥덕왕(興德王) 때 당나라 사신이었던 견당사 대렴(大廉)이 차 씨를 가져와 지리산에 파종하면서 차문화가 성행하게 되었습니다.

　필자는 중국 선종사찰에 들를 때마다 그곳에서 선차를 중요시하는 모습을 보고 감명을 받은 바 있습니다. 2016년 가을 후베이성 오조사(五祖寺)에서 열린 제11차 세계선차대회 당시 홍인(弘忍) 선사 대만보탑 앞에 모인 많은 대중이 기복법회에서 장엄한 헌다의식을 하는 모습을 보고 감명을 받기도 했습니다.

　이 책을 저술한 최석환 회장은 20년간 고향처럼 넘나든 중국에서 입당구법승의 자취를 찾아내며 한국 선차문화에 지대한 공헌을 하였습니다. 더욱이 저자는 동아시아 선차의 비조로 자리매김한 무상 선사의 선차지법이 무상(無相)·조주(趙州)·원오극근(圓悟克勤) 선사로 이어지며 선차 조사 정립에 적지 않은 영향을 끼친 모습을 발견했습니다. 이를 지켜본 저자가 동아시아를 아우르는 선차문화를 한 권의 책으로 완성하였기에 기쁜 마음으로 축사를 쓰게 되었습니다.

이 책은 '선차의 새벽을 열다'로 시작하여 '선차의 원류', '한국의 선차문화', '선종사원의 다풍', '선종다례 의식', '선차의 한류', '선차행다의 미학', '차와 음식의 만남'에 이르기까지 총 9장으로 구성되었기에 한국 선차문화의 진면목을 모두 담았다고 해도 과언이 아닙니다.

 태허홍선(太虛弘宣) 스님의 스승인 경운원기(擎雲元奇) 선사는 석옥청공(石屋淸珙) 선사의 산거시를 차운한 시어 "종이 주머니에 조금 남은 지난해 묵은 차를 강남의 유자꽃과 함께 달이니 한 줄기 향운 감출 수 없고 솔바람 불어 고향집에 다다르네"를 선암사 설선당(說禪堂) 공루(空樓)에 새기고는 이 시를 화두처럼 여기며 오랜 세월 선과 차를 흠모해왔다고 합니다.

 이번에 최석환 회장께서 선차를 집대성했다는 소식을 듣고, 향기로운 차향이 선차에 담겨 세계로 퍼져나가길 바라는 간절함과 함께 이 책이 선차문화 발전에 적잖이 공헌하리라 생각합니다.

2024년 5월 낙산 묘각사에서

발간축사

한국의 선차문화가 차향을 타고 널리 퍼져나가길 바란다

김종규(문화유산국민신탁 이사장)

　차를 만나면 차를 마시고 밥을 만나면 밥을 먹듯이 '평생자연(平生自然)'이라는 용어가 선차의 출발이었다면, 조선후기 한국의 차문화를 중흥한 초의(艸衣) 선사는 '차는 물의 신(神)이요 물은 차의 몸체(體)이며, 참된 물이 아니면 정신에 나타나지 않는다'라든가 '다도의 근본은 중정(中正)의 도(道)'라고 말하면서 차와 선은 이어져왔습니다. 차를 말하는 사람 중 선을 말하지 않는 사람이 없듯이 차와 선은 한배를 타고 오랜 기간 전승되어왔습니다.

　해외 차인들이 한국의 선차문화를 중요하게 생각한 계기는 신라의 구법승(求法僧)인 무상(無相) 선사가 중국 쓰촨성(四川省)에서 정중종(淨衆宗)을 열고 선차지법(禪茶之法)을 제창한 것이 시초였습니다. 이후 끽다거(喫茶去)를 전승한 조주종심(趙州從諗) 선사가 조주의 다풍을 이으며 선차는 한국 차문화 발전에 영향을 끼치게 되었습니다.

　천 년 동안 이어진 선차의 맥은 하늘이 열리고 차의 세상이 시작되었습니다. 이후 한국 선차의 원류이자 출발을 밝혀낸 달마로부터 고구려 파야(波若) 선사, 중국 땅에서 지장왕보살로 추앙받은 신라 왕족 김지장(金地藏) 법사가 대렴보다 100년 앞선 시기에 신라의 차종(茶種)을 당나라 구화산에 심은 내력까지 자세히 담음으로써 한국 차문화가 중국에도 영향을 끼쳤다는 사실로 자부심을 느끼게 합니다.

　또한 북선(北禪)을 이어간 신라의 상산혜각(常山慧覺), 신라 구산 선차의 맥을 이어간 철감도윤(澈鑒道允) 선사와 서당지장(西堂智藏)의 법맥을 이어간 도의(道義), 홍척(洪陟), 혜철(惠哲)과 고려의 대각국사(大覺國師) 의천(義天), 고려말의 태고보우의 선차향을 담아 다향을 타고 세계로 번져나가길 간절히 바랍니다.

이 책을 접하면서 필자는 1978년 근세 차문화의 맥을 이어온 효당(曉堂) 스님이 서울 팔판동에서 차선회를 결성하셨을 때 다선일미(茶禪一味)와 다선일체(茶禪一體)를 지향하여 차와 선의 중요성을 역설하시던 기억이 생생히 스쳐갔습니다. 이번에 천여 년간 이어져온 선차의 맥을 한 권으로 담아 출간한 일은 한국 차문화 발전에 영향을 끼칠 것입니다.

　이 책에 담긴 주옥같은 선차의 향기는 한국의 차인으로서 감동이 아닐 수 없습니다. 동아시아선차연구가 최석환 회장의 《선차》 출간을 기쁜 마음으로 축하드립니다.

2024년 칠석날에

발간축사

천 년간 이어져간 선차의 맥

공종원(언론인)

《선차》는 선차의 천 년 역사를 부감할 수 있는 좋은 자료다. '선차'라는 용어 자체가 오랜 연원을 가지지는 않았으나 적어도 근년 동아시아 체계에서는 확고한 권위를 얻으며 일상적으로 사용하게 된 현실을 감안할 때 관심 있는 차인들이 본격적으로 선차를 논의하는 일은 너무도 자연스럽고 당연하리라 할 것이다.

그런 의미에서 선차라는 용어를 처음으로 끌어내고 이를 국제적 차계(茶界) 행사로 발전시킨 당사자가 저술을 통해 선차의 소종래(所從來)를 만천하에 공개하는 일은 너무도 바람직하다. 선차의 창안자이자 사용자인 저자가 일찍이 한국 선차문화연구회를 설립 및 운영해왔고, '세계선차문화교류대회'와 '세계선차아회(世界禪茶雅會)', 그리고 '세계평화다례'와 '선차로드축제' 등의 행사를 주도한 당사자라는 점을 주목해야 한다.

그런 만큼 저자는 1장에서 '잊혀진 선차를 깨우다'라는 주제로 차의 연원을 설명해준다. 선차는 역사적으로 보아도 차 업계나 사찰에서 흔히 쓰던 용어는 아니었다. 하지만 비록 용어를 사용하지 않았을 뿐 이미 오래전부터 사찰, 특히 선종사찰에서는 다반사로 행해지던 의례요, 수행문화였다. 심지어 '다선(茶禪)'이라든가 '보차(普茶)'라는 말에서도 수행과 차를 잇는 정신이 느껴진다.

그러니 정중무상이 이미 천 년 전에 들고 나왔던 '선차지법(禪茶之法)'이란 말이나 조주의 '끽다거(喫茶去)', 혹은 원오극근의 '다선일미(茶禪一味)'로 표현되는 선차정신이 오늘 우리가 말하는 '선차'와 별개일 수 없다는 것을 실감하게 된다.

실제로 차의 나라라는 중국이 문화대혁명을 겪으며 선차정신을 잊고서 혼수상태에 빠졌을 때, 저자가 차의 생산지이자 선종의 중심 사찰인 백림 선사 등을 찾아가 '조주의 끽다거(喫茶去)'를 거론하며 중국 차인들과 선승들을 일깨운 일은 너무도 놀랍고 충격적인 사건이었다. 중국의 유명 차인 중 한 사람인 서만이 스스로 "얼굴을 들 수 없을 정도로 부끄러웠다"고 솔직히 술회한 것도 예삿일은 아니다.

따라서 2장 '선차의 원류'에서 주목해야 할 것은 중국 선종의 초조인 보리 달마의 차로부터 무상, 마조, 조주, 철감도윤(澈鑒道允)으로 이어진 선차의 모습들이다. 백운수단(白雲守端)의 화경청적(和敬淸寂)이나 의천(義天)의 뇌원차(腦原茶), 태고보우의 차향과 매월당 김시습의 초암차를 거론한 대목도 유의할 만하다.

3장 '한국의 선차문화'에선 한국과 중국의 선차 교류 모습을 두루 살피면서 특히 중국 천태산에서 선차 생활을 개척한 고구려 출신 파야 선사의 역할을 부각한다. 거기에 화엄선차를 신라에 전한 신라승 원표와 성주산문을 일으킨 무염국사의 존재도 거론해 선차 동류의 역사적 사실을 밝힌다.

5장 '선종다례 의식'과 7장 '선차행다의 미학', 8장 '차와 음식의 만남'은 오늘날까지 전해내려온 헌다의례와 선차표연의 모습을 통해 현재 차인과 다승 들의 실제 차생활과 차문화를 속속들이 파헤쳤다. 4장 '선종사원의 다풍'에서는 광복 이후 현재까지의 우리 선차문화 전승 활동을 부감하며 선차 역사의 전모를 마무리하는 것도 의미 깊다.

이렇게 볼 때 저자의 열 손가락 꼽을 만큼 많은 차 관련 저술 가운데서도 이 책의 비중이 매우 높다는 것을 느끼게 된다. 우리 차계에 경사라고 할 만하다.

발간에 부쳐

한국 차문화의 향기가 담긴
선차의 진수를 만나다

김의정(명원문화재단 이사장)

　1500년 전 달마(達摩)가 눈꺼풀을 던져 차나무가 탄생한 이래 선차문화는 동류(東流)로 이어져가 차(茶)를 말하는 사람들은 선(禪)을 말하지 않은 사람이 없을 정도로 선차문화는 동아시아의 차문화의 중심 측으로 발전되어갔습니다.

　신라 흥덕왕(興德王) 때 왕명(王命)으로 대렴이 당(唐)나라에서 귀국했을 때 지리산(智異山)에 차나무를 파종(播種)한 이래 한국의 차문화가 형성되어갔고 충담(忠談) 선사가 삼월 삼짇날에 삼화령(三花嶺) 미륵보살(彌勒菩薩)에게 차를 공양한 이래 그 전통이 오늘까지 이어져왔듯이 차는 불가(佛家)와 깊은 연관성을 맺어 왔습니다. "식후에 차 세 잔[飯後三碗茶]"이란 말은 선가의 가풍처럼 이어져왔듯이 선차를 말할 때 신라 성덕왕(聖德王)의 세 번째 왕자인 정중무상(淨衆無相) 선사가 선차지법(禪茶之法)을 제창(提唱)하여 선차문화를 중흥 시 왔으며 그 맥을 조주 선사가 끽다거(喫茶去)로 이어왔고 송(宋)나라 때 원오극근(圓悟克勤) 선사가 다선일미(茶禪一味)를 제창한 이래 차와 선은 한배를 타고 눈부시게 발전되어갔습니다. 조선후기 한국의 차문화를 중흥시킨 초의(艸衣) 선사의 《다신전(茶神傳)》에 승당(僧堂)에 조주의 다풍이 전해져 왔듯이 끽다거는 승속을 막론하고 시대를 초월하여 금과옥조처럼 빛나고 있다고 말할 수 있겠습니다.

　차의 선구자인 명원 김미희 선생께서는 1980년대 세종문화회관에서 사원다례 의식을 시연하여 한국의 선차문화를 이끌어 왔습니다. 또한 차를 음미하고 그 멋은 차인의 여유요 즐거움인 동시에 다도에 이르는 경지는 결국 다선일미에 이른다고 말씀했습니다.

　이번에 20년간 선차를 추적해온 최석환 차인의 간곡한 청에 의해 출간에 부쳐 축사를 쓰게 된 배경은 2001년 10월 허베이성(河北省) 백림사(柏林寺)에 건립된 〈한·중우의조주고불선다기념비(韓

中友誼趙州古佛禪茶紀念碑)〉를 공동으로 건립한 인연에서 촉발되었습니다. 그 비문에도 조주의 다풍 만세토록 빛나길 염원한 것처럼 이 책에 담긴 내용들을 펼쳐보면 선차의 출발인 보리 달마로부터 시작된 뒤 신라의 무상이 창안(創案)한 선차지법의 배경을 밝혔고 더 나아가 끽다거의 고향 허베이 차인들이 끽다거를 몰랐을 때 저자가 찾아준 인연을 밝혀 동아시아 선차계를 놀라게 했습니다.

저자는 20년간 동아시아를 넘나들며 한국의 선차를 세계에 알린 노고에 축하를 드리면서 오늘날 명원 선생께서 선차를 몰랐던 시절 선차를 들고 나와 초의 다풍을 세상에 알리면서 한국의 선차문화의 초석을 다지면서 한국의 차문화가 발전되어갔다고 말할 수 있습니다.

이 책은 선차의 원류로부터 한국의 선차문화의 전개와 사원다례의식·선차행다·중국에 부는한류 바람·선향일미를 한 권의 선차에 담아내 한국 차문화의 발전에 기여 했다고 볼 수 있습니다. 이 책에 담긴 주옥같은 차에 담긴 이야기를 차향에 실어 세계로 퍼져나가길 바라면서 간행에 축하합니다.

2024년 봄, 신문로에서

책 머리에

천 년간 동류(東流)로 이어져간 차맥(茶脈)

달마(達摩)가 눈꺼풀을 던져 차나무가 탄생한 이래 오랜기간 동안 차맥이 이어져갔다.

당토(唐土)에서 선차문화가 꽃을 피우고 있을 때 입당(入唐) 구법승(求法僧)들이 앞을 다투어 당나라로 들어가 조사의 심인(心印)을 받고 차와 선를 동쪽나라(東流)로 이어온 사실을 깨달은 것은 1996년 여름이었다. 선차의 원류을 찾아 임제(臨濟)의 법손(法孫)들을 이끌고 중국 저장성(浙江省) 후저우(湖州) 하무산(霞霧山)을 찾아갔을 때 당시 석옥청공(石屋淸珙, 1272-1352)선사가 수행했던 하무산의 차밭을 일구며 왕쇼촨(王少犬)노인이 홀로 지키고 있었다 당시 왕노인이 큰 다완에 찻잎을 넣고 차를 우려냈는데 청아(淸雅)한 맛(一味)이 지금도 잊혀지지 않았다. 그때부터 차와 선이 불가 분의 관계가 있음을 깨달고 선차에 빠져들어갔다.

당시 왕 노인이 팽다(烹茶)한 차 한잔이 계기가 되어 본격적인 선차에 관심을 갖고 차와 선을 격월간 《불교춘추》 잡지에 연재를 계기로 불가(佛家)로 내려온 선차의 실체가 하나씩 밝혀지기 시작했다.

그 후 자료를 살피다가 신라의 무상(無相) 선사가 당(唐)나라로 건너가 선차지법(禪茶之法)을 제창한 사실을 발견하고 선차가 불가와 깊은 연관성이 있다는 사실을 깨닫게 되었다.

원나라의 청공 선사로부터 고려에 임제의 선맥을 이어온 태고보우(太古普愚)의 자취를 찾아 후저우 하무산의 순례가 출발점이 되어 차와 선을 추적하게 되었다.

그후 선차를 탐색해가면서 한국의 선가에서 높이 받들어온 끽다거(喫茶去)가 중국에서 얼마나 많은 영향을 끼치고 있는가를 탐색해 보기로 했다.

1999년 여름 끽다거의 발원지인 백림 선사를 찾아갔을 때 끽다거가 흔적없이 사라져간 사실을 접하고 선차를 조명해 보아야겠다는 사명의식을 갖게 되었다. 당시 백림사 감원 밍하이(明海)스님은 나의 손을 잡더니 "우리가 잊고 있던 끽다거를 깨워주어 고맙다"라는 마음을 전했다.

2000년대 초반 장시성(江西省) 남종선(南宗禪)의 자취를 찾아갔을 때 보봉사(寶峰寺) 방장(方丈)인 이청(一誠) 스님께서 나의 손을 잡더니 "한·중의 우호 관계는 흐르는 물처럼 이어져갔다"고 피력했다. 이청 스님의 지지에 힘입어 '장시(江西)선종과 신라선문에 관한 국제 학술회의'에 관한 학술대회가 이어졌고 보봉사에서 전통으로 이어져간 보차의식(普茶儀式)을 재현해주신 공덕은 지금도 잊을 수 없다.

그 후 중국 선차계를 깨우면서 선차가 부흥되어갔다. 2005년 세계선차문화교류대회가 태동되어 중국땅에서 선차열풍을 일으켰다. 쓰촨성(四川省)에서 다조(茶祖)로 불린 오리진(吳理眞)에 의해 선차(仙茶)로 불린 용어조차 선차(禪茶)로 변화되어갔다.

지금까지 한국의 차문화의 전래설을 말할 때 신라 흥덕왕(興德王) 때 대렴(大廉)이 왕명으로 차씨를 가져와 지리산(智異山) 일대에 심게 되어 한국의 차문화가 형성되어갔다고 서술되어왔다.

이책 에서는 대렴보다 100년 앞선 시기 신라의 김지장(金地藏) 스님이 구법(求法)할 때 차씨를 구화산에 파종한 이래 구화산의 금지차(金地茶)가 신라에서 가져간 차라고 공인하고 있다. 25년 전 구화산 노호동(老虎洞)에서 발견한 수령 500년 이상된 차나무가 이를 증명하고 있다.

신라의 구법승인 선차의 비조로 추앙받고 있는 무상선사 이후 조주가 나타나 끽다거(喫茶去)를 제창(提唱)했고 송(宋)나라 때 원오극근(圓悟克勤)이 나타나 다선일미(茶禪一味)를 제창한 이래 다선일미가 바다를 건너 한국과 일본으로 전승되어 동아시아 일대로 발전되어갔다.

조선후기로 접어들면서 다산(茶山)과 추사(秋史), 초의(艸衣)에 의해 한국의 차문화가 중흥되어 갔다. 초의선사가 햇차를 추사에게 보내드리자 고마움에 추사는 명선(茗禪)이란 묵적을 초의선사에게 전해왔다. 백석신군비(白石神君碑)의 탁본(拓本)을 보고 필의한 백석신군비의 원석을 내가 처음으로 허베이성(河北省) 원씨현(元氏縣) 봉룡산(封龍山)을 찾아가 한비당에 보존된 원석을 세상에 처음 공개했다.

이 책에서는 베일 속에 가려진 고려의 대각국사(大覺國師) 의천(義天)에 의해 뇌원차(腦原茶)의 전승과 요나라 천우황제(天佑皇帝)가 의천의 차 스승으로 받들었던 사실을 하나씩 밝혀냈다. 고려의 태고보우국사의 인연으로 후저우(湖州) 오흥구(吳興區)가 차문화의 중심벨트로 발전되어가고 있다. 천 년간 이어져 온 한국의 선차문화의 실체를 밝혀내면서 한국인으로서 차에 대한 자부심을 갖게 하고 있다.

이 책이 나오기까지 차계와 종교계의 절대적 지지와 아낌없는 성원에 힘입어 완성되었으며 고인이 된 고불총림 백양사 방장 서옹(西翁) 선사, 중국불교협회 회장 이청(一誠) 선사, 사조사 방장 징후이(淨慧) 선사, 중국 저명 차학자인 커우단(寇丹) 노사, 일본의 쿠라사와(倉澤行洋) 교수 영전에 이 책을 바치며 책을 읽는 모든 이들이 선향(禪香)을 마음에 담아 가시길 간절히 바랍니다.

2024년 청명날
최석환

시작하는 말

동아시아 차문화의 중심으로 자리 잡아가는 한국(韓國)의 선차(禪茶)문화

왜 선차를 말하려 하는가

 해외 차인들로부터 "대체 한국의 선차가 무엇입니까"라는 말을 들을 때마다 천 년 전 구법승(求法僧)들을 통해 '선차가 해동으로 동류(東流)한 이래 선차의 맥이 왜 잊혀갔을까'라는 의문을 갖게 되었다. 이 책은 아주 우연히 이루어졌다. 《선과 차》가 출간된 이래 한국의 선차문화의 정체성에 대해 의문을 가져왔다. 해외 차인들이 한국의 선차문화를 말할 때 일지암이 있고 초의(艸衣) 선사가 있다면서 초의 이전에는 한국의 선차가 존재하지 않는다고 공공연히 말해왔다. 그 같은 말이 화두(話頭)처럼 잊히지 않다가 20여 년 전 중국 오백나한 중 455번째 조사에 오른 신라(新羅)의 무상공존자(無相空尊者)를 발견하여 선차가 대중 가까이 다가설 수 있었다. 무상공존자는 신라의 성덕왕(聖德王)의 세 번째 왕자로 출가하여 당(唐)나라로 건너가 쓰촨 지역에서 정중종을 일으킨 조사로 알려졌다. 무상 선사의 자료를 추적하다가 무상 선사가 선차지법(禪茶之法)의 비조라는 사실을 발견하고 한국 차의 실체를 밝혀야겠다는 생각을 하게 되었다.

 조선후기까지 한국선가에서 조주종심(趙州從諗) 선사의 화두(話頭)가 전해져왔는데 그 화두 중 끽다거(喫茶去)가 오늘날까지 회자되고 있는데 차실의 벽면에 끽다거라는 족자를 걸고 차를 마실 때마다 한국 차가에서 얼마나 많은 사람들이 조주 선사를 흠모하고 있는가를 생각했다. 일찍이 선가에서는 식후에 차 세 잔[飯後三碗茶]이 다반사(茶飯事)로 여겨졌다. 천 년이 지난 지금에도 여전히 조주 선사가 끽다거를 전파한 허베이성(河北省) 자오현(趙縣)의 조주 관음원(觀音院)에 끽다거가 회자되고 있는지가 궁금했다.

　1999년 여름 '끽다거'의 고향을 찾아 백림 선사 선당(禪堂)에 가보았지만 끽다거를 기억하는 선문의 스님들은 눈에 띄지 않았다. 당나라 때 조주 선사가 관음원에서 끽다거란 화두로 대중을 이끌었던 끽다거가 자취를 감추어버린 현실을 보고 충격에서 벗어날 수 없었다.

　곧바로 한국에서 가져간 작설차(雀舌茶)로 조주탑(趙州塔) 앞에 조주 선사 영혼 앞에 차를 올렸다. 헌다의식을 지켜본 당시 백림 선사 감원(監院) 밍하이(明海) 스님은 감격하여 다음과 같이 말하였다.

　"한국의 녹차가 이렇게 향기롭습니까?"

　그때 밍하이 스님에게 다가가

　"우리가 백림 선사를 찾아온 까닭은 조주 선사가 대중들에게 설파한 끽다거를 찾아 먼 길을 마다하지 않고 백림 선사를 찾아왔습니다."

　"우리가 잊고 있던 끽다거를 깨워주어 고맙습니다."

　당시 백림 선사에는 끽다거는 아득한 이야기로 들려왔다. 해외 차인이 끽다거를 파헤치자 밍하이 스님은 감격했다. 이때부터 사명감으로 부처와 조사에게 차를 경건하게 올리고 식후에 차 세 잔이 승려들의 가풍으로 여겨왔던 선차를 다시 회복해야겠다는 생각을 갖게 되었다. 당시 끽다거가 중국 땅에서 자취를 감추어버린 것은 종교적 영역에서 비추어졌기 때문에 대중 가까이 다가갈 수 없었다. 밍하이 선사와 끽다거를 놓고 나눈 미담이 허베이 일대로 퍼져나가면서 잊혀진 끽다거가 깨어나기 시작했다. 2009년 4월 허베이성 스좌장(石家莊) 전당차인(錢塘茶人) 스좌장 점에서 허베이 차인들과 다담을 나누웠다. 그 자리에서 '1999년 여름 선차의 발원지인 백림 선사를 찾아가 끽다거를 깨웠는데 기억하는 사람들이 없어 안타까웠다는 말을 전했다.

그 말을 듣고 있던 허베이차문화학회의 수만(舒漫) 상무 부회장이 '당시 끽다거를 한국인이 깨웠다는 소문을 듣고 부끄러워 낯을 들 수 없었다'고 고백했다. 그 후 헤베이가 끽다거 고향으로 자부심을 느끼고 허베이 차인 들이 연합하여 잊혀진 끽다거를 깨워 대중 가까이 다가설 수 있었다.

선차를 찾아 중국으로 건너가다

1999년 겨울 중국 남종선의 발상지인 장시성(江西省), 안후이성(安徽省), 허베이성(河北省), 광저우(廣東省), 쓰촨성(四川省) 등 중국의 선종사찰을 찾아갔을 때 선차는 잊혀져갔다. 그러다가 선차의 고향 중원(中原)에서 바람을 일으켜 한국 땅에서 선차를 일으키려 하자 차가(茶家)에서는 '잊지도 않은 선차를 들고 나와 차계를 혼란에 빠뜨린다'는 말들이 퍼져나갔다. 그 소문은 해외에 알려져 해외 차인이 한국의 차인을 만날 때마다 "대체 한국의 선차는 무엇입니까?"라는 질문을 던졌다. 그럴 때마다 "무상의 선차지법의 정신을 이어 오늘의 한국의 선차문화가 형성되어갔다"고 말했다.

한국의 선차정신이 공론화되어갈 즈음 2016년 10월 중국 후베이성 오조사에서 열린 제11차 세계선차문화교류대회에서 한국의 사원을 찾을 때마다 사원다례(寺院茶禮) 의식(儀式)을 지켜본 일본의 저명한 차인 쿠라사와 유키히로(創潭行洋)교수가 한국의 스님과 차인 앞에서 "한국의 사원에서 행해지고 있는 선차는 무엇입니까?"라는 질문을 던졌다.

사원다례의 정통성을 내심 생각하고 던진 질문이다. 근·현대로 이어져온 한국의 선차문화는 여러 부침을 겪어오면서 한국의 선종사원에서 사원다례 의식이 미미하게 전승되어왔음이 간파하고 던진 질문이었다. 그런데 선차대회의 영향으로 한국의 선차가 세계적으로 부각된 이후 동아시아 차 연구가들이 한국의 선차를 주목하게 되었다.

잊혀져간 끽다거를 깨우다

조선후기 선가에서는 조주의 차를 마시고 화두(話頭)를 들고 영혼에게 차를 올릴 때 조주의 선풍을 강조해왔다. 차 한잔을 마시고 깨우치라는 선어들이 있듯 한국 선가에서는 조주 선사를 이 추앙했다. 당시 승당(僧堂)에는 조주다풍이 유행할 정도로 조주 선사를 높이 받들었다. 그렇게 조선후기까지 조주를 높이 받들었던 조주다풍이 어떤 모습으로 전승되어왔는가를 살피기 위해 1999년 여름날 조주 선사가 끽다거를 전승한 허베이 땅을 찾아갔을 때 끽다거의 존재마저 희미해짐에 충격이 아닐 수 없었다. 중국불교협회 회장을 지낸 고(故) 자오푸추(趙樸初) 거사는 "부질없는 수천수만 가지 게송보다 차 한잔 마시고 가는 것이 낫다[萬語與千言 不外喫茶去]'고 의미 있는 차어를 남길 정도로 차를 매우 중요시했다. 그런데 1999년 여름 옛 조주 땅을 찾아갔을 때 끽다거의 존재마저 희미했다. 그 같은 역사성이 희미해져 감을 통탄하고 선차를 세상 밖으로 전해야겠다는 사명감을 갖고 허베이성 백림 선사를 수십 차례 찾아갔다. 당시 나에게 힘을 실어준 선승은 백림 선사 방장 징후이(淨慧) 선사였다. 2000년 초반 중국 선종사원의 자취를 탐구하는 모습을 지켜본 징후이 선사는 다음과 같은 명언을 남겼다.

"최석환(崔錫煥) 선생은 한·중 양국의 불교계와 차계를 수년간 분주히 오가며 차문화와 선문화 발전에 노고를 아끼지 않고 있다. 나는 그의 헌신적 정신과 원대한 식견에 감동하여 위와 같은 선어를 남기게 되었다. [崔錫煥先生多年來奔走于中韓佛敎界與茶文化界之間, 爲推動茶文化與禪文化 的傳播 不辭勞苦, 辛勤耕耘, 我十分欽佩他的獻身精神與遠見卓識, 謹以數語爲]"

이 같은 말을 남긴 징후이 선사가 힘을 실어주어 당시 어려웠던 중국 선차계를 움직일 수 있었다고 보여진다. 그 후 징후이 선사의 혜안으로 2001년 10월 백림 선사 조주탑전 앞에 '조주고불선차기념비'가 건립되면서 중국 선차가 깨어났다.

석옥청공 차맥 고려로 전해준 태고보우(太古普愚) 국사

한국의 선차의 연원은 신라 말기(末期)에 당나라로 입당구법승(入黨求法僧)에 의해 차와 선을 이어와 신라에 다풍이 퍼져나갔다. 그 시기 입당구법승들이 장보고(張寶皐, ?-846) 선단을 통해 대거 귀국(歸國)하여 신라 말 구산선문(九山禪門)이 형성되어갔다. 그중 조주종심 선사와 법형제 되는 철감도윤(澈鑒道允) 선사가 전남 화순의 쌍봉란야(雙峰蘭若)에서 사자산문(獅子山門)을 열고 마곡보철(麻谷寶徹) 선사의 법을 받은 무염(無染) 국사가 보령(保寧)에 성주산문(聖住山門)을 열고 염관제안(鹽官齊安) 선사의 법맥을 이은 범일(梵日) 국사 등이 속속 귀국하여 선(禪)과 차(茶)를 이어가면서 비로소 신라에 차문화(茶文化)가 형성되어갔다. 신라와 고려로 이어져간 선차문화는 고려 말의 태고보우 국사가 원(元)나라로 들어가 석옥청공(石屋淸珙) 선사로부터 임제(臨濟)의 법을 이어와 한·중선차문화교류사의 중요한 역할을 하게 되었다.

충목왕(忠穆王) 3년(1347) 뱃길을 따라 홀로 하무산 찾아가 강호의 눈 밝은 선지식인 석옥청공 선사가 천호암에 홀로 앉아 자연을 벗 삼아 살아가고 있을 소식을 듣고 하무산을 찾아가 첫눈에 계합되어 임제의 18대 법손 석옥청공 선사부터 인가를 받았다. 청공 선사가 태고보우에게 "금린이 곧은 낚시에 올라온다(有金鱗上直鉤之句)."라는 게송(偈頌)을 전승하면서 태고보우는 임제의 19대 적손으로서 임제종의 법맥을 이어온 유일한 선사로 평가된다. 그때가 고려 충목왕 3년(1347)이었다. 그간 태고 보우국사가 잊혀지다가 660년이 지난 뒤 1996년 9월 임제종의 법손들이 하무산을 찾아가 오늘에 이르러 다시 발굴되어 관심을 모으면서 태고보우가 한·중차문화교류사의 이정표를 세웠다.

오늘날 태고보우가 깨어난 것은 중국 저명 차 연구가인 커우단(寇丹) 선생과 내가 의기투합하여 두 사람은 민간 차문화의 사자(使者)가 되어 태고보우와 석옥청공이 세상에 드러났다. 그때가 2004년 9월 한국 동아시아선학연구소 소장, 《차의 세계》 발행인 최석환 선생이 후저우에 차를 조사하러 갔을 때 커우단 선생과 차인 주민(朱敏) 여사가 차 한 잔을 앞에 놓고 후저우의 차문화 역사, 당시의 차사(茶史)를 논의했다. 그중 후저우 묘서(妙西) 하막산(霞幕山)의 하무차와 석옥청공과 태고보우 간의 전법과 사적을 언급하였다. 두 사람은 다담이 오고 가다가 일대설전이 벌어졌는데 당시의 상황을 커우단 선생이 〈후저우신문〉에 기고하여 세상에 알려졌다.

"후저우 사람들에게 물었더니, 석옥청공에 대해 아는 사람이 적거나, 또는 전혀 모르니 정말 이상합니다. 그분의 이름은 한국의 비석이나 옛날의 중국에도 있는데, 그분이 참 후저우 인이 아닌가요."

커우단 노사는 "〈후저우신문〉에 여러 번 소개되었으나, 다만 계통적 연구가 부족했지요. 그분이 암자(庵子)를 짓고 있었던 하무산(霞霧山)에는 나도 두 번 갔고 한국인 친구들도 갔었습니다."라고 설명했다. 그때 나는 커우단 노사에게 질문을 던졌다.

"석옥이 심은 15그루의 차나무가 아직도 있는지요?"

"750여 년 전에 심은 차나무가 어떻게 아직도 있겠어요." 커우단 노사가 답했다.

이 같은 선문답(禪門答)이 이루어진 뒤 두 사람이 힘을 하나로 모아 민간차문화교류사의 사표(師表)가 되어 태고보우가 한·중차문화교류의 중심에 서게 되었다.

새롭게 드러난 선차의 편린들

이 책에서는 새롭게 밝혀진 차사들이 많다. 추사(秋史) 김정희(金正喜)가 초의 선사에게 전한 명선(茗禪)은 백석신군비(白石神君碑)를 필의(筆意)로 명선이 탄생했다. 그간 백석신군비의 실체를 잊고 있다가 내가 처음 세상에 알렸다. 그때가 2007년 여름이었다. 흥미로운 사실은 백석신군비의 소장처인 한비당(漢碑堂)은 조주가 끽다거를 전파한 허베이성 백림 선사와 가까운 거리에 있다는 점이다.

중국 허베이성 위엔시현(元氏縣) 봉룡산(封龍山)의 천불동(千佛洞)의 한비당(漢碑堂)의 문을 열고 들어서니 창문의 빛이 반사되어 '백석신군비'가 선명하게 드러났다. 이 비는 조선후기 명필(名筆)로 이름을 떨친 추사 김정희가 제주도에 유배 갔을 때 초의 선사가 보낸 햇차를 받고 감격하여 백석신군비 필의로 명선을 초의 선사에게 보내면서 유명해졌다. 그간 백석신군비 탁본만 세상에 공개되었지만 실제로 원석이 공개되기는 처음이다. 그때가 2007년 8월 4일이었다. 내가 이 비석을 처음으로 세상에 공개하자 서법계에서 이제야 추사의 실체가 드러났다는 다양한 논쟁들이 벌어졌다. 그 같은 현실을 지켜보면서 사명감을 가지고 선차를 더욱 매진하게 되었다. 선차를 연구하다가 신라의 구법승인 무상 선사가 중국에 들어가 선차지법을 제창하면서 선차의 비조가 되면서 더욱 매진했다. 자료를 추적하다가 다선일미를 제창한 원오극근 선사가 다선일미가 무라다 슈코(村田珠光)를 통해 일본 교토의 다이도쿠지(大德寺)에 묵보(墨寶)로 소장된 사실이 지금까지 정설로 알려져왔는데 다선일미를 추적하면서 일본에 원오극근(圓悟克勤) 선사의 묵적(墨跡)이 소장되지 않았다는 실체가 밝혀졌다.

1990년대 말기의 한국의 선차 태동기

천여 년 전 선차가 동류(東流)하여 다시 중국으로 들어가 선차를 깨우면서 차의 중심으로 자리 잡아갔다. 한국에 선차가 쇠퇴하게 된 원인은 일제강점 시기 일본식 다도가 한국 차문화의 중심을 이루면서 선차는 잊혀져갔다.

20세기(1901-2000)가 저물어갈 즈음 잊혀져갔던 선차가 깨어나게 된 것은 차사의 중요한 사건이라고 말할 수 있겠다. 당시 한국에서도 선차는 잊혀져갔을 때 중국 선차계를 움직여 선차가 꿈틀거리기 시작했다. 타이완(대만)의 불광산사의 싱운(星雲) 대사가 남긴 명문장에서도 분명하게 드러난다. "한국이 차와 선을 훌륭하게 계승하고 발전시키는 것은 실로 훌륭한 안목을 지닌 것입니다."

이 말은 싱운 대사가 2007년 4월 불광산사(佛光山寺)에서 열린 제2차 세계선차문화교류대회의 개막식에서 남긴 법어이다. 조선후기로 접어들면서 차를 중흥시킨 다산(茶山) 정약용(丁若鏞)과 추사(秋史) 김정희(金正喜. 1786-1856), 초의의순(艸衣意恂. 1786-1866)에 의해 인멸되어간 차문화를 중흥시켜갔다. 《선원청규(禪苑淸規)》에 한국 선차의 맥(脈)이 단절된 것은 일제강점기를 거쳐 사찰에서 선차가 사라져가고 있던 때에 경봉(鏡峰) 선사와 효당 최범술(崔凡述, 1904~1979) 스님 등에 의해 조금씩 보급해왔던 것이 최근에는 크고 작은 다도회(茶道會)가 무수히 생겨나고, 사찰에서도 차를 마시지 않는 곳이 없을 정도로 차 인구는 많이 늘어났으나 한국 선차의 정신은 쇠미하여 다시 중흥해야 할 과제를 안고 있다.

1970년대 말 차문화 운동이 일어나 초의 선사가 주석했던 일지암(一枝庵)이 차인들의 노력으로 복원(復元)되어갔다. 그 중심에는 명원 김미희 여사가 일지암 복원에 적지 않은 영향을 끼쳐왔다. 1980년대로 접어들면서 차문화 운동이 확산되어갔다. 그 후 2005년 중국에서 처음으로 끽다거의 발원지인 백림 선사에서 선차대회가 열리면서 '선차'라는 말이 대중 곁으로 다가섰다.

일찍이 일본은 무라다 슈코를 통해 원오극근의 다선일미가 담긴 묵적이 일본으로 전승되어 다선일미를 논할 때 일본이 한 수 위였다.

선차의 발원지인 중국 불교계에서도 선차가 종교적 영역으로 자리매김되어 대중 가까이 다가갈 수 없었다.

한·중 수교 10년이 지난 2000년대 초반 중국을 찾아가 끽다거를 깨우면서 차와 선이 세상에 드러났다. 당시 한국에서는 조선후기 다승으로 이름을 떨친 초의 선사를 차의 중흥조로 추앙하고 있을 때였다. 당시 선차는 불가나 차가에서조차 차와 선을 동일하게 보지 않았다. 그러다가 2001년 가을 신라의 구법승 중 무상 선사가 중국 오백나한 중 455번째 조사의 반열에 오른 사실이 밝혀진 이후 무상 선사가 선차지법을 제창한 사실이 드러났다.

선차를 말할 때 다산, 추사, 초의를 거론하고 있는데 이 책에서는 무상(無相) 선사, 구산선문(九山禪門)의 구법승, 고려 중기의 대각국사(大覺國師) 의천(義天), 고려말 태고(太古) 보우(普愚) 국사, 조선 초기의 매월당(梅月堂) 김시습(金時習), 조선후기의 초의(艸衣) 선사와 근대의 고승 염다래(拈茶來)를 주장한 경봉(鏡峰) 선사에 이르기까지 천 년간 이어져간 주옥같은 다승을 총체적으로 기록했다.

20년 전 잊혀져간 선차를 깨워 동아시아 차의 중심으로 떠오르고 있는 한국 선차의 맥을 기록한 점에서 일본 다도를 탈피 본래 한국 선차의 진면목이 이 책에 담겨 있다고 말할 수 있겠다.

목차

서문 | 진제

발간축사 | 의정, 석성우, 홍파, 김종규, 공종원

발간에 부쳐 | 김의정

책 머리에

시작하는 말

제1장 선차의 새벽을 열다

1. 하늘이 열리고 땅이 열리던 날 선차가 시작되었다　45
2. 한국 선차문화의 여명기　51
3. 잊혀진 끽다거(喫茶去)를 깨우다　57
4. 신선(神仙)의 선차(仙茶)에서 깨달음(悟道)의 선차(禪茶)　67
5. 세상 밖으로 드러난 한국의 선차　71

제2장 선차의 원류

1. 웅이산(熊耳山)에서 되살아난 달마선차(達摩禪茶)　81
2. 법랑의 선(禪)이 사조사에서 다시 일어난다　89
3. 중국 천태산 반야천에서 고구려 파야 선사가 선차를 탄생했다　97
4. 달마로부터 내려온 무상의 무명가사　107
5. 중국에 차 씨(茶種)를 전파한 신라승 김지장의 금지차(金地茶)　117
6. 한국의 선이 공공산(寶華寺) 보화사에서 연원되었다　127
7. 남전(南泉) 선사의 법인(法印)이 동국(東國)으로 간 까닭　135

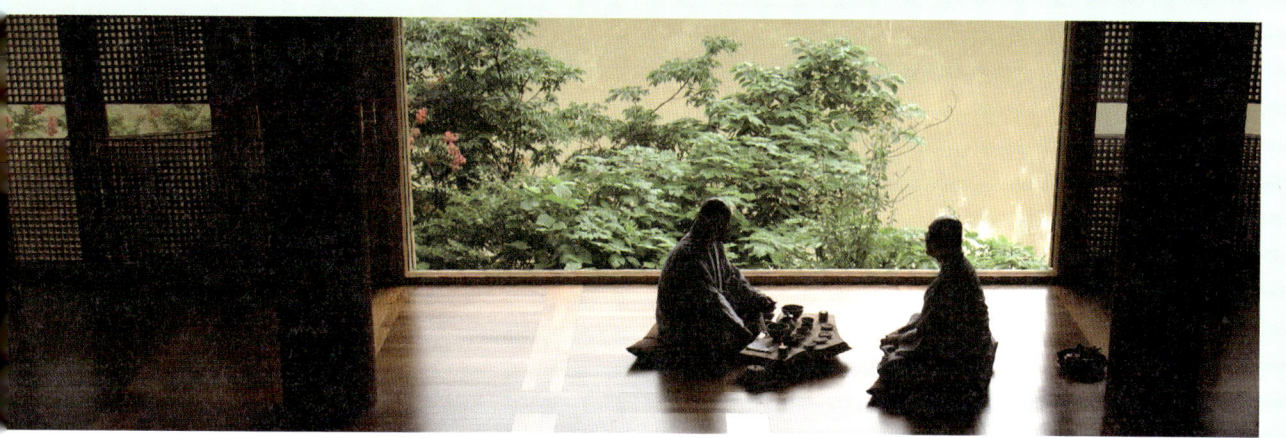

8. 칠천 선사 석비 앞에서 다례를 올리며 선현에게 예를 올리다   147
9. 선차(禪茶)가 시작된 땅, 태산 영암사   153
10. 의춘(宜春)에서 다시 일어난 황벽의 선차(禪茶)   159
11. 석옥청공 선사의 선맥을 고려로 이어준
　　태고보우 국사의 선향이 숨 쉬는 땅 하무산   167
　　－석옥청공은 태고보우에게 금린(金鱗)을 고려로 전승하다   177

제3장 한국의 선차문화

1. 천여 년간 이어져간 한국의 선차문화   183
2. 대렴의 차 씨 천태산 귀운동에서 전래되었다   189
3. 서당지장의 차맥(茶脈)이 지리산으로 간 까닭   193
4. 고려의 차문화를 중흥시킨 대각국사 의천(義天)   199
5. 매월당 초암차 불일암에서 연원되었다   205
6. 근·현대로 이어져간 화개동천의 차맥   213

제4장 선종사원의 다풍

1. 한국의 선차가 시작된 땅 오대산 우통수   221
2. 화랑도에게 세속오계를 가르친 원광 법사   225
3. 선종사원의 채다(採茶)의식   233
4. 백장청규(百丈淸規)의 정신 계승한 백장차규(百丈茶規)   237
5. 불지종찰(佛之宗刹) 통도사(通度寺)의 차맥   243

목차

6. 승보종찰 송광사에 대대로 이어져온 차맥　251
7. 조계산 선암사의 다풍　261
8. 근현대로 이어져간 대흥사(大興寺) 다풍　269

제5장 선종다례 의식

1. 황매산 홍인 선사 대만보탑 앞에 올려진 세계평화의다례　281
2. 1200년 만에 드러난 무상선사사리탑에 최초로 올려진 헌다의식　287
3. 지리산 화엄사 사사자석탑 앞에서 연기 조사 어머니에게 차를 올리다　293
4. 세이다이사(西大寺) 대차의식 원효 무애차로부터 비롯되었다　299
5. 삼화령의 석조 미륵삼존불 앞에서 헌다의식　305
6. 500년간 묻혀버린 설잠 선사를 차로 깨우다　313
7. 조선도공의 영가들을 위한 추모 천도재　319
8. 일본으로 건너간 조선도공의 넋을 기리다　323

제6장 선차의 한류

1. 연화불국 꽃피운 지장보살 차(茶)　331
2. 백림 선사에서 만난 명원 팔정선다도　337
3. 녹차미정(綠茶味精)으로 깨어난 무원의 차문화　341
4. 500년간 이어온 황제의 차, 대홍포　347
5. '나는 이렇게 들었다(如是我聞)' 선차행다로 만나다　351

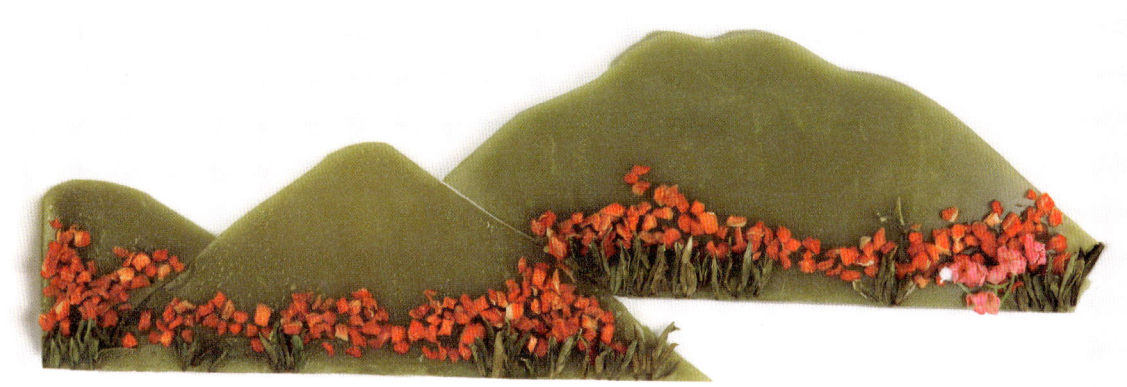

6. 독좌대웅봉 아래에서 펼쳐진 독좌(獨坐)차행법 355

제7장 선차행다의 미학

1. 무상 선사의 선차지법(禪茶之法) 행다로 걸어 나오다 363
2. 중국의 선차표연(禪茶表演) 369
3. 천관(天冠) 설법대(說法臺)에서 최초로 숙우회 만다라 차행법으로 올린 헌다의식 373
4. 세계가 주목한 반야로 본가의 독수공수선차 383
5. 염화미소에 담긴 서귀암 말차 행다법 387
6. 청명헌 '일일다반사 생활선차' 매일매일 조금씩, 일상의 즐거운 차수행 391

제8장 차와 음식의 만남

1. 차를 만나면 차를 마시고 밥을 만나면 밥을 먹는다 399
2. 우한에서 만난 선식 403
3. 일본 교토의 칸큐안에서 열린 일기일회 차회 407
4. 백양사 정관 스님의 선음식 411

부록 | 의정스님
발문 | 수만
부록 | 차맥원류도

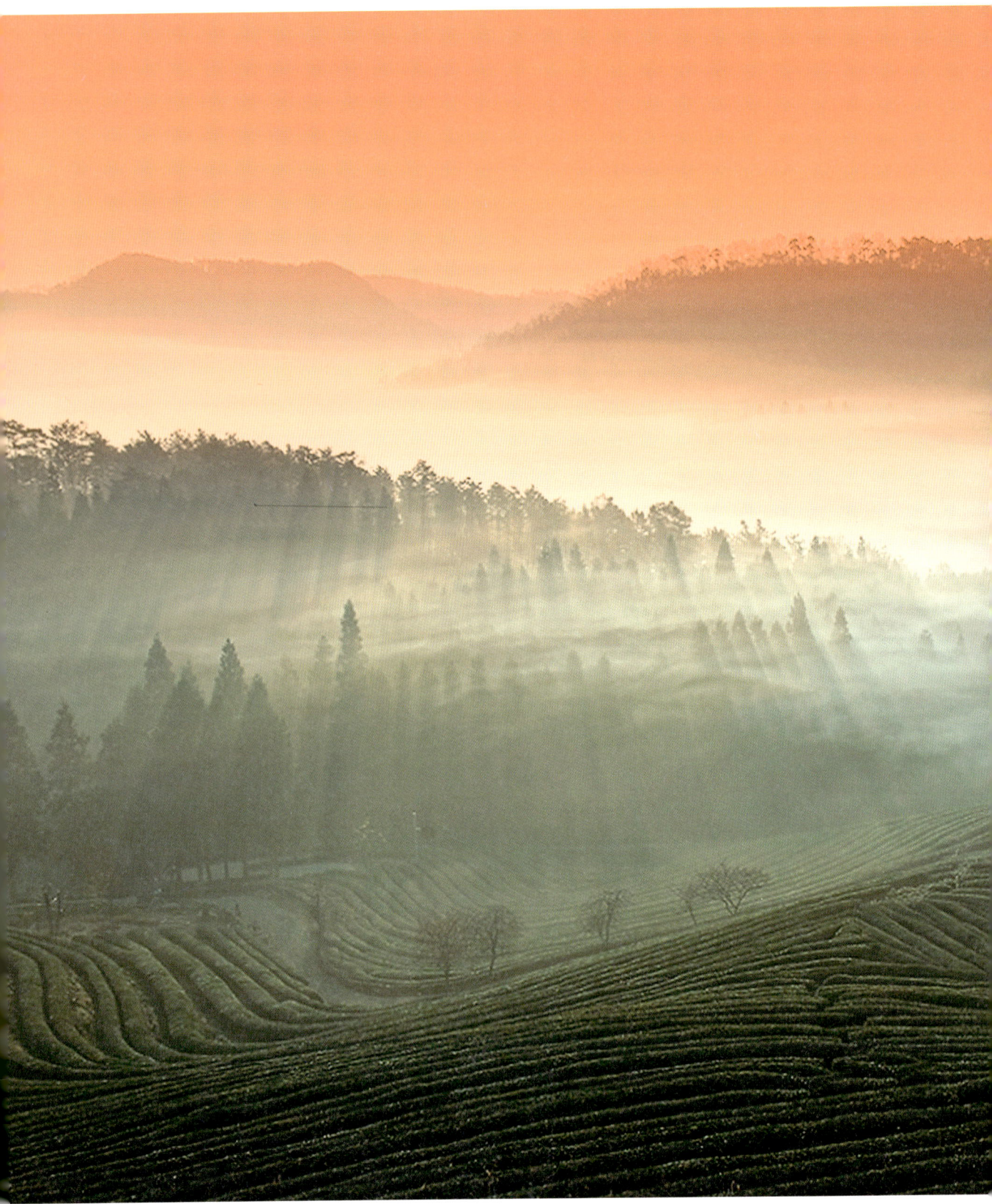
©김재필

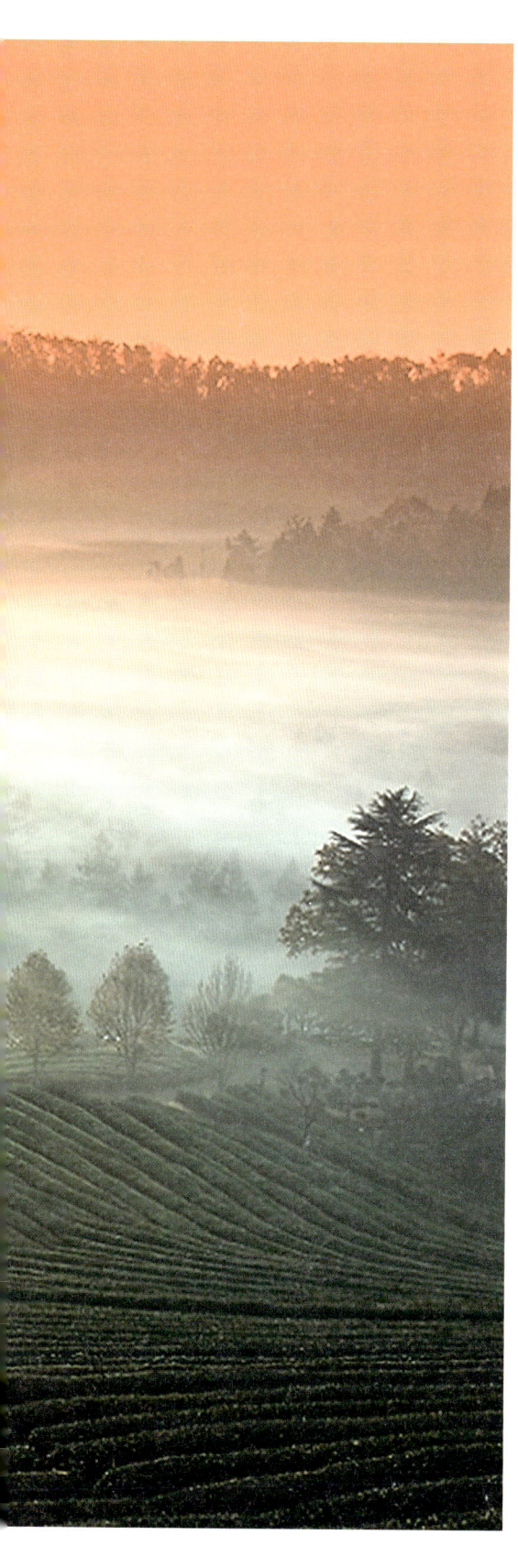

1장
선차의 새벽을 열다

운무속에 안긴 지리산 화개동천

1. 하늘이 열리고 땅이 열리던 날 선차가 시작되었다

운무(雲霧)가 걷히면서 다도(茶道)의 서막(序幕)이 열렸다

텅 빈 방안에 둘러싸인 병풍(屛風)이 열리는 순간 동자승(童子僧)이 스승에게 공손하게 차를 팽다(烹茶)하는 장면이 드러났다. 병풍 사이로 창밖의 풍경(風景)을 바라다볼 때 연화봉 자락의 산천(山川)이 운무 속에 가려져 앞을 분간할 수 없었다. 점점 가려 있던 운무가 거치면서 한 잎 찻잎이 뾰족하게 드러났다. 찻잎을 바라보니 한 방울의 물이 찻잎에 맺혀 있었다. 일창이기(一槍二旗)로 뾰족하게 올라온 찻잎을 바라보다가 문득 차와 사람의 숙명적 만남이 이루어져왔음을 발견하고 한 잎의 찻잎으로 인해 차의 무한한 생명력을 느껴왔다.

한국 차문화의 출발은 신라(新羅) 흥덕왕(興德王) 때 대렴(大廉)이 차 씨를 지리산(智異山)에 파종하면서 한국의 차문화가 태동되었다. 신라 선덕여왕(善德女王) 때부터 차문화가 있었으나 흥덕왕 때 비로소 성행했다.

흥덕왕은 대렴이 가져온 차 씨를 지리산 자락에 파종하게 했다. 그 차의 원류는 중국 저장성 천태산 귀운동 연화봉 남록의 천 년을 지켜온 차수라고 밝혀졌다. 천태산 귀운동은 오(吳)나라 때 갈현(葛玄, 164~244)이라는 도인이 천태산 귀운동에서 차를 심어 가꾸고 이를 대대로 전승했다. 대렴이 한국 땅에 차 씨를 전파한 천태산 귀운동을 찾아갔을 때 운무가 가리워져 앞을 분간할 수 없었다. 점점 먹구름이 거치더니 하늘이 열리고 새로운 세상이 펼쳐지듯 차나무 잎에서 뾰족하게 올라왔다. 바로 천태산 귀운동의 차수가 동쪽 바다를 건너 다도의 서막이 열렸던 그 역사적 현장에서 천 년의 차향이 느껴졌다. 문득 콜럼버스가 드넓은 바다를 건너 신대륙(新大陸)을 발견했듯이 달마가 눈꺼풀을 던져 차나무가 탄생하여 차의 새로운 세상이 열리게 되었다. 선차의 새로운 세상이 열렸다.

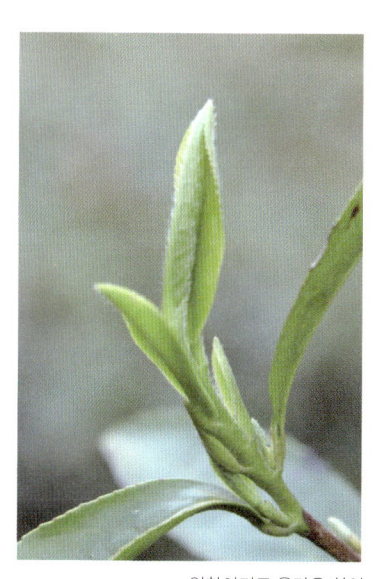

일창이기로 올라온 찻잎

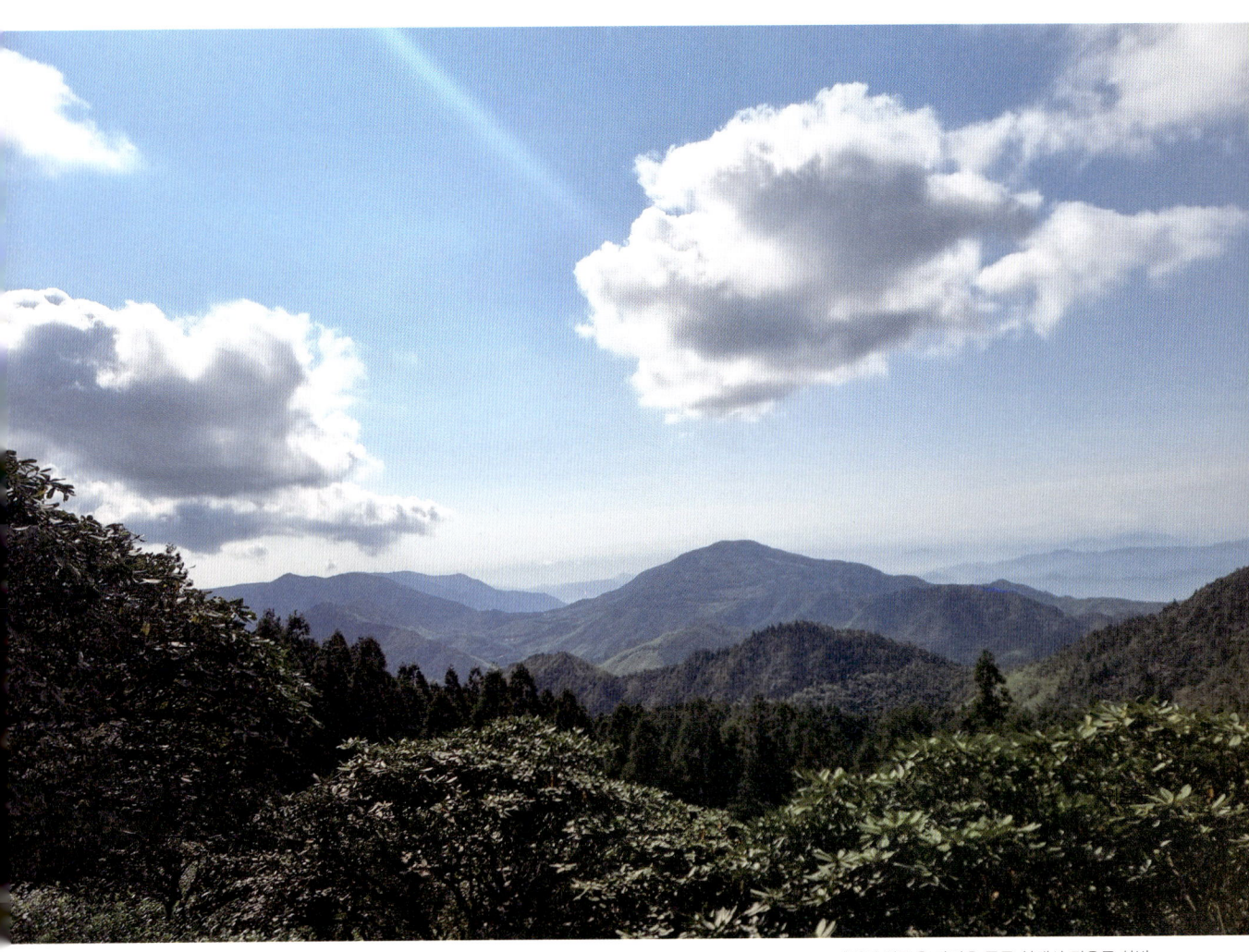

대렴이 차종을 가져온 중국 천태산 귀운동 차밭

한잔의 차에 빠져버린 선차의 길

30여 년 전 차를 말하는 사람들은 차와 선은 별개인데 왜 차와 선을 한맛(一味)으로 결부시키려 하느냐는 여론이 일어났다. 선은 동양(東洋) 정신문화의 진수(眞髓)라면 차는 1천여 년간 우리 정신문화의 큰 봉우리였다. 30여 년 전 선차 추적은 우연히 이루어졌다. 고려(高麗)말 태고보우(1301-1382) 국사의 흔적을 쫓아 육우(陸羽)《다경(茶經)》의 고향인 저장성(浙江省) 창씬현(長興縣) 인근에 있는 후저우(湖州) 묘서진 하무산(霞霧山)을 찾아갔을 때 왕쇼촨(王小犬) 노인과 맞닥뜨렸다. 노인을 나를 보자마자 개완잔에 찻잎을 넣고 차를 우려냈다. 그 차 맛을 보는 순간 향긋한 차향이 온몸으로 느껴졌다. 그렇게 석옥청공(石屋淸珙, 1272-1352)선사가 마신 운무차를 맛보는 순간 선차와 숙명적 만남이 이루어졌다.

하무산에서 선차의 의미를 깨닫고 한국선종사찰의 금석문에 뚜렷하게 차와 선이 담긴 명문이 곳곳에 남아 있다.

"김립지(金立之)가 찬한 《성주사사적기(聖住寺事績記)》에 "차(茶)와 향(香)을 두 손으로 높이 받들어 올린다는 차향

수(茶香手)와 삼신산(三神山) 쌍계사(雙溪寺)의 '진감국사비(眞鑑國師碑)'에 한명(漢茗, 한나라 차를 말함)과 원주 법천사(法泉寺) 지광(智光) 국사 동차(東茶)와 보림사의 '보조체징선사비'에 차약(茶藥)이란 차어들이 등장한다. 이렇게 무수히 많은 금석문(金石文)에서 차와 선의 흔적들이 드러났는데도 그간 잊혀졌다. 잊혀져간 선차를 들고 나오자 차계 원로로부터 "잊지도 않은 선차를 들고 나와 차계을 혼란에 빠뜨린다"는 질타을 받아왔던 기억이 주마등처럼 스쳐갔다. 잊혀져간 선차를 추적하게 된 것은 2001년 가을 무상(無相) 선사가 중국 오백나한(五百羅漢) 중 455번째 무상공존자에 오른 사실을 발견한 다음부터 사명감을 갖고 선차를 추적했다. 더욱이 보다 100년 앞선 기 지장왕보살(地藏王菩薩)로 추앙받고 있던 김지장 스님이 중국에 구법길에 올랐을 때 신라의 차종을 가지고 구화산에 파종한 뒤 금지차로 오늘까지 전승된 사실을 발견하고 일본의 다선일미(茶禪一味)를 뛰어넘어 선차가 차의 중심으로 이동하여 중국 선종사찰을 찾아가 선차의 자취를 추적하여 선차의 자취를 하나씩 밝혀내어 오늘날 한국의 선차가 동아시아 차사에서 중심으로 자리 잡게 되었다.

잊혀진 선차를 깨우다

천 년을 이어져간 한국의 차문화는 신라·고려 때 화려하게 발전되어가다

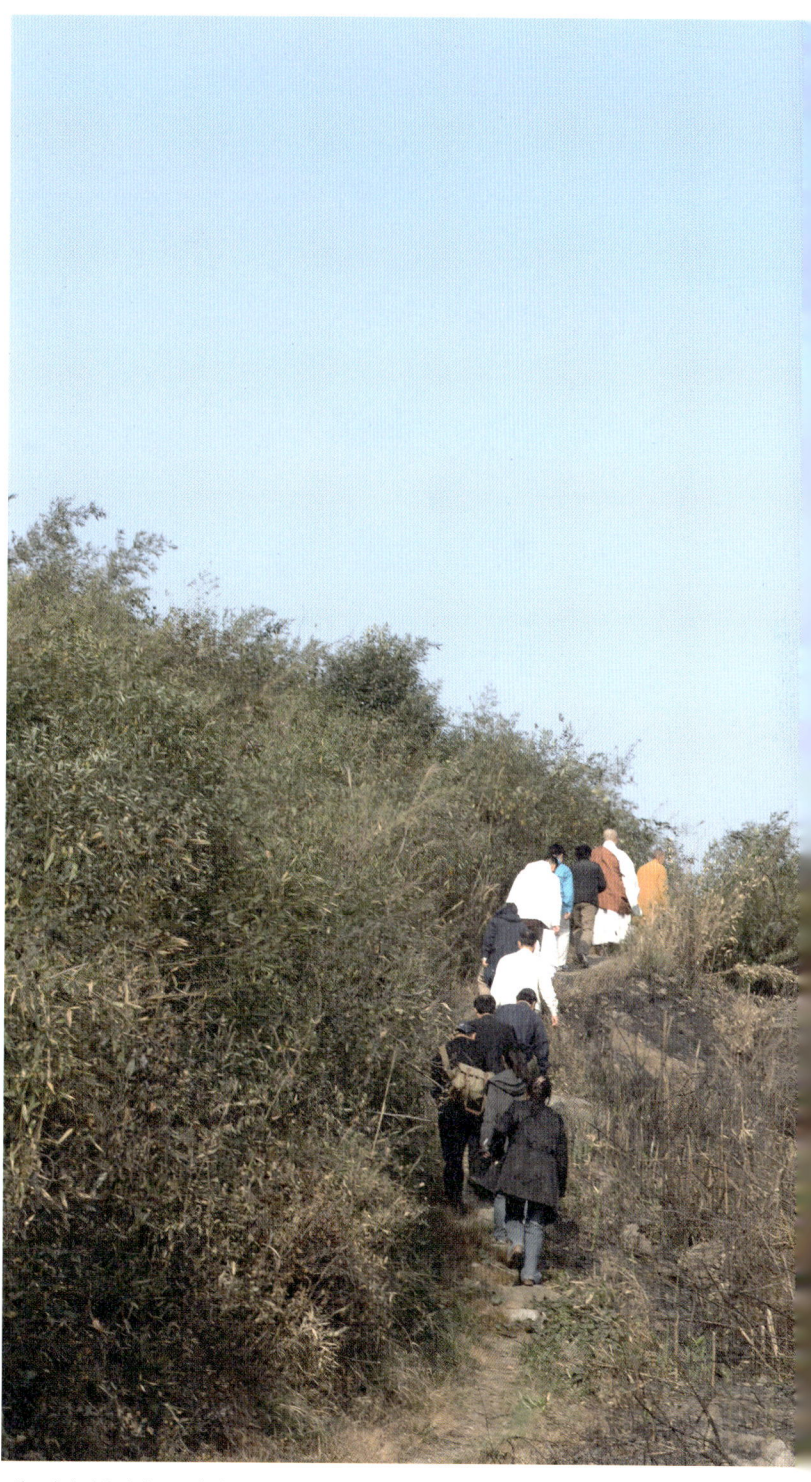

태고의 숨결을 따라 중국 후저우 하무산을 찾아간 순례의 길

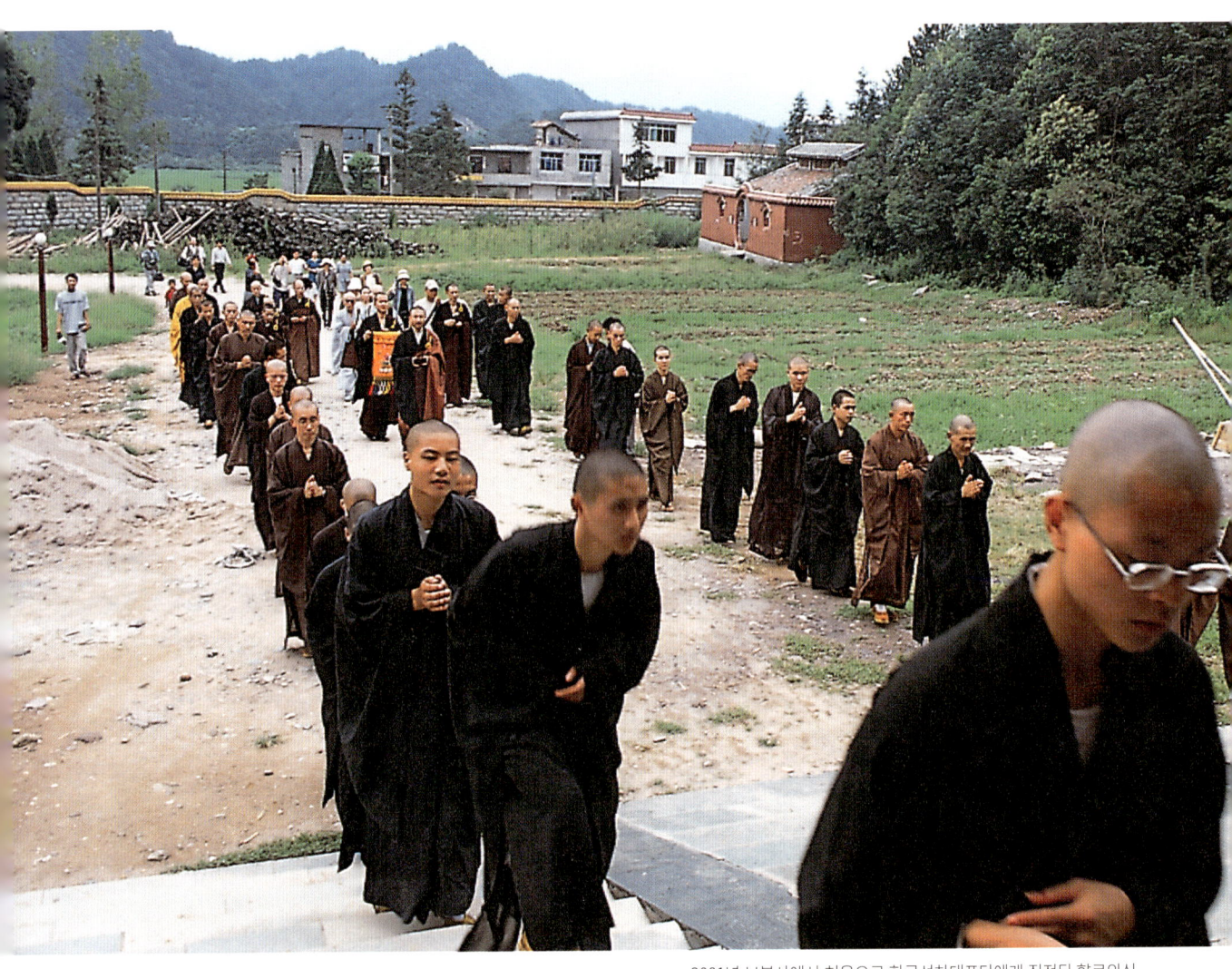

2001년 보봉사에서 처음으로 한국선차대표단에게 집전된 향로의식

가 고려왕조가 멸망하고 조선(朝鮮)이 개국한 후 고려의 음다 풍습인 찻잎을 가루내어 마시는 점다법(點茶法)이 전다법(煎茶法)으로 변화되었다. 조선후기 일본이 조선을 점령하여 황국식민화(1937-1945)를 거치면서 차문화는 쇠퇴되어갔다. 그나마 조선의 차는 선종사원의 승려들에 의해 명맥을 유지해왔다. 그런데 선가의 다풍은 전승되어왔으나 선종사원의 다례인 보차의식(普茶儀式)과 선차의 맥이 단절되어갔다. 그나마 조선후기 차를 중흥시킨 초의 선사에 의해 차문화가 선가를 중심으로 형성되어갔다. 그런데 1971년 2월 이우성(李佑成) 교수가 성균관대 학술조사단을 이끌고 강진(康津)과 해남(海南) 일대를 답사하고 돌아와 다산 정약용(丁若鏞)이 유작과 대흥사(大興寺)에 보관되어 왔던 팔폭 병풍이 전부였다고 밝힌 바 있다. 당시 선차의 흔적들은 찾아볼수 없었던 시기였다. 유일하게 사원에 전승되어온 제다법만이 남아 있었다.

오랜 기간 쇠퇴해간 선차의 흔적을 찾아 역사적으로 복원해야겠다는 생각을 가진 때는 1997년이었다. 금석문

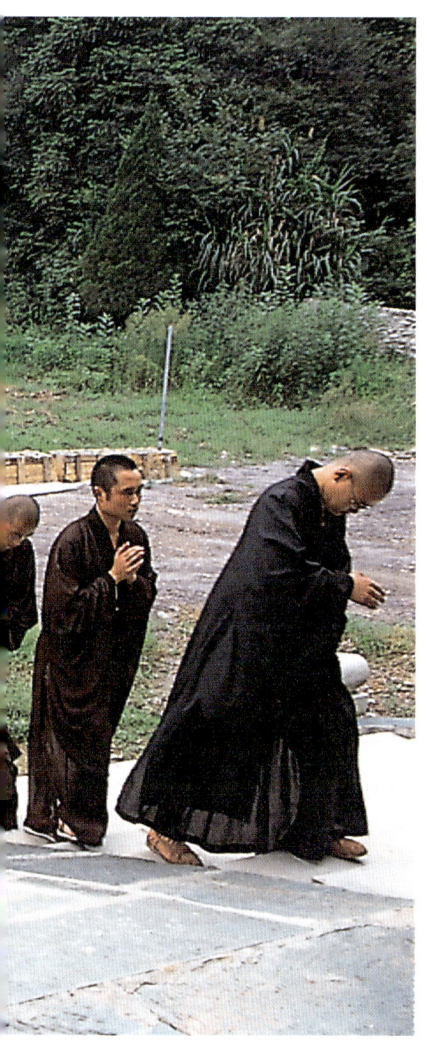

에 나타난 차에 관련된 유적들을 하나씩 찾아나서면서 선차에 대한 사명감을 갖게 되었다. 그러다가 중국이 개혁개방 정착으로 중국이 개방되어 내가 1999년 겨울 남종선의 발상지인 중국 장시성 난창(南昌)의 우민사(佑民寺)를 찾아가 선차를 깨웠다. 새롭게 주지를 맞은 춘이(純一) 스님을 찾아가 도의(道義)·홍척(洪陟)·혜철(慧哲)의 자취를 찾아왔노라고 말하자 자료를 뒤적이면서 밝은 미소로 머금으며 "우리가 잊고 있던 홍주선(洪州禪)의 선맥을 깨우쳐주어 고맙다"는 인사를 건넨 뒤 함께 손잡고 노력해보자는 답이 돌아왔다. 그 뒤 곧바로 보봉사(寶峰寺)를 찾아가 보봉사 방장 이청(一誠) 스님에게 인사를 드리고 남종선과 신라 선문의 자취를 찾아왔노라고 말하자 기뻐하며 다음과 같은 말을 남겼다.

"한·중 두 나라 사람들의 우호관계는 마치 흐르는 물과 같이 이어져 갔다고 말한 뒤 그대가 선종의 법맥을 추적하기 위해 이렇게 찾아온 것은 한국인으로 처음이오. 내 상좌(純一)에게 지시할 터이니 앞으로 마조의 홍주선 선양에 함께 노력해봅시다."고 감격의 말을 전해왔다. 그렇게 중국과 한국의 우호관계는 흐르는 물처럼 이어져갔다.

2000년 여름 이청 스님과 잊을 수 없는 일대 사건은 마조(馬祖) 선사가 열반한 보봉사 산문에 이르렀을 때 보봉사 대중 스님이 수십 명이 산문까지 보차의식을 거행했다. 향 하나를 들고 부처님께 다가가는 의식인데 중국에 사원다례 의식이 남아 있는 것을 발견하고 중국 선차의 중요성을 깨달았다. 향 하나를 들고 부처님께 다가가 간절하게 법당 앞에 나아가 향을 올린 뒤 곧바로 보차의식이 거행되던 날 차를 앞에 놓고 거량하는 장면을 처음 접했다. 이처럼 보차의식이 중국의 선종사원에 천 년을 이어져왔음을 보고 자신감을 갖게 되었다.

그렇게 잊고 있던 선차가 중국에서 깨어나면서 차를 선에 담아 세상 밖으로 걸어가게 된 것은 또 다른 차의 세상이 펼쳐졌다고 볼 수 있겠다.

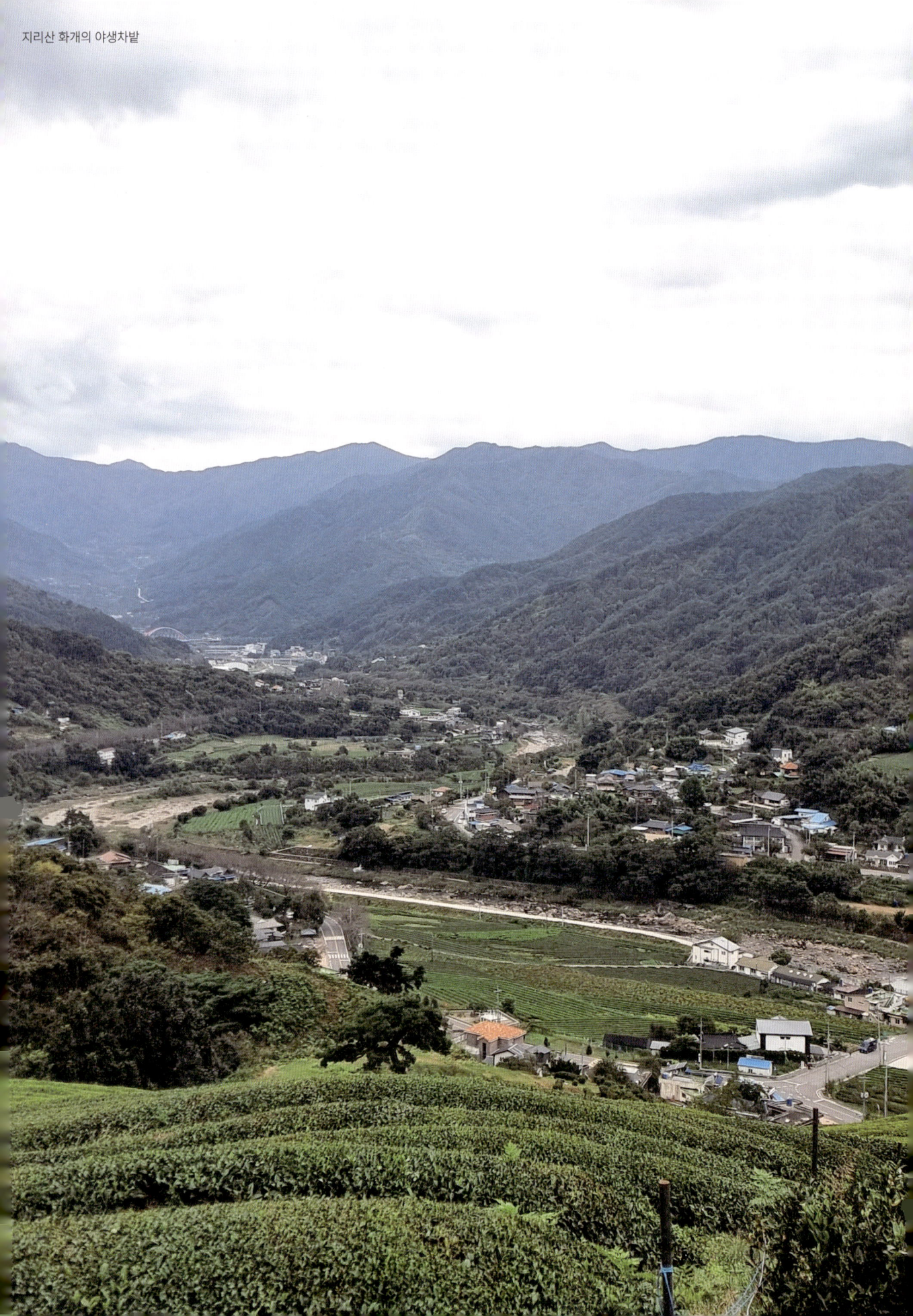

지리산 화개의 야생차밭

2. 한국 선차문화의 여명기

차는 풀의 성현이며 곧 선(禪)이다

5천 년 전 염제(炎帝) 신농씨(神農氏)가 온갖 풀을 맛본 뒤 72차례나 중독되어 죽어가고 있을 때 푸른 잎이 입안으로 들어가 배 속의 위아래로 세척하여 깨끗해졌다. 그것이 바로 찻잎이었다. 신농(神農)이 맛본 신물(神物)은 단장초(斷腸草)라 불렸다. 찻잎으로 생명을 구한 신농을 의약(醫藥)의 신으로 다신(茶神)으로 불렸다. 육우의 《다경(茶經)》에 "차를 마시게 된 것은 신농으로부터 비롯되었다"라고 말하고 있다. 신농으로부터 차가 시작되어 달마(達摩)가 뱃길로 인도(印度)에서 동토(東土)로 건너와 숭산(崇山) 소림사(少林寺)로 들어가 9년 면벽 중 졸음이 몰려와 눈꺼풀을 던져 차나무로 자라나면서 선과 차가 시작되었다.

이능화(李能和)의 《조선불교통사(朝鮮佛敎通史)》에 "차는 풀의 성현이며 곧 선(禪)이다. 현미(玄微)한 도(道)와 청화(淸和)한 덕이 있기 때문이다"라고 말했다. 중국 당나라 때 조주종심선사(趙州從諗禪師)는 보통, 사람을 만나면 문득 "차나 마시고 가게[喫茶去]."라고 하였다. 이로부터 조주의 차는 세상에서 성행하게 되었고 다도(茶道)는 마침내 선에 붙게 되었다.

천 여 년간 이어져간 선차는 입당구법승이 법을 구하려 당나라로 들어가 선문 조사로부터 심인(心印)을 얻어 마침내 선차의 맥이 동쪽나라[東流之說]로 들어와 선종의 다풍을 크게 발전되어갔다. 선차가 발전되어갈 때 "차를 만나면 차를 마시고 밥을 만나면 밥을 먹는다."는 평상자연(平常自然)을 참선(參禪)의 첫걸음으로 여기면서 선승(禪僧)들은 다선일여(茶禪一如)를 실천해갔다.

차와 선이 한배를 타게 되면서 차를 말하는 사람이나 선을 말하는 사람 모두가 차를 앞에 놓고 선차를 말하게 되었다.

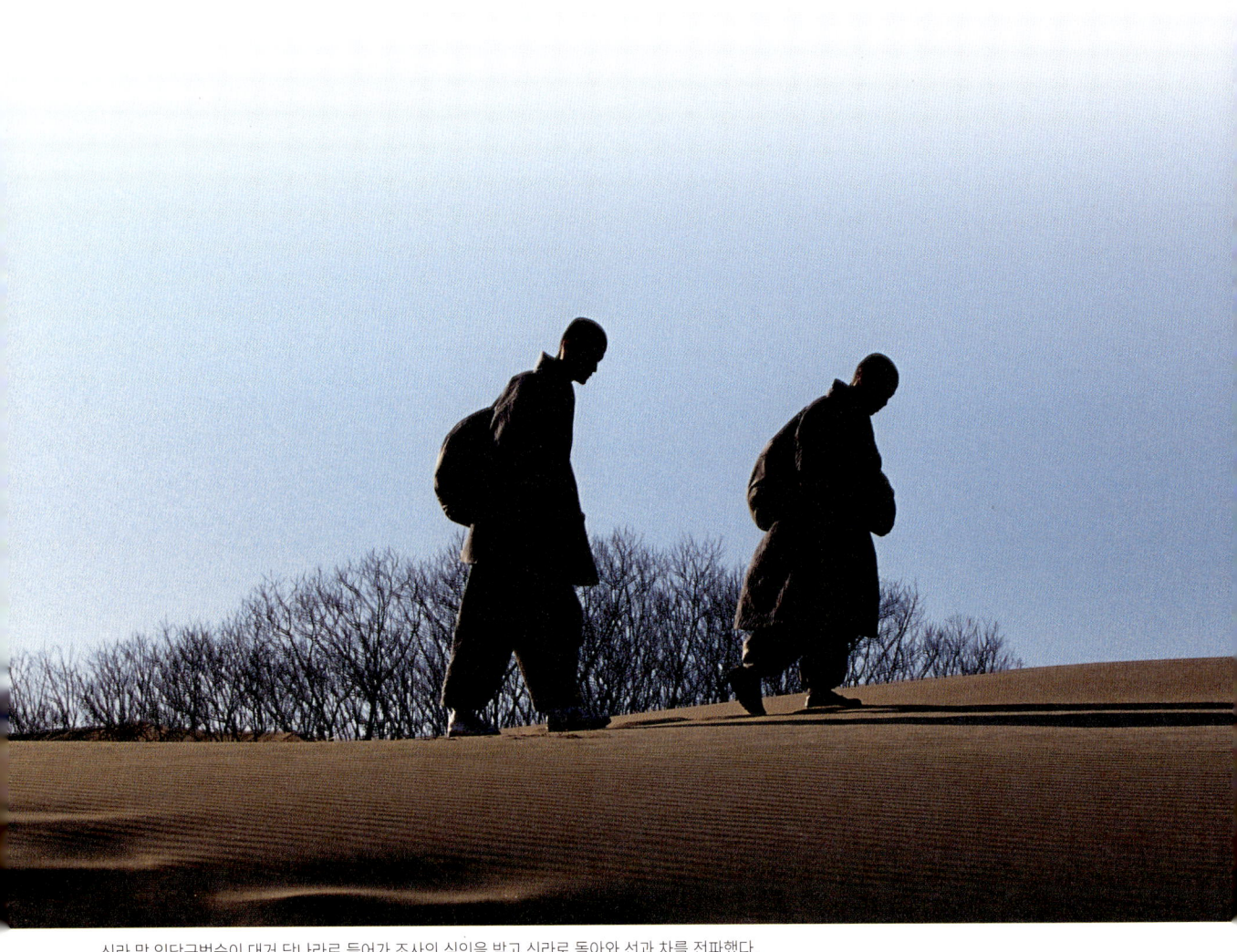

신라 말 입당구법승이 대거 당나라로 들어가 조사의 심인을 받고 신라로 돌아와 선과 차를 전파했다.

중국의 선맥 이어간 동류지설(東流之說)

달마사 눈꺼풀을 던져 차나무가 자라나 선차가 탄생했다. 당시 중국의 선종계는 선법(禪法)이 동쪽으로 흘러간다는 참설(讖說)이 크게 유행하면서 앞을 다투어 입당구법승이 중원으로 건너갔다.

신라 출신의 제자를 길러낸 서당지장, 남전보원(南泉普源), 마곡보철(麻谷寶徹), 운거도응(雲居道膺) 등이 신라인을 제자로 인가(認可)하여 자신의 법이 동쪽나라에 꽃피워지길 염원했다. 동류지설을 실현한 입당구법승 중 주목할 만한 인물로는 성주산문(聖住山門)을 개창한 무염(無染) 국사가 장경 초에 당나라로 건너가 낙양(洛陽)을 거쳐 불광사(佛光寺)에 이르렀다. 그때 중국의 이름난 선승 여만(如滿) 선사가 무염을 맞이했다. 그에게 도(道)를 물으니 부끄러운 어조(語調)로 "내가 많은 사람을 겪었으나 그대와 같은 동국인(東國人)을 본 적이 없네. 만약 중국에 선법(禪法)

© 선암 석인철

이 사라지면 그대와 같은 동이(東夷)에게 물어야 할 것이오."라고 말한 뒤 마곡산의 마곡보철 선사를 찾아가라고 일렀다.

무염은 여만(如滿) 선사의 말을 쫓아 마곡산(麻谷山)에 이르렀다. 마곡이 무염을 보자 다음과 같이 말하였다.

"나의 스승 마조도일(馬祖道一) 선사께서는 나에게 유촉(遺囑)하시길 '만일 동쪽 사람이 눈에 띄게 두드러진 이를 만나거든 그를 이끌어라. 그러면 지혜의 강물이 서해(西海)에 넘치게 되리라. 그 공덕(功德)이 적지 않으니라."

스님의 말씀이 맞도다. 나는 그대가 온 것을 환영하여 다시 동토(東土)에서 으뜸가는 선문을 세우게 하노니 가거라. 기꺼이 가거라" 하며 인가했다.

무염(無染)은 마곡보철 선사로부터 선맥을 이어 구산선문(九山禪門) 중 성주산파(聖住山派)를 개창(開創)한 무염 국사의 선과 차가 바다를 건너 신라 땅에서 꽃피웠다. 일찍이 동류지설을 주목한 중국불교협회장을 지낸 이청(一誠) 스님은 "한 · 중 두 나라의 사람들의 우호관계는 마치 흐르는 물과 같이 끊임이 없었다. 또한 불교는 이러한 유대관계의 문화면에서 줄곧 작용해왔다."고 2000년 8월 난창(南昌)에서 열린 〈강서선종과 신라선문에 관한 학술대회〉에서 입증시킨 바 있다. 이처럼 천 년이 지난 이후에도 여전히 중국의 선법이 동쪽에서 꽃피워졌음이 이청 스님을 통해 증명되었다. 이청 스님은 장시성(江西省) 난창(南昌) 보봉사(寶鋒寺), 진여 선사(眞如禪寺) 방장으로 서당지장 선사가 신라인 도의, 홍척, 혜철에게 선맥(禪脈)을 전해준 또한 장시성(江西省) 건주(贛州) 공공산(龔共山) 보화사(寶華寺)와 인연이 깊을 뿐만 아니라 한국선종(韓國禪宗)과 강서선종(江西禪宗)이 일찍 주목했던 선사로 허운(虛雲) 대사의 법맥(法脈)을 이은 위앙종(潙仰宗)의 전인(傳人: 종정을 말함)으로 존경을 받았던 어른이다. 여전히 오늘에도 동류지설이 흐르는 물처럼 이어져 오고 있다고 말할 수 있겠다.

한국의 선차의 여명기를 밝힌다

오랜 기간 동안 차와 선이 한배를 타고 이어져갔지만 조선후기로 접어들어 조선의 차문화는 쇠퇴되어갔다.

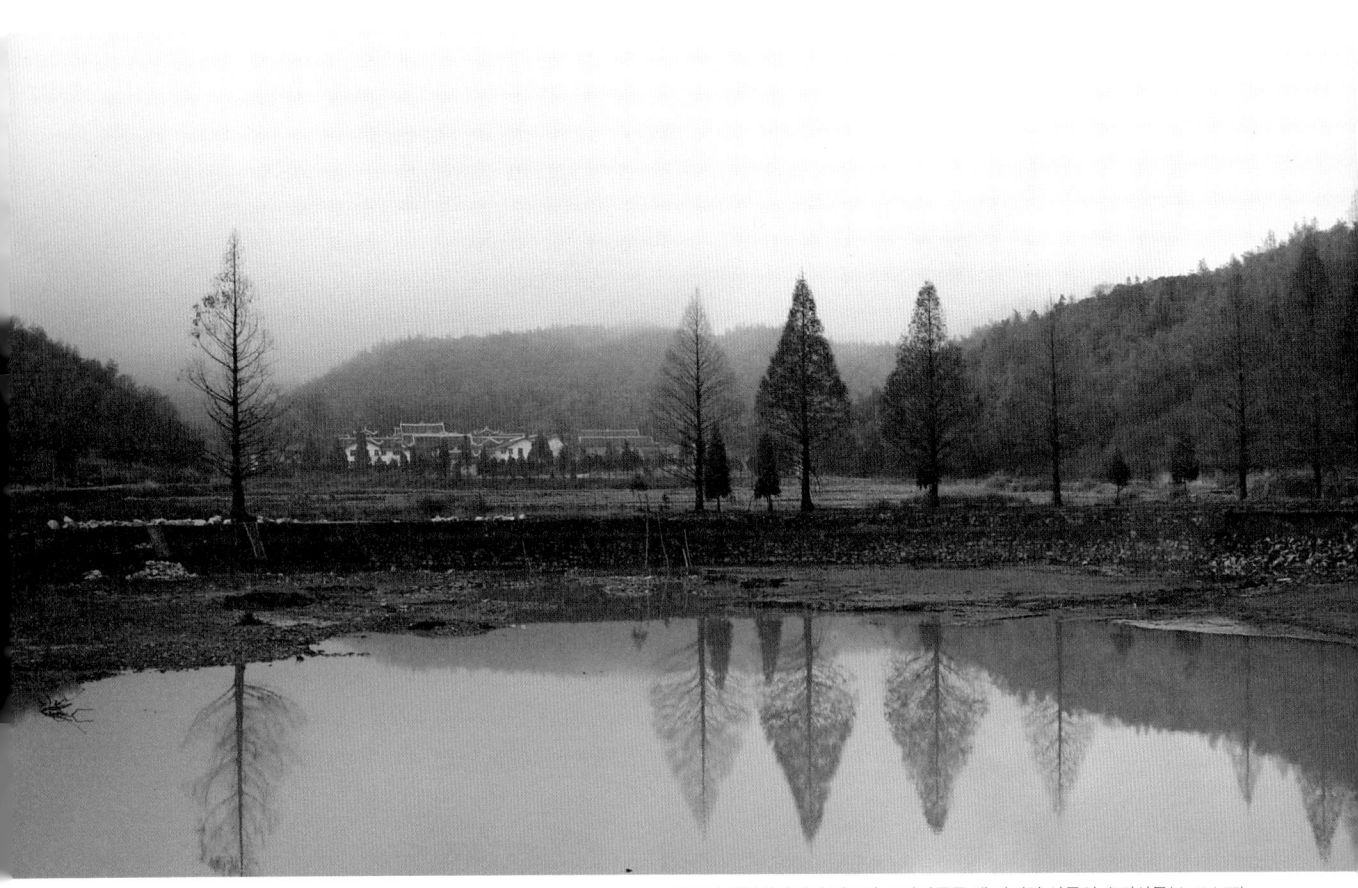

운거산 진여선사에서 태동된 구산선문중 맨 마지막 산문인 수미산문(守眉山門)

이능화(李能和.1869-1943) 거사의 《조선불교통사(朝鮮佛敎通史)》에 "조선 차가 거의 사원차(寺院茶)라는 점이다. 그래서 불교, 특히 선을 떠나서는 차를 논할 수가 없으며, 오늘날에 조선의 남부지방에서 발견되는 자생차는 어느 것이나 사원 부근에 한정되어 있다. 그런데 조선의 불교는 주자학이 도입된 뒤 사원에 대한 과도한 징수로 인해 점차 쇠퇴의 길을 걸었다. 이와 함께 차도 점점 퇴색하기 시작하고 마침내 현재의 상태에까지 이르게 된 것이다."고 분명하게 밝혔다.

해외의 차인들은 조선의 차문화를 말할 때 초의의순(艸衣意恂, 1786-1866) 선사가 있고 일지암(一枝庵)이 있다고 말한다.

초의가 살던 시대에는 추사(秋史) 김정희(金正喜), 다산(茶山) 정약용(丁若鏞), 소치(小痴) 허련(許練)과 폭넓은 교류를 통해 차문화의 르네상스 시대를 열어갔다. 다송자(茶松子)로 불린 금명보정(錦溟寶鼎.1861~1930) 선사는 80여 편에 이르는 차시를 남겼다. 초의 선사의 다풍에 영향을 받아 그가 편찬한 《백열록(栢悅錄)》에 초의 선사의 《동다송(東茶頌)》과 범해각안(梵海覺岸)의 《다약설(茶藥說)》을 수사(手寫)하여 넣었다. 그처럼 초의 선사 당시에는 차문화가 발전되다가 초의가 열반하게 되자 차문화 또한 쇠퇴되어갔다. 조선에 선차가 사라진 근원은 일제 강점기(1910-1945) 시기 일본이 조선을 식민지로 수용한 이후 완전히 조선에 선차문화가 쇠퇴되어갔다.

석전(石顚) 박한영(朴漢永)은 차가 대중 곁에서 멀어지면서 식후에 차를 마시던 풍습이 겨울철에 땀을 내는 약제로 쓰이면서 옥보대 아래 다도의 기풍(氣風)이 허물어졌다고 개탄했다.

조선에 사라져간 선차의 부활은 1990년대 중반이었다. 우연히 모로오카 다모쓰 박사가 저술한 《조선의 차와 선》을 읽다가 '조선의 차가 예로부터 선문의 사원과 승려들에 계승되어왔다'고 밝히고 '조선의 차산업을 개발하면 식산산업으로 발전하여 세계적 상품이 될 것이다'고 밝힌 바 있다.

황국식민화 시기 차문화가 쇠퇴되어가다가 1945년 광복을 맞아 차문화 또한 산사를 배경으로 근근이 명맥을 유지해갔다. 1990년대 초반 불국사 조실인 월산(月山) 스님을 찾아가 인터뷰했을 때 조실방의 작은 문을 열더니 다구 세트를 꺼내 작설차를 내놓았다. 맑고 기로움에 감동했다. 인터뷰가 끝날 즈음 시자를 시켜 다구 세트를 다시 서랍장 속으로 넣었다.

그 같은 모습을 보고 질문을 던졌다.

"왜 다구세트을 다시 서랍장 속으로 집어넣는지요."

"선원에서 차를 마시는 법도(法道)를 수행에 방해가 된다고 매우 싫어했어요."

옛 선승들은 차를 마시나 밥을 먹거나 참선을 하거나 일상다반사라고 말해왔는데 왜 선종사원에서 차를 중요시여기지 않는가를 화두처럼 내 마음을 요동쳐왔다.

어느 날 선가에 다승으로 이름을 떨치던 수산(壽山) 스님을 만났다.

"선종에 내려온 선차의 내력을 듣기 위해 큰스님을 찾아왔습니다."

나를 보더니 미소 지으며 옆에 놓여 있던 다구를 꺼냈다.

"요사이 선종사원에서 수행에 방해가 된다고 생각하여 차를 중요시 여기지 않아요. 다각승도 선종사원에서 어느 때부터인가 없어졌어요."라는 답이 돌아왔다.

그러던 중 중요한 선종사원의 음다풍속을 제시했다. 해마다 해제를 앞두고 백양사 누각(樓閣)에서 스님들을 모이게 하여 차를 앞에 놓고 자신의 견처를 밝히는 다담선(茶談禪)이 이루어졌다.

자신의 깨달은 견처가 없는 수좌는 묵묵히 차를 음다했던 풍속이 만암(曼庵, 1876-1957) 선사 이후 백양사 가풍으로 전승되어왔다고 밝힌 바 있다.

근근이 산사를 중심으로 명맥을 이어간 한국의 선차문화는 2000년 5월 쌍계사 팔영루에서 하동 야생차문화축제 기간 중 야생차전승학술대회를 열었는데 그 자리에서 내가 〈중국선차의 한국전래에 대한 고찰〉을 발표했는데 "신라 말기 선법이 동쪽으로 간다는 참설이 크게 유행했다. 이른바 서당 지장, 마곡 보철, 운거 도응, 소산 광인 등이 신라인을 인가함으로써 소위 중국 선승들의 법이 동쪽나라에 가서 꽃핀다는 '동류지설'이 퍼져나갔는데, 선맥뿐 아니라 다선일여의 경지까지 이어와 신라 하대에 접어들면서부터 신라 사회에 온통 음다풍습을 크게 유행시켰다. 경덕왕은 충담 스님으로 하여 차를 민중화시켰고 흥덕왕은 대렴을 통해 중국으로부터 차 씨를 가져와 지리산 자락에 심으면서 경주를 차의 중심으로 한 신라 사회의 음다풍습은 비로소 지리산 차문화로 옮겨갔다."고 밝혔다. 차의 고향인 하동에서 선차를 들고 나오자 선차에 대한 관심이 높아졌다. 그러나 선차는 한점의 불빛처럼 미미하게 발전되어가다가 1999년 여름 조주 선사가 끽다거(喫茶去)를 전한 허베이성 백림 선사를 찾아가 끽다거를 깨우면서 비로소 선차가 세상 밖으로 걸어 나왔다.

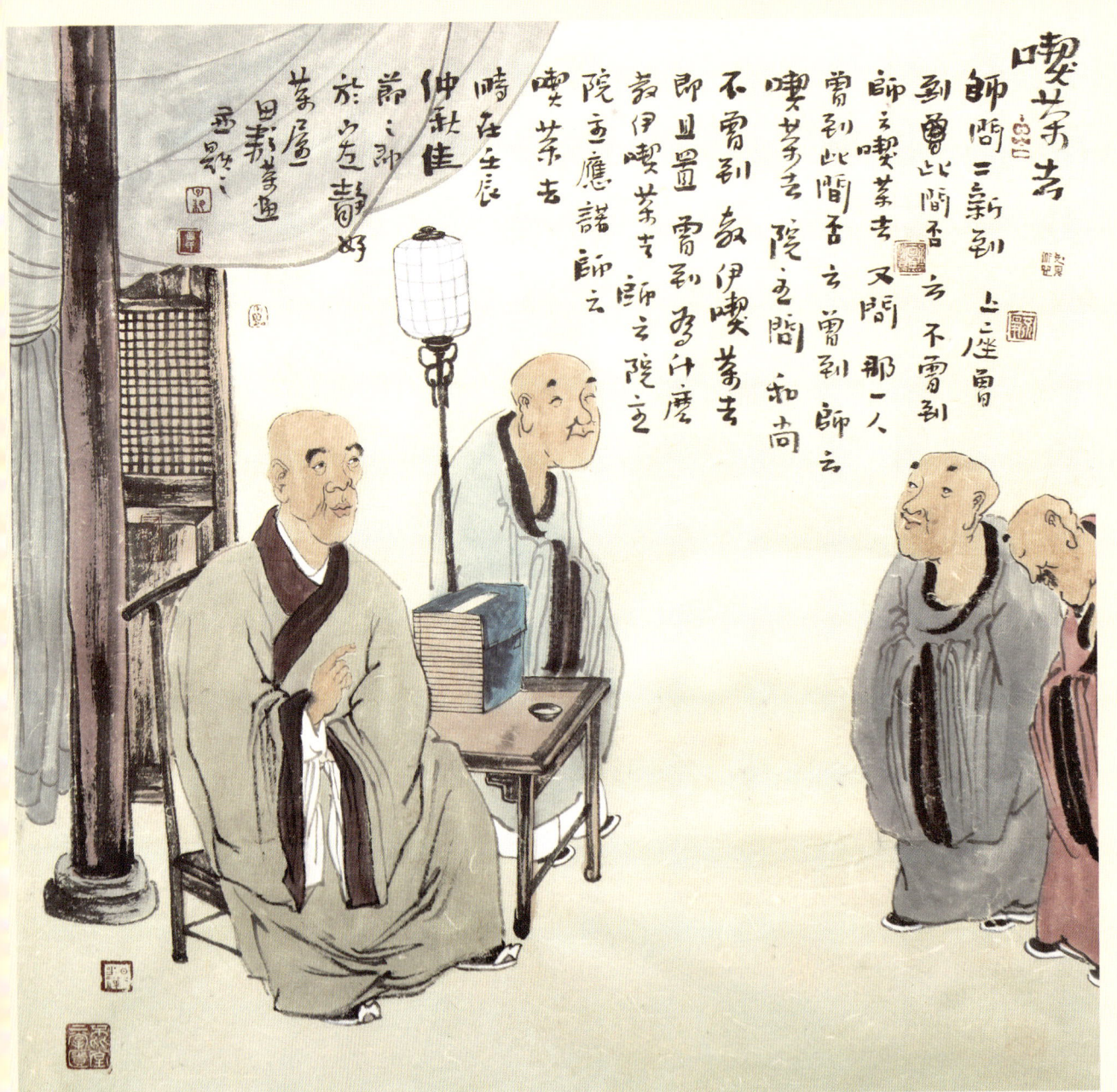

조주(趙州)와 원주(院主)가 나눈 끽다거(喫茶去) 공안을 중국의 예술가인 탠위인(田耘)이 그림으로 묘사했다.

3. 잊혀진 끽다거(喫茶去)를 깨우다

끽다거를 찾아 허베이성 백림 선사로 가다

먹구름이 드리워 앞을 분간할 수 없었다. 잠시 뒤 먹구름이 사라지자 드넓은 대지가 펼쳐졌다. 1987년 10월 15일 중국불교협회 상임이사인 징후이(淨慧) 법사가 일본 일중우호임황협회(日中友好臨黃協會)의 단체를 이끌고 자오현을 찾았다. 당시 백림사에는 조주탑만 덩그렇게 있고 범종 소리도 끊긴 채 텅빈 자리에 20여 그루의 측백나무만이 외로이 서 있었다. 1999년 8월 조주 선사가 '끽다거' 화두로 대중을 사로잡은 관음원의 모습은 초라해 보였다. 징후이 선사는 눈물이 앞을 가리던 당시 상황을 다음과 같은 시로 회상했다.

一塔孤高老趙州	외로운 탑 우뚝 솟은 오래된 조주 땅에
雲孫來禮漏雙流	참배객들의 두 눈엔 눈물만이 흐른다
斷碑殘碼埋荒草	부러지고 깨진 비석은 풀덤불에 묻혔으니
禪河誰復問源頭	선의 강에서 누가 또 다시 근원을 물으랴.

한국인이 잊혀져간 끽다거를 깨우다

차가 곧 선이라는 말이 있듯이 오랜 기간동안 차와 선은 한 배을 타고 이어져왔다. 차를 이야기 할 때 조주종심(趙州從諗, 778-897) 선사의 화두 '끽다거'를 빼놓을 수 없는 까닭은 조선후기 많은 고승들도 조주 선사를 추앙하고 차를 올리고 조주 선사를 흠모했기 때문이다.

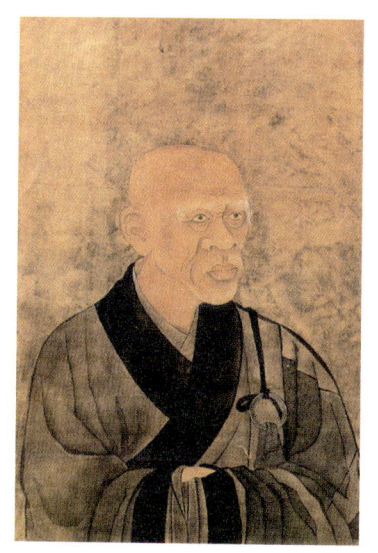

일본 조동종(曹洞宗)의 한 스님은 1993-1999년 사이에 백림 선사에서 수학하기도 하였다. 한·중·일 삼국의 불교우호 교류회를 계기로 근래에 잇달아 한국과 일본의 선 수행 체험단이 수행생활을 체험하기 위하여 백림 선사를 찾고 있다. 이렇게 백림 선사와 끈끈한 우정을 맺은 일본 선종계는 어떤 연유

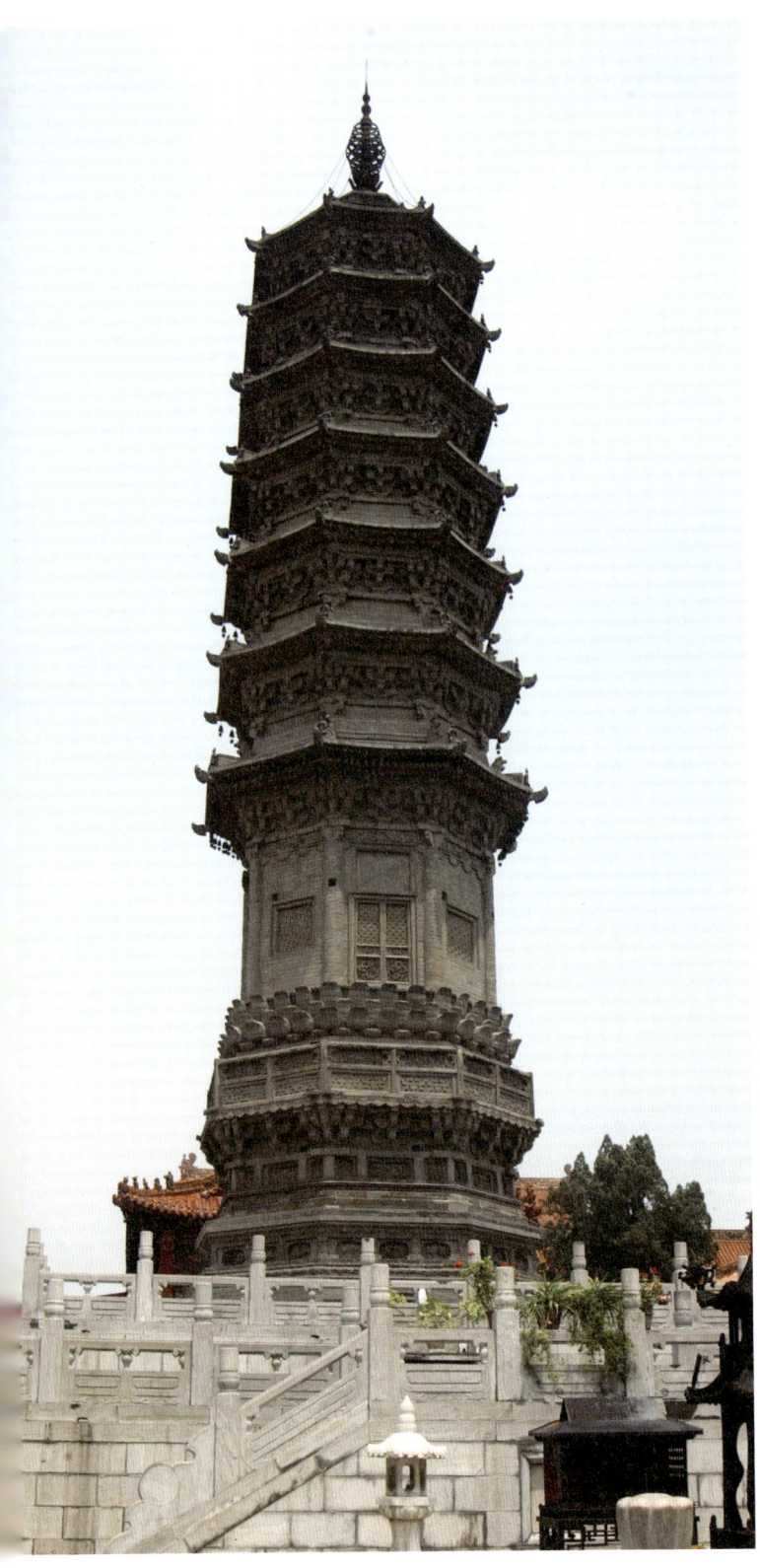

백림선사 탑전에 우뚝 선 조주탑

로 조주의 끽다거(喫茶去)를 잊고 있었을까? 조주의 끽다거를 잊고 있었던 사실은 중국도 마찬가지였다.

백림 선사의 조주 조정에 큰 변화가 일어난 것은 1992년 한국과 중국이 공식 수교 이후이다. 비로소 한·중·일 3국의 변화가 일어났다. 서울올림픽이 개최되기 1년 전인 1987년 일중 우호임황협회를 이끌고 백림 선사의 조정에 예를 다하였다. 그런데도 조주의 끽다거를 잊어버리고 중일 우호를 통해 중국 선종을 장악하려 했다. 그런데 1992년 한중 수교가 이뤄지면서 한국과 일본은 중국 선종의 연원을 이으려고 치열한 경쟁을 벌였다. 중일 감정 등이 작용하여 일본 선종계는 중국 선종과 돈독한 우의를 다지려 했다. 10년 뒤(1998년 8월) 한국의 선차 연구가들이 백림 선사를 찾아가 조주의 끽다거를 파헤치면서 조주의 차가 세상에 드러났다. 1998년 이전까지만 해도 백림 선사는 생활 선으로 중국 선종의 모범적인 도량으로 자리 잡았다. 이제 끽다거가 세상에 드러나게 된 연유를 밝혀본다.

한국 선가는 조주고불로 높이 받들어온 조주 선사의 화두 끽다거의 발원지인 중국 허베이성에 있는 옛 조주 관음원을 방문하였다. 끽다거의 자취를 찾아 1999년 8월 허베이성 백림 선사를 찾아가는 날은 무더운 여름이었다. 전날 밤 스좌장의 이름난 다관을 찾아가 조주 선사의 끽다거 화두에 대해 여쭈어보았다. 끽다거를 기억하는 사람이 없었다. 한국 땅에서 그 멀리까지 끽다거의 어원을 살피려고 찾아왔건만 해답을 제시하는 끽다거의 고향 허베이 차인들은 한 사람도 찾아볼 수 없었다. 조주가 읊

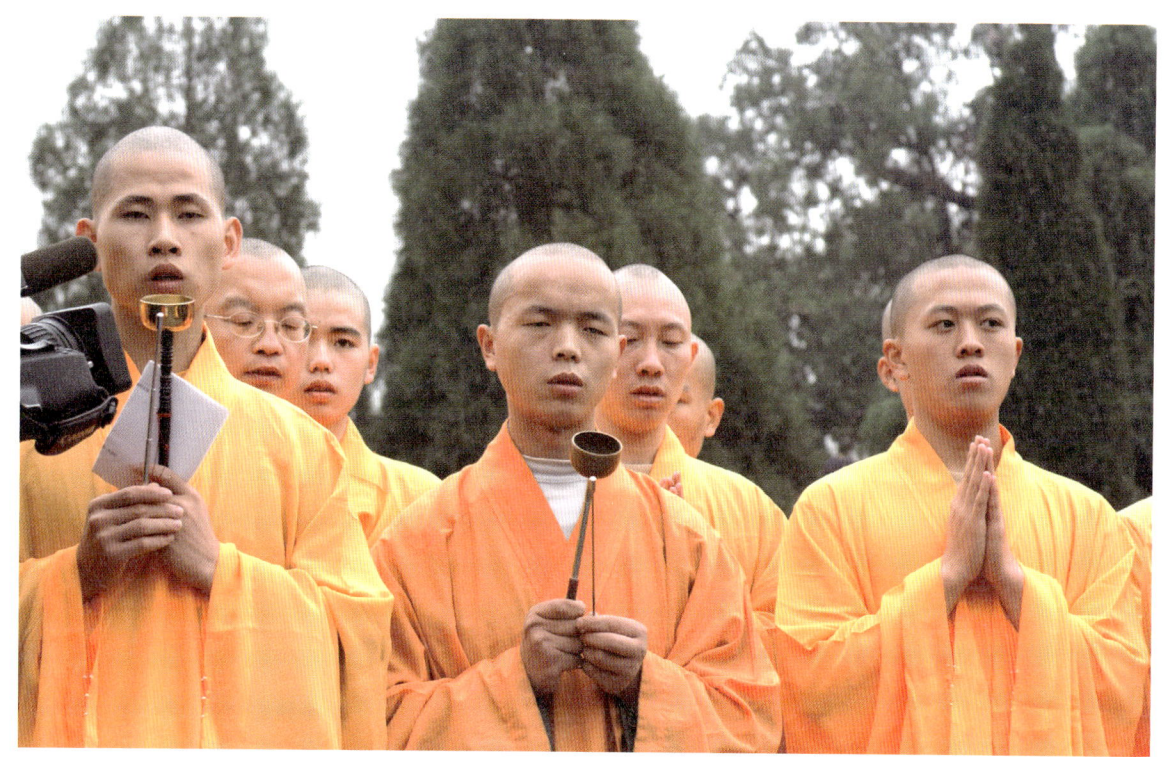

기념비 제막식에서 염불을 외우는 장엄한 의식

었던 끽다거의 고향 백림 선사에는 어떤 모습으로 회자되는지 궁금했다. 다음날 날이 밝자 서둘러 자오현에 있는 백림 선사를 찾아갔다. 날씨가 화창했다. 산문 앞 기둥에는 '사장진제천추탑(寺藏眞際天秋塔) 문대조주만리교(門對趙州萬里橋)'라는 7언 2구의 글귀가 새겨져 있었다. 산문을 지나 촘촘히 들어선 측백나무에 이르자 옛 조주의 향취를 느낄 수 있었다.

방장실에 이르니 방장인 징후이 스님은 출타 중이었고 감원인 밍하이 스님이 우리 일행을 반겼다. 밍하이 스님은 30대 후반의 나이였다. 백림사 접견실에서 밍하이 스님과 마주 앉아 끽다거(喫茶去)란 화두에 대해 이런저런 이야기가 오고 갔다.

백림 선사 감원인 밍하이 스님에게

"조주의 끽다거 공안을 찾아 한국에서 왔습니다"라고 말씀드렸다.

스님께서 깜짝 놀라며 나를 바라보더니 빙그레 미소 지으며

"우리가 잊고 있던 끽다거를 다시 찾아줘 뭐라 말할 수 없이 기쁩니다"라며 감사를 표했다.

그때 밍하이 스님은

"어찌하여 끽다거를 찾아 여기까지 왔습니까?"라고 물으셨다.

밍하이 스님에게 조주와 법 형제인 신라의 철감도윤(澈鑒道允) 선사라는 분이 있는데 철감도윤 선사와 조주 선사와의 인연을 쫓아 여기까지 찾아왔노라고 말씀드렸다. 밍하이 스님이 깜짝 놀라며

"조주와 철감의 법의 인연을 쫓아 여기까지 온 사람은 선생이 처음입니다."

스승(징후이 스님)께서 해외 포교차 싱가포르에 가셨는데 돌아오면 꼭 선생의 말씀을 전해 드리겠다고 말했다. 밍하이 스님에게 백림 선사를 찾은 까닭을 말하고

"한국에서 조주고불로 칭송받고 있는 조주 선사의 탑 앞에서 헌다공양하려고 합니다."라고 말했다. 스님은 조주탑 앞에서 헌다 공양을 올리는 것은 한국인으로는 처음이라고 말한 뒤 조주탑까지 일행을 안내했다. 더운 여름이라 온몸이 땀으로 뒤범벅이 되었다. 더위에도 일행은 차 공양을 올릴 수 있음을 기뻐했다. 조주탑 앞에 차 공양이 끝난 뒤 그 차를 밍하이 스님에게 올렸다.

차 한 모금을 맛본 뒤 밍하이 스님은 "한국 차는 어찌 이리 향긋합니까"라며 극찬했다. 이것이 백림 선사에서 열린 한·중 선차문화 교류의 시발점이 되었다.

한·중 고승의 끽다거에 담긴 선문답

'조주고불선차기념비(趙州古佛禪茶記念碑)'가 세워지기 직전인 다음 해(2000년 봄) 해운정사 조실인 진제스님을 모시고 백림 선사로 징후이스님을 찾아가 끽다거란 화두를 놓고 한국 최초로 선문답을 벌이면서 끽다거(喫茶去)는 비로소 깨어났다.

하루는 조주 선사의 조실방에 어느 납자(衲子)가 들어오니,

선사께서 말씀하시길,

"여기에 이르렀는가?"라고 하셨습니다.

"이르지 못했습니다."고 답하니

"차나 한 잔 마시게." 하셨습니다.

또 한 수좌가 들어오니 똑같이 물으시기를,

"여기에 이르렀는가?" 하셨습니다.

"이르렀습니다."라고 답하니 똑같이

"차나 한 잔 마시게." 하셨습니다.

옆에 있던 원주(院主)가 이 모습을 지켜보고는 조주 선사께 여쭈었습니다.

"조실스님! 어째서 '여기에 이르렀다' 해도 '차나 한 잔 마시게' 하고, '이르지 못했다' 해도 '차나 한 잔 마시게' 하십니까?" 하니,

조주 선사께서

"그대도 차나 한 잔 마시게." 하셨습니다.

이렇게 조주 선사께서는 누구든지 찾아와 법을 물으면 '차나 한 잔 마시게' 하셨습니다. 산승이 그 글귀를 보고는 "조주 선사께서는 누가 와서 물으면 '차나 한 잔 마시게'라고 하셨는데, 조주 선사의 뜻이 어디에 있습니까?" 하고 물었습니다. 그러니 방장 스님이 앞에 놓여 있는 찻잔을 들고 빙그레 미소 지으며 산승에게 내밀기에,

산승이 "그것은 산승이 받아 마시지만, 화상(和尙)도 또한 나의 차 한 잔을 마셔야 옳습니다." 하였습니다.

이 선문답은 한·중 선차의 다리를 놓아준 중요한 전환점이 되었다.

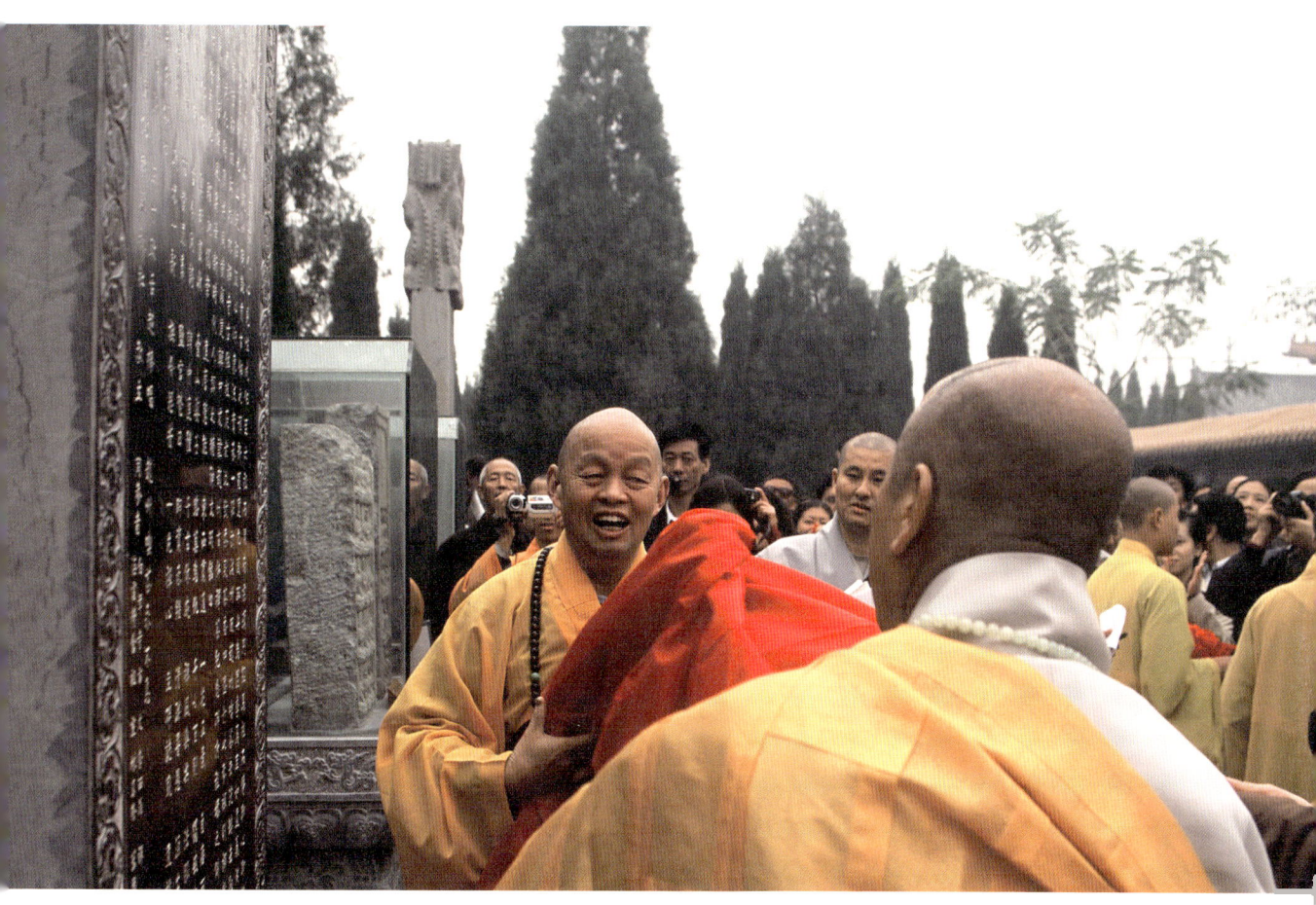

2001년 10월 19일 백림사 경내에서 거행된 <조주고불선차기념비> 제막식

조주고불선차기념비 건립으로 무상법맥 공식화되다

　백림 선사가 중흥된지 10년후에 한국 임제(臨濟)의 법손들이 조주탑을 찾았다. 그때가 1999년 여름이었다. 저자가 한국에서 가져간 우전차로 조주탑 앞에서 헌다례를 올렸다. 저자는 반드시 조주의 끽다거 다풍을 천하 사람들에게 알리겠다고 다짐했다. 조주조불선차기념비를 발원한 지 3년 만에 2001년 10월 19일 백림 선사의 조주탑 앞에 건립 제막되던 날 마조로 이어져간 무상법맥을 공식화했다.

　백림 선사조주탑 앞에세워진 선차기념비(높이 2m, 700자 규모)에는 한·중 불교계가 뜻을 합쳐 법맥 복원뿐 아니라 차 맥까지 기록함으로써 구전으로만 전래 되어온 법맥을 공식화했다는 점에서 주목된다. 선차기념비석 건립은 고불총림 방장 서옹 스님과 동화사 조실 진제스님, 선문화 회장 동광스님, 차문화계를 대표해서 명원문화재단 김의정 이사장님 및 관계자들과 중국에서 박사학위를 받은 월암 스님 등이 적극 동참함으로써 이루어지게 되었다. 선차기념비는 1999년 8월 조주원을 방문하던 중 비석 건립을 제안, 2000년 북경 광제사에서 정혜 스님과 공식협의에 들어갔다. 지난 2000년 3월 백림사를 방문하여 비문 수정작업을 최종 마무리 짓고 건립작업에 박차를 가했다. 그 뒤 2001년 7월 말 10회째 맞는 백림 선사 생활선대회에 참가하여 최종 마무리를 짓고 오늘에 이르게 된 것이다. 그동안 일본불교계에서도 조주원과의 교류를 추진해 왔으나 오랜 불교춘추사의 인연에 따라 징후이 스님의 자비심에 힘입어 선차기념비 제막행사가 이루어지게 된 것이다. 특히 한·중 공동으로 건립한 이 기념비의 비문에는 신라왕자 출신의 고승 무상의 법맥을 복원함으로써 한국 선맥 법계도에도 상당한 영향을 미칠 것으로 내다보고 있다. '조주 선차비'에는 이렇게 적고 있다.

정중무상은 일찍이 서촉 땅의 주인이 되시고 문하에 고족으로 마조도일이 있다[淨衆無相曾主蜀度門下高徒馬祖道一]. 이로써 무상이 달마로부터 마조도일로 이어지는 중국 선종 역사의 중심에 있음을 공식화했다.

백림 선사의 조주탑 앞에서 한국 다도계와 불교계가 선조사(禪祖師)인 조주고불의 은혜에 보답하고자 한중우의 조주고불선차기념비를 세웠다. 조주고불선차기념비가 백림 선사에 세워지자 중국의 언론(言論)들은 선차가 중국에서 다시 회생하게 되었다고 말했다.

한국의 불교춘추사는 2001년 10월 19일에 40여 명의 대표단을 이끌고 한국 차도의 비조인 조주 선사께 차를 올렸다. 선차기념비 제막에 한국 다도계를 대표하여 명원문화재단이 팔정선다법을 보여줘 관심을 끌었다. 중국의 언론들은 한국 다도계가 조주고불선차기념비를 세운 까닭을 다음과 같이 말했다.

"'선차일미'의 기념비는 한국인이 '조주고불'에 예를 올리며 세웠지만, 그것은 조주고불의 정신인 문화자원을 인류 문명에 이롭게 발굴하고 개발하는 것이다. '끽다거'는 중국에 속하는 것이지만 그 정신의 내용은 전 인류와 전 세계에 속하는 것이다." 이곳에서 우리들은 멍하이 스님이 한국의 다우들을 환영사에서 "1천2백여 년 전 선문 거장 조주 선사는 우리들 발아래의 이 땅에서 생활 속에서 안심법문(安心法門)을 설명하고, 석가여래의 열반묘진(涅槃妙盡)을 이어오며 드높였습니다."고 간단명료하게 말했다.

일본다도의 조정이 백림 선가에 있다고 주장한 일본 우라센케 종장 센켄시츠

백림 선사를 찾아가 '끽다거'를 깨운 3년 후 '한중우의조주고불선차기념비(韓中友誼趙州古佛禪茶記念碑)'가 제막되기 직전 일본 우라센케(裏千家) 종장인 센케시츠(千玄室)의 증언(證言)에서도 선차기념비 제작의 영향력을 실감할 수 있다.

한·중 우의 천하 조주선차기념비가 세워지기 4개월 전 일본 다도의 최대 유파인 우라센케가 중한 방한 100회를 기념해 베이징 중난하이(中南海)에서 청년들에게 일본 다도의 연원을 밝히기에 앞서 9월 26일 우라센케 뿌리를 찾아 조주 백림 선사에 와서 조정에 예를 올리고 일본 다도의 종풍(宗風)이 조주탑 아래에서 나왔다고 폭탄선언을 해버렸다. 4개월 후인 2001년 10월 19일 우라센케 이에모토가 찾아간 백림 선사의 조주탑 앞에서 한국과 중국이 손잡고 한국 다도계와 불교계가 선조사인 조주고불의 은혜에 보답하고자 한·중 우의 조주고불선차기념비를 세워 조주고불의 보은에 발원했다. 일본 다도계가 뒤늦게 이 같은 사실을 알고 충격에 휩싸여 버렸다.

'조주고불선차기념비'가 세워진 이후 2004년 명원문화재단 세계차문화대전에서 차문화 발전의 공로상 수상자로 선정된 징후이 스님이 한국을 방문하였다. 징후의 스님은 조주종심(778~897)과 법형제되는 철감도윤(道允, 798~868) 선사의 고향을 찾게 되어 기쁜 마음을 드러냈다.

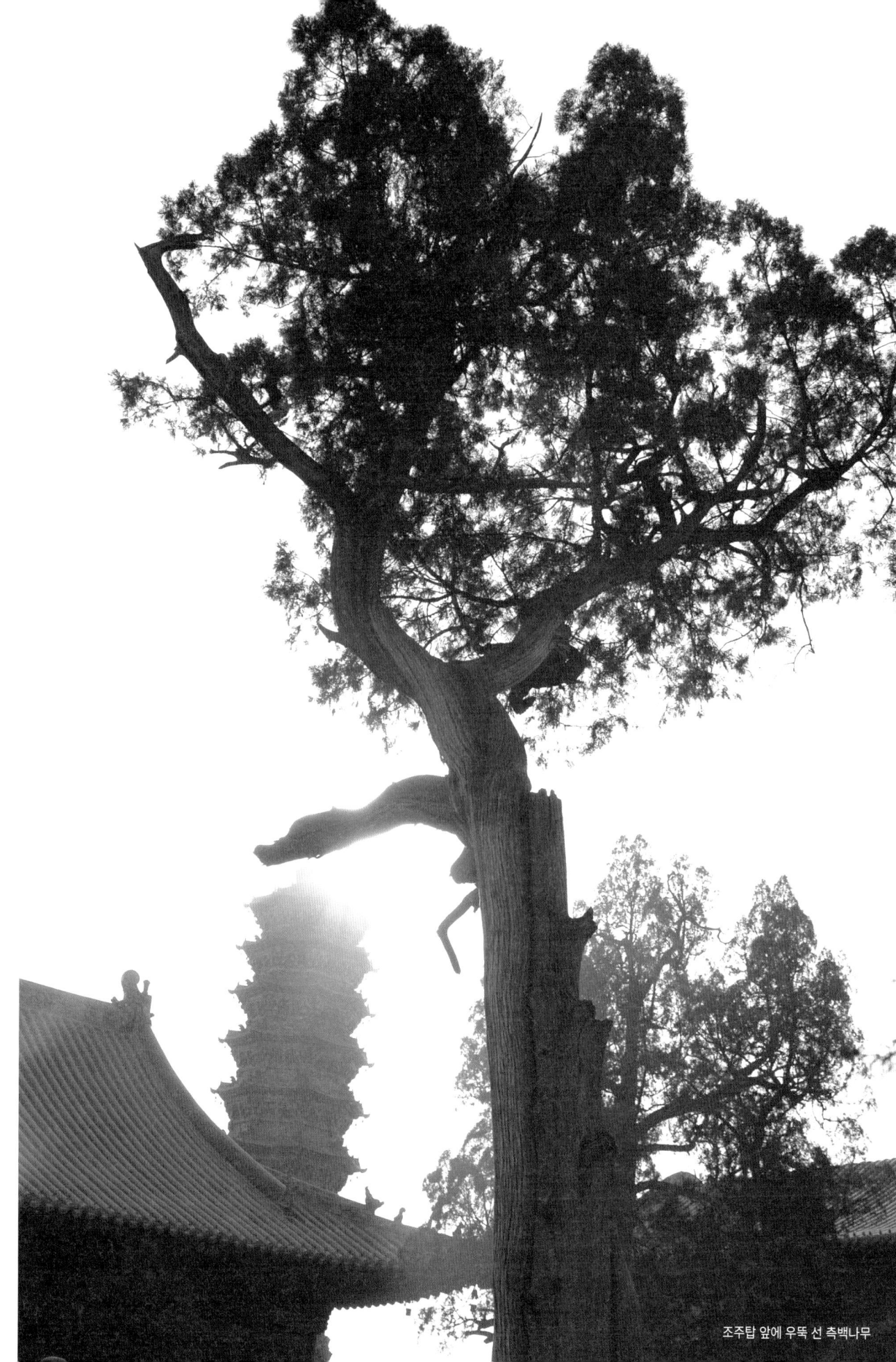
조주탑 앞에 우뚝 선 측백나무

조주탑 앞에 선차기념비 건립 이후 선차의 새로운 바람 일으켜

천여 년 전 조주화상의 '끽다거'는 '선차일미' 정신의 시작이었다. 백림 선사는 '선차일미' 발원지의 지위를 가졌다. 2001년 10월 19일 한국 불교춘추 잡지사 사장인 저자가 발원하고, 명원문화재단 김의정 이사장이 후원하고, 징후이 스님과 함께 추진하여, 한국 불교계와 차문화계는 조주탑 앞에 조주고불선차기념비를 세웠다. 중국과 공동으로 다도표연(茶道表演)과 학술연토회를 거행하였다. 징후이 스님은 조주조정의 부흥과 한·중 선차문화교류를 부흥시킨 공헌과 한국 선문화계와 차문화계의 칭송으로 '명원차문화대상'의 영광을 얻었다.

조주고불 선차 기념비가 세워지기 이전까지만 해도 다도를 말할 때 한국은 일본에 비하여 낮은 취급을 받았다. 하지만 선차기념비가 세워지면서 한국의 자존심을 높였다. 백림 선사의 선차기념비가 세워진 까닭은 조주종심선사와 법형제가 되는 철감도윤 선사와의 인연으로 백림 선사 조주고불선차기념비가 세워졌다. 일본은 뒤늦게 백림 선사가 조주 선사 기념비를 보고 회한의 눈물을 흘렸다는 말로 전해온다. 선종 순례단이 기념비가 세워진 이후 2007년 봄 백림 선사를 찾아 조주탑 앞에 향을 사르고 간절히 배려했는데 조주 탑 아래서 한국에서 세워진 조주고불선차기념비를 보고 감격했다는 이야기도 전해온다.

중국 선종 순례단 일원으로 참가한 칠불암 통광(通光) 스님은 선차기념비를 보고 단숨에 읽어 내려가다가 큰 소리로 높여 외쳤다.

"여기 보세요. 마조의 상족인 남전보원문하에 조주고불과 동문수학한 철감도윤이 있어요"라고 큰소리로 외쳤다.

순례에 참석한 사람들이 감격한 듯 눈이 휘둥그레졌다.

2009년 4월 27일 스자좡 시내의 전당차인 스자좡점에서 중국의 내로라하는 차인들이 모여 좌담회를 열었다. 그 자리에서 수만(舒曼) 허베이 차문화학회 비서장은 "최석환 선생이 1998년 처음으로 허베이 백림 선사(栢林禪寺)를 찾고 다시 2004년 스자좡(石家庄) 차인들을 두루 만나 천 년 동안 내려온 끽다거 공안을 파헤치자 허베이 차문화계가 얼굴을 들지 못했다. 6년이 지난 뒤 다시 스자좡을 찾았을 때 중국을 여기저기 다녀 봐도 스자좡처럼 발전된 모습을 보지 못했다고 피력하니 스자좡 차인들은 감격했고, 이와 같은 사실은 중국의 《끽다거》 잡지와 《차의 세계》에 동시 게재되어 반향을 일으킨 바 있다"고 말했다.

조주탑 앞에 조주고불기념비가 세워진 후 무상 선사로 이어지는 마조의 법맥을 공식화했다. 일본 중심으로 이어진 다선일미의 원류를 남보보원의 법형제인 남전과 조주를 내세워 다선의 맥이 신라로 이어져갔음을 공식화했다.

선차의 정신을 잇는 <한중우의조주고불선차기념비>가
2001년 10월 19일 백림선사에 건립되었다

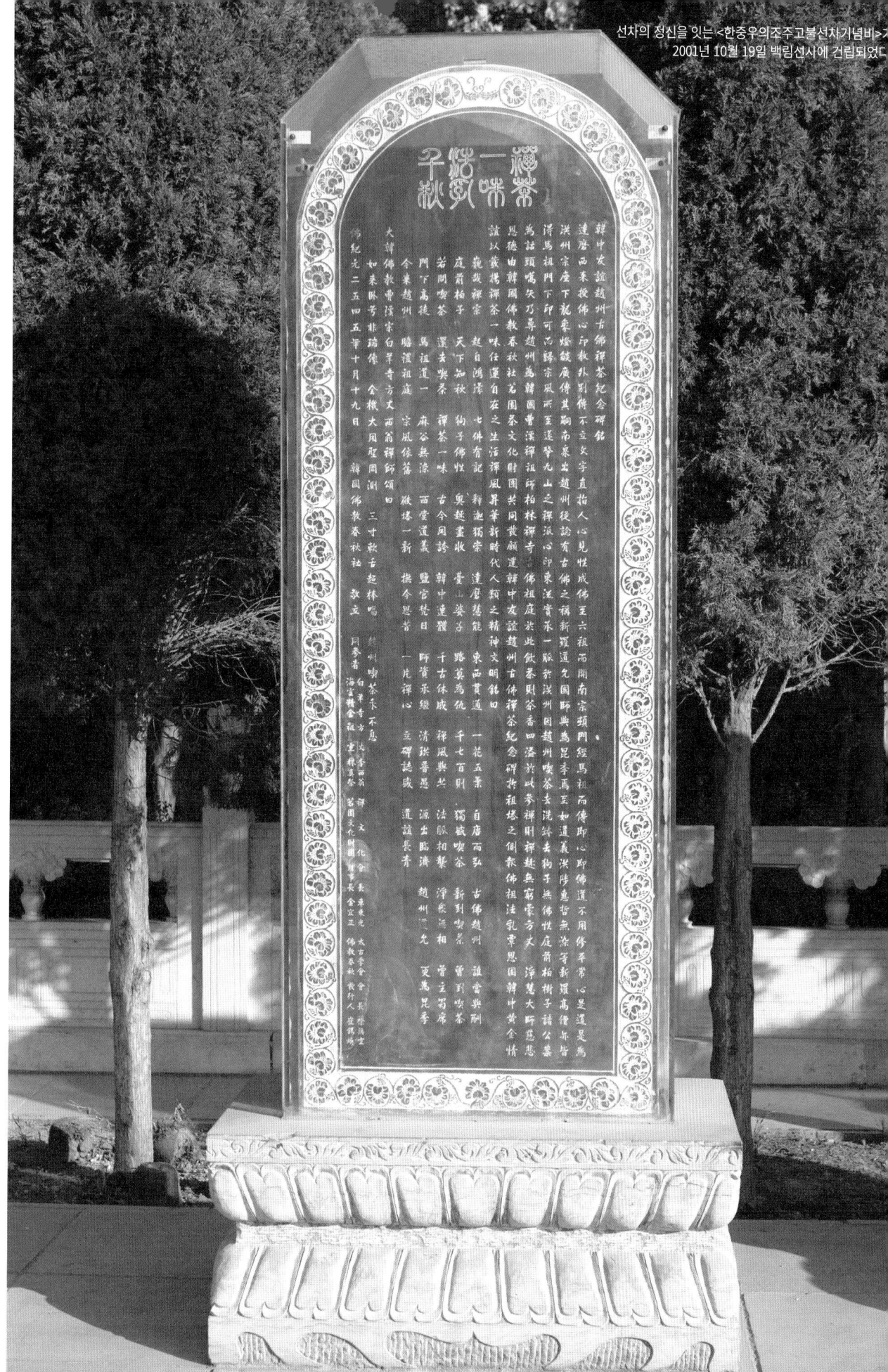

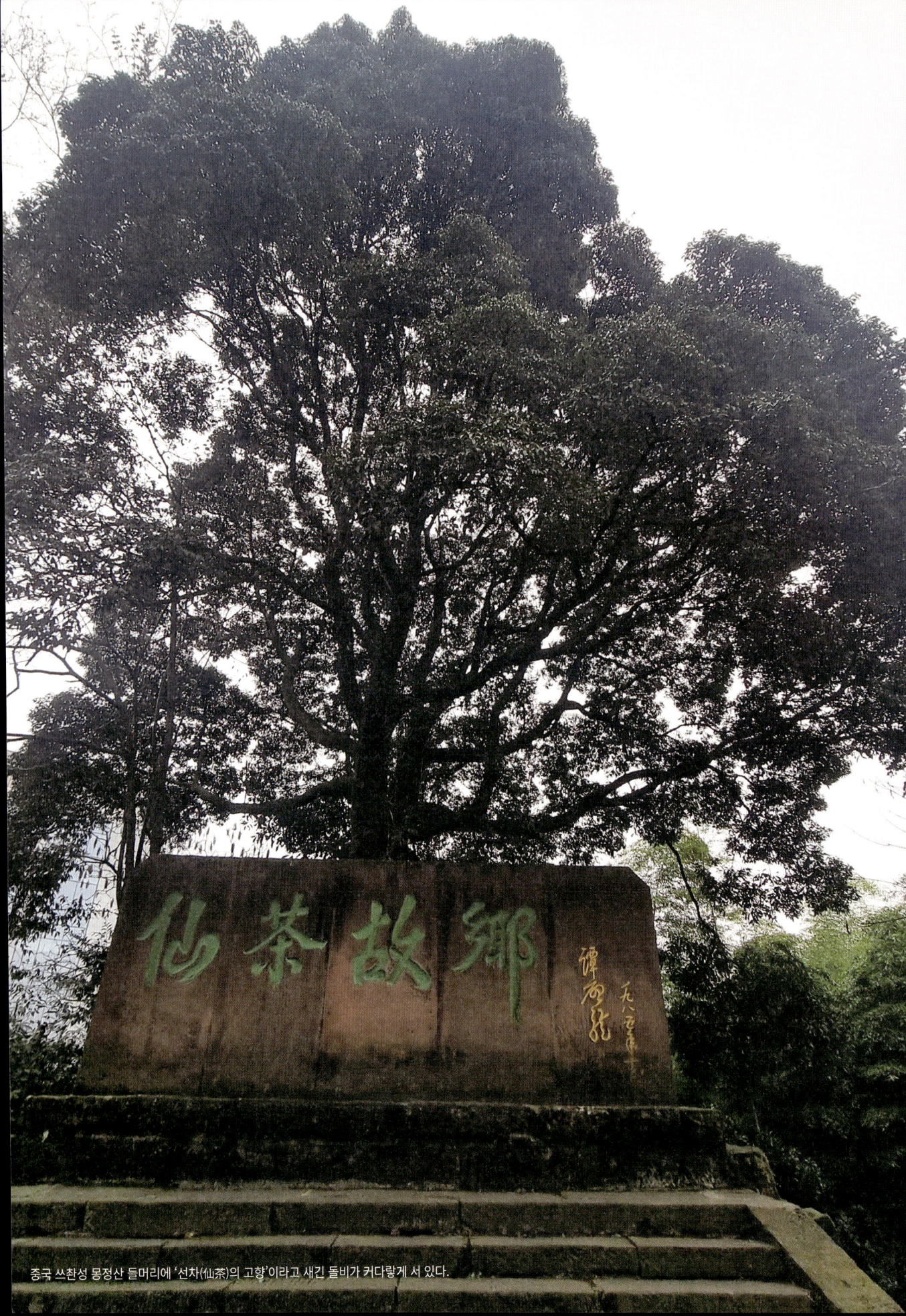

중국 쓰촨성 몽정산 들머리에 '선차(仙茶)의 고향'이라고 새긴 돌비가 커다랗게 서 있다.

4. 신선(神仙)의 선차(仙茶)에서 깨달음(悟道)의 선차(禪茶)

다조 오리진(吳理眞)의 선차

신농(神農)이 차(茶)를 발견한 이래 사람들은 한 잎의 찻잎을 앞에 놓고 갖가지 궁리를 시작했다. 다조(茶祖)로 추앙받고 있는 오리진(吳理眞)은 2000년 전 '몽정산(蒙頂山) 정상 상청봉(上淸峰)에 약 1평(세로1丈2尺, 가로 약2丈)의 땅에 선차(仙茶) 여덟 그루의 차나무를 심었다고 한다. 19세기 말 영국인 A. 윌슨(A. Wilson)이 중국에 와서 서남지역을 고찰했다. 그는 중국서부유람기(中國西部遊覽記)에서 "쓰촨(四川) 중북부의 산비탈 사이에서 차군락을 발견했다"고 서한시대(西漢時代)에 살았던 오리진이 차나무를 심게 되었다고 보고했다.

2천여 년 전 서한시대의 농부 오리진이라고 불리운 감로보혜(甘露普慧) 선사는 농부였다. 선사는 후세 사람들은 감로보혜(甘露普惠) 선사로 칭해 졌는데, 출가해서 쓰촨성(四川省) 몽정산(蒙頂山)의 청봉(淸峰)에 차나무 일 곱 그루를 심고 거두어 몽정차를 만들었다. 몽정산 들머리에 이르며 '몽정산의 차와 양자강의 물(蒙頂山上茶, 揚子江心水)'이라는 시가 대련으로 새겨있다. 이처럼 몽정산은 차의 발원지로서 중국 차문화 발전에 영향을 끼쳤다.

황제릉에 차를 올렸던 몽정차

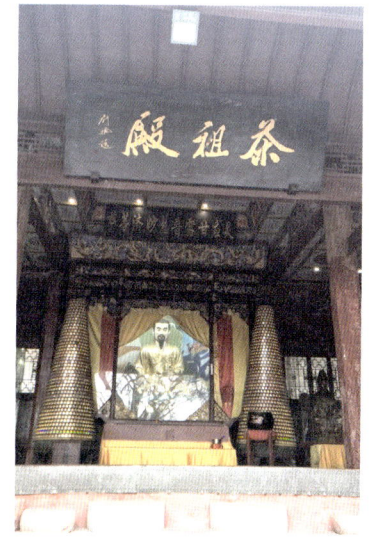

당(唐) 천보 년간(742)에 몽정산에서 재배된 차를 중앙조정(中央朝廷)에 바쳐 천제(天祭)를 지낼 때 전용차(專用茶)로 쓰이기도 했다.

그러나 그 전통(傳統)은 사라져 오다가 2003년부터 다시 복원되었다. 몽정감로차는 4월 초파일에 잎을 따 그날 밤 부근에 72개 사찰의 승려들이 몽정산에 구름처럼 모여 향을 피우고 목욕재계한 뒤에 선차를 위한 제를 올렸다.

제를 올린뒤 몽정산(蒙頂山) 72개 사찰(寺刹)에서 12명의 스님을 뽑아 황

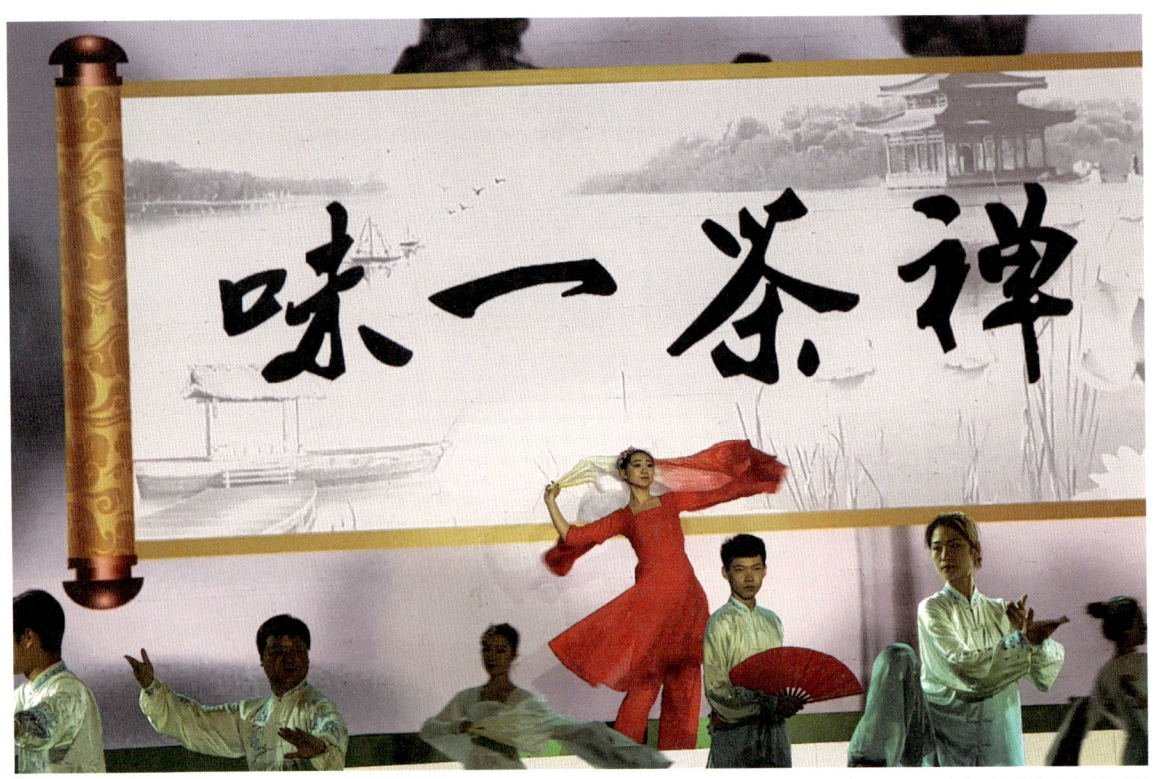
촉나라 시대에 쓰여진 신선의 선차가 2000년대 중반 참선의 선차로 변화 되었다. 사진은 2018년 몽정산에서 열린 '제14기 몽정산차문화절'에서 다선일미를 제창하고 나왔다.

차원(皇茶園)의 72그루 차나무에서 365개의 찻잎만 채집(採集)하여 가공(加工)하고 스님들이 만들도록 규정했다. 12명의 스님들이 찻잎을 채집하는 것은 12개월을 상징하고, 365개의 잎을 따는 것은 1년을 상징한다. 그렇게 만들어진 차는 두 개의 은다관(銀茶罐)에 담아 황제(皇帝)에게 진상(進上)케 했다. 2003년 처음으로 헌다의식(貢茶儀式)을 거행한 이래 해마다 명산현 지거사(智炬寺)에서 몽정산(蒙頂山) '황차배제대전(皇茶拜制大典)'이 거행되고 있다.

황차배제대전(皇茶拜制大典)이 끝난 뒤 몽정산 72그루의 나무에서 채다하여 가공(加功)한 차를 가지고 곧바로 산시성(陝西省) 황제릉(皇帝陵)으로 가서 제사(祭祀)를 지냈다. 명산현장(名山縣長)이 직접 나와 제례의식(祭禮儀式)을 집전(執典)했다. 2003년 산시성(陝西省) 황제릉(皇帝陵)에 제사를 지냈다. 이 같은 의식은 1000여 년간 중앙조정(中央朝廷)의 천제(天祭)를 지내온 공차가 되어 황제(皇帝)에게 공품(貢品)으로 진상(進上)되었던 몽정차(蒙頂茶)가 해마다 청명절(淸明節)에 황제릉(皇帝陵)에서 제사(祭祀)를 지내는 예(禮)를 회복(回復)한 것이다.

제가 끝난 뒤 고승들은 찻잎을 씹어 한 번 양치질을 한 뒤 365개의 차나무 잎사귀를 씹는다. 365개를 씹는 것은 365일 동안 차를 땄음을 뜻한다. 산사의 스님들이 찻잎을 한데 모아 기술이 능한 스님들이 차를 덖는다. 그때 다른 승려들은 둥글게 둘러앉아 차를 마시면서 경전을 읽는다. 찻잎 우려낸 물을 마시고 도를 얻는다. 당나라 때 강남 출신의 문인 성언웅은 전차(前茶)라는 차시를 남겨 촉차의 아름다움을 노래했다.

岳寺春深睡起時	산사의 봄은 깊어 잠에서 깨어나니
虎跑泉畔思遲遲	호포천의 생각이 아물거리네
蜀茶倩個雲僧硏	촉차를 스님께 갈게 하고는
白拾古松三四枝	솔가지 서너 개 주워들었네

그래서 차와 선은 한 길이라고 일찍이 선승들은 간파했다.

신선의 차에서 깨달음의 선차

몽정산 들머리에 선차의 고향이라는 돌비가 서 있다. 바로 이 비를 살펴 볼 때 오리진 시대에 신선의 차가 선차로 시작되었다. 그러다가 1500년 전 달마 대사가 남인도에서 중국으로 건너와 선불교을 전파하기 시작하여 신선의 차가 참선(禪茶)의 차로 바뀐 것 같다.

달마 대사는 허난성 숭산의 소실산(少室山)에서 수행하고 있을 때 졸음을 참지못해 눈꺼풀을 던져 차나무로 탄생하게 되면서 신선의 차가 선차로 변화된 것 같았다.

그런데 몽정산에서 해마다 열리는 몽정산차문화여유절(蒙頂山茶文化旅游節) 행사가 열리는데 몽정산을 떠올릴 때 신선의 선차(仙茶)가 아니라 참선의 차인 몽정산 '선차대회(禪茶大會)'라는 확실한 이름을 가지고 선차를 표방하고 나선 점이다.

이는 중국에서 열풍을 일으키고있는 선차대회의 영향으로 참선의 선차를 쓰여지고 있는 것 같다. 잘 아시다시피 1300년 전 신라의 무상 선사가 촉(蜀)나라로 들어가 선차지법(禪茶之法)을 일으킨 것 과 무관하지 않다고 보여진다. 신선소각사지(新選昭覺寺志)에 '청두 대자사(大慈寺)의 당대(唐代) 조사는 신라 왕자로서 출가한 무상(無相) 선사이다. 참선, 품차(品茶)를 하는 기나긴 과정에서 "무상선차지법(禪茶之法)"을 개창하였으며 선차문화에 매우 큰 공헌을 하였다 대자사에서 참학(參學)과 강경(講經)을 한 송대(宋代)의 불과극근(佛果克勤, 1063~1135) 선사는 선차문화를 간접적으로 일본에 전했다.'

2012년 10월 18일 서울에서 열린 제7차 세계선차문화교류대회(世界禪茶文化交流大會)에 발표자로 나선 쓰촨성 대자사(大慈寺) 방장인 따이은(大恩) 스님이 단상 위로 올라가 무상 선사는 조주(趙州) 선사가 끽다거(喫茶去) 공안을 퍼트리기 이전부터 선차지법으로 대중을 이끌었다고 폭탄선언을 했다.

신선 선차의 비조인 차조(茶祖) 오리진(吳理眞)이 몽정산에서 차를 인공재배하였다. 오리진을 후세 사람들은 감로조사(甘露祖師)로 불렀다. 그를 선차(仙茶)의 비조로 명명하였다. 그 후 불교가 융성하여 선차로 자리매김된 것 같았다.

사실 선차가 대중 곁에 다가서기 이전까지만 해도 영향을 끼치지 못했다. 그런데 불가의 선차가 되살아 난 이후 선차는 차의 중심으로 자리 잡아갔다.

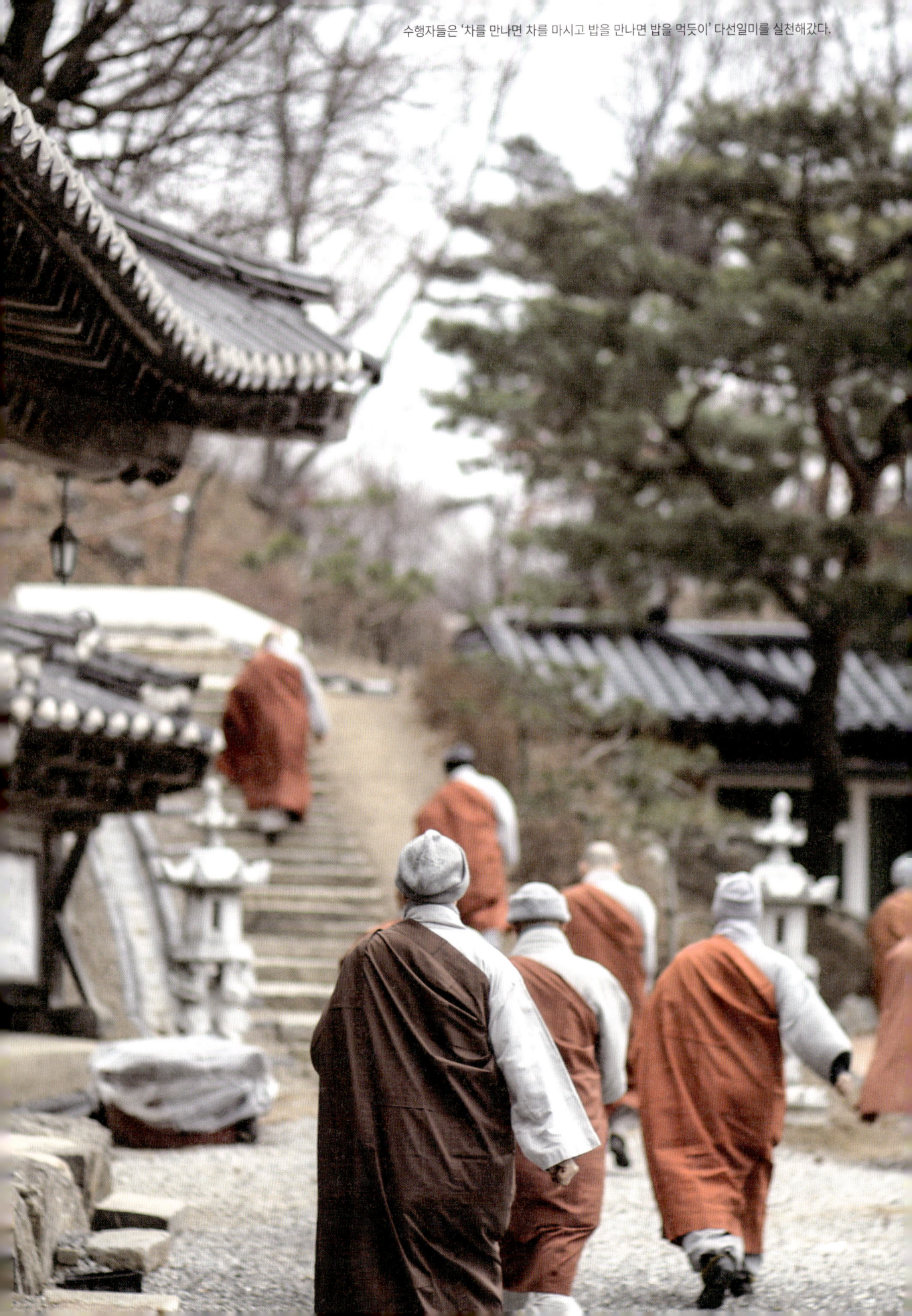

수행자들은 '차를 만나면 차를 마시고 밥을 만나면 밥을 먹듯이' 다선일미를 실천해갔다.

5. 세상 밖으로 드러난 한국의 선차

선차를 깨운 하무산 운무차

660년 전 태고보우가 무더운 여름날 석옥청공(石屋淸珙)과 맞닥트렸는데 그를 보자마자 천호 샘물을 태고에게 조롱박에 떠 주었다 단숨에 물맛을 보고 '옛 시내의 찬 샘물로 한 입에 마셨다가 곧 토하니 저 흐르는 물에 조주의 면목이 드러나네'라는 채중암(蔡中庵)과 나눈 시어가 석옥청공을 뵙고 나눈 문답처럼 스쳐갔다.

내가 30여 년 전 선차를 추적하게 된 데는 우연히 이루어졌다. 1996년 태고보우 국사의 흔적을 찾아 하무산(霞霧山)을 찾아갔을 때 왕쇼촨(王小犬) 노인과 맞닥트렸다. 노인을 나를 보자마자 개완(蓋椀)에 찻잎를 넣고 차를 우려 냈다. 그 차를 맛보는 순간 차향이 향긋하게 다가왔다.

"이 차는 하무차입니다. 이 절을 개창한 스님들에게 비전되어 온 것입니다."

왕 노인의 말을 듣는 순간 마음을 향기롭게 다가왔다. 660년전 태고보우 국사가 만리 뱃길로 하무산를 찾아와 법을 주고받았던 역사적 현장에서 하무차를 맛볼 수 있었던 것은 불연이라고 말할 수 있겠다. 이렇게 하여 고국이 아닌 해외에서 선차에 빠져갔다.

그 후 구산선문의 자취를 추 하다가 성주산문(聖住山門)을 개창한 무염(無染) 국사가 성주사 낙성법회가 열리던 날 김립지(金立之)가 찬한 《성주사사적기(聖住寺事績記)》에 차향수(茶香手)라는 말이 눈에 띈다. 낙성법회 날 차와 향을 올렸다는 의미가 담긴 명문이다.

선차가 한국 땅에 존재가 희미한 시절 선종사찰을 찾아가 비석에 담긴 명문을 보고 선차를 대중 속으로 드러내야겠다는 생각을 갖게 되었다. 쌍계사의 '진감국사비(眞鑑國師碑)'에 한명(漢茗.한나라 차를 말함)과 원주 법천사지(法泉寺址) 지광국사(智光國師) 동차(東茶)와 무수히 많은 금석문에서 차와 선의 흔적들이 드러났다.

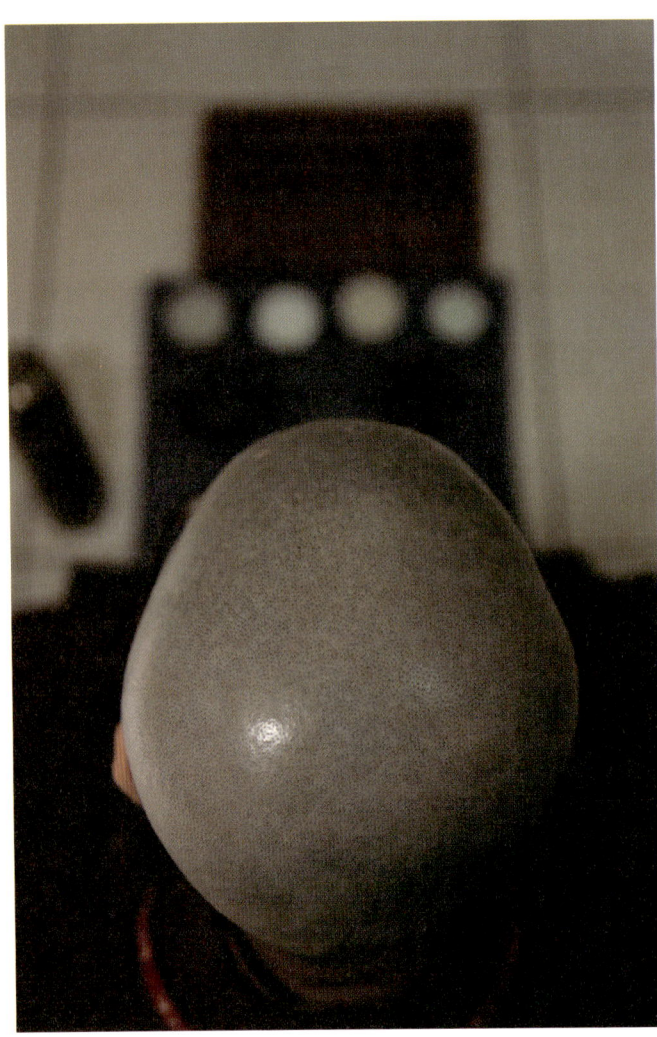

차를 앞에 놓고 선정삼매에 빠져들 수행자들

선차를 들고 나왔을 때 차계 원로로부터 "잊지도 않은 선차를 들고 나와 차계를 혼란에 빠뜨린다는 질타을 받아왔다."

그런데도 선차를 추적하게 된 것은 2001년 가을 무상 선사가 중국 오백나한에 오른 사실을 발견한 다음 부터 사명감을 갖고 선차를 추적했다. 더욱이 대렴보다 100년 앞선 시기에 김지장 보살이 중국 신라의 차종을 갖고 구화산(九華山)으로 들어가 구화산에 파종한 뒤 금지차로 오늘까지 전승된 사실을 발견하고 일본의 다선일미(茶禪一味)를 뛰어넘어 차의 중심 이동을 느끼고 선차의 원류를 찾아 중국 선종사찰을 찾아나 선차의 자취를 추적하여 하나씩 밝혀내면서 오늘날 선차가 동아시아 차사에서 차의 중심으로 자리 잡게 되었다.

1400년간을 이어져온 선차의 맥

한국의 선차문화의 진개는 고구려 파야(562~613) 선사가 천태지의(天台智顗) 대사에게 귀의하여 화정봉 아래 반야천이란 샘물을 파서 그 물로 귀운동의 운무차를 끓여 마시며 수행했던 사실이 밝혀지면서 한국 차문화의 연원은 1400년 전으로 거슬러 올라가게 되었다. 공교롭게도 신라 흥덕왕(興德王) 때 견당사(遣唐使) 대렴이 사신으로 갔다가 신라로 돌아올 때 귀운동의 차씨를 신라(新羅)로 가져왔던 사실이 밝혀지면서 고구려 파야 선사가 천태산으로 들어가 차선수행을 실천하며 대대로 천태차맥을 계승하여 한국의 차맥이 중국 저장성(浙江省) 천태산(天台山)으로부터 연원 되었다고 볼 수 있겠다. 파야 선사의 뒤를 이어 1200년 전 신라의 정중무상(淨衆無相.684-762) 선사가 736년(성덕왕 27년)에 당나라로 건너가 선차지법(禪茶之法)을 제창했다. 무상 선사가 열반한 이후 중국 오백나한 중 455번째 조사에 반열에 오른 선지식으로 평가된다.

《신선소각사지(新選昭覺寺志)》에 '청두(成都) 대자사(大慈寺)의 당대(唐代) 조사는 신라 왕자로서 출가한 무상 선사이다. 참선, 품차(品茶)를 하는 기나긴 과정에서 '무상선차지법(禪茶之法)'을 개창하였으며 선차문화에 매우 큰 공헌을 하였다.'

이 기록을 통해 무상이 컴백 하면서 무상은 당대 선차문화를 주도해갔다. 2012년 서울에서 열린 제7차 세계선차문화교류대회의 발표자로 나선 따이은(大恩) 스님은 '무상 선사는 조주 선사가 츠챠취(喫茶去) 공안을 퍼트리기 이전부터 선차지법으로 대중을 이끌었다'고 폭탄선언을 했다. 이렇게 무상 선사는 선차지법을 열면서 선차문화가 일본류의 중심에서 한국류의 중심으로 발전되었다.

한국의 선차문화 전개

천여 년간 이어져간 한국의 선차문화를 말할 때 신라말 입당 구법승에 의해 차와 선을 신라로 들어와 한국의 선차가 태동 되었다. 그러나 당시 당나라에서 영향을 떨친 신라인으로 김지장 스님은 '중국에 신라의 차 씨를 전해 준 인물' 이며 '무상 선사는 중국에서 선차지법을 창안 선차의 비조로 추앙 받아왔다. 이렇게 뛰어난 선승들의 활약으로 선차문화를 주도해갔다.

고려중기(高麗中期)로 접어든 뒤 대각국사 의천(義天)의 뇌원차(腦原茶)를 송(宋)에 수출하여 송과 끈끈한 유대를 맺어왔다. 더 나아

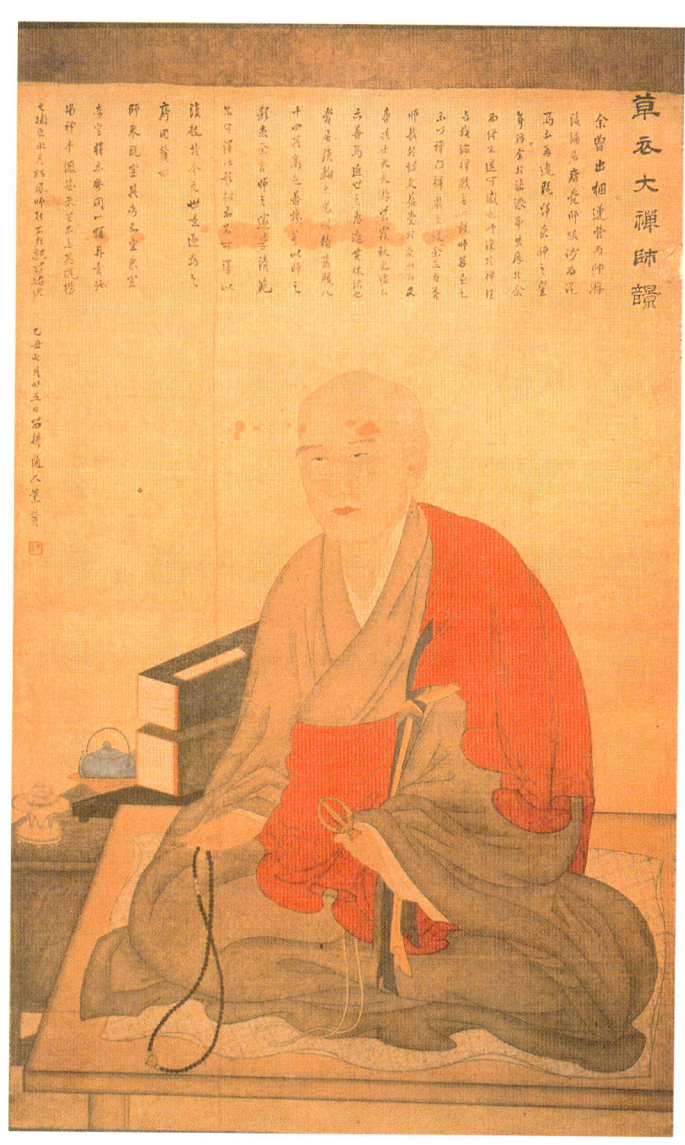

근세 한국의 차문화를 중흥시킨 초의선사

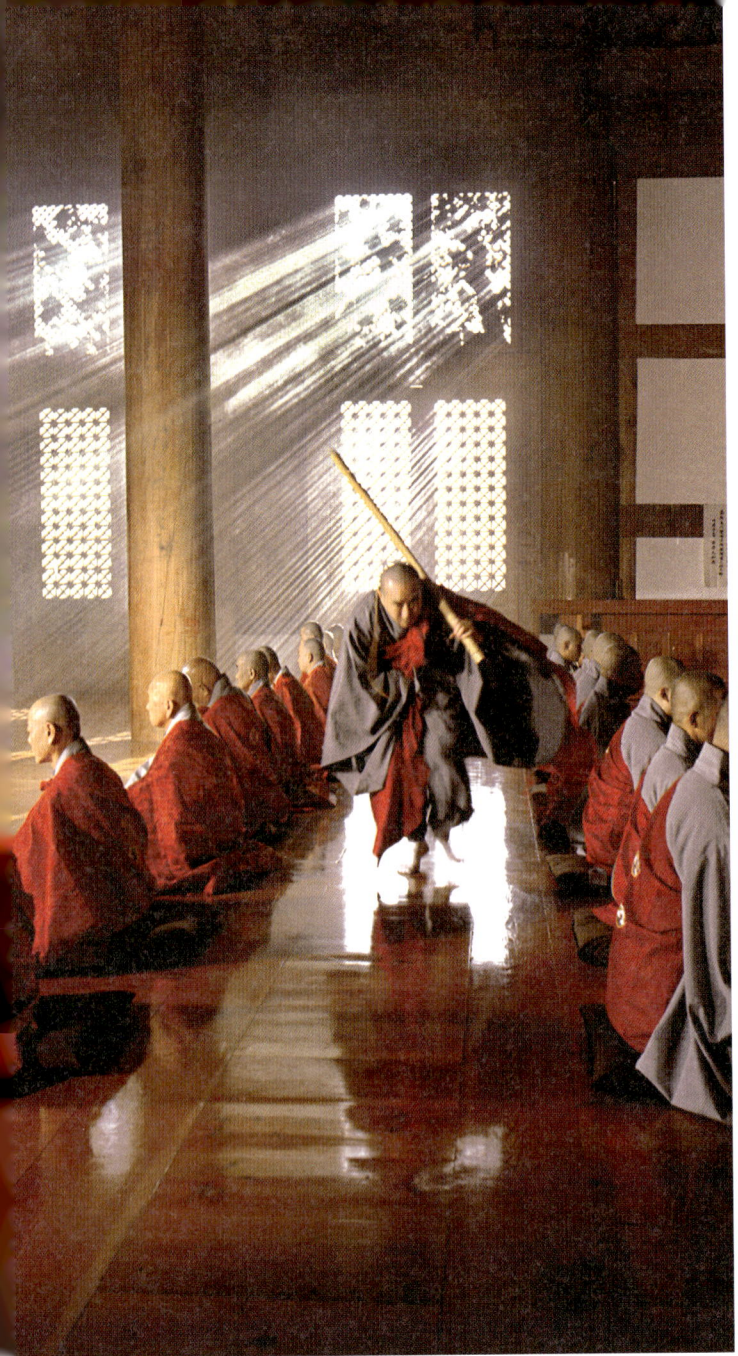
한국의 선원의 가풍은 차와 선을 올곧이 실천해갔다.

가 대각국사는 요(遼)나라 천우황제(天祐皇帝)가 차(茶)의 금백(金帛)을 바치고 대각국사를 차의 스승으로 받들었다. 고려 말기의 태고보우는 원나라로 석옥청공 선사를 찾아가 인가를 받고 돌아와 고려에 임제(臨濟)의 선법을 전해왔다 조선으로 이어진 뒤 함허득통(涵虛得通) 선사와 매월당(梅月堂) 김시습(金時習)을 거론한다. 매월당 김시습이 경주 용장사에 주석하고 있을 때 사신(使臣)으로 조선으로 건너온 일본승 준초 장로가 울산의 연포의 불일암에 머물면서 경주 용장사로 설잠선사를 찾아가 초암차도를 일본에 전해주었다. 매월당(梅月堂) 설잠(雪岑) 선사가 인연이 있었던 불일암은 그간 잊혀졌는데 매월당 김시습으로 인해 불일암 옛터가 초암차의 발상지로 알려진 사실을 2006년 찾아내 세상에 공개하여 알려지기 시작했다. 일본에 초암차를 전한 매월당은 일본 다도를 정착시킨 무라다 슈코(村田珠光, 1422~1502)가 초암다법(草庵茶法)을 창안하면서 그 정신을 다케노죠오(武野紹鷗, 1502~1555)와 센리큐(千利休, 1522~1591)가 이어 와비차로 대성하면서 오늘날까지 그 정신이 이어지고 있다. 준장로를 통해 매월당의 초암다도의 일본 전승은 한국 차문화의 새롭게 규명해야 할 쾌거라고 말할 수 있겠다.

조선후기 차문화를 주도한 초의차의 실체

한국의 차문화는 신라·고려시대를 거쳐 470년간 이어져온 고려왕조가 멸망(滅亡)하고 이성계(李成桂)가 조선왕조(朝鮮王朝)을 건국(建國)하기 직전 1만 명을 움집시켜 역성혁명의 성공을 위해 백자(白瓷)를 통해 조선왕조가 건립된 사실이 드러났다. 역성혁명을 위해 기원한 발원문에 "신미년(1381) 4월 이성계와 일만 명

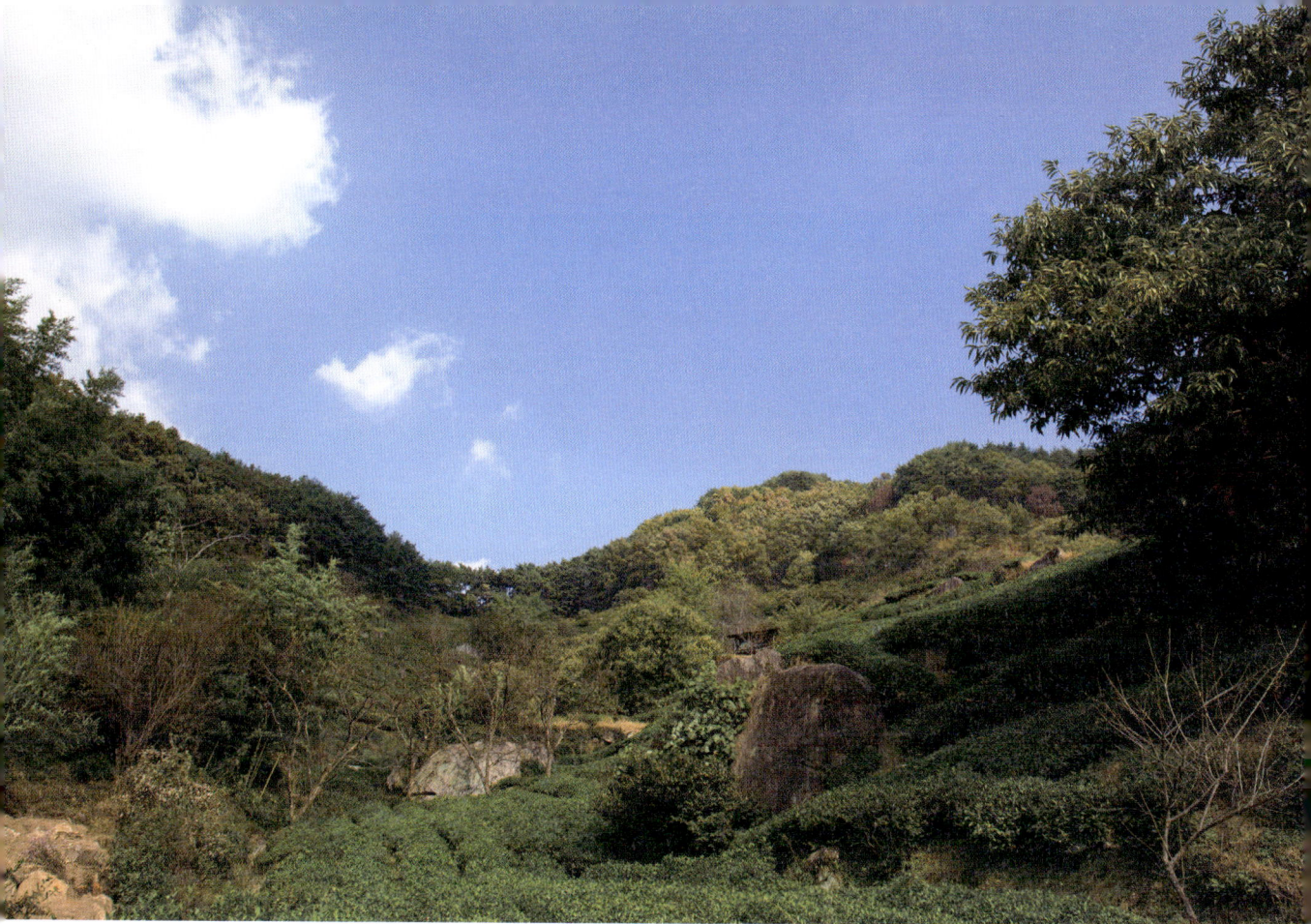

한국의 차문화가 처음 전래된 지리산 자락 화개의 차시배지

은 미륵님께서 중생구제를 위해 내려와 주시길 기원하며 깊은 계곡에 함께 그릇을 만들어 금강산에 소중히 봉안하면서 발원하나니 이 소원의 확고함은 불조가 증명할 것이다"라고 적혀 있다.

이성계(李成桂)에 의해 조선왕조(朝鮮王朝)를 개국한 후 고려의 음다풍속인 찻잎을 가루내어 마시는 점다법(點茶法)이 찻잎을 우려마시는 전다법(煎茶法)으로 바뀌었다. 이 같은 음다풍은 명나라가 산차(山茶)로 바뀐것과 일맥상통한다.

조선후기 일본이 조선을 점령하여 황국식민화(1937-1945)를 거치면서 우리의 차문화는 쇠퇴되어갔을 때 조선의 차는 선종사원의 승려들에 의해 명맥을 유지해왔다. 그런데 선가(禪家)의 다풍은 전승 되어왔으나 선종사원의 다례.보차(普茶)의식과 선차의 맥은 단절 되어갔다. 그나마 조선후기 차를 중흥시킨 초의의순(艸衣意恂, 1786-1866)에 의해 차문화가 선가를 중심으로 형성되어갔다. 그런데 1971년 2월 이우성(李佑成) 교수가 성균관대 학술조사단을 이끌고 강진과 해남 일대를 답사하고 돌아와 다산 정약용(丁若鏞 1762.1836)이 유작과 대흥사에 보관되어왔던 팔폭병풍이 전부였다고 밝힌 바 있다. 당시 선차의 흔적들은 찾아 볼수 없었던 시기였다. 유일하게 사원에 전승 되어온 제다법만이 남아 있었다. 초의 선사의《다신전(茶神傳)》에 "승당(僧堂)에 조주의 다풍이 있으나 다도을 알지못해 외람되게 배겨쓴다"는 기록에서도 당시 선가에 선차문화가 세퇴되어갔음을 알 수 있다.

조선후기를 살다간 초의의순(艸衣意恂) 선사는 홍현주(洪顯周)의 부탁을 받고 〈동다송(東茶頌)〉을 저술하여 한국 차문화의 중흥시켜나갔다. 오늘날 초의 선사를 한국 차문화의 중흥조로 평가하고 있다. 다산·추사·초의를 통해 차의 르네상스 시대를 열어갔다.

 1830년 초의가 스승 완호 스님의 사리탑 비문을 받기 위해 보림사 죽로차를 가지고 상경했다. 우연히 초의차를 맛 본 박영보(朴永輔)가 '남차병서南茶幷序'에 초의가 만든 차에 대하여 자세히 기록을 남기면서 초의차의 진가가 세상에 알려졌다. 그런데 이유원(李裕元)의 〈임하필기(林下筆記)〉에

 강진 보림사(寶林寺) 대밭의 차는 열수(洌水) 정약용이 체득하여 절의 승려에게 아홉 번 찌고 아홉 번 말리는 방법을 가르쳐주었다. 그 품질은 보이차 못지않으며 곡우 전에 채취한 것을 더욱 귀하게 여긴다. 이는 우전차(雨前茶)라고 해도 될 것이다.
 康津 寶林寺 竹田茶 丁洌水若鏞得之 敎寺僧以九烝九曝之法 其品不下普休茶 雨穀雨前 所採尤貴 謂文以雨前茶可也
-《林下筆記》券 32

 위 같은 기록을 남기면서 다산이 승려들에게 제다법을 전수했다는 학설이 지금까지 전해오고 있다. 일설(一說)에는 초의 선사가 다산에게 제다법을 전수받았다는 주장들이 전해온다. 이유원의 《임하필기》와 박영보의 《남다병서》에 초의차에 대한 이야기가 들어 있다. 박영보(朴永輔, 1808~?)는 우연히 초의가 만든 차를 얻어 마신 뒤 장문의 시를 《서령하금집(西泠霞錦集)》에 초의는 남종화로 일가를 이룬 소치와 인연이 깊다. 《몽유록(夢遊錄)》에 "1885(乙未年)에 나는 대둔사(大芚寺)의 일지암에 은거 중이었던 초의 선사를 뵈었습니다. 선사는 나를 따뜻하게 대해주었고 골방을 빌려주며 거처하도록 해 주었습니다. 그렇게 해서 수년 동안 왕래하다 보니 기질과 취미가 서로 동일하여 노년에 이르기까지 변하지 않았습니다"라고 기록하고 있다.

 또한 제주도에 유배 갔던 추사 김정희가 초의 선사에게 차를 간절하게 청해오자 초의는 햇차를 내주었다. 이에 감사의 뜻으로 '명선'을 써 보냈다.

 명선의 원쪽에 "초의가 손수 만든 차를 보내왔는데 이 차는 몽정(蒙頂)차나 노아(露芽)차와 비교해도 손색이 없다"고 말했다. 추사와 초의의 우정으로 인해 몽정 노아차의 진가가 알려지면서 오랫동안 몽정차는 명차로 알려졌다.

 송광사 다풍을 일으킨 금명 보정(寶鼎)선사의 전다시(煎茶詩)에 '해남의 초의 선사의 동다송을 진작 읽고 당(唐)나라 육우(陸羽)의 《다경(茶經)》도 살피었네'라고 나와 있다.

 그리고 마침내 초의의 《동다송(東茶頌)》을 필사하여 《백열록(栢悅錄)》에 남겼다. 1866년 초의가 열반에 들자 일지암은 옛터가 되었고 다도 정신도 잊혀갔다.

차가 동쪽 바다를 건너 다도의 서막이 열렸다

 지리산(智異山) 자락의 화개동천(花開洞天)을 지나 야생차밭에 이르렀을 때 시시각각으로 변화하는 자연 속에서 운무(雲霧)가 거치면서 드넓은 지리산이 드러났다. 그 아래에는 드넓은 녹색의 차밭이 펼쳐졌다. 가만히 살펴보니 차나무 사이로 찻잎이 뾰족하게 올라왔다. 차농들은 뾰족하게 올라온 일창이기로 된 찻잎을 채취하여 밤새워 덖어낸 뒤 햇차가 탄생했다. 수행자들은 찻잎 우려낸 물을 마시고 도를 깨달았다. 그렇게 일상다반사(日常茶飯事)를 실천하길 천 년을 이어져갔다.

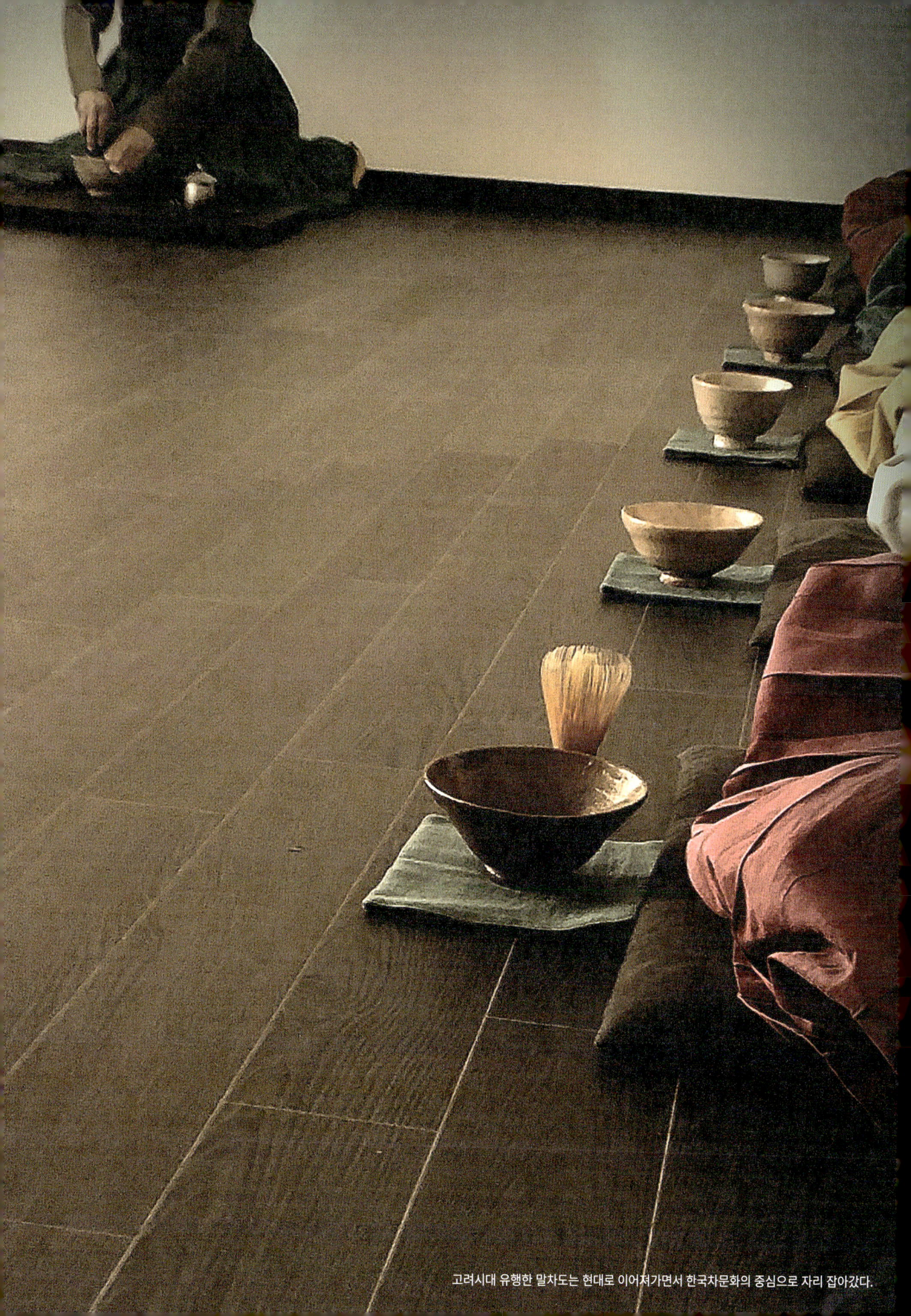

고려시대 유행한 말차도는 현대로 이어져가면서 한국차문화의 중심으로 자리 잡아갔다.

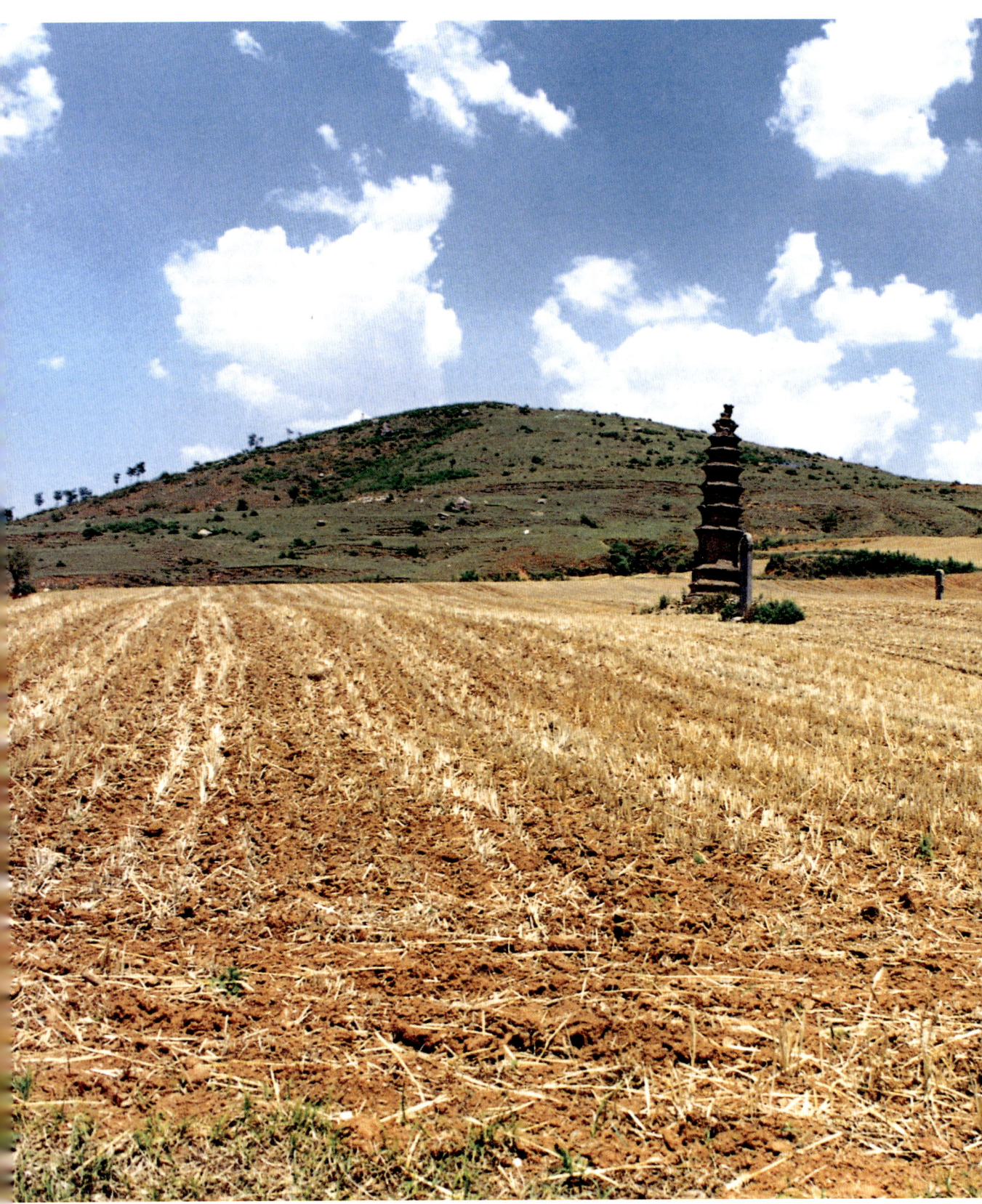

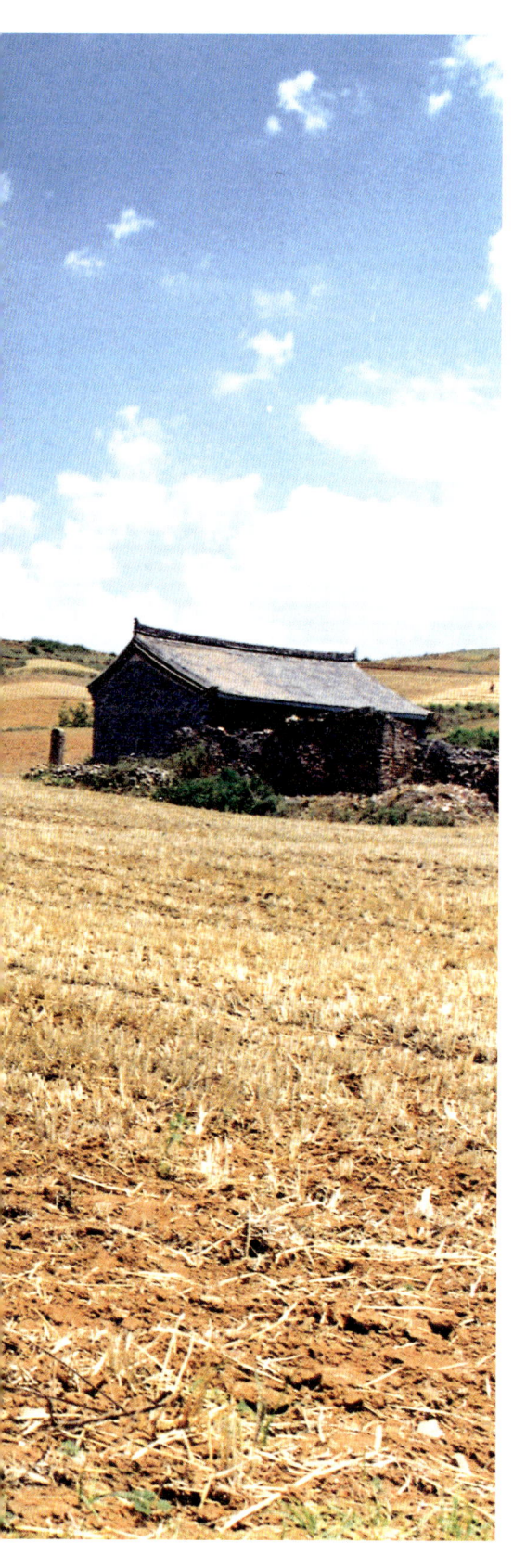

2장
선차의 원류

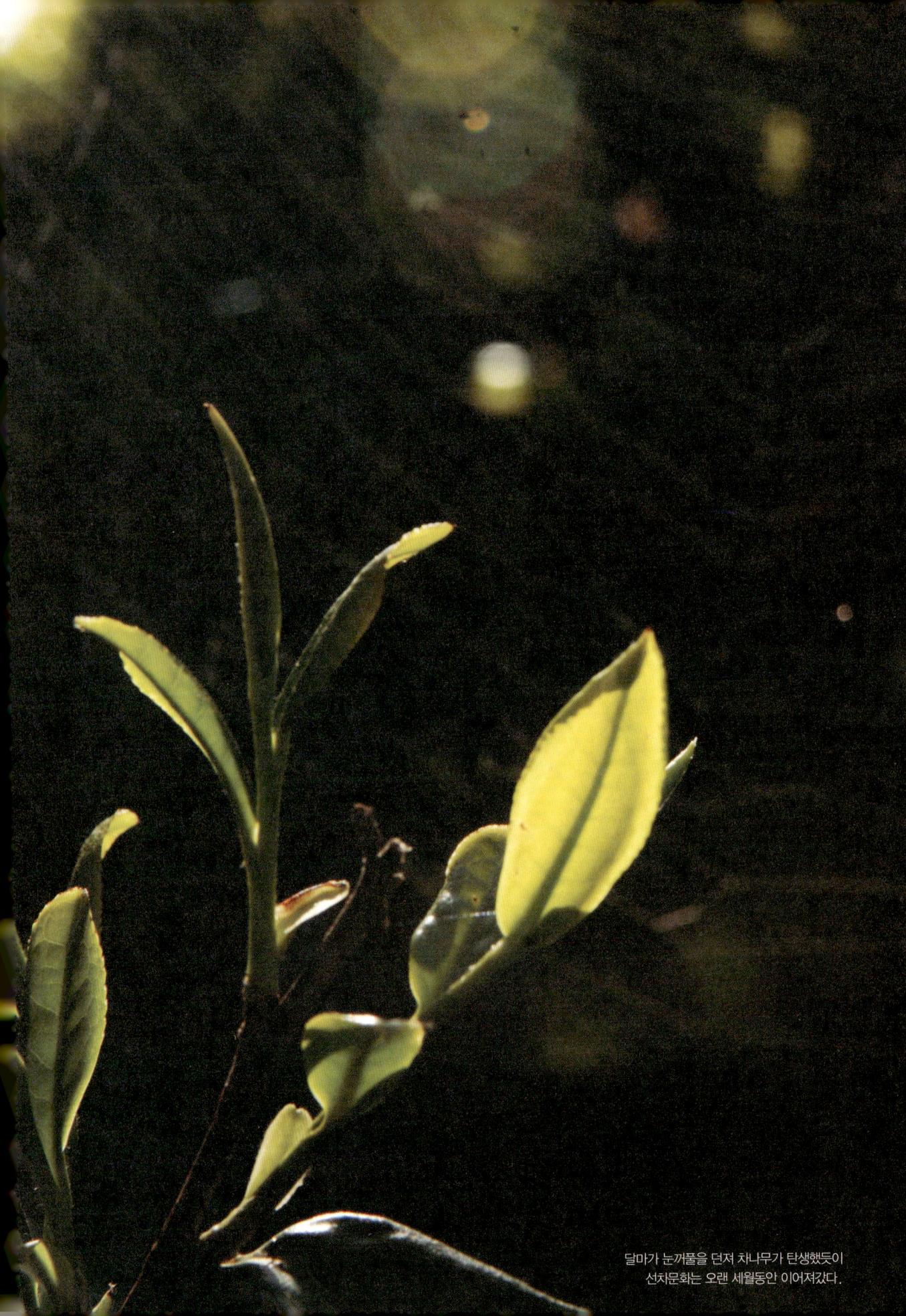

달마가 눈꺼풀을 던져 차나무가 탄생했듯이
선차문화는 오랜 세월동안 이어져갔다.

1. 웅이산(熊耳山)에서 되살아난 달마선차(達摩禪茶)

달마묘탑 발견으로 새롭게 드러난 달마의 행적

　동아시아 선종사의 쾌거라고 말할 수 있는 달마의 묘탑(墓塔)과 양무제(梁武帝) 진찬의 달마 대사의 석비(石碑)가 달마가 열반한 허난성(河南省) 협현(鋏縣) 서이촌(西李村)의 웅이산에서 발견 된 것은 1999년 일본의 화엄학 연구가인 고지마타이잔(小島垈山)이 허난성(河南省) 일대의 불교유적을 답사하던 중 달마 대사의 석비를 발견하여 세상에 알려지게 되면서 달마의 실체가 드러났다.

　달마의 묘탑을 관찰한 고지마타이잔은 달마비에서 풍기는 투철한 선정삼매에서 나오는 영기(靈氣)가 넘쳐 흐른다는 견해를 밝혔다. 달마비를 읽어내려가다가 눈이 번쩍 띄인 대목은 그간 '달마(達磨)'로 쓰여 왔는데 '달마(達摩)'로 밝혀지면서 1500년 만에 달마의 진실이 밝혀지는 순간이다. 이는 지켜본 일본 선학의 권위자인 가마다시케오(鎌田武雄)는 선종사를 새롭게 써야 하는 쾌거라고 말했다. 달마의 묘탑이 발견되기 직전까지만 해도 달마가 웅이산에 묻혀 있지 않고 파에르 고원을 넘어 남인도로 돌아갔다고 전한다. 그 같은 이야기는 송운과 혜성 일행이 서역(西域)의 여러곳을 순례한 뒤 고국(故國)으로 돌아오다가 파미르고원을 넘을 때 달마를 만났다. 송운이 달마에게 묻기를,

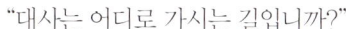

"대사는 어디로 가시는 길입니까?"
"내 나라로 돌아가는 길이요. 당신네 나라의 황제는 오늘 사망했소."
"대사께서 고국으로 돌아가지만 법맥은 누구에게 전승하였습니까?"
"40년 후에 한 사람의 중국 승려가 나타나 나의 법을 이을 것이요"

　달마는 이 말을 남기고 파미르고원을 넘었다. 송운(宋雲)이 발길을 돌려 왕성으로 돌아와보니 황제는 이미 죽고 새 황제가 즉위해 있었다. 송운은 돌아오는 길에 달마를 만난 이야기를 여러 대신 앞에서 말하였으나 대신들은 송운의 말을 믿지 않았다. 할 수 없이 송운을 비롯한 대신들이 웅이산 달마의 무덤을 파

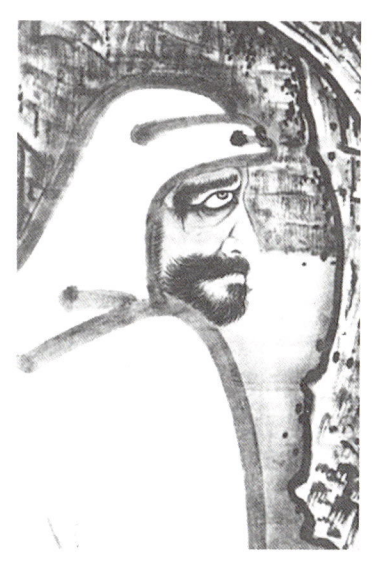

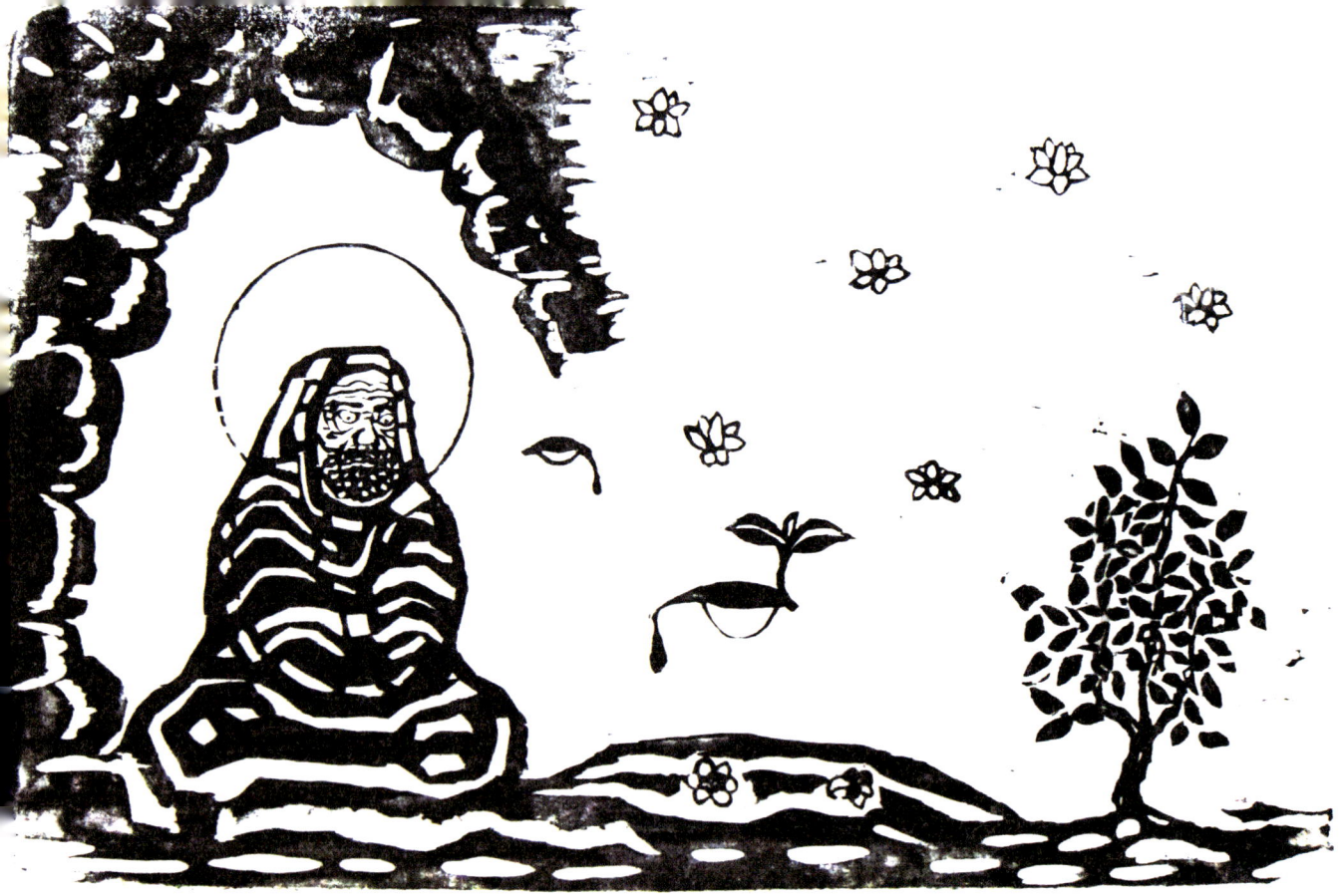

달마가 눈꺼풀을 던져 차나무로 탄생한 일화를 조각가인 진철문씨가 판화로 그려냈다.

보았는데 무덕속에는 신발 한 짝만 남아 있을 뿐 대사의 모습은 온데간데없었다. 위 나라 백성들은 감동하여 달마의 부활과 달마의 정신을 널리 홍포하기에 이르렀다.

송원의 기록에 따르면 달마는 부활하여 남인도(南印度)로 다시 돌아갔다는 이야기였다.

2000년 봄 한국인으로는 처음 달마의 열반지로 알려진 웅이산을 찾아갔을 때 너무나 감격스러웠다. 양무제 진찬 달마비를 볼 수 있다는 설렘에 날이 밝기을 기다렸다. 날이 밝자 낙양에서 4시간 거리인 산시성(陝西省) 삼문협(三門峽市)으로 달렸다. 그러나 달마묘탑이 있는 웅이산(해발 912m)은 외국인 출입이 엄격히 통제된다는 사실을 삼문협에 가서야 확인할 수 있었다. 절차를 밟고 삼문협시를 지나 두이촌으로 들어서자 농촌풍경이 펼쳐진다. 멀리 산 하나가 다가온다. 직감적으로 웅이산임을 알 수 있었다.

웅이산은 해발 912m로 웅이산의 정상을 바라보니 사람의 귀처럼 생긴 달마가 좌선하는 장면이 다가왔다. 웅이산에 이르러 허허벌판에 덩그렇게 서 있는 묘탑 3개를 발견했다. 이조정찬의 '달마비음기(達摩碑陰記)'와 진관(陳寬) 찬의 '재건원각탑지(再建圓覺塔誌)', 양무제 어제(御製)의 '달마비 원석'이 나란히 서 있고 그 좌측에 달마묘탑이 햇살을 받으며 빛나고 있었다.

그때였다. 웅이산 아래 10여 명의 아이들이 이방인을 반기며 모여들었다. 뜻밖의 일이었다. 그들의 표정은 너무나 천진난만했다. 그중 세 아이가 달마묘탑 사이에 걸터 앉는다. 탑 사이로 햇살이 눈부시게 빛났다.

양현지(楊衒之)가 지은《낙양가람기(洛陽伽藍記)》에 전하는 달마의 관한 첫 기록을 살펴본다. 영녕사는 희평원년(516) 영태후 호 씨가 세웠다. 당시 서역(西域)의 승려 보리 달마가 있었는데 그는 파사국(波斯國) 사람이었다. 멀리 변방 지역에서 태어나 우리나라를 유람하다가 이 탑의 금반(金盤)에 해가 비쳐 그 광채가 구름 위까지 퍼지는 것을 보고 바람에 보탁(寶鐸)이 흔들려 하늘 밤까지 울리는 것을 들었다. 이에 노래를 짓고 이것은 신경의 힘이라고 감탄하며 혼자 말하였다.

"나는 백오십 살이 되도록 여러 나라를 두루 다니며 가 보지 않은 곳이 없다. 그 가운데 이 절은 매우 정치하고 아름다우니 염부에도 없을 것이며, 극락의 부처님 세계에도 이런 절은 없을 것이다. 그는 나무(南無)라고 읊조리고 연일 합장하였다.

이 기록대로라면 달마는 150살을 살았다. 그리고 파미르고원을 넘어 신발 한 짝을 등에 짊어지고 떠나는 장면을 송운이 본 뒤 달마묘탑을 열어보자 달마는 신발 한 짝만 남기고 사라져 버렸다는 구전이 전해 온다. 웅이산에는 이 같은 역사적 의미가 담겨져 있는 것이다.

달마가 열반한 웅이산의 삼문협촌의 아이들과 이야기를 시작했다.

"저기 웅이산을 가보았는가"

"웅이산을 넘기가 매우 어렵습니다. 이곳에서 정상까지 6시간 정도가 소요됩니다."

"멀리서 보면 사람의 귀를 닮았다는데 그 연유가 있는가."

"있고 말고요, 달마의 모습을 닮았다는 구전이 전해 오고 있습니다."

"이런 폐허에서 그대들은 무슨 생각을 하고 있는가."

"항시 즐거운 생각을 갖고 뛰어놀고 있지요. 그리고 이 넓은 대지가 얼마나 즐겁습니까?"

아이들과 이야기를 나누며, 그들에게서 진달마의 모습을 보는 것 같았다. 선불교(禪佛敎)가 중국 땅을 뒤덮을 수 있는 까닭이 마음속으로 와닿는다. 웅이산은 달마의 화신으로 부활의 땅이다. 신귀(神龜·518~519) 연간에 상경(常景)이 낙예송(洛汭頌)을 지었는데 그 송에 다르면 다음과 같이 전한다.

넓고 넓은 큰 강이여
깊고 깊은 푸른 낙수여
웅이산에서 발원하여
거대한 골짜기에 물을 끌어 놓았구나.
곡수를 받아서 이수에 토해 내고
낙양을 관통하여 호로 흘러간다.
가까이로는 황하에 이르고
멀리로는 북해에 다다른다.
점을 쳐서 오직 낙양이 길함을 얻었지만
실제로는 그 강의 중앙에 있다.
위로는 장과 류의 별이 응하고
아래로는 황하와 숭산에 의지하여
국위와 더위가 그에 따르고
해와 달도 그에 따라 밝아진다.

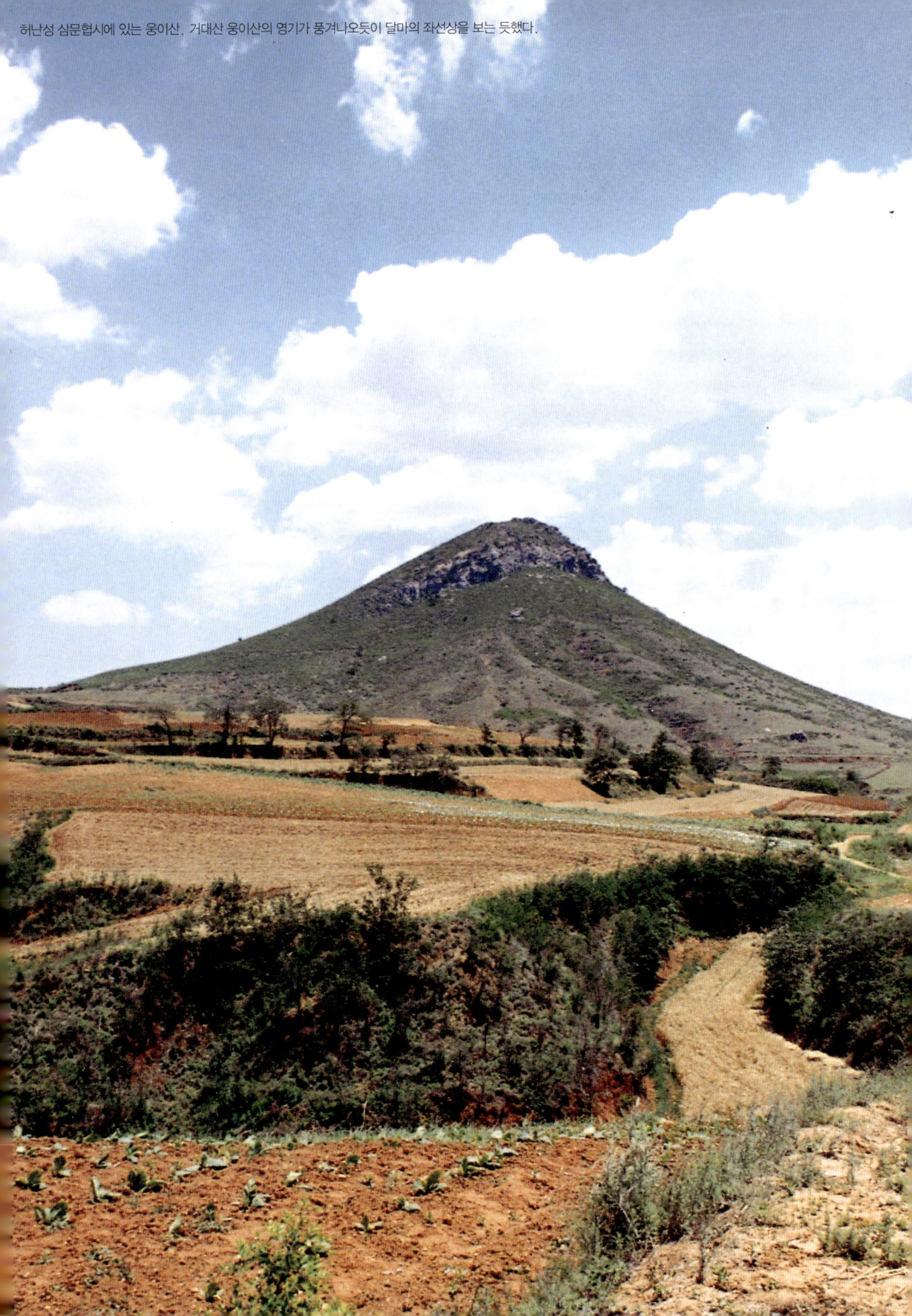

허난성 삼문협시에 있는 웅이산. 거대한 웅이산의 영기가 풍겨나오듯이 달마의 좌선상을 보는 듯했다.

차를 발견한 보리 달마 대사

520년경 남인도(南印度)의 향지국(香至國)의 세 번째 왕자인 보리 달마 대사가 뱃길로 중국 광저우(廣州)에 도착했다. 전에 보지 못한 사람의 출현이라 사람들은 모두 그를 신비롭게 바라봤다. 광저우 자사(刺史) 소앙(蕭昻)은 달마가 광저우에 왔다는 소식을 듣고 정중히 맞이했다. 소앙은 양무제에게 예를 갖추고 표(表)를 올려 인도의 성인이 왔다는 소식을 전했다. 불심천자(佛心天子)로 알려진 양(梁)나라의 황제인 무제(武帝)는 바로 소앙에게 달마를 황궁(皇宮)으로 모시고 오게 했다. 황궁으로 들어선 달마는 무제와 맞닥뜨렸다. 달마를 바라본 무제는 먼저 달마에게 물었다.

"짐이 즉위한 이래 절을 세우고 경을 등사하고 승려를 득도시켰으니, 어떠한 공덕이 있습니까."
"아무런 공덕이 없습니다."
"어째서 공덕이 없습니까."
"그것은 유루(有漏)의 인연에 불과합니다."
"그러면 어떠한 것이 진실한 공덕입니까."
"청정한 지혜는 묘하고 원만하여 세속의 인연으로는 구할 수 없습니다."
"어떠한 것이 제1의 성제(聖帝)입니까."
"확 트여서 성스럽다고 할 수도 없습니다[廓然無聖]."
"짐을 대하는 자는 누구요."
"오직 모를 뿐입니다[不識]."

달마는 양무제와 뜻이 맞지 않아 난징의 막부산 동굴에서 은거하다가 갈때를 타고 양쯔강(揚子江)을 건너 위나라로 입성했다. 뒤늦게 황궁을 찾은 보지공(寶誌公) 선사에게 양무제(梁武帝)가 묻는다.

"달마는 대체 어떤 사람이요?"
"대왕께서는 관음보살의 화신을 몰라보셨습니까."

뒤늦게 양무제는 후회하고 신하를 파견하여 다시 달마를 모시고 오게 했다. 신하들이 달마를 뒤쫓아 난징(南京)의 양쯔강(揚子江) 가까이 쫓아갔을 때 아련하게 갈대를 타고 떠나가는 달마 대사를 바라보았다. 뒤늦게 양무제는 후회했다는 고사가 전해온다.

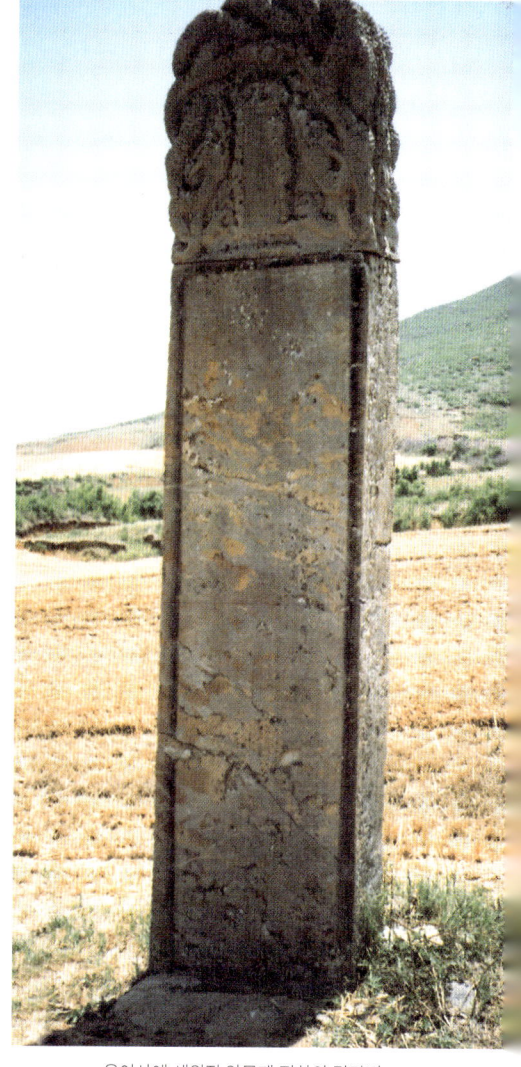

웅이산에 세워진 양무제 진찬의 달마비

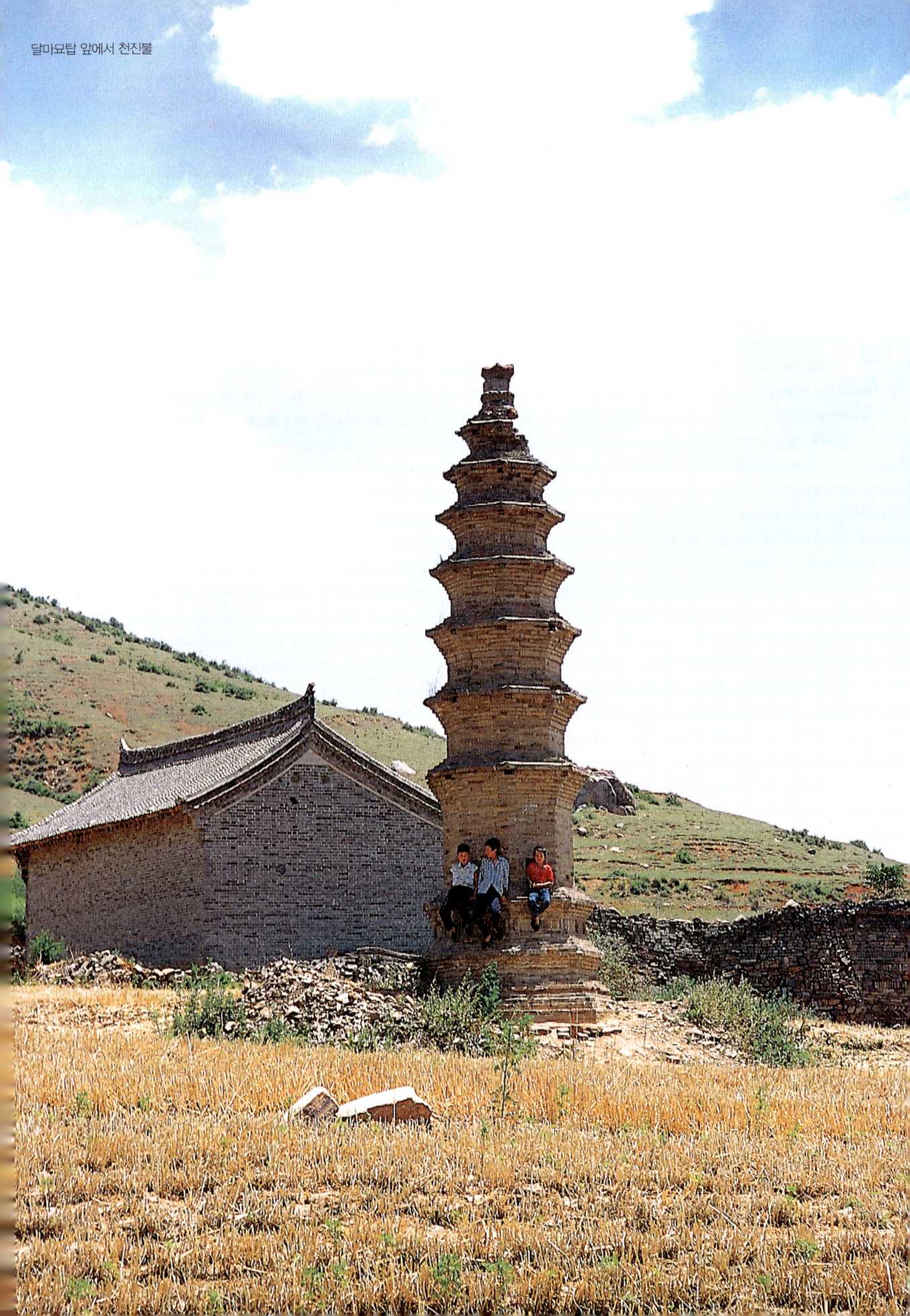

달마묘탑 앞에서 천진불

달마 차향 살아나는 웅이산

중국 하남성 삼문협시(三門峽市) 협현(陝縣) 서이촌(西李村) 두구(啮溝)에 웅이산(해발 912m)이 있다. 차인들에게는 후난성(湖南省)에 있는 차릉(茶陵) 이상으로 중요시되는 차의 성지이다. 바로 이곳이 선차가 시작되었던 곳이다. 양무제가 찬하고 그의 아들 소명태자(昭明太子)가 세웠다는 달마의 비에는 이렇게 적혀 있다.

내가 들으니 창해의 안에 여룡(驪龍)의 구슬이 있으니 흰 털이 빛이어서 하늘이 이를 보지 못하고 사람이 이를 알지 못하였던 것이라오.

양무제가 세운 〈달마비(達摩碑)〉 외에도 《전당문(全唐文)》에 원문이 수록된 진관이 찬한 '제건원각탑지'와 이조정이 찬한 '중건선문제일조보리 달마 대사비음문(重建禪門第一祖菩提達摩大師碑陰文)'도 있고 웅이산 내에 삼천사라는 절도 있다.

달마 차향이 살아 숨 쉬는 땅 웅이산은 낙양시 외각 삼문협 두이촌에 있다. 사람의 귀를 닮았다는 웅이산의 거대한 준봉이 우뚝 서 있고 주변에는 평야가 겹겹이 펼쳐져 있다. 이곳이 달마가 중국에서 마지막으로 하산한 장소이다.

달마가 열반에 들자 슬픔에 못 이겨 소명태자가 제문을 짓는다.

보리 달마가 열반에 드셨으니 슬픔이 인륜(人倫)을 움직이며 아버지, 어머니를 잃은 것 같으며 하늘과 땅이 덮인 듯하며 괴로운 안개가 밤을 맞고 근심스러운 구름이 낮에도 어두우며 달도 슬픔을 머금은 듯 날은 슬픔을 띤 듯 온화하였다.

웅이산(熊耳山, 해발 912m)은 서이촌의 서쪽 산기슭에 있으며 달마의 묘탑과 웅이산이 합류되는 듯했다. 고지마타 이잔 씨는 산세에서 풍기는 영기가 넘쳐나는 장소라고 말했다. 송의 휘종은 《대관다론(大觀茶論)》에서 "산천의 신령스러운 기운이 집중되어 있어 가슴을 열며 체기를 씻어 맑고 화창한 기운을 내게 한다"고 했다.

웅이산의 산세를 관조하니 산의 영기가 달마가 아니면 그 기운을 누를 수 없을 정도로 강렬했다. 내가 달마묘탑 앞에 차를 올려 선다일미의 의미를 되새겼다.

동아시아 선종의 최고 거목 달마묘탑에서 요암청욕 선사의 〈소림명증효장주(少林銘贈效藏主)〉라는 시가 생각난다.

소림을 본받아서 행해(行海)가 상응(相應)하고
종설(宗說)을 갖춘 사람
삼승(三乘)의 가르침 밖에
홀로 이 마음 전하니
꽃다움 이어지고 불꽃이 피어올라
옛 날과 지금을 밝게 비치었네.

다선일미(茶禪一味), 그 경지가 바로 달마 차로 웅이산색에 비치니 눈부신 태양에 황금빛 물결로 변하여 찻잔 속에 비친 차향은 달마가 동토(東土)로 온 의미를 깨닫게 해주었다.

사조도신 선사의 비로탑. 신라의 법랑 스님의 조상을 모시고 있다.

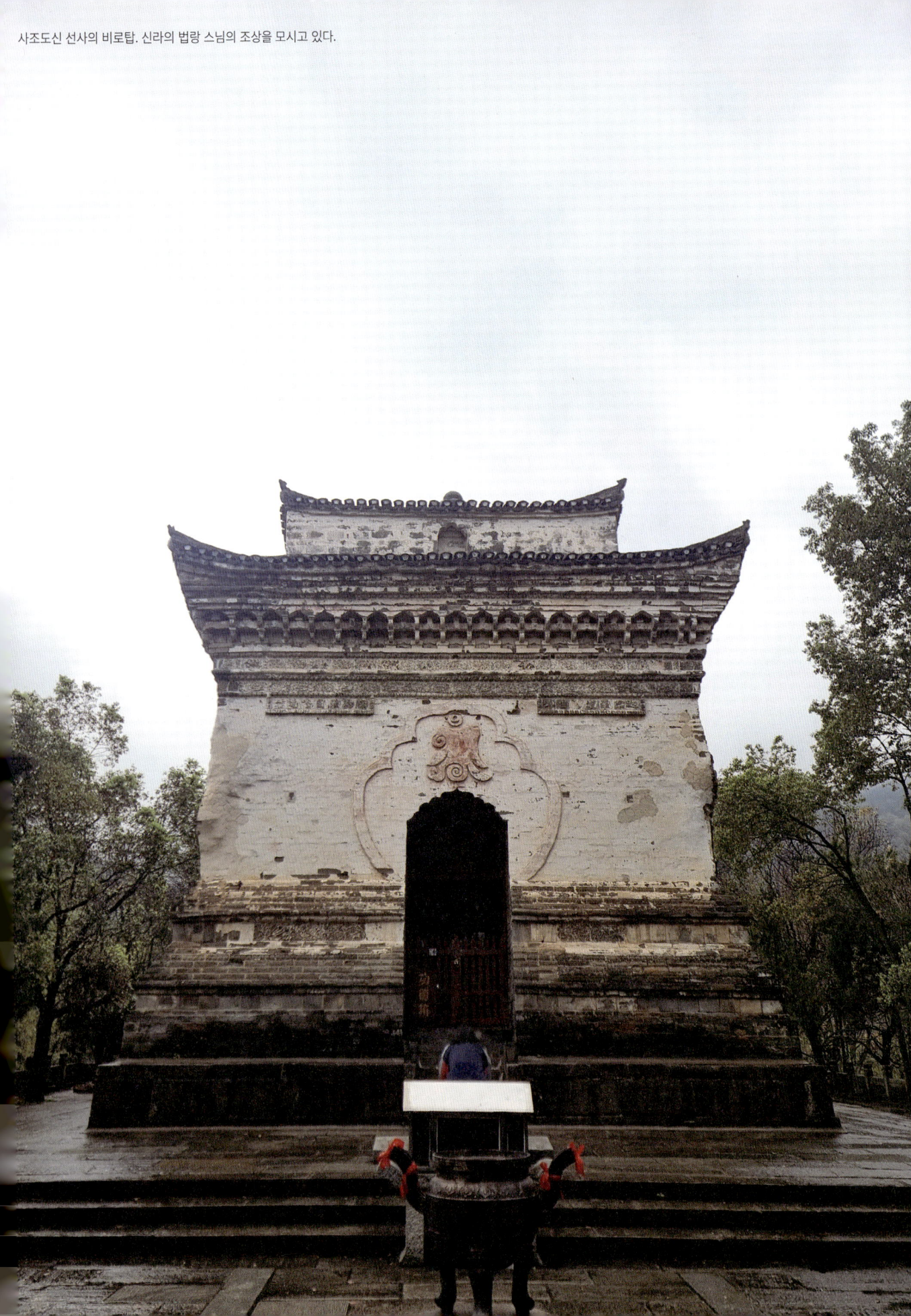

2. 법랑의 선(禪)이 사조사에서 다시 일어난다

2007년 겨울 사조사(四祖寺)를 찾다

1999년 겨울 후베이성(湖北省) 황매현(黃梅縣) 쌍봉산(雙峰山) 아래 자리한 사조사(四祖寺)를 찾았을 때는 문화혁명 이후 덩샤오핑(鄧小平)의 개혁개방정책에 힘입어 중국에 선의 여명이 밝아온 사조사는 홍콩과 대만의 자본이 들어와 불사가 한창 진행 중에 있었다.

게다가 중국 선종의 임제종 44세 전인(傳人: 종정에 해당)인 본환(本煥) 선사가 1995년 12월 사조 도신(道信) 선사의 도량인 정각선사(正覺禪寺)의 중흥을 발원, 2000년 9월 방장에 취임했었다. 본환 선사는 허운(虛雲) 대사의 법통을 이어온 중국선의 정신적 지도자였다. 그런 스님이 2003년 9월 12일 홀연히 징후이(淨慧) 스님에게 사조 정각선사의 방장 자리를 물려준 아름다운 인연이 깃든 도량이었다. 징후이 선사는 허베이성 백림 선사의 방장 자리를 제자인 밍하이 스님에게 물려준 뒤 2003년 9월 홀연히 4조 도신의 행화도량인 정각선사로 왔다. 도신의 동산법문(東山法門)을 이 시대에 일으키려는 염원에서였다.

신라의 법랑(法朗) 선사가 수법한 사조사를 찾아갔다. 맨 먼저 파두산(雙峯山) 아래 우뚝 선 비로탑(毘盧塔)의 돌계단을 하나씩 밟으며 옮겨갔다. 기록에 의하면 비로탑은 "도신선사의 원적 이후 파두산 꼭대기에 사방탑(四方塔)을 쌓아 그 안에 도신의 육신을 모신 탑이라고 전해지고 있다.

사조 탑에 법랑이 조상과 대면하다

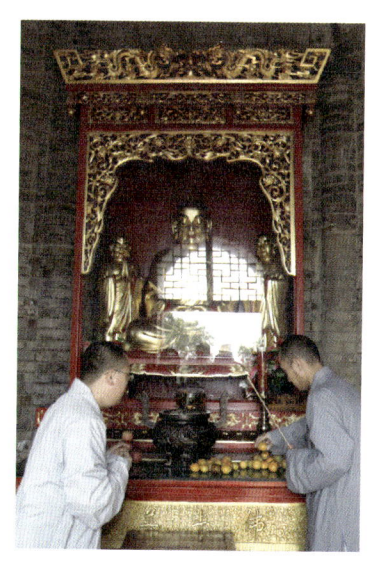

2007년 겨울 나는 사조사를 찾아갔을 때 친분이 두터운 징후이(淨慧) 선사가 반갑게 맞이했다. 그날 방장실에서 징후이 선사를 만났다. 징후이 선사에게 후베이성 노조사를 다녀오는 길이었다고 말했다. 징후이 선사께서는 빙그레 미소지으며 그러지 않아도 신라의 법랑 선사가 사조도신의 법맥을 신라로 이어

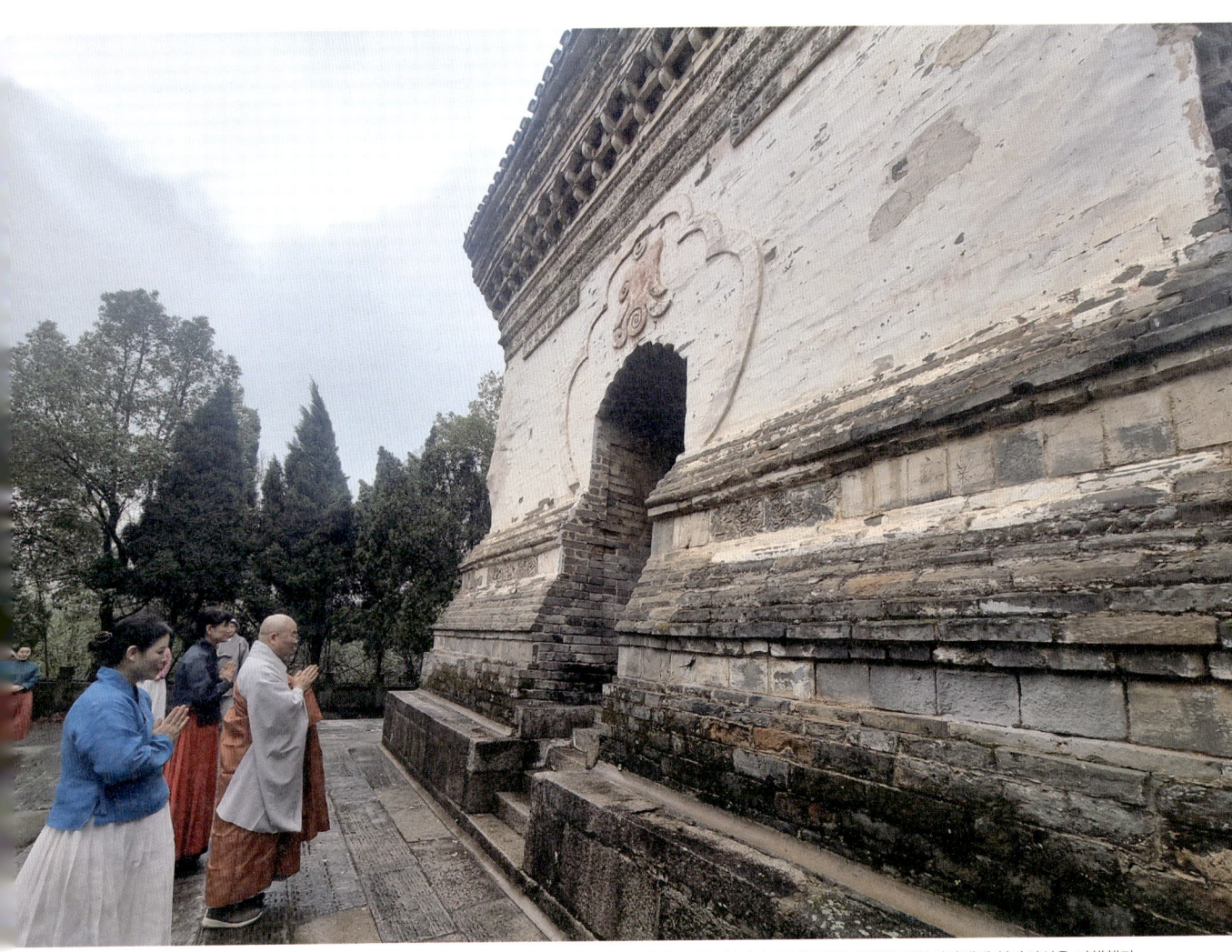

한국의 선차순례단이 비로탑을 찾아가 도신선사와 신라의 법랑선사에게 헌다의식을 거행했다.

간 것을 보고 비로탑 안에 법랑의 조상을 조성했는데 마침 중국 선종과 인연이 깊은 최 선생에게 꼭 친견했으며 해요' 징후이 선사에게 감사 인사를 드렸다. 사조사 주지 명기 스님의 안내로 비로탑을 찾았다.

비로탑은 파두산 아래 우뚝 선 당대 전탑은 옛 모습 그대로였다. 이글거리는 열기를 받으며 한 발자국씩 사조탑을 향해갔다. 탑 앞에 이르러 향을 피우고 예를 올렸다. 그 사이 탑문이 열리고 탑 안으로 들어서자 깜짝 놀라지 않을 수 없었다.

7년 전 텅 빈 공간에 4조 도신 선사와 나란히 좌측으로는 우두법륭과 우측에는 5조(五祖) 홍인(弘忍)이 모셔져 있었다. 그 옆에는 우리 눈이 번쩍 뜨이는 신라 법랑(法朗)과 남양현상(南陽玄爽), 판주법현(判州法顯)이 나란히 봉안되었다. 참으로 놀라운 일이었다.

텅 빈 4조탑이 아쉬웠던 차에 2000년 초 새로 조성했다는 소식을 듣고 흐뭇했다. 그때 한 스님에게 4조 도신의 육신탑에 대해 묻자 여기 탑 아래 봉안되었다는 말에 적잖이 놀라웠다. 4조 도신의 불상을 조성했을 뿐 육신은 아니었다. 전후 사정을 간파하지 않으면 잘못 기록할 수 있음을 중국 선종을 답사하면서 한두 번 느낀 것이 아니다.

비로탑에 당당하게 조사로 모신 법랑 선사

법랑 선사는 신라의 무상 선사와 상산혜각(常山慧覺)과 더불어 중국 땅에서 존중을 받고있는 조사이다.

신라의 법랑 선사는 '신행선사비문(信行禪師碑文)'을 살펴보며 간단한 약력이 전한다.

법랑 선사가 호거산(虎踞山)에 지혜의 등불을 밝히고있을 때 신행 선사가 호거산으로 찾아가 법랑 선사 앞에 머리를 조아리며 말했다.

"마음을 찾으려고 해도 마음이 없습니다."

그 말에 법랑은

"아름답도다, 마음의 등불의 법이 모두 너에게 있구나."

라고 말하였다. 이로써 법랑의 선법을 신행이 이어갔다. 그곳이 산청의 단속사 터로 알려지고 있다.

4조탑에서 신라인의 얼굴을 보면서 그렇게 중국 선사들이 누누이 말한 동류지설(東流之說,중국에 선이 사라지면 동이(東夷)에게 묻는다는 말)이 실감나는 것 같았다.

파두산에서 다시 일어나는 도신의 선풍

사조도신 선사가 선풍을 일으킨 사조사를 찾던 날 산문 앞 들판에서는 막 벼를 바닥에 말리고 있었다. 산문으로 들어서니 들머리 바닥에 벼를 깔고 그 위에 짚을 차곡차곡 쌓아둔 것을 보았다. 벼를 도로 바닥에 말리고 있는 것은 이 지역의 풍습이라고 전해온다.

그런 풍경을 보면서 사조 정각선사가 드러난다. 현판은 중국 불교협회 회장을 지낸 조박초(趙樸初) 거사가 쓴 글이 선연하다. 농선을 일으킨 사조도신은 속성이 사마(司馬)이다 하남성(河南省) 심양에서 태어나 14살 무렵 승찬(僧璨, ?-606)에게 나가 출가를 결심했다. 그때 승찬은 82세의 고령이었다.

사미인 도신은 승찬 앞에 엎드려 절을 하면서 가르침을 청했다.

"화상이시여, 자비를 베풀어 해탈의 법문을 일러주시옵소서."

"누가 너를 속박하였단 말인가."

"아무도 결박하지 않았습니다."

"그렇다면 무엇을 벗어난단 말인가."

도신의 그 한 마디에서 크게 깨우쳤다.

그 뒤 전설게는 다음과 같다.

華種雖因地	꽃씨는 땅을 인(因)하고
從地種花生	땅을 의지하여 꽃씨는 피어나지만
若無人下種	종자를 뿌리는 이가 없으면
華地盡無生	꽃도 땅도 피어나지 않으리라

《전등록(傳燈錄)》권3에 〈승찬조(僧璨條)〉에 "옛날 혜가 대사가 달마 대사에게 법을 받은 뒤에 바로 업도(鄴都)로 가서 30년 동안 중생들을 교화하다가 입적하셨는데, 나는 그대를 만나 법을 전했거늘 어찌 여기서 묵고 있으랴."

승찬 선사는 법을 전한 후 나부산(羅浮山)을 떠났다. 스승이 떠난 후 그 길로 나부산을 떠나 양자강에 맞닿은 쌍봉산으로 거처를 옮긴 뒤 그곳에서 중생교화에 힘썼다.

도신은 좌선의 방법론에 대해 명확히 간파하고 있었다.

초보자가 좌선 명상을 하려면, "홀로 편히 자리를 잡고 먼저 몸을 곧고 바르게 앉아서 옷을 헐렁하게 하여 띠를 풀고 온몸으로 느끼게 하고 몸을 일곱 내지 여덟 번쯤 흔들어 움직여서 배 속의 헛공기를 토해내면서 몸이 없다고 느껴질만큼 고요하게 가라앉힌다. 참선을 해나가면서 부처의 본직을 깨달은 사람은 영원히 생사의 유전을 초월하게 된다"라고 말했다.

다시 깨어난 사조도량 정각 선사

도신은 사조사에서 홍인을 비롯 500여 명을 길러냈다. 그중 법현(577~653), 선복(善伏, ?~660), 현상(?~652)과 신라인 법랑(法朗)도 들어 있다.

징후이(淨慧) 선사은 4조탑에 현상, 법현, 선복 등과 나란히 법랑을 모신 뒤 도신의 제자인 신라인 법랑을 널리 알리려 했다. 2004년 8월 27일 사조사에서 선학 학술 강연도 개최했다.

그때 중국의 차문화 연구가 커우단(寇丹) 선생은 다음과 같이 말한 바 있다.

"선문화는 불교의 한 갈래라기보다 지혜의 사유이자, 생활에 대한 독특한 관찰 방법"이라고 서두를 시작했다. 또한 "천 년 전 농경 중심의 시대에

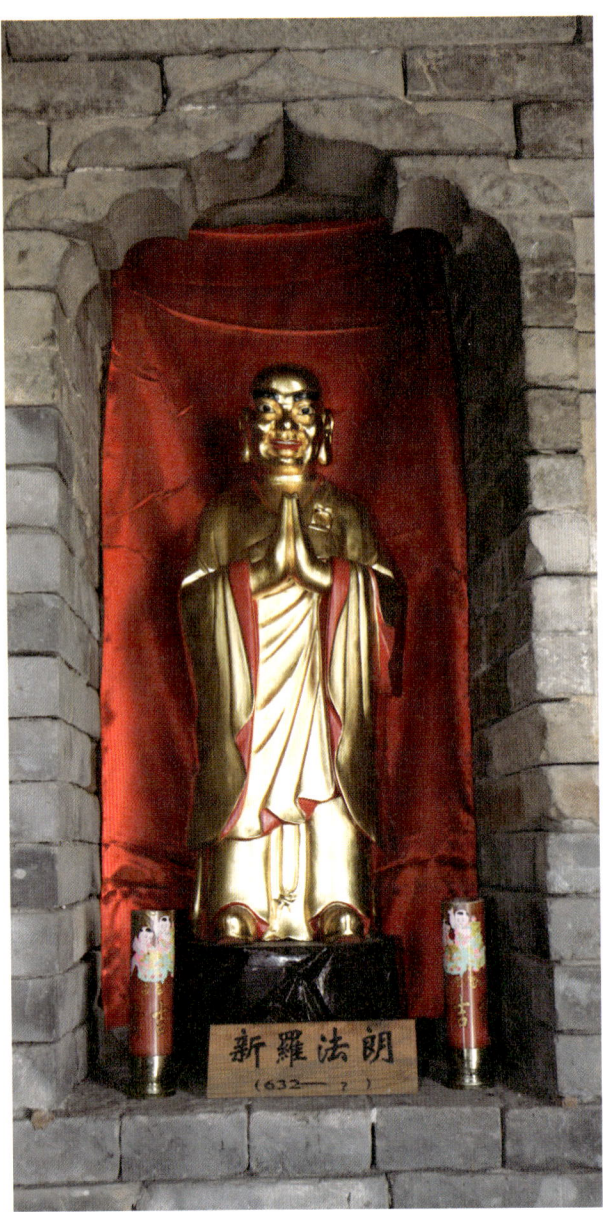

사조사(四祖寺) 비로탑안에 봉안된 신라의 법랑(法朗)선사 조상

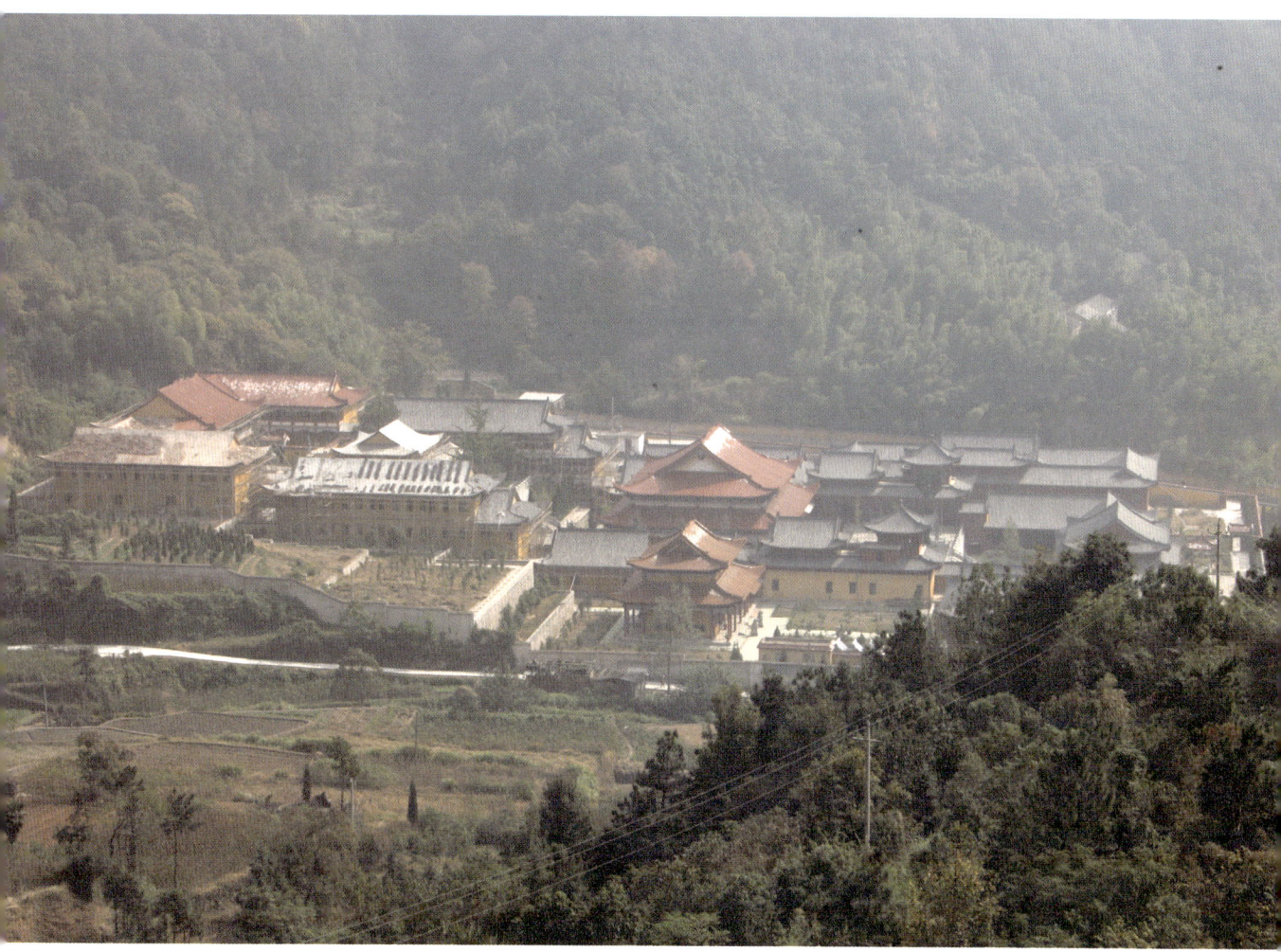

파두산(雙峯山)에서 내려다본 사조사

는 방할론의 사별 방식으로 사람을 깨우칠 수 있었다. 그러나 지금은 과학 정보 시대에 살고 있어 생활선과 인간선이 제기되는 선학의 발전기임이 틀림없다."

이와 같이 징후이 선사의 주창한 생활선(生活禪)은 현전(現前)하고 있는 한 생각을 일으켜 불법으로 인성을 끌어올리자는 것이다.

2007년 11월 5일 징후이 선사를 만났을 때 스님은 특유의 환한 미소로 답했다. 자연히 이야기는 그해 여름 허베이성 원씨현의 백석신군비(白石神君碑)로 옮겨갔다. 조주의 끽다거(喫茶去) 공안이 탄생한 허베이성 조현 백림 선사(柏林禪寺)에서 30분 거리에 있는 곳에 있다고 말하자 징후이 스님은 매우 놀라운 발견이라고 말한 뒤 나에게 한·중의 차계와 불교계를 오가며 헌신한 결과라고 말했다. 4조 도신을 거론할 때마다 당태종(唐太宗) 이세민(李世民)에 얽힌 이야기가 상징처럼 떠오른다. 이야기인즉 도신의 법력이 높음을 알게 된 당 태종 이세민이 도신을 입궐케 하면서 이야기는 전개된다.

도신은 입궐을 거절하면서 내 목을 베어가라고까지 강경하게 대응한다. 당시 문답을 살펴보자.

먼저 황제의 칙명을 받고 내려온 대신이 파두산 아래 사조사에서 도신과 맞닥뜨린다.

먼저 대신이 말을 한다.

"화상을 황궁으로 모시고 가지 못하면 목이라도 베어다 황제께 보내드려야 합니다. 어찌하시겠습니까?"

"자, 목을 베어가시오."

그러나 대신은 칼을 뽑지 않고 장안으로 되돌아간다. 그때 대신에게 도신은 "여보게, 나 같은 사람도 있다는 것을 알았겠구면"이라고 하였다.

그 뒤에도 태종은 도신을 입궐케 하려 했으나 끝내 몸이 불편하다는 핑계로 거절한다.

태종이 도신을 초청한 데는 두 가지 이유가 있다. 첫째는 도신의 법력을 듣고자 함이요, 두 번째는 자신의 병을 낫게 해준 데 대한 고마움이었다.

태종이 병을 앓고 있다는 말을 듣고 도신은 약방문을 적어 황제의 병을 낫게 했다. 그러나 도신은 끝내 황궁으로 가지 않고 파두산에서 널리 중생을 위해 제도했다.

도신이 파두산에서 법문을 열어 각계각층을 교화했다가 30년 뒤 홍인이 찾아와 홀로 법을 잇게 한다. 법을 이어준 뒤 도신이 제자 원일에게 "산자락에 무덤 자리를 하나 파게. 될 수 있는 대로 빨리 끝내도록 하게."

얼마 뒤 다시 도신이 물었다.

"무덤 자리를 마련했는가?"

"끝났습니다."

그 뒤였다. 영휘 2년(651) 9월 24일 대사는 아무 병 없이 앉은 채로 열반에 들었다.

그때 대사의 나이 72세였다. 그 자리가 비로탑이 선 자리라고 전한다.

도신은 선종 최초로 육신 부활을 이루었다. 그러나 아쉽게도 1900년 이후 도신의 육신상은 자취를 감추어버렸다. 또한 도신의 법맥은 5조 홍인(弘忍)과 우두법융(牛頭法融)이 이어 찬란한 빛을 밝혔다.

천 년이 지난 지금도 도신이 열었던 동산법문(東山法門)은 천하를 호령하면서 더욱 뜨겁게 타오르고 있다. 뜰 앞에서 빗자루로 벼 낟알을 고르는 청신사의 모습에서 문득 해탈의 모습을 보는 듯했다. 이는 동산법문이 흐르는 물과 같이 세월을 따라 유유히 흐르고 있음을 느끼게 하는 대목이다.

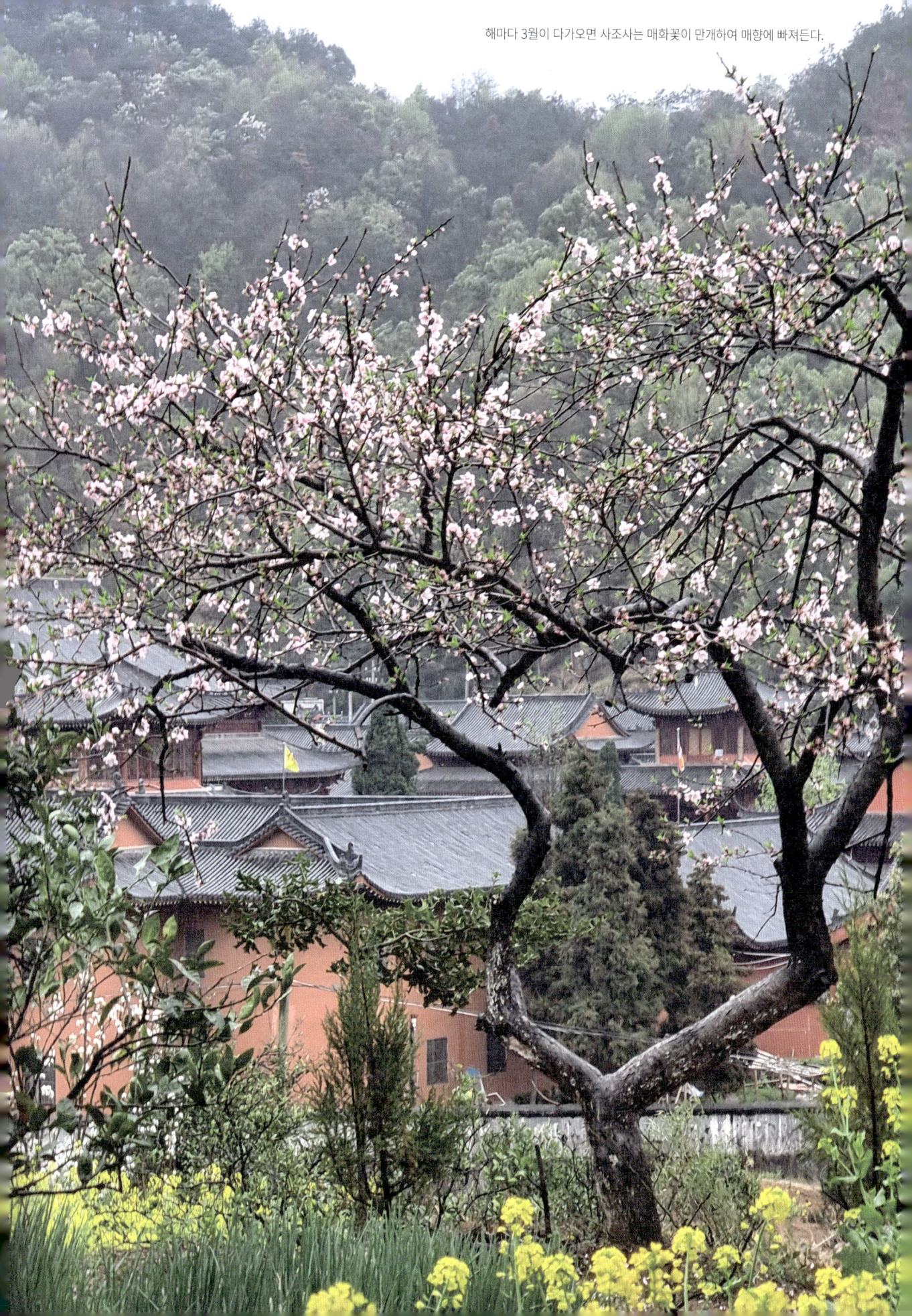

해마다 3월이 다가오면 사조사는 매화꽃이 만개하여 매향에 빠져든다.

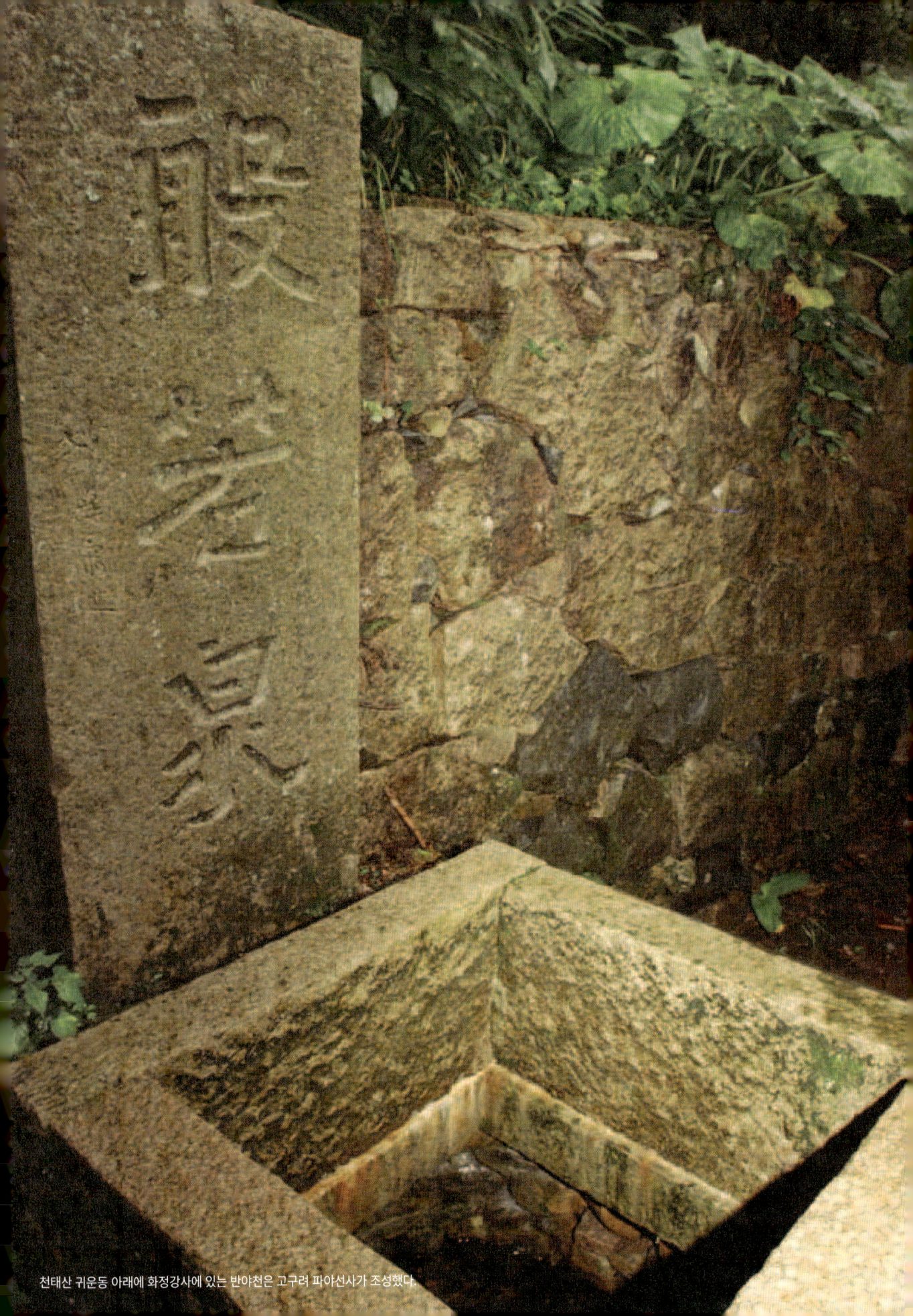

천태산 귀운동 아래에 화정강사에 있는 반야천은 고구려 파야선사가 조성했다.

3. 중국 천태산 반야천에서 고구려 파야 선사가 선차를 탄생했다

파야 선사로부터 전개된 천태산(天台山) 귀운동의 차 역사

중국 저장성(浙江省) 천태산 화정봉(華頂峯) 아래의 화정강사(華頂講寺)에 반야천(般若泉)이란 샘물이 있다. 이 샘물이 한국선차의 발원지인데도 그간 주목받지 못했다. 그 샘물이 고구려 파야 선사가 조성한 사실이 드러나면서 한국차사에 중요한 위치로 자리매김 되었다. 천태산 화정봉이 삼국의 차의 메카로 자리 잡게 된 데는 왕자이양(王家陽)이 쓴 《갈현명포기념비(葛玄茗圃紀念碑)》에 "수(隨)나라 때 고승 지의(智顗) 대사가 차를 부처님께 바치고 다선일미(茶禪一味)를 깊이 깨달았다. 그 후 차가 해외에까지 전해져 동쪽바다(東流)로 다도의 서막이 열렸다"고 기록했다. 천태산이 주목을 끌게 된 데는 신라 흥덕왕(興德王) 828년 당나라 사신(使臣)으로 간 대렴이 귀국할 때 천태산 귀운동의 차씨를 가져와 지리산 옥천사(現在雙溪寺) 부근에 심게 되면서 중국의 차씨(茶種)가 천태산으로 들어왔다는 주장이 정설로 굳어졌다. 게다가 대렴보다 먼저 천태산 화정봉의 반야천의 우물을 파서 차를 실천한 파야 선사가 드러나면서 한국의 차문화가 1400년간 이어져갔다.

수나라로 구법한 파야 선사는 누구인가

고구려 파야 선사는 개황 6년(596) 천태산으로 들어가 지의 대사(智顗大師, 538-597) 문하에서 수선하고 화정봉(華頂峯)에서 차선수행을 하며 깨달음을 이루었다. 지의 대사는 수행함에 있어 나태함을 경계하기 위해 파야 선사에게 차법을 권하면서 차선을 실천하면서 파야 선사는 한국차의 비조(鼻祖)로 드러났다.

《속고승전(續高僧傳)》 권17, 《신수과분육학승전》 권3, 《불조통기(佛祖統紀)》 권9 등에 스님의 행적이 기록되어 있다. 《불조통기(佛祖統紀)》에는 진나라 때

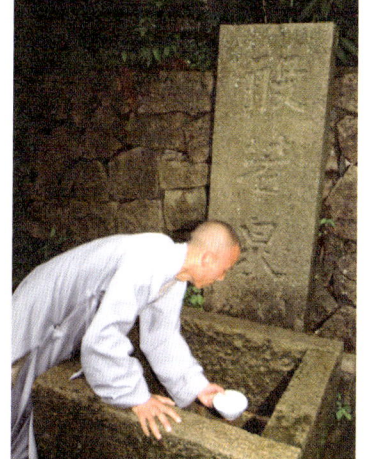

반야천 물을 다완에 담는
중국 화정강사의 스님

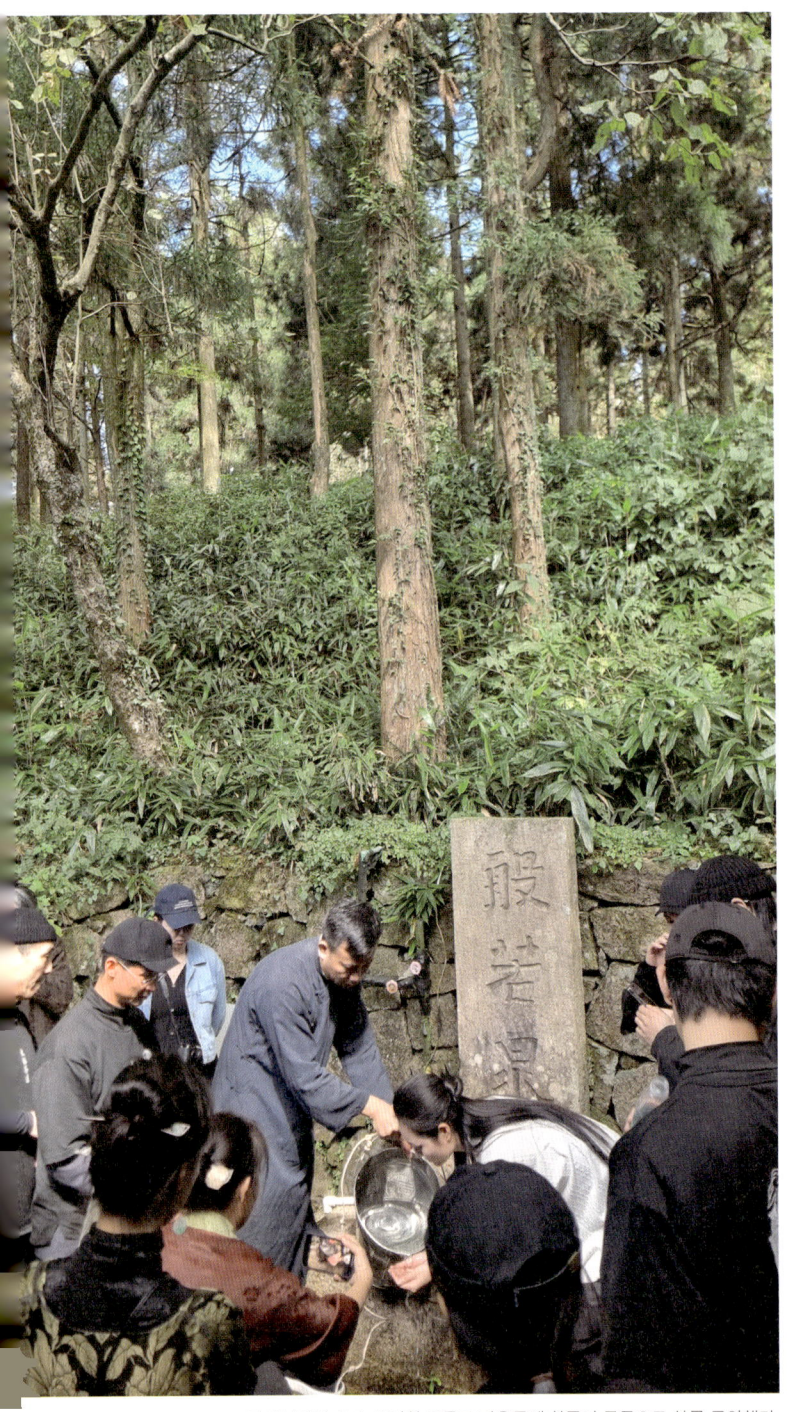
파야선사가 손수 조성한 우물로 귀운동에 한중이 공동으로 차를 공양했다.

중국으로 건너간 파야 선사가 금릉(金陵)에서 지의 대사 강설을 듣고 깊은 뜻을 이해했다고 전한다. 개황 연간에 따르면 파야는 진나라가 수나라에 병합되자 이곳저곳을 유행하면서 학업을 계속했다. 개황 16년(596) 천태산 북쪽 불롱(佛隴)에서 지의 대사에게 법을 구하니, 대사는 "그대가 기왕 여기에 인연이 있어왔으니 마땅히 한적한 거처를 찾아 수행해야 옳을 것이다. 이 산중에 최고로 높은 화정봉이 있는데 여기에서 육칠십 리 먼 길이다. 그곳에서 수행함이 어떠한가[閑居靜處]. 자네가 그곳에서 수행을 하면 반드시 큰 원을 성취할 것이다"라고 말했다.

그때가 개황 18년(598)이다. 파야 선사는 스승의 뜻을 따라 수행처인 화정봉으로 올라가 밤낮으로 잠도 잊고 눕지도 않은 채 수행에만 전념했다. 선사는 샘물을 파서 반야천을 일구고 오(吳)나라 때 높은 덕을 갖춘 도사 갈현(葛玄)이 이 산에 머물면서 수행했을 때 남긴 연화봉 남록 귀운동의 운무차를 손수 법제하여 그 물로 달여 마셨다. 파야는 스승의 뜻을 받들어 화정봉에서 한 발자국도 벗어나지 않고 수행을 했다. 파야 스님이 화정봉에서 좌선삼매에 들 수 있었던 것은 다선일여의 경지를 체득했기 때문이었을 것이다. 화정사에는 반야천이라는 파야스님이 손수 파서 마시던 우물이 있다. 그는 화정봉의 운무를 먹고 자란 차를 이 반야천의 물에 달여 마셨을 것이다.

16년간을 천태산 화정봉에서 수행한 파야 선사는 마침내 대업 9년(613) 2월 홀연히 산을 내려와 불롱사(佛籠寺)에 도착했

천태산 운무차밭

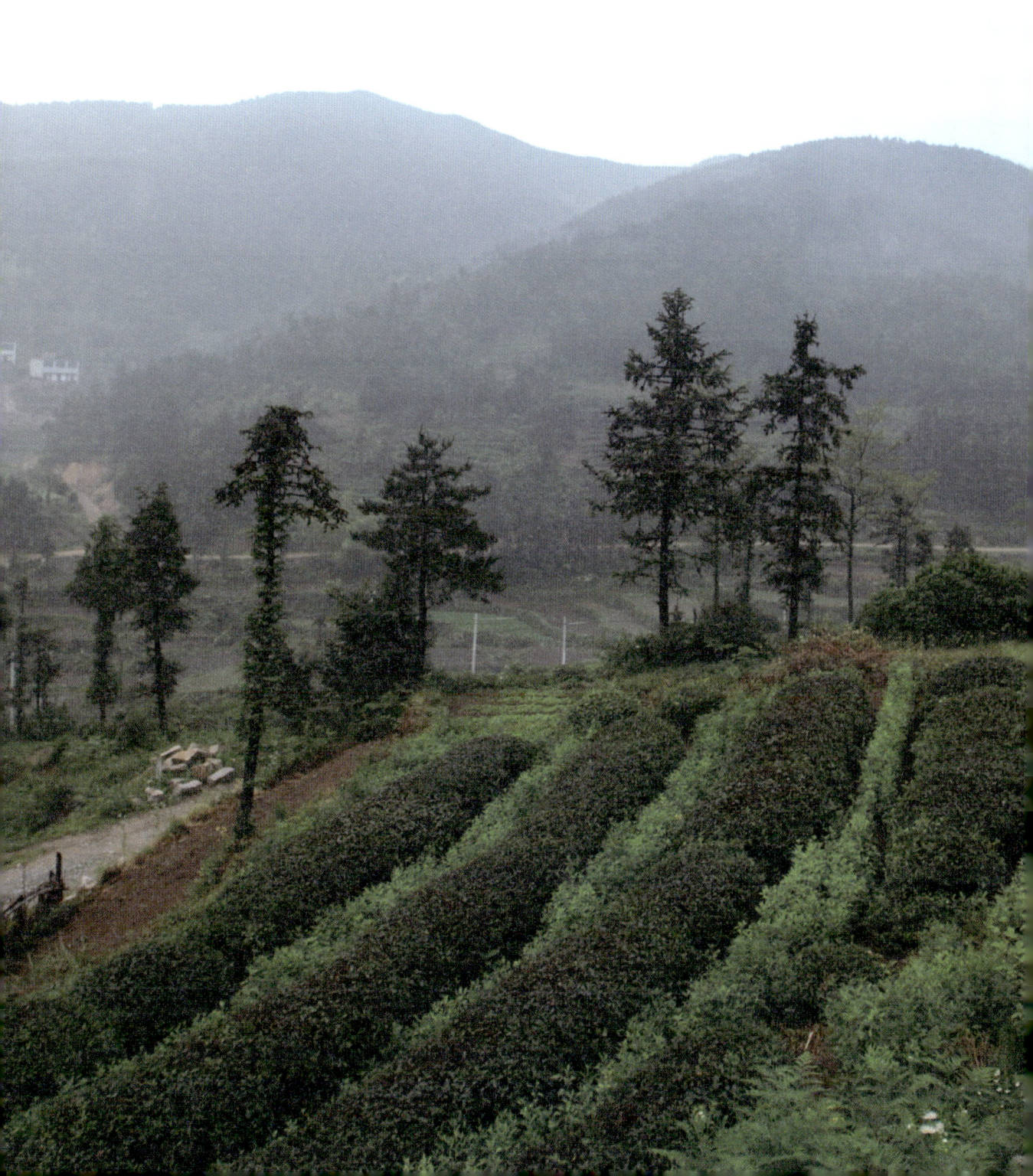

다. 이때 그곳에 청정한 사람이 보니 세 사람의 흰옷 입은 이가 의발(衣鉢)을 가지고 뒤따라오다가 갑자기 보이지 않았다. 국청사에 이르러 은밀히 선우 동의(同意)에게 말하기를, "파야 스님이 자신의 수명이 장차 다해 멀지 않았으므로 대중들에게 이별을 고하려고 한다"고 했다.

과연 며칠이 안 돼 파야 스님이 병도 없이 단정히 앉아서 국청사(國淸寺)에서 입적했다.

파야 선사의 두타행(頭陀行)

지의 대사로부터 선법을 전수받은 파야 선사는 원래 "이근상지(利根上智, 근성이 밝고 지혜로움)을 증득해나갔다." 한 사람이었기에 얼마 안 돼서 곧 교리를 증득하였다. 어느날 지의 대사는 그에게 말했다 "자네는 이곳에 연분이 있으니 마땅히 고요한 곳에 자리를 잡아야 묘행(妙行)을 갖출 수 있네. 이 절에서 60-70리 떨어진 화정(華頂)에 천태산 최고봉인데, 전에 내가 '두타행'을 수행하던 곳이고 또 거기에서 수행하던 사람들은 모두 대승근성(大乘根性)을 구비한 사람들이었네. 자네가 그곳에 가서 도를 배우면 꼭 큰 수확이 있을 것이니. 음식이나 의복 같은 것은 근심하지 말게"라고 권고하였다. 파야는 그 뜻을 받들고 개황 18년에 그 산속 거처로 가서 감히 누워서 자지 않고 산을 내려가지도 않으며 주야로 도를 행하면서 기나긴 16년을 보냈다. 대업 9년(613) 2월에 스스로 생명이 다한 줄 안 파야는 산을 내려와 불롱사를 지나 국청사에 이르렀고 여러 스님들과 작별을 고하였다. 그 후 수일이 지나 병도 없이 단좌하고 정념(正念)하다가 52세를 일기로 국청사에서 입적하여 화정의 산소에서 장례 지내어졌다. 지자가 입적한 해가 개황 17년이므로 만약 파야가 그의 문하에서 1년 수선한뒤 '증득한 것이 있었다'면 응당 '법화삼매(法華三昧)'와 '삼체원융'의 이론이었을 것이고, 지자의 입적 이후에야 그의 유언을 받들어 입산하여 두타행을 수행하였을 것이다. 두타행은 두타의 수행법으로서 모두 12가지 종류가 있는데 먹고 자고 입는 세 가지에 엄격한 제한이 있다. 두타는 전형적인 '고행승(苦行僧)'이다. 불교 교의에서는 중생의 몸이 탐, 진, 치의 삼근에 얽매어 있기 때문에 시종 생사윤회의 운명에서 벗어나지 못한다고 한다. 그러나 두타행을 수행하며 낡은 옷에 맨밥을 적게 먹고 허술한 곳에서 거처하며 심지어 묘지에서 알몸으로 지낼 수 있다면, 이 세 가지 일에서 오는 '탐착(貪着)'을 '털어버리고' 따라서 번뇌를 없애고 정체(停滯)를 떠나 불도를 이룩할 수 있다고 한다. 지자가 그때 화정에서 두타행을 수행하였고 파야도 이어서 이것을 수행하였다. 파야는 그전에 또 지관법문에 의거하여 증오(證悟)한 바가 있었다. 그때가 바로 지자가 입적한 해였으며 파야가 천태학설에 전면적으로 접촉하였을 뿐만 아니라 계승하였다는 것을 알 수 있다.

파야 선사가 조성한 반야천의 실체

1999년 말 천태산을 찾아갔을 때 뜻밖에 천태산 만년사(萬年寺) 주지 식계(識界) 스님으로부터 천태산 화정사에 반야천이라는 우물이 있는데 그 우물이 고구려 때 스님 파야 선사가 손수 조성한 우물이라는 이야기를 들었다. 그 소식을 듣는 순간 한국인으로서 감동을 받고 곧바로 반야천을 찾아갔다. 화정강사 경내에 보존되어 있는데 반야천이라는 명문이 새겨져 있다.

그 후 2005년 의천(義天) 탄신 950주년을 맞아 항저우시에서 학술대회가 열렸는데 대회 순례단을 이끌고 화정강사를 찾아가 반야천의 유래를 설명하자 한국의 차인들은 감격해 했다.

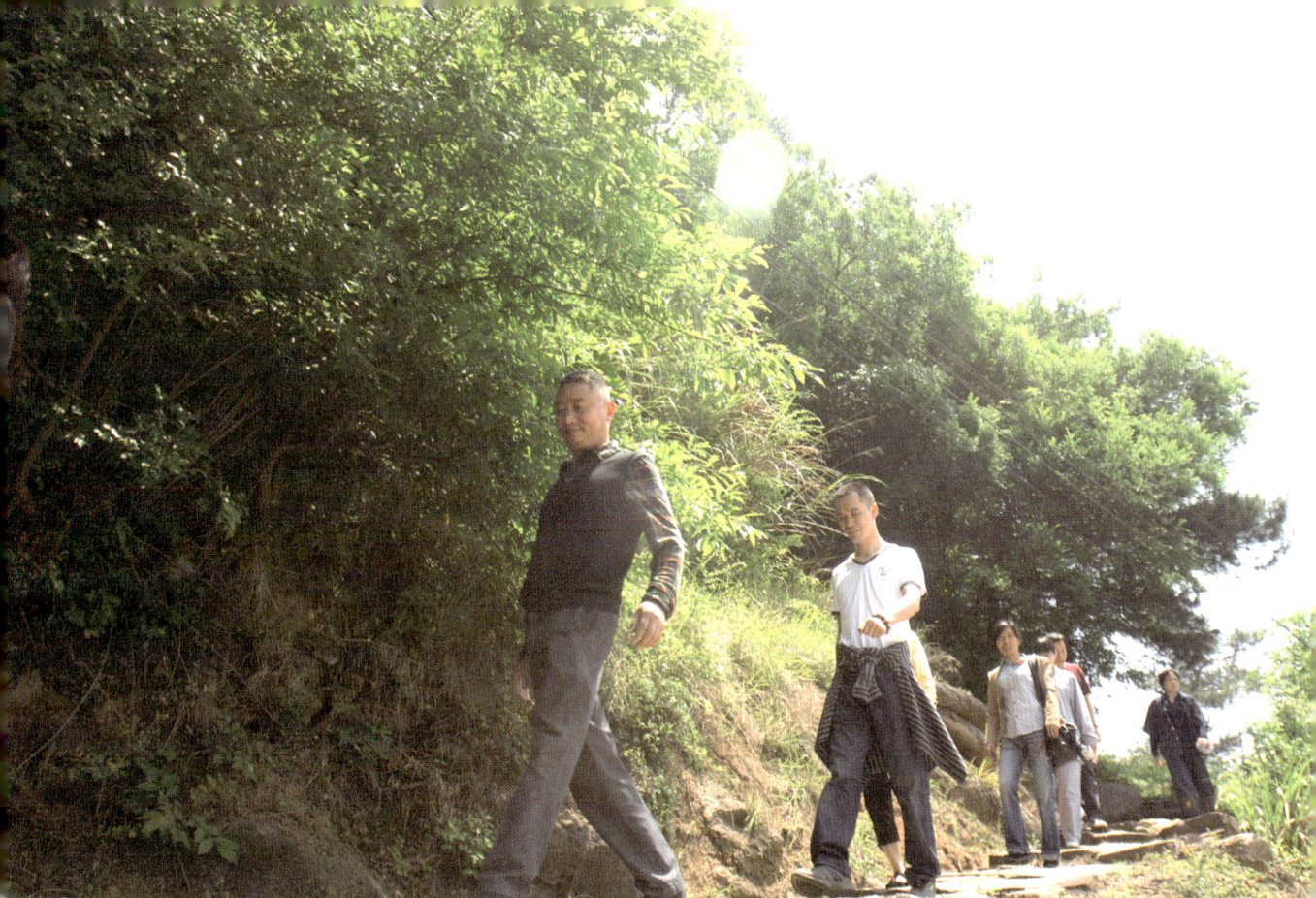

파야선사가 걸었던 구도의 길

　그간 반야천이 잊혀 가다가 뇌원차(腦原茶)가 보성의 공차로 오랫동안 사용되어왔다고 주장하면서 뇌원차(腦原茶)가 고려의 공차가 되기까지 영향을 끼친 대각국사가 드러나면서 고구려 파야 선사가 조성한 반야천이 드러나게 되었다.
　파야 선사의 실체가 드러나면서 차계에서는 반야천이 실제 파야 선사가 조성했는지 의문을 제시했다.
　파야의 반야천 자료를 찾다가 허상추(許商樞)의 편저《천태산명승고적(西安地圖出版社)》의 '천태산 화정강사'편에

　"화정사는 중외 불교문화교류에 중요한 역할을 해왔다. 진나라 말년 고구려 사문 파야 선사가 천태지의 대사의 뜻을 받들어 화정봉 아래 16년 수행하면서 화정봉 아래 샘물이 있어 우물을 조성하였고 반야천이라고 하였다"라고 나와 있다.
　그 후 반야천은 잊혀 갔는데 천태덕소(天台德昭)가 오월왕(五越王)에게 "고려에 경전이 가져옴이 어떠합니까?"라고 건의하여 오월왕 전숙이 고려에 사신을 파견, 천태종과 관련된 서적을 구해 오도록 했다. 이에 고려 광종은 고려의 젊은 승려 36명을 선발, 연수(延壽)의 문하에서 수학하게 했다. 광종 19년 오월국에서 고려의 혜거(惠居) 국사가 법안종풍(法眼宗風)을 이어가고 있었는데, 광종(光宗)은 혜거(惠居)를 귀국하게 하여 고려에 법안종을 열었다. 천태산은 원대에 이르러 무견선도(無見先見, 1265~1334) 선사가 천태산에서 법석 연 지 40년, 일본 임제(臨濟)·조동(曹洞) 두 종(宗)의 승려들이 앞다투어 찾아와 법을 물었다. 그후 천년간 맥이 이어져 묘탑들이 오늘까지 이어져오고 있다.

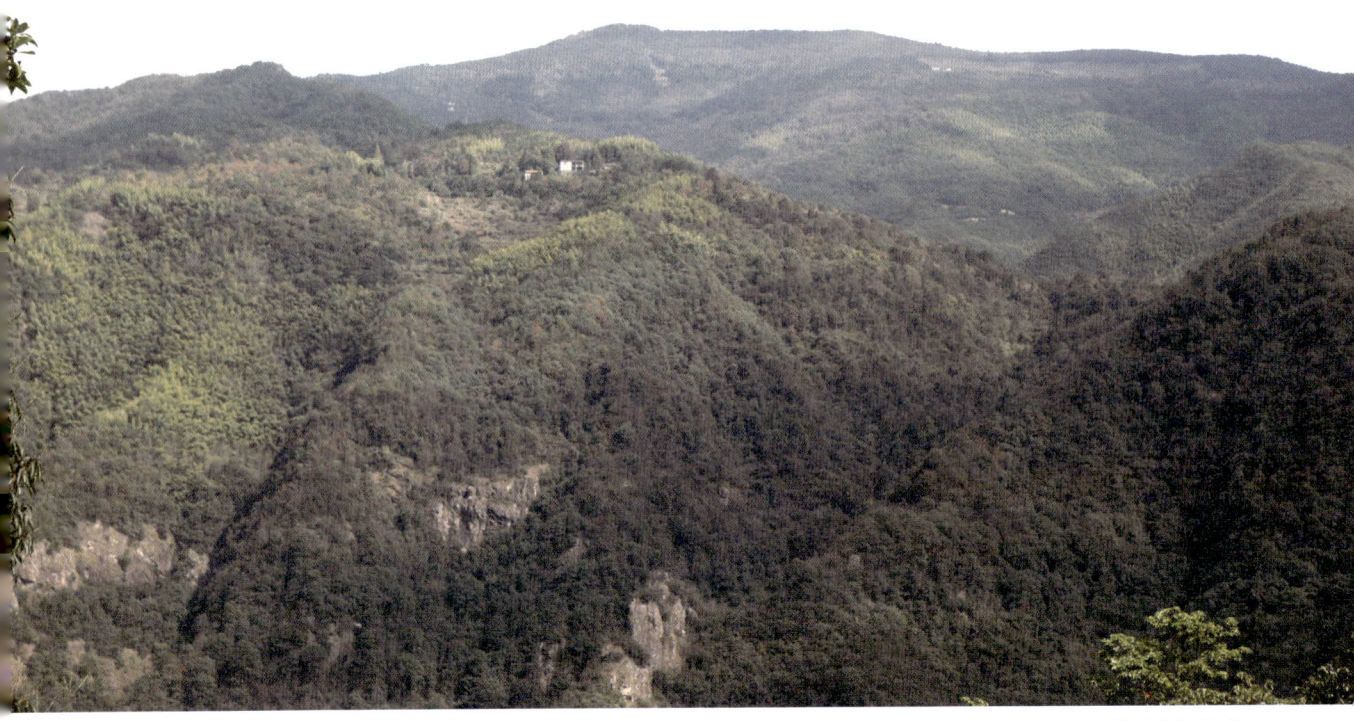

파야선사가 구법한 천태산 가는 길

华顶寺是中外佛教文化交流的重 镇。早在陈代末年, 高句丽沙门般若谨 遵智者大师之意, 来华顶清修16年。 其 汲饮之井尚存, 称"般若泉" 晚唐法 难, 宗教籍散佚殆尽, 高僧義寂请德 韶国师向吴越王建议, 遣使韩日求取经 典, 台宗文献得以大备, 再次获得中兴。 至元代, 无见先睹(1265-1334) 主持法席40年, 日本临济、 曹洞两宗僧人争相 前 来参诣问法, 泽被域外, 遂有" 庵再来" 之誉。 寺西千年古杉 下有其墓塔。

그렇게 천태신앙은 일본이 적극 앞장서면서 한국은 미미했는데 의천(義天) 대각국사가 송나라로 건너가 법안종(法眼宗)을 천태로 통합하고 발전시켜 송나라의 차문화를 도입하여 천태신앙으로 발전시키면서 고려의 차문화가 부흥되어갔다.

한국 차의 연원은 천태산 반야천에서 시작되었다

고구려 파야 선사가 조성한 반야천은 천태산의 명천(名川)으로 알려지면서 반야천의 물로 차를 여 부처님께 올려졌다. 천태산 남쪽의 봉우리의 천길이요, 폭포수가 17곳이나 있다고 천태산의 물을 오래전부터 중요시했다.

육우의《다경(茶經)》에 물을 평하길 산의 물이 으뜸이요, 강물이 버금가며 우물물이 하등이라고 말했다.

산의 물은 젖샘이나 돌못에 게으르게 흐르는 것이 으뜸이라고 했다. 품천가들은 물을 일곱 등급으로 나누었다. 구양수의《전다수기(煎茶水記)》에 산의 물에 흐르는 젖샘이 으뜸이라고 말했는데 반야천의 물은 젖샘에 흐르는 물로 우물을 만들어 대대로 화정봉의 귀운동의 운무차를 법제하여 반야천의 물로 부처님께 헌다했다. 차와 불교는 떼려야 뗄 수 없다. 한 수행자가《경덕전등록(景德傳燈錄)》에 "무엇이 승려의 가풍입니까?"라고 묻자 조사가 "식후에 차 세 잔을 마신다"고 답했다. 차를 마심에 있어 수행자들이 참선을 할 때 잠을 쫓고, 정신을 맑게 하여 수행에 큰 도움을 주었다. 이로 인해 선승들은 차 한잔을 마심에 있어 '일상다반사(日常茶飯事)'라는 말을 즐겨 썼다. 송나라 때 원오극근(圓悟克勤) 선사가 제창(提唱)한 '다선일미(茶禪一味)'라는 말이 일본으로 전해지면서 널리 유행했는데 수나라 때 지의 대사가 부처님에게 차를 바친 뒤에 다선일미(茶禪一味)를 깊이 깨달았다는 말이 전해지면서 다선일미

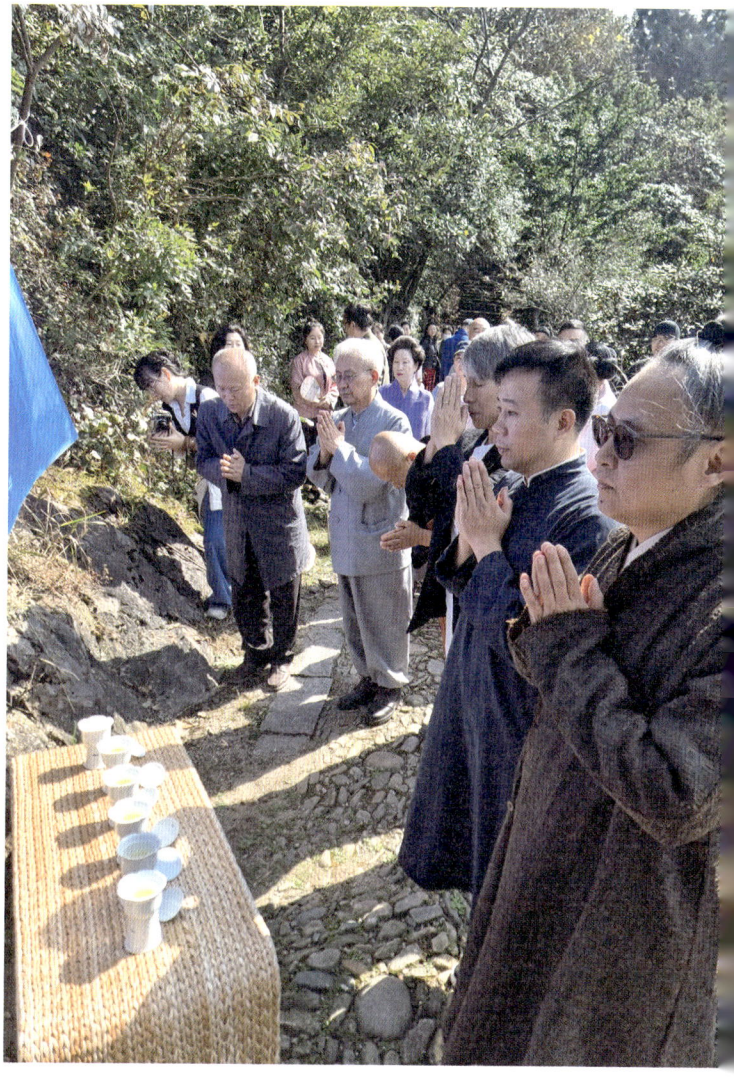

대렴의 차씨를 신라로 전해준 천태산 귀운동 차나무 앞에 2023년 가을 한.중 양국이 연합하여 헌다의식을 거행하고 있다.

(茶禪一味)는 수나라 때 다선일미(茶禪一味)를 재창한 천태지의선사가 시초가 되어 파야 선사로 이어져 한국 선차가 반야천으로부터 연원되었음이 입증되었다.

1400년간 이어진 반야천과 파야 선사

2002년 한국에서 멀리 천태산 화정강사를 찾아간 천태의 후학들은 파야 선사의 정신이 담긴 반야천 물로 정성스럽게 차를 끓여 지자탑원 앞에서 엄숙한 헌다의식을 행했다. 우리는 그 우물을 길어 대각국사 의천(義天) 스님이 발원한 지자탑원에서 헌다의식을 엄숙하게 거행하였다. 헌다의식이 치러지는 날 하늘에서 꽃비가 내렸고, 하얀 나비

한 마리가 허공을 맴돌다가 쏜살같이 사라졌다.

헌다의식이 시작되기 직전 구미에서 올라온 지민 스님이 정성껏 우려낸 말차를 천태종의 대조사인 보운의통(寶運義通) 존자에게 올렸다. 의통은 고려 사람으로서 천태덕소(天台德昭)의 법을 받았다. 그러나 이에 만족하지 않고 천태종 12대 교조인 의적(義寂) 문하에서 천태의 일심삼관(一心三觀)의 법을 의적에게 받은 뒤 천태종 13대 조사가 되었다. 우리는 지금 이 역사적 순간 천태산 지자탑원(智者塔院)에서 현광(玄光) 법사 보운의통, 대각국사 의천(義天)이 걸었던 길을 따라 화정강사(華頂講寺)의 반약천(般若泉)의 물을 길어 엄숙한 선다의식을 거행하고 있는 것이다. 항저우에 고려사 복원에 때를 맞추어 일본 다도의 조정처럼 떠받들었던 천태산 만년사의 신라의 도육존자을 다승으로 찾아냈다. 또한 고려의 대각국사 의천(義天)이 고려에 들어가며 천태종을 창종할 것을 발원했던 지자탑원에서의 엄숙한 헌다의식이 진행되었다. 2000년대 천태선차의 차맥이 부흥되어가면서 대렴이 천태산귀운동에서 신라로 전승했던 사실을 밝혀냈다. 의천(義天)의 후학들은 지자탑원에서 정성스럽게 차 한 잔을 올려 천 년간 끊어져 버린 다풍을 파야 선사를 통해 다시 잇는 역사적 순간을 맞이했다.

파야 선사의 두타행(頭陀行)

지의 대사로부터 선법을 전수받은 파야 선사는 원래 "이근상지(利根上智, 근성이 밝고 지혜로움)을 증득해나갔다." 한 사람이었기에 얼마 안 돼서 곧 교리를 증득하였다. 어느날 지의 대사는 그에게 말했다 "자네는 이곳에 연분이 있으니 마땅히 고요한 곳에 자리를 잡아야 묘행(妙行)을 갖출 수 있네. 이 절에서 60-70리 떨어진 화정(華頂)에 천태산 최고봉인데, 전에 내가 '두타행'을 수행하던 곳이고 또 거기에서 수행하던 사람들은 모두 대승근성(大乘根性)을 구비한 사람들이었네. 자네가 그곳에 가서 도를 배우면 꼭 큰 수확이 있을 것이네. 음식이나 의복 같은 것은 근심하지 말게"라고 권고하였다. 파야는 그 뜻을 받들고 개황 18년에 그 산 속 거처로 가서 감히 누워서 자지 않고 산을 내려가지도 않으며 주야로 도를 행하면서 기나긴 16년을 보냈다. 대업 9년(613) 2월에 스스로 생명이 다한 줄 안 파야는 산을 내려와 불롱사를 지나 국청사에 이르렀고 여러 스님들과 작별을 고하였다. 그 후 수일이 지나 병도 없이 단좌하고 정념(正念)하다가 52세를 일기로 국청사에서 입적하여 화정의 산소에서 장례 지내졌다. 지자가 입적한 해가 개황 17년이므로 만약 파야가 그의 문하에서 1년 동안 업을 전수받고 "증득한 것이 있었다"면 그 업은 응당 "법화삼매"와 "삼체원융"의 이론이었을 것이고, 지자의 입적 이후에야 그의 유언을 받들어 입산하여 두타행을 수행하였을 것이다. 두타행은 두타의 수행법으로서 모두 12가지 종류가 있는데 먹고 자고 입는 세 가지에 엄격한 제한이 있다. 두타는 전형적인 "고행승(苦行僧)"이다. 불교 교의에서는 중생의 몸이 탐, 진, 치의 삼근에 얽매여 있기 때문에 시종 생사윤회의 운명에서 벗어나지 못한다고 한다. 그러나 두타행을 수행하며 낡은 옷에 맨밥을 적게 먹고 허술한 곳에서 거처하며 심지어 묘지에서 알몸으로 지낼 수 있다면, 이 세 가지 일에서 오는 "탐착(貪着)"을 "털어버리고" 따라서 번뇌를 없애고 정체(停滯)를 떠나 불도를 이룩할 수 있다고 한다.18) 지자가 그때 화정에서 두타행을 수행하였고 파야도 이어서 이것을 수행하였다. 하야는 그전에 또 지관법문에 의거하여 증오(證悟)한 바가 있었다. 그때가 바로 지자가 입적한 해였으며 파야가 천태학설에 전면적으로 접촉하였을 뿐만 아니라 계승하였다는 것을 알 수 있다.

일본보다 앞서 한국으로 이어진 천태산 차맥

　　천태산의 차맥(茶脈)이 일본보다 200년 앞선 시기 고구려 파야 선사가 천태산 화정봉에서 다선일미(茶禪一味)를 실천하게 되면서 일본보다 천태산의차맥이 한국으로 일찍 전해졌다.

　　801년에 사이초(最澄) 스님이 차 씨를 가지고 돌아와 히에이산(比叡山)에 심음으로써 일본에 중국차(中國茶)가 전래되었기 때문이다. 신라(新羅)의 도육존자(道育尊者)가 만년사(萬年寺)에 주석하면서 대중에게 날마다 나한(羅漢)에게 차(茶)를 공양했다.

　　그 후 1191년 에이사이(榮西, 1141-1215) 선사 는 천태산 만년사로 들어간 천태다법(天台茶法)의 묘미(妙味)를 터득하고 천태산차(天台山茶)의 씨앗을 일본(日本)에 전파하게 된다. 이것이 바로 일본(日本) 선차(禪茶)의 시작이다. 그런데 송대 구법한 도오겐 선사(道元, 1200-1253)가 천태산으로 들어가 수행하며 나한에게 공차하면서 나한공차가 일본이 원류처럼 굳어졌다가 뒤늦게 도육존자의 나한공차가 드러나면서 한국 차문화의 지평을 열게 되었다.

　　일본 천태종의 개조(開祖) 사이초(最澄, 767-802)는 정원 21년(805)에 천태산에 들어가 천태의 가르침을 터득하고 귀국하여 일본의 독자적인 천태종을 개창하였다. 이렇게 보면 천태산으로 구법한 사이초는 고구려 파야 선사보다 천태의 차맥이 한국이 200년이나 앞섰다고 볼 수 있겠다. 그런데 천태산의 차맥이 일본이 원류가 된 것은 사이초 스님이 801년 천태산에서 차 씨를 가지고 일본으로 돌아가 히에이산(比叡山)에 심으면서 일본에 차가 전래되었다. 히에이산은 묘우에 상인(明蕙上人)이 두루마리로 된 화엄종조사회권(華嚴宗祖師繪卷)에 원효진영을 남겨 신라의 원효(元曉)을 흠모하였다. 《저장명차(浙江茗茶)》의 〈화정 운무편〉에 신라의 도육 이후 일본 천태종 고승 엔진(圓珍, 874-891) 스님과 에이사이(榮西) 선사에 의해 차법이 일본에 전해져 한·중·일 교류사에 큰 획을 그었다고 적고 있다.

　　1191년 천태의 차 씨를 일본에 전파한 에이사이 선사는 천태산 만년사에 주석하면서 《끽다양생기(喫茶養生記)》을 저술하여 영향을 크게 끼쳤다. 《끽다양생기》 서문(序文)에 "차란 말세(末世)에 양생(養生)의 선약(仙藥)이요 사람으로 누려야 할 목숨을 늘리기 위해 기묘(奇妙)한 술법(術法)"이라고 했다.

　　에이사이 선사는 1167년 27세 때 일본 구주(九州)를 출발해 닝보를 거쳐 천태산을 찾았다. 지자대사육신탑(肉身塔)을 참배한 뒤, 신라의 도육(道育)존자가 머물렀던 만년사에 주석하면서 날마다 차를 공양했다.

　　만년사에 주석하면서 천태의 묘미를 터득한 뒤 《끽다양생기(喫茶養生記)》를 남긴 이후 1191년 일본으로 귀국할 때 차 씨 다섯 알을 감 모양 단지에 넣어간 뒤 그 차 씨를 명승 묘우에 상인에게 전했다. 묘우에 상인은 그 차 씨를 우치의 히에이 산에 심은 뒤 오늘의 도가노차(梅尾茶)가 에이사이 선사가 묘우에 상인에게 전해준 차 씨가 발화(發花)되어 오늘의 일본 최고의 다원이라고 말하고 있다. 그런데 천태의 차맥은 고구려 파야 선사 신라 도육존자, 견당사 대렴, 대각국사 의천(義天)의 해 천태의 차맥이 한국으로 건너왔는데, 에이사이 선사의 《끽다양생기》와 천태산 차 씨를 히에이 산에 심었던 차가 일본 최고의 다원이 되며 오히려 일본에 영향을 끼친 것 같다. 그런데 고구려 파야 선사가 천태산에 들어가 천태산 반야천의 우물을 파서 화정봉의 운무차로 차를 마시며 다선일미를 실천하여 한국의 차문화는 일본 보다 200여 년을 앞질러버렸다.

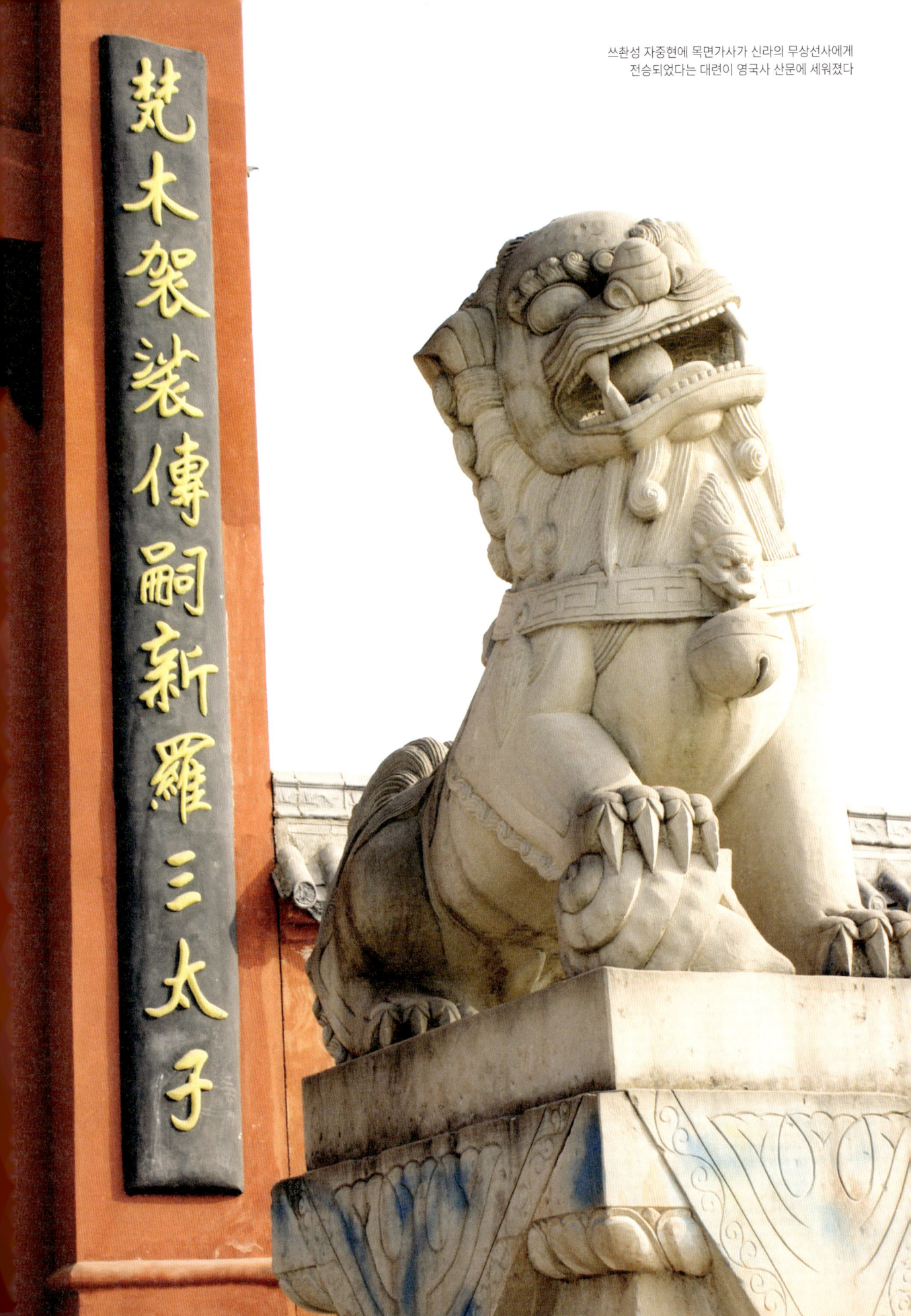

쓰촨성 자중현에 목면가사가 신라의 무상선사에게
전승되었다는 대련이 영국사 산문에 세워졌다

4. 달마로부터 내려온 무상의 무명가사

달마로부터 내려온 선종법의와 가사가 법의 상징으로 여겨지면서 스승으로부터 법맥을 전승하려는 움직임이 각 문파별로 치열했다. 그것을 예견한 듯 가사 법의가 혜능까지만 전승되고 그 이후에는 전승되지 않았다. 그래서 선종사에서는 달마에서 혜능까지를 순선의 시대로 불러왔다. 더욱이 달마에서 혜능까지 내려온 가사가 정중종으로 전의되면서 가사를 둘러싸고 뜨거운 논쟁이 벌어졌다. 어떤 연유로 달마의 가사가 정중종으로 이어졌는가. 지금부터 찬찬히 밝혀 본다.

돈황 출토의《역대법보기(歷代法寶記)》에는 달마의 가사가 정중종으로 이어진 내력을 소상히 밝히고 있다. 우선 측천무후가 즉위하면서 중국은 불교를 숭상했다. 장수원년(692)에 전국에 명하여 각 주마다 대운사를 세우게 했다. 칙사 천관난중(天冠郎中) 장차기(張昌期)에게 광둥성 쑤저우 조계 보림사에 머물고 있는 혜능을 초청케 했다 그러나 혜능은 병을 핑계로 황궁으로 오지 않았다. 만세통천 원년이 되자 측천은 다시 칙사를 보내서 혜능을 초청하기를

"그대(혜능)가 오지 않는 바에야, 옛날 달마 조사가 물려준 증거의 가사라도 초청하여, 내가 궁내 도량으로 영접하여 공양하고자 합니다."

혜능 선사는 그 초청에 응하여, 곧 달마 조사가 물려준 증거의 가사를 받들어 칙사에게 건네주었다. 칙사가 돌아오면서 증거의 가사도 손에 들어왔다. 측천은 증거의 가사가 도착한 것을 보자, 크게 기뻐하면서 궁내 도량에 공양했다.

측천은 정중파의 지선만 궁내로 초청한 것은 아니었다. 당나라의 내로라는 고승을 모두 궁내로 초청했다. 형주 옥천사의 신수와 수주 대운사의 현약 낙주 숭산사 의회 선사와 노안 등을 불러 궁내에서 공양케했다.

측천이 이들 대덕을 궁내로 부른 것은 인도 출신 바라문인 삼장과의 인연에 말미암아서이다. 측천은 삼장에 귀의하였다. 황궁에 머물렀던 검남지선은 병을 핑계로 고향에 돌아가고 싶었다. 그의 심중을 알아차린 삼장문은 지선에게

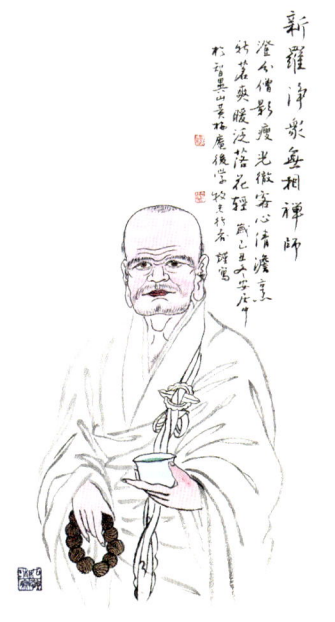

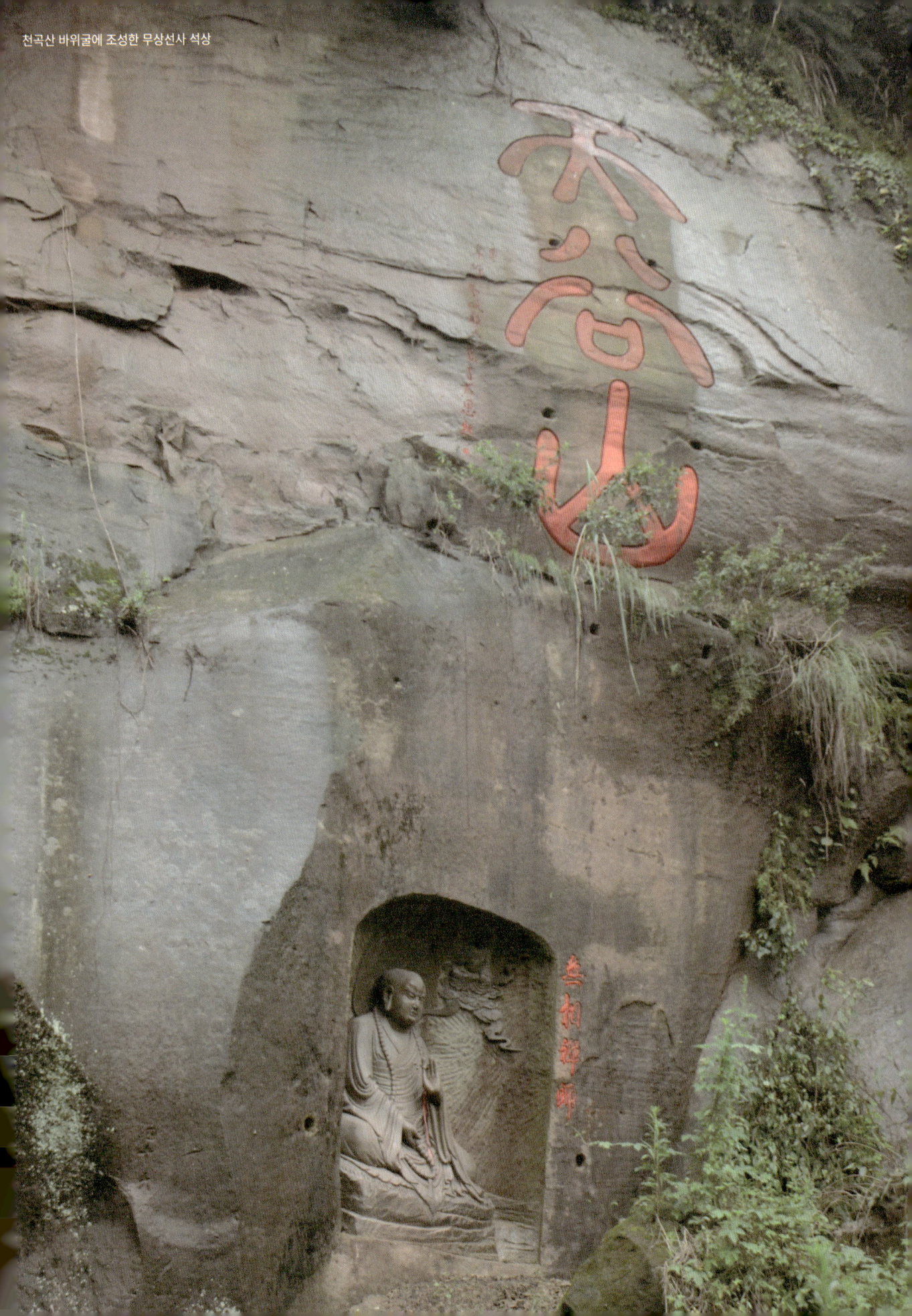

천곡산 바위굴에 조성한 무상선사 석상

말하였다.
"그곳은 이곳에 비해 무엇이 다릅니까? 선사는 어찌하여 고향을 그리워합니까?"
라고 지선 스님에게 묻자
"당신은 어떻게 그것을 압니까."
대답하시길
"선사께서는 시험 삼아 한번 그런 마음으로 돼보시오. 나는 모르는 것이 없습니다."
했다. 지선은
"그렇게 마음먹었소"
하고, 몸에 세속 옷을 입은 기분으로 (고향의) 서쪽 거리 문루에 서서 둘레를 조망하는 모습을 상상해 보았다. 삼장이 말했다.
"대덕께서는, 출가자로서 세속 옷을 입고 거리에 있는 작태를 잘도 연출했군요!"
지선은 다시,
"좋아요. 그런 기분이 되었소!"
하고, 스스로 선정사(禪定寺)로 가서 탑의 상륜(相輪) 위에 올라 버티고 서 있는 모습을 상상했다. 삼장이 다시 말했다.
"출가자로서 잘도 높은 데에 올라설 수 있군요!"
지선이
"이번에는 더욱 좋군요. 그런 기분이 되었소!"
하고는 곧바로 관법에 의하여 생각을 일절 일으키지 않았다. 그러자 삼장은 3계를 남김없이 찾아보아도 도무지 잡히지 않았다. 바라문 삼장은 마침내 신앙심을 일으키고, 머리를 땅에 대어 지선의 발에 예배하면서 화상에게 말했다.
"뜻밖에도 당나라에서 대승의 가르침을 만났습니다. 이제부터는 심신을 바쳐서 참회하겠습니다."
측천은 삼장이 지선 선사에게 귀의함을 보았다. 그래서 측천은 대덕들에게 물었다.
"화상들은 무슨 욕망이 있습니까?"
신수 · 현약 · 노안 · 현색은 모두
"욕망이 없습니다."
라고 말했다. 측천이 지선에게 물었다.
"화상은 욕망이 있습니까?"
지선 선사는 고향으로 보내주지 않을 것으로 생각하고, 측천의 의중을 추측하여 대답했다.
"욕망이 있습니다."
측천이 또 물었다.
"어떤 욕망이 있습니까?"
지선이 대답했다.
"일으키면 얼마든지 욕망이 있습니다. 일으키지 않으면 아무런 욕망도 없습니다."

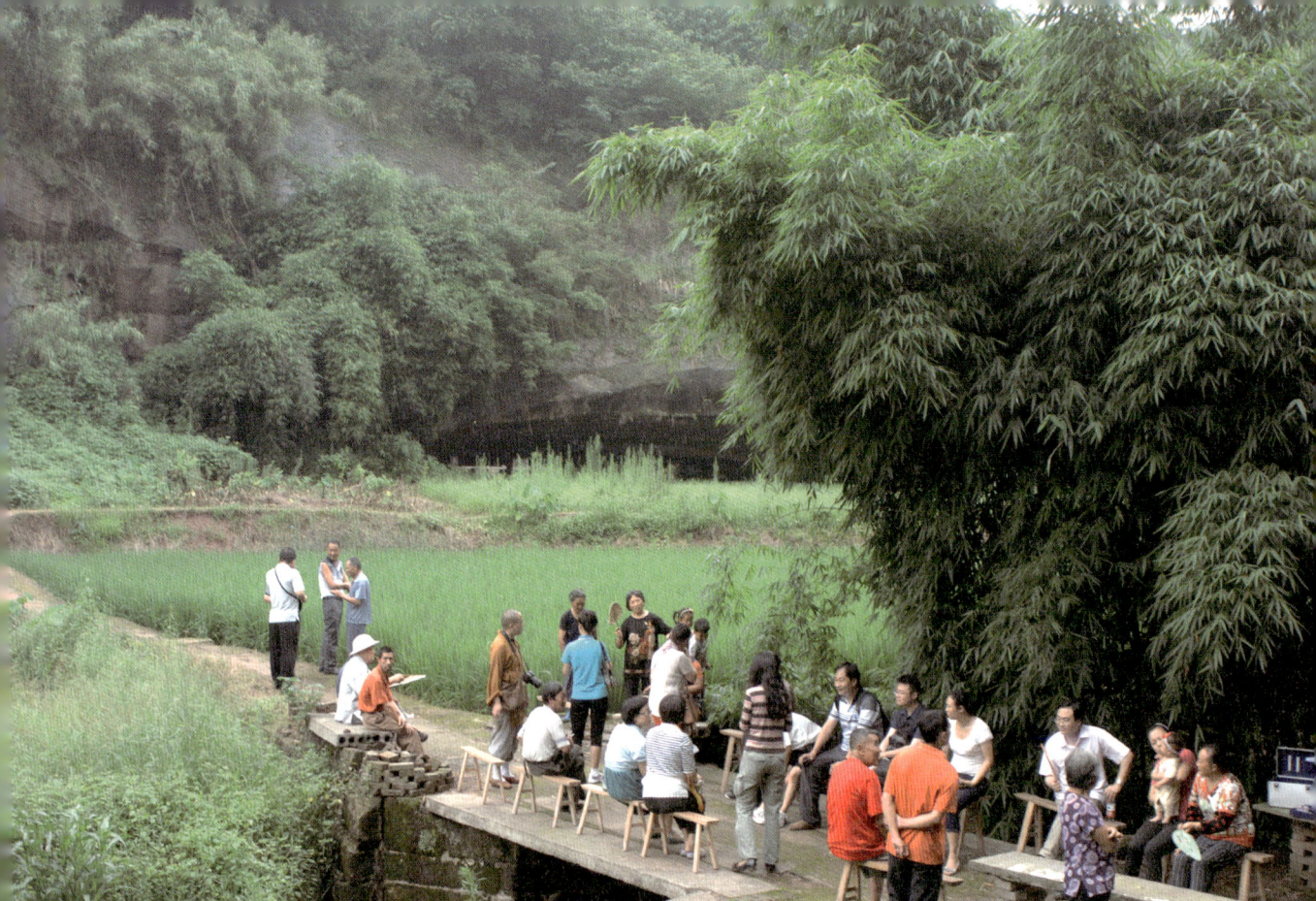

무상선사가 수행한 어하굴을 찾은 순례인파

측천은 말이 떨어지자 바로 깨달았다. 또한 삼장이 지선 화상에게 귀의한 것을 보고 측천은 더욱더 신앙심을 높였다. 지선 선사는 그래서 고향으로 돌아가기를 청원했다. 칙명으로 새로 번역된 《화엄경》 1부와 미륵의 자수 초상화와 꽃 깃발 및 달마 조사의 증거 가사를 받았다. 측천이 말했다.

"혜능 선사는 오지 않습니다. 이 전승의 가사도 화상에게 드립니다. 고향으로 가지고 가서 오래도록 공양하시오."

측천은 경룡 원년 11월, 다시 내시장군 설간(薛簡)을 조계의 혜능 선사에게로 파견하여 칙서로 말하기를,

"전승 증거의 가사를 지선 선사에게 주어서, 앞으로 잘 보관 공양하도록 했습니다. 그리고 따로 마납(摩納) 가사 한 벌과, 비단 500필을 그대의 일용품으로 공양합니다."

이로서 달마로부터 내려온 가사가 정중종으로 간 내력을 살펴보았다. 사실 달마의 가사가 혜능으로 내려오기까지 숱한 곡절을 겪어왔다. 당시 홍인의 제자로 북종선의 맹주 신수가 있었다. 그가 당연히 홍인으로부터 가사와 법의를 전해 받을 것을 의심하는 사람은 없었다. 그런데 노행자 혜능이 홍인의 문하에 들어왔다. 그는 방아를 찧으며 행자로 수행하고 있었다. 어느 날 홍인이 그를 은밀히 불러 혜능에게 의발을 전수 장시성(江西省) 구강까지 배웅했다.

양자강이 흐르는 구강의 물결을 따라 한없이 흘러가는 모습을 바라보면서 왜 홍인은 은밀히 혜능을 야밤에 불러 의발을 전수했는가를 생각했다. 이유인즉 법을 온전히 보존키 위해서였다. 달마의 선법은 낙양에서 선의 씨앗을 뿌

린 뒤 안후이, 후베이, 쓰촨, 광둥성에 이르기까지 퍼져나갔다. 초기 선종은 처절하리만큼 법을 보존하려는 일종의 숭고한 사명의식 같은 것을 느낄 수가 있었다.

차를 말에 실어 나르던 길 차마고도처럼 선종에도 불법동점(佛法東漸)이란 것이 있었던 것 같다. 돈황본《육조단경(六祖壇經)》에는 당시를 다음과 같이 묘사했다.

홍인이 혜능을 구강역까지 전송한 뒤 혜능이 배에 오를 때 홍인이 타일렀다.

"떠나거라. 성심껏 법을 가지고 남으로 향하라. 그리고 구 년간은 법을 홍포하지 말고 가만 있거라. 난이 일어날 것이다. 그 이후에 법을 펴 미혹된 사람들을 교화하여라. 내 말을 명심토록 하여라".

홍인은 혜능을 전송한 뒤 그날 밤 다시 빙무산으로 돌아왔다. 누구도 법을 혜능에게 전한 사실을 알아채지 못했다.

이처럼 법을 주고받는 데는 처절한 고행이 뒤따른다.

뒤늦게 홍인의 가사와 의발이 혜능에게 전해졌다는 소식을 알고 오조사가 발칵 뒤집어졌다. 광둥까지 혜능을 쫓아온 도명 스님은 바위 위에 올려놓은 의발을 빼앗으려 했다. 그러나 뜻을 이루지 못하고 참회한 뒤 혜능의 제자가 되었다. 이것은 치열한 가사 전의를 보여주는 한 장면이다. 사실 홍인 문하에서 선종의 창이 되어 하나는 후베이성으로 간 신수가 북종선을, 쓰촨성으로 간 지선이 정중종을, 광둥성으로 간 혜능이 남종선을 열어 한 시대를 풍미했다. 혜능은 가사와 법의의 전승을 놓고 치열함을 예견한 듯 더 이상 가사와 법의를 전해 주지 않았다. 그래서 그런지 7조를 놓고 청원파와 남악지선파가 서로 자기가 7조라고 밀고 있다.

8조는 마조도일이 분명하나 그 후가 문제이다. 7조가 서로 자신이라고 주장하면서 7조설에 대한 논쟁이 끊이지 않았다.

달마는 내려온 가사가 측천무후를 통해 지선으로 이어지면서 정중종은 단박에 선종의 등불로 떠올랐다. 그래서 그런지 천 년간 그 가사의 실체를 놓고 끊임없이 논쟁이 되어왔다.

지선이 처적에게, 처적에서 무상으로 전의된 마법가사의 소장처인 동천복지를 찾는 길은 그리 간단한 일이 아니다. 그 가사는 바로 선종의 블랙박스와도 같은 것이었다. 만약 무상이 그 가사를 무주에게 전하지 않고 동굴 속에 감춰버렸다면 고고학적 발굴로 다시 드러날 수 있을 것이다. 그러나 그와 같은 실현은 그리 간단치 않다. 가사가 초미의 관심사로 떠오르면서 2005년 중국 CCTV가 2005년 7월 27일 〈중국을 다니다〉라는 프로그램에서 '목면가사를 찾아서'를 제작하여 방영했다. 목면가사를 세인들이 주목하는 까닭은 달마 대사가 일찍이 말하길 '그 옷을 가진 자는 법을 바로 이었음을 나타낸다'하는 말이 유행하면서 목면가사를 찾기 위해 혈안이 되었다. 자중현 작가협회 철파락은 '목면가사는 양무제 때 남천축의 승려인 보리 달마가 중국으로 가져온 법의 상징'이라고 말하였다.

그는 진정한 자중인으로써 지방문화에 열정을 가지고 있었다. 목면가사가 정중파로 전의된 사실이 알려지면서 수많은 사람들이 그 가사를 훔치려 했다. 목면가사 최후의 소장처는 영국사였다. 그리고 정중사로 자객이 무상을 찾아가 가사를 훔치려 한 일화도 있다. 철파락 주석은 무상 선사가 가사를 무주에게 전할 때 눈물을 흘리며 말을 잇지 못했던 기억을 주목해야 한다고 말하였다. 가사는 법통의 상징으로 철파락은 다음과 같이 말하였다.

"마하가섭(摩訶迦葉)이 28대를 전하고 달마 조사가 6대를 전하고, 지선 선사가 4대를 전해서 최종 무주의 손으로 온 목면가사가 그 후 누구에게 전해졌으며 어디로 전해졌는지는 사기와 문헌에 기록이 없으므로 더는 알 길이 없다."

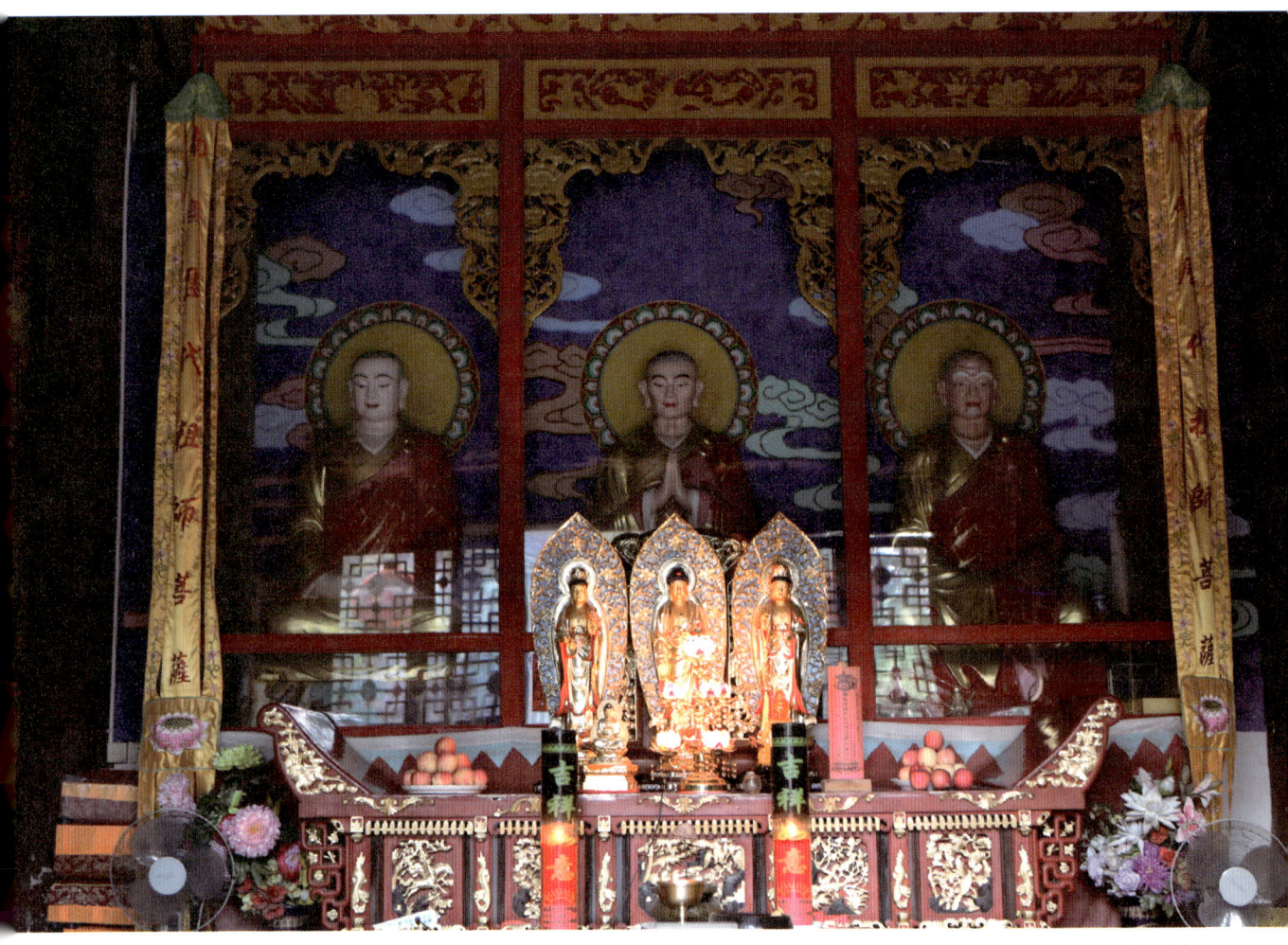

좌로부터 김화상, 지선, 처적선사의 조상을 자중현 영국사의 보리도량에 본존불로 모시고 있다.

　신기한 목면가사 법의에 대해 학술계에는 두 가지 견해가 있다. 어떤 사람은 달마 조사가 법의를 전한 적이 없는데 보당선파의 제자들이 자기파의 몸값을 높이기 위하여 만들어낸 하나의 신화라고 주장하고, 어떤 사람들은 역사에 근본인 이의전법(以衣傳法) 선규를 부정하나 역사학자 범문란(范文瀾)은 가사의 존재를 믿고 《중국통사간편(中國通史簡編)》에 넣었다. 범문란은 학문을 함에 있어서 엄밀한 대사급 학자이다. 그의 논설은 과학적이고 권위적이며 진실하고 믿을 수 있다.

　그래서 나는 중국 종교역사상 확실히 법의가 법의 상징임을 믿는다. 목면가사는 선종 법맥의 상징으로서 그 법맥을 잇고자 하는 것이 무상의 소원이었다. 정중사에 그를 찾아간 자객도 가능하면 가사를 찾아서 가려 했다. 아니면 무상은 가사를 무주에게 전할 때 그렇게 눈물을 흘리며 말을 이을 수 없지는 않았을 것이다. 목면가사는 실존여부를 떠나 선종사의 법맥의 실체를 푸는 열쇠로 받아들여지고 있다.

무상에게 전해진 목면가사

무상은 뱃길로 장안을 거쳐 검문관을 지나 쓰촨성의 변방 자중의 덕순사에 단숨에 입성한다. 덕순사는 지선과 처적이 머무른 곳으로 달마의 가사 소장처로 알려졌다. 무상 선사가 법을 잇겠다는 결심으로 지선을 찾아갔는지는 알 수 없으나 그는 굳은 결심으로 당나라로 들어갔다.

개원 16년 728년 한국 승려 한 분이 바다를 건너 당나라 수도인 장안에 도착했다. 그는 신라국 국왕 김흥광(金興光)의 셋째 아들로 군남사(郡南寺)에서 출가하였고 사람들은 그를 '김화상(金和尙)'이라고 불렀다. 그는 장안에서 당 현종(唐玄宗)을 알현하고 그는 선정사(禪定寺)로 들어갔다.

무상은 당화상을 뵙고자 했다. 그러나 당화상은 병중이라 만나지 못한다고 했다. 이에 무상은 만나기 전에는 한 발자국도 물러서지 않겠노라고 아뢰고, 자기의 엄지손가락을 태워 당화상께 바쳤다. 당화상은 이에 무상이 보통 사람이 아님을 알고 자신의 곁에 머물게 했다. 무상이 덕순사에 머무른 지 2~3년이 되었다.

그 뒤 천곡산으로 들어가 수행하다가 다시 덕순사로 왔다. 당화상은 집안사람 왕광을 사자로 보내 남몰래 증거의 가사를 전해주면서 말하였다.

"이 옷은 달마 조사로부터 전승된 옷이다. 측천무후가 지선 화상에게 내려주고, 지선 화상은 나에게 넘겨주었다. 나는 이제 그대에게 넘겨준다."

김화상은 법통과 법의를 전해 받자, 천곡산 바위굴에 숨어버렸다.

가사를 전해 받은 무상은 천곡산 바위로 숨어 산 지 수십 년 그의 법력이 성도 도성까지 전해졌다. 그때 장구대부가 무상을 초청하여 선법을 전해 중견을 간청하여 정중사에 머물러 교화하게 했다. 무상이 교화를 편 지 20여 년 지난 뒤 보응원년(762)에 갑자기 백애산의 무주 선사를 상기했다.

"나는 지금 병에 걸려 있다. 알아서 간병하러 와주오."

몇 번이나 측근에게 물었다.

"무주 선사는 어찌하여 오지 않는가. 나는 다 늙어빠졌다."

비밀리에 목수 동선(董璿)을 사자로 보내서 전갈했다.

"나의 증거 옷과 다른 옷 17종을 몰래 그대(무주 선사)에게 보내니, 부디 잘 간직하오. 지금은 아직 산에서 나갈 시기가 아닐세. 다시 4~5년 뒤를 기다려서 태평 세월이 되거든 바로 나오시게."

멀리 마음속으로 부탁을 마쳤다. 5월 19일에 가서, 제자에게 지시했다.

"나에게 새 옷을 다오. 나는 목욕하고 싶다."

그리하여 한밤중 자시가 되자, 엄숙하게 앉은 채로 입적했다. 이때 해와 달은 빛을 잃고 천지는 백색으로 변했다. 법의 깃대는 부러지고, 선하의 강물은 말라붙고, 사람들은 희망을 잃어버리고, 수행자는 의지처가 끊어지고 말았다. 대사의 그때 나이 79세였다.

무상 스님이 열반할 즈음 어떤 이가 묻기를

"스님이 열반한 뒤에는 누가 주지의 자리를 이어 맡겠습니까?"

하니 무상이 붓을 찾아서 일백 몇 자를 썼는데 무슨 뜻인지 알지 못하다가 운자(韻字)를 맞추어보니 8, 90년 뒤의 일을 미리 적은 것이어서 경험하여 조금도 차실이 없었다 한다.

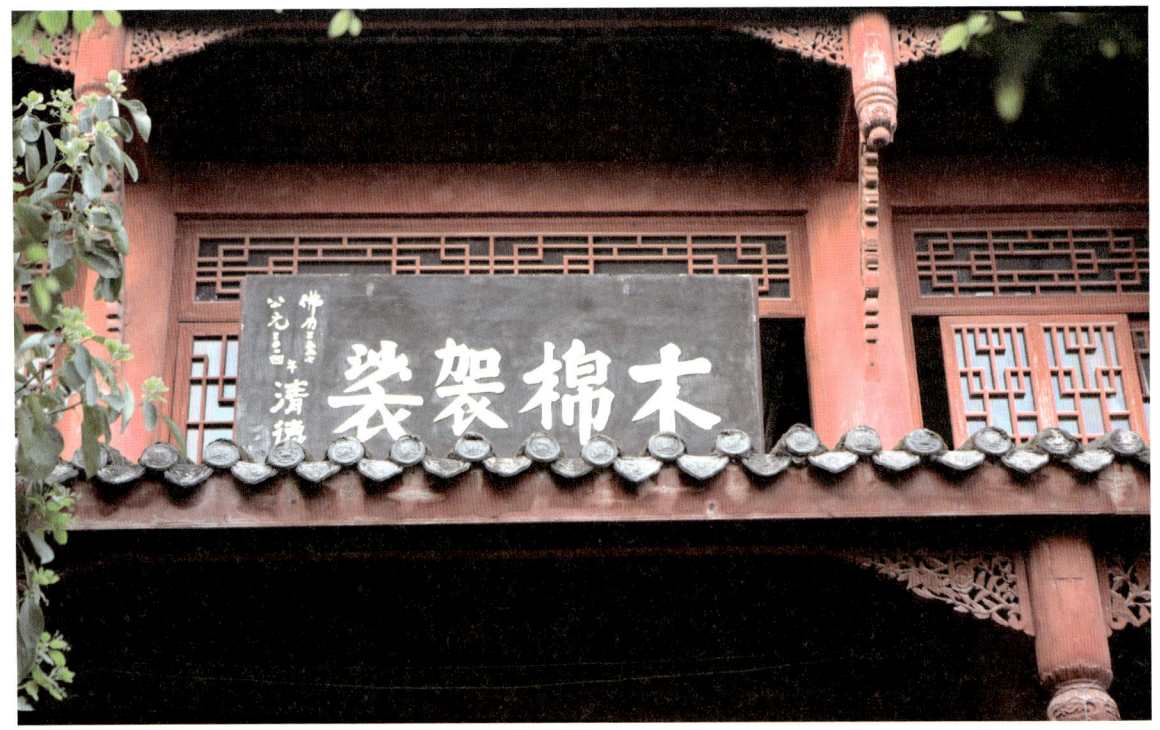
무상선사로 이어져온 목면가사의 마지막 소장처인 영국사 장경각 좌측에 '목면가사(木棉袈裟)'를 주련으로 새겼다.

　무상은 사후 혼란을 예견한 듯했다. 달마로 이어진 가사는 그만큼 처절했다. 무상이 달마로부터 내려온 가사를 무주에게 전해줬는데 그 후 그 가사의 전의 내용이 전해오지 않는다. 분명한 것은 달마로 내려온 법의가 무상에게 전해진 뒤 당시 검남사람들은 그를 한없이 존경했다고 한다.
　무상은 처음 처적으로부터 가사를 받고 천곡산 바위에 숨어 때를 기다렸다. 무상은 천곡산에서 내려와 덕순사로 처적을 찾아갔다. 그때 지선은 맹사주에게 무상이 천곡산에서 지냈을 때의 일을 묻는다. 그러자 맹사주는
　"아무 일도 하지 않았습니다. 그저 법하게 앉아 있을 따름이라."
고 말했다. 그러자 당화상은
　"무상은 천곡산에서 나온 여기서 법(法)하게 앉아 있다."고 말한다.
　무상과 처적의 마음과 마음은 이심전심이었던가. 지선 화상은 김화상이 자신을 생각하고 있었음을 읽었다. 그래서 동선에게 말하길
　"달마 대사의 한 줄기 찬란한 불빛이 검남에 퍼졌는데 김화상이 바로 그런 사람이다. 그에게 수계를 하지 않음은 보물을 잃는 것과 같다고 말했다."
　동선은 그 말은 듣고 일어나 청두 정중사로 가서 무상에게 귀의했고 그 말이 퍼지자 재가 출가자가 무상에게 구름같이 귀의했고 훗날 오백나한에 오른 무상이 쓰촨 현인들에게 부처로 존중받은 것 또한 우연은 아닐 것 같았다. 천년이 지난 지금 이 순간에도 무명가사는 관심의 대상이었다.

가사의 최후의 전승자는 김화상

달마로 내려온 가사의 최후의 전승자는 무상이었다. 가사는 선종 전승의 법통이 되면서 관심의 대상이었다. 그 가사의 마지막 소장처는 쓰촨성 자중현의 영국사였다. 영국사는 한나라 헌제가 건안 5년(200)에 세웠고, 원래 이름은 덕순사로 송나라 때 영국사로 이름을 바꾼 뒤 오늘에 이르렀다. 바로 영국사가 파촉땅 보당선파의 조정이었다. 영국사는 자중의 서쪽 10리 서신산에 위치하고 있다. 지금은 중창불사가 한창이다. 조사전에 지선-무상-처적의 조상을 모셨다. 이를 보아 강력하게 정중파의 법맥의 사자 승계를 보여주는 듯했다. 《문회보》는 2005년 4월 필자가 당시 한·중불교교수와 전문가들을 이끌고 영국사를 찾았을 때의 회상을 대대적으로 소개했다.

그는 자중에 목면가사를 가지고 있는 지선 선사를 배알하려고 했지만 이미 그는 세상을 뜨고 그의 제자 처적이 주지를 하고 있었다.

처적은 병을 핑계로 김화상을 만나주지 않았다. 그는 사찰 밖에서 손가락을 태워 등으로 삼아 경의를 나타냈다. 처적은 감동하여 바로 그를 받아들이고 무상이란 이름을 내렸다. 그러나 자중 사람들은 그를 '김화상'이라고 불렀다. 자중향촌(資中鄕村)에서는 무상 선사라고 하면 많은 사람들이 알지 못하지만 김화상을 말하면 많은 사람들이 알고 있다. 무상은 처적에게서 2년간 선법(禪法)을 배운 후 덕순사에서 10리 떨어진 어하구(御河溝)에서 혼자 '두타행(頭陀行)'을 했다. 처적은 세상을 떠날 때 목면가사를 무상에게 전한다.

천보원년(天寶元年, 742) 무상 선사는 사람들의 청으로 청두에서 선법을 펼친다. 안사(安史)의 난으로 피난온 촉(蜀)의 당현종을 만나 오래된 친구로 삼으며 어명으로 대자사(大慈寺)에서 법을 펴도록 했다. 무상은 청두 정중사(淨衆寺)에서 머무르며 정중선파를 형성하였고 20여 년을 홍법하였다. 792년 무상 선사는 청두 대자사에서 좌화(坐化)하였다. 세수 79세였다. 무상 선사는 자중 민간에 영향력이 매우 커서 나이가 많은 노인들은 지금도 김화상의 전설을 많이 알고 있다. "김화상은 기인으로 보의(寶衣)를 입고 물과 불을 피할 수 있고 칼도 그를 뚫을 수 없었는데 영국사의 보물이었다."고 현지 촌민은 말했다.

목면가사는 불조 석가모니에서 28대 전승되었다. 중국 달마 조사에서 6대, 지선 선사에서 4대, 마지막으로 무상에서 무주(無住) 선사로 전해졌고 후에 누구에게 전해졌는지 어디로 갔는데 사적 문헌에는 남아 있지 않아 알 수가 없다.

무상 선사는 당시 검남의 살아있는 부처로 존숭 받았던 것 같다. 자중 사람들은 무상을 기억해내길 "김화상은 기인으로 보의을 입고 물과 불을 피할 수 있고 칼로도 그를 뚫을 수 없는 선승"이라고 묘사했다. 촉을 말하는 사람은 선을 모를 수 없고 선을 말하는 사람은 촉을 말할 수 없다고 말한다. 그중심에 항시 무상 선사가 서 있고 무상은 살아서도 쓰촨현인의 부처로 존숭받았고 열반한 뒤에는 오백나한에 올라 오늘까지 살아있는 부처로 존중되고 있었다. 혜능 대사도 일찍이 말하였다. '옷이 불행이 되었음을 상기하면서 이후로 가사를 전함은 없는 것'이라고 말한 바 있다. 그래서 달마-육조까지만 의발이 전해졌고 그 가사는 정중종으로 전해져 지선-처적-무상-주로 이어졌다. 그 후의 행적은 알 길이 없다. 아무튼 목면가사는 선종의 법의로 오랫동안 우리 기억에 남아 있다.

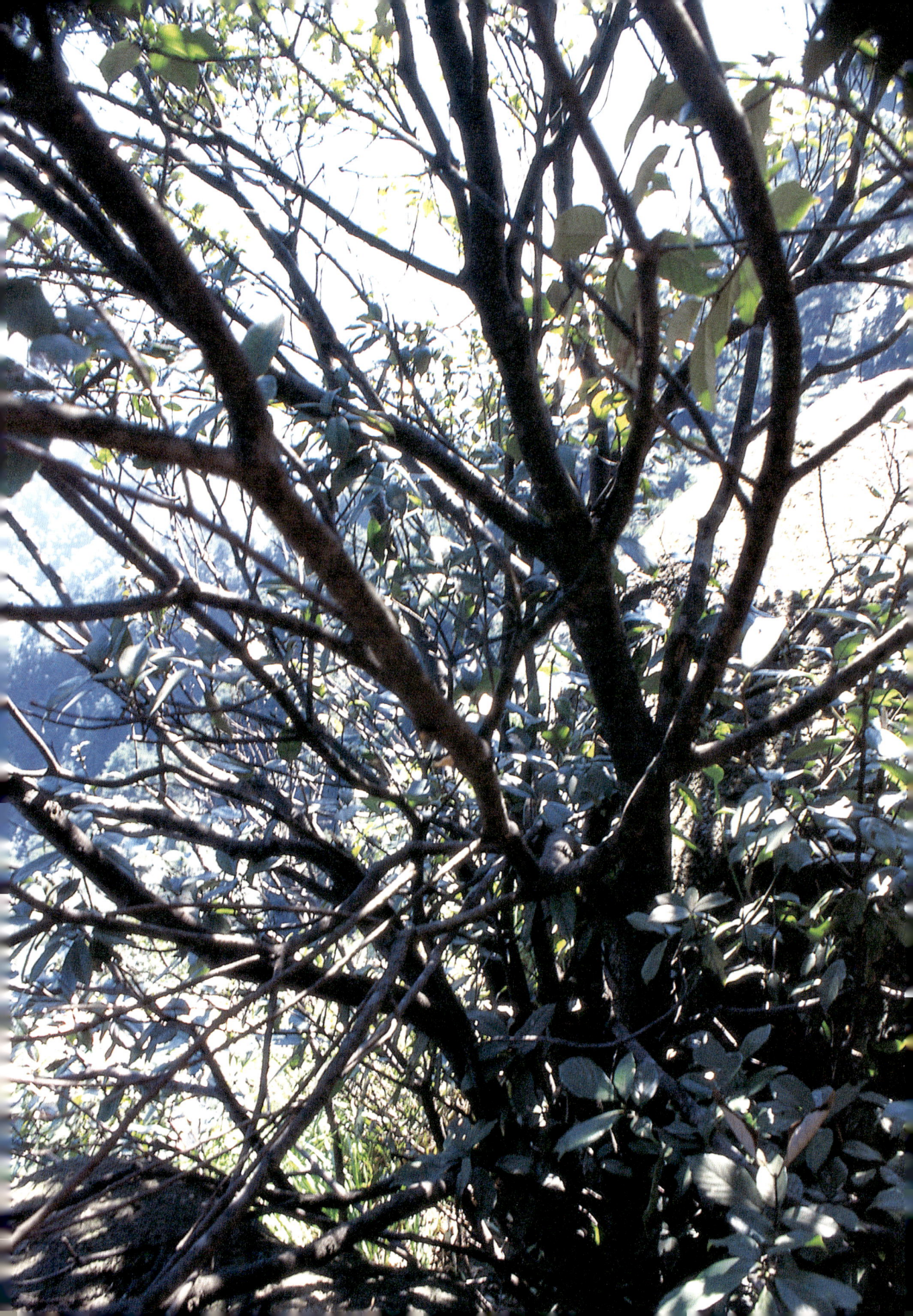

5. 중국에 차 씨(茶種)를 전파한 신라승 김지장의 금지차(金地茶)

신라의 차종을 중국 안후이성(安徽省) 구화산(九華山)에 파종(播種)한 김지장 선사

　35년 전인 1985년 일본의 좌전기획(左田企劃)과 홍콩의 중앙전시대(中央電視臺)에서 김교각(金喬覺) 스님으로 널리 알려진 김지장 스님의 일대기가 다큐멘터리로 방영하여 중화권에 신라인 김지장의 실체가 드러났다. 당시 김지장 다큐멘터리를 비디오로 만들어 부처님오신날 기념으로 한국에 알리면서 김지장 스님의 베일이 벗겨졌다.

　김지장은 719년 성덕왕(聖德王) 18년 당나라로 구법할 때 차종(茶種)과 오채송(五釵松), 황립도(黃粒稻)를 가지고 들어간 사실이 명만력(明萬曆)에 편찬한 《구화산지(九華山志)》 물산편에 기록하면서 신라의 차문화를 대렴이 차 씨를 전해준 역사보다 100년을 앞당겨 주었다. 그 후 1999년 12월 한국에서 최초로 〈육신보살 지장법사 국제 학술대회〉를 기획하게 되면서 김지장과 숙명적 인연을 맺었다. 1999년 10월 김지장 자취를 쫓아 구화산을 찾게 되면서 김지장의 실체가 드러나기 시작했다.

　명 만력 연간(萬曆年間)에 편찬한 《구화산지》에는 '속이 빈 작은 대나무 같고 김지장이 가져다 심은 것'으로 전한다.

　《청양현지(靑陽縣志)》에는 '금지차란 서역으로부터 온 차이다'라고 기록되어 있다

　또 '신광령 이남에 심었는데 구름과 이슬을 받고 자란 것으로 차 맛이 매우 훌륭했다'고 실려 있다.

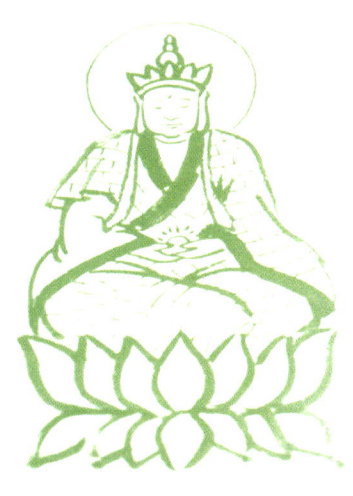

　중국측 문헌을 근거로 김지장 차 씨 전래설을 추적하게 된 것은 1999년 10월 김지장이 수행했던 구화산 노호동 정상 바위 암벽 사이에서 수령(樹齡) 500년 정도로 추정되는 김지장 노차수(老茶樹)를 발견하면서 김지장 차종의 신라 전래설을 입증시키게 되었다. 발견 경위는 우연히 이루어졌다.

당시 구화산 일대의 김지장의 발자취를 찾던 중 노호동 정상 바위 암벽 사이로 나뭇잎 하나가 햇빛에 반사되면서 눈부시게 빛났다. 그 순간을 놓칠 리 없는 나는 단숨에 암벽을 타고 바위 위로 올라갔다. 사람 키만 한 나무 세 그루가 햇빛에 반짝거리며 서 있었다. 바위를 건너뛰어 가까이 다가가 나무를 살피니 차나무였다. 그 자리에서 실측한 뒤 사진을 찍고 1999년 12월 《불교춘추》(통권 16호)를 통해 공개하자 세상에 알려졌다.

지금까지 한국 차나무 전래설을 놓고 의견이 분분할 뿐 아니라 대렴이 중국에 사신으로 갔을 때 가져온 차 씨를 지리산에 심은 것이 한국 차의 전래설로 굳어져 있었다. 그런데 대렴보다 100년 앞선 시기 신라 땅에 차나무가 있었다는 것은 한국 차사(茶史)를 뒤집을 중요한 사건이 아닐 수 없다. 《삼국사기(三國史記)》에도 신라 선덕여왕(善德女王) 시기 차가 토착화되었다고 기록되어 있듯이 20여 년 전 구화산에서 김지장 노차수의 발견으로 입증시켜 주었다.

2002년 열반한 당시 구화산 방장 렌더(仁德) 스님을 만났을 때 노호동 차나무 발견 사실을 말씀드리자 깜짝 놀라며 신라차가 중국에 전래하였다는 설을 입증하는 결정적 사건이라고 기뻐했다. 그 뒤 차나무를 확인하기 위해 국내외 많은 전문가들이 노호동 차나무를 찾으려 했으나 보존 차원에서 그 차나무를 세상에 드러나지 않게 하여 오늘까지 숨겨져 있다.

지금까지 《구화산록(九華山錄)》에 남아 있는 김지장 차나무는 김지장 스님이 남대에서 수행하고 있을 때 심었다는 남대(南臺) 공심차로 알려져 있었는데 그곳은 오늘날 소천태(小天台)의 남대암(南台庵)이라고 한다. 안후이(安徽) 농업대학의 왕젠훙(王鎭恒) 교수의 조사에 따르면 지금도 약 10그루의 차나무가 있는데, 높이가 약 160cm에 나무 폭이 130cm이며 잎의 길이는 11.5cm라고 한다. 지금까지 밝혀진 김지장의 차나무 중 최고의 기록이었다.

이 차나무는 지장 스님이 고배경대(高拜經台)에서 은거하고, 천태동굴에서 수행하면서 차를 달여 먹었다는 설득력 있는 장소에 자생하고 있어 지금까지 가장 오래된 차나무로 인정받아 왔다. 그러나 이번에 노호동에서 발견된 김지장차는 김지장 스님이 제일 처음 구화산에 은거하면서 수행했던 동굴 정상에 남아 있어 설득력이 강하다. 차나무는 높이가 230cm나 되고 둥치는 사람 팔뚝보다 굵었다.

김지장 차 씨 전래설을 놓고 의견이 분분 하였는데 2001년 중국 안후이성 우후시(蕪胡市)가 주최한 우호국제다업박람회에서 〈신라에서 가져간 금지차에 관한 연구〉를 발표하여 당시 참가자들로부터 관심을 불러일으켰다. 《구화산지》를 근거로 김지장의 차가 신라 전래설은 있으나 김지장차의 차나무는 확인되지 않았다. 그런데 1999년 가을 내가 김지장 스님이 수행한 구화산 노호동 정상에서 500여 년 으로 추정되는 김지장 노차수의 발견으로 중국 차학자들도 발견하지 못했는데 한국인이 먼저 발견하여 찬사를 받았다.

우후 국제 차박람회 국제학술대회에서 전면 들어난 김지장 차수의 실체

2001년 봄 안후이성 우후시에서 무호국제차박람회의 국제다염연토회에서 내가 〈김지장 차문화 연구〉라는 논고를 발표하였다. 그 자리에는 한국의 경주 새등이요의 최차란 선생과 원불교 전명진 교무와 중국 차계의 거목인 안후이 농대의 왕쩐헝(王鎭恒) 교수가 지켜보고 있었다.

발표자로 나선 나는 1999년 중국 안후이성 구화산 노호동에서 500여 년으로 추정되는 김지장 차수의 발견 사진과 《구화산지》와 《청양현지》를 근거로 다음과 같이 발표했다.

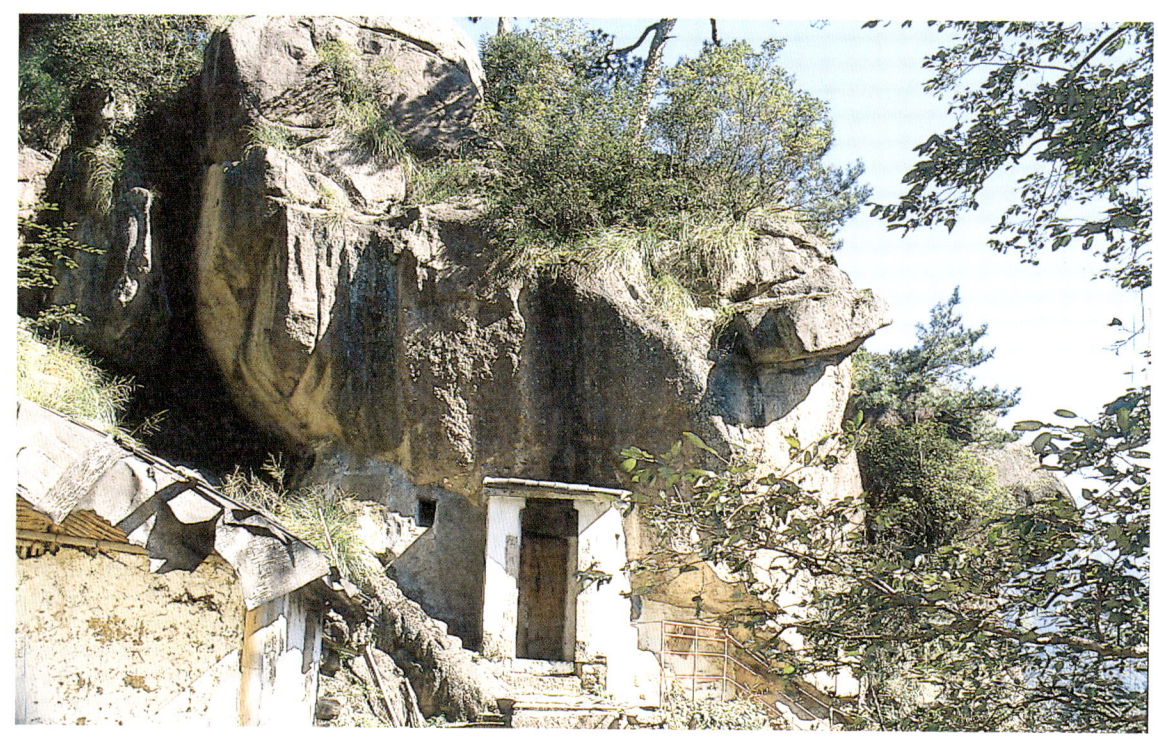

김지장 스님이 처음 은거한 구화산 노호동 동굴

"1999년 10월 17일 중국 구화산에 산재해 있는 김지장의 행적을 취재하던 중 지장 스님의 첫 고행처인 노호동에서 지장 스님이 심었다고 전해지는 차나무를 발견했습니다. 지금까지 구화산록(九華山錄)에 남아 있는 김지장 차나무는 김지장 스님이 남대(南臺)에 거처하고 살았을 때 심었다는 남대 공심차(南臺空心茶)로 알려져 있었는데 이번에 구화산 노호동에서 김지장 차수의 발견으로 구화산 차사를 새로 쓰게 되었다고 피력했습니다. 그 같은 근거는 구화산지와 청양현지를 근거로 하고 있다고 밝혔습니다.

《구화산지》에는 '속이 빈 작은 대나무 같고 김지장이 가져다 심은 것'으로 전합니다. 《청양현지》에는 '금지차란 서역(西域)으로부터 온 차이다'라고 기록되어 있습니다. 또 '신광령(神光嶺)에 심었는데 구름과 이슬을 받고 자라난 것으로 차맛이 매우 훌륭했다'고 실려 있습니다. 금지차의 전파경로와 유래에 대해서는 김지장이 바다 동쪽 신라에서 가져온 것으로 차 씨가 자라나 오늘날 구화불차가 되었다고 문헌 자료들을 공개했습니다."

강연을 듣고 있는 차 학계의 연구자들은 놀라운 반응을 보여 왔습니다.

김지장 스님이 중국에 건너갈 때 가져간 차 씨를 구화산에 파종한 이후 자라난 금지차는 김지장 스님이 금지차의 제다(製茶) 방법을 제시했는데 곡우(穀雨) 때 따서 정성들여 만든 작설차(雀舌茶)는 참새의 혀와 같고 모양은 부처님의 손과 같았으며, 싹과 잎이 자연스럽게 펼쳐시고 색은 비취처럼 푸르고 흰 털이 많았다. 차탕의 색은 담백한 황록이었고, 향기가 청아하고 맛이 신선하고 단아하고 잎은 연하고 푸르렀다. 그 품격을 보아 불차(佛茶)의 풍미로 손색이 없었다고 밝혔습니다. 내의발표를 지켜본 중국의 차 학계는 찬사를 보내며 구화산 차문화의 발전을 가져올 것이라고 말한 바 있었다.

나는 기회 있을 때마다 김지장차의 전래설에 대해 다양한 의견을 내놓았다. 신라에서 가져간 김지장 차 씨 전래설을 중국 국제학술회의에서 발표하여 관심을 불러일으켰다.

그중 2003년 안후이성 구화산에서 열린 제1차 지장문화제를 맞아 김지장 국제학술연토회에서 신라에서 가져간 금지차를 발표했다.

한국차를 연구하는 대부분의 학자들은 신라 흥덕왕(興德王) 3년(828) 왕명(王命)으로 당(唐)나라 사신(使臣)으로 갔던 대렴이 귀국하면서 차 종자를 휴대하고 와서 지리산 자락에 심은 뒤 한국의 차문화가 전파되었다는 견해를 피력해왔다. 그리고 그 장소가 화개(花開)인가, 구례(求禮)인가를 놓고 거의 반세기에 걸친 논쟁이 있어왔다. 그러나 흥덕왕(興德王) 때 차종자를 중국으로부터 가져온 뒤 음다(飮茶) 풍습이 성행되었다는 《삼국사기(三國史記)》의 내용은 전면 수정되어야 한다고 발표했다.

중국인들은 말한다. "구화불차가 신라(한국)로 귀향하려는 움직임을 보이고 있다." 그러기에 이제부터 한국차를 말할 때 김지장차를 논의하지 않으면 안 되게 되었다. 신라 왕족 출신의 고승 지장(地藏, 696~794) 스님이 중국으로 들어갈 때 차 씨앗을 가지고 들어가 구화산에 심었는데 그 차가 지장불차(地藏佛茶)다. 파나마박람회 등에서 금질장상(金質裝賞) 등을 수상하는 등 명성을 이어왔으며, 금지차, 공경차(空梗茶), 지장불차(地藏佛茶), 민원차(閔園茶) 등으로 유명하다.

명 만력 년간에 〈구화산지〉에 기록된
김지장 스님이 신라에서 가져간 차씨의 기록

김지장차 원산지 신라설에 대한 논쟁

2003년 구화산에서 열린 김지장학술연토회를 통해 구화산의 금지차는 신라에서 가져온 불차라는 문제제기를 해왔다. 그러자 중국차학 그룹이 앞을 다투어 반격을 시작했다. 중국 학자그룹들은 이지세(李之世)의 시(時)에 서역을 근거로 '서역은 신라가 아니다'라는 주장을 펼치기 시작했다. 당시에는 한국 차 학계는 중국에서 김지장차의 논쟁이 일어나고 있는 사전 정보조차 없었던 시기였다.

김지장 차 씨 전래설이 중국 전역에 퍼져나가자 중국 차학자 그룹이 반격에 나서기 시작했습니다. 그 전말은 다음과 같이 시작되었다.

김지장 차 씨 전래설로 신드롬을 일으키자 중국 차학 그룹이 반론을 제기하기 시작했다.

그 도화선은 2009년 5월 재연 되었다. 2008년 닝보(寧波) 국제 해상차로 연토회에서 〈중국 차문화를 한국에 전파해간 주요 인물과 그의 사상〉이란 논고를 발표해 신선한 충격을 주었다. 그 같은 내용을 접한 중국의 차학자 그룹들은 충격에 휩싸였다.

그 논고를 같은 해 《건축과문화(建築과文化)》(2008년 5월)에 〈중국차를 한국에 전파한 인물〉이라는 제목으로 게재한 바 있다. 그 내용 중 김지장 부분을 살펴본다.

한·중 차문화 교류사를 살필 때 빼놓을 수 없는 인물(人物)이 김지장이라는 인물이다. 그는 신라 왕손으로 태어나 24살 때 중국 안후이성 구화산으로 들어가 열반(涅槃)한 뒤 지장보살(地藏菩薩)의 화신이 되었다. 그가 신라에서 중국으로 갈 때 휴대(携帶)하고 간 차가 김지장차였다. 이는 대렴이 중국으로부터 차 씨를 가져온 시기보다 80년이 앞선다. 《구화산지》 권8에 다음과 같은 기록이 전해온다.

'김지장차는 신라 때(당영휘[唐永徽] 14년, 서기 653) 지장 스님이 신라에서 가져간 차종의 이름이다.' '나무줄기가 속이 비어 작은 대나무와 같다〔梗空如篠〕 전하는데 김지장이 (신라로부터) 가져온 차 씨였다고 한다〔相傳金地藏携來種〕.'

《청양현지(青陽縣志)》에도 '김지장차 란 서역(西域)으로부터 가져온 것이다'라고 전해지며 1669년 유원장(劉源長)이 지은 《개옹다사(介翁茶史)》에는 더욱 구체적인 글이 보인다. 〈공경차〉가 그것이다.

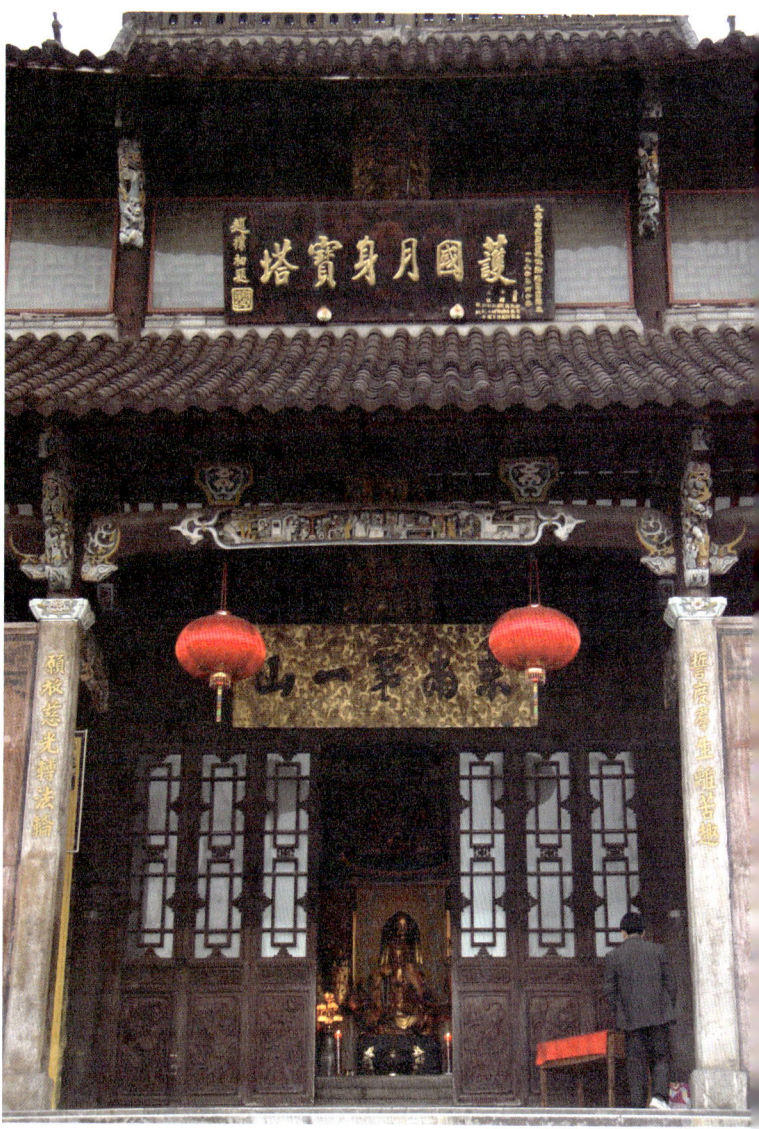

김지장의 육신보살을 모신 구화산 호국육신보전

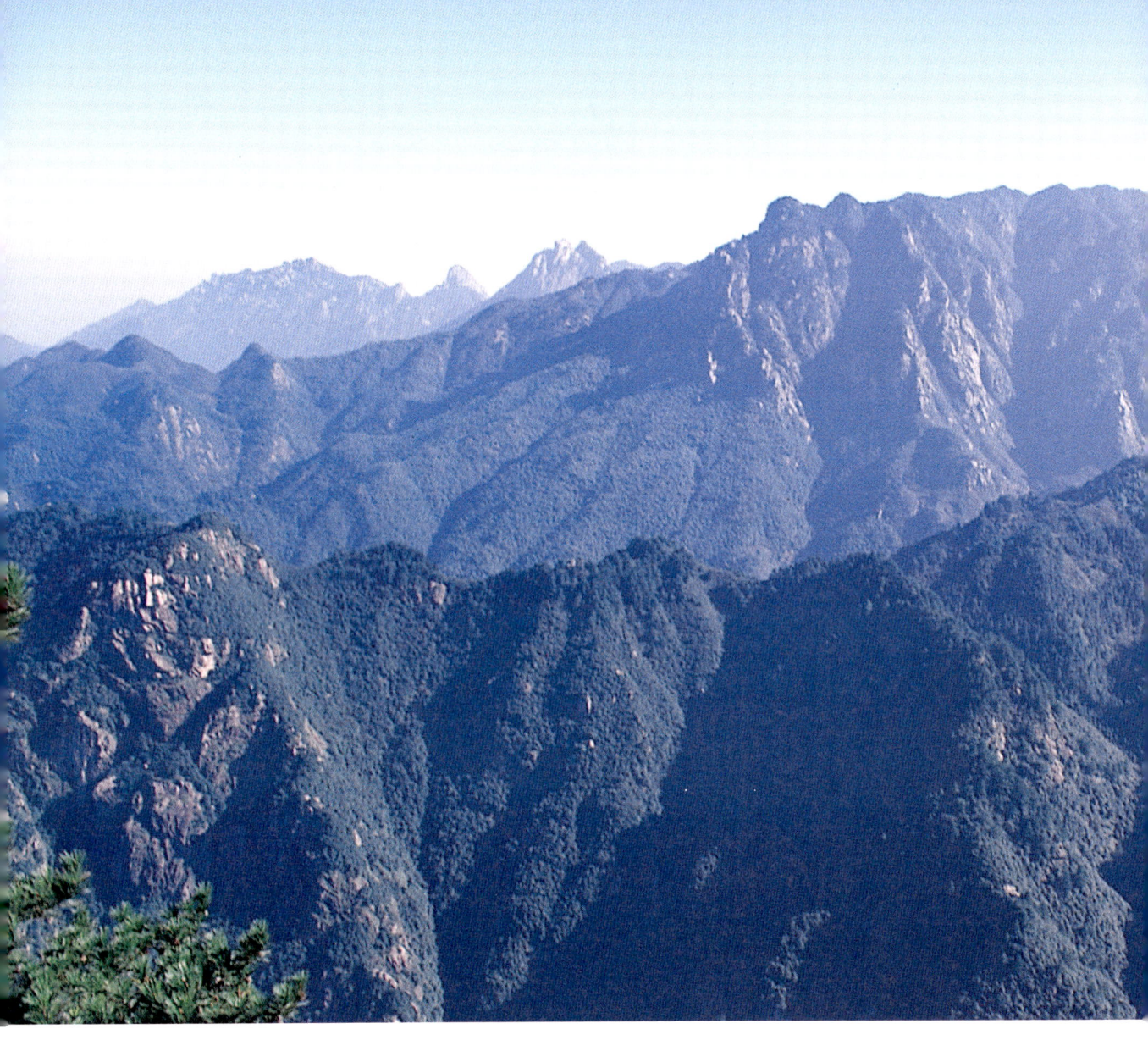

　구화산에는 공경차가 있는데 이는 김지장이 심은 바이다. 대체로 보건대 구름 안개 중에 기후가 항상 온습하여 이 땅에 심은 바 맛이 자연 것과 같지 않았다. 구화산은 지주 청양현으로 원명은 구자산(九子山)이다. 이태백이 아홉 봉우리가 연꽃을 닮았다고 하여 고쳐 구화산으로 하였다. 김지장은 신라 스님으로 당나라 지덕 연간(756~758) 바다를 건너 구화산에 거처하며 이 차를 심었다. 나이 99세에 함중에 앉아 임종하였는데 3년 뒤에 함을 열어 보니 얼굴빛이 살아있는 듯했으며 뼈마디가 모두 움직이더라(九華山有空梗茶 是金地藏所植 大低煙霞雲霧中氣常溫潤 與地植味自不同 山屬池州靑陽原名九子山 因李白謂九峯似蓮花乃更爲九華山 金地藏新羅國僧 唐至德間渡海居九華乃植此茶 年九十九坐化函中 後三載開視 顔色如生與之骨節俱勤).

　그 차가 중국 안후이성 구화산의 구화불차로 알려진 바로 그 차였다.
《전당시(全唐詩)》권808에 김지장의 차시(茶詩)가 전해 오는데 〈송동자하산(送童子下山)〉이 바로 그 시로, 동국인

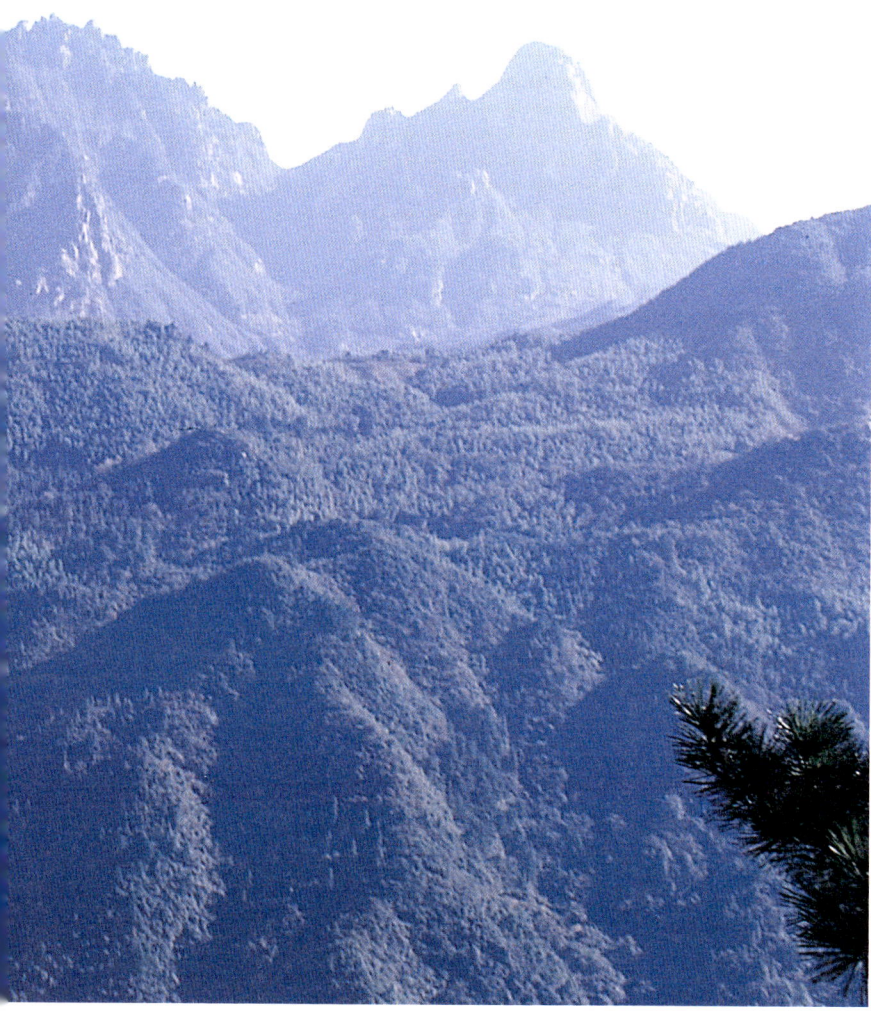

노호동 일대에서 조망한 구화산

(東國人)이 지은 것 중 현존하는 최초(最初)의 율시(律詩)이다.

空門寂寞汝思家	절간이 적막하니 집 생각나겠지
禮別雲房下九華	승방에서 작별하고 너는 산을 내려간다
愛向竹欄騎竹馬	대나무 울타리 옆에서 죽마 타던 것 그리워
懶於金地聚金沙	절에서의 수양을 게을리하더니
漆甁澗底休招月	산골 물 병에 담아 달 부르기도 그치고
烹茗甌中罷弄花	사발에 차 달이며 꽃 장난도 그만두고
好去不須頻下淚	잘 가거라 눈물일랑 자주 흘리지 말고
老僧相伴有煙霞	노승에겐 벗할 안개 노을 있으니.

제2장 선차의 원류 | 123

김지장의 이 시가 구화산 차문화에 끼친 공적(功績)을 놓고 볼 때 한국차를 중국으로 전파하는 데 적지 않은 영향을 끼쳤다고 말할 수 있다. 더욱이 정중종(淨衆宗)을 일으킨 무상(無相) 선사가 선차지법(禪茶之法)을 일으킨 비조(鼻祖)로 떠오르면서 오히려 중국 차문화사에 동국인이 적지 않은 영향을 끼쳤다고 말할 수 있게 되었다.

그러나 그 논문이 나간 뒤 닝보 차문화 촉진회 비서장인 주지파(竺齊法)는 《차주간(茶周刊)》(2008년 9월 16일)에 실린 〈김지장의 차와 구화산〉이란 글에서 문제를 들고 나왔다.

먼저 그는 《구화산지》와 《청양현지》의 기록을 들어 '일반적으로 '전하다[傳]'라는 것은 전설이나 입으로 전해진 것으로 확실한 근거가 될 수는 없다. 다행히 김지장은 아래에 인용된 〈송동자하산(送童子下山)〉의 시에 샘물을 길어 차를 끓인 아호(雅好)가 쓰여 있다. 그가 차를 좋아하던 사람이라는 것을 설명하고 완전히 그가 구화산에 차를 심었던 사실성에 대한 증거일 수 있다. 또한 '휴대해서 왔다'는 표현이 부정확하다. 김지장의 차 씨 논쟁이 일어나자 인터넷의 많은 글에서 그가 신라에서 휴대해 왔다는 글을 보았다. 2008년 4월 하순 닝보에서 열린 동아시아차문화연구센터 시상식 겸 해상차로국제논단(海上茶路國際論壇)에 참가한 최석환 선생도 논문에서 김지장이 신라차를 가지고 구화산에 왔다고 말했다'라고 서술했다.

그러나 주지파는 김지장이 신라에서 차 씨를 휴대하고 구화산으로 왔다는 근거는 인증할 수 없다고 밝혔다. 그 이유는 한국에는 원래 차가 자라지 않은 데다가 대략 6~7세기에 중국에서 전해졌다고 보고 있기 때문이라는 문제를 제기했다.

그리고 김지장이 구화산에 심은 것이 신라차라면 먼저 한국에서 원래 차가 자랐다는 증거가 있어야 한다. 증거가 없다면 그가 신라에서 차를 가지고 왔다고 말하기 어렵다. 혹은 그가 가지고 온 것이 중국에 전해진 차라면 이것은 논리적으로 매우 성립하기 어렵다는 견해였다.

이에 2009년 5월 제2차 해상차로 연토회에서 안후이 농대 딩이쇼우(丁以秀) 교수가 〈김교각(金喬覺)과 구화산〉이란 논문을 들고 나와 주지파의 의견에 동조하고 나섰다. 즉 '김교각은 개원(開元) 7년(719)의 당나라 흥성(興盛) 시기에 중국에 왔는데 당시 신라에는 차나무가 없었다. 그래서 모두가 신라에도 좋고 서역에도 좋은 후인의 신화라는 것은 근거가 되기엔 부족하다. 만약 구화차를 김교각이 가지고 왔다면 그것도 구화산 부근 지역에서 가져온 중국 차 씨이다'라고 밝혔다.

그러나 나는 이에 동조하지 않았다. 《삼국사기》에서도 차는 신라 27대 선덕여왕(638-647)때부터 성행했다. 이에 주지파의 주장은 신빙성이 없다고 볼 수 있다.

김지장 스님이 신라 성덕왕 18년(당개원 7년, 719년) 신라에서 차 씨앗을 휴대하고 당나라로 들어갔다. 이들 자료를 살펴보건데 신라의 차문화는 김지장 스님이 중국을 떠나기 이전인 80여 년 전에 성했다고 볼 수 있다. 이들 자료를 검토해보면 김지장이 신라를 떠나 구법길에 오를 때 차 씨를 휴대하고 구화산에 심은 것이 분명해진다.

딩이쇼우의 스승이며 안후이 농대 교수를 지낸 《중국명산지》의 저자 왕젠훙 교수는 〈구화산 김지장과 차문화〉라는 글에서 다음과 같이 피력했다.

"《청양현지》에서 김지장차란 서역으로부터 가져온 차이다. 차의 전파 경로와 유래를 살펴보면 김지장이 바다 동쪽 신라에서 가져온 것으로 알려졌다. 중국은 고대에 농업이 발달한 국가로서 여러 가지 농업기술이 발달하였다. 기원전 후삼한은 이미 벼 재배를 하였고 8백 년 후 김교각이 누런 벼와 오차송과 차 씨를 가지고 구화산에 왔다. 그때 말하기를 서역은 동쪽 바다를 사이에 두고 있는 신라를 가리킨다."

뒤늦게 중국 전문가와 학자들이 구화산 차 전래를 놓고 대렴의 차 씨 전래설과 당시 신라에는 차가 없었다는 근거를 들어 김지장차의 구화산 전래설을 부정해 버렸다. 그러나 80년 초 발표된 왕쩐형의 글도 분명히 서역은 신라를 가리킨다고 못 박았다. 더욱이 중국 차연구가인 린시민(林士民)은 2009년 닝보에서 열린 해상차로와 동아시아 차문화 연토회에서 발표한 〈조선 반도로 전해진 해상차로〉에서 나의 졸고 〈중국 차문화의 한국전파〉라는 글을 인용하며 장보고 선단을 통해 차 씨가 전해졌다고 피력했다. 이렇게 김지장의 구화산 차 씨 전래설을 여러 학자가 인정한 바 있다.

지금 한국 차 학계는 이 같은 논의 자체도 모르고 있으니 얼마나 국제 차 학계의 동향에 뒤떨어져 있는지를 알 것 같았다. 그나마 내가 중국 유수의 학술 연토회에서 논문들을 발표해 중국 차 학계를 깨우면서 지금까지의 연구 성과를 뒤집어 버렸다.

이 같은 변화는 2008년 4월 내가 닝보에서 열린 해상차로 국제 논단에서 〈김지장과 김지장차〉를 발표하면서 불씨가 타올랐다. 그 내용을 살펴본다.

오늘날 중국 안후이성에서 생산되는 차는 수십 종에 이르지만 황산모봉차(黃山毛峰茶)와 김지장차만이 명차의 대열에 올라 있다. 구화불차의 특징은 줄기 속이 가는 대나무처럼 비어 있고 맛 또한 입가를 감돈다. 황산모봉차는 작은 은빛 털이 찻잎을 덮고 있어 차맛이 달다. 구화불차는 황산모봉차와 달리 맑은 비단 같은 청량한 아침 이슬을 밟고 붉을 마시는 것과 같이 맛과 향이 뛰어나 선승들이 즐겨 먹는다고 한다. 그래서 구화불차를 선차라고 불렀다고 말할 수 있다.

금지차(金地茶)·구화모봉(九華毛峰)·구화운무(九華雲霧)·구화불차(九華佛茶)·민원차(閔圓茶) 등으로 이어지는 구화산의 차는 구화산의 후산인 쌍계사(雙溪寺)에서 수행한 대흥(大興) 법사에 의해 그 명맥을 이어갔다.

내가 쌍계 조아차와 서축 운무차를 확인하기 위해 구화산 쌍계사를 찾았다. 쌍계사로 들어가니 차나무들이 즐비해 있었다. 대흥 법사의 육신을 모신 육신전에 참배를 하고 스님들에게서 듣길 "쌍계 조아차는 원래 김지장차에서 연유했다"고 말할 수 있다.

이렇듯 김지장이 신라에서 중국으로 들어갔을 때 차 씨를 휴대했다는 설의 실체가 속속 드러나면서 구화불차는 신라의 김지장이 전파했다는 사실에 우리차의 강한 자부심을 느껴왔습니다. 그러나 중국 차 학계에서 김지장차는 신라로부터 가져온 것이 아니라 구화산 인근의 차 씨일 가능성을 제기하기 시작했다.

《구화산화성사기(九華山化城寺記)》, 《구화산지》, 《청양현지》를 바탕으로 김지장의 실체는 꺼지지 않는 등불처럼 되살아나 구화산에 갈 때마다 한국인으로서 자부심을 느낄 수 있었다. 1990년대 중반 내가 구화산에 처음 입성했을 때 당시 구화산 방장 렌더(仁德) 스님의 "구화산의 김지장차는 신라의 김지장 스님이 가져온 차"라는 말을 지금도 잊을 수가 없다. 김지장의 차향이 구화산을 찾을 때마다 온몸에 배어났는데 지금도 김지장차가 쌍계조아차, 서축운무차, 구화불차로 명성이 꺼지지 않고 이어진 것은 천 년 전 김지장이 신라에서 가져간 차 씨 하나가 발화되어 차연(茶緣)으로 맺어진 까닭이라고 할 수 있다.

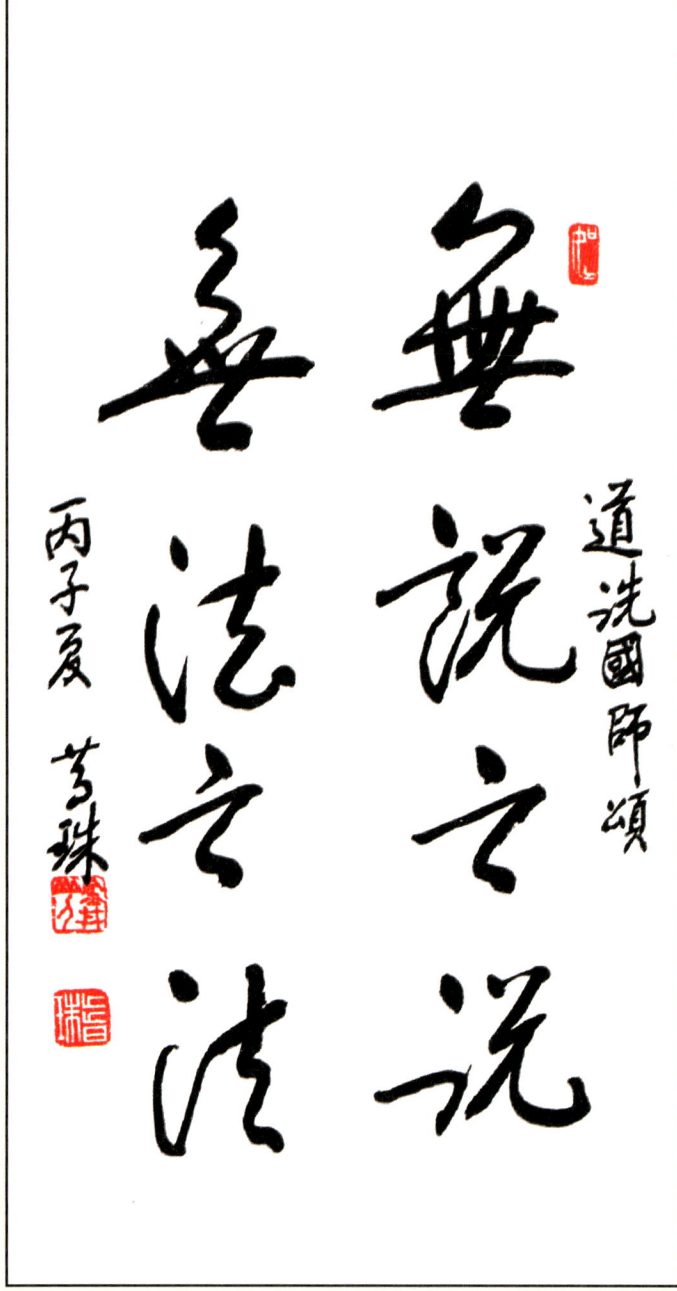

칠보사 조실을 지낸 강석주 스님이 쓴 도선국사의 송
무설지설 무법지법

6. 한국의 선이
공공산(寶華寺) 보화사에서 연원되었다

보배로운 땅 공공산 보화사에서 연원된 한국의 선차

천여 년 전 동아시아 선종의 주무대는 양자강(揚子江)의 남쪽 장시성(江西省) 난창(南昌) 이었다. 선차의 연원은 달마(達摩, ?~528)로부터 시작되었고 6조 혜능(惠能)의 문하인 마조도일(馬祖道一, 709~788) 선사가 난창에서 홍주종(洪州宗)을 일으키고 있을 때 서당지장(西堂智藏, 735~814), 남전보원(南泉普願, 748~834), 백장회해(百丈懷海, 749~814) 선사가 마조도일 문하에 들어가 장시성(江西省) 일대에서 남종선(南宗禪)을 떨치고 있었다.

서당의 어록(語錄)을 살펴보면 서당은 자신을 찾아오는 사람에게 "여기에 왔으니 차나 한 잔 마시고 가게[遇來遇茶吃飯却來]"라는 말로 대중을 제접했다. 이후 조주종심(趙州從諗)에 의해 끽다거(喫茶去)를 탄생하여 선과 차는 물결처럼 흘려갔다

《마조록(馬祖錄)》의 '달맞이' 공안에서 마조는 "경(經)은 서당, 선(禪)은 백장, 물외(物外:사물을 초연한 사람)는 오직 남전보원에게 있구나"라고 세 사람의 살림살이를 일찍이 간파했다. 그러나 마조의 139명의 입실제자 중 첫 번째로 꼽히는 서당지장 선사가 신라인의 제자을 기려내면서 중국 선종계에 아웃사이더로 밀려났다.

당시 중국 선종계는 '선법(禪法)이 동쪽으로 흘러간다'는 참설(讖說)이 크게 유포되고 있었있을 때 중국의 선승들은 은근히 자기의 법이 동쪽나라에 꽃피길 기대하는 이가 있는가 하면 탄식하는 이도 있었다.

마조의 세달 중 서당지장 선사가 공공산 보화사(寶華寺: 옛 西山堂)에서 선풍을 크게 떨치고있었을 때 서당의 법력(法力)이 높다는 소문이 신라에까지 알려서 노의·홍적·혜철 등이 앞을 다투어 뱃길로 장시로 서당지장 선사를 찾아갔다.

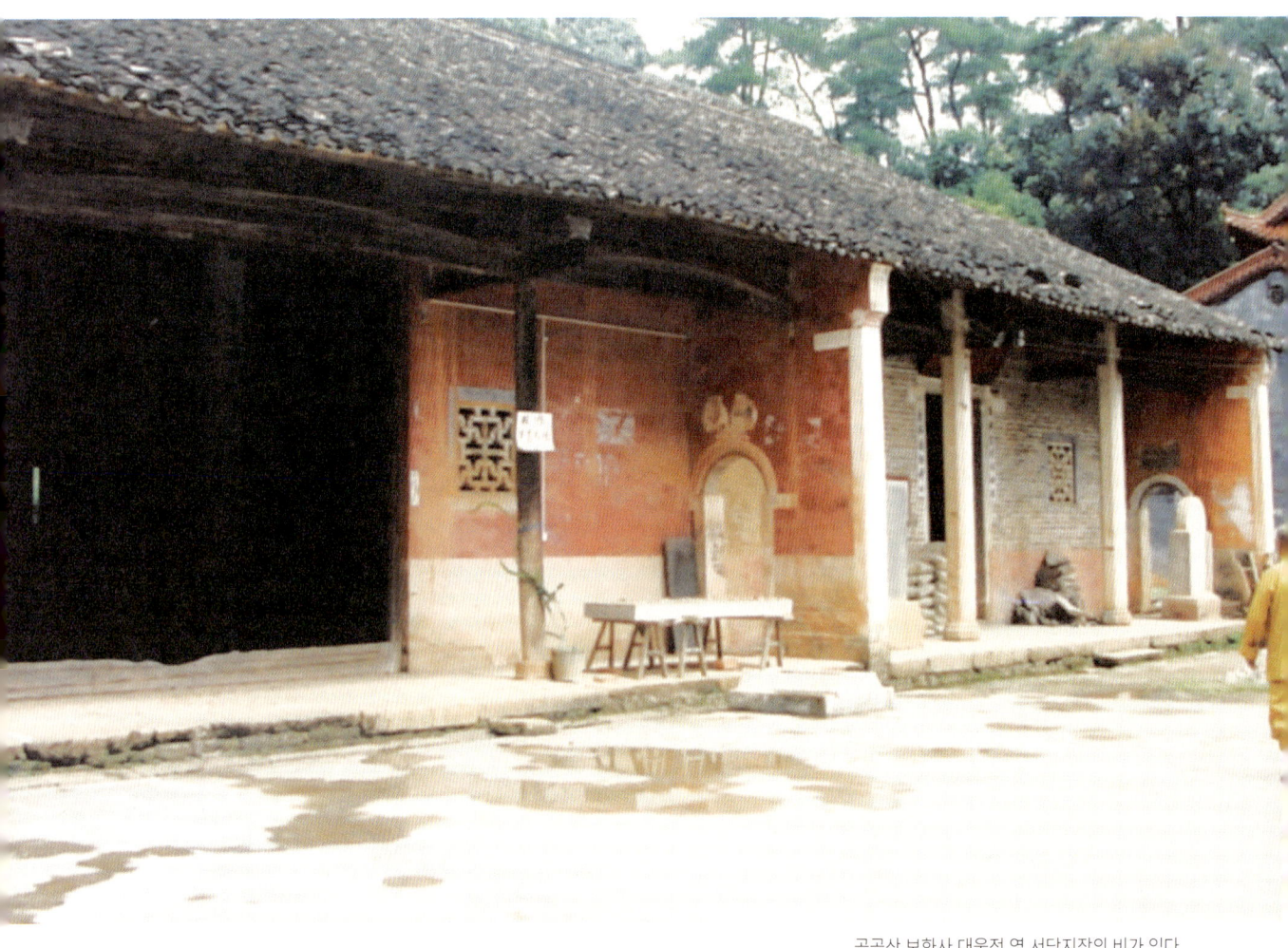

공공산 보화사 대웅전 옆 서당지장의 비가 있다

선차의 보화를 간직하고 있는 공공산 보화사

2001년 8월 27일 장시성 난창(南昌)에서 저녁 열차를 타고 남단(南壇)하여 감주로 향했다. 공공산을 찾아가는 길은 고행의 길이다. 시내버스를 타고 감현 전촌향까지 가야 공공산으로 갈 수 있어 교통이 아주 불편한 곳이었다.

이렇게 험난한 공공산을 찾아간 까닭은 서당지장 선사로부터 선맥을 이어온 도의·홍척·혜철 선사로 이어져간 말없는말 법없는 법의 실체를 찾기 위해서엿다

첫째, 한국 구산선문의 원형을 찾는 길이고, 두 번째는 선차일미 정신이 공공산에 살아있는지 확인하는 것이었다. 전촌향에 내려 아침을 죽으로 대신하고 오토바이를 타고 빌려 보화촌으로 향했다. 1시간 만에야 보화촌 보화사 산문으로 들어서니 석회창(釋會昌, 68) 주지 스님이 우리 일행을 반갑게 맞았다. 회창 스님은 보화사 관련 사료들을 꺼내면서 한국선종과 보화사의 깊은 인연에 대해서 말했다.

출목정, 옥석탑, 사방죽, 도재총, 천인, 만인상, 고박, 백과수, 측백나무, 용천정을 보화 10보라고 한다. 보화

10보 중 유난히 용천정이 눈에 띤다. 서당 선사가 스승 마조 대사에게 차 심부름을 할 때 용천정의 감로수로 직접 차를 달여 드렸다는 사실 때문이다. 최근 수질검사에서도 용천정은 중국 최고의 광천수로 검증되었다고 한다. 용천정에 얽힌 전설은 차로부터 시작되는데, 서당 선사가 스승 마조 선사에게 차 심부름을 하려는데 주위에 맛이 좋은 물이 없어 고민하다 마침 공공산을 살피니 보화사 아래에서 샘솟는 물이 나와 그 물을 길러 스승의 차를 달였다고 한다.

마조의 '물 위의 반달' 공안을 살펴보자.

복우(伏牛) 화상이 마조의 편지를 가지고 남양혜충(南陽慧忠) 국사를 찾아왔다.

"마조 대사는 요즘 무엇이라 하던가."

"즉심즉불(卽心卽佛)이라고 합니다."

"그게 무슨 말인가?"

"비심비불(非心非佛)이라고 합니다. 그리고 불시심(不是心) 불시불(不是佛) 불시물(不是物)이라고 합니다."

이에 혜충 국사가 웃으면서 말했다.

"그만하면 됐네."

이에 복우가 물었다.

"이곳은 어떻습니까?"

"물 흐르는 모양의 세 점 굽이친 모습은 마치 벼 베는 낫과 같다."

그 이야기를 앙산에게 꺼내자 앙산은 "물 위에 반달이 떴구나"고 했다.

마침 용천정(龍泉井) 물결 사이로 반달이 비쳤다. 천 년 전에 나눈 화두를 오늘에 온몸으로 느낄 수 있음에 감탄하지 않을 수 없었다.

미조가 어느 날 서당지장을 경산으로 보냈다. 그 때 서당이 경산사의 경산법흠 선사에게 여쭈었다.

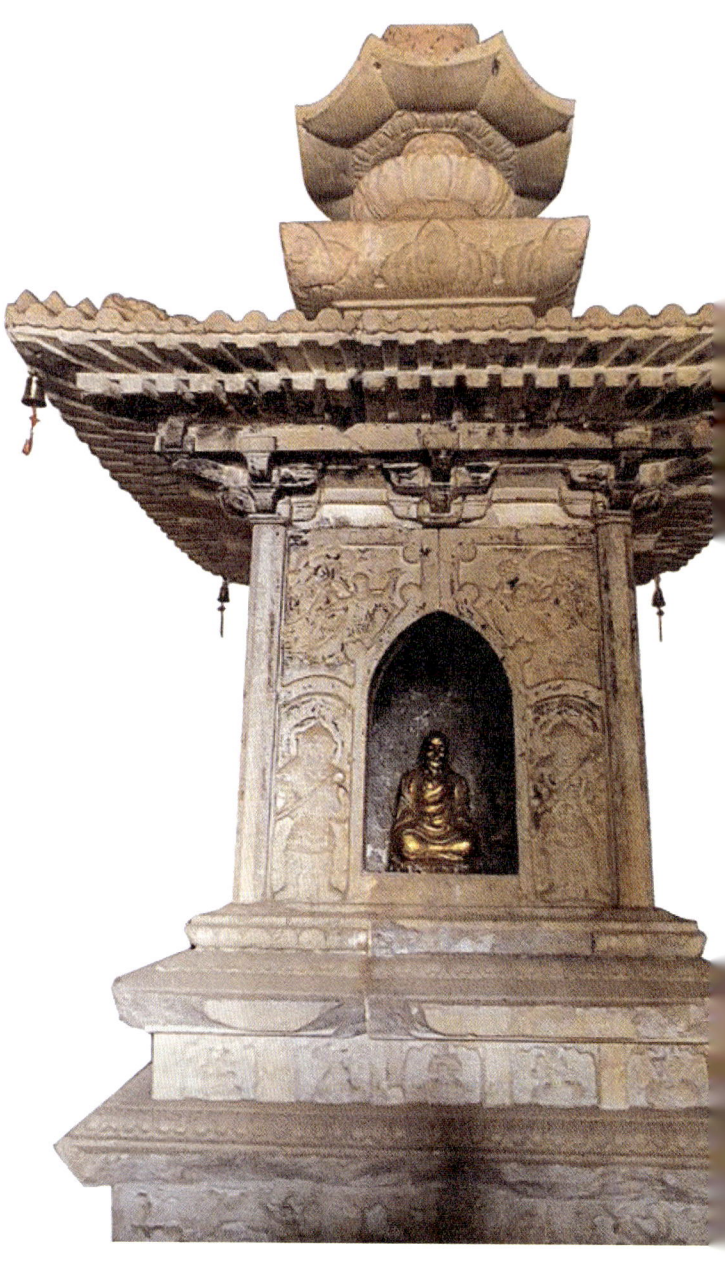

도의, 홍척, 혜철 국사가 선법을 이어온 서당 화상의 부도이다. 장시성 간저우시의 전촌향의 공공산 보화사에 있다.

"하루 스물네 시간 동안 무엇을 바라보고 있습니까?"

경산이 말하였다.

"여기에 편지가 있으니 마조 대사에게 전해드리게."

이어 서당이 곧 돌아가려 하자 경산이 다시 말했다.

"마조 대사에게 전하게. 혜능에게 여쭈어보라고."

당대 문장가의 한 사람 이고(李翺, 772~841)가 서당을 찾아 보화사로 왔을 때 서당을 보자마자 "마조 대사께서는 어떤 가르침을 주셨습니까?"하고 물었다. 서당은 벽력 같이 할을 했다.

"이고야."

"네."

"이것이 바로 북과 피리가 서로 상응하는 것과 마찬가지이다."

이고는 서당을 참문한 뒤 그의 가르침에 감화되어 바른 불법을 펼쳐나갔다.

서당지장 선사가 남종선 일으킨 공공산 보화사

장시성 감주시(贛市: 옛 건주) 감현(贛縣) 전촌향(田村鄉)에 자리 잡고 있는 공공산은 멀리 대수령(大瘦嶺)에서 뻗어진 줄기가 이어져, 북쪽으로 구불구불 낙맥하였으며 주위에 둥글게 감싸안겨 얼핏 보아도 선가에서 말하는 깨달음의 땅임이 분명하다.

이 보배로운 땅 공공산에서 선차문화가 꽃필 수 있었던 연원은 마조로부터 시작된다. 마조는 푸젠성 불적령(佛迹嶺)에서 개당 설법 이후 당 개원 15년(727) 장시로 들어온다. 처음 임천부(현 무주시)의 소재지인 서리산(西里山)에서 행화(行化)를 펼치다가 공공산으로 들어가 선정(禪定)을 닦는다.

명 가정 연간에 편찬된 《감주부지(贛州府志)》에 따르면 "마조가 공공산에서 홍법할 때 서리산에서 같이 온 제자 도통(道通), 지장(智藏), 회해(懷海), 보원(普願) 등이 있었다. 그중에서 서당지장(西堂智藏), 남천보원(南泉普願), 백장회해(百丈懷海) 등이 마조로부터 심법을 이어받아 마조 입실 3대 제자가 되었다"고 전한다.

공공산 입구에는 '마조 홍주종 제1도량'이라고 쓰여 있는 주련이 있는데 아마 보화사가 마조도량 첫 번째임을 기념해서 쓰여진 것 같다. 공공산 보화사의 옛 이름은 서산당(西山堂)으로 명대에 보화산 보화사로 불리기 시작했다. 청 도광 15년(1835)에 세운 중수보화산대웅보전비에 따르면 산의 이름이 공공산인 것은 지형으로 인해 붙여졌으며 명나라 초기부터 보화라 했는데 보화사는 마조로부터 법을 받은 서당지장 선사가 행화를 펼친 곳이라고 말한다.

서당지장 선사가 공공산에 주석하면서 서당선(西堂禪)을 펼쳐보인 공공산은 한국선불교의 조종이나 다름없다. 구산선문의 3개 문파가 공공산으로부터 이어져온 것이 이를 증명한다. 그러나 한국 선종계에서는 무관심한 반면 일찍이 일본불교계가 앞을 다투어 공공산을 찾았다는 사실은 매우 안타까운 일이다.

서당의 문하는 대거 동류로 이어진 관계로 중국 선종에서 지워지고 중국 선종의 계보는 백장과 남전으로 정리되었으며, 또한 기록에는 서당이 경(經)에 조예가 깊었다고 했다. 그러나 현지를 같이 답사한 북경대 선학박사 월암 스님은 "선(禪)이 서당이고, 백장이 경(經)에 해당했을 것"이라고 말한다. 《百丈淸規》 제정 등이 이를 뒷받침한다는 것이다. 백장은 알려진 바와 같이 황벽을 얻었고 황벽은 임제에게 인가, 마조–백장–황벽–임제로 이어짐으로써 서당은 중국 전통 선종계에서 삭제되고 말았다. 서당은 한류열풍으로 자연히 가려졌을 가능성이 크며, 어록에서도 동쪽으로 흘러간 선이 강조되고 있는 점을 보아 서당은 이미 천 년 이후의 선의 중심을 한국이 이끌어갈 것임을 간파해냈다.

서당지장으로부터 한국에 선을 전파한 도의 · 혜철 · 홍척 국사

선과 차를 말할 때 차인뿐 아니라 선가의 사람들조차 '끽다거(喫茶去)'를 맨 먼저 거론한다. 끽다거는 조주종심(趙州從諗, 778~897)에 의해 보편화된 화두이고, '무설설 무법법'은 814년 혜철 선사가 입당하여 서당과 나눈 최초의 문답이다.

서당은 차를 선으로 접목시킨 마조의 상수제자로 《백장청규(百丈淸規)》를 남긴 백장회해와 끽다거(喫茶去)라는 유명한 공안을 남긴 조주 선사의 스승 남전보원 선사와 법형제간이 될 뿐 아니라 신라로부터 법을 구하러 온 도의, 홍척, 혜철 등을 인가한 선지식이다.

서당지장 선사는 속성이 요(廖) 씨, 건화사람으로 8살 때 출가했다. 서당의 모습이 특이하여 관상을 보는 이가 "스님의 기골이 특이하여 비범하시니 반드시 법왕이 되실 것"이라고 말할 정도로 선지가 뛰어난 선사로 알려지고 있다.

혜철 선사의 구법행과 서당을 만날 때의 전개 과정을 혜철비석의 글(곡성태안사적인선사조륜청정탑비문)에 이렇게 적고 있다.

현덕왕 6년(814) 8월에 부처님의 말씀을 좇아 서쪽으로 갔다. 그 때에 하늘도 지극한 정성을 막지 못하고 사람도 장한 뜻을 빼앗지 못하였다. 혜철 선사는 천길 물 위를 달려 발길 닿는 대로 가는 동안 여러 해가 바뀌었고 그가 찾아간 곳이 장시성 공공산 서당지장 대사에게 나아갔으니, 즉 6조 혜능은 회양(懷讓)에게 법을 전해주고, 회양은 마조도일(馬祖道一)에게 전하였으며 도일은 지장 대사에게 전했다.

지장 대사는 여래장을 열어 보살심(菩薩心)을 얻고 오랫동안 서당에 머물며 사방에서 자신을 찾아오는 자를 깨우치니 대략 만 명을 헤아렸는데 모두 하나를 들으면 열을 알 수 있는 뛰어난 승려가 아닌 사람들이 없었다.

신라에서는 3명의 선사가 장시성으로 서당을 찾아갔다. 바로 동리산문을 연 혜철, 가지산문을 연 도의, 실상산문을 연 홍척이 그들이다. '곡성태안사적인선사조륜청정탑비문'에는 서당과 혜철의 만남을 이렇게 적고 있다.

혜철 선사가 말했다.

"저는 동방에서 태어났기에 하늘과 땅의 길을 물어 중국에 와서 큰스님의 법문을 듣기를 청합니다. 만일 후일에 말 없는 가운데 말과 법없는 가운데 법이 바다 밖(신라)에 유포된다면 다행이겠습니다."

시장 선사가 말했다.

"그대와 내가 옛부터 만난 듯하네."

이렇게 말하고는 다른 제자들 몰래 심인을 전해주었다.

이로써 말 없는 가운데 법을 받았으니, 장시의 선을 혜철이 잇게 된 것이다.

중국선을 신라 땅에 정착시킨 '무설설 무법법(말 없는 말과 법없는 가르침)'이란 화두는 차(茶)의 체(體)와 용(用)을 말한다. 차에서는 말이 필요없으며 말 없는 가운데 선의 경지로 들어갈 때 비로소 용(用)이 된다. 까닭에 자연 선에서 차로 들어갈 때 깨우침을 얻게 된다.

신라 땅에 다선일미 일으킨 구산선문의 조사들

중국에 선법이 동쪽으로 흘러간다는 참설(讖說)이 유행하고 있을 때 신라의 구법승(求法僧)들이 대거 당나라로 들어갔다. 당시 마조(馬祖) 문하의 제자들이 장시성에서 남종선(南宗禪)을 크게 떨치고 있을 때 서당지장 선사가 공공산 보화사에서 선법을 펼치고 있었다. 그 시기 신라의 도의국사가 당나라로 들어가 광저우의 조계의 조사당(祖師堂)을 참배하려 갔을 때 갑자기 조사당 문이 열리면서 조사당 앞에서 삼배을 드리고 나니 문이 저절로 닫혀 버렸다 광저우(廣州)을 빠져나온 도의는 장시성(江西省)으로 나아가 홍주 개원사로 서당 지장 선사를 찾아가 머리숙여 스승으로 받들었다. 서당 지장대사는 돌틈에서 옥을 고르듯 기뻐하며 도의에게 말했다.

"진실로 법을 전한다면 이런 사람(도의를 말함)이 아니고 누구에게 법을 전하겠는가."

그리고 법명까지 도의라고 고쳐주었다. 그리고 백장 문하에서 수행하고 있을 때 백장은 한탄의 목소리를 읊었다. "강서의 선맥이 몽땅 동국으로 돌아가는구나?"

서당지장은 동국인(東國人)에게 대거 법맥을 전해주면서 중국 선보에 뚜렷하게 드러나지 않았다. 서당지장 선사를 찾아가 입실을 허락받고 혜철대사에게 말 없는 말 법 없는 법을 가르치니 환화게 깨달았다. 서당지장 선사는 신라인 도의, 홍척, 혜철 선사에게 '무설지설 무법지법(無說之說 無法之法)'이라는 화두(話頭)로 받고 깨달음을 이루었다. 서당지장의 법맥을 계승한 도의·홍척·혜철 국사가 신라로 귀국하여 구산선문 중 가지산문(加持山門)과, 실산산문(實山山門), 동리산문(銅裏山門)을 개산했다 이들은 앞다투어 차(茶)를 기반으로 한 선을 신라사회에 전파시킴으로써 차문화는 선종사상 속에 깊숙이 자리 잡을 수 있는 계기를 마련했다. '무설지설 무법지법은 말 없는 가운데 차 한 잔을 음미하면 무념지로 빠져들어 곧 깨달음으로 이어진다는 사상으로 다선일미의 근간으로 자리 잡았다. 따라서 선차문화는 오히려 일본보다 먼저 신라의 정신 속에 녹아들었다고 볼 수 있다. 입당구법 선승들에 의해 선맥뿐 아니라 차까지 이어옴으로써 선차를 보편적 사상으로 이끌어내는 계기가 된 것이다.

선차문화로 동류(東流)를 이루다

선차의 고향 공공산은 보화 10보 중의 하나인 용천수(龍泉水)와 대죽(大竹)이 있으며 서당이 마조에게 차를 올렸던 차나무도 남아 있다. 대웅전 바로 뒤 채소밭 언덕 위에 자라고 있는 사람의 팔뚝만한 이 차나무가 서당이 손수 비벼 말렸던 차나무라고 말하는 보화사 주지 회창 화상은 보화사에는 다선일미(茶禪一味)정신이 천 년간 녹아 있었다고 강조했다. 또한 화상은 보화사가 차나무에서 나는 잎으로 차를 만들 뿐 아니라 주변의 나무열매 잎을 짜서 차로 복용했다는 이야기를 들려주었다.

　새로 건립한 서당선루(西堂禪樓) 앞에서 서당차를 음미하니 혜철과 서당이 말 없는 가운데 선다일미로 젖어들었던 시절이 되살아나는 것 같았다.

　최근 당공공산서당시호대각국사중건대보광탑비명(唐龔公山西堂諡號大覺國師重建大寶光塔碑銘)의 출현으로 호가 '대각', 당호가 '대보광'으로 밝혀짐으로써 서당선에 관한 연구가 빛을 발하고 있다. 비문을 살펴보면 서당과 홍선유관의 관계를 밝힐 수 있다.

　마조의 제자 중 유관은 북(北)을 종으로 삼았고 지장은 남(南)을 종으로 하여 5조 홍인 문하의 신수, 혜능과 대별된다고 말하고 마조 문하에도 남북이 대립되었음을 암시적으로 전하고 있다. 특히 마조 문하 백장에 의해 중국선이 재편되었을 때 서당은 이미 동쪽나라에 선의 씨앗을 뿌렸다. 천 년이 지난 이후 2001년 9월 4일 중국 5개 성을 대표하는 스님 27명이 한국의 선을 배우러 한국 땅을 밟았다. 모두가 마조의 후예들로 한국의 전통적인 선을 배우러 온 사람들이다. 중국 불교수행단장 심광(心廣) 스님은 "본래 중국선이 한국으로 건너왔으나 지금은 한국선을 배우러 왔다"고 말했다. 여만선사가 우려했던 현상이 천 년 후에 비로소 실현되었다. 동류의 현상은 서당 지장 선사가 인가한 신라인 4명(홍척, 도의, 혜철, 항수 스님)에게 중국선을 동류케 함으로써 동류지설을 실현시켰으며 특히 차와 선이 신라에 이어지게 했다. 2001년 10월 백림 선사에 건립되는 조주선차기념비를 보아도 중국과 한국이 선차문화로 인하여 하나로 이어짐으로써 '말 없는 말과 법 없는 법'이 천 년이 지난 오늘에도 되살아나고 있는 것은 또 하나의 동류지설의 실현이 아닐 수 없다.

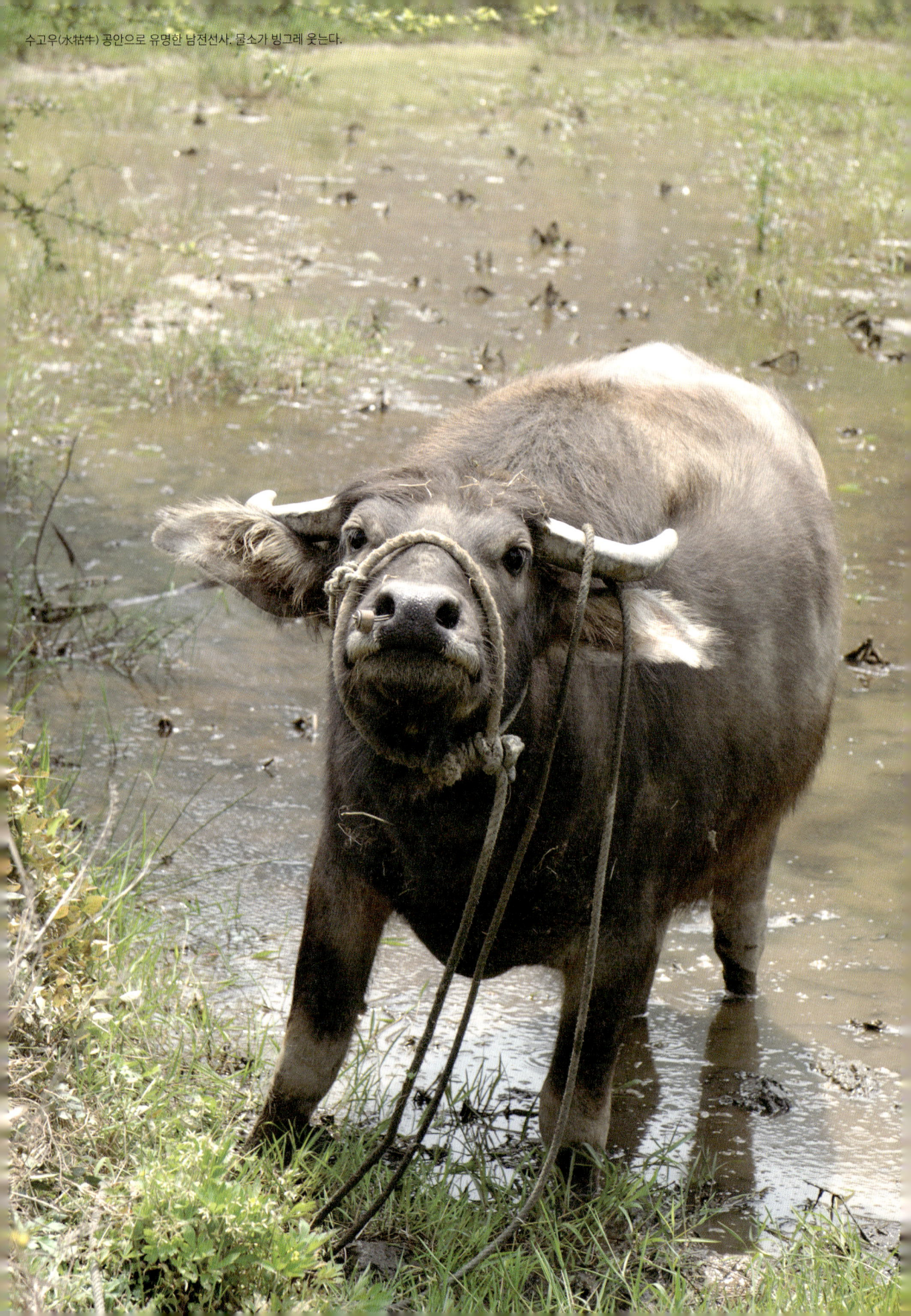

수고우(水牯牛) 공안으로 유명한 남전선사. 물소가 빙그레 웃는다.

7. 남전(南泉) 선사의 법인(法印)이 동국(東國)으로 간 까닭

다시 깨어난 남전산(南泉山)

1999년 1월 철감도윤(澈鑒道允, 798-868)의 자취를 쫓아 안후이성(安徽省) 동릉시(銅陵市) 남전촌(南泉村)을 찾아갔을 때 남전사는 폐허로 남겨졌다. 조주종심(趙州從諗 778~897) 선사의 법형제 되는 신라의 철감도윤 선사의 스승인 남전보원(南泉普願) 선사가 선풍을 일으킨 남전사가 폐허로 남겨진 광경을 보고 참담했다. 철감도윤 선사가 구법(九法)한 남전사 폐허 속에 눈물이 앞을 가렸다. 대숲을 헤치고 들어가 남전지묘(南泉之墓)라고 쓰여진 묘탑을 발견하는 순간 그 앞에서 합장을 하고 남전 보원의 위대한 정신을 되새겼다. 그리고 대숲 주변에 자란 차나무들을 살피다가 천 년 전 남전의 제자 조주종심의 끽다거(喫茶去) 공안의 의미를 발견했다.

오등회원(五燈會元)에 전해진 남전보원 선사와 얽힌 화두는 다음과 같이 전개된다.

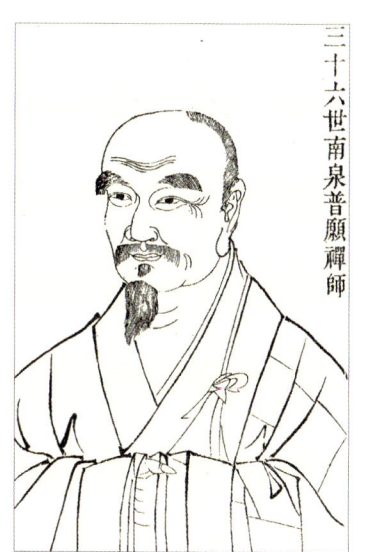

남전산(南泉山) 아래 한 암주(庵主)가 있는데 어떤 사람이 그에게 말하되,
"최근 남전 화상(南泉和尙)이 출세(出世)하셨다는데 어찌하여 가서 뵙지 아니하십니까?"
암주가 말하되,
"남전이 출세할 뿐만 아니라 바로 천불(千佛)이 출세한다 하더라도 나는 가지 않을 것이네."
보원 선사가 듣고서 곧 조주화상(趙州和尙)을 불러 살펴보게 하였다. 조주 화상이 한 번 가서 상견례를 하니, 암주는 돌아보려 하지 아니하였다. 조주 화상이 서변(西邊)에서 동으로 걸어가고, 또 동에서 서쪽으로 가도 암주는 주의해 보려 하지 아니하였다. 조주화상이 말하되,
"초적(草賊)이 크게 실패했구나."

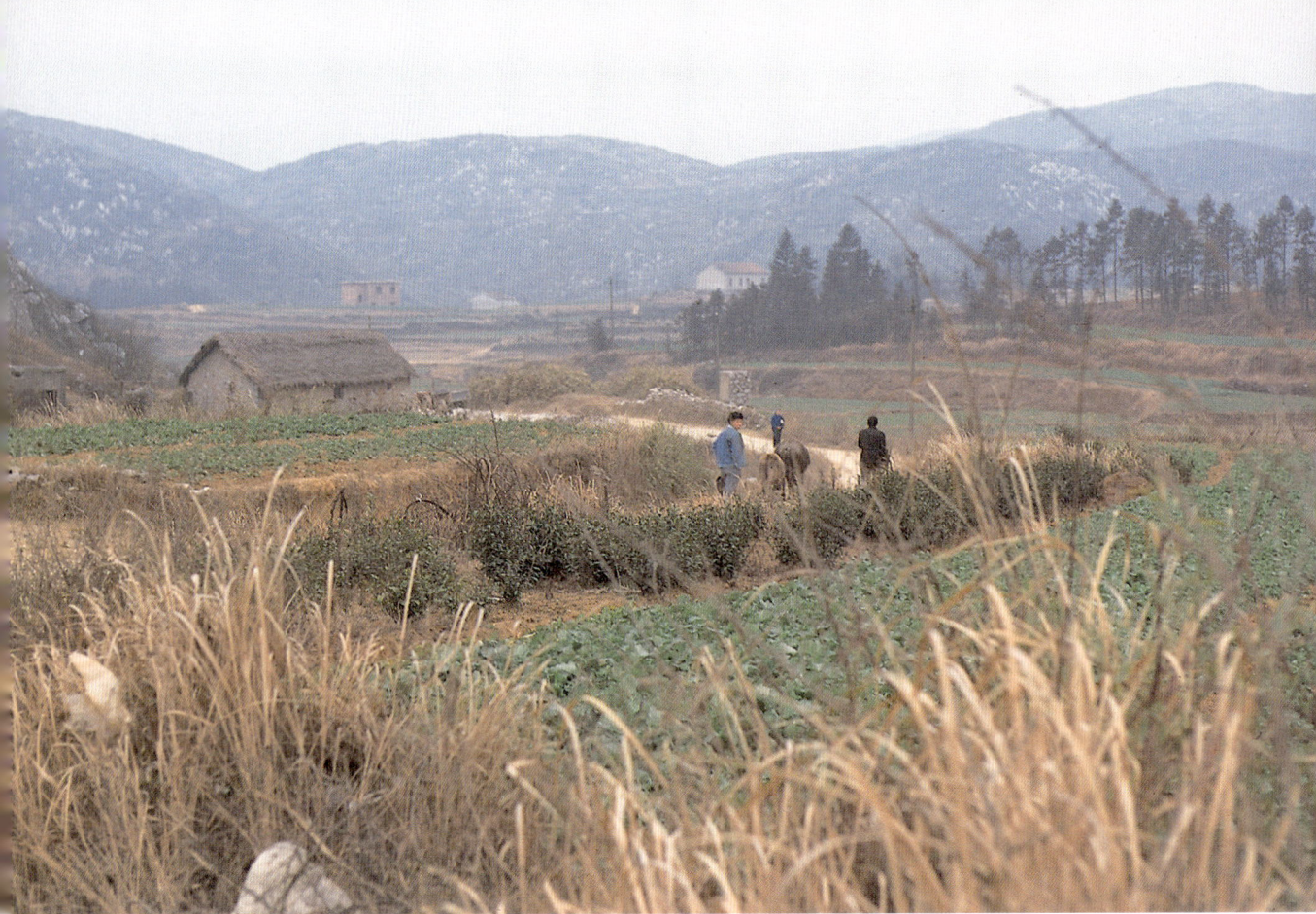

안후이성 동릉시의 남전선사 가는 길

그리하여 발[簾]을 끌어 내리고 곧 돌아가 보원 선사에게 이 이야기를 하였다. 보원 선사가 말하되,

"나는 언제나 이 사람을 의심하였다."

다음날에 보원 선사는 사미승에게 한 병의 차와 찻잔 세 개를 가지고 암주를 찾아가서 암자를 향해 지상에 놓고 말하되,

"어제의 일이여, 어제의 일이여."

암주가 모르겠다는 듯이 말하되,

"어제의 일이 무엇인데요?"

남전 선사는 사미 등상을 한 대 치고 나서 그에게 말하되,

"우리를 속였어! 우리를 속였다."

하고 옷소매를 떨치고 돌아왔다.

南泉山下有一庵主, 人謂曰: "近一南泉和尙出世, 何不去見禮?" 主曰: "非但南泉出世, 直饒千佛出世, 我亦不去." 師聞, 乃令趙州去勘. 州去便設拜, 主佛顧. 州從西過東, 又從東過西, 主亦不顧. 州曰: "草賊大敗." 遂拽下簾子, 便歸擧似師. 師曰: "我從來疑着這漢." 次日: 師于沙彌携茶一瓶, 盞三支, 到庵擲向地上. 乃曰: "昨日底! 昨日底!" 主曰: "昨日底是什麽?" 師于沙彌背上拍一下曰: "賺我來! 賺我來!" 拂袖便回.

한 병의 차와 찻잔 세 개에 얽힌 남전보원 선사가 남전산아래 암자에서 한 스님과 나눈 대화이다.

남전산 뜰을 걷다가 그 마을에 한 거사가 차병을 잡고 걸어왔다.

"차병 아닙니까?"

"네"

"언제부터 차를 마셨습니까"

"그 옛날 여기서 남전사가 있었는데 문화혁명 이전 스님들이 차를 만들었으니까 제다 방법이 마음으로 전해져 해마다 차를 만들어 마시고 있습니다."

남전사 대숲 사이를 걷다보면 파손된 잔해들을 쉽게 볼 수 있었다. 1200년 전 신라의 도윤 선사가 남전을 찾아가 남전으로부터 법인을 이어와 신라에 구산선문 중 사자산문을 개산하여 남전의 법이 신라로 전승되어 남전이 신라에서 유명하게 되었다. 철감이 구법하여 남전보원으로부터 법인을 받은 내력을 살펴본다.

남전의 선맥 이어간 신라의 철감선사

백장회해(百丈懷海), 남전보원, 서당지장 선사가 마조 선사를 모시고 달 구경을 하던 차에 스님께서 말씀했다.

"바로 지금 같은 땐 무얼 했으면 좋겠는가?" 서당 스님은 "공양하기에 딱 좋겠군요."라고 하였다. 백장스님은 "수행하기에 좋겠습니다"라고 하였다. 남전이 소매을뿌리치고가버리자 스님이 말씀했다

"경(經)은 장(藏·서당)으로 돌아가고, 선(禪)은 바다(海·백장)로 돌아가는데, 보원(普願·남전)만이 사물 밖으로 벗어났구나." 했다.

사물 밖을 벗어난 남전보원 선사는 남전산에서 회상을 열었다. 그때가 정원(貞元, 795)년이었다. 《송고승전(宋高僧傳)》에도 보원이 남전산에 주석하면서 선불교가 크게 부흥했다고 한다.

그 소식이 지양태수(地陽太手)에게까지 전해졌다.

대화 초년(大和初年 827) 지양태수로 있었던 육긍과 계원(契原) 문창(文暢)등 사법으로 그의 법을 듣기 위해 산문을 열 것을 간청했다. 청을 받아들여 그를 따르는 제자들의 산문을 열기로 마음먹었다. 순식간에 천 여명의 학로가 모여들었다.

그중 조주종심이 남전의 가르침을 받은 장사경잠(長沙景岑, ?-868)자호이종(紫胡利踵, 800-880) 와 신라의 쌍봉도윤 雙峯道允, 798-868)이 그들이다.

《조당집(祖堂集)》권 17(경덕전 등록) 〈영월 흥녕사 징효대사 보인탑비〉들의 기록을 중심으로 철감도윤의 생애를 추적해보겠다. 선사의 휘는 도윤(澈鑒)이요, 성은 박씨이며 한주 후암인(현 황해도 봉산군) 사람이었다. 여러 대를 호족으로 지내온 집안으로 원성왕(元聖王) 14년(798)에 태어났다. 어머니 고씨가 꿈에 이상한 광채가 방안에 가득 비치는 것을 보고 놀라 깨니 태기를 느꼈다. 부부가 서로 말하기를 "꿈이 예사롭지 않으니 아들을 낳으면 승려가 되도록 합시다"고하였다. 태기가 있은지 16개월 만에 탄생한 철감은 일취월장하여 그 모습이 학과 같이 빼어났고 봉황의 자태와 기동이 예사롭지 않고 풍채가 남달랐다. 그의 나이 18세 때에 양진에게 승려가 되기를 간절히 청하여 마

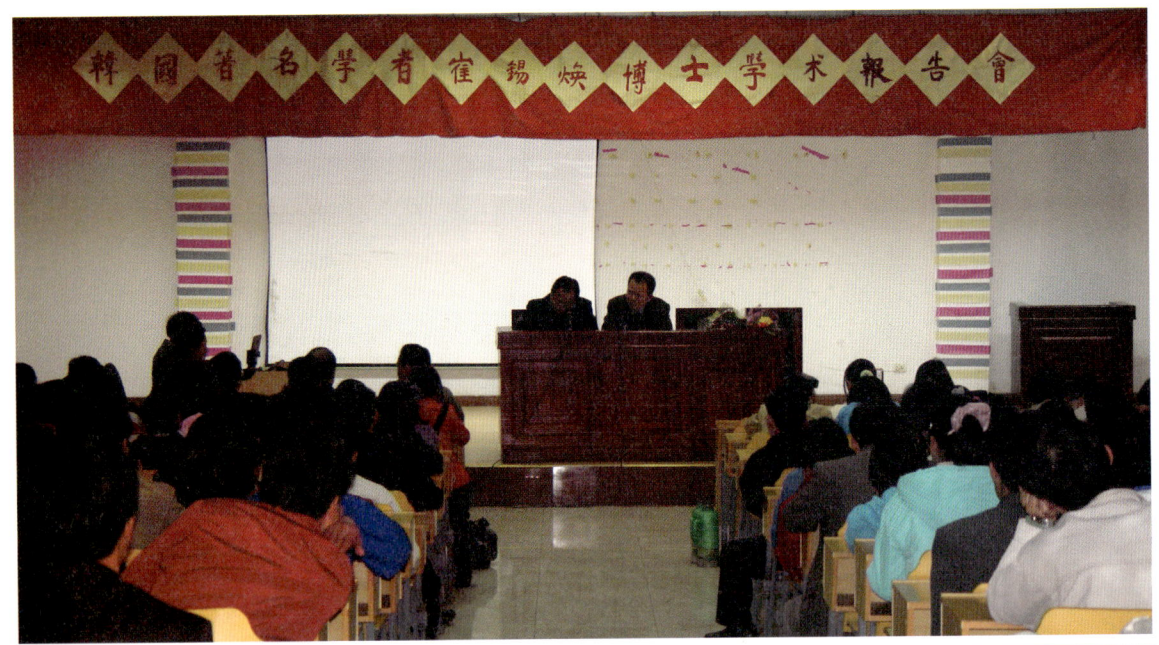

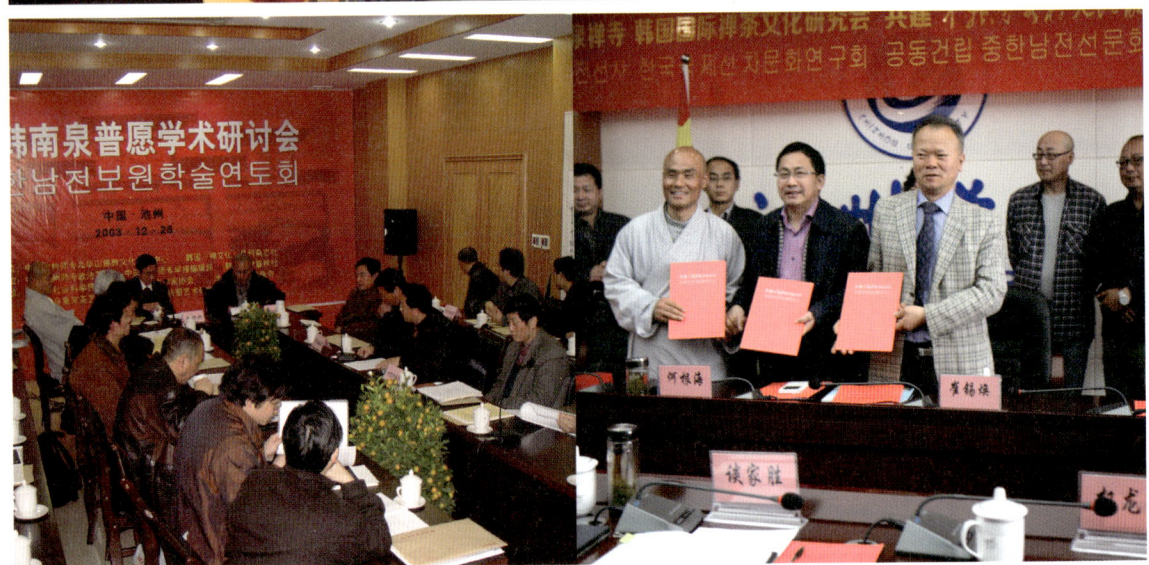

2002년 저자가 츠저우 사범대에서 특별강연이 있은 이후 안후이성이 깨어났다.
이후 한.중 남전학술연토회와 츠저우사범대와 한.중 학술교류의 조인식을 거행하고 남전선학 연구에 앞장섰다.

침내 귀신사에서 출가, 10년간 화엄학을 익혔다.

    철감도윤은 28세 때인 헌덕왕 17년(825)에 사신 행차의 배를 타고 당나라로 건너갔다. 지주의 남전산에 주석하고 있는 남전보원 선사를 찾아갔다. 남전 선사를 만나자 제자의 예를 갖추니 첫눈에 도가 있음을 알고 말했다.

"우리 종의 법인(法印)이 몽땅 동국으로 돌아가는구나 [吾宗法印 歸東國矣]"

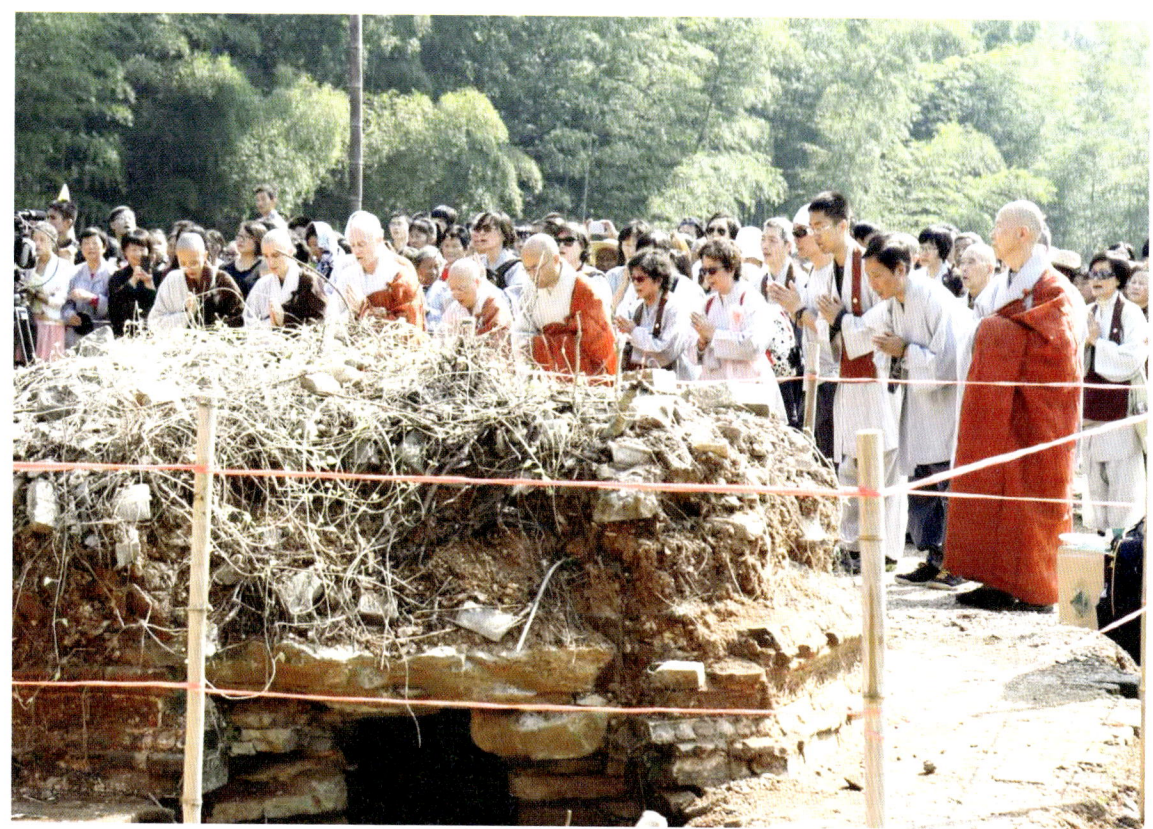

한·중 양국이 남전선사 묘탑 앞에서 헌다의식을 거행하고 있다.

철감 선사는 남전보원 선사가 열반(834)한 후에도 13년 동안이나 당나라에 머물다가 당 무종 회창법란이 일어나자 서둘러 귀국선에 오른다. 그때가 50세였다. 귀국하기 전 철감은 남전사(안휘성 귀지시)에 머물렀는데 철감은 스승을 시봉하면서 다선(茶禪)의 경지를 손수 실천했다. 그때 조주를 남전산에서 만나게 된다.

철감은 귀국 후 전남 화순군 이양면 쌍봉산 자락 기슭에 자리 잡고 있는 쌍봉사에 주석하게 된다. 철감은 남전으로부터 이어온 선맥뿐 아니라 차맥을 함께 이어와 신라 땅에 다선일여(茶禪一如)를 전승해나갔다.

해외 차인이 깨워 남전사가 중흥되다

2002년 겨울 남전보원의 옛 영광을 되찾기 위해 첫 출발은 츠저우(池州) 사범대(師範大)의 초청으로 '츠저우' 사범대의 강당에서 300여명의 츠저우학원의 학생들에게 "한국인의 눈으로 살펴본 중국문화"의 역사적 강연이 이루어졌다. 그때 나는 학생들 앞에 다음과 같이 피력했다.

당대의 선종 차문화를 꽃피운 안후이성 지역에서 활약한 선승으로는 마조의 제자 남전보원을 손꼽을 수 있습니다. 남전보원의 뛰어난 제자로 조주관음원에서 대중들에게 '끽다거(喫茶去)'를 전승한 조주종심 선사와 신라의 철감

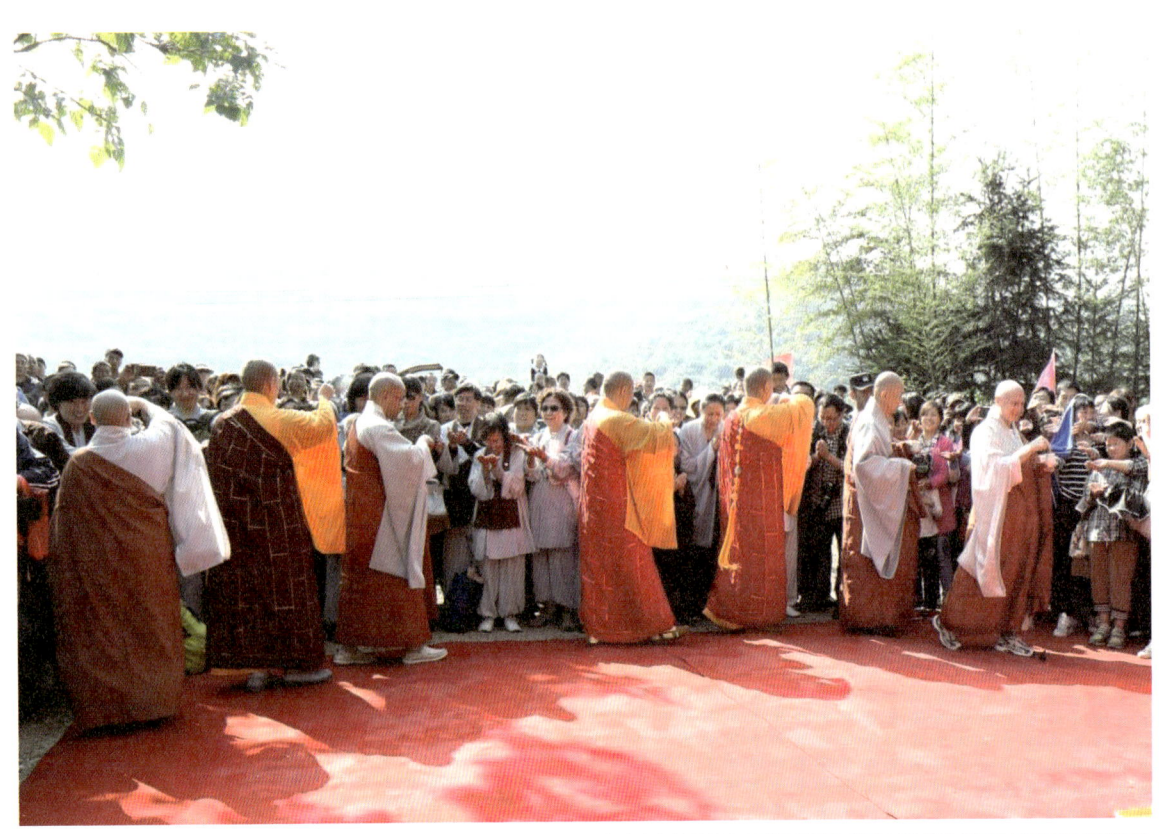
남전선사가 중흥되고 많은 인파가 몰려 남전선이 새롭게 드러나기 시작했다.

도윤 선사가 있는데 남전은 철감에게 '우리 종의 법인이 모두 동국으로 건너 간다고 철감을 인가하면서 높이 평가했어요. 두 사람의 용상(龍象)을 배출하여 남전의 선은 오랫동안 발전되어갔습니다. 그 현장이 바로 안후이성 츠저우시 남전촌 입니다. 남전 보원 선사가 평상심으로 선법을 떨친 남전사지는 안후이성 귀지시(貴地市) 남전촌에 위치하고 있습니다. 특히 주목되는 것은 남전보원의 신라인 제자 중에 철감도윤 선사가 있는데 선사가 입당하여 여기에서 그리 멀지 않은 동릉시의 남전촌에서 남전보원을 모시고 수행하다가 인가를 받고 신라로 돌아갑니다. 그렇게 보면 안후이성 츠저우시는 우리와 뗄래야 뗄 수 없는 관계가 있다고 볼 수 있습니다.

　나의 강연을 듣고 있던 학생들은 자신의 지역에 위대한 선승이 있었는데 까마득히 모르고 있다가 나의 강연을 하는 동안 시종일관 학생들의 반응은 진지했으며 멀티비전을 통해 중요 부분을 중국어 자막 처리를 함으로써 중국 학생들의 이해를 도왔다. 강연이 끝나자 열화와 같은 박수가 쏟아졌다. 자신들의 지역에 위대한 고승의 탄생은 자부심을 느껴졌다고 학생들은 이야기했다. 츠저우학원에서 한국인의 남전선에 관한 강연 소식이 안후이성 밖으로 퍼져나가 지주선종의 중심지로 남전사가 다시 법등이 되살아났다.

남전선의 등불 다시 밝히다

　지주(池州) 사범대에서 '한국인의 눈으로 밝힌 중국문화'의 특별강연이 개최된 지 1년 만에 츠저우 사범대의 구화산 불교문화연구중심과 한국의 〈선문화〉 잡지사와 공동으로 중한 남전보원학술대회가 츠저우시에서 개최되었다.

해외차인이 남전사를 깨우면서 양국이 공동으로 남전선학학술대회가 개최되어 남전선의 중흥의 발판을 마련했다. 츠저우시 부서기는 개막축사에서 '츠저우에서 남전학술회의를 개최하게됨은 으미가깊다고 말했다. 한국 측에서 내가 '끝어져버린 선맥을 다시 잇게되는 역사적 순간'이라고 개막사를 전했다. 학술연토회 발표자로 나선 츠저우사범대 인웬한 교수는 "초기 츠저우 선종을 일으킨 35대의 남전법계를 흥성한 후 각 종파를 배출하다가 점차 쇠락하였다. 임제종(臨濟宗)과 조동종(曹洞宗)은 서로 구화산에 자리를 잡았고, 이에 구화산 불교는 뿌리내리기 시작하였다. 구화산 불교가 흥기함에 따라 지주선종의 중심은 점점 남전산에서 구화산으로 옮겨졌다. 남전사는 그 위상을 당당히 떨치다가 하나의 일반사원으로 전락하였고 역사적 주목도 소실되어갔다."고 피력했다.

중국사회과학원 만리(萬理) 교수는 '남전의 선학사상'을 다음과 같이 피력했다.

30여 년간 남전산에 주석하는 동안 소를 기르고 땔감을 하고 밭을 갈면서 살아온 남전은 '망전(忘筌)'과 '유희삼매(遊戱三昧)'의 이치를 터득하였다. 이는 마치 「장자·잡편(雜篇)·외물(外物)」에 "통발[筌]은 고기를 잡는 것으로 고기를 잡으면 통발을 잊어버리고, 토끼올무[蹄]는 토끼를 잡는 것으로 토끼를 잡으면 잊고 마는 것이다. 이처럼 말이란 사람의 생각을

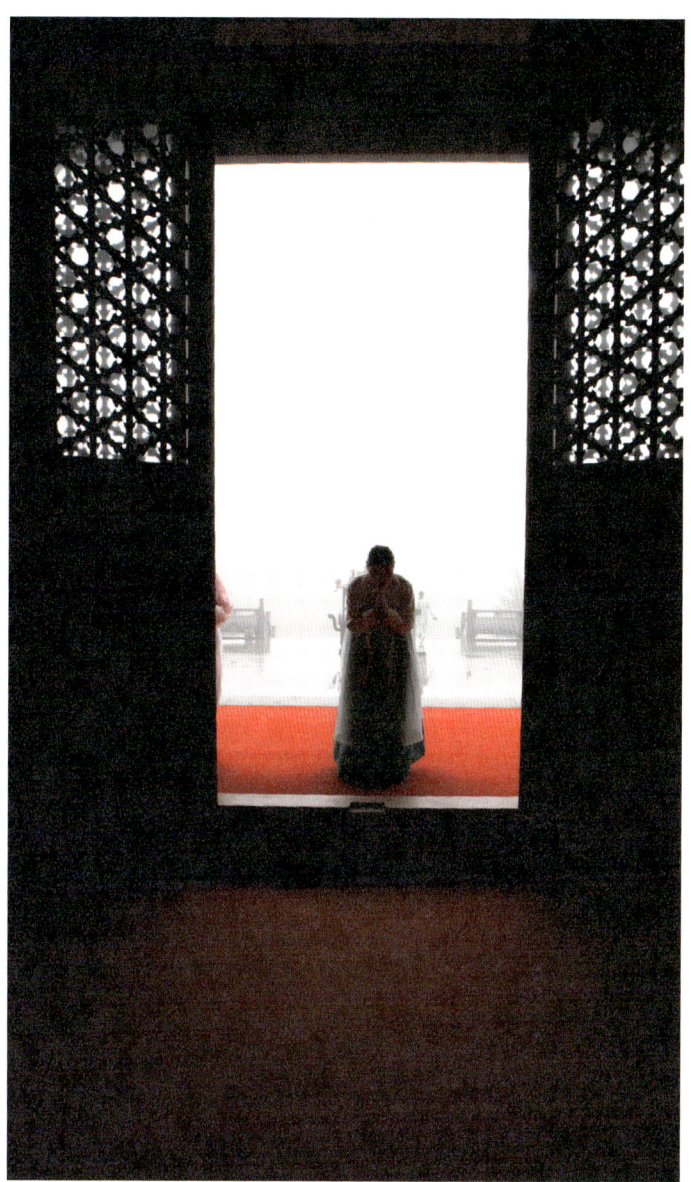

새로 복원된 남전사를 찾아간 한국의 차인이 합장하고 있다.

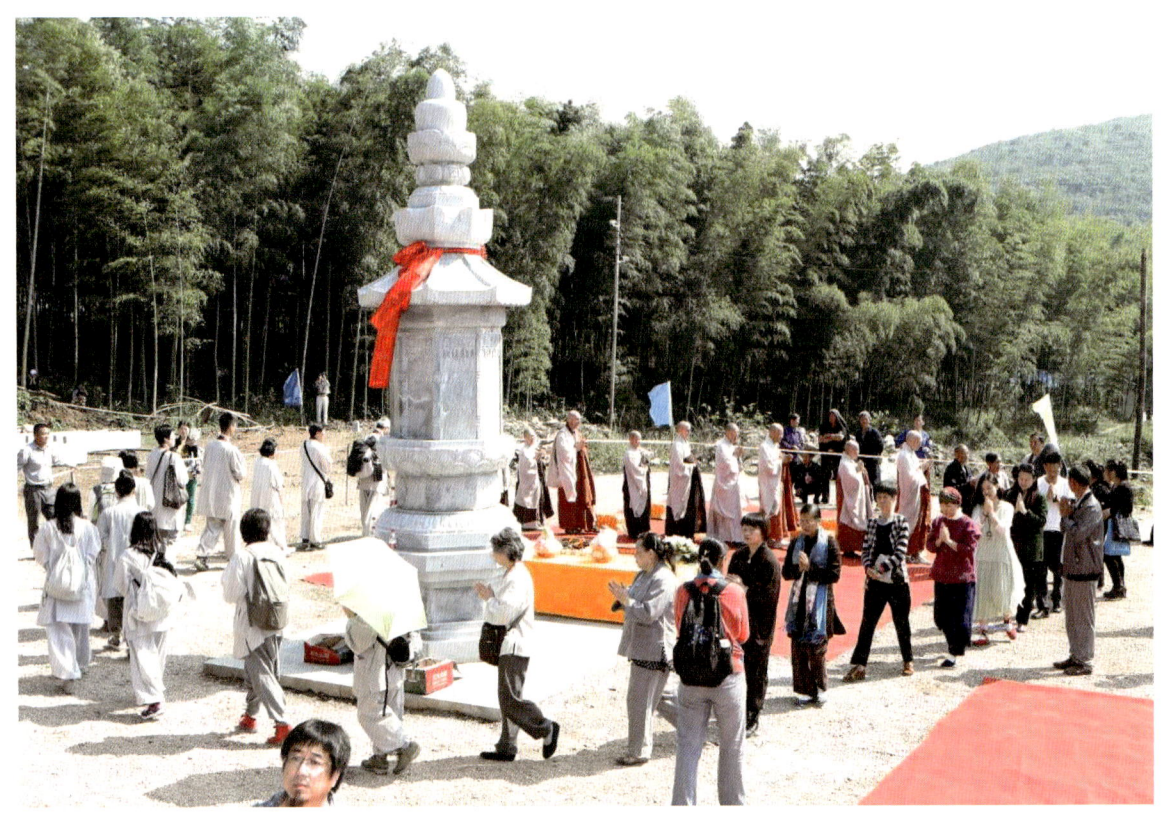

남전보원선사 묘탑 앞에서 헌다의식을 올린뒤 순례행렬

상대에게 전달하는 것이므로, 생각할 줄 알면 말은 잊어버리고 마는 것이다"라고 언급한 것과 같다. 그의 말은 소론(疏論)의 밖에서 현기(玄機)를 움켜쥐고 있었기에 그의 기봉을 만난 자들은 모두가 무너지고 말았다. 이런 '현기'는 바로 불교의 경론에서 부연할 수 없는 것이다. 남전보원은 다른 사람보 다 많은 '소론 이외'의 이론적 예기(銳器)를 지니고 있었기에 "그의 기봉을 만난 자들은 모두가 무너지고 말았던" 것이다.

내가 남전의 다선일미(茶禪一味)론을 발표했는데 오등회원에 남전의 차어록이 있어 남전의 차의 영향을받아 조주의 끽다거가 탄생했으리라고 여겨진다.

남전 선사가 남전산에 주석하고있을 때 차와 선을 결합하고, 인선입차(引禪入茶), 차에서 선을 깨달은 것은 남전보원 선사가 시작한 것이다. 《오등회원》 권3 〈남전보원 선사〉에 다음과 같이 기록되어 있다.

남전산 아래에 한 암주(庵主)가 있었다. 어떤 사람이 "최근 남전 화상이 세상에 나왔는데 어찌 뵈러가지 않는가?"라고 물었다. 암주가 "남전이 세상에 나왔다 하더라도, 설령 천불이 나왔다고 해도 나는 가지 않소"라고 말하였다. 남전이 듣고 조주(趙州)를 시켜 조사하도록 하였다. 조주가 바로 가서 예를 올리니 암주가 봐주지도 않았다. 조주가 서쪽에서 동쪽으로 갔다, 다시 동쪽에서 서쪽으로 가도 암주는 여전히 돌아보지 않았다. 조주가 "초야의 도둑이 대패하였습니다[草賊大敗]"라고 하였다. 말을 마치고 발(襏)을 뿌리치며 돌아와 사부에게 알렸다. 남전이 "이제까지 이 남자를 의심하고 있었다"라고 말하였다. 다음날 남전과 조주는 병에 차를 담고, 잔 3개를 가지고 암자 앞에 이르러 병과 잔을 땅에 놓았다. 남전이 "어제, 어제!"라고 말하였다. 암주가 "어제가 무엇이오?"라고 말하였다. 남전이

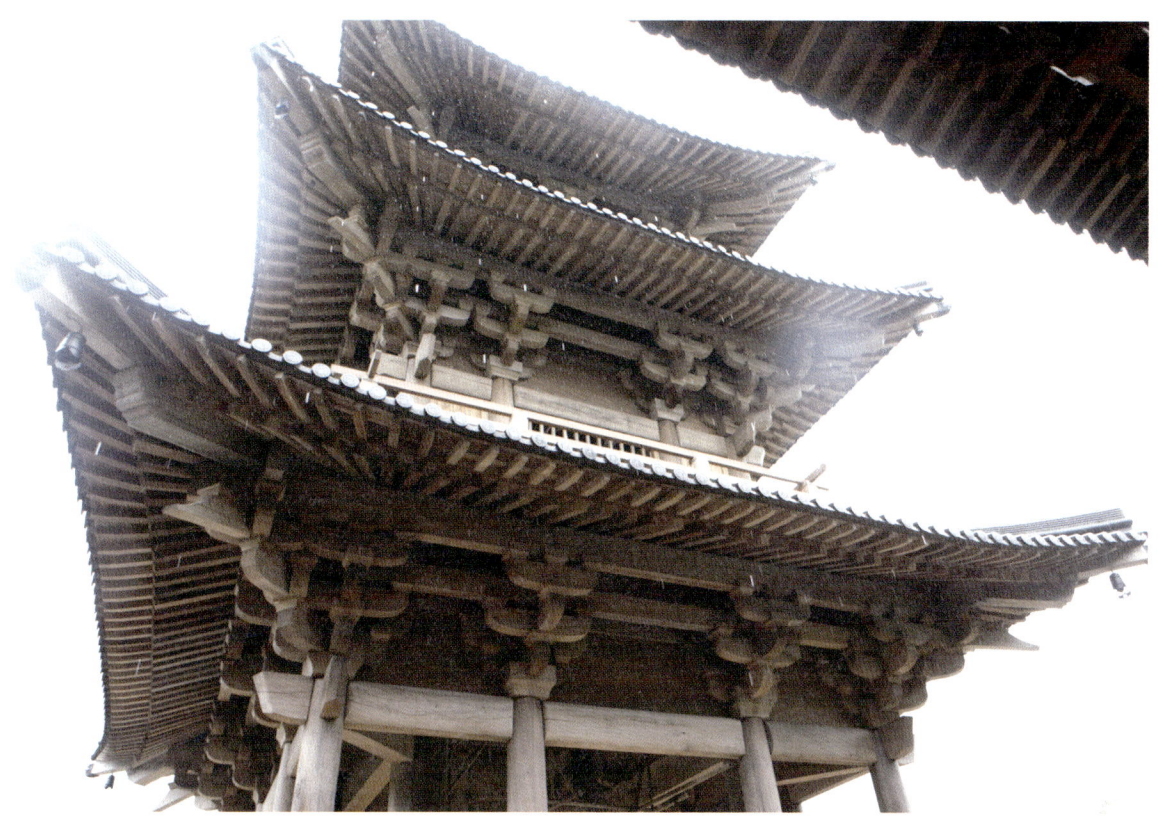

쌍봉사 목탑을 그대로 옮겨온 남전사에 복원된 목탑형태의 법당이다.

조주 등을 툭 치며 "나를 속였구나, 속였어!"라고 하며 옷소매를 뿌리치며 갔다.

남전이 조주를 데리고 차를 이용해 암주를 시험 한 것으로 이것은 선종사에서 인차입선(引茶入禪)의 중요한 공안이다. 조주종심(趙州從諗) 선사는 남전산에서 장기간 보원 선사를 따르며 선을 배우고, 차를 마시고 몇 십 년 후에야 "끽다거" 공안이 만들어지게 되었다. 당시 신라에서 남전선원으로 공부하러 온 철감도윤은 보원 선사를 약 8년 간 따르며 보원 선사의 인가를 얻었다. 보원 선사는 그에게 "우리 종(宗)의 법인(法印)이 동국(東國)으로 가는구나!"라고 말하였다. 그래서 한·중 양국에서 남전의 선차는 조주를 통해 중국에서 크게 전파되었으며 또한 도윤을 통해 한국에도 전파되었다.

남전산은 츠저우(池州)선종의 발원지였으며 남전법계의 요람이었다. 이곳은 찬란한 역사를 가지는 동안 30여 년 간 남전이 소를 길으며 평상심을 실천하며 안후이 선종의 요충지로 자리 잡아갔다. 남전산은 선종의 창(窓)이 되어 츠저우로 신라로 세계로 선종을 퍼트렸다.

그러다가 문화혁명 초 남전사는 가장 많이 훼손되었다. 남전산을 거닐다 보면 그 잔해들을 볼 수 있다. 또 어느 민가 바닥 혹은 남전산 푸른 대나무 숲에서, 이름 모를 잡초들 사이에서 남전지의 기왓장에서 윤곽을 찾을 수도 있다. 예전에 남전사를 탐사하다가 남전묘탑을 발견하여 남전사와 오랜 인연이 있었음을 실감했다.

다시 법등이 퍼져나가는 남전산

남전사가 복원된 것은 우연찮게 이루어 졌다. 2003년 겨울 츠저우시에서 열린 남전보원 학술연토회에 참가한 종학 스님이 남전보원의 사상을 듣고 감격하여 남전사 복원을 발원하여 이루어졌다. 그 내력은 이렇다.

2000년 중반 남전사지에 시멘트 공장이 들어서면서 남전사가 역사속으로 사라진다는 소식을 듣고 2011년 4월 순례단을 이끌고 남전사지을 찾아갔다. 마지막 헌다의식이 거행되던 날 나비가 남전사 주변을 맴돌면서 남전사에 서광이 비치는 모습을 보았다. 그리고 2013년 봄 동릉시의 지지를 받아 남전사가 복원하기로 했다 그 후였다. 2014년 안후이성 구화산 대각선사(大覺禪寺) 주지인 종쉬에(宗學) 스님이 순례단을 이끌고 창덕궁 앞의 선차실로 찾아와 제2차 중·한남전보원선학학술연토회를 공동으로 개최하자고 제안을 해 왔다. 그리고 마침내 2015년 4월 23일 츠저우를 방문한 중국의 츠저우학원과 남전 선사, 한국의 국제선차문화연구회가 공동으로 중·한남전선학연구소를 설립했다.

2015년 4월 츠저우 학원에서 중한남전보원선문화연구소 체결의식을 치르고 조인식에 참가한 대중들과 이 학교의 귀빈실에서 오찬이 끝난 뒤 남전사로 떠났다. 종쉬에 스님을 따라 남전사에 이르니 남전사는 하나씩 복원되어가고 있었다. 먼저 2011년 헌다식을 올렸던 남전사에 중흥 불사가 한창이었다. 남전보원 선사의 육신을 탑 안에 안치하고 그 위로 탑전을 건립한다고 했다. 남전사 복원에 앞장서온 종쉬에 스님은 "최 선생께서 한국과 중국을 왕래하며 20여 년간 남전사 복원의 당위성을 역설한 결과입니다. 2003년 첫 남전학술대회가 츠저우에서 열렸을 때 당시 학술대회을 지켜보았고 안후이에 남전 선사 같은 위대한 선승이 묻혀있다는 사실을 듣고 감격했어요. 저렇게 한국인이 앞장서오고 있는데 출가한 스님으로서 기회가 닫으면 남전사 복원에 나서겠다고 다음 먹었습니다. 2011년 남전사 유지가 시민트 공장에 편입되어 역사속으로 사라진다는 말을 듣게 되어 참담했는데 시멘트 공장를 설득하여 남전사 유지를 복원할 필요성을 역설하자 시멘트 공장에서 받아들였고 츠저우시 동릉시 정부의 적극 지지를 받아 남전사가 원래의 모습으로 되찾을 수 있었습니다고 감격의 메시지를 전해왔다.

남전사 유지가 복원되면서 유지의 복원하던 중 남전산에 살았던 보동탑이 발견되었다.

그 묘탑 아래에서 남전보원 선사의 육신도 발견되어 충격을 주었다. 이렇듯 남전은 천 년 뒤의 우리에게 법신으로 다가왔다. 남전사가 복원되어 남전의 선풍이 다시되살아난 것은 철감도윤의 후학으로서 기쁜 일이 아닐 수 없다. 내가 20년간 남전 현창에 나선 이라 종쉬에 스님이 앞장서서 남전보원 현창에 나서면서 남전의 법등이 되살아나게 되었다.

한국(韓國)의 구산선문(九山禪門)과 남전 철감의 선보(禪譜)

초조달마(初祖達摩)
　|
이조혜가(二祖慧可)
　|
삼조승찬(三祖僧璨)
　|
4조도신(四祖道信)
　|
5조홍인(五祖弘仁)-법랑(法朗)-신행(神行)-준범(遵範)-혜은(慧隱)-도헌(道憲)
　|
6조혜능(六祖慧能)
　|　　　　|
청원(靑原)　남악(南岳)
　|　　　　|
봉림산문(鳳林山門) 마조(馬祖)-서당(西堂)-홍척-실상산문(實相山門)

　　　　　　　　　　-도의-가지산문(迦智山門)

　　　　　　　　　　-혜철-동리산문(桐裡山門)

　　　　　　　　　　-염관(鹽官)-범일(梵日)-굴산산문(掘山山門)

　　　　　　　　　　-마곡(麻谷)-무염(無染)-성주산문(聖住山門)

　　　　　　　　　　-남전(南泉)-도윤(道允)-절중(折中)-사자산문(獅子山門)

　　　　　　　　　　-조주(趙州)-관음원(觀音院)

　　　　　　　　　　-장경(章敬)-현욱(玄昱)-봉림산문(鳳林山門)

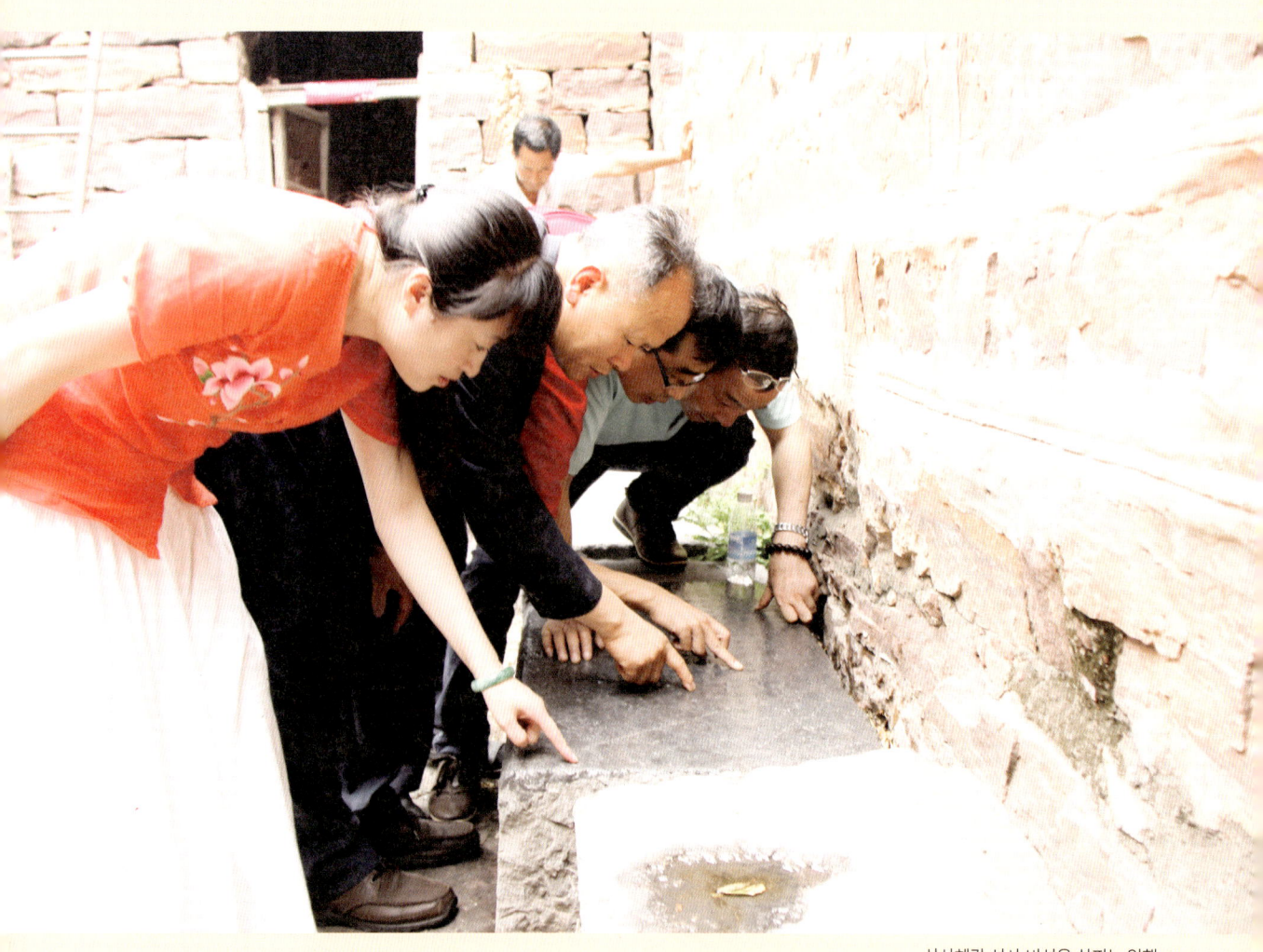

상산혜각 선사 비석을 살피는 일행

8. 칠천 선사 석비 앞에서 다례를 올리며 선현에게 예를 올리다

한·중 선차 전문가들이 칠천사를 찾아 차공의식을 올려 상산혜각(常山慧覺) 선사의 선풍이 다시 일어나길 기원했다. 2014년 6월 18일 싱타이시(形台市) 샤허(小河)의 광양산(廣陽山) 칠천사 유적지를 고찰하고 샤허 시주앙촌(寺庄村)의 천성진(陳生金, 83) 노인의 집을 찾았다.

천마이량(陳麥良)의 안내로 허베이차학회 상무부회장인 수만(絞鬘), 싱타이시 출신인 인지저우(尹紀周) 기자 일행이 천마이량의 부친인 천성진의 집을 찾아갔을 때 천 노인은 마당 한켠의 비석을 가리키며 '대당광양칠천사고각선사비'라고 말하였다. 비를 아무리 살펴도 혜각 선사에 대한 글이 보이지 않았다. 그때 천마이량이 비석 앞면에 물을 붓자 글자가 선명히 드러났다. 한·중 선차 전문가들이 비석의 글을 살피기 시작했다. 그순간 내가 글을 읽어 내려가다가 '혜각'이라는 당호를 발견하고 소리치자 모두들 놀랐다. 그 순간을 지켜본 인지저우 기자는 신화망에 '국제선차문화연구회 최석환 회장이 신라 선인(先人) 혜각 선사의 법호를 보고 감격했다'고 적었다. 일행은 혜각 스님의 당호를 가리키며 사진을 찍고 천 노인에게 비석을 잘 보존해 달라고 부탁했다. 이렇게 혜각 선사의 실체가 드러나면서 한국 차사의 한 페이지를 장식하게 되었다.

혜각 선사의 자취를 찾아 싱타이시로 가다

2014년 6월 17일 오후 베이징에서 고속열차로 1시간 10분 만에 허베이성 스좌장에 내린 마중 나온 수만 선생이 반겼다. 스좌장 공항에서 자오현의 백림선사로 밍하이(明海) 스님을 방장실에서 10차 세계선차문화교류대회 개최 방안과 일정을 확정한 이후 다음날 싱타이시로 출발했다. 전날 수만 선생은 질문했다.

"싱타이시에는 무슨 일로 가느냐."

"신라승 혜각 선사의 자취를 찾는 것이 이번 허베이성 방문의 또 다른 목적이다."

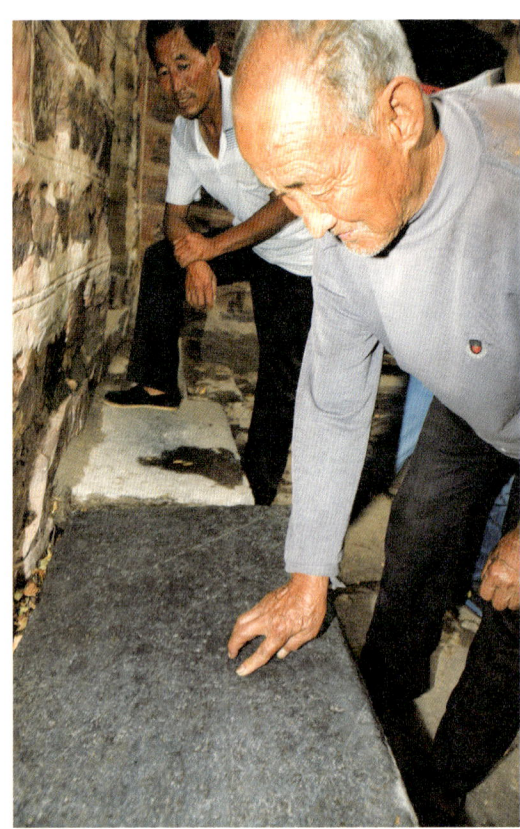
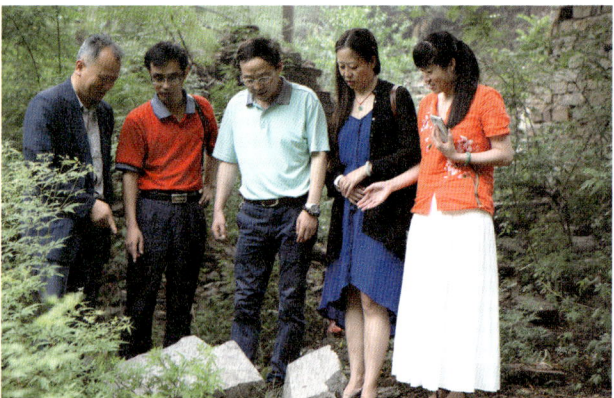
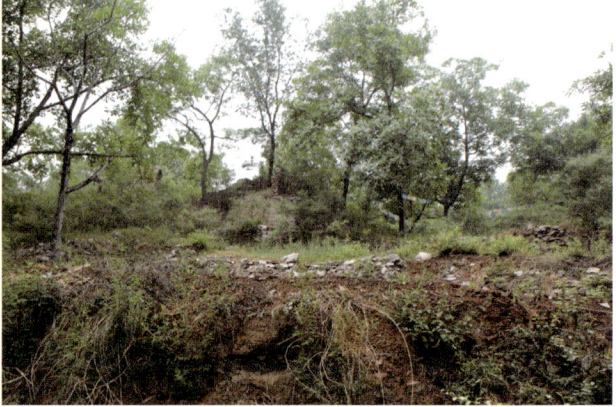

천성진 노인이 혜각선사 비석을 살피고 있다. 한중 선차연구자들이 칠천사 폐허지에 남겨진 유적들을 살피고 있다

    그 같은 이야기를 들은 순간 수만 선생은 수소문 끝에 싱타이시에 있는 《끽다거(喫茶去)》잡지 부편집장 인지저우 기자에게 곧바로 연락해 칠천사 혜각 선사 비의 위치를 조사해 달라고 부탁했다. 다음날 싱타이시에는 화상원(華祥苑) 명차 여 사장이 나와 일행을 극진히 맞이해 주었다. 그날 인지저우 기자는 칠천사를 찾는 데 애를 먹었다고 말하였다. 칠천사는 싱타이시에서 50km 떨어진 샤허 광양산 자락에 있는데 싱타이시 차문화계와 지방정부, 차 전문가, 기자 등 12명이 두 대의 차로 싱타이시 시주앙촌으로 출발하였다. 출발한 지 1시간 30분 만에 시주앙촌에 도착하였다. 곧바로 마을을 지나 칠천사로 올라갔다.

    칠천사에 찾아가 준비해 온 다구를 꺼내 명(明)나라 때 세워진 석비 앞에 차공의식을 올렸다. 한·중이 손잡고 선현들에게 차공의식을 올린 것은 이번이 처음이라며 현지 주민들은 기뻐했다. 차공의식이 끝난 뒤 필자는 "우리들은 현지와 연합하여 혜각 선사비를 복원하고자 합니다. 그리고 칠천사 대당고찰유적지를 보호합시다"라고 호소했다.

상산회각 선사의 당호 발견하고 회한의 눈물을 흘리다

    칠천 선사에서 헌다의식이 끝난이후 한·중선차전문가들이 '대당광양칠천사고각선사비'가 보존되어 있는 시주앙촌 칠천사 아랫마을의 천성진 노인의 집으로 찾아갔다. 비석은 집 앞 마당에 보관되어 있었다. 그러나 비석이 오래

되어 글자를 알아볼 수 없었다. 천노인의 아들 천마이량(陳麥良) 씨가 비석에 물을 뿌렸다. 그러자 글자가 드러났다. 일행과 함께 비석의 글을 찬찬히 읽어 내려가던 중 필자의 눈이 휘둥그레졌다. 혜각의 당호가 눈에 들어온 것이다.

"여기보세요! 혜각이란 당호가 있네요!" 필자는 소리쳤다. 그것을 지켜본 인지저우 기자는 신화사망을 통해 '혜각 선사의 비석을 자세히 읽어 내려가던 최석환은 비석에 신라 선인(先人) 혜각 선사의 법호를 보고 감격했다'고 기재했다. 필자는 혜각의 당호를 본 순간 회한의 눈물을 흘렸다. 그리고 시주앙촌을 떠나면서 칠천사 대당고각 유적지의 보전과 한·중 선차문화의 발전을 기원했다.

천성진 노인의 집을 빠져나온 필자는 노인의 집 옆 땅바닥에 놓여 있는 '혜각 선사비'의 머리 부분에 '당고각 □□ 선사 비명'이란 글이 선명히 드러나는 것을 보았다. 그 비 앞에서 한·중 선차전문가와 싱타이시 차계 인물들이 기념 촬영을 했다. 그리고 칠천사가 복원되어 다시 법향이 일어나길 발원했다. 혜각은 선종 칠조의 직계 제자로 남종선 전통법맥을 계승한 선승이며 싱타이시 개원사에서 10년간 정진 끝에 774년 3월 칠천사에서 입적한 신라 고승으로서 오늘까지 중국 선종에 중요한 위치에 있다.

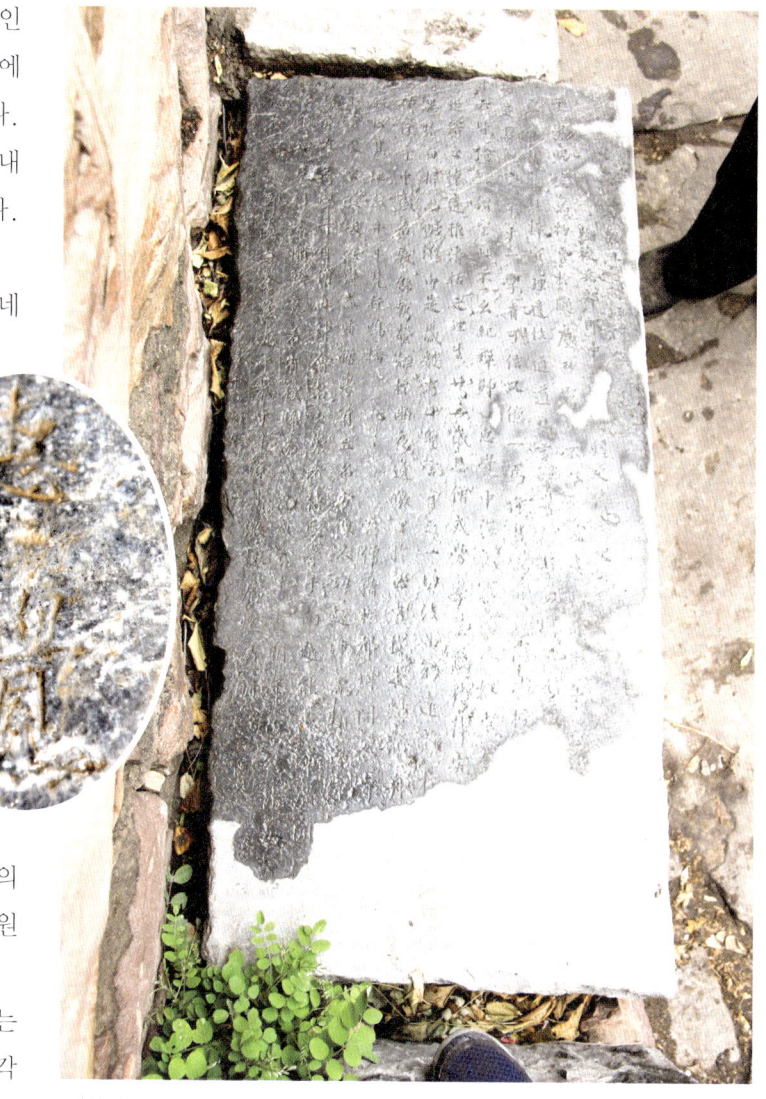

샤허 시주앙촌 천성진 씨 집 마당에 있는 비석에 '惠覺'이라는 글씨가 선명히 드러난다.

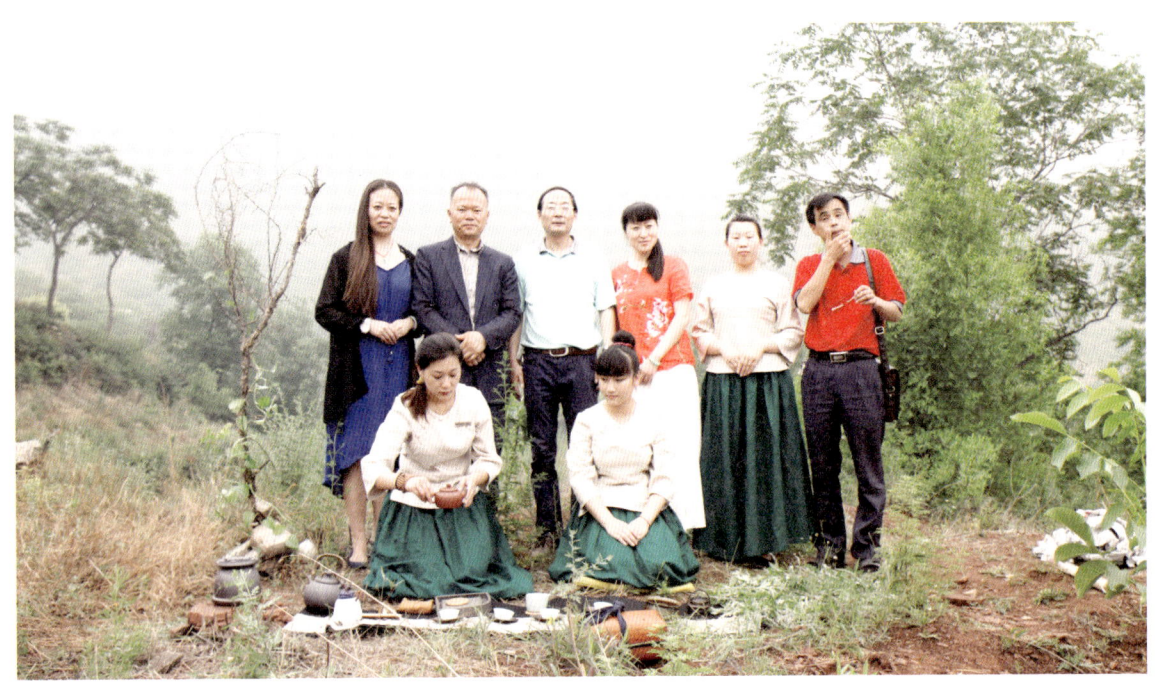

칠천사지를 찾은 한중 선차전문가들이 헌다를 마치고 기념촬영을 했다

다시 드러난 상산혜각 선사

혜각 선사는 신라국 사람이다. 성은 김씨고 법호는 혜각이다. 하택신회 문하에서 수학하였는데 신회 스님은 혜각에게 지견을 가르치고 다양한 비유법을 사용하여 깨달음으로 이끌었다. 혜각은 싱타이시 개원사에서 수행하다가 칠천사 주지를 맡아 대중을 이끌었다.

상산혜각 선사는 신라 최치원이 찬(撰)한 《사산비(四山碑)》에 등장할 정도로 신라에도 이름을 떨쳤던 인물이다. 최치원은 '봉암사적조탑비'에 신라의 입당구법승 중 중국에서 행화를 떨친 상산혜각 선사의 자취를 남겼다. 〈지증국사비〉에는 '진주김(鎭州金)'이라는 대목이 나오는데 진주는 지금의 진천을 가리킨다. 진천에는 진천 송씨를 모신 재실 상산제가 있어 상산혜각이 바로 진천 송씨부터 연원한 것으로 보았으나 '지증국사비'를 통해 김씨라는 사실을 알게 되면서 혜각이 상산제와 어떤 연관이 있는지는 연구 과제로 남게 되었다.

칠천사 석비는 근래 중국 푸단대학(復旦大學) 박사 과정의 로우정하오(樓正豪) 씨가 비문의 실체를 확인하면서 세상에 드러나게 되었다. 그 뒤 아주대 변인석 교수가 칠천사를 찾아가 복원의 필요성을 역설한 바 있다. 중국 불교계도 칠천사의 중요성을 인식하고 징후이 선사를 초청하는 등의 노력을 보였으나 징후이 선사가 2013년 4월 적멸하며 실현되지 못했다. 그러던 중 내가 싱타이시를 찾아가 칠천사의 중요성을 역설하면서 중국 언론은 한·중 선차전문가들의 칠천사 탐방 기사를 대대적으로 보도하였다.

혜각 선사는 남종이 아닌 북파로 하택신회의 제자임이 비문의 발견을 통해 밝혀졌다. 문화혁명 시기 폐허가 된 칠천사에 있던 '혜각선사비'는 1960년 아랫마을 천성진의 집에 보관되어있다. 귀부는 집 밖에 방치되어 있다. 비의 머리 부분에는 '대당□□□사고각선사비명병서(大唐□□□寺故覺禪師碑銘幷序)'라고 선명히 드러나 있다. '대당칠천사고혜각선사비명'은 형주자사 시어사(侍御史)가 비문을 지었다.

'봉암사지증국사적조탑비(鳳巖寺智證國師寂照塔碑)'에도 "상산혜각 선사를 신라의 무상 선사와 함께 중국에 귀화한 선승으로 기록했다.

오백나한에 오른 신라 정중무상 선사와 함께 상산혜각 선사는 쌍벽을 이루듯 중국 선종의 중흥에 앞장섰다. 무상은 쓰촨 지역에서 정중종(淨衆宗)을 열고 혜각은 허베이성 싱타이시 사허(小下)의 광양산에서 북종선(北宗禪)을 일으켰다. 두 사람 모두 신라로 돌아오지 않고 당토(唐土)에서 선풍을 드높였다. 혜각 스님은 774년 3월 19일 칠천사에서 입적했다. 입적한 뒤 칠천사에 비문이 세워졌다.

무상 선사의 비는 당 말, 송 초에 이미 흔적 없이 사라졌다가 2001년 오백 나한에 오른 무상의 존재가 발견되면서 필자의 노력으로 2005년 대자사 경내에 '무상 선시 헹적비'가 세워졌다. 그처럼 혜각 선사의 행적비도 칠천사에 다시 세워지길 소망해본다.

싱타이시를 떠나기 직전 혜각 선사가 수행했던 대개원사를 찾았는데 뜻밖에도 이 절의 방장인 밍간(明感) 화상은 필자와 구면이었다. 필자를 단박에 알아보고 매우 반가워했다. 그리고 혜각 선사 비문을 기록한 싱타이 개원사 금석지(邢臺 開元寺 金石志)를 선사하며 우정을 표했다.

중화권 언론은 허베이성 싱타이 농가원을 '당황가사원석비가 있는 조선 고국'이라고 밝힌 뒤 '한국의 저명한 선차 전문가인《차의 세계》최석환 발행인이 싱타이시 철천사를 찾아갔다'고 보도하였다.

양국 참가자들은 칠천사 향하의 등불처럼 빛나는 한·중 차문화 교류의 선구자들을 기념하기 위해 차를 헌향하고 그의 정신을 받들어 천 년의 꺼지지 않는 법등을 밝히길 염원했다.

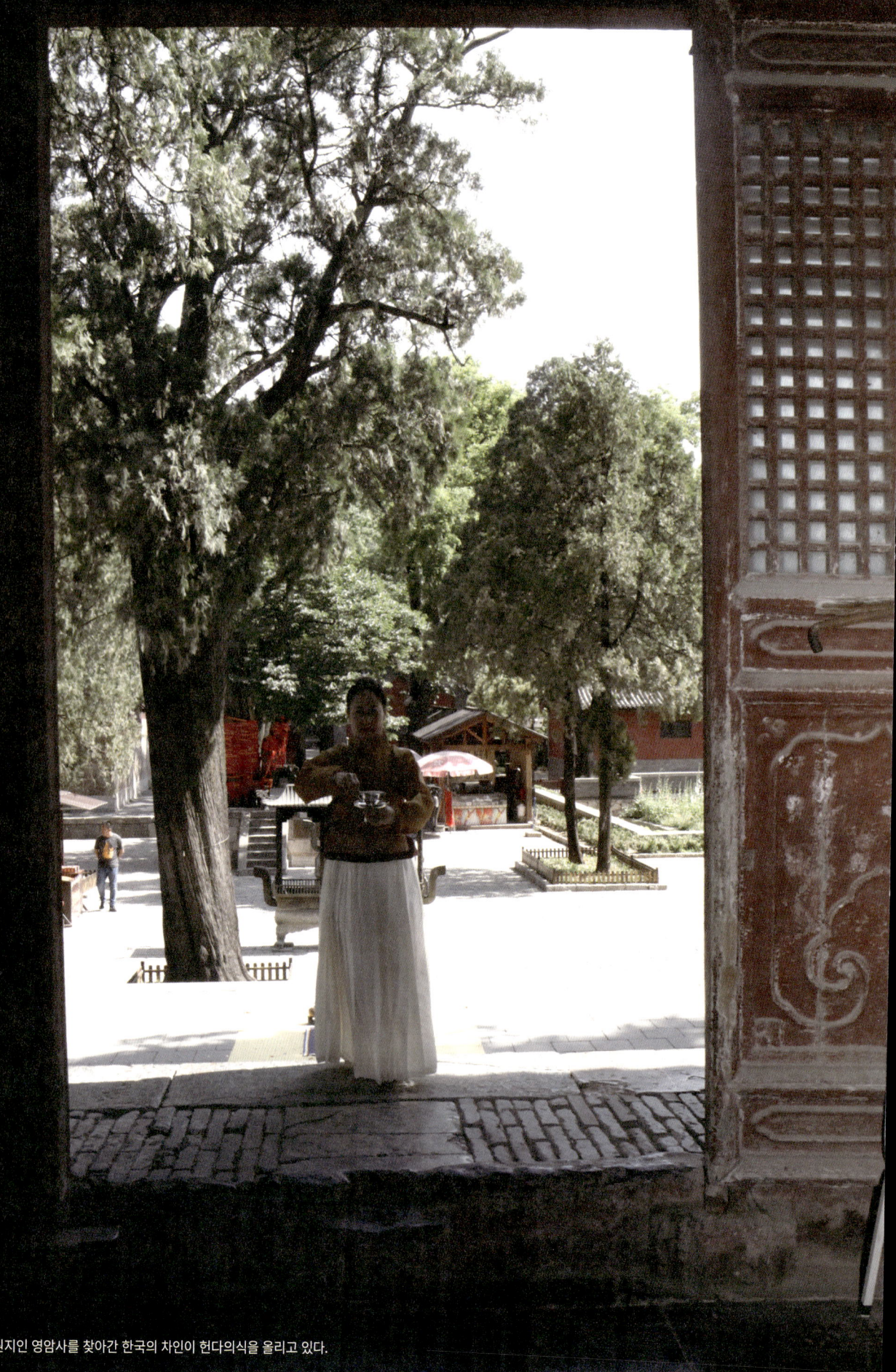

북종선의 발원지인 영암사를 찾아간 한국의 차인이 헌다의식을 올리고 있다.

9. 선차(禪茶)가 시작된 땅, 태산 영암사

북종선 항마장(降魔藏) 선사로부터 싹이 튼 선차 출발

달마·혜가·승찬·도신으로 이어져간 달마선차(達摩禪茶)는 오조홍인(五祖 弘忍) 선사가 황매산에서 동산법문을 열자 많은 수행자들이 몰려들었다. 홍인 의 제자 중 신수가 법맥을 이어가 후베이성 당양(當陽) 옥천사(玉泉寺)에서 북 종선을 전파했다. 그 무렵 항마장 선사가 북종선을 연 신수(神秀)문하로 들어가 북종선을 이어간 항마장 선사가 산동성(山東省)의 태산(泰山) 영암사(靈巖寺)로 들어가 중국 땅에 처음으로 북종 선차를 전해준다.

북종 선차를 찾아 영암사를 찾아갔을 때 영암사 스홍은(釋紅恩) 방장으로부 터 "여기가 선차의 발원지인데 어찌 알고 왔느냐"라는 감격적인 말을 들었다.

그리고 필담(筆談)으로 종이에 다음과 같이 씨내려갔다.

당조 무측천 황제 때 북종선의 신수 대사의 고 제자 항마 대사는 영암사 주지로 있는 동안 참선을 닦음에 있어 잠자지 않는 것에 힘쓰고 차로 대중들을 이끌었다 [唐朝武則天皇帝時期 禪宗北宗神秀大師的高徒降魔大師來靈巖寺住持. 開創了以 喝茶調劑坐禪的風].

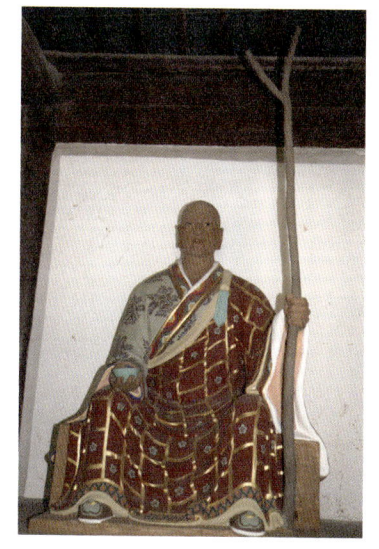

항마 선사가 차로 대중을 이끌어간 이래 차문화는 동류로 흘려갔다.
봉연의 《봉씨문견기(封氏聞見記)》의 음차 편에 다음과 같은 말이 나온다.

찻잎을 일찍 따는 것을 차(茶)라고 하고 뒤에 따는 것을 명(茗)이라 한다. 《본초 (本草)》에는 "차는 갈증을 없애주고 사람들의 졸음을 없앤다"라고 하고 있다. 남 쪽 지방의 사람들은 차 마시기를 아주 좋아했는데 북쪽 사람들은 처음에는 많이 마시지 않았다. 개원 중(開元中) 태산 영암사에 항마사가 선교를 대흥시켰는데 잠 도 자지 않고 선을 공부하고 또 저녁식사를 하지 않고 차를 많이 마셨다. 사람들 각자 차를 가지고 도처에서 끓여 마셨다. 이것이 본보기가 되어 풍속이 되었다.

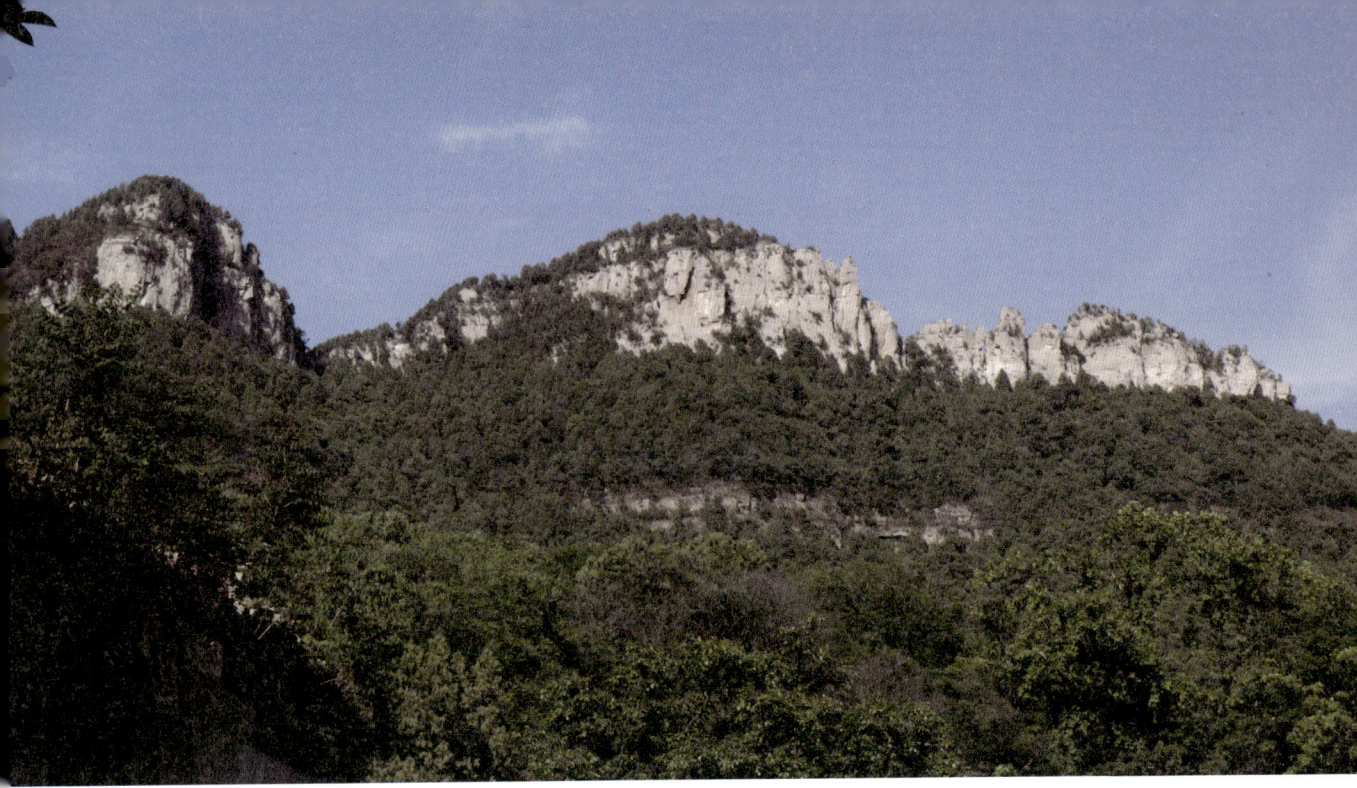

태산의 웅장한 모습. 여기에서 북종선차가 탄생했다.

추(鄒)·제(齊)·창(滄)·체(棣)에서 수도에까지 다다랐다. 여러 도시에서는 점포를 열고 차를 끓여서 팔았는데, 수도자나 속인을 가리지 않고 모두 돈을 들여서 마셨다. 차는 장강, 회수 지역에서부터 배와 차가 끊이지 않아 산같이 쌓였으며 모양과 수가 점점 늘어났다. [開元中 泰山靈巖寺柳降魔禪師大興禪敎 學禪務於不寐 又不夕食 皆許其飮茶 人自懷挾 到處煮飮 從此轉相倣 遂成風俗].

당나라 개원 연간에 태산 영암사에서 항마 선사가 선교를 크게 열었다. 참선을 함에 있어서 잠자지 않는 것에 힘을 쏟고 또 저녁 공양을 하지 않았다. 그러나 차를 마시는 것은 허용했기 때문에 대중들은 직접 차를 품에 넣어 와 곳곳에서 차를 달여 마셨다. 이것이 전해지고 서로 본떠 마침내 풍속을 이루게 되었다.

《봉씨문견기(封氏聞見記)》에 나오는 항마 선사는 남종이 아닌 북선(北禪)이라는 점에서 주목된다. 지금까지 다선(茶禪)을 할 때 남종선이 주도했지만 남종선이 선차일미로 평천하를 하기 직전 북종선이 그 중심에 있었음이 드러났다. 북종선의 계보는 옥천신수-숭산보적-서경의복-동악 항마장 등에 의해 전성기를 이루었다. 그중 한 갈래는 지공으로 이어지는 신행이 신라로 건너갔고 또 한 갈래는 도선-행표-사이초를 통해 일본으로 건너갔다. 여기서 동악 항마장 선사는 태산 영암사에서 차와 선을 선교방편으로 이끌어갔다.

차와 선이 발전될 수 있는 까닭은 선종에서 '하루 일하지 않으며 하루 먹지 않는다'는 백장회해의 청규에서 찾을 수도 있다. 그 정신이 바로 농선병행이다. 특히 선불교가 양자강을 중심으로 선법을 펼쳐나가면서 선종에 차 마시는 풍습이 널리 보급되었다. 그러나 선어록을 통해 알 수 있듯이 차 마시는 풍습이 북종선에서 처음 시작되다. 중국 선종 역사상 차 마시는 기록은 북종선의 신수와 그 뒤에 등장한 《역대법보曆代法寶記》의 무상의 다풍인 것 같다. 봉연(封演)의 《봉씨문견기(封氏聞見記)》 742~755년 작품) 제6권 〈반다조(飯茶條)〉에는 다음과 같은 기록이 보인다.

당 현종의 개원년중(開元年中, 713~741)에 태산의 영암사(靈巖寺)에서 활약한 항마장 선사는 선교를 크게 중흥시켰다. 선을 배우는 학인들이 선수행에 힘쓰고 졸음에 떨어지지 않게 하고 또한 저녁 식사를 하지 않기 때문에 모두에게 차를 마실 것을 허락하였다.

사람들은 차를 가지고 다니면서 어느 곳에서든지 끓여 마셨다. 이때부터 서로서로 이를 본받아서 널리 전파하게 되어 드디어 차를 마시는 것이 하나의 풍속이 되었다.

추나라(鄒: 춘추전국시대의 노나라의 부용국(附庸國). 지금의 산동성 추현(鄒縣)), 제나라(齊: 지금의 산동성과 건강(建康) 지방)와 창(滄; 한대(漢代)의 군명. 지금의 압록강 유역 지방), 체(?)나라 등의 지역에서부터 점차 경읍(京邑: 낙양 장안)에까지 이르게 되었으며, 성시(城市)에는 차를 팔고 마시는 상점이 많이 개설되었고, 차를 달여서 파는 점포(茶室)도 열렸다. 이때부터 승려나 세속 사람들과 관계없이 한결같이 모두 차를 즐겨 마시게 되었다.

태산 영암사는 선차가 시작된 땅

중국 오악(五岳)의 하나로 불리웠던 태산은 차문화가 빈번히 발달되었던 곳이다. 그곳은 뱃길을 통해 활발한 문물 교류가 이루어졌고 자연 차문화가 형성될 수밖에 없었다. 도교에서는 차를 불로장생의 명약으로까지 일컬었다. 특히 공자의 유적들이 많은 태산에서 자연스럽게 차와 도교는 불가분의 관계를 가졌다.

산동은 끽다거(喫茶去)를 제창한 조주종심(趙州從諗)의 고향으로 일찍이 차와 선의 연관성을 갖고 있다. 영암사스홍은 스님과 이야기를 나누다가 항마장 선사의 주장해온 선차의 핵심을 여쭈었다.

그러자 스홍은스님은 붓을 잡더니 '북종다연 조주음차(北宗茶聯 趙州陰茶)'라는 일필휘지를 남겼다. 북종차연으로 맺어진 조주차라는 말은 의미가 깊은 선어이다.

《봉씨문견기(封氏聞見記)》가 전하는 기록과 같이 태산 영암사에서 다선도량을 개설한 북종선의 항마장 선사는 선종의 차 마시는 계기를 만들었다. 항마장은 북종 신수의 제자로 신수가 당양 옥천사에 주석하고 있을 때 스승으로부터 차 마시는 풍습을 배워 산동성 영암사에서 실천에 옮긴 것 같다. 현재도 옥천사에는 선인장차가 있으니 북종선에도 선다일미를 중요시 하는 것을 알 수 있다. 선인장차는 1200년의 역사를 지니고 있다. 이백의 시에도 높이 평가하고 있는 옥천사에 주석하고 있던 중부(中孚) 선사가 신수의 정신을 받들어 선인장차를 만들었다고 한다. 그 차가 지금도 전해지고 있으니 참으로 놀라운 일이다.

담양 옥천사에서 일어난 북종 선차의 가풍이 태산 영암사로 옮겨 항마장에 의해 되살아난다. 태산 영암사는 태산 서북 태산 산록에 자리 잡고 있는데 동진 시가 불도징의 제장인 축승랑에 의해 개창되었다. 영암사는 선종의 분파인 북종선의 중심도량이 되었다. 신수의 제자 항마장 선사가 영암사에 주석하면서 다선조정으로 거듭 중창되는 계기가 되었다.

항마장 선사의 성은 왕씨로 부친은 고을 아전이었다. 선사는 7세의 어린 나이에 출가하였다. 항마장이라는 법명을 얻게 된 까닭은 선사가 출가할 당시 들판에 요귀(姚鬼)들이 많았는데 무고한 사람들을 괴롭혔다. 항마장 선사는 조금도 두려운 기색이 없이 단신으로 가서 요귀들을 항복시키고 항마(降魔)라는 이름도 그래서 얻게 되었다. 그 뒤 광복원의 명제선사에 의지하여 출가해 부지런히 수행하던 중 당시 북종선이 성행하고 있다는 소식을 듣고 당양 옥천사로 신수를 찾아간다.

신수가 항마장을 보고 물었다.

"네 이름이 항마이냐? 여기에는 산정(山精)도 목괴(木怪)도 없으니 네가 마가 되겠느냐?"

대사가 대답했다.

"부처가 있으니 마도 있소."

"네가 만일 마라면 반드시 불사의한 경계에 머물렀을 것이다."

"그 부처라는 것도 공했거늘 무슨 경계가 있겠습니까?"

신수가 항마가 법기임을 간파하고 다음과 같이 말했다.

"너는 소호의 터에 인연이 있다."

신수선사의 뜻을 받들어 항마장은 태산 영암사로 들어간다. 선사가 들어간 지 몇 해만에 학자가 구름같이 모여들기 시작했다. 그때 항마장은 차와 선을 병행, 그들을 교화시켰다. 항마장의 다선정신을 높이 받든 봉연은 《봉씨문견기》에 항마 선사가 선수행에 있어서 잠을 쫓기 위해 저녁 대신 차를 음다했다는 기록을 남김으로써 선종차의 시작을 알리게 되었다. 《봉씨문견기》의 필사본은 지금도 항주 차엽 박물관에 보존되어 항마장 선사의 다도정신을 엿보게 한다.

항마장 선사의 음다 시기는 당개원 시기 713년에서 739년이었다.

스홍은스님은 항마 선사의 다론을 다음과 같이 제시했다. "영암사 항마장 선사가 선차를 제창한 것에 대해 이미 다성(茶聖) 육우(陸羽)와 '끽다거'로 총림에 명성을 떨친 조주종심 선사가 중요한 역할을 해왔다. '항마차(降魔茶)'의 전파에는 두 가지 주요한 분파가 있는데 하나는 세속을 향한 전파로 북방인의 생활 습관을 바꿨다. 차를 마시는 것이 습관이 되지 않았던 북방인이 항마 선사로 인해 음다(飮茶) 풍속이 바뀌게 되었다. 또 다른 하나는 '북방에서 남방으로 전파되고 총림에서 '선승이 차를 사랑한다'는 풍습이 형성되면서 일본의 영암에서 참학(參學)한 고승 사이초(最澄)와 구가이(空海) 대사가 일본에 선불교를 전파했다'고 말했다.

항마 선사가 다선을 도입한 계기는 선수행에 있어서 잠을 자지 않으려는 데서부터 시작되었다고 한다. 하명동(何明棟)씨는 〈선종의 차문화의 만남〉이란 글에서 "차를 세 번 마시는 것은 그 세 잔의 의미가 매우 크다. 세번째 찻잔은 바로 깨달음을 상징하며 그것이 선차의 묘미이고 그 진리를 터득하여 비로소 선다일미로 든다"고 했다. 일본승 엔닌(圓仁)은 그의 《입당구법순례기(入堂求法巡禮記)》에 당시 다당(茶堂), 다료(茶寮)를 전문적으로 맡은 스님이 있었다고 기록했다. 그만큼 차문화가 사찰에서 성행했었다는 증거이다.

일본 우라센케 가원인 센켄시츠 선생은 "차는 불교에서 파생한 문화"라고 말했다. 특히 선생은 "차를 부처님께 올리는 헌다를 매우 중요시하고 있다. 부처님께 올리는 헌다야말로 차 마시는 풍습이 생긴 유래"라고 말했다.

천 년을 이어져간 산둥의 차문화

현재 산둥을 대표할 만한 명차로는 다섯 종류가 있다. 벽록차, 송계차, 부래청, 해청홍차, 설청차 등이다. 그중에서 차에 얽힌 수많은 전설이 전해 오는데 태산에 나는 명차 뇌전차를 살펴보자.

뇌전차는 태산 천석곡의 높은 험준한 산 아래에서 나는데 천석곡 뒤에 험준한 절벽 위에 몇 그루의 차나무가 자랐다. 그 차향은 너무나 맑고 깨끗해서 열을 내리고 병을 물리친다고 했다. 이 차는 오래 마시면 장수한다고 한다.

산 밑에 양씨 집안이 있는데, 선조로부터 전해 내려오는 비방을 얻어 전문적으로 뇌전차를 만들었다. 어느 해 6월이었다. 하늘에 검은 구름이 짙게 깔리고 바람 한 점 없었다. 음울한 분위기는 사람을 숨 막히게 하였고 무더위는 사람을 더욱

짜증나게 했다. 어느날 갑자기 낮고 무거운 천둥소리가 사방의 공기를 가르고 울려퍼졌다. 동북풍이 홀연히 불어와 큰바람을 일으키자 하늘이 누렇게 변했다. 바람은 비의 시작이라 했던가. 한차례의 폭우가 금방이라도 쏟아질 것 같았다. 바로 이때가 차를 채취하기 가장 좋은 시기였다. 바구니를 든 양씨 노인은 바람을 막는 모자를 쓰고 도롱이를 걸쳤다. 그리고 옷차림을 단단히 하고 길을 나섰다. 황색으로 변하는 하늘을 보면서 마음속으로 생각했다.

'사람이 황색이면 성깔이 있고, 하늘이 황색이면 비를 내리니 오늘은 반드시 차를 따야 해.' 양씨 노인은 울퉁불퉁한 오솔길을 따라 물을 건너고 골짜기를 지났다. 산을 오르고 고개를 지나 드디어 절벽 아래에 다다랐다. 예전에 뇌전차를 채취하기 위해 가던 많은 사람들이 목숨을 잃을 정도로 절벽 꼭대기로 통하는 길은 매우 험준했다. 골짜기가 얼마나 깊은지 시체조차 찾지 못한 때도 있었다.

양씨 노인은 석벽에 붙어 손으로 가시나무 가지를 잡고 한발 한발씩 어렵게 올랐다. 그의 손은 나뭇가지에 찔려 상처가 났고 옷은 찢겨졌다. 절벽에 붙어 안간힘을 쓰고 있을 때 갑자기 한바탕 광풍이 불어와 그를 휘청거리게 했다. 한 발짝만 잘못 디뎌도 바로 천길 아래로 떨어지고 만다. 양씨 노인은 호흡을 가다듬어 마음을 진정시키고 나서 다시 천천히 절벽을 기어오르기 시작했다.

꼭대기는 칠흙같이 어두웠다. 양씨 노인은 번개와 천둥이 치는 하늘의 빛을 통해서 분명히 차나무를 보았다. 그는 비에 젖었지만 추위와 고통도 잊고 푸르고 여린 싱싱한 찻잎을 땄다.

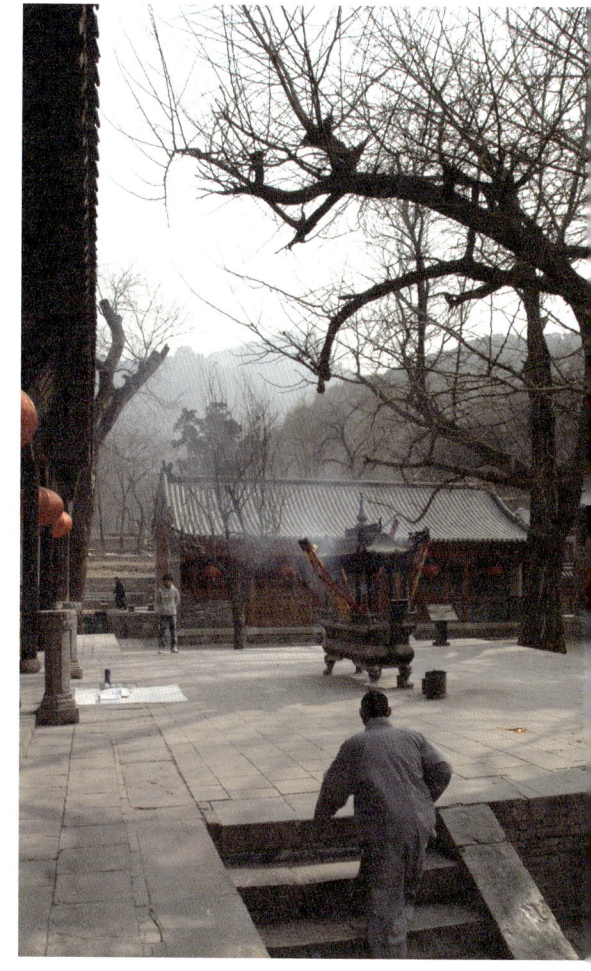

북종선을 일으킨 영암사

양씨 노인은 매년 이런 식으로 뇌전차를 따서 가족들에게 마시도록 했다. 이 차를 마신 가족들은 일 년 내내 병이나 재난을 당하지 않았고 귀와 눈이 밝아졌으며 얼굴에 생기가 돌았다고 전해진다.

북종선의 다선정신

남종선이 중국 전역을 장악하기 이전까지만 해도 북종선은 꽤 큰 세력을 지니고 있었다. 그러나 농선병행을 들고 나온 남종선에 밀려 북종선의 세력은 급격히 약해졌다. 그 과정에서 북종선에서 신수-항마로 이어지는 다선정신은 결국 그 맥이 끊어져 버렸지만 선다정신을 시작했다는 점에서 상징성이 매우 크다. 뿐만 아니라 항마 선사의 노력이 없었다면 산동성의 차문화는 존재하지 않았을 것이며 그 끈질긴 생명력에 감탄을 할 수밖에 없다.

당나라 때 서종에 불어온 차 마시는 풍습은 조주의 끽다거라는 화두 이후 보편화되기 시작했고 선가에서는 차를 일상생활의 다반사로 여겼다. 그 무렵 사람들은 너나 할 것 없이 유명한 차를 마시려 했다. 태산 영암사에서 시작된 보차(普茶)의식은 항주의 천축사, 영은사, 쓰촨의 몽정산으로 옮겨져 차와 선이 하나로 만나는 계기가 되었다.

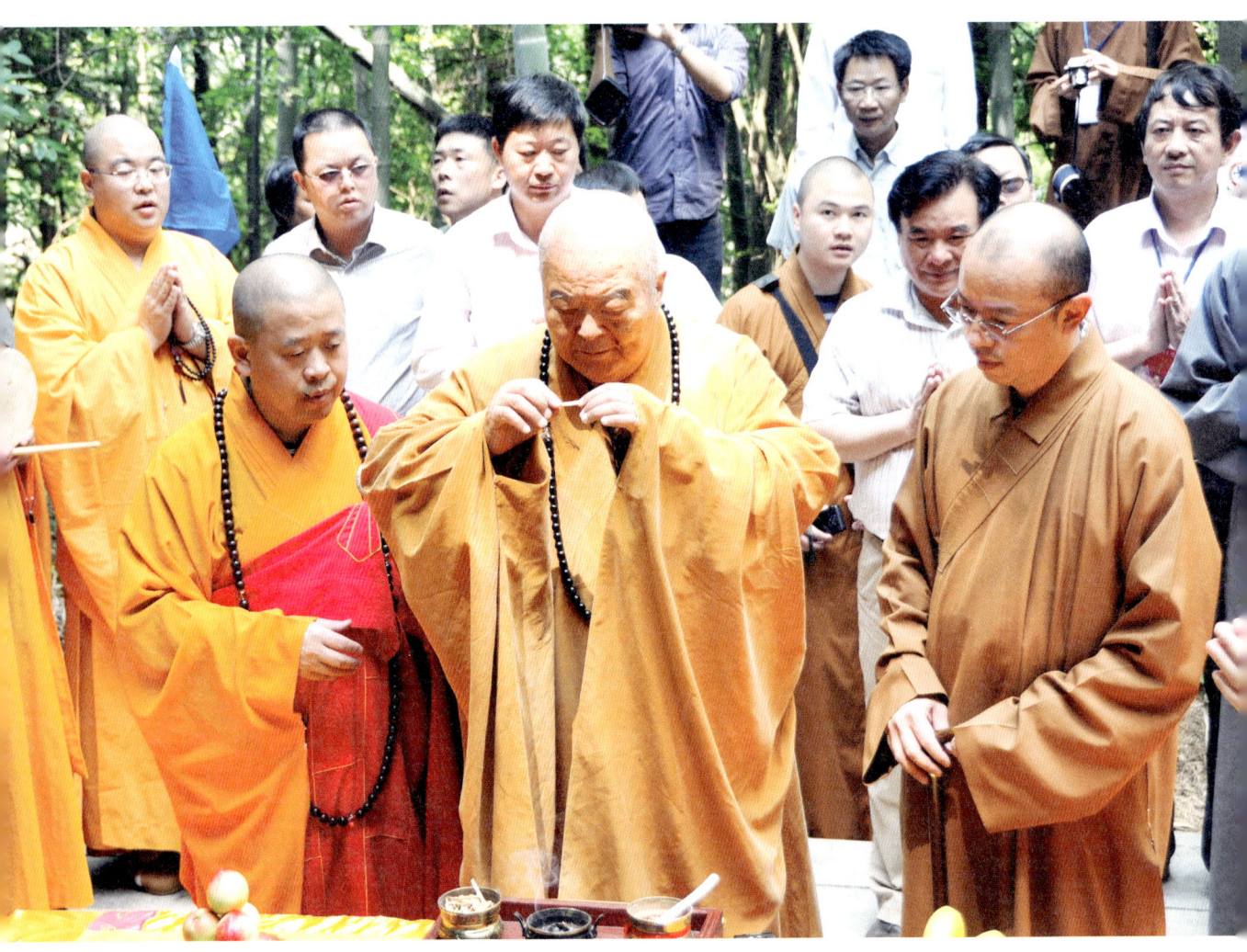

대만 불광산사 개산종장 싱운 대사가 황벽사를 찾아 황벽희운 묘탑에 예를 올리고 있는 모습

10. 의춘(宜春)에서 다시 일어난 황벽의 선차(禪茶)

동아시아 선차계가 앞을 다투어 전다도(煎茶道)의 개조(開祖) 황벽희운(黃檗希運) 선사의 묘탑을 찾아가 헌공다례 의식을 올려 황벽 선차가 중흥되어가고 있다.

중국 장시성(江西省) 의춘시 의풍현 황벽사는 황벽 선사가 선풍을 일으킨 곳이다. 2011년 5월 27일 대만 불광산사 개산 종장이신 임제종 48대의 법손 싱운(星雲) 대사가 80세의 노구에도 불구하고 장시성 의풍의 황벽사를 찾아 조사 묘탑에 예를 올린 뒤 선도의춘(禪道意春)이란 네 글자의 휘호를 남긴 이래 중화권 언론의 열기가 뜨겁게 달아올랐다. 그 뒤 2014년 1월 12일 한국인으로서는 처음으로 황벽희운 조사 묘탑에 차를 올리면서 그 차향이 세계로 퍼져나가고 있다.

350년 전 은원융기(隱元隆琦, 1592~1673) 선사가 일본에까지 꽃 피운 황벽의 전다도(煎茶道)는 이제 천여 년 전 황벽희운(黃檗希運, ?~857) 선사가 황벽선(黃檗禪)을 일으킨 장시성(江西省) 의춘(宜春)에서 다시 일어나고 있다. 전다도의 개조(開祖) 황벽희운 선사는 푸젠성 푸저우 민현(閩縣)이 고향으로 푸칭(福淸)의 만복사에서 출가하여 장시성 의춘의 황벽사에서 황벽종을 일으켰다. 황벽은 당대의 재상 배휴거사를 비롯 그의 문하에 1000여명의 제자를 길러 당시황벽의 선풍이 중국 천하에 떨쳤음을 알 수 있다.

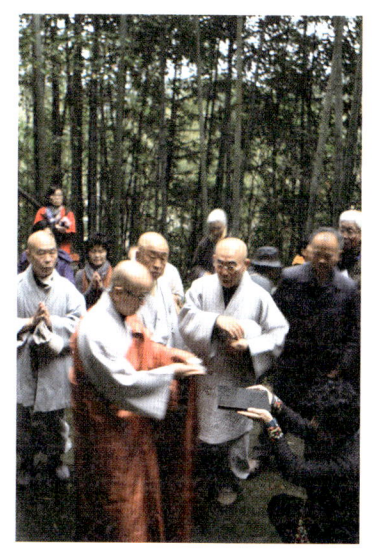

명나라 시기 은원 선사가 출가하여 만복사에 전다도(煎茶道: 잎차에 물을 붓고 우리는 방법)를 일으켜 일본에 전하면서 황벽의 전다법이 일본으로 전승되었다. 전다도의 부흥에 힘입어 황벽의 선풍을 일으킨 의춘의 황벽사가 복원되어 황벽선차의 바람이 불어오고 있다.

2013년 황벽사 중흥 소식이 대만에까지 알려져 대만 불광산사의 개산 종장인 싱운 스님이 불원천리의 수고를 무릅쓰고 조사에게 예를 올리기 위해 황벽사를 찾아오면서 의춘시는 황벽사의 중요성을 인식하고 복원의 깃발을 들었다. 다음 해 2014년 1월 12일 한국의 선종순례단을 이끌고 황벽사를 찾아가

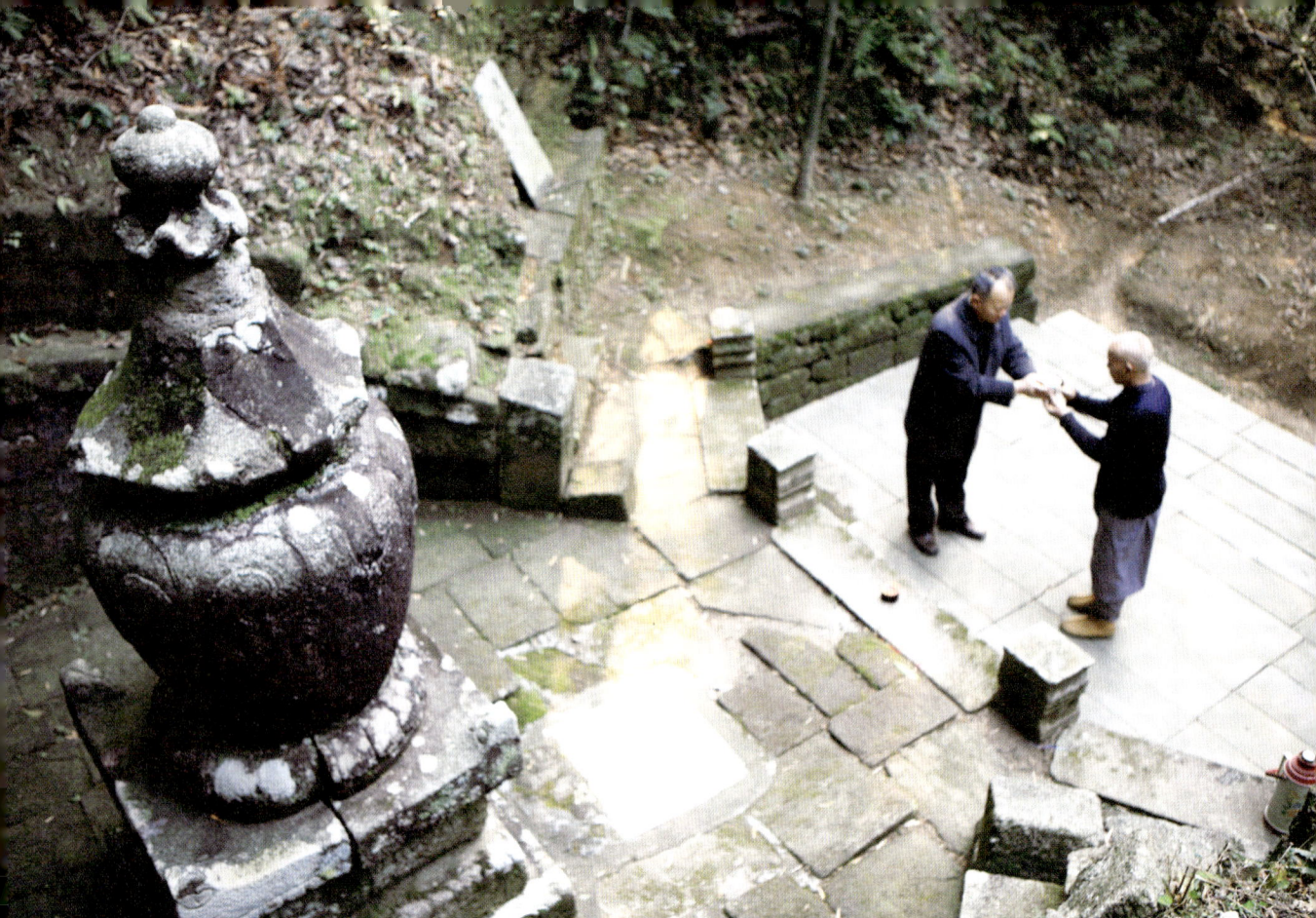

2014년 1월 황벽희운 묘탑을 찾아 황벽사 싱공 스님과 헌다의식을 집전했다.

〈황벽단제선사탑〉 앞에 헌공다례 의식을 올리면서 황벽의 차는 다시 세상에 드러나게 되었다.

황벽이 일으킨 의춘의 선도

일찍이 '선도의춘(禪道宜春)'는 걸출난 인물을 배출했다. 언론에 소개된 의춘의 선도에 '역사적 근원을 찾아보면 선종이 이춘(宜春)에서 활짝 꽃을 피워올리게 된 데는 마조도일(馬祖道一)로부터 시작되었다. 마조도일의 자취를 쫓다 보면 장시성 의춘이 드러난다. 마조가 선법을 알린 포교흔적을 추적하면 거의 이춘 각지로 퍼져있다. 마조는 장시(江西)에 수십 곳의 총림을 세웠고 그중 이춘 지역에는 11곳의 사원이 있다. 현재 남아 있는 펑청(豊城) 정주사(淨住寺)와 같은 곳이다. 이리하여 선종 승려들이 율종사원에서 다른 선원으로 머물기 시작했다. 마조 이후 백장회해(百丈懷海)가 장기간 정안(靖安), 펑신(奉新)에 머무르고 펑신 백장사에 '천하청규(天下淸規)'를 제정하고 중국 불교사원에서 광범위하게 준수되었다. 선종은 '일화개오엽(一花開五葉)'의 절정기로 발전하였고 이춘은 더욱 선종이 휘황찬란하게 빛나는 귀한 땅이 되었다. 위앙(潙仰), 임제(臨濟), 조동(曹洞), 운문(雲門), 법안(法眼) 선종오종은 임제, 조동, 위앙 삼종이 직접적으로 이춘에서 발원하였다. 희운(希運) 선사는 백장회해의 심인(心印)을 얻은 후 의풍현(宜豊縣) 황벽산(黃檗山)에서 전법을 행하였고 그 제자에 임제의현 선사가 허베이(河北)로 들어가 임제원(臨濟院)을 세우고 제자들과 함께 '임제종(臨濟宗)'을 세웠다. 양개(良价) 선사는 이평현 동산에

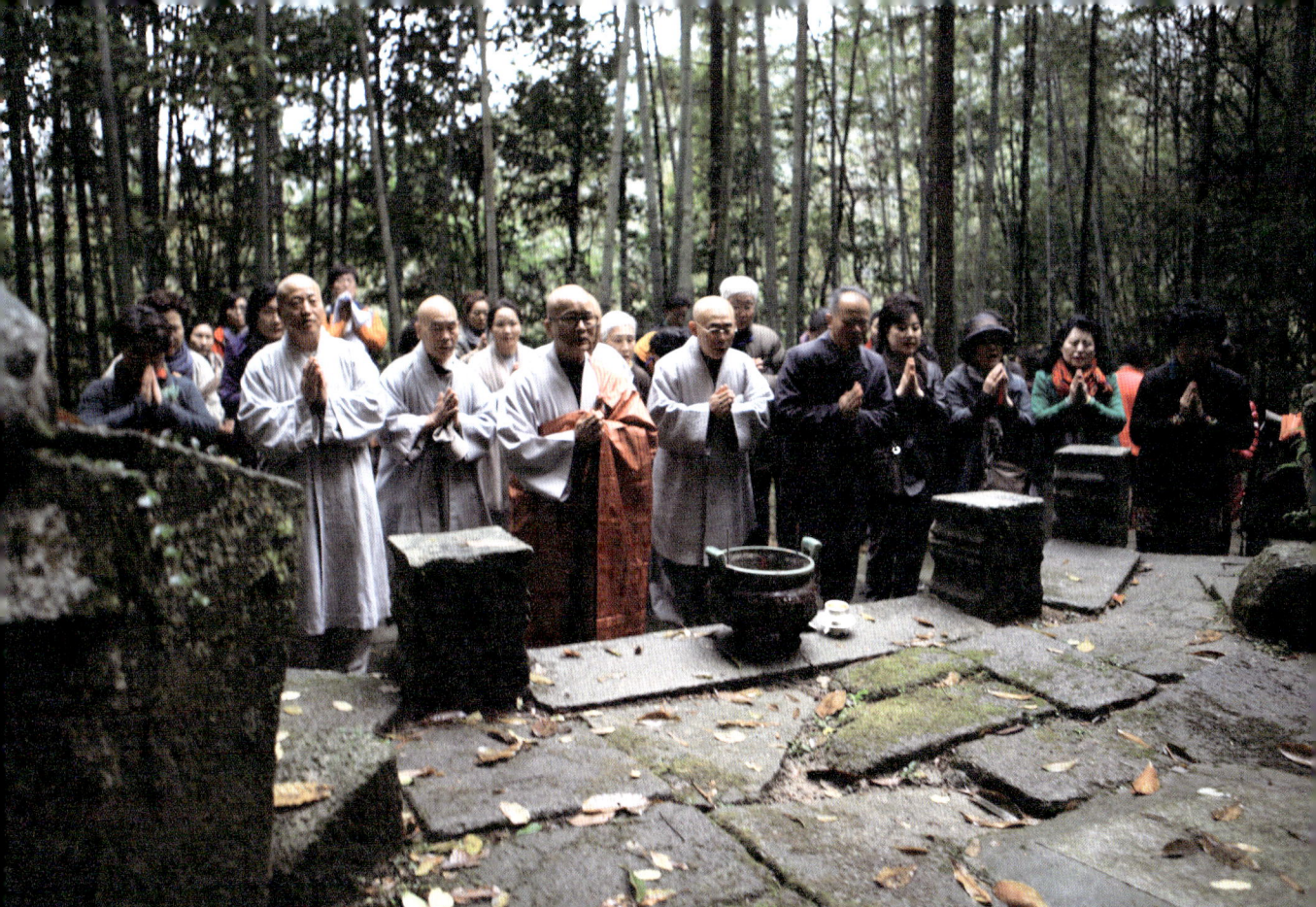

선차대회가 끝날 무렵 황벽사를 찾아 황벽 선사 부도 앞에서 헌다를 하고 백장 차향을 한국으로 몰고 왔다.

서 종을 세우고 그 제자 조산본적(曹山本寂)과 함께 '조동종(曹洞宗)'을 세운다. 혜적(慧寂) 선사는 웬저우(袁州) 앙산(仰山)에서 위산영우(潙山靈祐)의 의발을 계승하고 사고들과 함께 '위앙종'을 세웠다. 운문, 법안 두 종은 비록 직접적으로 이춘에서 발원하지 않았지만 운문문언(雲門文偃)은 이평 동산에서 법을 배우고 법안문익(法眼文益)도 동산양개에게 참학한 문도였다. 후에 두 제자는 이춘으로 돌아와 펑신, 가오안(高安), 장수(樟樹), 이평 각 총림에서 주석하여 이춘과는 밀접한 관계를 가지고 있다.

왜 황벽의 차인가

선문(禪門)의 위대한 고존숙(古尊宿)으로 불린 황벽희운선사는 백장회해의 법(法)을 이어 일찍부터 천하청규의 실천자로 자리매김되었다. 당 16대 선종(宣宗) 황제에 오른 이침은 향엄지한(香嚴智閑) 문하에서 몸을 숨기고 있을 때 취봉(就峯) 기슭에서 수행하고 있던 황벽희운을 찾아갔다. 후에 황벽 폭포 아래에서 시를 주고받은 인연으로 황벽이 입적하자 당 대중 4년(850) 배휴(裵休)의 주청으로 단제선사 라는 시호를 내리기도 했다.

황벽희운 선사가 전나노를 일으켰던 황벽산은 원래 인도의 천축산의 이름을 본따 취봉(鷲峰)이라 불렸다. 희운 선사가 여기서 선풍을 일으키자 취봉사를 황벽사로 개명하고 후세에 '천하양 황벽(天下兩 黃檗)'이라 불렀다.

황벽은 사대부와 재상과 황제에게까지 그 덕을 높이 추앙받았다. 그러나 오랜 세월이 흐르면서 황벽은 기억 속에

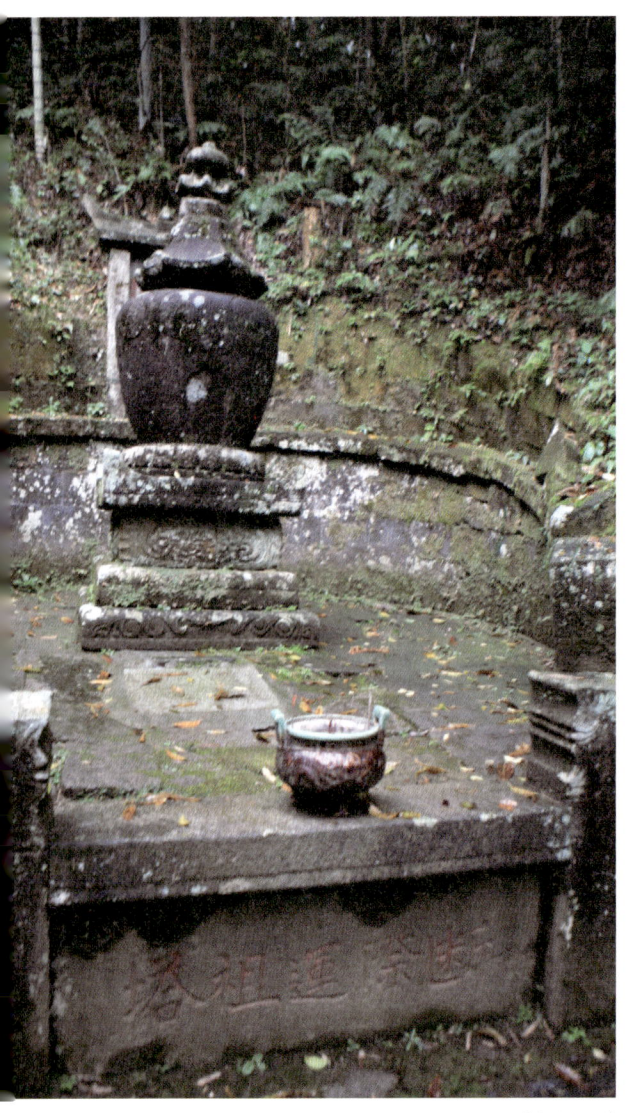

황벽산 자락에 봉안된 '단제운조탑'

서 잊혀갔다. 1999년 1월 26일 처음으로 황벽촌을 찾아갔을 때 그곳은 폐허나 다름없었다. 당시 탐사 기록을 살펴본다.

강서성 의풍시 황강향 황벽촌을 찾아간 것은 1999년 1월 26일이었다. 봉신현 백장사에서 아침 일찍 출발한 우리 일행은 6시간의 비포장 도로를 달려서야 황벽촌으로 갈 수 있었다. 의풍 박물관장인 소락 생의 도움을 받아 황벽촌을 찾게 되었다. 소관장은 당 선종 이침이 황벽회운과 깊은 관계가 있었다고 말했다. 황벽 폭포를 지날 때 이침과 황벽은 황벽 폭포를 바라 보면서 다음과 같은 시 한 수를 지었다고 한다.

千岩万壑不辭勞 遠看方知出處高 (회운)
溪澗豈能留得住 終歸大海作波濤 (이침)

황벽사지는 황벽 폭포에서 25킬로미터를 더 들어가야 했다. 그런데 너무나 길이 미끄러워 엉금엉금 기어가다시피 했다. 계곡을 끼고 첩첩산중으로 들어가다가 끝 없이 펼쳐진 차밭에서 잠시 차를 멈췄다. 그 옛날 황벽희운선사가 달여 먹던 황벽 차였다.

의춘이 선종에 영향을 끼친 면은 다선(茶禪)을 실천했다는 점이다. 특히 의춘에서 위 앙종과 임제종, 조동종이 파생된 것을 보면 선종사가 거의 의춘에서 파생되었다는 인상을 떨칠 수 없었다.

그로부터 15년 (2014년 1월)이 흐른 이후 다시 황벽사를 찾아갔을 때 황벽사는 예전의 모습이 아니었다. 황벽사가 복원되어가면서 황벽의 선이 다시 깨어나기 시작했다.

한국의 차로 황벽 선사에게 헌다의식 올려

2014년 1월 12일 난창의 신도시에서 출발하여 황벽에 이른 것은 오후 3시였다. 의풍현을 지나 황강향 황벽촌에 이르자 복원 공사가 한창이었다. 황벽의 선이 깨어나는 모습을 보고 무척이나 기뻤다. 중국불교협회 명예 회장인 이청(一誠) 스님께서는 기회가 있을 때마다 '의춘은 선종의 성지'라고 말했다. 옛 기억을 더듬어 황벽사에 이르니 황벽사는 예전 모습과 확연히 달랐고 전각이 하나씩 복원되고 있었다. 황벽산을 걷다가 수고우 한 마리가 풀을 뜯어먹는 광경을 보았다. 황벽산 능선 위에서 차나무가 무성한 마을을 찾아갔다. 한 노인이 필자를 반기며 차 한 잔을 대접했다. 노인과 마주앉아 배휴와 황벽의 일화를 나누었다. 열린 문사이로 황벽사가 눈에 들어왔다. 배휴가 절 문을 열고 들어가 황벽과 마주치는 장면이 눈앞에 펼쳐지는 듯했다. 배휴의 목소리가 들려오는 것 같았다.

"영정은 여기 있건만 고승은 어디에 있습니까?"

황벽이 소리 높여 외쳤다.

"배휴야!"

배휴가 대답이 없자 "그대는 어디에 있는가"라고 황벽이 외치자 그 순간 깨달음을 얻은 배휴는 무릎을 꿇고 앉아 참회하며 "참으로 선지식입니다"라고 말했다.

그 뒤 배휴는 황벽의 제자가 되었다.

노인과 대화 후 아쉬움을 남기며 황벽촌 산 아래로 내려와 황벽사로 들어갔다. 벽돌집 한 채가 있는데 쪽문으로 들어서니 작은 법당 하나가 있고 그 위에 '황벽산 황벽 선사'라는 글이 써 있었다. 그 옆에는 황벽 선사《전심법요(傳心法要)》가 걸려 있었다. 이곳은 15년 전에 황벽사지를 찾았을 때 이 절을 지키고 있던 마지막 건물이었다. 그 옆에서 노덕(65세) 보살이 숯불을 쬐고 있었다. 옆에는 부처님께 올렸던 사과 등이 놓여 있었다. 보살은 나를 보더니 자리에 앉기를 권했다. 자리에 앉으니 대접에 차를 넣고 뜨거운 물을 부어 차를 청했다.

"이 차가 무슨 차입니까?"

"황벽차입니다."

"황벽차를 여기서 만날 줄은 꿈에도 몰랐습니다."

"차맛이 향긋합니다."

"청명 전에 채취한 차인데 이 차가 이제 마지막입니다. 선생과 이렇게 차를 마시게 되어 행복합니다. 차를 다시 마시려면 청명날 햇차가 나길 기다려야 합니다."

보살과 다담을 나누다가 어떻게 황벽사에 오게 되었는지 물었다. 보살은 "백화점에서 일하던 중 성지순례를 갔다가 큰스님 법문에 감화되었습니다. 이후 진여선사에서 이청 스님에게 계를 받고 동산사에 머물다가 우연히 '조동종은 하늘을 절반 덮고 임제종은 온 하늘을 덮는다'는 말에 황벽사를 오게 되었습니다"라고 대답했다.

"차맛을 보니 여기 황벽과 샘물이 생각납니다."

"호포천(虎跑泉) 말입니까?"

"네."

"그 호포천에 얽힌 이야기가 유명합니다. 그 샘물이 감미롭습니다."

"호포천의 물로 차를 달이면 일품일 것 같습니다."

"그렇습니다. 바로 지금 마신 차를 호포천의 물로 우려냈습니다."

"15년 전 이곳에 왔을 때 호포천에 얽힌 이야기를 들었는데 황벽 선사가 처음 이곳에 왔을 때 산속에 사나운 호랑이가 한 마리 있어 사람과 가축을 해쳤다고 합니다. 하루는 호랑이가 절로 들이닥쳐 법당 불단 앞의 향안을 뒤집어 놓았는데 이때 황벽 선사가 손가락으로 향안을 가리키니 나무 향안이 돌로 변했고 호랑이가 돌 밑에서 매일 법문과 독경을 듣게 됐고 마침내 감화되었다고 합니다. 이후 호랑이는 황벽 선사가 입적한 후 지하로부터 도망쳐 왔는데 그곳에서 샘물이 솟구쳤다고 합니다."

노덕 보살과 이야기를 나누다가 이곳에 온 까닭은 황벽 선사 탑에 헌다를 하기 위해라고 말하자 노덕 보살은 기뻐하며 호포천의 물로 차를 우려 올리면 더욱 좋을 것 같다고 말한 뒤 뜨거운 물을 준비해 뒤를 따라왔다.

황벽 선사 묘탑은 지금은 예전과 달리 산길이 아니었다. 황벽사을 찾아가기 전 인연이 깊은 방장 춘이(純一) 스님에게 미리 연락을 해 두었다. 말끔히 포장된 도로를 따라 계단에 이르니 황벽사의 싱공(星空) 스님이 반겼다. 그를 따라 황벽탑에 이르러 한국에서 준비해 간 차로 황벽 선사에게 정성껏 차를 올렸다. 황벽희운 묘탑 앞에서 차를 공양한 이후 마음속으로 2014년 가을 백장사에서 열리는 제9차 세계선차문화교류대회가 무사히 회향하길 마음속으로 발원했다. 내가 맨 먼저 황벽 선사 묘탑에 차를 올리고 이를 황벽사 스님에게 전하여 올린 뒤 스님이 앞에 서고 노덕 보살과 함께 합장했다. 이렇게 한국에서 건너간 차를 황벽 묘탑에 최초로 올림으로써 임제 후손으로서 사명의식을 느꼈다.

차를 올린 뒤 싱공 스님이 먼저 차를 마시고 그 뒤 헌다례에 참가한 대중들이 빈 갈아 가며 차를 마셨다. 그들은 중국의 녹차와 다른 색다른 향기가 난다며 한국차에 관심을 보였다. 헌다례가 끝난 뒤 오솔길을 걷다가 싱공 스님이 "어제까지 비바람이 휘몰아쳐 왔는데 선생께서는 푸른 기운을 가지고 다니는 것 같습니다"라고 말하자 모두들 박장대소했다. 이어 연도 스님의 이야기가 이어졌다.

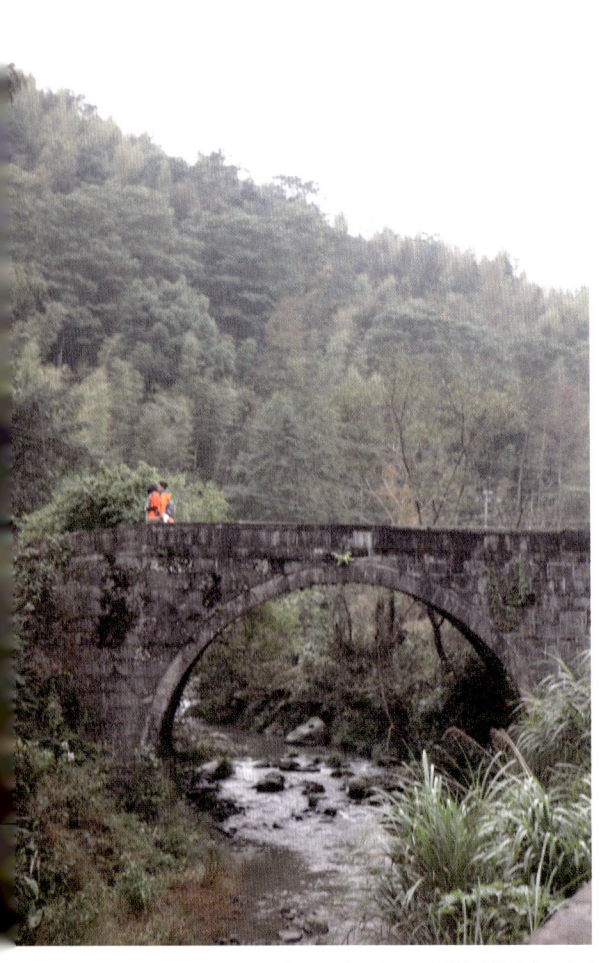

배휴거사가 황벽선사를 만나 불교에 귀의했던 황벽사 돌다리

"사실 황벽탑은 산기슭에 있었습니다. 2년 전에 대만 불광산사의 개장 종장인 싱운(星雲) 스님께서 황벽사를 찾았다가 불원천리 조사에게 예를 올리기 위해 왔는데 오르기 어렵게 되자 의춘현의 관리에게 여기를 포장하는 데 얼마나 드는지 물은 뒤 단박에 1억을 후원하여 길을 포장했습니다."

귀국한 뒤 서울 불광산사의 의은 스님에게 싱운 스님의 황벽사에 관련 자료를 요청했다. 메일을 보내자 곧바로 불광사에서 연락이 왔는데 자료를 어디에 쓰는지 물었다. 《차의 세계》 황벽사 특집에 쓴다고 하자 사진과 싱운 스님의 법문이 곧바로 메일로 왔다. 《차의 세계》의 위력과 대만 불광산사의 시스템에 또 한 번 놀랐다.

2013년 5월 27일 대만 불광산 싱운 대사 일행이 황벽산 희운 조사탑 앞에서 열린 싱운 스님의 특별 법어를 살펴보자.

저는 올해 85세가 되었습니다. 73년 전 12살 때 난징(南京)에서 출가하였습니다. 매우 어렸기 때문에 장시에 올 역량이 되지 못했습니다. 그리고 62년 전에 타이완에 가게 되었습니다. 양안(兩岸)의 관계 때문에 조사에게 예를 올리러 올 수가 없었지만 이곳 황벽산을 오매불망 그리워했으며 오랫동안 생각했습니다.

우리들에게는 행운이 있습니다. 황벽 선사는 깨달음을 얻은 대선사이며 임제 선사로 소위 "임제의 자손이 만천하

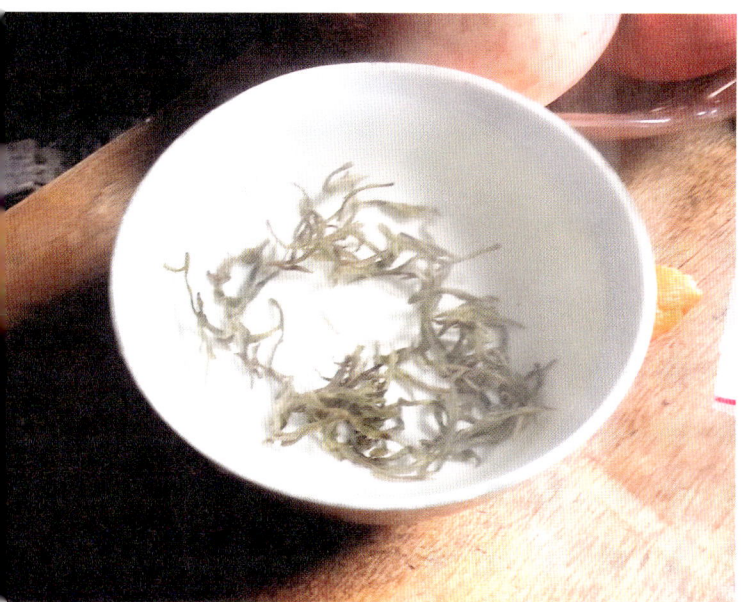
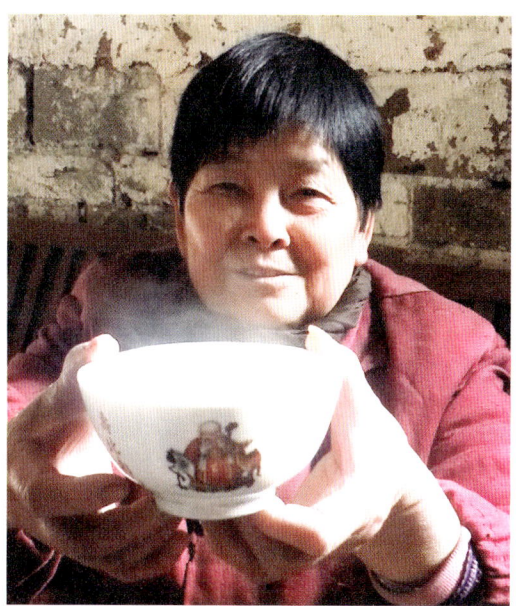

황벽차를 마시는 노덕 보살

에 있다[臨濟兒孫滿天下]"라고 했습니다. 전 세계 10명 중 7, 8명의 출가인들은 모두 임제 선사의 제자들이며 저도 그렇습니다. 때문에 황벽 선사, 임제의 후대사람들 중에서 적지 않은 사람들이 깨달음을 얻는 것입니다.

저는 오늘 인생의 숙원을 이루었습니다. 황벽산에 와서 나의 조사에게 예를 올렸습니다. 특히 순일 대화상이 이곳에서 도량을 부흥시키고 우리들 정부의 각급의 지도자가 이곳에 이렇게 관심을 가져서 도로를 정비하고 환경을 정리하여 미래세계에 선학의 중심이 되어 이곳의 사람과 장시 사람들이 살기 좋게 되었습니다.

장시는 좋은 자기(瓷器) 산지이며 남종선의 출발지입니다. 선이란 무엇인가? 선은 우리들 마음속에 있는 것입니다. 우리들 마음속에 바로 선이 있습니다.

이렇듯 황벽희운 선사의 탑 앞에 설법을 한 싱운 대사의 법력에 감화되어 모두가 숙연해졌다.

황벽희운 선사 탑전을 찾아간 까닭은 황벽희운 선사가 전다도를 한국과 일본에까지 전해준 그 은혜에 보답하기 위해 한국에서 나온 우전차를 올려 그의 은덕을 높이 기렸다. 싱운 스님도 황벽희운 조사에 예를 올린 뒤 의춘이 선의 고향으로 다시 부흥할 것이라고 말씀했다. 2014년 11월 백장청규을 제정한 백장사에서 제9차 세계선차대회을 원만하게 회향한 뒤 황벽희운 선사 묘탑을 찾아가 헌다의식을 거행했다. 2014년 새해에 황벽희운 선사 묘탑을 찾아가 헌다의식을 거행한 이후 두 번째 이다. 이번 백장청규로 이름을 떨친 백장사에서 열린 제9차 선차대회에 참가한 상원사 선원장 의정 스님이 황벽단제 선사 탑 앞에 헌다의식을 올린 뒤 대중이 《반야심경》을 독송했다. 이어 단제 선사 앞에서 차 한 잔을 마신 뒤 서둘러 빠져나왔다. 임제의 법손과 한국의 차인들이 단제 선사 앞에서 올린 차 공양은 각별한 의미가 있었다.

역사적으로 선종이 의춘에서 빛나게 된 까닭을 살펴보면 신라의 정중무상 선사의 영향을 받은 것으로 알려진 마조도일 선사로부터 연원되었는데 그의 제자들이 의춘에서 선을 열어 선종이 부활하게 되었다고 볼 수 있다. 봉신에서 천하청규를 드높인 황벽의 스승 백장회해와 전다도를 동아시아로 퍼지게 한 황벽희운의 선은 이제 선차심(禪茶心)을 담아 세계로 퍼져나갔다.

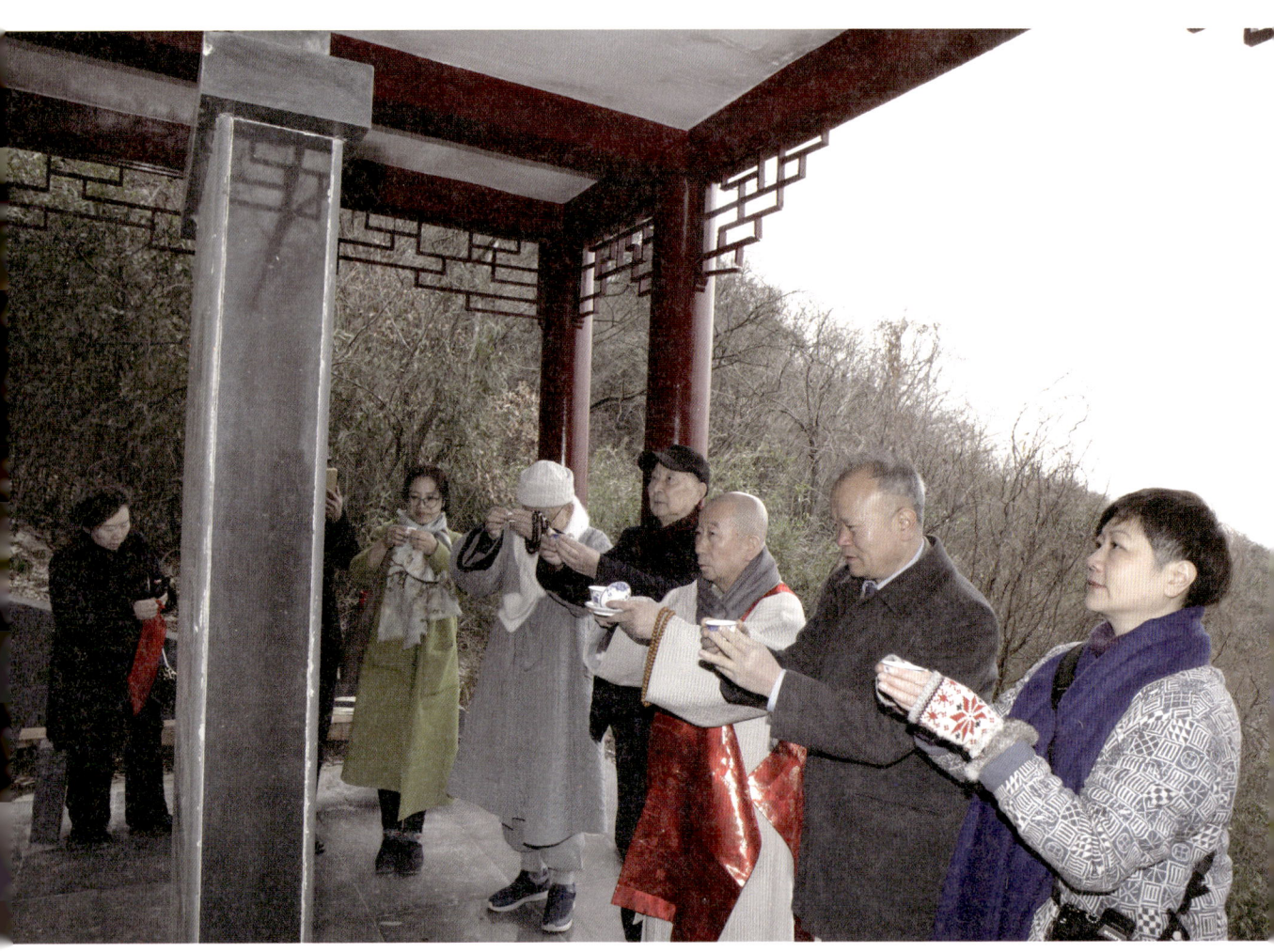

한.중 선차문화의 메카가 된 <태고보우현창기념비>

11. 석옥청공 선사의 선맥을 고려로 이어준 태고보우 국사의 선향이 숨 쉬는 땅 하무산

임제선풍을 떨친 하무산을 찾아

660년 전 고려 충목왕(忠穆王) 3년(1347) 태고보우(1301-1382) 국사가 뱃길을 따라 홀연히 대도(大度, 지금의 베이징)를 거쳐 霞霧山을 찾아갔다. 당시 강호(江湖)의 눈 밝은 선지식인 석옥(石屋淸珙, 1272-1352) 선사가 하무산 천호암(天湖庵)에서 홀로 앉아 자연을 벗 삼아 수행하고 있을 때였다. 정해년1347) 7월 태고보우 선사가 하무산을 찾아가 석옥청공 선사를 처음 뵀을 때의 인상은 노을 속에 도인의 기운이 늠름했다.

스님은 위의를 갖추고 석옥청공에게 공손이 절을 올리고 물려났다. 다음날 방장실로 나아가 '태고암가(太古庵歌)'를 올렸다. 태고암가를 보고 매우 만족한 석옥 스님은 태고 스님을 시험하기 시작했다.

"그대는 한 경계을 지났지만 조사의 관문이 있음을 알겠소."

"어떤 관문입니까?"

"그대가 깨달은 바를 보니 공부가 바르고 지견(知見)이 분명하오. 그러나 그것을 모두 놓아 버리시오. 그렇게 하지 않으면 그것이 이장(理障)이 되어 바른 지견을 방해할 것이오."

"놓아버린 지 오래입니다."

"그렇다면 쉬시오."

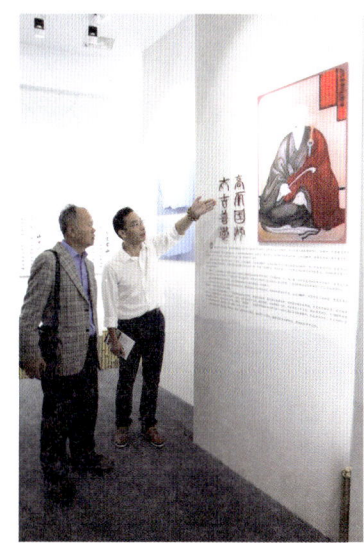

태고보우는 하무산 천호암에서 석옥청공으로부터 여러 시험을 거쳤다. 하루는 석옥 선사가 태고보우에게 태고암가 발문에 "나는 밝은 창 앞에서 펴 보고는 늙은 눈이 한층 밝아졌다. 그 노래를 읊어 보면 순박하고 무거우며, 그 글귀를 음미해 보면 한가하고 맑았다. 이는 참으로 공겁(空劫) 이전의 소식을 얻은 것으로써 날카롭고 과장된 요즘의 글에 비할 것이 아니었으니 '태고'라는 이름이 틀리지 않았다. 나는 오랫동안 사람들과 화답하는 일을 끊고 지내 왔는데 붓이 갑자기 날뛰어 모르는 결에 종이 끝에 아울러 노래를 짓는다.

先有此菴	먼저 이 암자가 있고
方有世界	바야흐로 세계가 있었으니
世界壞時	세계가 무너질 때에도
此菴不壞	이 암자는 무너지지 않으리.

菴中主人	암자 안의 주인이야
無在不在	있고 없음이 없으니
月照長空	달은 먼 허공에서 비추고
風生萬籟	바람은 온갖 소리를 내네.

지정(至正) 7년 정해(1347) 8월 1일, 후저우(湖州)의 하무산(霞霧山)에 사는 석옥(石屋) 노납(老衲)은 76세에 쓴다.

이렇게 태고암가 발문을 태고보우에게 주면서 물었다

"우두(牛頭) 스님이 사조(四祖)를 만나기 전에는 무엇 때문에 온갖 새들이 꽃을 입에 물고 왔던가?"

"부귀하면 사람들이 다 우러러보기 때문입니다."

"사조를 만난 뒤에는 무엇 때문에 입에 꽃을 문 새들을 찾아볼 수 없었던가?"

"가난하면 아들도 멀어지기 때문입니다."

"공겁(空劫) 이전에도 태고(太古)가 있었던가, 없었던가?"

"허공이 태고 가운데서 생겼습니다."

석옥 화상은 미소를 지으며 "불법이 동방으로 가는구나" 하고 다시 가사를 주어 신(信)을 표하며 말하였다.

"이 가사는 오늘 전하지만 법은 영산(靈山)으로부터 지금까지 내려온 것이오. 이제 그대에게 전해주니 잘 보호하여 가져서 끊어지지 않게 하시오."

또 주장자(拄杖子)를 집어 들면서 부탁하기를, "이것은 노승(老僧)이 평생 지니던 것이오. 오늘 그대에게 주니 그대는 이것으로 길잡이를 삼으시오."

스님은 절하고 받은 뒤에 물었다.

"지금에 대해서는 묻지 않겠습니다만 마지막(末後)에는 어찌하리까?"

"스승보다 지혜로운 사람은 천 년을 가도 만나기 어려울 것이오. 만일 그런 사람을 만나거든 그에게 전해주시오. 무엇보다도 귀한 것은 지금까지 내려온 불조의 명맥을 끊지 않게 하는 것이오."

스님은 절하고 하직한 뒤에도 못잊어 하는 빛이 있었다. 석옥 화상은 수십걸음 밖에까지 따라나와 다시 스님을 불렀다.

"장로여, 우리 집에는 본래 이별이란 것이 없으니 이별이라 생각하지 마시오. 이별이니 이별이 아니니 하고 생각하면 옳지 못하오. 부디 노력하시오."

스님은 "예, 예" 하고 물러나왔다.

'여러 시험 끝에 금린이 곧은 낚시에 올라온다'라는 게송(偈頌)을 주었다. 그렇게 임제의 선이 고려로 전해졌다. 임제종(臨濟宗)의 18대손인 석옥청공 선사로부터 인가를 받고 19대 법손으로 고려에 임제종을 전승했다. 호구소륭

(虎丘紹隆)에서 급암종신(及菴宗信)으로 이어지는 임제선(臨濟禪)의 계승자였다.

태고의 법손이 하무산을 찾아간 까닭

660년이 지난 1996년 당시 전 태고종 종정 안덕암 스님을 단장으로 35인의 임제(臨濟)의 법손들을 이끌고 하무산을 찾아갔다.
660년이 지난 하무산은 놀랍게 변해버렸다. 후저우시에 소개한 자료에 의하면 다음과 같이 전해온다.

하무산은 호주시 서남쪽 25킬로에 있고 해발은 1천2백미터 정도이다. 산봉오리에 호수가 있고 거기서 내려다보면 산이 물결처럼 흘러내리고 있다. 안개가 많고 비가 자주 와서 하우산(霞雨山) 또는 하무산(霞霧山)이라고도 하고, 호주시에서 발간된 지도에는 하모산(霞慕山)이라고 한다. 마치 안개가 병풍처럼 흘러내리고 있기 때문이다. 하무산이 유명하게 된 것은 이 산봉우리에 천호암(天湖庵)이 있는데 거기서 청공 큰스님이 나서 유명하게 되었다.

660년이 지난 여름날 후저우에서 택시로 하무산을 찾아갔다. 비포장도로을 따라 후저우 묘서진의 천호암 부근인 상보촌에 이르렀을 때 군사보호구역 앞에서 관리인에게 천호암 허락을 얻어 돌담길을 따라 천호암에 이르렀을 때 천호암을 지키고 있던 왕쇼촨 노인과 맞닥뜨렸다.
하무산에 이르러서야 텅 빈 절터만 남겨져 하무산을 보고 눈물이 앞을 가렸다.
왕 노인의 증언에 따르면 문화혁명 전에는 작은 절이 있었으나 혁명 후에 없어졌다고 한다. 왕쇼촨 씨는 소생이 없어 다른 아이를 하나 데려다 길러 시집보냈다고 한다. 13년 전에 다시 절터에 돌담 집을 지었는데 그 집은 여섯간 겹집정도로 제법 커 보였다. 집 속에는 작은 불상 3구가 놓여 있어 우리가 3귀의 반야심경을 하고 불전을 놓으니 왕쇼촨 할아버지는 눈물을 흘리며 크게 흐느꼈다.
그렇게 원나라시기 임제의 종풍(宗風)을 떨친 하무산은 역사 속으로 사라져갔다.
왕 노인에게 천호암의 역사를 묻자 "절 이름은 어떤 절인지 모르지만 산 이름은 하무산이 틀림없다고 하였다. 마당에는 부추, 배추가 심어져 있다. 특별히 귀한 손님들이 온다고 하여 마을 사람들이 돕기 위해 5. 6명 올라왔다고 한다. 사람이 사는 안채로 들어가 보니 방은 없고 평상 위에서 왕씨 할아버지가 홀로 살고 있었다. 마을사람들은 이곳이 천호암 절이 분명하다며, 이곳에서 직접 재배한 차를 끓여 대접하였는데 맛이 매우 좋았다. 석옥 스님도 제자 몇 사람들과 함께 농사를 지으면서 이렇게 살았을 것 같다."

하무산의 천호암 유지를 순례한 이후 왕 노인이 개완(蓋椀)잔으로 차를 내놓았다.
"어떤 차인데 이렇게 향기롭습니까?"라고 왕 노인에게 여쭈었다.
"이 차는 이 절을 개창(開創)한 스님들에게 비전되어 온 하무산 운무차(雲霧茶) 입니다"
왕 노인의 말을 듣는 순간 700년 전 석옥청공의 차어가 생각났다.

천호의 물이 맑아 유리같이 푸르고
하무산은 비단을 둘러 붉구나
객이 오며 천호의 물로 차를 달이니
차향이 안갯속으로 퍼져나가네

하무산을 노래한 석옥청공의 시어이다. 1996년 여름날 하무산에서 왕 노인이 개완잔으로 내놓은 한잔의 차의 인연으로 선차가 세상 밖으로 걸어나오게 된 것은 다연이라고 말할 수 있겠다. 그 같은 인연은 맺어준 것은 고려말의 태고보우와 석옥청공 선사로부터 시작되었다.

660년 전 태고 보우국사가 만리 뱃길로 하무산(霞霧山)을 찾아와 청공 선사로부터 법을 주고받았던 역사적 현장에서 하무차를 맛 볼수 있었던 것은 불연(佛緣)이 아니었던가? 태고보우로 인해 고국이 아닌 해외에서 선차에 빠져 들어갈 수 있었던 것은 특별난 인연이었다.

가만히 생각해보면 660년 전 무더운 여름날 태고보우가 석옥청공과 맞닥뜨렸는데 그를 보자마자 청공 선사는 조롱박에 천호(天湖) 샘물을 태고보우에게 떠 주었다 단숨에 물맛을 보고 '옛 시내의 찬 샘물로 한입에 마셨다가 곧 토하니 저 흐르는 물에 조주의 면목이 드러나네'라는 채중암(蔡中庵)과 나눈 시어(詩語)가 석옥청공을 뵙고 나눈 문답처럼 스쳐갔다.

왕 노인의 증언에서도 알 수 있듯이 천호암 주변에는 무수히 많은 노차수들이 원 나라 때 석옥청공 선사가 천호의 물과 하무산 운무차로 차를 마시며 수행했을 것 같다.

석옥청공의 시에도 이를 말해주고 있다.

天湖水湛琉璃碧	천호(天湖)의 물이 맑아 유리같이 푸르고
霞霧山圍錦幛紅	하무산(霞霧山)은 비단을 둘러 붉구나
觸目本來成現事	눈에 부딪치는 것이 본래 현재의 일을 이루니
何須叉手問禪翁	어찌 반드시 손을 끼고 참선하는 늙은이에게 묻겠는가

내가 1996년 한국인으로 처음 하무산을 찾아갔을때에는 닫혀있던 하무산이 열린 뒤 후저우 묘서진 사람들은 잊고 있던 석옥청공을 한국인이 깨워주어 고마움을 표했다.

이를 계기로 후저우의 대외문화교류사를 태고보우를 첫 번째로 거론한다.

후저우는 일찍이 당나라 때부터 대외적인 문화교류가 시작되었다. 당시 시인 장지화(張志和)가 후저우 자사이던 안진경(顔真卿)의 초청을 받아서 지은 장단구인 〈어가자(漁家子)〉가 일본으로 전해짐으로써 서새산(西塞山)이나 삽계(霅溪) 같은 지명이 해외까지 알려지게 되었고, 송나라 때에는 후저우에서 생산된 비단, 모필, 동경(銅鏡)이 잇달아 해외로 수출됨으로써 한자문화권에 알려지게 되었다.

원나라 때에는 하막산(霞幕山) 임제종(臨濟宗)의 18대 계승자인 석옥청공(石屋清珙)이 고려에 부처의 법을 전함으로써 한반도에서 임제종의 법맥을 열게 되었다. 이는 후저우의 대외문화교류에 있어서 빛나는 한 페이지가 된다. 이런 사실이 600년이 지난 뒤 1996년 9월 임제종법손들이 하무산을 찾아온 뒤 오늘날에 이르러 다시금 발굴되어

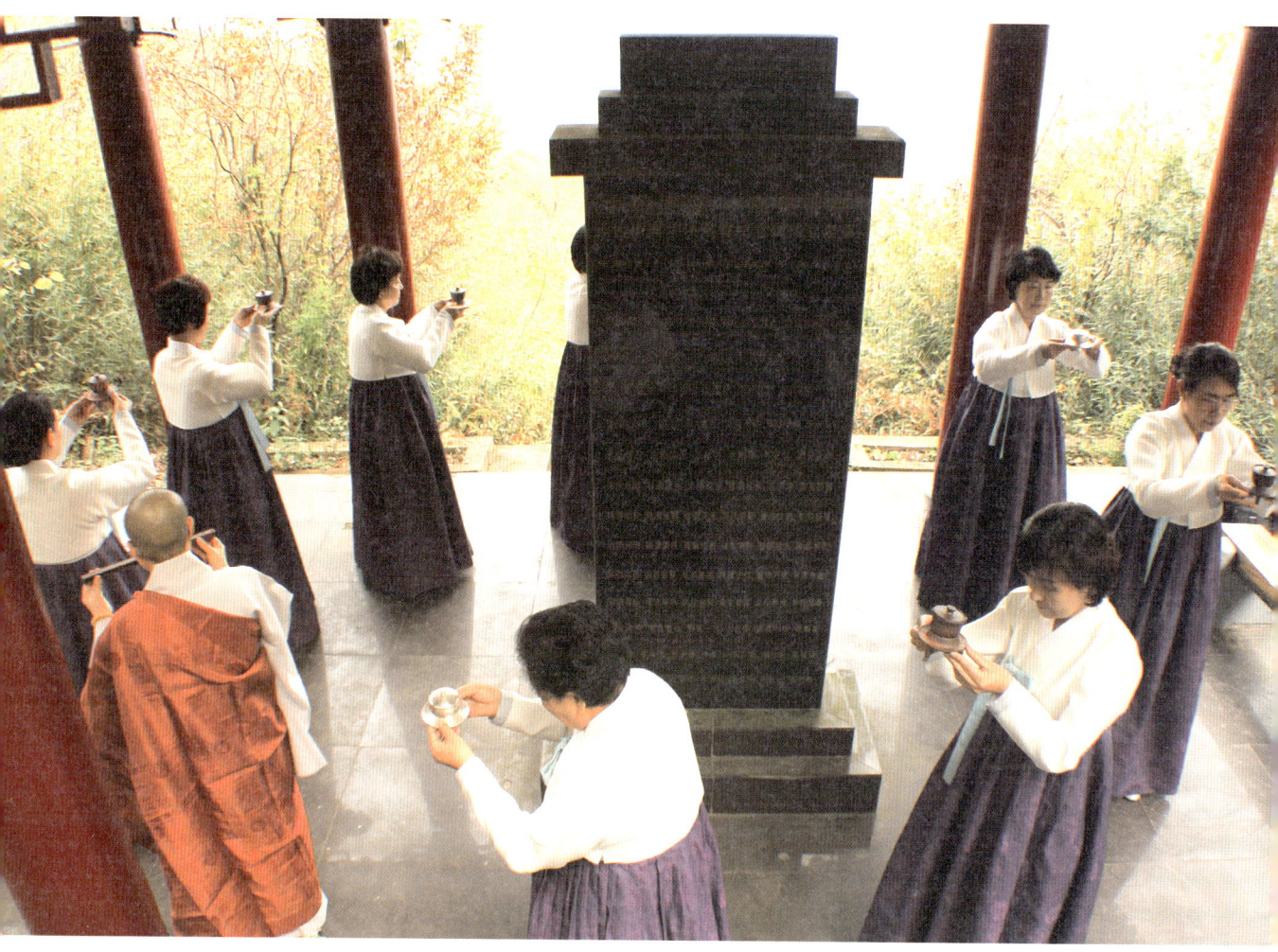

태고보우기념비 앞에서 헌다의식

관심을 모은다는 사실은 후저우의 문화와 경제발전에 있어서 분명 의미 있는 일이다.

  후저우는 일찍이 육우가 《다경》을 저술한 차문화의 중심 메카로 자리 잡아갔다. 게다가 석옥과 태고보우의 차사(茶史) 인연으로 인해 오늘에는 동아시아의 문화도시로 자리매김되고 있다.

한·중 차학자의 선문답

  석옥청공과 태고보우의 인연이 세상 밖으로 드러나게 된 것은 민간 차문화 교류였다. 중국 저명 차인 커우단(寇丹) 노사와 한국의 최석환 선차인이 만나면서 의기투합하여 오늘의 하무산이 세상에주목을 받았다. 그때가 20004년 8월 무더운 여름날이었다. 밤 11시가 가까워질쯤 후저우(湖州) 대주점으로 중국 저명한 차인 커우단 선생이 제자인 주민(朱民) 여사을 대동하고 내가 묶고 있는 호텔의 객실로 찾아왔다 서로 인사를 나눈 뒤 난데없이 일대 법거량이 시작되었다.

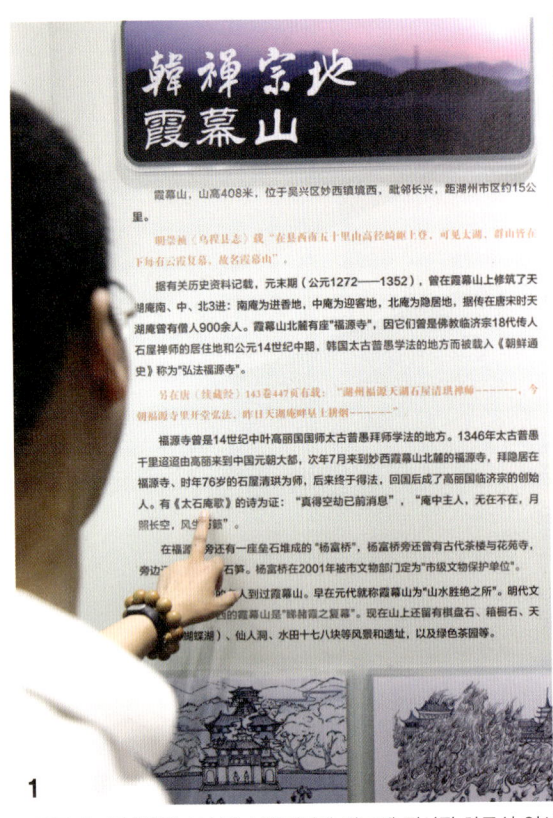
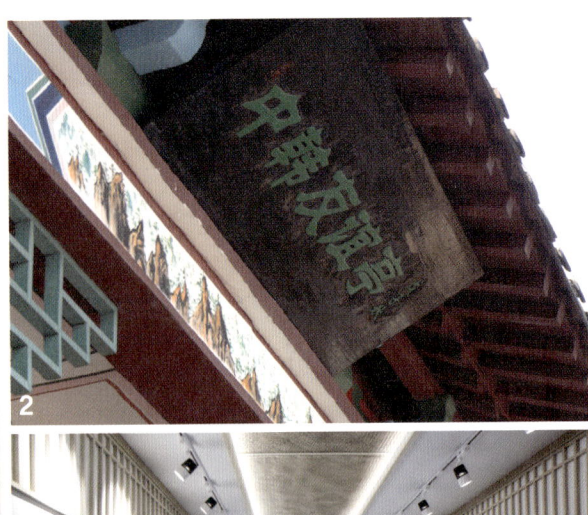
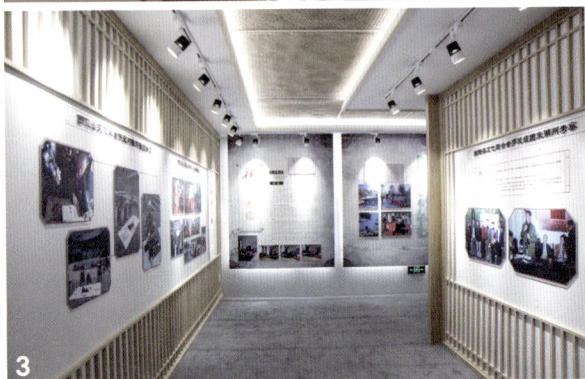

1 중국 후저우(湖州) 묘서진 선차기념관 입구에 전시된 하무산 역사 중 태고보우가
  석옥청공선사를 찾아가 태고암가(太古庵歌)를 바쳤다는 구절이 선명하게 드러났다.
2 2009년 후저우 하막산의 태고보우 현창 기념비가 있는 중·한 우의정.
3 후저우 묘서진의 선차기념관에 전시된 석옥청공과 태고보우의 내력을 자세히 소개하고 있다

    시인(詩人)이며 한학자인 지준모 선생이 이 같은 과정을 지켜보았다. 법거량의 주인공은 중국저명 차학자인 커우단 선생과 한국의 차인인 저자와의 일대 거량이 벌어졌다. 그 당시 커우단 선생은 70대 초반으로 왕성하게 활동하던 시기였고 나는 그때 40대 초반으로 중국 차문화에 깊이 빠져들던 시기였다.
    밤 11시가 될 쯤 커우단 선생은 나를 바라보더니 섭섭한 감회를 드러냈다.
    "후저우에는 좋은 차(茶)만 있는 것이 아니라 훌륭한 선승(禪僧)들도 있어요. 아마 한국인들은 잘 모르는 것 같아요."
    "대체 그 선승이 누구입니까?"
    "그대가 석옥청공을 아는가?"
    중국 저명의 차인이 던진 말을 가만히 듣고만 있을 수 없어 반격의 칼을 꺼냈다.
    "임제의 정맥을 이어온 석옥청공은 한국에서도 이름이 높습니다."
    "그대가 어찌 석옥을 잘 아시오?"
    "1996년 여름 석옥청공의 자취를 쫓아 후저우에 처음 왔을 때 석옥청공을 알 수 있는 사람이 없었어요. 후저우에서 25km 떨어진 묘서(妙西)진에 있는 천호암을 확인하고 천호암을 찾아갔을 때 석옥이 주석했던 천호암은

흔적 없이 사라지고 왕쇼촨 노인이 차를 꾸며 살아가고 있었어요." 커우단 선생은 얼른 나의 말을 가로막으며 말을 꺼냈다.

"《후저우신문》에 여러 번 소개되었으나, 다만 계통적 연구가 부족했지요. 그분이 암자(庵子)를 짓고 있었던 하막산(霞幕山)에는 나도 두 번 갔었고 한국인 친구들도 갔었습니다."라고 일침을 가해온다. 커우단 선생을 바라보며 단도직입적으로 물었다. "하무산에 석옥(石屋)이 심은 15그루의 차나무가 아직도 존재하는지요?"

"750여 년 전에 심은 차나무가 어떻게 아직도 있겠어요…."라는 답이 돌아왔다

그렇게 차를 앞에 놓고 고담준론(高談峻論)이 오고 가다가 두 사람의 논전은 끝났다 커우단 노사는 석옥을 꿰뚫어 보고 있는 나의 지식에 감동하여 두 나라 차문화 발전에 협력하자면 밤 12시가 넘어서야 논전은 끝난 뒤 두 사람은 다음을 기약하고 담론은 마무리했다. 제자인 주민 여사가 커우단 노사를 정중히 모시고 자리를 떴다.

3개월이 지난 뒤 커우단 노사는 《후저우신문》(2004년 11월 10일)에 "열기 가득한 학문으로 나타난 선학사상"이란 제목으로 신문지면을 화려하게 장식했다

커우단 노사는 다음과 같이 말하고 있다.

"2004년 8월 말 한국 《차의 세계》 발행인이 다음 날 귀국해야 하는 관계로 당일 밤 11시 이후에 만날 것을 약속하고 약 2시간 정도 호주차(湖州茶)에 대한 이야기를 내용 들을 신문지면을 장식했다."

뒤에 화제(話題)가 바뀌어서 《차의 세계》 발행인이 탄식하여 말하기를 "호주에서 몇 사람에게 물었더니, 석옥청공(石屋淸珙)에 대해 아는 사람이 적거나 또는 전혀 모르니 정말 이상합니다. 그분의 이름은 한국의 비석이나 옛날의 중국에도 있는데, 그분이 참 호주인이 아닌가요." 했다.

커우단 선생이 설명하기를 "호저우신문에 여러 번 소개되었으나, 다만 계통적 연구가 부족했지요. 그분이 암자(庵子)를 짓고 있었던 하막산(霞幕山)에는 나도 두 번 갔었고 한국인 친구들도 또한 갔었습니다"라고 했다.

그는 갑자기 물었다. "석옥(石屋)이 심은 15그루의 차나무가 아직도 있는지요."

"750여 년 전에 심은 차나무가 어떻게 아직도 있겠어요" 하고 답했다. 이 사람은 최석환(崔錫煥)이라는 한국인 친구로 《선문화(禪文化)》 발행인을 겸하고 있으니, 소위 '다선일미(茶禪一味)'로 몸은 두 직을 겸하고 있으나 실제로는 한 집안이므로 이 같이 관심이 많은 것은 이상할 것이 없다."고 피력하면서 석옥청공 선사가 세상에 드러났다.

하무산에 세워진 한중우의비

태고 화상이 삼생(三生)의 원력으로 불심종(佛心宗)을 빛내시어 다시 오니 하무산에는 중국과 한국의 선풍을 동일한 맥으로 비추시었다[太古三生願 光佛宗再來 霞霧照中韓禪風同一脈].

이 말은 하무산에 세워진 태고보우현창기념비의 한중우의정의 대련에 쓰여진 말이다.

태고보우현창기념비는 묘서진인민정부의 '종교문화와 지방 민속을 결합시키고, 하무산 개발계획'에 힘입었다. 또한 임제종의 조사인 황벽희운(黃檗希運)의 이심인심(以心印心) 심심불이(心心不異)이 가르침에 따라 심심상인(心心相印)정신에 힘입어 이뤄졌다.

기념비에 "석옥이 고려에 부처의 법을 전한 지 600년이 지난 1996년 한국의 임제종의 법손들이 천호암 유적지를 찾아 수풀 속에 하무차만 덩그렇게 남은 사실을 발견하고 원력을 세워 석옥과 태고의 아름다운 인연을 영원히 빛

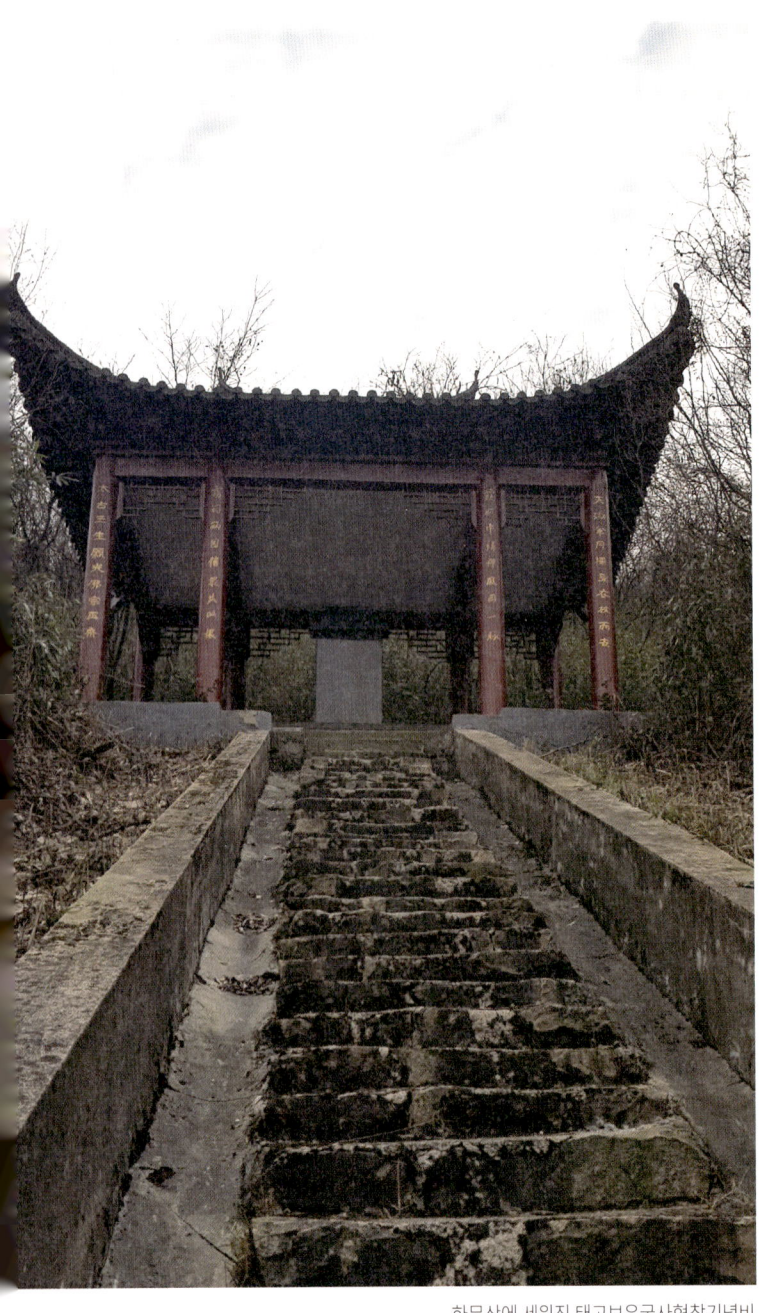

하무산에 세워진 태고보우국사현창기념비

낼 것을 서원(誓願)했다. 그리고 10년 만에 마침내 묘서진(妙西鎭) 정부와 한국의 《차의 세계》 잡지사, 동아시아선학연구소, 태고보우 선양에 앞장서온 대륜불교문화연구원, 차계 대표로 명원문화재단이 협력하여 석옥과 태고의 아름다운 인연이 만세토록 빛날 것을 서원하며 '한중우의해동선종중흥태고보우현창 기념비'를 하무산에 세웠다."

이비의 글은 한국인(최석환)이 직접 쓰게되어 감회가 새롭다. 12년간 노력 끝에 하무산에 세워진 태고보우현창기념비의 제막식 날 감격의 인사말을 전했다.

"내가 1996년 하무산에 첫발을 내디딘 뒤 실로 12년만에 태고보우현창기념비를 세우게 됨을 기쁘게 생각합니다. 아울러 한·중 양국은 쌍방의 공동 노력으로 50대 50의 공동투자로 이 비를 건립하게 되었습니다. 이 청명한 겨울에 묘희불국이라고 불리는 호주 묘서진의 하무산정의 푸른 호수가 내려다 보이는 천호의 샘물처럼 태고와 석옥의 우정이 천 년을 이어져 한 송이 연꽃처럼 피어날 것을 기약합니다"라고 말하며 이날의 벅찬 감동을 말했다.

한·중의 아름다운 인연으로 저장성의 중심 후저우에 태고보우현창기념비를 세웠다. 후저우는 저장성의 차중심으로서 일찍이 신라 때 대렴이 차 씨를 가져온 근우지이기도 했다. 후저우는 육우가 《다경》을 저술했고 교연, 조맹부, 석옥 등 다선일미를 선양한 곳이다. 그곳에 태고보우현창기념비를 세워 저장차의 중심을 이끌어내게 했고, 그것이 저장차의 한 페이지를 장식하게 되었다. 제막식이 끝날 무렵 한·중우의정 오른편 대련이 와 닿았다.

천호암 빈 조각달과 선이의장을 주어서 떠나갔는데 안갯속의 두 나라 신도들도 함께 이루리로다[天湖半月禪 授衣杖而去 霧潤兩國信衆共比根].

이 말이 한·중의 우정을 천 년을 이어오게 했다.

헌다공양의 메카 된 한중우의정

2008년 하무산에 한중우의정이 건립되면서 하무산은 한국과 중국의 문화교류가 이루어졌다. 〈한중우의정〉이 말해주듯 '한중우의 해동선종중흥 태고보우현창기념비'가 하무산의 '중한우의정'내에 세워졌다. 그 비석 글에 이렇게 전하고 있다.

"불광(佛光)이 동방(東方)에 비친 이래 달마(達摩)의 선법(禪法)이 해동(海東)으로 이어지고 선법(禪法)이 이심전심(以心傳心)으로 전해졌고 동류지설(東流之說)로 이어져 오길 1천여 년. 한·중의 선맥(禪脈)은 흐르는 물처럼 끊임없이 이어졌다. 묘희불국(妙喜佛國)이라 불리는 후저우(湖州)는 당(唐)나라 때부터 대외문화교류가 시작되었고 비단, 모필이 잇따라 한자문화권에 알려지면서 후저우는 대외문화교류의 중심지였다. 후저우와 한국 불교와의 인연은 원나라 때 임제종의 18대손인 석옥청공에 의해 부처의 법맥이 다선일미와 함께 고려의 태고보우 국사에게 전해졌다."

이 같은 내용은 한중우의정 벽면에 한글판으로 새겨졌다. 묘서진 정부는 한중우의비의 중요성을 인식하고 한중우의정에 상징성 의미를 두고 있다. 2008년 비석이 세워진 뒤 몇 차례에 걸쳐 비석 앞에서 헌다의식이 거행되었다. 2009년, 2013년, 2015년 2018년 등 모두 세 차례 진행되었다. 이번까지 모두 다섯 차례였다. 한중우의정이 세워진 이후 10년이 지난 뒤 우의정이 퇴각되어갔다. 이에 묘서진 정부는 정식으로 나에게 관리인을 요청했다. 묘서진 정부는 서근법(徐根法)씨을 관리인으로 위촉하여 2018년 10월 한국에 건너와 한국국제선차문화연구회 연구원으로 위촉, 비석 관리를 맡아 묘서진 정부는 보수에 착수했다. 2019년 11월 21일 구미의 보천다회(회장 지민 스님)가 한중우의정에 한중우의 현창기념비에 헌다를 올려 묘서진 축제 분위기였다. 서근법 연구원은 "이번 헌다는 무엇보다도 의미가 크다고 피력했다. 고려때 유행한 말차도로 차를 올렸다. 이번 헌다의식은 각별한 의미가 있는 까닭은 묘서진 정부가 한국에서 앞장서서 비석 앞에 헌다의식이 이루어지면서 한중우의정에 차인들로부터 관심이 쏠리고 있는 까닭이기도 하다.

보천다회는 가파른 계단을 올라 태고보우 국사 탑 앞에 고려의 말차를 올려 태고보우의 영혼앞에 공양케 했다. 보천다회의 지민 스님은 "무엇보다 고려의 말차로 태고보우 국사탑전에 헌다를 올리게 된 것은 의미가 크다"고 말했다. 헌다식이 끝난 이후 하무산은 호수를 사이에 두고 산봉우리마다 차나무로 뒤덮었다. 그 같은 절경을 보고 순례자들은 감격에 젖기도 했다. 수채학 같은 차밭을 걸으며 헌다의식에 참가한 다우들은 태고보우의 법향이 고려로 다시 퍼져가는 것 같다고 기뻐했다.

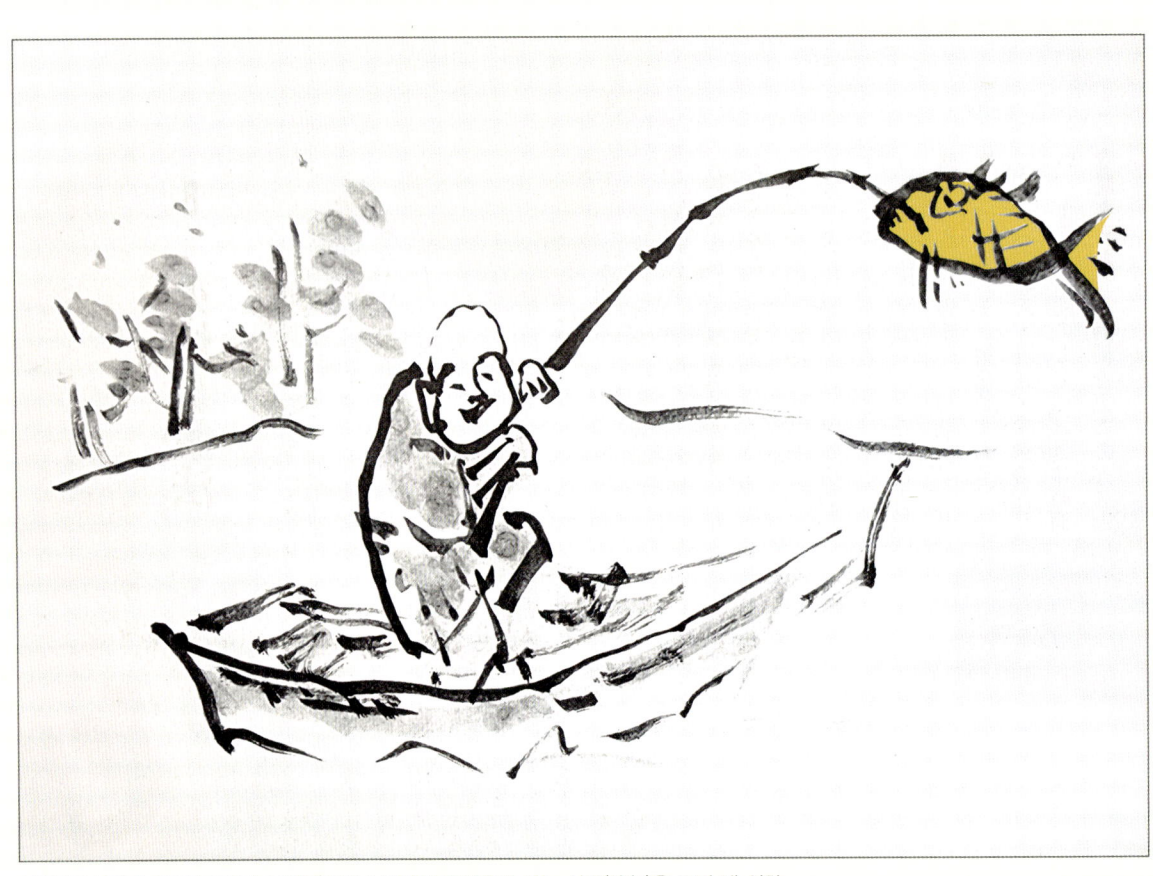

석옥청공선사가 태고보우에게 금린이 곧은 낚시대에 올라온다 라는 시구(詩句)을 그려 낸 선화
이 선화는 〈정법안장〉중 덕성조어(德城釣魚) 라는 화두인데 당나라때 덕성화상과 약산유엄선사와 나눈 문답이다.
선의공안화(中村宗一) 라는 화두집에 실린 선화이다. 뱃사공이 낚시대로 금린을 건저 올리는 장면이다

석옥청공은 태고보우에게 금린(金鱗)을 고려로 전승하다

왜 석옥은 태고보우에게 금린을 전했는가

임제의 18대 법손 석옥청공 선사가 태고보우를 인가하면서 남긴 게송(偈頌)에 "금린이 곧은 낚시에 올라온다(有金鱗上直鉤之句)"라는 시구를 태고보우에게 전승하면서 태고보우는 임제의 19대 적손(嫡孫)으로서 임제종의 법맥을 이어온 유일한 선사로 평가된다. 그때가 고려 충목왕 3년(1347)이었다. 그간 '복원석옥청공 선사탑비명'에 기록된 금린에 담긴 참뜻을 찾아 한·중을 넘나들며 추적했다 그런데 그 실마리을 오랜시간이 지난 뒤에야 풀릴 수 있었다.

석옥(石屋)의 스승 급암종신선사는 석옥청공에게 "이 사람은 법해(法海) 가운데 그물을 뚫고 올라오는 금린(乃法海中透網金鱗野一)이란 화두을 전하면서 인가했다 자세히 살펴본 즉 천 년묵은 금빛 비단잉어가 그 물망에 걸렸는데 급암 선사가 석옥청공 선사에게 대중 앞에 말하길 석옥을 금빛이어라고 극찬했다.

급암 선사가 석옥청공 선사에게 내린 금린은 벽암록49칙에 삼성혜연 스님과 설봉의존의 문답에서도 드러난다. '삼성투망금린'이란 화두는 급암 선사가 석옥 선사에게 전승시켰다 투망금린과 연결된다 삼성혜연스님은 임제의현의 제자이며 설봉은 덕산선감의제자로 선종사에 영향을 끼친 인물들이다. 급암 선사로부터 투망을 뚫고 올라오라는 금린이란 화두를 받고 인가을 받은 석옥은 후저우 하무산에 올라가 천호암을 짓고 살아갔다. 임제의 법맥을 이어간 석옥은 당시 원나라에 덕망이 높은 선사로 존경을 받아왔다. 태고보우 국사가 1342(충목왕2년)중국 대도(현 베이징시)로 들어가 당시 남쪽에서 이름 높은 축원성 선사가 있다는 말을듣고 그를 찾아갔다 태고보우가 그을 찾아갔을 때 이미 열반에 들었다 그의 문인 홍아종(兒我宗) 월동백(月東白) 선사를 만나 삼전어를 놓고 선문답을 펼쳤는데 태고가 보통 법기가 아님을 간파하고 머물길을 청하였으나 태고는 오직 눈 밝은 선지식을 찾아왔노라고 말하였다. 그때 강호의 눈은 오직 석옥에게 있다는 말을 듣고 석옥을 찾아가 태고암가를 바쳐니 석옥은 단박에 태고을 시험했다. 시험에 통과한 태고에게 인가하고 금린이 곧은 낚시에 올라 온다는 시구을 전하고 인가했다. 태고에게 전승한 시구는 임제의 법맥을 이어가 호구소륭-파암조선-급암종신-석옥청공으로 이어져간 법맥을 고려의 태고보우 국사에게 전승되었다.

그간 임제의 법맥에 관점을 두고 연구해온 한국 선종계는 정작 금린을 잊고 있다가 커우단 선생과 필자가 조우(遭遇)하면서 금린이 세상에 드러났다. 2015년 중국 봉황집단이 중국CC-TV에 방영한 하막북비 촬영을 위해 한국의 선차와 태고보우의 족적을 찾아 한국을 방문하면서 태고보우의 실체가 중화권에 드러나면서 금린이 빛을 보게 되었다.

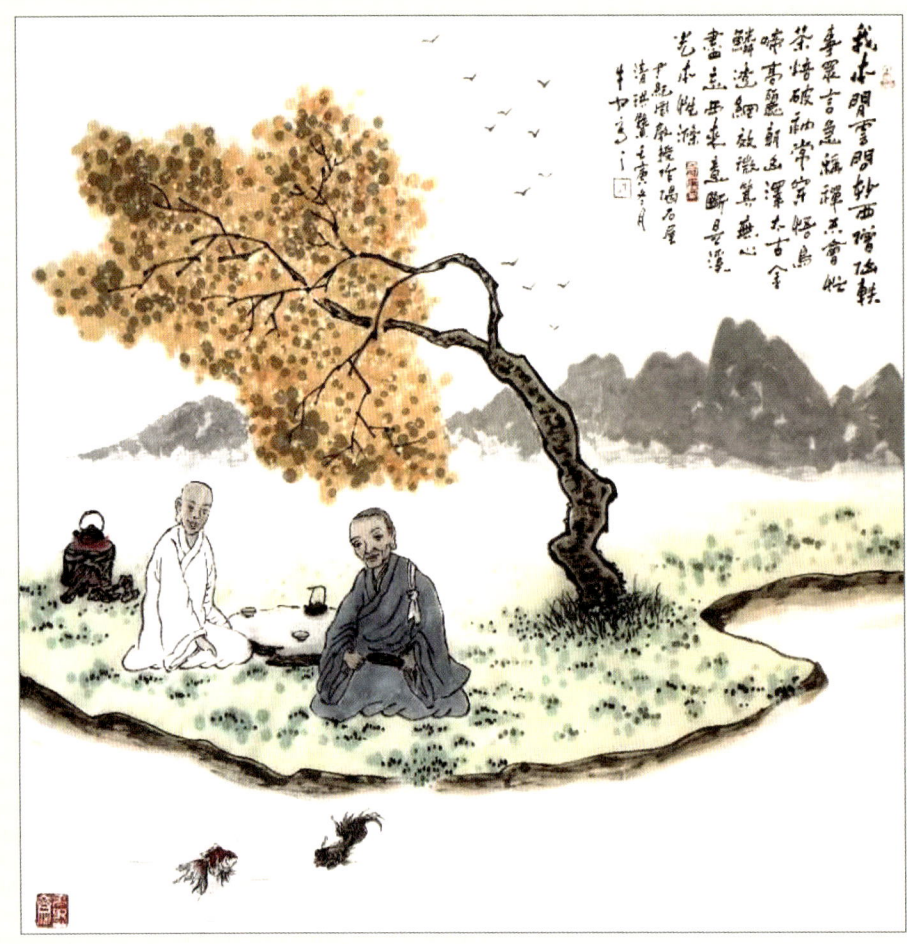

석옥청공선사가 태고보우에게
금린이 담긴 임제의 정맥을
전법하는 장면이다.
두 스님 아래에는 금린이 그려
졌다 이 그림은 중국산시성의
화가 우력(牛力)이 그렸다

새롭게 드러난 금린

 오래전 중국의 차 연구가인 윤기주(尹基周)씨로부터 한 폭의 그림을 보내왔다 그림을 살펴본 즉 낙낙장송의 소나무 아래 석옥청공 선사가 임제의 법맥을 받고 태고보우가 고려로 떠나는 장면을 그려냈는데 석옥은 태고보우를 떠나보내며 고려에 가서 임제의 법맥을 널리 전하길 바라면서 합장하는 장면을 그려냈다. 그 그림에 커우단 선생의 설명을 윤기주가 시어로 이런 말을 남겼다.
 '참된 차 한편이 약선(藥禪)으로 고려로 전해졌다'라는 시어를 남겼다 그 그림을 살피다가 불언 듯 한국국제선차문화연구회 갈옥빙 해외연구원에게 윤기주 씨가 예전에 그림 한 폭을 보내 왔는데 이번에 석옥청공 선사와 태고보우 국사의 금린이 담긴 한 폭의 그림을 윤기주에게 가능한지 타진했다.

한 폭의 그림으로 회생한 석옥과 태고의 법맥

 윤기주(尹紀州)는 단박에 위챗으로 회답하길 오랫동안 석옥청공과 태고보우를 회상해왔는데 너무나 기쁨일이라고 단숨에 중국 산시성 화가 우력(牛力)에게 그림 한 폭을 그려내게 했다. 그리고 윤기주가 찬을 붙여 보내왔다.

한 폭은 급암 선사가 석옥청공에게 전승한 투망에 담긴 '금린투망'이라는 서법이다. 또 하나는 석옥과 태고보우가 금린이란 화두을 주고받았던 그림이다.

그림을 살펴본즉 석옥과 태고보우가 노송아래에 앉아 문답을 주고받는 장면을 묘사했다 가을 단풍잎이 붉게 물들은 노송 아래에 석옥이 태고보우에게 '금린이 곧은 낚시에올라온다'라는 시구를 전하는 명장면이다. 그 아래는 급암 선사가 석옥에게 '법해 가운데 그물을 뚫고 올라온 금린을 그렸냈다. 그 옆의 태고보우 국사 아래에는 낚싯대에 올라온 금린을 그려냈다.

윤기주의 시어에 이렇게 쓰여졌다.

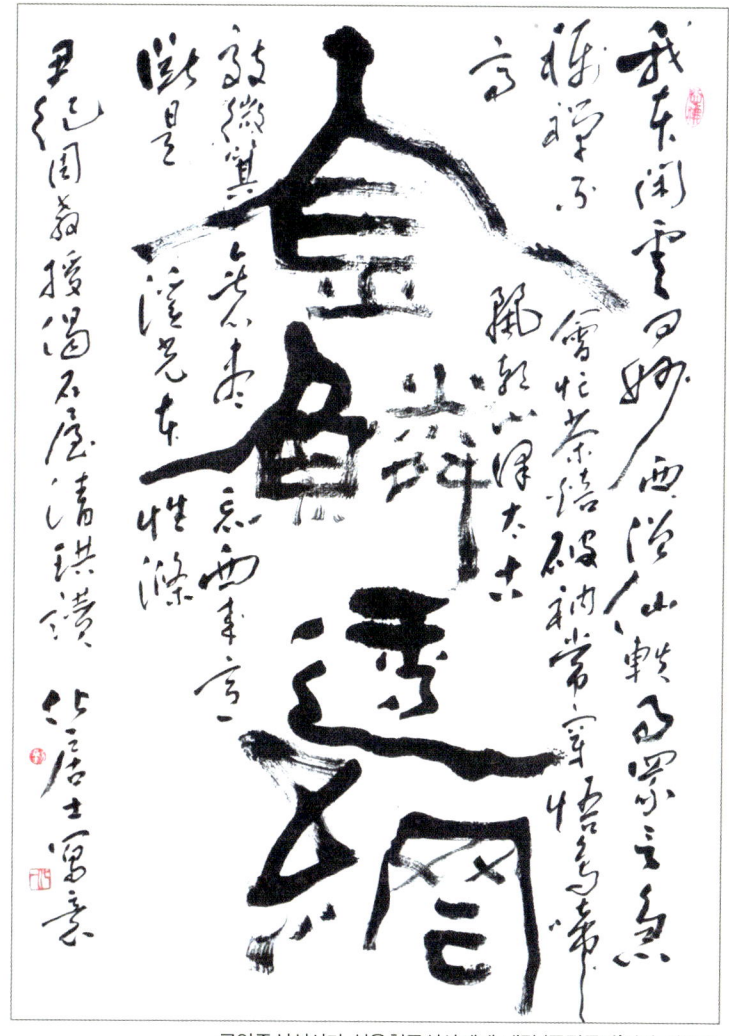

급암종신선사가 석옥청공선사에게 내린 '금린투망'이란 화두를 중국의 서법가가 쓴글이다. 이글은 선차연구가인 윤기주에 의해 세상에 드러나게 되었다

기회가 있을 때마다 묘서를 찾아갔는데
승선(僧仙)의 이야기는
많은 사람들에게 회자 되었네
깨달음의 순간를 찻잔에 담아
누더기을 잎은 스님이 깨달아 학의 날개을 타고 날아가
고려의 태고가 금린을 그 물망에 뚫고 나아가
천심의 마음으로 조사서래의(祖師西來意) 라고 답했네

이렇게 시어를 남기면서 그물망에 담긴 금빛 잉어을 태고보우가 낚싯대로 건져올려 임제의 법을 이어가 태고보우가 고려로 귀국하여 태고선종을 창종케된 것은 한·중선종사에서 한 페이지을 장식하였다고 극찬했다.

한 폭의 그림을 통해 드러난 금린이 고려로 전해지면서 임제의 선법은 세월을 뛰어넘어 빛나고 있다고 말할 수 있겠다.

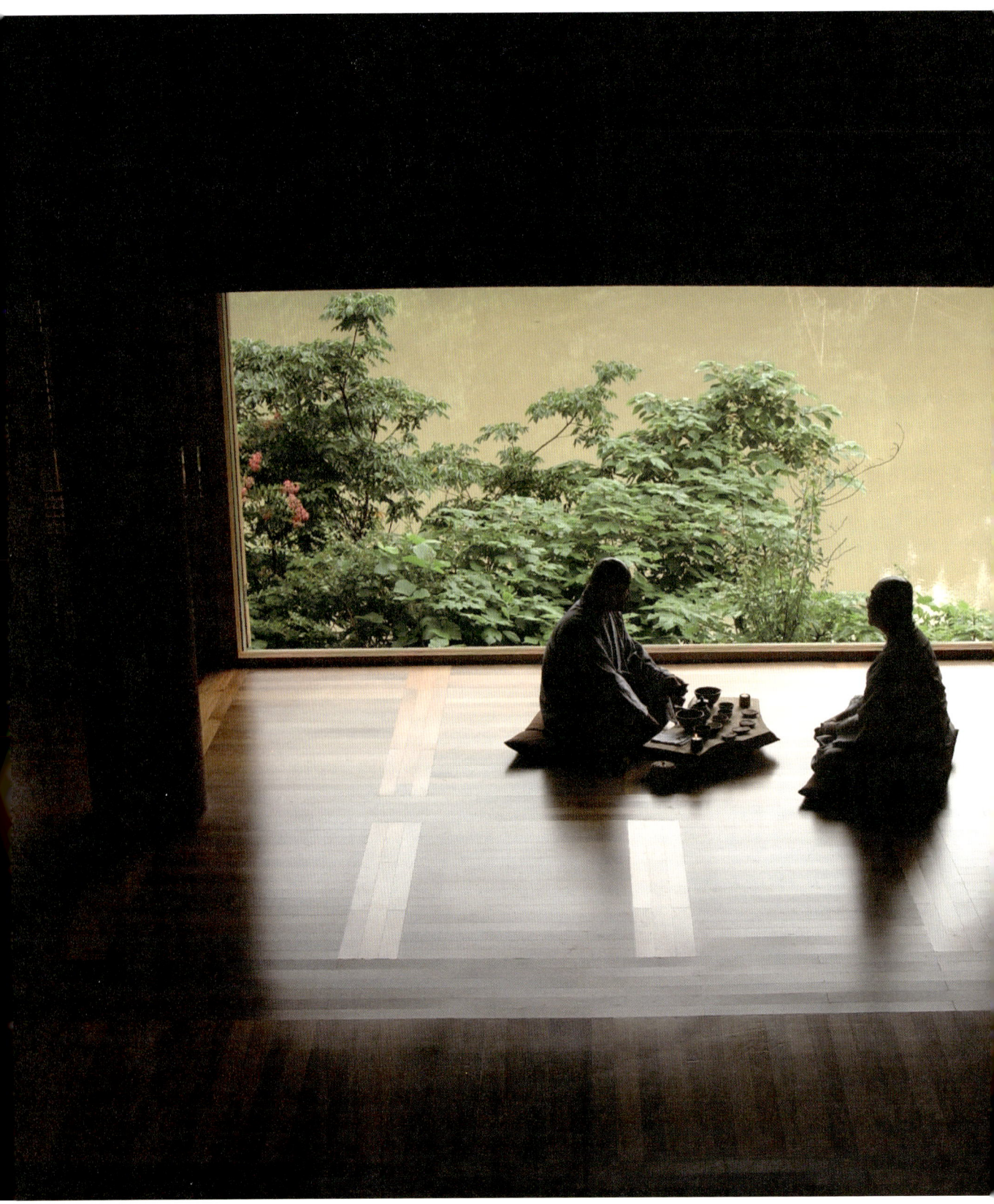

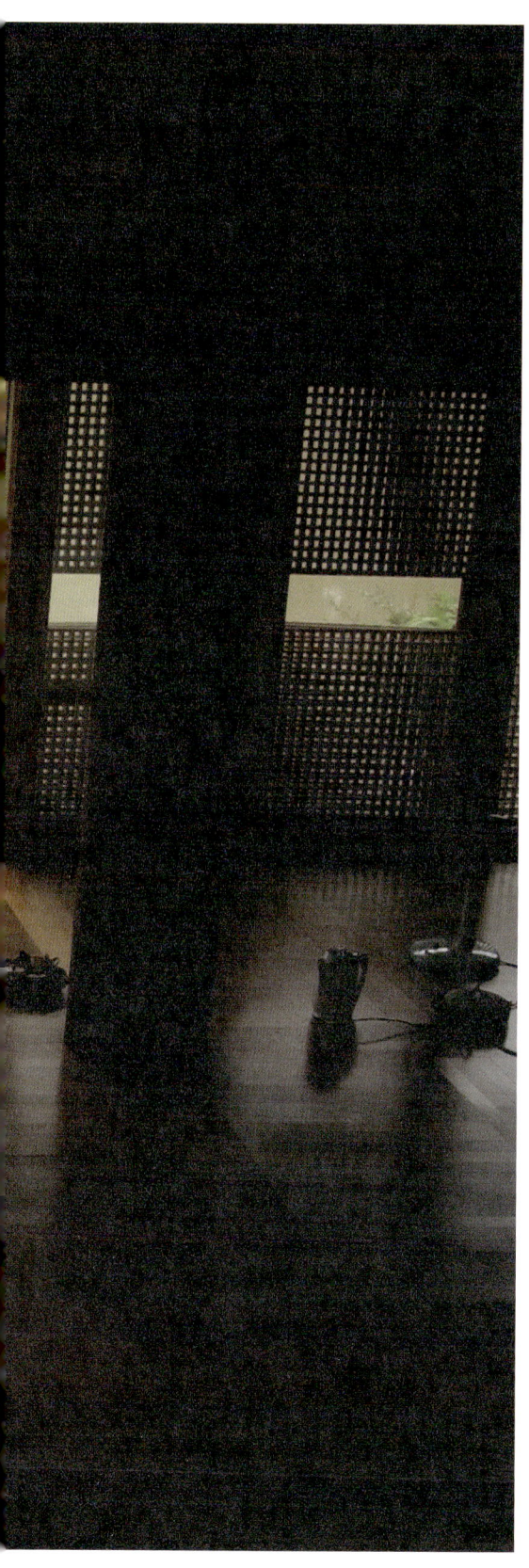

3장
[한국의 선차문화]

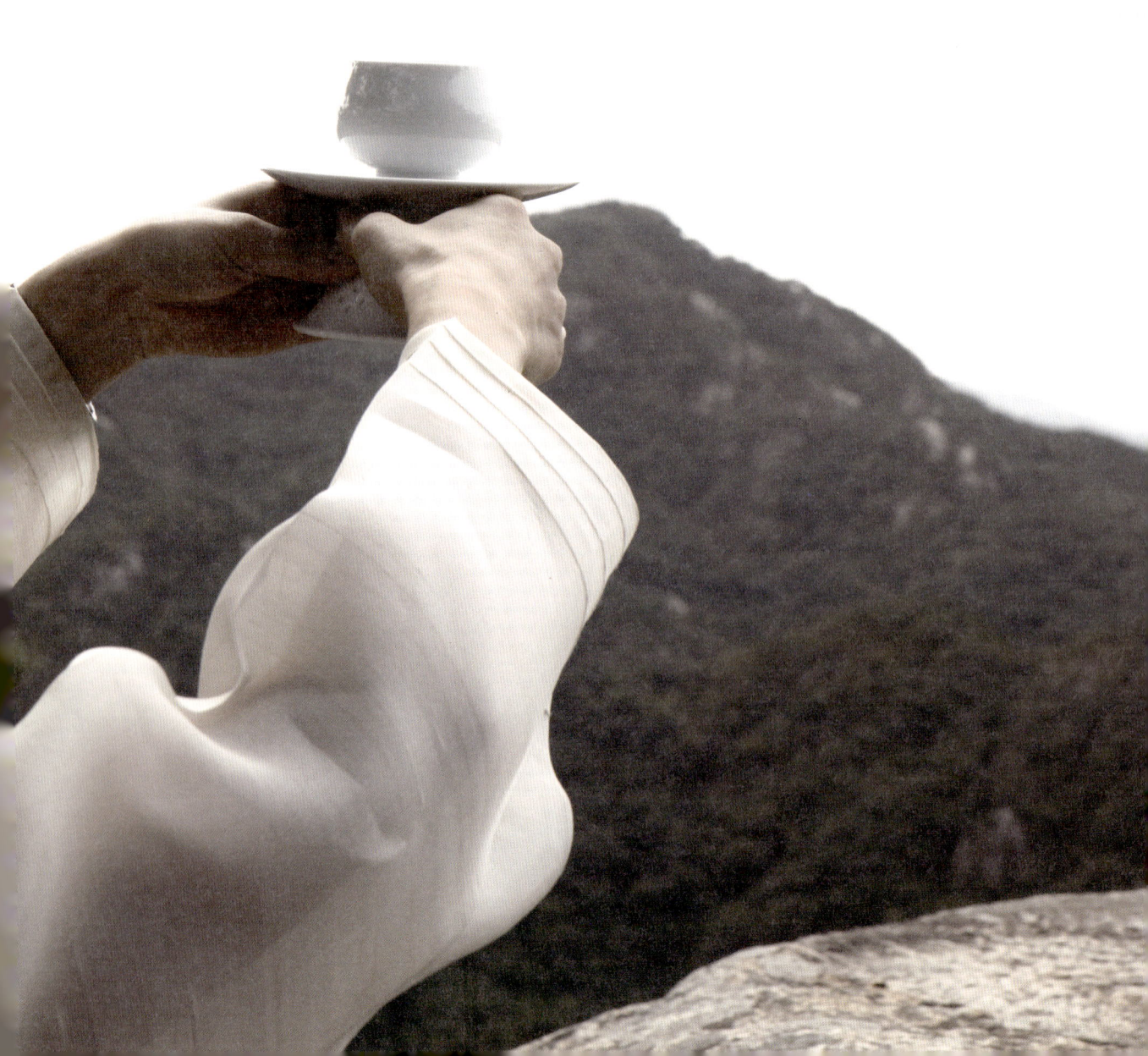

1. 천여 년간 이어져간 한국의 선차문화

중국의 선이 모두 동국으로 가는구나

한국에 차문화의 전래 시기를 놓고 의견이 분분하나 신라말기의 당(唐)나라로 유학(留學)한 도당유학파(渡唐留學派)에 의해 조사의 심인(心印)을 얻어 귀국한 이후 한국의 선차문화가 형성되어갔다. 최치원(崔致遠)이 지은 봉암사지증대사적조탑비(鳳巖寺智證大師寂照塔碑)에 귀화인(歸化人)으로 서화칙(西化則), 정중무상(靜衆無相), 상산혜각(常山慧覺)을 거론하고 있다. 서화측은 원측(圓測) 법사을 말하고 익주김(益州金)은 신라의 정중무상(淨衆無相) 선사를 말한다. 그리고 헤베이성 칠천선사에서 북선(北禪)일으킨 신라의 상산혜각(常山慧覺) 등 세 사람을 거론하고 있다.

이중 정중무상 선사는 중국 촉나라(현재는 쓰촨성)에서 선차지법(禪茶之法)을 창안(創案) 중국에 선차의 비조로 높이 평가하고 있다.

당시 중국의 선법(禪法)이 동쪽나라로 흘려간다는 참설(讖說)이 크게 유포되었다 신라말 임당 구법승(九法僧)과 유학승(留學僧)들이 앞을 타투어 당나라로 들어가 당의 신진학문과 조사의 심인(心印)을 얻으려 유학길에 올랐다 신라출신의 제자을 길려낸 서당지장(西堂智藏), 마곡보철(麻谷寶徹), 남천보원(南泉普願), 염관제안(雲居道膺) 등이 신라인의 제자를 대거 인가하게 되었다. 당시 중국의 선승들은 자신으로부터 법을 받은 신라승이 동류지설(東流之說)을 이끌어 자기의 법이 동쪽나라에 꽃피길 은근히 기대하고 있었던 것 같다.

이들 세 명의 선승을 통해 차맥을 신라로 이어져갔다 그 내력은 다음과 같이 전개되었다.

혜철 선사가 서당을 찾아가 법을 구하니 서당은 혜철에게 "무설지설(無說之說) 무법지법(無法之法)이란 인가송(認可頌)을 전한다." "설하는 바가 없이 설하고 법이 없는 중에도 말없이 전한다"는 이 말이 해동에 전해지면 더없이 다행이라고 서당지장 선사는 혜철 선사를 인가하고 이 같은 게송을 전했다. 말없이

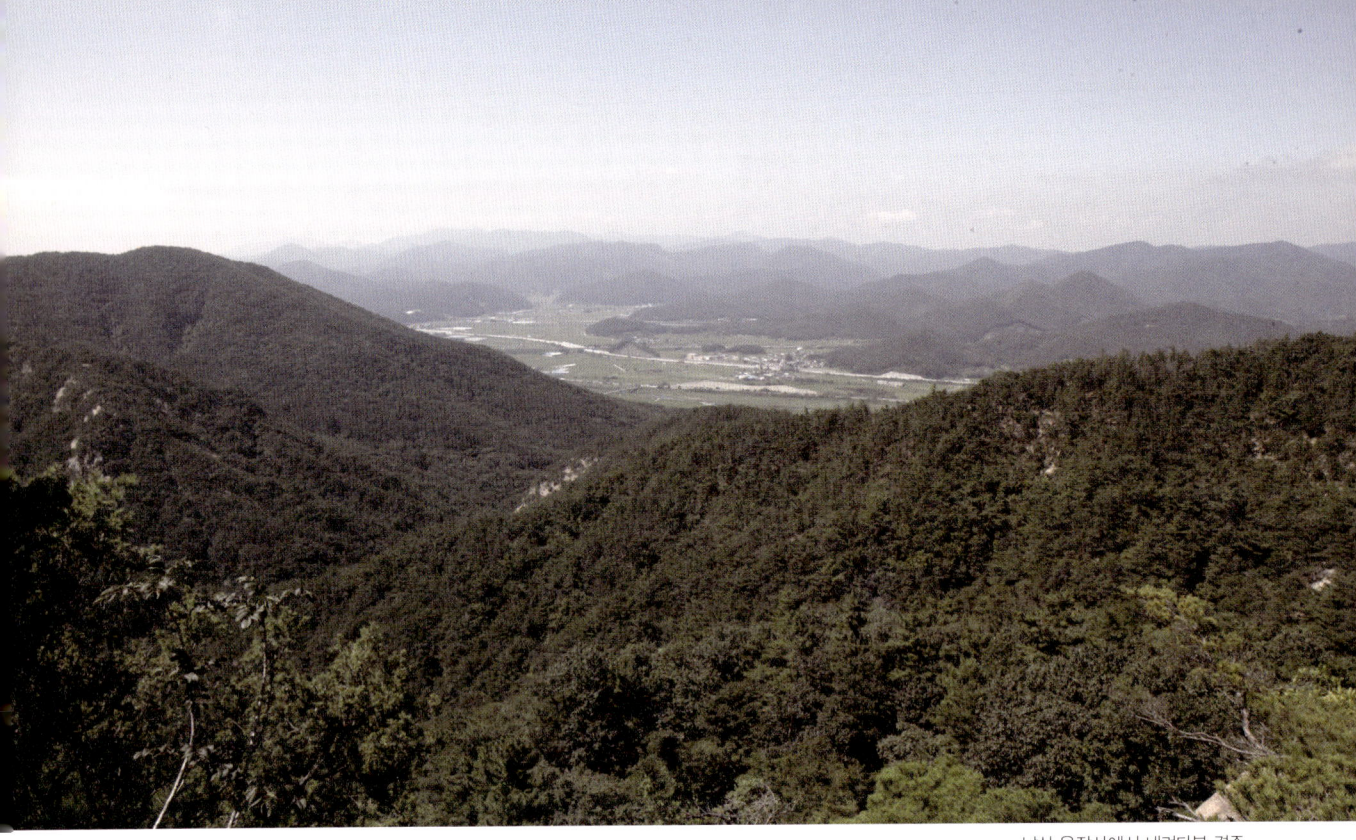

남산 용장사에서 내려다본 경주.
신라의 충담선사가 삼화경에 차공양 이후 그 맥이 조선초기 매월당으로 이어져 초암차도를 전승해갔다.

천 년간 이어져온 서당의 다맥은 식지 않는 선차의 맥으로 이어져왔다고 말할 수 있겠다. 이들을 통해 선과 차가 신라로 들어와 꽃을 피울수 있었던 것 같다 그 후 조주종심 선사가 나와 끽다거(喫茶去)를 제창하여 중국의 선차문화가 법류(法流)처럼 흘려갔다.

2000년 겨울 도의, 홍척, 혜철스님이 서당지장 선사에게 인가 받았던 장시성(江西省) 간저우시(贛州市: 옛 건주) 감현(贛縣) 전촌향(田村鄕)에 자리 잡고 있는 공공산(龔公山,) 보화사(寶華寺)를 찾아갔다. 《보화사지(寶華寺志)》에는 공공산을 다음과 같이 묘사했다.

"멀리 대수령(大瘦嶺)에서 뻗어진 줄기가 이어져, 북쪽으로 구불구불 오면서 여러 구릉이 모인 사이에 낙맥하였으며 주위에 둥글게 감싸 안겨 있다."

서당지장 선사가 선법을 떨친 공공산 보화사는 보화 10보(寶) 중의 하나인 용천수(龍泉水)와 대죽(大竹)이 있으며 서당이 마조(馬祖)에게 차를 올렸던 차나무도 남아 있다. 대웅전 바로 뒤 채소밭 언덕 위에 자라고 있는 사람의 팔뚝만 한 이 차나무가 서당이 손수 비벼 말렸던 차나무라고 말하는 보화사 회창(悔昌) 스님은 보화사에는 다선일미(茶禪一味) 정신이 1천 년간 녹아 있었다고 강조했다. 또한 스님은 보화사가 차나무에서 나는 잎으로 차를 만들 뿐 아니라 주변의 나무 열매 잎을 짜서 식용으로도 사용했다는 이야기를 들려주었다.

새로 지은 서당선루(西堂禪樓) 앞에서 서당차(西堂茶)를 음미하니 혜철과 서당이 말 없는 가운데 선차일미(禪茶一味)로 신라로 전승했다.

〈당공공산 서당시호 대각국사중건 대보광탑비명(唐龔公山西堂諡號大覺國師重建大寶光塔碑銘)〉에 호가 '대각', 당호가 '대보광'으로 밝혀짐으로써 서당지장 선사에 관한 연구가 활발해질 전망이다. 비문을 살펴보면 '마조의 제자 중 유관은 북(北)을 종으로 삼았고 지장은 남(南)을 종으로 하여 5조 홍인 문하의 신수, 혜능과 대별된다고 말하고 마조 문하에도 남북이 대립되었음을 암시적으로 전하고 있다. 특히 마조 문하 백장에 의해 중국선이 재편되었을 때 서당은 이미 동쪽나라에 선의 씨앗을 뿌렸다'.

실상산문(實相山門)을 연 홍척의 제자 중 편운(片雲)과 수철(秀澈) 등 1,000여 명의 제자를 두었다. 그중 차맥을 이은 수철화상(秀澈和尙)은 897년(진성왕 7년) 열반에 들 즈음 문도들에게 열반송(涅槃頌)을 남겼다.

"죽음이 눈앞에 이르니 나는 가고자 하노라 너희는 힘써 노력하라. 마땅히 부처님 뜰에서 노닐어 바람이 미친 듯이 불고 하늘은 구름이 모였다 흩어졌다 하는구나. 밝은 달은 동에서 서로 지는구나"라고 말하고 적멸(寂滅)에 들었다. 향년 79세요 법랍 59세였다.

수철화상이 열반(涅槃)에 들자 제자들은 여법하게 다비식을 치르고 여덟 번째 재를 올리고 100일이 되던 날 왕부(王府)로부터 차와 향이 올려졌다. 대중들은 목마름이 적시지 않음이 없었고 덕의 향기를 멀리 드날렸으니 수철화상을 존경하는 이가 구름처럼 이어졌다.

차와 향을 받들었던 신라의 다풍

신라에 차문화가 형성되어갔을 때 신라인들은 차와 향을 받들었다. 김입지(金立之)가 찬한 《성주사사적기(聖住寺寺蹟記)》에 성주산문을 개산할 당시 무염국사(無染國師)에게 차와 향을 두 손으로 받들었다는 기록을 보아 신라 말 차와 향은 선종의 가풍처럼 여겨졌다. 지리산(智異山)의 차맥을 논할 때 대렴이 등장하는 까닭은 태화 2년(828.당나라 문종)에 신라 흥덕왕(興德王) 시기 당나라에 사신으로 갔던 대렴이 돌아올 때 당나라로부터 차 씨를 가져와 지리산에 심게 되면서 한국의 차문화가 전파되었다고 보고 있기 때문이다. 한국 차문화의 전개 과정을 살펴볼 때 지리산 자락인 남원을 주목하게 된 까닭은 고려(高麗) 때 노규선사의 조아차의 산지가 남원인 데다가 실상산문을 개산한 홍척국사가 흥덕왕(興德王) 1년(826)에 귀국하여 실상산문을 열면서 흥덕왕(興德王)과 직간접적으로 연관성이 있다. 홍척은 830년 무렵, 지리산에서 머물다가 흥덕왕(興德王)의 초청으로 경주로 옮겨갔다가 836년 무렵 설악산으로 거처를 옮겼다. 봉암사(鳳巖寺)〈지증대사 적조탑비(智證大師 寂照塔碑)〉에 새겨져 있는 홍척의 선사상은 몰념몰수(沒念沒修)인데 "닦되 닦음이 없으며 증득하되 증득함이 없음이라"는 홍척의 선사상은 수철로 이어져 지리산 지실사(知實寺)에서 선풍을 드날렸다.

수철화상비의 맨 마지막 구절에 인(仁)을 심는 것은 동방(東方)에서 불교의 모범으로 삼았으며 승려의 옷을 걸치는 것은 벼슬하지 않는 이의 국치라고 말했다. 더 나아가 수철은 서당지장의 선계로 남악 홍척을 스승으로 남종선(南宗禪)을 크게 진작시켰.

서당을 신라의 구법승 중 북산의 도의와 남악의 홍척 동리산문을 연 혜철국사(慧徹國師) 등 3인의 신라인을 인가했다. 마조의 입실제자 백장회해(百丈懷海) 선사는 "장시의 선맥이 모두 동국승에 있다"는 말을 남겼듯이 당시 신라인은 큰 역할을 했다고 볼 수 있겠다.

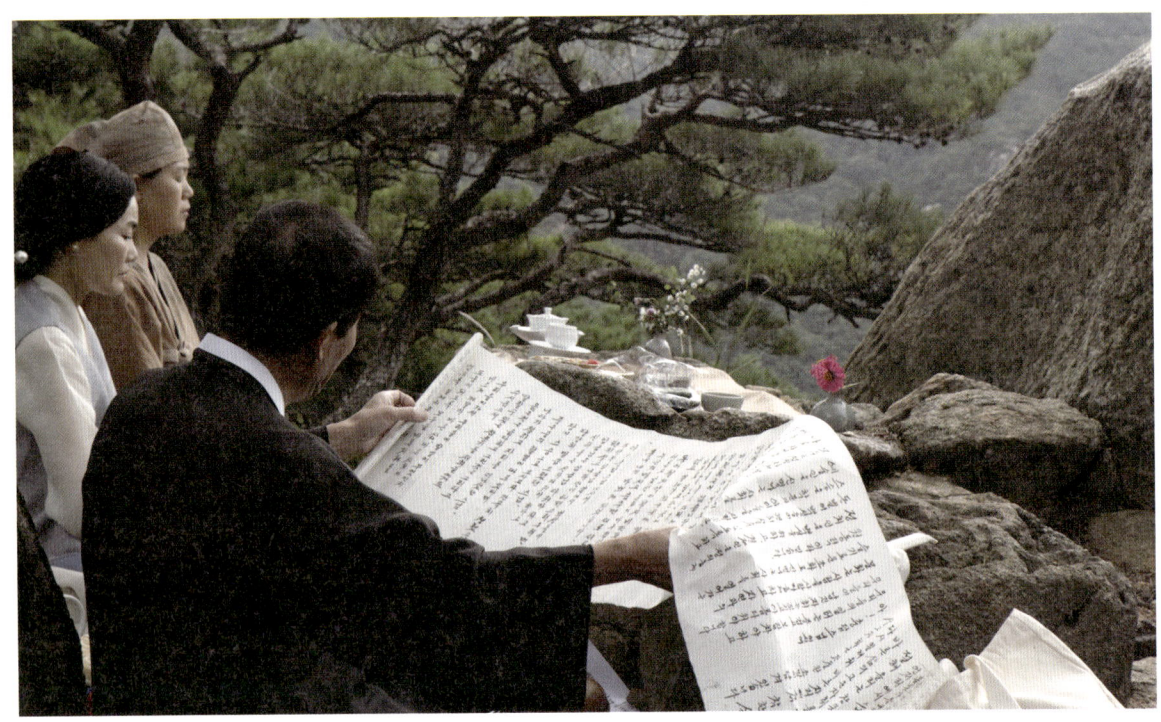

삼화령에서 충담선사에게 제문을 낭독하는 김윤근 전 경주문화원 원장

미륵보살에게 차를 올렸던 충담 선사

우리 차문화의 흔적을 살필때 가락국(駕洛國)을 거쳐 신라 선덕여왕(善德女王) 때 비로소 차가 정착 되었음을 확인할 수 있었다. 또한 《삼국유사(三國遺事)》에 따르면 매년 삼월 삼진날 삼화령의 미륵 부처님께 차 공양을 올렸던 역사적 사실이 드러난다.

765년 삼월 삼진날이었다. 신라 35대 경덕왕(景德王, 742 765)이 신하들을 거느리고 만월성 귀정문(歸正門) 누(樓)에서 있었다. 그곳이 오늘날 경주 문천교를 지나 요석궁(瑤石宮) 좌측에 있는 귀정문(歸正門)이라고 한다. 경덕왕(景德王)이 신하들을 거느리고 귀정문 누에서 말하였다.

"누가 흉흉한 스님 한 사람을 데려올 수 있겠는가."

그때였다. 옷을 잘 입은 한 스님이 귀정문 앞을 지나가자 신하들이 그를 데리고 온다.

왕은 그를 보자, 내가 찾던 스님이 아니라면서 그를 물리친다.

얼마 후 한 승려가 장삼을 입고 앵통을 걸머지고 남쪽에서 걸어왔다.

왕은 그를 보더니 누위로 맞이했다.

"그대는 누구요."

"저는 충담입니다."

"어디서 오는 길이요."

"소승은 해마다 삼월 삼짇날과 중구일이면 삼화령의 미륵불께 차 공양을 합니다. 오늘도 차 공양을 마치고 돌아오는 길입니다."

"나에게 한 사발의 차를 나누어 줄 수 있겠소."

충담은 그 자리에서 자리를 펴고 경덕왕에게 차를 한 사발 대접한다. 그 신비로운 향기가 입가에 감돈다. 왕은 차를 마신 뒤 충담에게 말하길,

"내 들으니 스님은 기파랑을 찬미한 산외가가 그 뜻이 놀랍다고 들었는데 과연 그러하오."

"그렇습니다."

"그렇다면 나를 위하여 백성을 다스릴 편안한 노래를 지어줄 수 있겠소."

충담은 즉석에서 노래를 지어 올렸다. 그 노래는 임금은 임금답게 신하는 신하답게 백성은 백성답게 라는 〈안민가(安民歌)〉였다.

천 년 전 충담이 왕에게 지어올린 〈안민가(安民歌)〉 속에서 '답게'라는 말이 오랫동안 구전되어 회자되고 있다. 천 년 간 마치 흐르는 물처럼 흐르며 맥박처럼 뛴다. 충담의 정신을 이으려는 경주지역 차인들이 80년대 후반 충담 선사의 안민가 속에서 녹아 나오는 '답게' 정신을 본받고자 들차회라는 개념을 찻자리에 끌어들여 반월성에서 최초의 들차회를 조직했다. 그때가 1989년이었다. 당시 경주차인회장으로 있던 최차란 씨가 조직하였으며, 원불교 이성택 교구장은 "우주의 축소판을 찻자리로 끌어들인 최차란의 정신에 놀라웠다"고 말한 바 있다. 우연일지 몰라도 석굴암 문수보살이 든 찻잔들에서도 신라의 차향을 느낄 수 있고 1974년 충주 안암지에서 출토된 차(茶)가 새겨져 있는 회색토기 발견에서 신라의 차향을 발견할 수 있었다. 그런 인연이지 몰라도 충담 선사의 차 정신은 더욱 승화되었을 것이다. 또한 경덕왕의 근친 되는 김지장 스님이 출가할 때 가지고 간 차 씨앗이 오늘날 국화꽃차로 명성을 얻는 위치 또한 우연은 아닐 것이다.

충담(忠談) 선사가 올렸던 삼화령이 남산 남동쪽의 미륵불 앞에 있던 대연화대좌(大蓮華臺座)인지 생의자(生義寺)에서 출토된 미륵삼존이 나온 자리인지는 아직 규명되지 않았다. 다만 경주의 민속학자인 윤경열(尹景烈, 82세, 1979년 작고) 씨가 남산동 남쪽에 있는 연화대자리를 삼화령 자리로 규정한 이래 지금은 그곳이 삼화령 자리로 굳어졌다. 그 뒤 해마다 삼월 삼짇날만 되면 차인들이 발길이 이어져, 그 대좌 위에 헌다를 올리고 있는 실정이다. 그처럼 충담의 차 한 잔이 역사 속으로 걸어 나와 지금 신라의 차향처럼 천 년을 빛나고 있다.

김명배의 《한국의 다도문화》에서 당시 충담은 스님이 짊어 메고 차를 올린 끽다용 다구인 앵통(櫻筒)의 예를 들어 한국 다도의 창립은 중국이나 일본의 영향을 받지 않은 한국의 독창적 창안이라 말한 바 있다.

모든 역사 기록은 견당사 대렴이 당으로부터 차종을 가져와 지리산에 심으니 그로부터 차문화가 정착된 것으로 여겨왔다.

석도륜(昔度輪)은 '말려초(羅末麗初)의 선종 구산문의 다선(茶禪)의 전성기 때 해운거상 장보고에 의해 촉(蜀)의 몽정차를 무역했었던 기억이 되살아난다'고 밝혔다

구선문의 조사들이 중국에서 조사들로부터 선과 차를 이어귀국하여 신라에 선차문화를 전승하면서 그 명맥이 이어져가면서 한국의 차문화가 정착되었다.

차는 처음에는 약용으로 사용되다가 나중에 음료로 사용되었는데 우리 차문화의 기원은 신라 시대 이후 오랜 세월을 거치면서 발전하여갔다. 그 기반은 불교의 선종 문화의 발전에 적지 않은 영향을 끼쳤다.

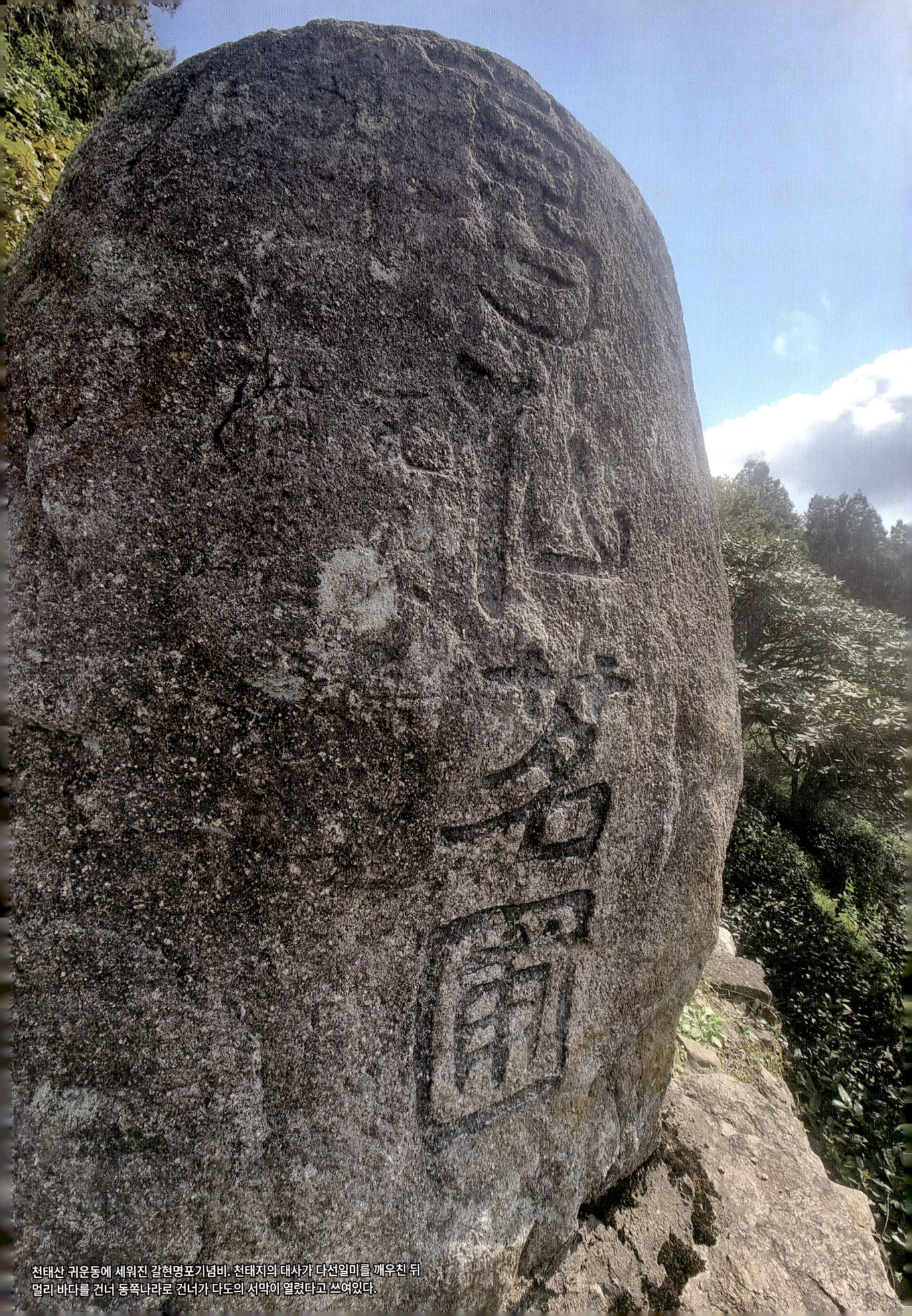

천태산 귀운동에 세워진 갈현명포기념비. 천태지의 대사가 다선일미를 깨우친 뒤 멀리 바다를 건너 동쪽나라로 건너가 다도의 서막이 열렸다고 쓰여있다.

2. 대렴의 차 씨 천태산 귀운동에서 전래되었다

천태산 귀운동에 대렴의 차 씨가 전파되었다

우리나라 차 씨 전래설을 놓고 의견이 분분하나 대렴이 당(唐)나라에 사신(使臣)으로 갔을 때 차 씨를 가져와 지리산에 심게 된 이후 한국의 차문화가 전래되었다고 말하고 있다.

《삼국사기(三國史記)》에 신라(新羅) 흥덕왕(興德王) 3년(서기828) 중국에 사신으로 갔던 견당사(遣唐史) 대렴공이 당에서 돌아올 때 차의 종자를 가지고 옴에 왕은 그것을 지리산(智異山)에 심게 하였다. 차는 선덕여왕(善德女王, 632-647)) 때 부터 있었지만 이때에 이르러 성행했다. 그런데 명(明) 만력(萬曆)에 편찬한 《구화산지(九華山志)》권 8권에 "금지차는 나무줄기가 속이비어 작은 대나무 같다고 전하는데 김지장이 신라(西來)로부터 가져온 차 씨라고 전 한다" 위의 기록을 살펴보며 대렴이 차 씨를 신라로 가져오기 이전부터 신라의 차문화가 형성되었다.

DNA로 검증된 대렴의 차 씨

그간 대렴의 차 씨 전래설를 놓고 당나라 어떤 지역에서 차 씨를 가져와 지리산에 심게 되었는가를 놓고 논쟁이 끊이지 않았다.

1999년 동치칭(童啓慶)교수의 지도를 받고 저장대 유학생인 이은경씨가 〈생물유전학과 비교형태학의 방법〉이란 논문을 통해 지리산 차수와 천태산 차수를 비교 연구하여 생물학적으로 동일성을 밝혀 내면서 천태산 귀운동의 차 씨로 대렴이 지리산에 심게 되었음이 입증되었다.

이은경 씨의 연구 논문을 2000년대 초반 접하고 천태산을 찾아가 그 실체를 파악하려 했다.

그때가 2006년 여름 천태산 화정봉 귀운동 일대를 조사하다 뜻밖에도 한나

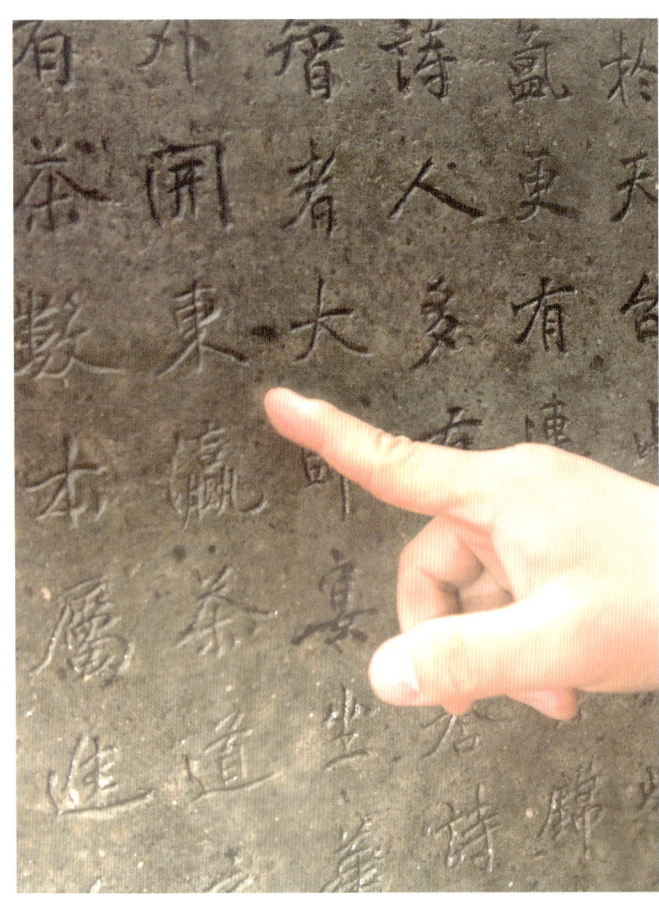

왕지이양(王家陽)이 쓴
갈현명포기념비에
동쪽(東瀛)으로 이어진 차맥

라 때 갈현(葛玄) 선사가 심었다고 전해지는 차나무를 찾아냈다. 그 후였다. 2009년 7월 초 저장대의 차학과 차다분의 권위자인 왕웨에페이(王岳飛) 교수로부터 놀라운 말을 들었다. 그는 "한국차의 뿌리가 천태(天台)에 있습니다. 주목해 주십시오"라며 천태로부터 한국차의 연원이 시작되었다고 이야기를 꺼냈다. 대렴의 차종을 추적하다가 천태현 농업국의 차엽연구가인 쉬렌밍(許廉明)과 통치칭 교수을 만나, 모두가 한국차의 연원이 천태산으로부터 연원되었다고 입을 모았다. 그들의 지적처럼 저장성의 차가 해상차로를 통해 전해지면서 동북아시아에서 중심 메카로 떠오르고 있었다.

천태산에서 차를 생산했다는 최초의 문헌적 기록은 삼국시대 오나라 적오(赤烏) 원년(238년)에 도사(道士) 갈현(葛玄)이 천태산 최고봉인 화정봉(華頂峰)에다 차밭을 일구고 차를 심었다는 기록이 있다. 천태산과 한국은 깊은 인연이 있다. 고구려의 파야 선사가 천태산 화정봉으로 들어가 반야천 이라는 우물을 파서 다선일미(茶禪一味)를 실천했다 그 후 대렴이 천태산 귀운동의 차 씨를 가져와 지리산에 심게 되면서 천태산은 일본보다도 한국과 인연이 깊다고 말할 수 있겠다.

대렴이 차 씨를 신라에 전파한 해상차로의 길

나는 그간 대렴의 차 씨 전파 행로를 놓고 장보고 선단을 통해 완도의 청해진항을 통해 신라로 전해질 가능성을 제시했다.

'밍저우항과 조선반도의 해상차로'를 연구해온 린시민(林士民) 씨는 "당 태화 2년(828) 당나라에 대사 대렴을 파견하였는데 귀국할 때 차 씨를 가지고 왔다. 당시 흥덕왕(興德王)은 동의하에 지리산에 심었다. 그가 바로 중국에서 한국으로 전해준 확실히 기재된 첫 번째 전파자'이다. 대렴은 어디에서 차 씨를 가지고 왔을까? 최근 연구에서 대렴은 차 씨를 중국 저장 천태산 귀운동(歸雲洞)에서 가져왔다고 밝혀졌다. 천태산의 차 씨는 어느 항구에서 전파되어 나온 것일까? 그는 저장 밍저우항에서 한국의 남단 완도(莞島) 청해진항(淸海鎭港)으로 이어진 '해상차로'를 통해 저장 천태산의 차 씨가 전해진 것으로 여긴다."고 밝힌 바 있다. 이렇게 해상차로를 통해 대렴의 차 씨가 청해진항을 통해 신라로 전해질 가능성이 크다고 말할 수 있겠다.

대렴의 차 씨 전파지를 놓고 중국차 연구가인 박영환 교수도 한·중(韓中) 다도 학계의 여러 보고에 의하면, "우리나라 신라 때 대렴이 중국에서 찻씨를 가져와 지리산 옥천사(玉泉寺, 현, 쌍계사) 부근에 차를 심고 재배했다는 한국 최초의 차가 바로 천태산에서 가져온 차라는 것이다'라고 밝혔다.

2023년 가을 중국 천태산 귀운동에서 역사적 일이 벌어졌다. 귀운동의 노차수 아래에서 한·중이 공동으로 헌다의식이 거행되었다. 까닭은 천태산 귀운동에서 대렴이 차 씨를 가져와 지리산에 심게 되어 한국의 차문화가 전개되었다고 볼 수 있다.

대렴의 차 씨 전파지가 천태산으로 굳어지자 2023년 9월 22일 중국 저장성 천태산 귀운동에서 한국 차의 역사를 새롭게 쓰게 되는 일대사건이 벌어졌다.

수나라 때 고승 지의(智顗) 선사가 천태산 연화봉에서 다선일미(茶禪一味)를 실천한 이래 처음으로 실현되는 날이다. 왕지이양(王家陽)이 쓴 〈갈현명포기념비〉에 천대지의가 일으킨 다선일미가 동쪽바다를 건너 해외까지 전파된 사실을 오늘에서야 실천되는 날이다.

한중이 연합하여 다조 갈현(葛玄), 천태종의 시조 천태 지의 고구려 파야 선사, 보운 의통(義通) 존자에게 올려진 헌다(獻茶)의식은 천태산의 차의 역사를 새롭게 쓰게 되는 역사적 사건이라고 말할 수 있겠다.

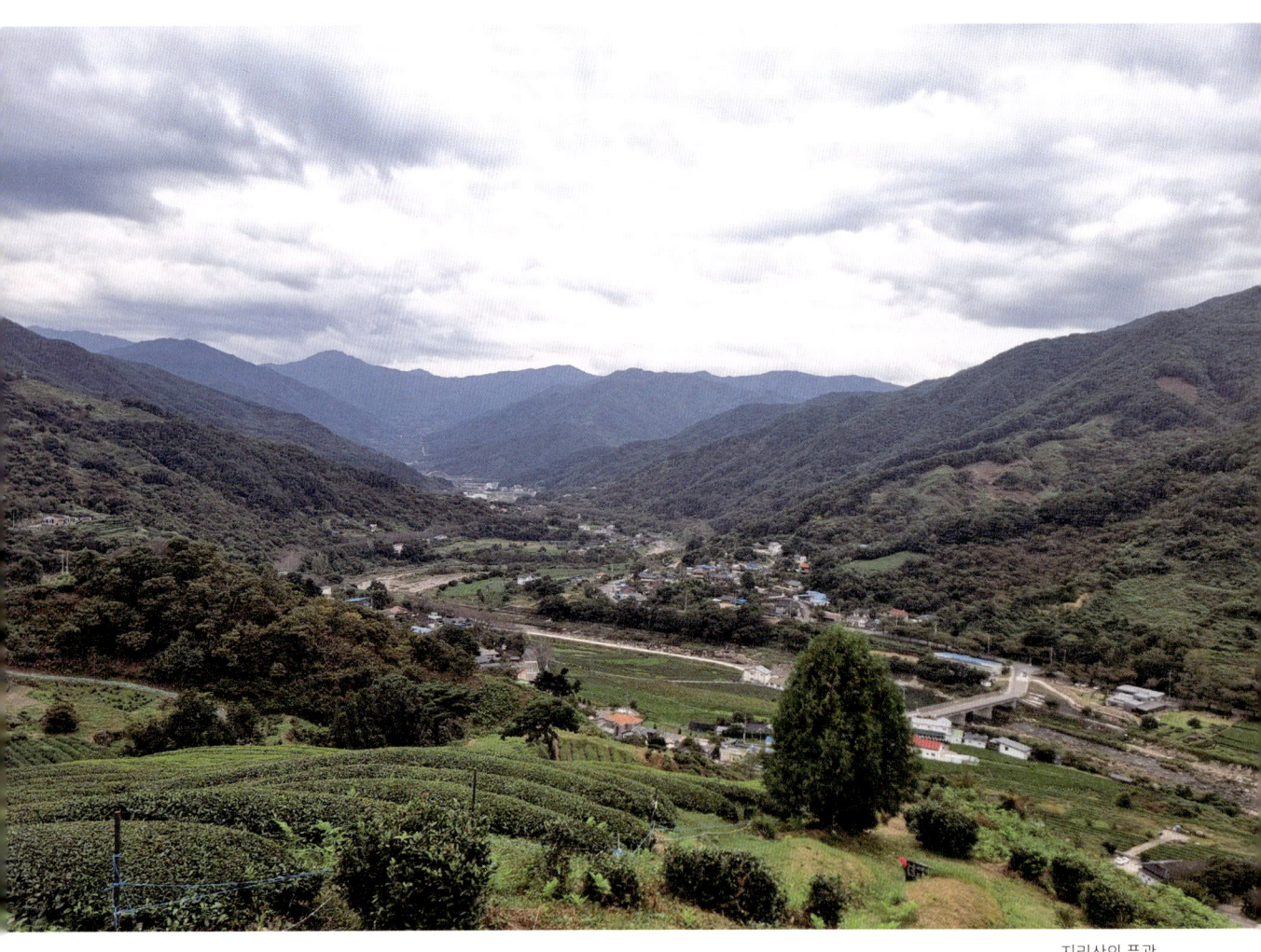

지리산의 풍광.
여기서 차와 선이 전개되었다.

3. 서당지장의 차맥(茶脈)이 지리산으로 간 까닭

실상사 수철화상비에 야명야향을 찾아내다

구산선문(九山禪門) 중 실상산문(實相山門)을 개산(開山)한 홍척국사(洪陟國師)의 자취가 담긴 전북 남원시 산내면 입석리의 큰 벌판에 자리한 실상사(實相寺)를 주목하는 까닭은 홍척의 제자인 수철화상(秀澈和尙)의 비에 차와 향이 사방으로 퍼져나간다는 "야명야향(若茗若香)"이란 《수철화상 능가보월탑비(秀澈和尙楞伽寶月塔碑)》에 기록된 금석문(金石文)을 확인하기 위해 실상사를 찾아갔다. 2021년 2월 5일 해질 무렵에 실상사를 찾아가 수철화상의 비문을 살피다가 맨 끝부분에 야명향(若茗香)이 드러나고 이름 명(名)은 있어도 차명(茗)은 분간할 수 없었다.

그렇다고 포기할 수 없어 실상사 스님들에게 수철화상의 금석문을 여쭈니 종무소에 가서 상의하며 자세히 알려줄 것이라고 전했다.

종무소에서 수철화상비의 내력을 여쭈니 종무소 사무관인 수지행(隨智行) 보살이 수철화상 능가보월탑비 원문을 복사해왔다. 비문을 살피다가 야명야향(若茗若香)이란 글을 확인했다. 원문을 들고 수철화상 능가보월탑비를 읽어 내려가다가 야명야향을 찾아냈다. 차명이 흐릿하게 드러났다.

기록에는 이름 명이 차명으로 확인되는 순간이었다. 동행한 송강 스님에게 연락을 취하여 수철화상비에 야명야향를 발견했다는 연락을 취해 스님이 곧바로 달려와 야명야향을 확인했다. 송강 스님은 "참으로 귀한 글입니다. 하마터면 찾지 못할 뻔했는데 최 선생의 끈질긴 노력으로 찾게 되어 매우 의미가 깊습니다"고 답했다. 그렇게 수철화상의 차에 담긴 글이 발견되면서 서당의 차맥이 지리산으로 간 까닭에 의미를 더해주었다.

실상사 산문을 빠져나와 노규 선사가 머물렀던 운봉을 지나칠 즈음 해가 서산으로 기울어져갔다.

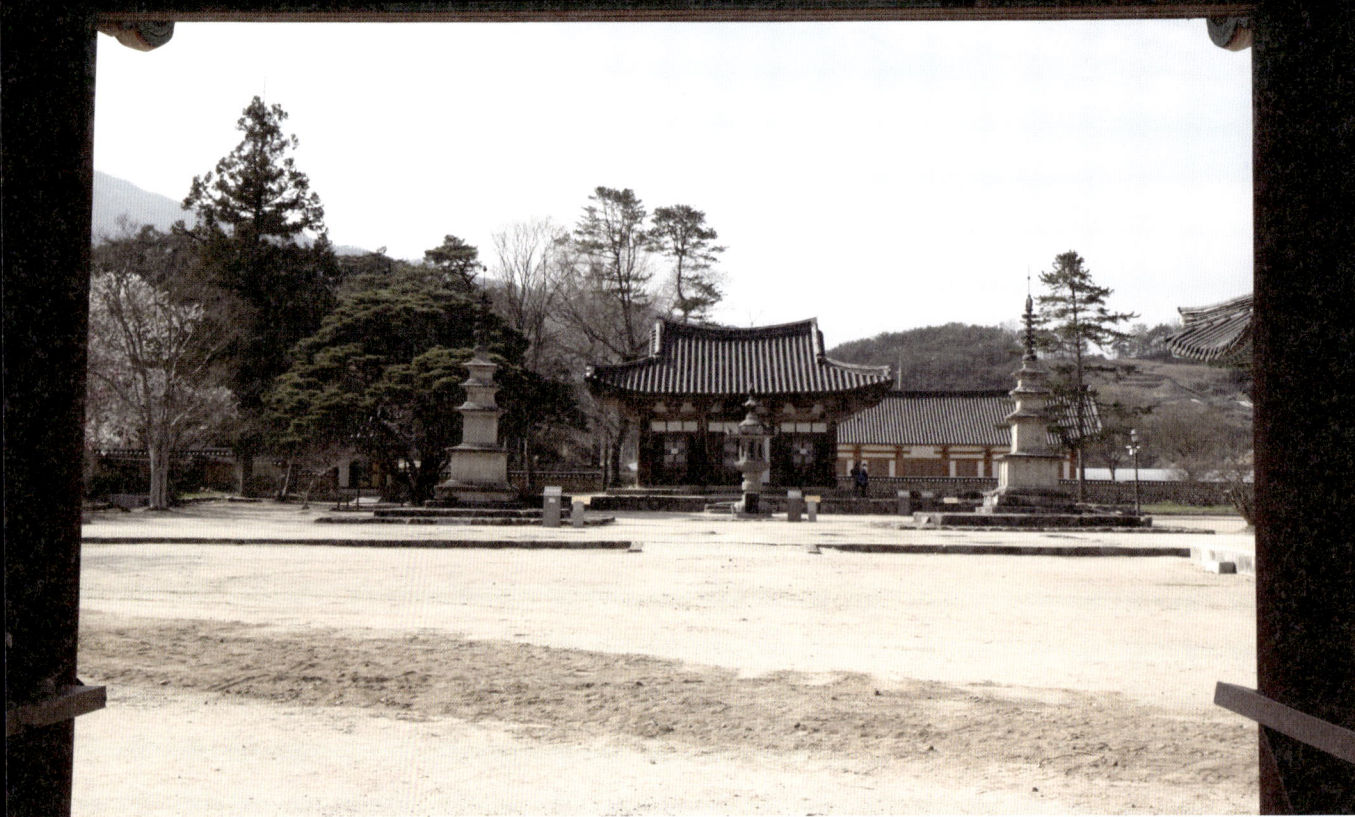

구산선문 중 실상산문을 연 실상사

차와 향을 받들었던 신라의 다풍

실상산문을 연 홍척의 제자 중 편운(片雲)과 수철(秀澈) 등 1,000여 명의 제자를 두었다. 그중 차맥을 이은 수철화상은 897년(진성왕 7년) 열반에 들 즈음 문도들에게 열반송(涅槃頌)을 남겼다.

"죽음이 눈앞에 이르니 나는 가고자 하노라 너희는 힘써 노력하라. 마땅히 부처님 뜰에서 노닐어 바람이 미친 듯이 불고 하늘은 구름이 모였다 흩어졌다 하는구나. 밝은 달은 동에서 서로 지는구나"라고 말하고 적멸(寂滅)에 들었다. 향년 79세요 법랍 59세였다.

수철화상이 열반에 들자 제자들은 여법하게 다비식을 치르고 여덟 번째 재를 올리고 100일이 되던 날 왕부(王府)로부터 차와 향이 올려졌다. 대중들은 목마름이 적시지 않음이 없었고 덕의향기를 멀리 드날렸으니 수철화상을 존경하는 이가 구름처럼 이어졌다.

그처럼 차와 향은 선종의 가풍처럼 이어졌다. 김입지(金立之)의 《성주사사적기(聖住寺寺蹟記)》에 성주산문을 개산할 당시 무염국사(無染國師)에게 차와 향을 두 손으로 받들었다는 기록을 보아 신라 말 차와 향은 선종의 가풍처럼 여겨졌다. 지리산의 차맥을 논할 때 대렴이 등장하는 까닭은 신라 흥덕왕(興德王) 때 당나라 문종 태화 2년(828)에 사신으로 갔던 대렴이 당나라로부터 차 씨를 가져와 지리산에 심게 되면서 한국의 차문화가 전파되었다고 보고 있기 때문이다. 대렴이 차 씨를 심은 곳이 화개와 구례를 비정하면서 한국 차계는 해묵은 시배지 논쟁에 휘말리기도 했다. 그런데 지리산 자락인 남원을 주목하게 된 까닭은 고려(高麗) 때 노규 선사의 조아차의 산지가 남원인 데다가 실상산문을 개산한 홍척국사가 흥덕왕 1년(826)에 귀국하여 실상산문을 열면서 흥덕왕과 직간접적으로 연관성이 있다. 홍척은 830년 무렵, 지리산에서 머물다가 흥덕왕의 초청으로 경주로 옮겨갔다가 836년 무렵 설악산으로 거처를 옮겼다. 봉암사(鳳巖寺) 〈지증대사 적조탑비(智證大師 寂照塔碑)〉에 새겨져 있는 홍척의 선사상은 몰념몰수(沒念沒修)인데 "닦되 닦음이 없으며 증득하되 증득함이 없음이라"는 홍척의 선사상은 수철로 이어져 지리산 지실사(知實寺)에서 선풍을 드날렸다.

수철화상비의 맨 마지막 구절에 인(仁)을 심는 것은 동방(東方)에서 불교의 모범으로 삼았으며 승려의 옷을 걸치는 것은 벼슬하지 않는 이의 국치라고 말했다. 더 나아가 수철은 서당지장의 선계로 남악 홍척을 스승으로 남종선(南宗禪)을 크게 진작시켰다.

서당을 신라의 구법승 중 북산의 도의와 남악의 홍척 동리산문을 연 혜철국사(慧徹國師) 등 3인의 신라인을 인가했다. 마조의 입실제자 백장회해(百丈懷海) 선사는 "장시의 선맥이 모두 동국승에 있다"는 말을 남겼듯이 당시 신라인은 큰 역할을 했다고 볼 수 있겠다.

베일 벗겨진 서당의 차맥

2020년 겨울 우민사(佑民寺) 방장 춘이(純一) 스님에게 《끽다거(喫茶去)》 출간 소식을 전했다. 춘이 스님과 특별한 인연이 있는 나에게 축하를 하며 "끽다거" 휘호를 보내왔다.

끽다거에 담긴 서법을 펼쳐보니 마치 움직이는 동선처럼 힘차게 걷는 모습을 담고 있다. 천 년 전 구법승들이 조사의 선법을 이어와 신라에 선차의 향기를 퍼져나가는 것과 같은 의미를 담고 있다. 순일 스님의 스승인 중국불교협회 회장을 지낸 이청(一誠) 스님은 "한중 두 나라 사람들의 우호 관계는 마치 흐르는 물과 같이 끊임이 없이 이어져왔다"고 2000년 8월 중국 난창(南昌) 우민사에서 열린 장시(江西) 선종과 신라 선문에 관한 학술회의에서 피력한 바 있다.

20년이 지난 뒤 이청 스님의 제자인 춘이 스님은 끽다거라는 서법에서 동선이 움직이듯 끽다거라는 휘호를 남겼다. 마치 천 년 전 서당이 신라인을 인가하면서 장시의 선맥이 신라인에게 있다는 말과 일맥상통한다. 더 나아가 장시의 차맥이 신라로 건너가 꽃을 피우게 된 것은 의미 있는 일이라고 생각한다.

2008년 난창 우민사에 '도의국사 수법기념비(道義國師受法記念碑)'가 건립되었는데 기념비 건립 추진 위원장인 지관스님은 "기념비 건립은 조계종의 종통을 바로 세우는 것이며 국내외적으로 간화선을 크게 선양하고 실천하는 일"이라고 사업 취지를 설명한 바 있다. 우민사 방장 순일스님은 "난창 우민사에 도의국사 기념비를 건립하게 됨은 당나라 시기 도의국사가 장시로 건너와 서당지장 선사로부터 법을 이어간 징표가 되는 중요한 의미가 담겨 있다"고 말한 바 있다.

일찍이 방온(龐蘊) 거사가 마조(馬祖)를 찾아가 불법을 여쭈니 "너가 서강(西江)의 강물을 몽땅 마시며 말해주겠다"고 말한 바와 같이 시딩의 차맥은 강물처럼 이어져 신라에서 천 년의 차향처럼 빛나고 있음은 역대 선승과 차인들이 차의 길을 열어 간 징표라고 말할 수 있다.

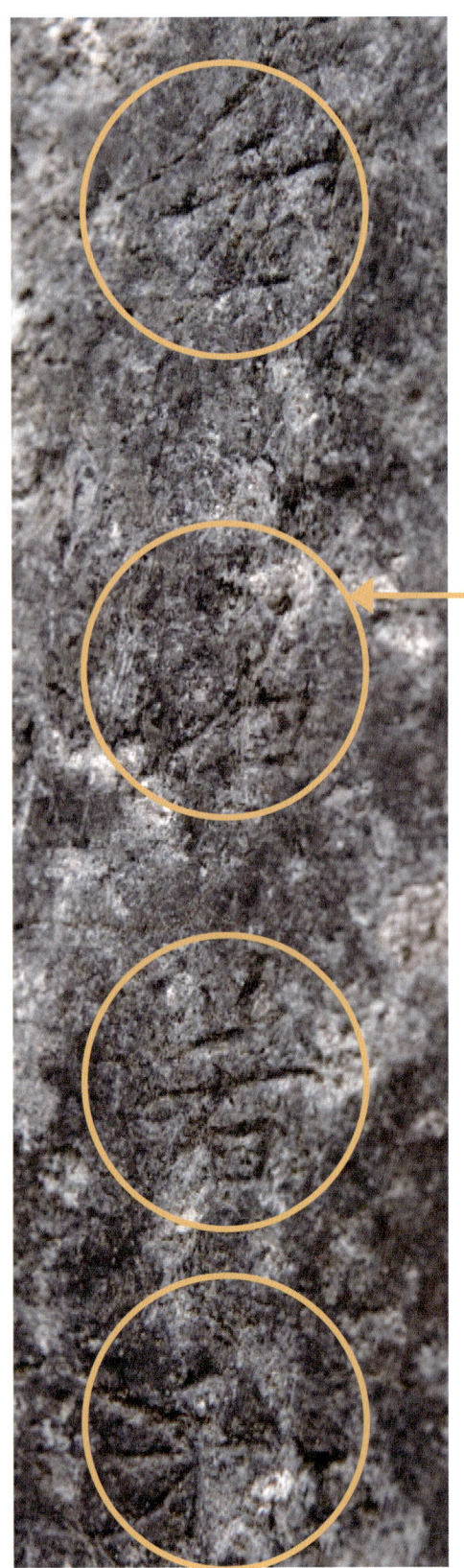
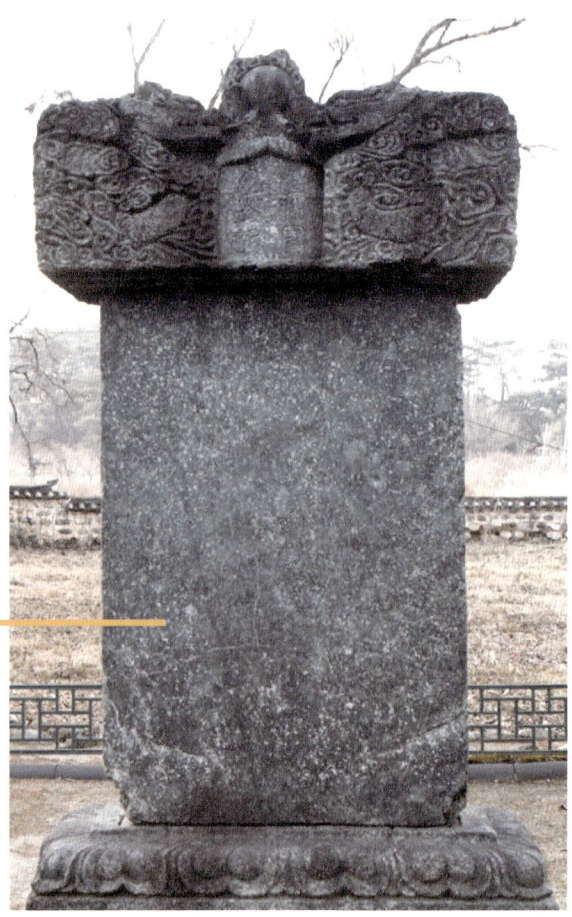

실상사에 있는 <수철화상능가보월탑비>에 야명야향이 새겨졌다.
비석이 오랜 풍화작용을 일으켜 차싹 명(茗)이 많이 훼손되었다.
자세히 살피니 차싹을 상징하는 차명(茗)이 선명하게 드러났다.
비석 왼편은 수철화상비에 나오는 야명야향을 확대한 사진이다.

지리산으로 간 선차의 맥

 서당지장의 차맥을 이은 도의, 홍척, 혜철 선사를 통해 지리산에 널리 퍼져나갔다.
 혜철 선사가 서당을 찾아가 법을 구하니 서당은 혜철에게 "무설지설(無說之說) 무법지법(無法之法)이란 인가송(認可頌)을 전한다." "설하는 바가 없이 설하고 법이 없는 중에도 말없이 전한다"는 이 말이 해동에 전해지면 더없이 다행이라고 서당지장 선사는 혜철 선사를 인가하고 이 같은 게송을 전했다. 말없이 천년간 이어져온 서당의 다맥은 식지 않는 선차의 맥으로 이어져왔다고 말할 수 있겠다. 2000년 겨울 도의, 홍척, 혜철 스님이 서당지장 선사에게 인가 받았던 장시성(江西省) 간저우시(贛州市, 옛 건주) 감현(贛縣) 전촌(田村)향에 자리 잡고 있는 공공산(龔公山) 보화사(寶華寺)를 찾아갔다. 《보화사지(寶華寺志)》에는 공공산을 다음과 같이 묘사했다. "멀리 대수령(大瘦嶺)에서 뻗어진 줄기가 이어져, 북쪽으로 구불구불 오면서 여러 구릉이 모인 사이에 낙맥하였으며 주위에 둥글게 감싸 안겨 있다"고 기술했다.

선차의 고향 공공산은 보화 10보(寶) 중의 하나인 용천수(龍泉水)와 대죽(大竹)이 있으며 서당이 마조에게 차를 올렸던 차나무도 남아 있다. 대웅전 바로 뒤 채소밭 언덕 위에 자라고 있는 사람의 팔뚝만한 이 차나무가 서당이 손수 비벼 말렸던 차나무라고 말하는 보화사 회창(悔昌) 스님은 보화사에는 다선일미(茶禪一味) 정신이 1천 년간 녹아 있었다고 강조했다. 또한 스님은 보화사가 차나무에서 나는 잎으로 차를 만들 뿐 아니라 주변의 나무 열매 잎을 짜서 식용으로도 사용했다는 이야기를 들려주었다.

새로 지은 서당선루(西堂禪樓) 앞에서 서당차(西堂茶)를 음미하니 혜철과 서당이 말 없는 가운데 선차일미(禪茶一味)로 젖어 들었던 시절이 되살아나는 것 같았다.

최근 〈당공공산 서당시호 대각 국사중건 대보광탑비명(唐龔公山西堂諡號大覺國師重建大寶光塔碑銘)〉의 출현으로 호가 '대각', 당호가 '대보광'으로 밝혀짐으로써 서당지장 선사의 선사상(禪思想)에 관한 연구가 빛을 발하고 있다. 비문을 살펴보면 서당과 홍선유관의 관계를 밝힐 수 있다.

마조의 제자 중 유관은 북(北)을 종으로 삼았고 지장은 남(南)을 종으로 하여 5조 홍인 문하의 신수, 혜능과 대별된다고 말하고 마조 문하에도 남북이 대립되었음을 암시적으로 전하고 있다. 특히 마조 문하 백장에 의해 중국선이 재편되었을 때 서당은 이미 동쪽나라에 선의 씨앗을 뿌렸다.

천여 년 전 선종의 주무대인 장시성(江西省)에서 마조문하인 서당지장 선사가 일으킨 선종은 서당으로부터 인가를 받고 돌아온 도의, 홍척, 혜철에 의해 지리산에서 한국 차문화를 일으켰다.

대렴의 차 씨 전파로만 굳어진 지리산 차문화는 말 없는 가운데 천 년을 이어온 서당지장의 차맥이 한국 차문화 천 년의 길에서 하나씩 베일이 벗겨지면서 한국 차의 새로운 희망을 주고 있다고 해도 지나친 말이 아니다.

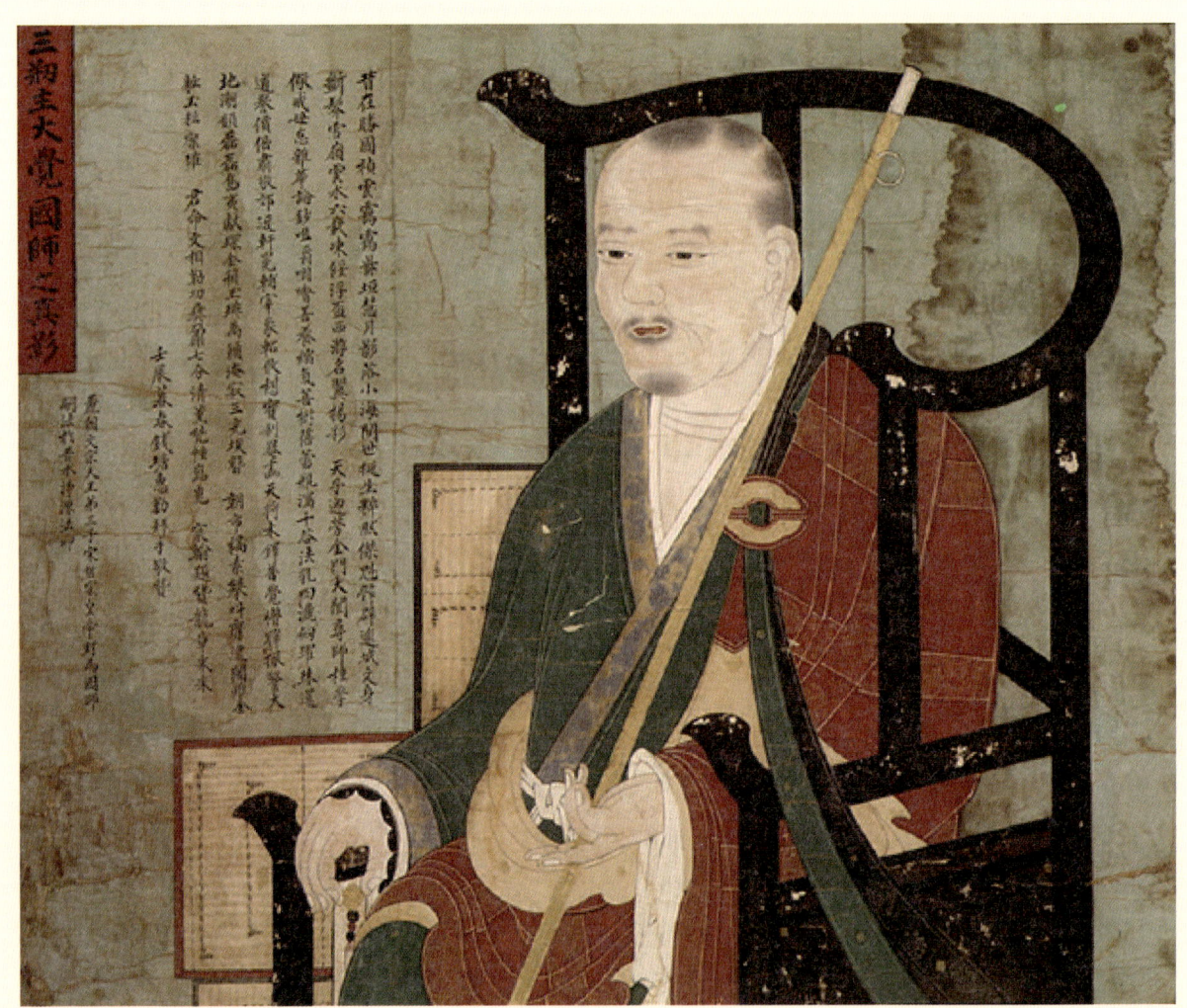

고려에 차문화를 부흥시킨 의천대각 국사

4. 고려의 차문화를 중흥시킨 대각국사 의천(義天)

160년간 고려왕실(高麗王室)에서 존중받아온 뇌원차(腦原茶)의 주산지와 제다법 등이 밝혀지지 않았다. 사각형 단차일 가능성을 제시하는 등 뇌원차의 연구들이 속속 드러나고 있다.

뇌원차의 흔적은 대각 국사 의천(義天) 스님이 언급했듯이 푸젠성 봉황산에서 생산되었던 용단승설근원을 찾아보며 그 실마리를 풀 수 있을 것이다. 대각 국사는 용단승설차를 선물받고 승에게 차를 준 것에 회답하는 시(詩)에 다음과 같이 전한다.

北苑移新焙	북쪽 동산에 새로 말린 차를
東林贈進僧	동림에 계신 스님에게 선물했네
預知閑煮日	한가로운 차 달일 날을 미리 알고
泉脈冷敲永	찬 얼음 깨고 샘줄기 찾네.

대각 국사는 송나라로 구법하던 중 용단승설차를 받고 고려의 뇌원차를 부흥해보아야겠다는 결심을 했던 것 같다. 의천은 고려에 돌아와 뇌원차는 고려왕실의 공차로 발전되어갔다. 의천의 차문화 현창운동이 요(遼)나라에까지 알려져 요나라 천우황제(天佑皇帝)가 의천에게 금백(金帛)과 다향(茶香)을 보내와 차의 스승과 제자의 연을 맺을 정도로 의천은 고려 차문화를 일으킨 인물로 드러나고 있다.

2005년 중국 항저우에서 한국의 차의세계와 항저우시 불교협회가 공동개최한 〈의천 대각 국사 탄신 950주년〉 국제학술대회는 1958년 항저우 고려사는 대약진운동의 여파로 폐사된 이후 새롭게 복원하는 혜인 고려사 복원을위해 한중이 손잡고 〈의천 대각 국사 학술대회〉를 공동으로 개최하게 되었다.

그간 잊혀져간 뇌원차를 의천 대각 국사를 통해 새롭게 부각되면서 의천 대각 국사가 송과 고려의 차문화 교류사의 중심인물로 자리 잡아갔다.

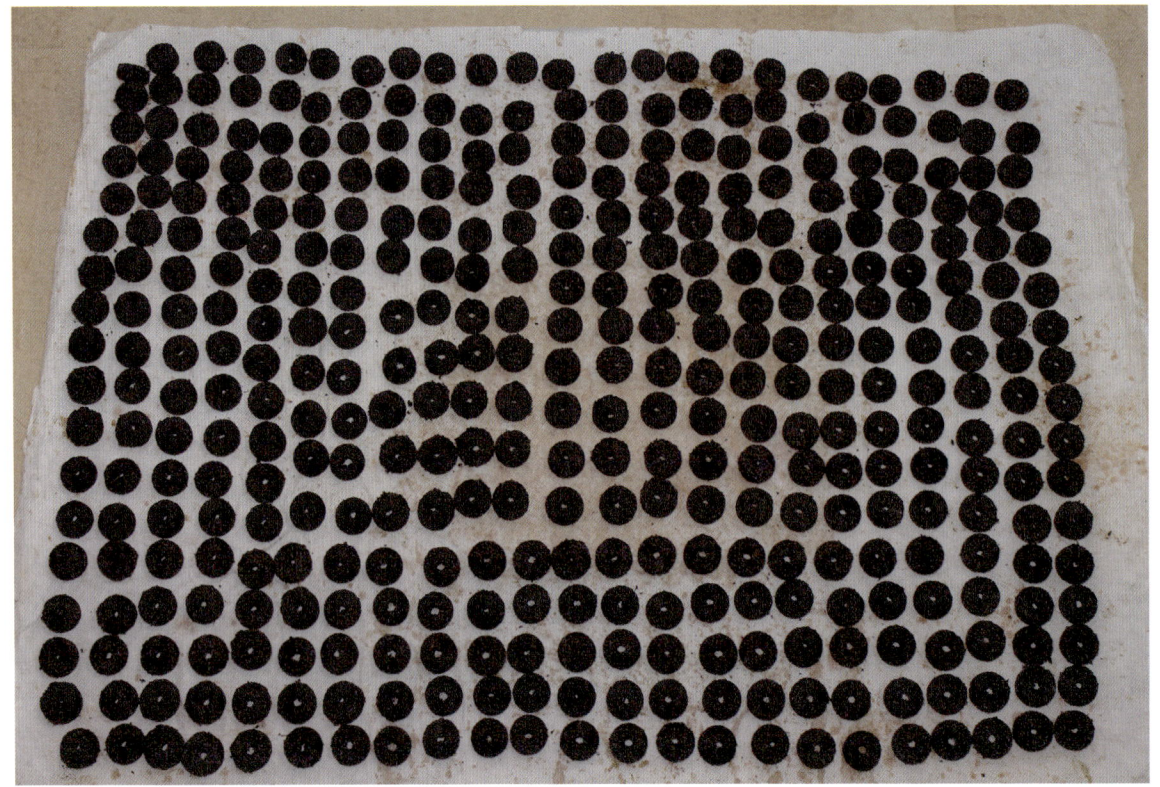

전남지방에서 유행한 돈차

왜 뇌원차인가

고려시대 유행한 뇌원차가 현재에도 여전히 회자 되고 있는 까닭은 무엇일까? 고려 왕실에서 뇌원차를 왕실의 귀물로 여겼다. 공신의 상례와 부의 송(宋)에 예물로 보낼 정도로 귀하게 여긴 차였다. 뇌원차는 고려의 왕실에서 중요하게 여겨졌다.

일본 도엽군산(稻葉君山)의 저서 《조선의 사원차(寺院茶)》에 나오는 《거란국지》에는 이 차를 뇌환차라고도 하였고, 《고려사》에서는 뇌원차라고도 했는데, 아마도 용뇌(龍腦)를 섞어서 만들었을 것'이라는 부분이 발단이 된 것 같다. '용뇌', 즉 장뇌(樟腦)는 중풍이나 열병 따위로 정신이 혼미한 데 쓰는 약이다. 약성이 강한 용뇌를 차에 넣으면서 약용이 강한 차가 되는 것으로 알려졌다. 일본의 조선차 연구가인 아유카이 후사노신(鮎具房之進)은 뇌원차는 '용뇌'의 착향차로 보아왔다. 그런데 아직 뇌원차는 미궁 속에 빠져있다. 주산지와 제다법 등이 밝혀지지 않은 까닭이다. 뇌원차는 왕실에서 부의품(賻儀品)으로 사용하면서 유명해졌다고 볼 수 있다.

2009년 4월 월간 《차의 세계》에서 '사라진 뇌원차의 흔적을 찾다.'라는 시리즈를 소개했을 때에도 뇌원차는 고려의 단차 중의 하나로만 인식되었다. 그러다가 보성군이 목포대 산학협력단에 의뢰하여 뇌원차의 주산지가 보성의 가을평 다소가 뇌원차의 주산지로 거론되면서 뜨거운 관심을 불러 일으켰다. 그런데 뇌원차를 탐구한 지가 14년이 지난 지금도 여전히 뇌원차의 주산지와 제다법(製茶法) 등은 알려진 게 없다. 이에 의천의 차의 정신을 탐색하는 과정 중에 뇌원차의 실체가 하나씩 드러나기 시작했다.

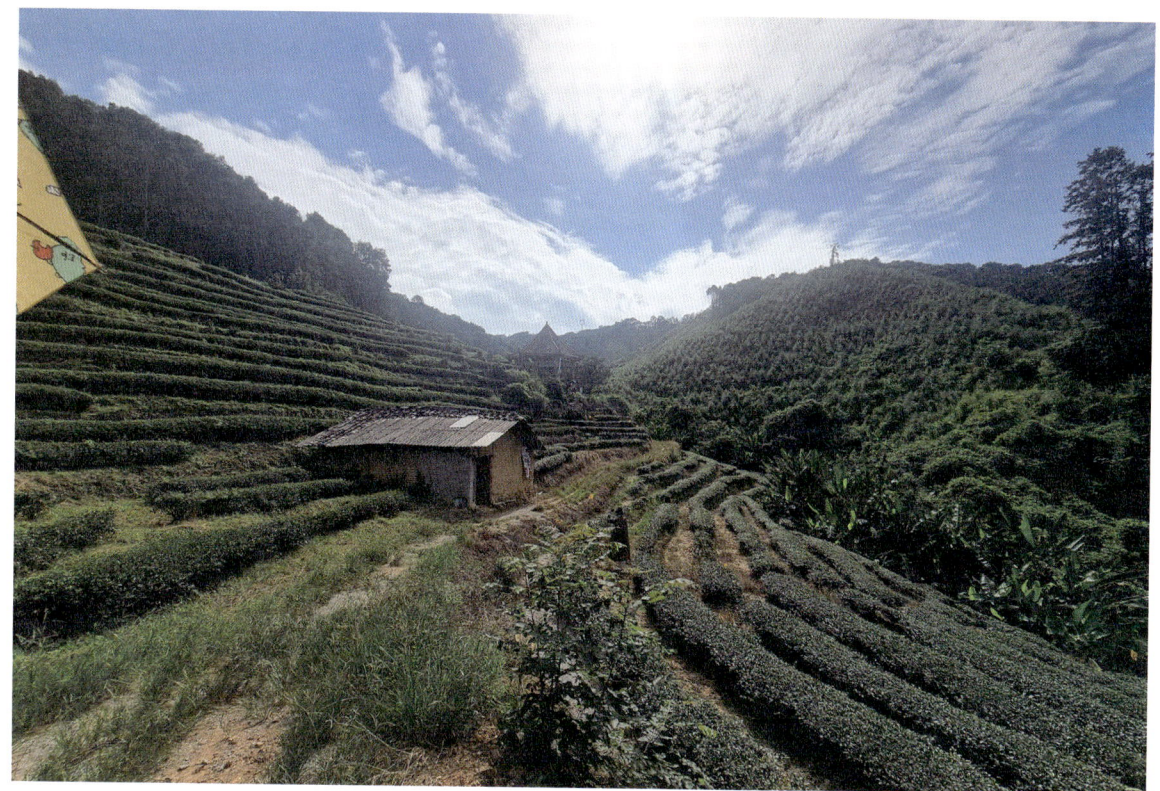

의천이 용단승설차를 받고 감격하여 고려에 돌아와 용단승설차 형식의 뇌원차가 황실의 어용차가 되었다.

고려왕실로부터 존중 받아온 뇌원차

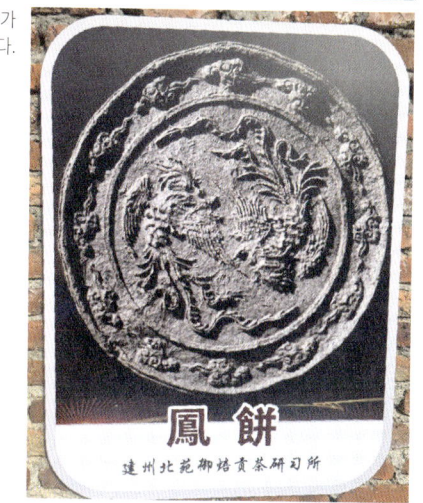

뇌원차가 《고려사(高麗史)》에 처음 등장한 시기는 서기 989년(고려 성종8년)이다. 명재상으로 이름을 날린 최승로(崔承老)가 63세로 세상을 뜨자 고려 성종은 뇌원차 200각 대차 10근을 부의품으로 전한다. 성종 14년 평장사 최량의 장례식에도 왕이 직접 뇌원차 100각을 부의했다.

고려 정종(定宗) 연간에 거란에게 뇌원차를 예물로 보내면서 뇌원차의 진가가 드러났다. 또한 성종 때에는 고려의 재상 최승로의 부의에 사용했으며 무종 때에는 최보성(崔輔成, ?-1052) 국노(國老)에게 하사한 것으로 《고려사》에 전하고 있다. 그처럼 뇌원차는 고려 왕실에서 중요하게 여기 지면서 160년간 이어져갔다.

뇌원차가 주목을 받게 된 데에는 대각 국사 의천과의 관계를 떼려야 뗄 수 없다. 의천이 1083년 송나라에 구법길에 올랐을 때 송 황제가 의천에게 황실 어용차인 용봉단차를 선물해 대각 국사에게 극진한 예우를 다했다. 의천이 송과 물꼬를 트면서 송에 뇌원차가 수출되는 등 의천(義天)은 송과 차 무역에 적지 않은 영향을 끼쳤다.

하지만 의천 사후에는 뇌원차가 영향을 끼치지 못했다. 의천의 아버지인 문종(文宗) 3년에 80살 이상 된 국노인 최보성, 사재경(司宰卿), 조옹(趙顒) 등에게 왕이 친히 술을 하사하고 뇌원차 20각을 하사했다. 그처럼 고려 왕실에서 뇌원차는 중요한 의미를 가졌다고 볼 수 있다.

뇌원차는 어디에서 만들어졌을까?

조선총독부에서 발행한 풍속관계 자료에도 '뇌원'이란 차의 일종인데 고려 시대 전남 지방의 지명으로 그곳에서 생산되는 차를 말한다. 후에 뇌선차로 바뀌었다. '뇌원차가 충선왕(忠宣王)의 휘인 원(願)과 같다고 하여 변경했다'고 적고 있다. 뇌원차는 《세종실록지리지(世宗實錄地理志)》에도 뇌원차가 호남 지역에서만 생산되었다고 기록하고 있다.

그런데 허흥식 교수는 고흥군 두원면이 뇌원차가 만들어진 곳으로 유력하다고 밝힌 바 있다. 두원의 '두'는 콩을 의미하는 글자이지만 차와도 상통하며, 머리 '두(頭)'와 발음이 같으며 의미도 비슷하다. 머리는 뇌의 중요 부분이고 두원이라는 차밭의 의미와도 상통하기 때문이다. 차 연구가 최정간 선생 또한 뇌원차의 생산지를 고흥 두원으로 비정하고 있다.

그 후 보성군은 목포대의 산학협력단에 의뢰하여 뇌원차의 실체를 밝혔는데 보성군 회천면에 인접해 있는 '가을평(加乙坪)'은 '갈대들'을 소리로 나타낸 한자다. 그러나 경덕왕은 757년 한화정책으로 뜻으로 바꾸니 '노원(蘆原)'이 되었다. 갈밭에서 나는 차, '갈밭차'는 한자로는 '노원차(蘆原茶)'이다. 노(蘆)와 유사 소리이며, 뇌를 맑히는 약용의 이미지를 잘 살릴 수 있는 뇌(腦)로 바뀌어 '뇌원차(腦原茶)'가 되었다고 비정한 바 있다.

그런데 아직 뇌원차의 형태와 주산지는 전남지역에서 생산되었다는 것 외에는 밝혀진 바 없다.

다만 의천 대각 국사가 선암사 대각암에 머물면서 선암사 차밭에서 뇌원차를 만들었을 가능성은 있다. 그밖에 고흥의 성두리에 있는 차수마을이 뇌원차의 후보지로 거명되고 있다. 지금도 고차수가 많고 오래전 차를 법제했다는 마을 노인의 증언도 있었다. 그러나 뇌원차의 산지로 단정하기는 어려운 실정이다.

고려 차문화를 중흥시킨 대각국사 의천

원효(元曉)의 화쟁회통(和諍會通) 사상을 계승한 의천은 해동 천태종(天台宗)의 시조로 추앙받고 있지만 무엇보다도 송과 차문화 교류에 적지 않은 공헌을 해왔다.

의천은 1085년 왕실 몰래 입송을 결행하여 밀주(지금의 산둥성) 판교진(板橋鎭)에 상륙했다. 판교진을 떠난 의천은 송의 철종(哲宗)과 태후(太后)를 수공전에서 접견한다. 의천은 고려에서 가져온 불상을 드리고 철종에게 감사를 표한다. 이후 여러 선지식을 만난 뒤 존경해온 정원 법사에게 불법을 청했다.

"신승 의천은 아룁니다. 엎드려 생각하옵건대, 구중(九重) 궁궐에서 성안(聖顔)을 뵈옵고 이미 북쪽에 절하는 예는 이루어졌으며, 천리의 엄한 스승을 향한 마음은 이미 남쪽으로 돌아갈 계획이 임박하였아옵기, 이에 간절한 소원으로 지총(至聰)에게 우러러 조아립니다. 신승 의천은 중사(中謝: 생략의 표시임).

삼가 생각하옵건대, 신은 대궐의 영화를 사양하고 부처님 법에 뜻을 두었으나, 깊은 이치의 탐구하기 어려움을 탄식하고 바른 법이 쇠해 감을 슬퍼하면서 한 치의 시간을 아끼어 온갖 경전을 뒤적이다가 일찍이 고국에서 우연히 저장(浙江)의 정원강주(淨源講主)가 현수(賢首) 조사의 가르침을 해석한 저서를 얻어 펼쳐보고 크게 느낀 바 있어서 피로한 줄도 모르고 열람하였습니다. 그리하여 그 이치를 사모하는 마음이 굳어지고 멀리서 제자의 예를 드렸습니다."

정원 스님은 과거의 인연으로 다시 만나게 되어 기쁨을 표하고 의천(義天) 가까이 가서 일으키며

"그렇게 정중히 무릎을 꿇고 인사하지 마시고 편하게 저의 말씀을 들어주십시오"라고 말했다.

정원 스님은 이국 타향에서 찾아온 의천을 매우 존중했다. 의천은 1년 5개월간 중국에 머무는 동안 극진한 예우를 받았다.

의천이 송나라에 들어가 53인의 선지식을 만났다. 의천이 왕자임을 알아본 송 황실은 의천의 환심을 사기 위해 황실 어용차인 용봉사단(龍鳳賜團)을 선물하는 등 극진한 예우를 아끼지 않았다. 1년 7개월 뒤 의천이 귀국하면서 용봉차를 가지고 들어와 고려에서 용봉차가 유행하게 된 사실로도 알 수 있다.

요나라의 벽화에서도 다양한 팽다도가 등장한다. 무릎을 꿇고 차를 우려내는 동자승의 천진무구한 모습이 나타나 있다.

뇌원차를 그리워하며

송나라 차가 고려에서 유행한 것은 문종 11년인 1078년이다. 의천이 문종의 넷째 아들이니 의천에 의해 송과 차문화 교류가 이루어졌음을 알 수 있다. 문종 이래로 인종(仁宗) 원년까지 45년간 송과 차문화 교류가 이어졌는데 이 시기에 용봉차를 비롯한 송의 차가 고려에서 유행했다.

추사 김정희는 청나라에 갔을 때 청대의 용단승설차를 맛보고 감동했다. 그 후 700여 년간 석탑에서 잠자고 있던 용단승설차가 세상에 드러난 것은 105년 전 흥선대원군 이하응(李昰應, 1820-1898)에 의해서였다. 그가 부친의 무덤을 옮기기 위해 충남 덕산 인근의 대덕사 주지를 매수하여 1845년 가야사를 불태우고 5층 석탑을 쓰러트리자 그 자리에서 소동불(小銅佛)과 단차가 세상에 드러났고 단차의 네 덩어리 중 하나를 얻어 추사가 간직하다가 세상에 공개하면서 알려졌다.

가로, 세로 2.35센티미 두께 1.2센티미의 단차 형태로 표면에 용의 형상을 새기고 앞면에 승설(勝雪)이라는 해서체가 찍혀 있었다. 그 같은 자료를 볼 때 고려에서 얼마나 용봉단차를 중요시했는지 알 수 있다. 웅번의《선화북원공다록》에 용원승설(龍圓勝雪) 이라고도 전한다.

고려차를 말할 때 선종과의 연관성을 뗄 수 없다. 지리산 운봉에 살았던 노규(老珪) 선사의 조아차(早芽茶), 화순 개천사(開天寺) 영아차(靈芽茶), 진각국사(眞覺國師) 혜심(慧諶)의 작설차(雀舌茶) 등이 모두 선종을 배경으로 이루어졌다. 이러한 고려시대 귀한 차의 제다법이나 생산지 등이 아직 미궁 속에 있음은 안타까운 일이다.

푸얼차(普耳茶)와 견주기에 뇌원차는 승산이 있는 명차이다. 뇌원차가 송과 요나라에까지 유행하자 인종 때 고려에 온 서긍(徐兢)의《고려도경(高麗圖經)》〈차조(茶俎)〉에는 우리 차를 비판한 글이 보인다. '토산차는 맛이 쓰고 떫어 입에 넣을 수 없다.'라고 고려차를 폄(貶)하였다. 우연인지 몰라도 인종 이후 송과 차문화 교류가 단절된 것은 비판한 글인 것 같다.

고려의 명차 뇌원차가 현대적 공법으로 재탄생하여 다시 중국으로 수출되어 한국 차의 위상을 높여주길 염원해본다.

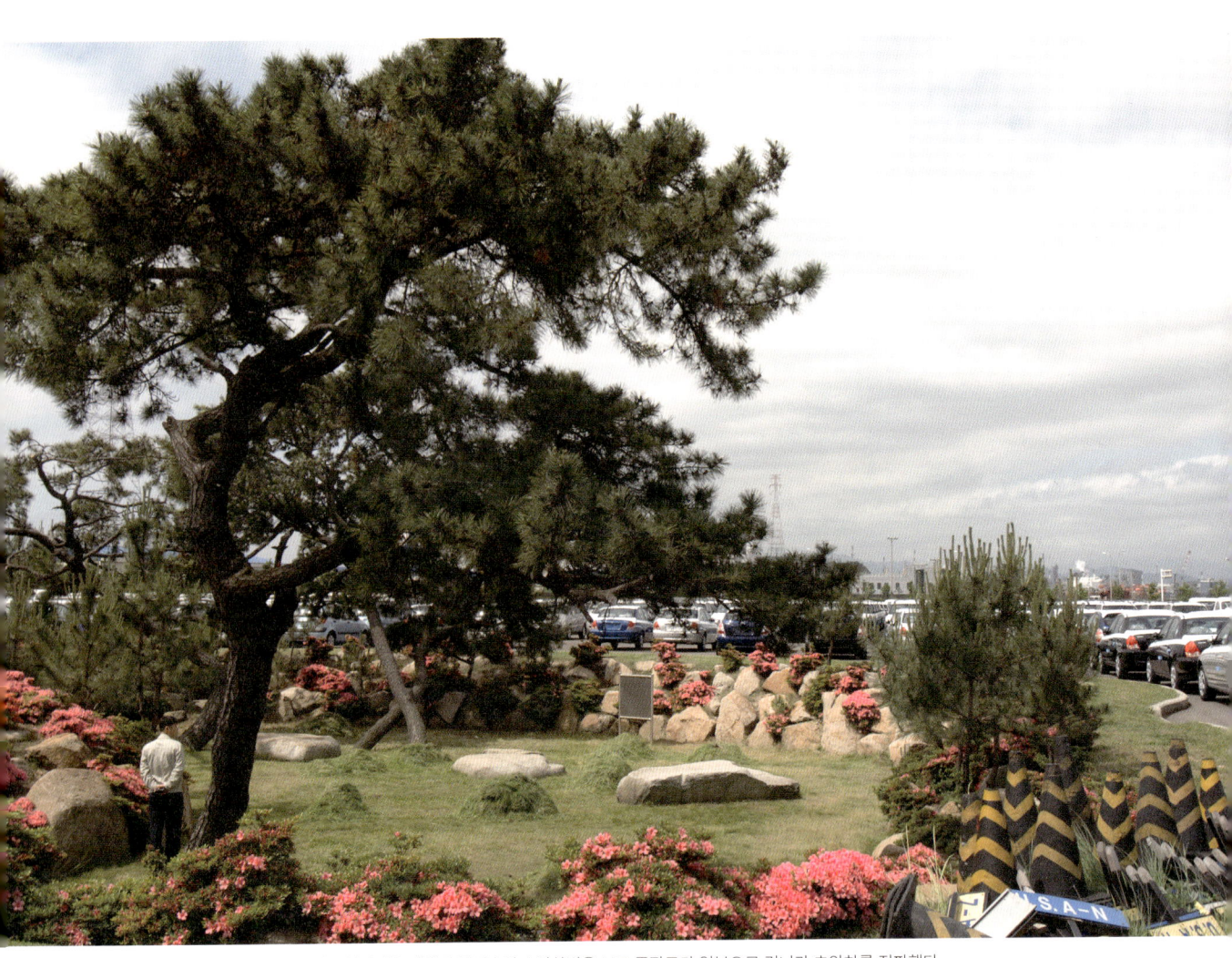
일본승 준장로가 머물렀던 울산 염포 불일암은 매월당 김시습의 초암차법을 보고 준장로가 일본으로 건너가 초암차를 전파했다

5. 매월당 초암차 불일암에서 연원되었다

매월당 초암차의 뿌리가 깃든 울산 염포의 불일암

울산 태화산(太和山) 정상에서 염포를 내려다보며 수많은 자동차가 빼곡히 들어서 있는데 그 중심에 노송(老松) 두 그루가 우뚝 서 있다. 그곳이 바로 500여 년 전 염포왜관으로 일본의 사신(使臣)을 맞이했던 곳이다. 바로 여기가 매월당 설잠(雪岑) 선사를 일본승 준장로가 만나 초암차의 정신을 이야기했다. 두 스님이 만난 염포(鹽浦)의 성안마을의 불일암은 왜관이 철수하고 마지막 사당(祠堂)이 있었다. 그 왜관의 성안마을은 현재는 현대자동차가 들어서 있는데 경내에 불일암 유지를 남겨두었다. 유지에는 "염포의 변천사"를 다음과 같이 기술하고 있다.

'1962년 울산이 시로 승격되면서 염포 지역은 한국경제에 중추 지역으로 변모했다. 1967년 12월 설립된 현대자동차의 지속적인 발전과 함께 염포(구 성내마을)는 한국자동차의 중요성이 더욱 높아졌다. 이에 지금은 흔적이 사라졌지만 우리 후손들이 이 땅의 지난 역사를 잊지 않도록 염포의 변천사를 여기 남겨둔다. 염포는 삼한시대의 12국 가운데 하나인 염해국(鹽海國)이라는 나라가 번성했었던 곳으로 염포는 큰 포구라는 의미가 담겨 있다. 염포는 조선시대(朝鮮時代)에 들어와서 우리 수군(水軍)의 '군사기지'와 일본에 대한 '개항지'라는 두 가지 역할을 했다. 또한 염포의 심청(深靑)골의 맑은 물과 염전이 있어 소금이 풍부하였고 이를 운반할 수 있는 넉넉한 포구가 있어 활발한 해상활동을 통해 육상으로 소금을 공급했던 요충지였다. 그랬던 그곳에 1962년부터 임해공업단지가 조성되었고 태화강의 기적이라는 말을 낳으며 성장하기 시작했다. 조그마한 읍에 불과했던 이곳에 현대그룹의 기틀이 마련되면서 경제 성장의 모태가 되었다고 불일암 안내판에 기록을 남겼다.'

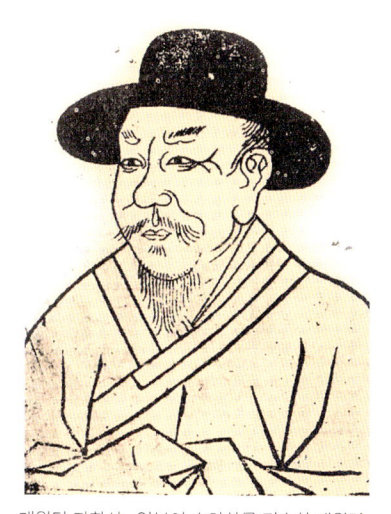

매월당 자화상. 일본이 초암차를 전승한 매월당 설잠선사는 한국차의 중흥조사로 높이 받들어야 한다

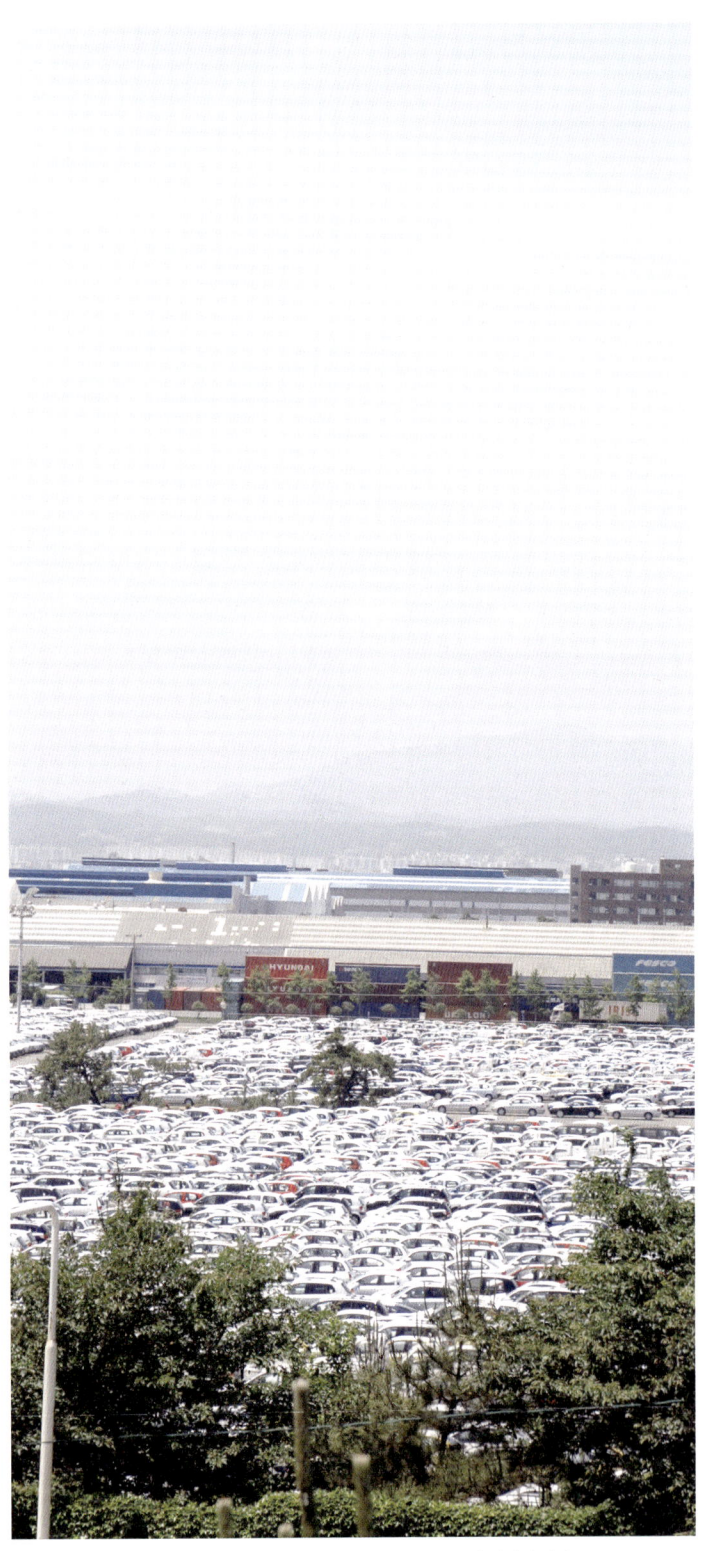
매월당 초암차를 일으킨 불일암터. 소나무 두 그루가 보이는 곳이 불일암이다

그런 역사성을 인식했는지 현대는 그곳을 불일암 유지로 남겨두었다. 염포는 현재는 현대자동차 하치장(荷置場)이 들어서 옛모습은 찾아볼 수 없다. 조선조(朝鮮朝) 초기에는 사방 십 리가 쑥대밭이었다. 1959년 향토사학자 최사근 씨가 찍었던 염포의 흑백사진을 살펴보면 염포의 성안 마을은 바다를 끼고 태화강의 물결이 도도히 흘러가고 있었다. 그런데 울산염포가 산업화되면서 산업도시로 탈바꿈했다.

울산 염포의 불일암이 주목되는 까닭은 1464년 이른 봄 울산 염포의 불일암(佛日庵)으로 일본 국왕사절인 월종준초(越宗俊超) 장로가 매월당을 찾아와 다담을 나누면서 초암차가 일본으로 전승되는 계기를 마련한 곳이다.

일본승 준초(俊超) 장로는 설잠 선사를 만나기 위해 경주 금오산과 불일암을 오가며 선 설잠 선사가 선원의 다법인 좁은 공간에 돌솥에 솔방울을 피워 차를 정성껏 우려내는 초암다법을 보고 감화되어 일본으로 귀국하며 초암다도를 널리 전하겠다고 마음으로 다짐했다. 준초는 왜관의 불일암에 머물면서 경주의 용장사로 설잠 선사를 찾아가 초암다도에 빠져들어 갔다.

준초와 매월당 설잠 선사가 우정을 나누웠던 초암차의 발원지 불일암에서 양선사(兩禪師)가 주고받았던 시가 이를 말해주고 있다.

매월당 김시습(金時習, 1435-1493)의 〈염포왜관에 노닐다(鳥夷居)〉 시를 살펴보자.

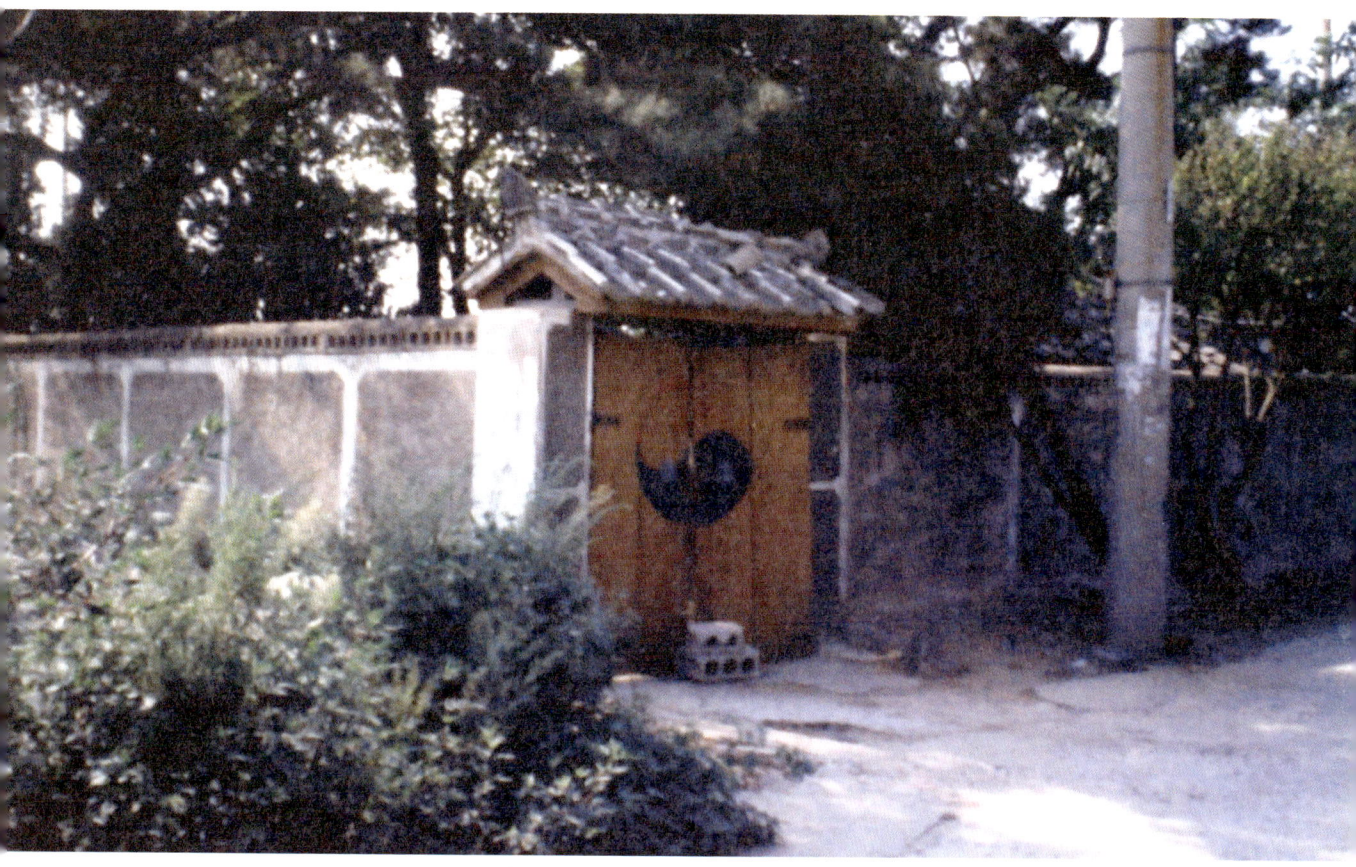

염포(鹽浦) 영성(營城)의 왜관(倭管)의 불일암. 왜관이 철수하고 성안 마을을 지킨 마지막 당사(사당)였다.

濱海爲生利 芽茨數十家　해변가 이(利)를 위하여 사는 사람들 띠풀로 지붕 이은 집들이 몇십 채 되네
性躁漁艇小 俗異語言奢　작은 배로 고기잡이하여 사는 사람들 풍속이 달라서인지 말을 거칠게 빠르게 하는구나
鄕遠靑天際 身棲碧水涯　고향 멀어 청천가에 붙어 있고 몸은 푸른 물가에서 살아간다네
來投王化裏 主上正矜嘉　우리 주상에서 가상하게 여기시고 이 땅에 살게 하였구나.

준초 스님이 쓴 '불일암 선실(佛日庵 禪室)'에서

發地結菁芽 團團抱虛白　짓밟아 놓아도 굳게 자라서 꽃피워
山花落幽戶 中有忘機客　삭막한 자연을 희게, 안락하게 품속으로 안아주네.
涉有本非取 照空不待析　꽃이 만발하여 있는 산자락 깊은 골짜기 가운데 있는 그윽한 집,
萬籟俱綠生 宜然喧中寂　고국을 떠나온 망중객의 모습이 천지(天地)가 쑥밭, 녹색으로 그늘진 천지를 크게 소리질러 불러 보아도 적막감만 더해주네
心境本同如 鳥飛無遺跡　새들도 하늘을 날고 마음으로 그리던 부처님의 땅 발자취가 서려 있는 곳이 바로 이곳이구나

이렇게 양국의 선사가 남긴 시를 통해 두 선사의 우정을 느낄 수 있다.

그런데 초암차를 일본에 전승한 준초 장로에 대해 단편적 기록만 전해왔을 뿐 이렇다 할 기록이 없다.

일본승 준초 장로 매월당 초암차 일본으로 전하다

준초 장로는 (1464-1481) 울산 염포에 있는 불일암에 머물다가 1481년 일본으로 돌아갔다. 후에 서천사(西天寺) 주직(主織)과 말년에 원각사에서 83세로 입적했다. 그가 일본에 초암차를 전승한 실질적 인물이라고 말할 수 있다.

이처럼 불일암이 조선 초기 초암차의 발원지였음에도 그간 잊고 있다가 2006년 6월 불일암의 실체를 공개하면서 세상에 알려지게 되었다.

〈조선통신사사절단〉의 일원으로 조선을 찾아온 준초는 염포왜관의 불일암에 머물면서 매월당 설잠 선사를 금오산 용장사를 찾아가 해후한다. 그리고 금오산 용장사에서 차나무를 기리며 차생활을 즐겼던 매월당 설잠 선사에게 감화되어 두 스님은 우정을 나눈다. 준초가 머물렀던 염포의 불일암과 매월당 설잠 선사가 수행한 금오산 용장사로 두 스님은 자주 왕래하며 차를 앞에놓고 선기를 드높였다. 또한 설잠은 용장사에서 내려와 염포의 불일암을 찾아가 준장로와 성안마을을 바라보며 다담을 나누었다. 설잠은 1460-1470년경 금오산 용정사에 은거하고 있을 때《금오신화(金鰲新話)》를 쓰고 있을 무렵 일본의 준장로가 용장사로 찾아와 둘은 다담을 나눈다.《매월당집(梅月堂集)》의 12권《유금오록(遊金鰲錄)》에 〈일본승 준 장로와 이야기하며〉라는 시가 이를 말해주고 있다.

遠離鄕曲意蕭條 古佛山花遺寂寥	고향을 멀리 떠나니 뜻이 쓸쓸도 하여
	예로부터 부처와 산꽃 속에서 고적함을 보내누나
錪鑵煮茶供客飮 瓦爐添火辨香燒	쇠 다관에 차를 달여 손님이 마시도록 제공하고
	질화로에 불을 더해 향을 태우네
春深海月侵蓬戶 雨歇山麏踐藥苗	봄 깊으니 해월(海月)이 쑥대 문에 비추이고
	비 멎으니 산 사슴이 약초 싹을 밟아대네
禪境旅情俱雅淡 不妨軟語徹淸宵	선의 지경 나그네 정이 모두 아담하니
	오순도순 밤새도록 말하여도 무방하리라.

《매월당집》12권에 나온 〈준초 장로와 이야기하며〉에는 다음과 같은 구절이 보인다. '고향을 멀리 떠나니 뜻이 쓸쓸도 하여 예로부터 부처와 산꽃 속에서 고적함을 보내누나. 쇠다관에 차를 달여 손님 앞에 내놓고 질화로에 불을 더해 향을 피우네.' 시에서 매월당의 차 정신이 배어난다.

일본승 준초의 일본식 초암차도는 교토(京都) 다이도쿠지(大德寺)의 유명한 선승인 잇큐소우준(一休宗純)에게 조선에서 영향을 받은 매월당의 초암차 정신세계를 전하게 되면서 와비차로 대성시킨다.

신기수(辛基秀)가 쓴《조선통신사왕래(朝鮮通信使往來)》에 고려왕조에서 조선왕조로 바뀌면서 불교(佛敎)에서 유교(儒敎)로 음다(飮茶)풍 또한 바뀌었다고 말하였다. 그 시기 생육신(生六臣)의 한 사람인 매월당 김시습은 세조의 왕위 찬탈에 분개하여 책을 불살라 버리고 한평생을 방랑으로 지낸다. 매월당 김시습을 통해 일본에 초암차가 전파된 사실은 한국 차문화가 일본에 영향을 끼치게 되었다고 볼 수 있겠다.

1990년대 중반 준초 장로의 흔적을 쫓아 일본으로 건너가 남선사(南禪寺) 관장을 만났을 때 "준초가 남긴 일기를 찾아 한국에서 왔노라"고 말씀드리자 그 같은 일기는 들어본 적이 없다고 말하면서 준초의 조선 행적은 미궁 속으로 묻혀버렸다.

다시 부활하는 매월당 김시습

초암차도를 일으킨 매월당 김시습은 조선 초기의 문인, 학자이자 불교 승려이다. 생육신의 한 사람으로 그의 본관은 강릉, 자(字)는 열경(悅卿), 호는 매월당(梅月堂)·동봉(東峰)·벽산청은(碧山淸隱), 법명(法名)은 설잠(雪岑)이다. 1435년(을묘, 세종 17) 서울 성균관 북쪽 반궁리에서 강릉김씨 김주원(金周元)공의 22대손으로 아버지 김일성(金日省)과 어머니 장 씨 사이에 태어났다. 생후 8개월 만에 글을 깨우쳐 외할아버지가 천자문을 가르쳤다. 3세 때부터 한서(漢書)와 고전을 읽었고 19세 되는 1453년(계유, 단종1)에 과거시험에 응시하였으나 낙방하였다. 이후 태고보우 국사의 자취가 있는 삼각산 중흥사(中興寺)에서 공부하던 중에 수양대군(首陽大君)에 의한 계유정난(癸酉靖難)으로 인하여 단종(端宗)이 양위된 사실을 듣고 독서 중인 책들을 모두 불사르고 전국으로 방랑길에 올랐던 것이다. 매월당이 방랑길에서 만난 참된 깨우침은 차문화였다. 매월당은 전국 곳곳을 유람하던 중 강원도 철원 조남면에 위치한 복계산의 흐르는 물소리를 듣고 방랑을 멈추었다. 복계산은 한때 휴전선과 가까운 까닭으로 출입이 통제되는 바람에 그동안 우리에게 덜 알려져 있었다. 매월당은 쏟아지는 폭포 아래에 놓인 폭포바위에 앉아 선정에 들었다.

일본에 초암차를 전승한 매월당은 경주 남산의 금오산 용장사와 울산 불일암을 오가며 차나무를 기르며 다선일미(茶禪一味)를 실천했다. 그 시기 준초 장로가 매월당을 찾아와 차를 이야기했다. 준초는 한 평 남짓한 방에서 매월당 설잠 선사가 무쇠 솥에 불을 피워 단차를 맷돌에 갈아 포자로 차를 내는 장면을 보고 일본에서 볼 수 없었던 기이한 다법에 감동했다. 또한 잠은 경주 남산의 용장사에 주석하면서 《금오신화(金鰲新話)》를 저술하면서 손수 차나무를 기르며 〈양다(養茶)〉라는 시를 남겼다.

年年茶樹長新枝 蔭養編籬謹護持　해마다 차나무에 새 가지 자라는데 그늘에 키우노라 울을 엮어 보호한다
陸羽經中論色味 官家榷處取槍旗　육우의 다경에는 색과 맛 논했는데 관가에서는 창기(槍旗)만을 취한다네
春風未展芽先抽 穀雨初回葉半披　봄바람 불기 전에 싹이 먼저 피고 곡우절 돌아오면 잎이 반쯤 피어나네
好向小園閒暖地 不妨因雨着瓊蕤　조용하고 따뜻한 작은 동산을 좋아하니 비에 옥 같은 꽃 드리워도 무방하리라

이처럼 뒤늦게 설잠 선사가 부각되면서 한국 차문화의 자존심을 세우게 됨은 기쁜 일이 아닐 수 없다. 그의 후학들은 경주 기림사 매월당 사당과 부여 무량사를 찾아가 헌다의식(獻茶儀式)을 올려 매월당 설잠 선사의 초암차 정신을 기린다.

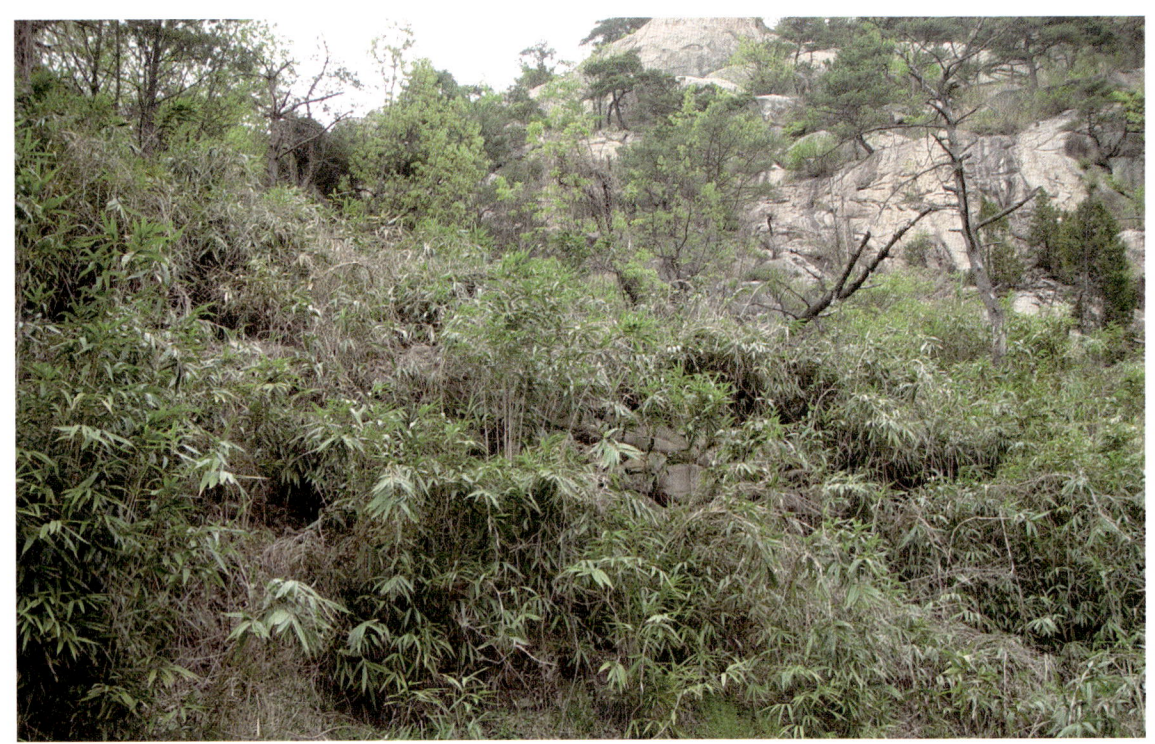

차나무를 재배했던 용장사 경내에 나무들이 자라고 있다.

매월당 설잠의 차는 단차인가 잎차인가

조선 초기 매월당 설잠 선사의 제다법(製茶法)을 놓고 잎차인가 단차인가 담론(談論)들이 쏟아져 나오는데 매월당 시대에는 단차일 가능성이 높다. 설잠 선사가 금오산 정상 용장사에 머무르면서 차나무를 기르고 그 차를 따서 해마다 법제한 뒤 초암차실에서 차를 마셨다. 예로부터 대나무 밑에서 자란 차를 죽로(竹露)라고 했는데 매월당 설잠 선사는 죽로차를 즐겼다. 설잠은 3평 남짓한 차실에서 솔방울을 주워다 화로에 불을 피워 무쇠주전자로 끓인 뜨거운 물을 부어 마셨던 장면을 살펴볼 때 설잠의 음다방법은 점다법으로 볼 수 있다. 그 같은 장면을 지켜본 일본승 준초 장로는 일본에 귀국한 뒤 매월당 설잠 선사의 초암다법을 잇큐(一休)에게 전해준 뒤 무라다 슈코(村田株光)를 통해 초암차를 와비차로 발전시켜 일본 다도가 매월당으로부터 전승되었다고 보고 있다.

매월당 초암차도를 지켜본 남원의 매월당 고려단차는 매월당 시대의 단차를 법제하여 매월당차정신을 이어가고 있다.

이처럼 매월당의 차정신은 500년을 뛰어넘어 바다를 건너 일본에서 초암차도는 크게 발전되어갔다.

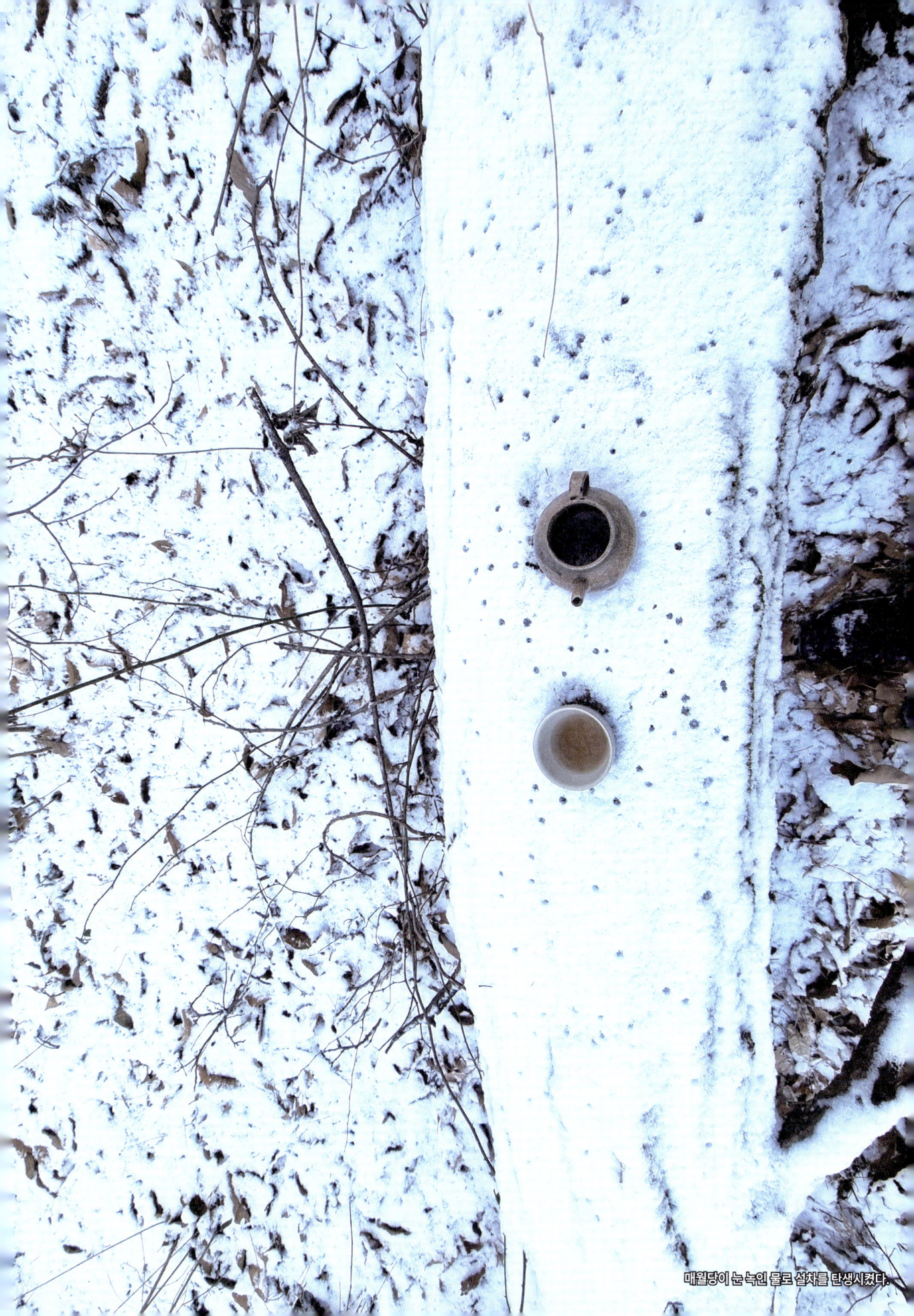

매월당이 눈 녹인 물로 설차를 탄생시켰다.

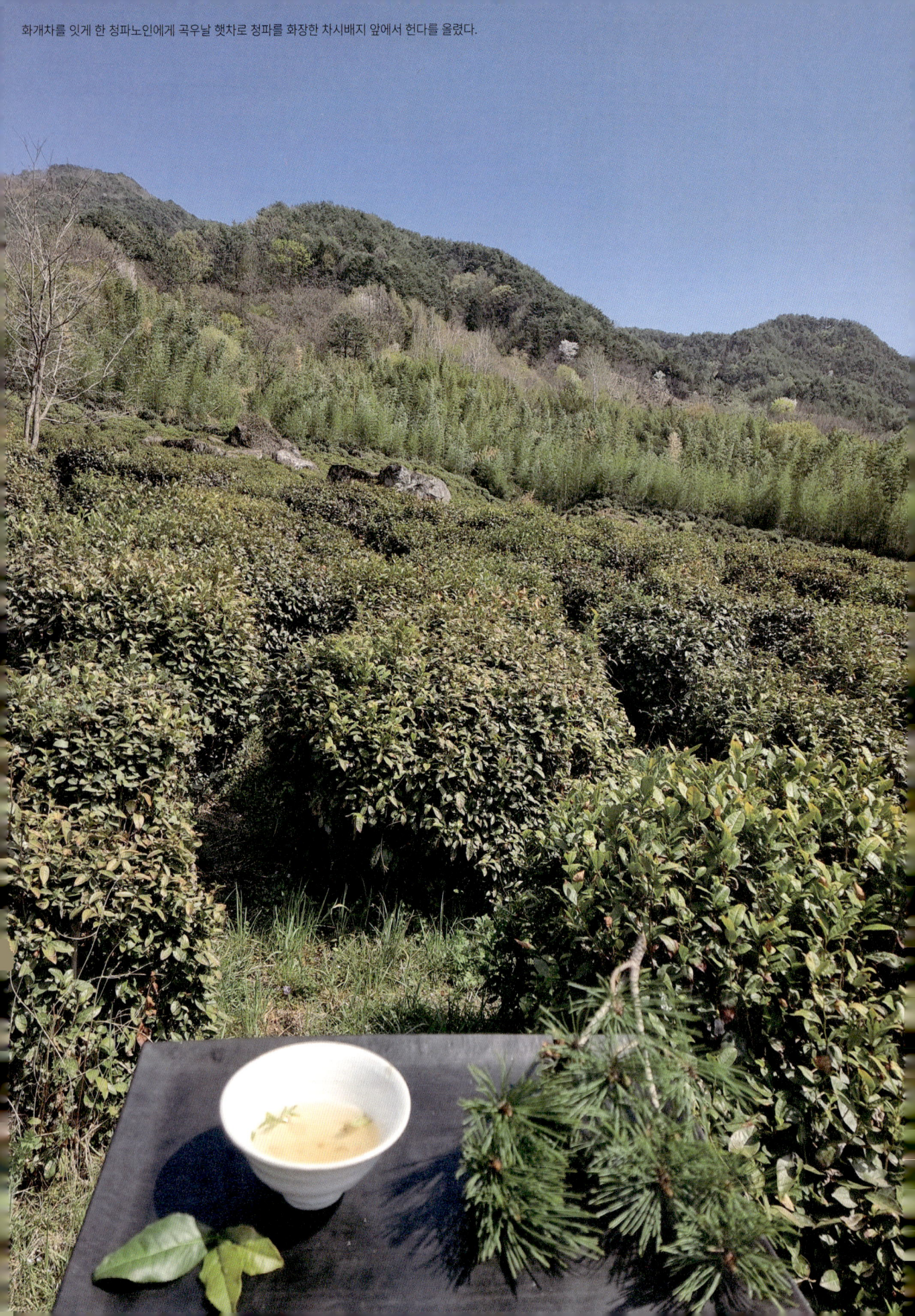

화개차를 잇게 한 청파노인에게 곡우날 햇차로 청파를 화장한 차시배지 앞에서 헌다를 올렸다.

6. 근·현대로 이어져간 화개동천의 차맥

호리병 속의 별천지 화개동

십리 벚꽃길을 따라 화개의 쌍계사 입구의 석문마을에 이르니 쌍계와 석문의 돌비 옆에 '호리병속의별천지'를 새긴 커다란 안내문이 눈에 띄었다. 자세히 들여다보니 '2015 서울에서 열린 중국 방문의 해'에 시진핑(習近平) 중국 국가주석이 "중·한의 문화교류는 유구한 역사를 갖고 있으며 신라의 대석학 최치원(崔致遠)은 '동쪽나라 화개동은 호리병 속의 별천지(東國花開洞, 壺中別有天)'라는 시"로 한반도를 찬양한 축하 메시지를 남겼다. 시 주석은 한·중 교류의 상징으로 한반도의 남쪽 지리산 기슭의 화개동(花開洞)을 언급해 하동군 운수리의 화개동이 다시 세인의 관심을 모으고 있다. 하동군은 시진핑의 메시지를 언급하여 화개의 석문 입구에 "호리병 속의 별천지 화개동"을 커다란 간판을 걸고 하동의 홍보에 나서고 있었다. 그 후 화개 석문마을 사람들의 취재를 마치고 1주일 뒤 중국으로부터 급보가 날아왔다. 시진핑 국가주석이 항저우(杭州)의 용정마을을 찾아가 차를 덖는 장면이 중국 언론을 통해 공개되었다. 그 같은 장면을 바라보면서 곡우(穀雨) 전에 하동 군수가 차 덖는 장면이 공개되었으며 더 없이 의미가 있었으리라고 여겨진다.

조선 성종(成宗) 때 점필재(佔畢齋) 김종직(金宗直)이 함양(咸陽)군수로 부임했을 때 백성들의 고통을 없애려고 함양다원을 일구었다.

"차의 산출이 없는 곳에 차의 부세(賦稅)만은 남아 있어 민폐가 막대하다. 함양 군민은 매년 차의 상공(上供)으로 멀리 차 생산지인 전라도에 가서 차를 사서 바친다. 차값이 고귀하여 쌀(米) 1말(斗)로 겨우 차 1홉(合)을 교환한다. 내가 처음 부임하여 그 폐를 알고 백성에게는 차공(茶貢)을 받지 않고 관에서 여기저기 구걸하여 상공하였다."

이처럼 시대를 앞서가는 목민관이 그리워진다.

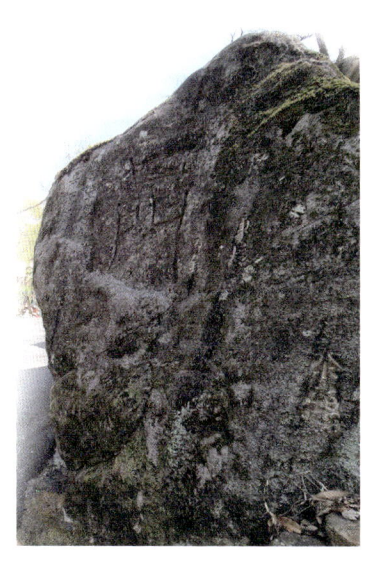

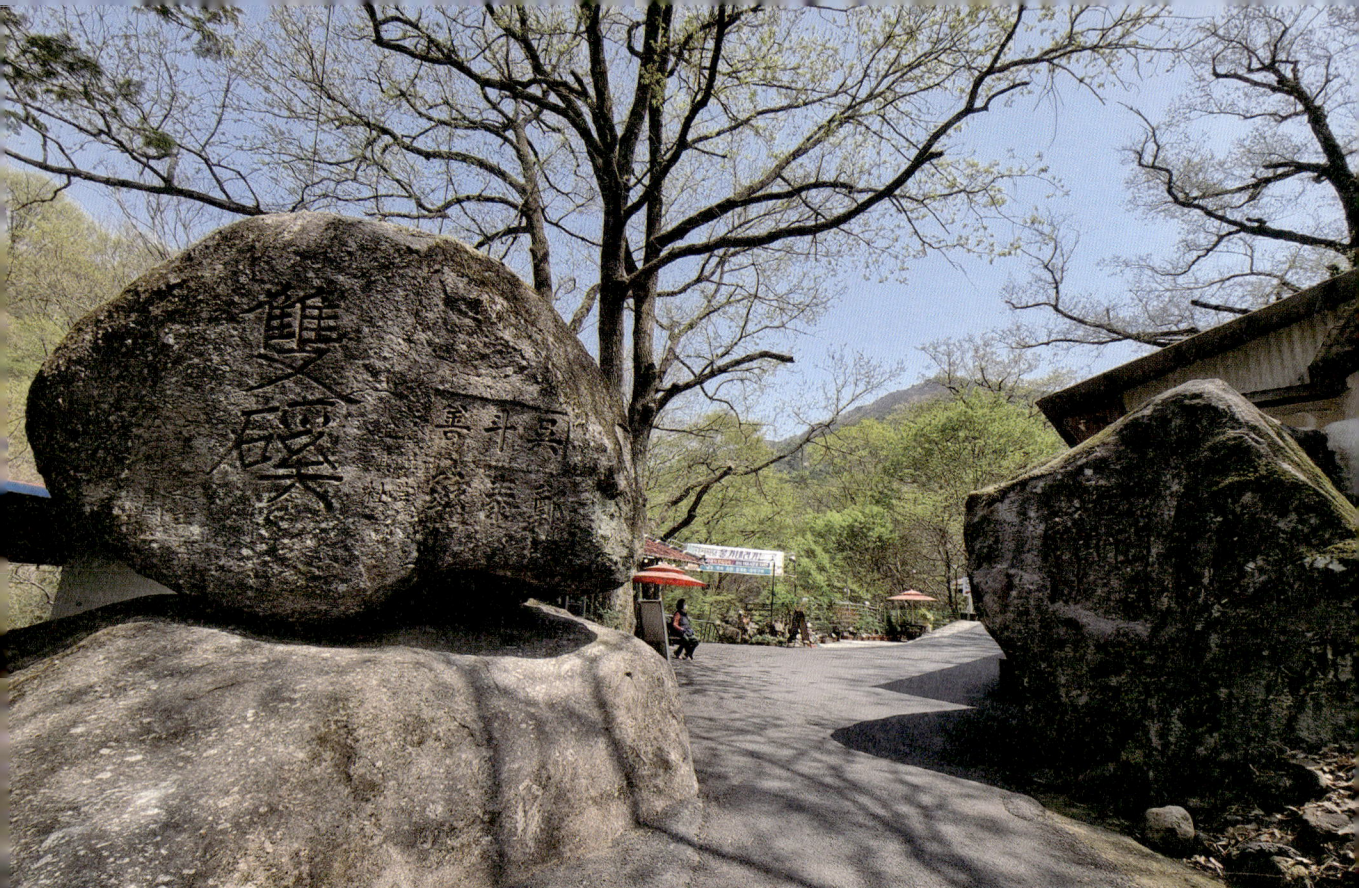

화개의 차문화가 싹을 틔웠던 석문마을

하동에 차문명을 열어준 청파노인의 영혼에 차를 올리다

지난 4월 17일 곡우를 앞두고 화개에 차문명을 열어준 청파노인의 영혼이 잠들어 있는 차시배지를 찾아가 햇차를 올렸다. 청파가 1960년 타계하자 석문 사람들이 힘을 모아 장례를 치렀다. 지금의 차 시배지가 있는 콘도건물 인근에 청파의 유골을 화장을 했다. 그 자리에 차를 올린 게 된 것은 청파 사후 처음 있는 일이다. 녹향다원 오신옥 여사가 정성껏 차를 준비하여 허공에다 차를 올렸다. 그날따라 날씨까지 화창하여 청파노인이 천상에서 빙그레 미소짓는 것 같았다.

조개안으로도 불려온 청파 조병곤 노인이 세상에 드러나게 된 것은 우연한 일이었다. 2003년 하동에서 야생차문화축제가 열리던 날 녹향에서 차를 마시다가 오여사가 "잭살 영감을 아십니까?"라는 말을 꺼냈다. 그렇게 화개에 차문명을 열었던 잭살 영감이 드러나면서 하동의 차가 세상에 알려졌다.

청파를 기억하는 석문 사람들

곡우를 앞두고 청파의 자취를 쫓아 석문 마을을 찾아갔다. 청파를 기억하는 사람들은 거의 이승을 떠났다. 쌍계사 재무 스님을 지내면서 청파노인을 도왔던 학봉 노인 초연 스님 등이 세상을 떠났다. 청파를 도왔던 강 보살은 화개의 청파의 차를 있게 한 유일한 인물로 화개 사람들은 강 보살을 잊지 않고 있었다. 야생차의 올곧게 지니고 있던 강 보살이 만든 차는 화개차를 생각하게 했다.

올해 94살인 정맹엽(1928-)과 92살 정윤엽(1930-) 자매가 잭살 영감의 차 만드는 법을 기억해냈다. 먼저 정윤엽의 집을 찾아가 잭살 영감의 내력을 들어보았다.

"내가 30살 때 잭살 영감께서 차를 따오게 했어요. 그리고 생엽을 가마솥에 넣고 대주걱으로 차를 덖고 멍석에 비비기를 세 번만 하고 쌍계사 설선당의 방안에 종이를 깔고 그 위에 차를 말렸어요. 유념·비비기·멍석 위로 두 손으로 차를 부드럽게 문질렀어요."

이 같은 장면은 해방 이후 화개의 차 풍습도이다. 정맹엽 할머니로부터 청파 노인에 대한 이야기를 듣고 있으니 구례에서 목욕차가 집 앞에 왔다. 할머니는 1주일에 한 번씩 구례에서 목욕차로 목욕을 한다고 했다. 맹엽 할머니와의 아쉬움을 남기고 곧바로 석문마을로 내려가니 마을 입구에서 촌노들이 나와 화개지역에서 생산되는 특산품을 팔고 있었다. 그들에게 다가가 청파 노인에 대해 여쭈었다.

정윤엽 할머니가 반기면서 말했다.

"잭살 영감의 차 이야기를 들으려면 강 보살이 생존했으면 실감 날것인데 강 보살은 잭살 영감을 도와 화개에 차 문명을 일으킨 분이에요."

"잭살 영감은 어떤 모습이었습니까?"

"얼굴이 둥글게 생겼어요."

"차를 어떻게 채취했나요?"

"아침 일찍 찻잎을 채취하여 쌍계사 설선당으로 갖다주면 가마솥에 덖었어요. 그리고 농민들에게 비용도 후하게 주어 석문 사람들이 잭살 영감을 좋아했어요. 강보살이 살아 있었더라면 화개와 잭살 영감에 대해 좋은 말씀을 해주실 텐데 아쉽네요."

정맹엽 할머니의 이야기를 듣다가 석문마을의 다른 할머니가 말을 건넸다.

"화개 사람들은 잭살 영감이 없었더라며 잭살차가 무엇인지 몰랐을 거에요. '잭살차 한 잔 주세요.' 그 말을 있게 한 청파노인이 있었기에 화개의 차를 말할 수 있어요"라고 정윤엽 할머니가 눈시울을 적셨다.

그렇게 석문 사람들은 뚜렷하게 잭살 영감을 기억했다.

10여 년 전 석문을 지나면 화개 초등학교가 있는데 그 주변에 박학봉 노인이 있다. 타계한 학봉 노인이 쌍계사 재무 스님으로 있을 때 잭살 영감을 도왔다. 학봉 노인은 잭살 영감이 돌아가신 뒤 쌍계초등학교 근방에 초막을 짓고 살았다.

그를 만났을 때 잭살 영감 이야기를 꺼내자 눈시울을 적셨다. 그처럼 잭살 영감은 화개의 차문명을 열어주었던 분이다. 청파 노인과 석문 사람들로 인해 화개에 차의 문명이 열렸는데 정작 하동군과 화개 사람들은 청파의 고마움을 잊고 있는 것 같았다. 그나마 곡우를 맞아 청파 노인의 영혼 앞에 차를 공양하여 그의 은덕을 기리게 되어 다행스러운 일이다.

화개에 전해 내려오는 이야기 중 고뿔이란 말이 있다. 감기가 들면 뾰족하게 올라온 찻잎을 따서 가마솥에 넣고 대추를 넣어 우려 마시고 땀을 빼면 어지간한 고뿔도 씻은 듯이 가라앉았다고 한다. 잭살차의 유래 또한 청파 노인이 화개 사람들에게 가르쳐 감기(고뿔)가 씻은 듯이 낫게 했다고 전해온다. 화개지역 차산을 취재 가다가 깜짝 놀란

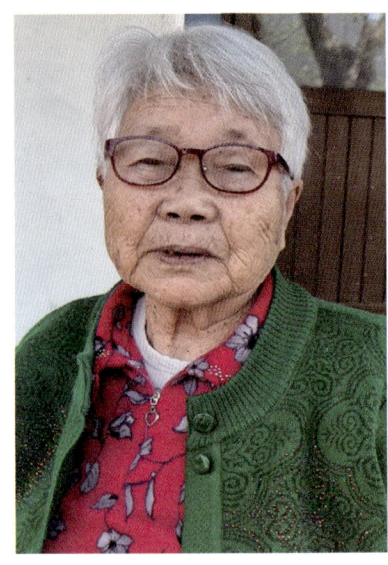 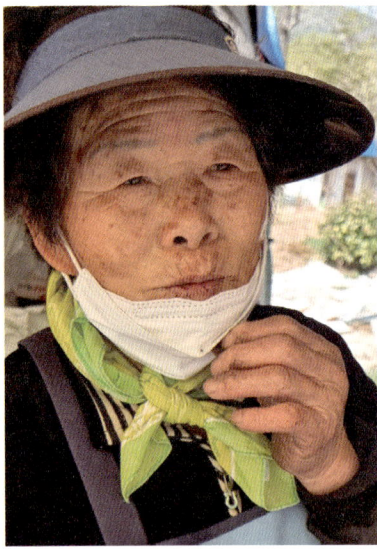 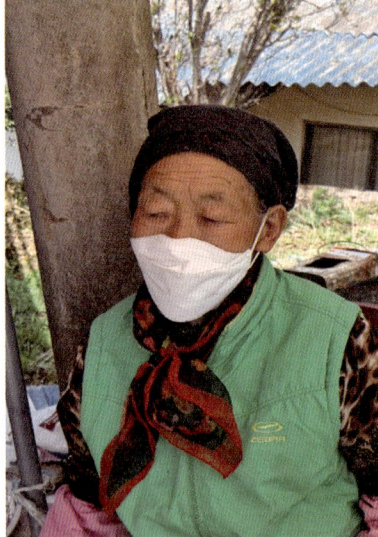

정맹엽 정윤엽 자매를 만나 청파를
이야기하자 화개의 차문명을 열어준
인물이다 라고 눈시울을 붉혔다
그 옆은 석문마을의 김순열 촌노이다

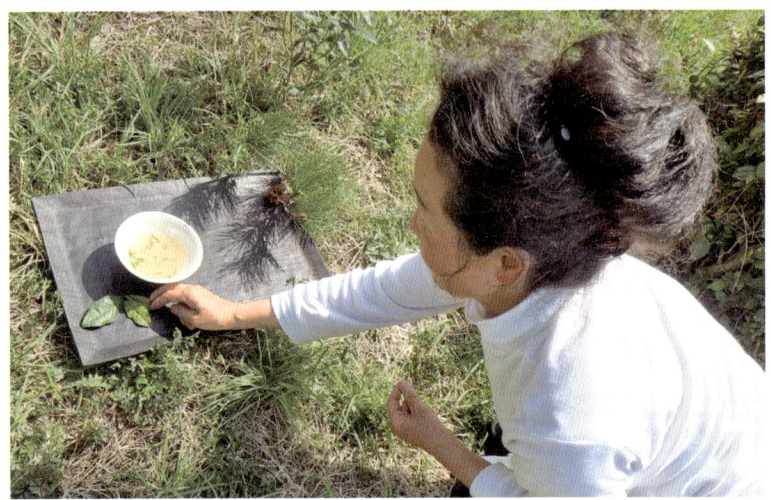

1960년 잭살 영감 청파 노인이 타계하자 그의 후학들이 차시배지가 있는 콘도
근처에 화장을 했다 40여 년간 청파를 그리워한 녹향다원 오신옥씨가
청파의 유골의 묻어있는 차시배지를 찾아가 헌다의식을 거행했다

사실은 경남 하동 덖음차 보존회(회장 홍만수)가 하동 덖음차를 잇게 한 김복순 할머니를 기리는 비를 하동에 세운다고 한다. 사실 청파 조병곤의 비와 나란히 세우는 것이 하동 차를 잇게 한 선고 제다인에 대한 예의라고 생각한다.

화개 사람들은 청파를 잊어서는 안 된다. 청파가 있었기에 오늘날 화개의 차를 말할 수 있게 됐다고 볼 수 있겠다. 잭살 영감 청파는 화교 출신으로 1940년대 화개로 돌아와 쌍계사 설선당에 주석하면서 화개에 차문화의 싹을 틔웠던 인물이다. 이승만 대통령과 교분이 있어 봄에 만든 차를 청와대로 갖다 주어 1년 치 양식을 타왔을 정도로 청파는 대단한 분이라고 화개다원 이광섭 대표가 증언한 바 있다.

잭살 영감의 차를 그리며

화개의 석문을 지나며 천 년 고찰 쌍계사가 있다. 쌍계사 진감국사비(眞鑑國師碑)에 한차(漢茗, 한나라차)라

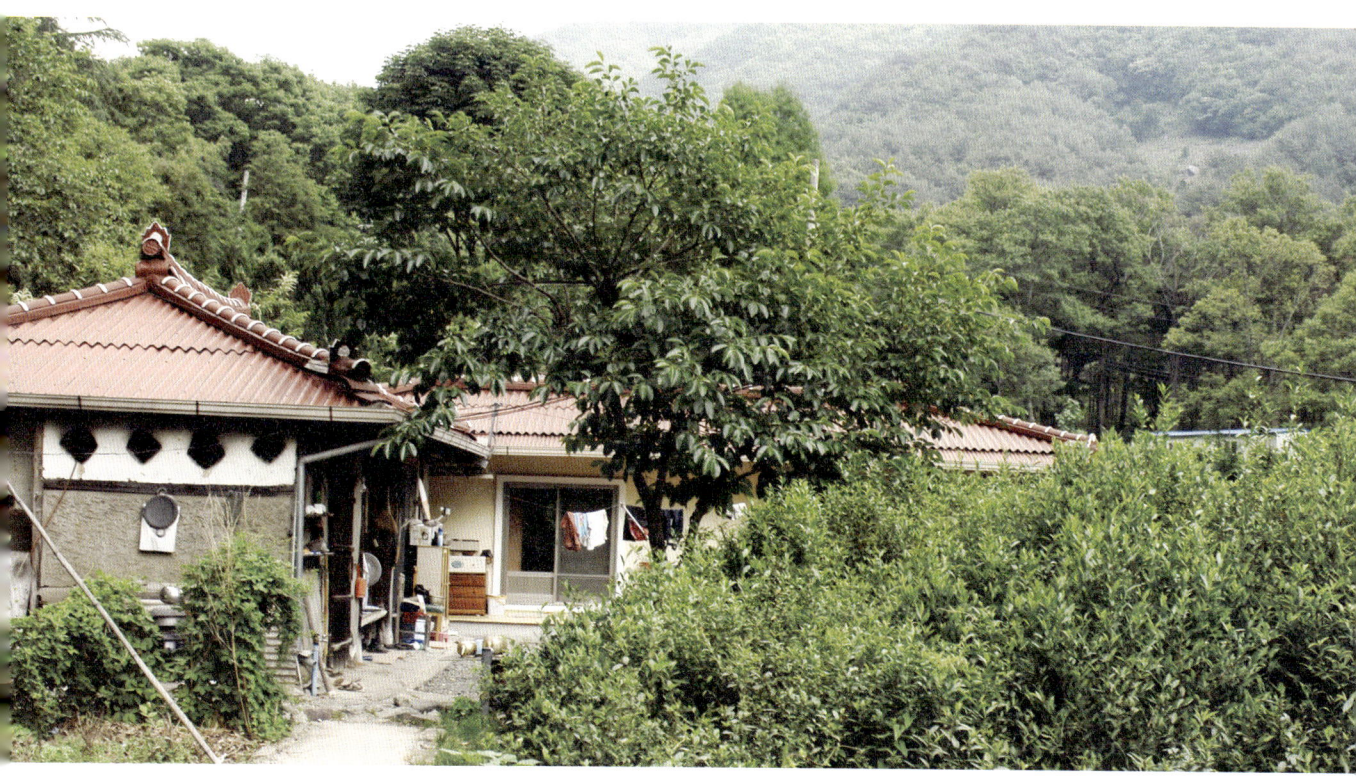

학봉 노인이 살았던 쌍계초등학교 인근에 있는 우거
학봉 노인을 만났을 때 청파를 말할 때마다 잭살 영감이 있었기에 화개차를 말할 수 있다고 말했다

는 말이 나온다. 그처럼 신라 시기에는 몽정 감로차가 유행한 것 같다. 조선후기 만허(晩虛) 스님이 육조탑 아래에 살면서 차를 만들었는데 용정과 두강차[승설차를 말함]와 겨루어도 손색이 없다는 말을 추사가 남겼다. 1940년대 청파 조병곤이 화개에 들어와 차를 법제하지 않았다며 대렴의 차 씨 전파지로도 신빙성이 없었을 것이다.

청파로 인해 화개의 차가 부활하고 있음을 화개 사람들은 잊어서는 안 된다. 근래 쌍계사가 선차문화대축제를 개최했는데 진감, 초의, 만허만 부각되고 청파는 여전히 묻혀 있었다. 석문마을을 찾아가 보면 청파의 존재는 잊힌 듯했다.

쌍계사 계곡에 60년 전 청파가 심은 차나무가 아직도 자라고 있는데 왜 화개 사람들은 청파를 잊고 있을까? 까닭은 청파가 부각 될수록 자신의 존재가 흐려져 자연스럽게 청파는 잊히는 것이 좋다는 견해들이다. 때마침 곡우를 앞두고 청파 노인의 영혼 앞에 차를 공양하면서 청파의 은덕에 조금이나마 보답하게 되어 다행스럽다고 생각했다. 따라서 청파는 근·현대 한국제다의 맥을 이어준 명인임을 잊어서는 안 될 것이다. 지금부터라고 청파 조병곤의 현창운동에 나서야만 하동의 차문화가 새롭게 부각되리라고 믿어진다.

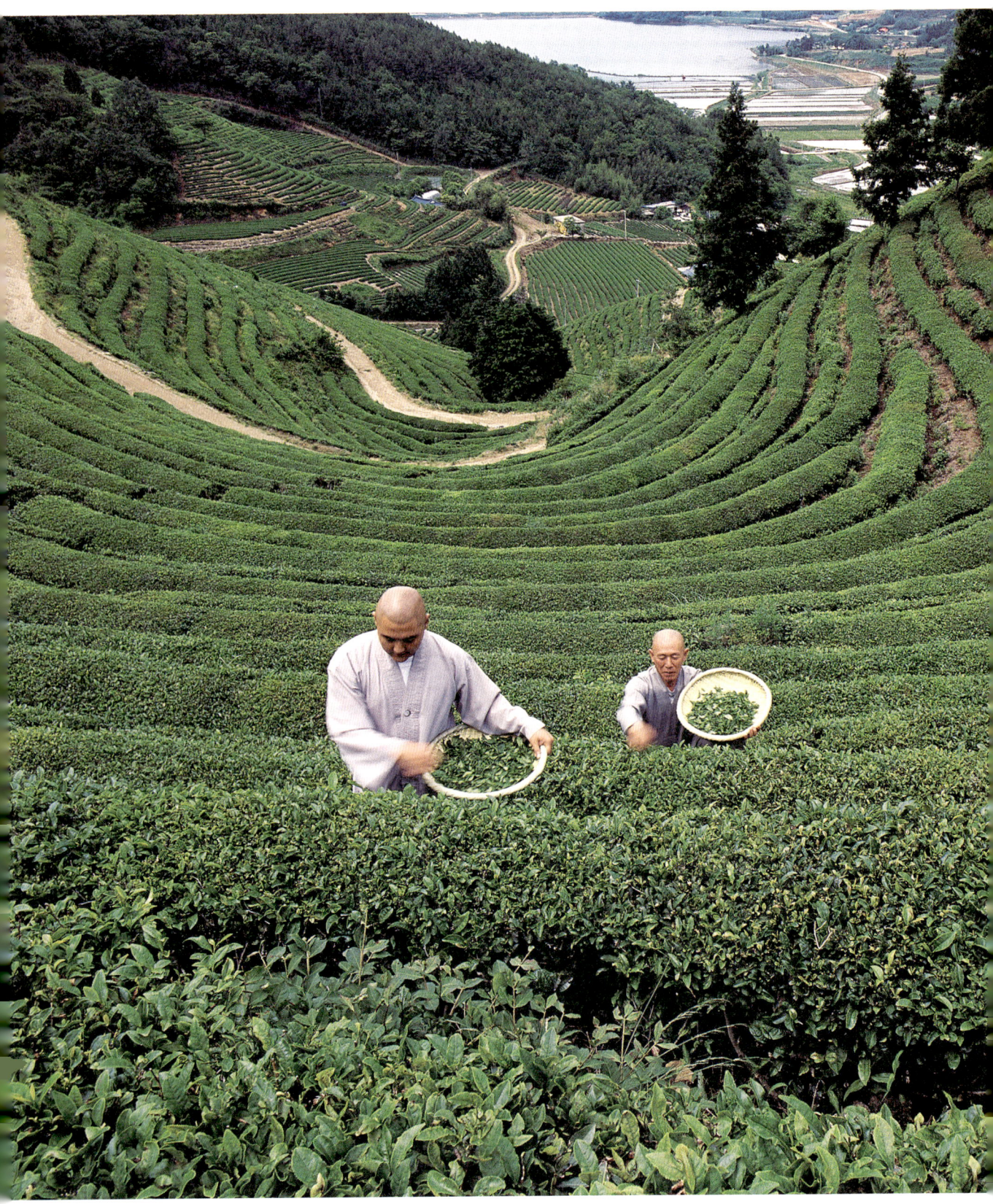
ⓒ선암 석인철

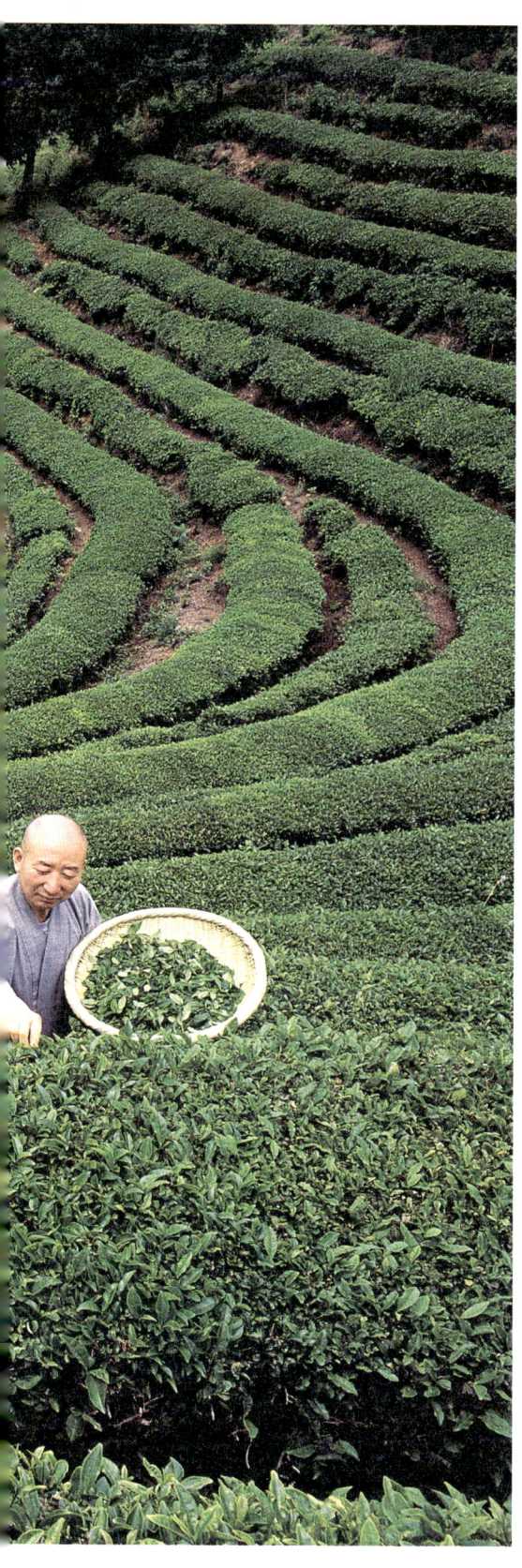

4장 선종사원의 다풍

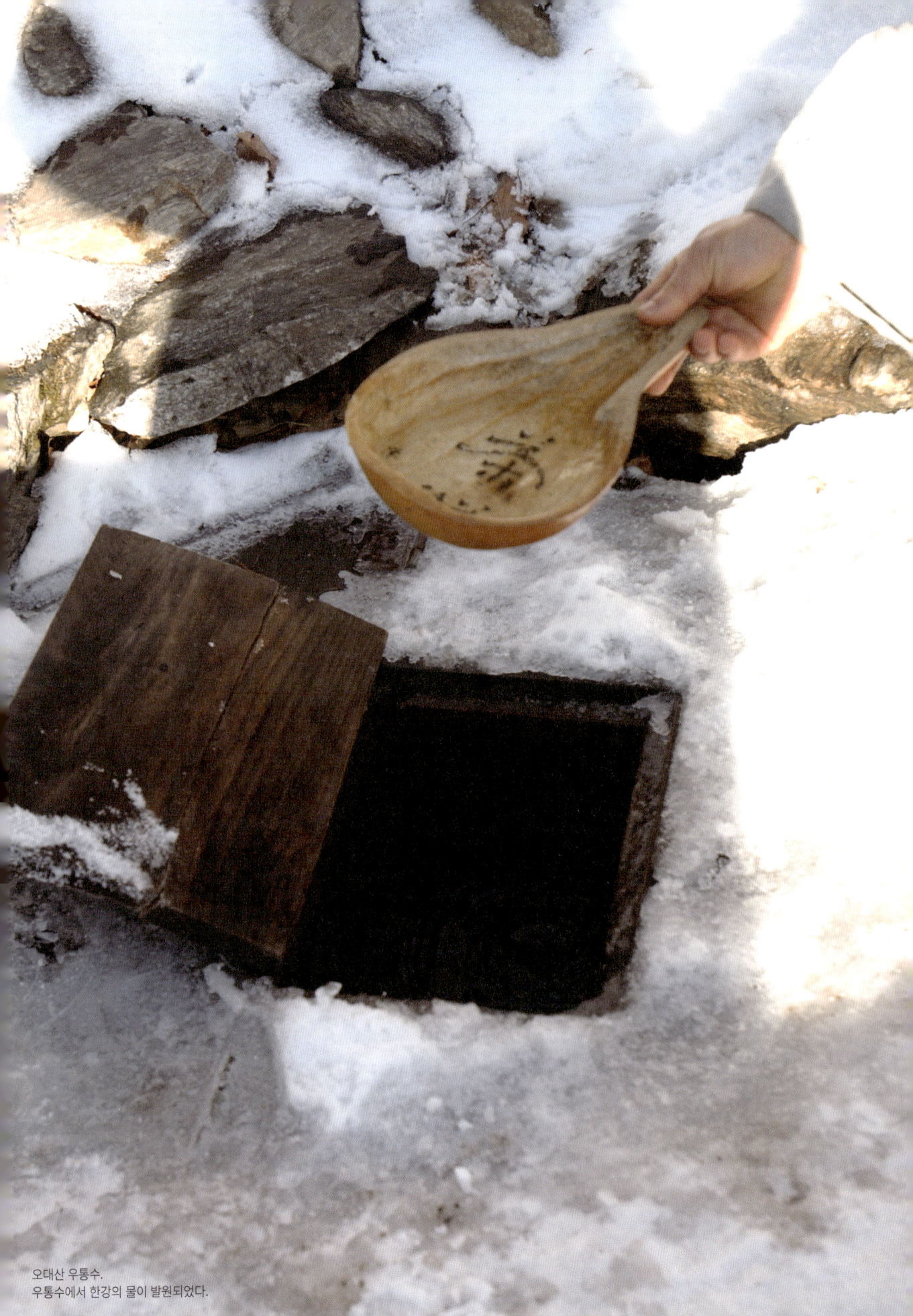

오대산 우통수.
우통수에서 한강의 물이 발원되었다.

1. 한국의 선차가 시작된 땅 오대산 우통수

천하제일의 명천으로 알려진 오대산(五臺山) 우통수(于筒水)는 보천 태자가 매일 아침마다 오대산 골짜기 물을 길어와 차를 달여서 일만진신의 문수(文珠)보살에게 차공양(茶供養)을 50년간 올린 뒤 신성굴에서 성불했다. 이 같은 내용이 《삼국유사(三國遺事)》에 전해지면서 우통수는 한국 최고의 명천으로 자리 잡아갔다.

초의(艸衣) 선사의 《동다송(東茶頌)》에 "차는 물의 신이요. 물은 차의 몸체이다. 참된 물이 아니면 그 정신이 나타나지 않고 정제된 차가 아니면 그 몸체를 짐작할 수 없다."고 말했다. 그처럼 물은 차를 논함에 있어 중요하게 여겨졌다.

《세종실록지리지(世宗實錄地理志)》에는 한강물이 비록 여러 곳의 물을 받아 흐르나 우통수가 중심이 되어 빛과 맛이 변하지 않고 중국의 양쯔강(揚子江)과 같으므로, 우통수가 한강의 발원지가 되었다고 기록되어 있다.

우통수는 물의 빛깔이 곱고 맛 또한 다른 물보다 훌륭하다는 데에서 유래된 이름이다. 우통수 물줄기가 한중수(漢中水) 또는 강심수(江心水)라 불리기도 하였다. 《삼국유사》에 기록된 우동수(于洞水)가 지금의 우통수로 변화되었다는 견해도 있다.

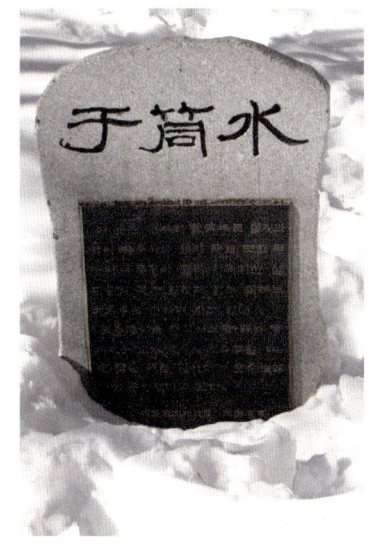

오랫동안 우통수는 한강의 발원지로 알려져 왔지만 일제강점기인 1918년에 조선총독부 임시토지조사국에서 조사한 결과에 따르면 한강의 발원지는 삼척시 하장면이었다. 일제에 의해 한강의 발원지가 우통수에서 다른 장소로 변경된 것은 조선왕조의 말살정책을 펼친 일제가 우리 민족에게 성지로 간주되던 우통수를 일개 샘터로 전락시켜 세인의 관심에서 벗어났다.

오대산 월정사의 원로 원행 스님은 오대산 오통수에 대해 분명하게 밝혔다. "오대산 월정사는 날마다 오대산 우통수의 물을 길러 부처님께 차를 공양했는데 그 전통이 지금까지 이어져왔다고 말했다" 우통수를 한강의 발원지로 기록한 가장 오래된 문헌은 권근(權近)이 작성한 〈오대산서대수정암중창기(五臺

山西臺水精菴重創記)》에 "한강이 우통수에서 발원되었다"고 기록했다.

이후 1449-1451년에 발간된 《고려사(高麗史)》 5책과 1473년에 간행된 《세종실록(世宗實錄)》의 〈지리지(地理志)〉에서도 우통수를 한강의 발원지라 명기하였다. 특히 여기에서는 우통수에 대하여 "오대산 서대(西臺) 아래 수정암(修淨庵) 옆에서 샘이 솟아나는데 이를 우통수라 한다. 물의 빛과 맛이 특별하며 한강의 근원이다. 이로 인해 봄·가을에 그 고을 관원으로 하여금 제사를 지내게 한다. 한강물이 비록 여러 곳의 물을 받아 흐르나 우통수가 중심이 되어 빛과 맛이 변하지 아니한다."라고 기록하고 있다. 이후 1530년 《신증동국여지승람(新增東國輿地勝覽)》, 1776년 《연려실기술(燃藜室記述)》, 1908년 《증보문헌비고(增補文獻備考)》 등의 문헌에서 모두 우통수를 한강의 발원지로 기록하였다. 그러나 한강의 발원지 문제는 《연려실기술》부터 조금씩 수정이 이루어졌다. 이에 따르면 한강에는 남강과 북강이 있는데, 남강은 우통수가 주류이나 북강은 인제와 회양에서 발원한다는 설명이 부기되었다.

오대산의 겨울은 늘 눈으로 뒤덮여 있다. 그 눈 속을 뚫고 비로봉에 올라가 오대산을 바라보면 눈 속에서 막 피어나려는 한 송이의 연꽃 봉우리와 같다. 오대산은 오만진신의 상주처로 늘 도를 닦는 수행인의 발길이 끊이지 않는 곳이기도 하다. 그런 오대산을 동경해온 것이 우리 중생(衆生)일진대 한 잔의 차를 부처님 전에 올리려는 마음 또한 다우들의 마음일 것이다.

강원도 오대산은 오만문수 보살의 상주처로 천 년 차향이 깃들어 있다. 보질도(寶叱徒) 태자가 일만 문수보살에게 차를 공양한 이래 자장 율사(慈藏律師)가 중국 오대산 태화지(太和池)에서 문수대성을 친견한 뒤 부처님의 진신사리를 가지고 와 중대(中臺)의 적멸보궁에 모시면서 부처님의 상주처로 영기가 넘치고 있다. 그래서 예부터 새해가 되면 불자들은 소망을 빌기 위해 적멸보궁을 찾았고 부처님 전에 참회의 발길이 끊이지 않는 영험스러운 성지이다.

오대산 월정사 원로인 원행스님은 "오대산 우통수의 물을 길어 일만문수보살에게 차를 공양하게 됨은 오대산의 가풍으로 이어져왔다"고 말했다.

해동 최고의 물로 꼽히는 적멸보궁 아래의 용안수와 한강의 발원지인 서대 우통수로 인해 적멸보궁은 예부터 명성이 자자했다.

해마다 새해 오대산 우통수 물을 길어 부처님께 차를 공양함에 최고의 공덕으로 여기면서 차인들이 앞을 다투어 우통수를 찾아가 적멸보궁에 차를 올려 한 해 소망을 염원해왔다.

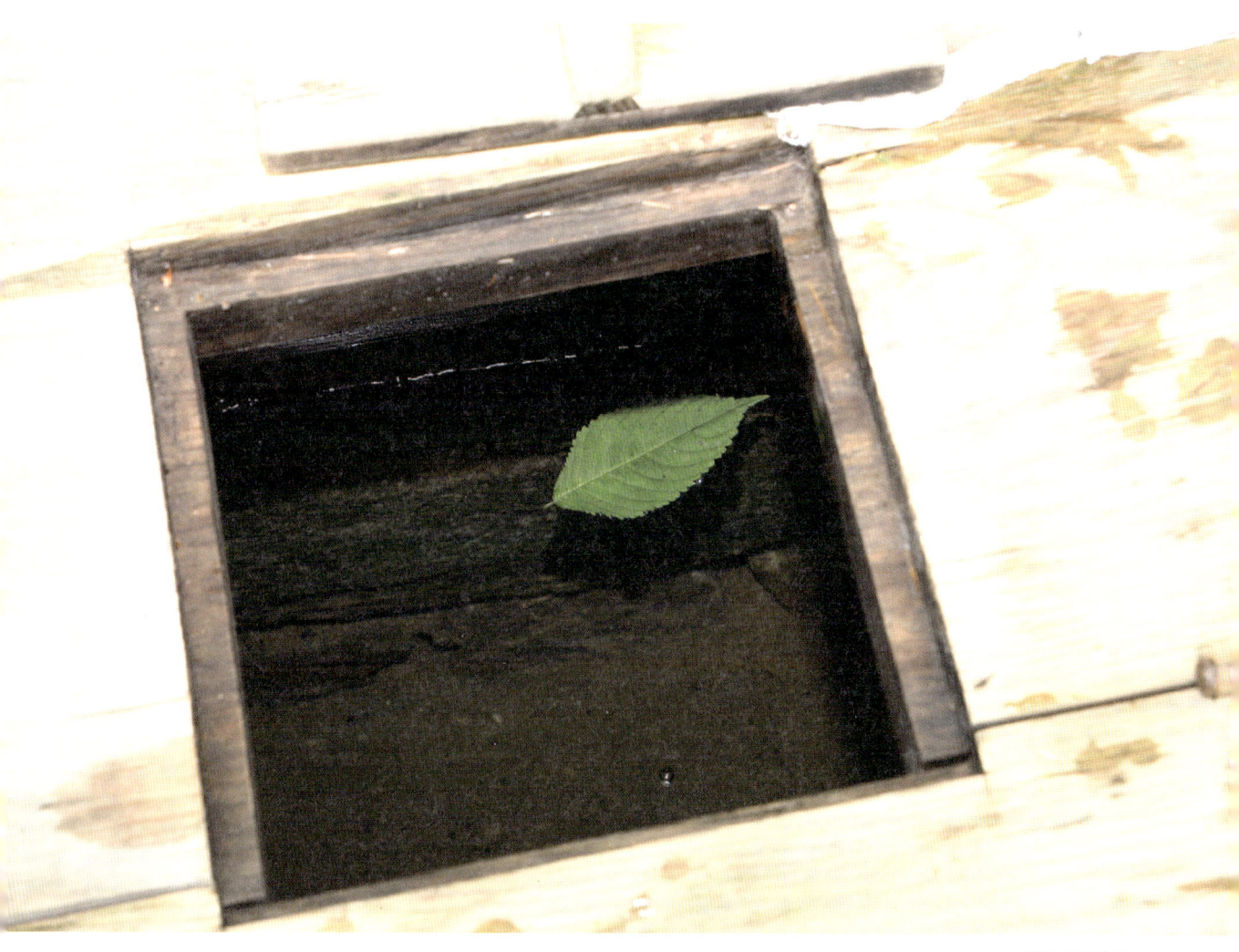

우통수의 물(水)

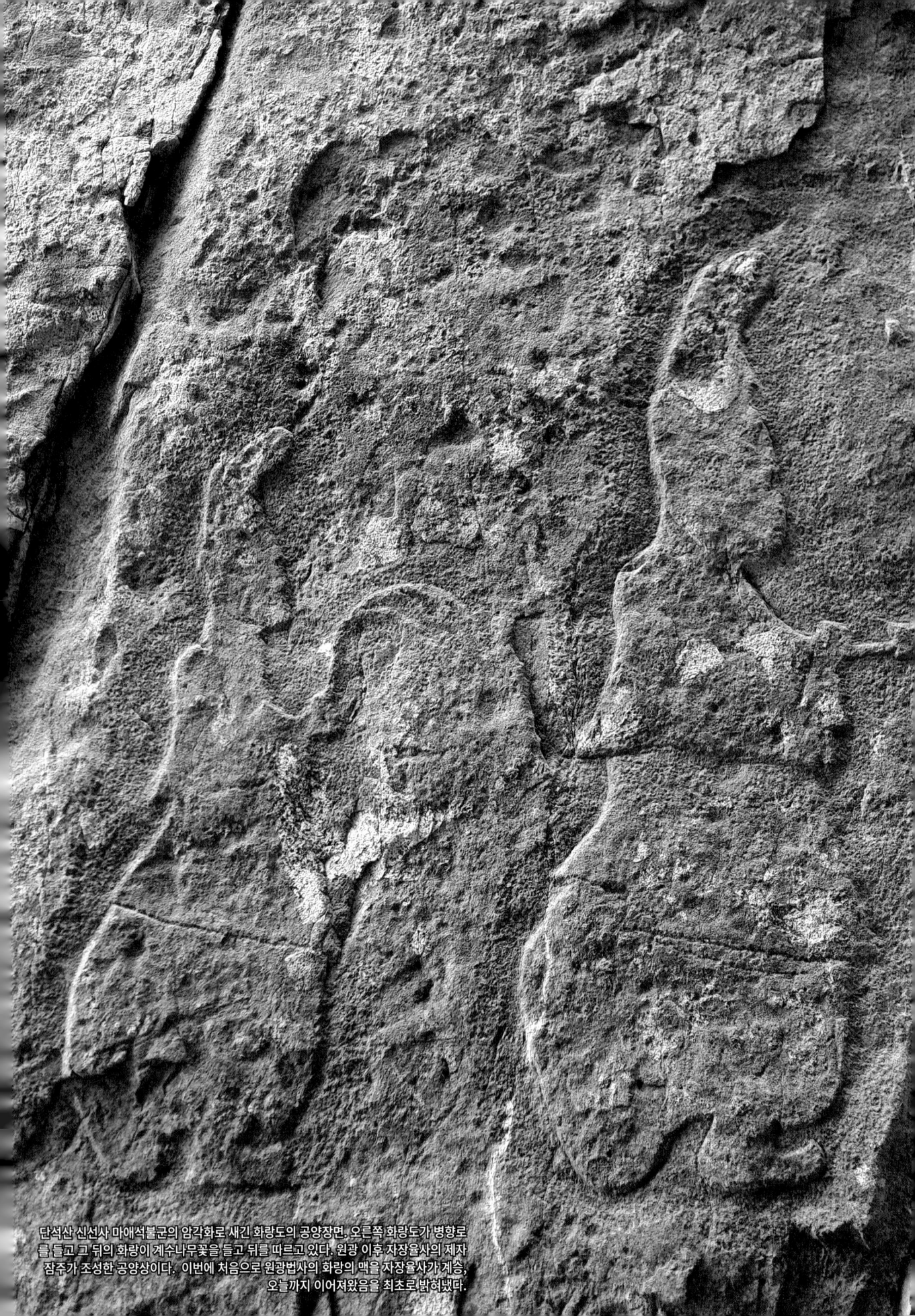

단석산 신선사 마애석불군의 암각화로 새긴 화랑도의 공양장면. 오른쪽 화랑도가 병향로를 들고 그 뒤의 화랑이 계수나무꽃을 들고 뒤를 따르고 있다. 원광 이후 자장율사의 제자 잠주가 조성한 공양상이다. 이번에 처음으로 원광법사의 화랑의 맥을 자장율사가 계승, 오늘까지 이어져왔음을 최초로 밝혀냈다.

2. 화랑도에게 세속오계를 가르친 원광 법사

원광 법사 부도앞에 차를 올리다

경주시 안강읍 두류리 삼기산(三岐山)의 원광 법사 부도가 있는 금곡사를 찾아갔다.

경주시 문화재 자료 제 97호로 지정된 '원광법사부도탑(浮圖塔)'이 반겼다. 청룡의 해에 세속오계(世俗五戒)를 화랑들에게 전해준 원광 법사 부도탑 앞에 차를 올려 원광 법사의 차의 정신을 기렸다. 먼저 도량을 청정히 한뒤 경주 진각종 황경 심인당 다도회에서 준비한 차와 꽃과 향을 올렸다. 차를 공양하게 되자 향연이 삼기산으로 퍼져나갔다. 그렇게 천 년간 잠자고 있던 원광 법사에게 차를 공양하여 잊고 있던 원광 법사를 차로 깨웠다.

헌다의식을 올린뒤 참가 대중이 원광 법사의 탑 앞을 돌며 탑돌이하여 도량을 청정하게 했다. 헌다식에 참가한 황경 심인당 다도회 회원들은 "화랑도에게 세속오계를 전해준 원광 법사부도앞에 차를 공양하게 되어 보람을 느끼게 되었다"고 말했다.

원광 법사와 삼기산은 인연이 깊은 곳이다. 일연(一然)의《삼국유사(三國遺事)》에는 삼기산에 대한 자세한 내용이 전한다. 원광 법사가 출가하여 삼기산에 은거한 지 4년이 되었을 때 어느 스님이 와서 절을 짓고 살았다.

그 스님은 성품이 사납고 주술 배우기를 좋아했다. 원광이 홀로 앉아 불경을 외우고 있자니 갑자기 하늘에서 신의 음성이 들려 왔다. 신인(神人) 삿된 생각을 갖고 있는 요승 때문에 수행에 방해되니 다른 곳으로 옮겨가게 하라고 하였다.

원광은 날이 밝자 아래에서 수행하고 있는 스님에게 "스님께서 다른 곳으로 수행처를 옮기지 않으면 큰 재앙이 따를 것"이라고 말했다. 그러나 그 스님은 "신의 말은 한낱 뜬구름과 같아 믿을 것이 못 된다"며 가지 않았다. 그날 밤 갑자기 벼락치는 소리가 났다. 날이 밝자 그곳에 가보니 땅이 함몰되고 스님이 있던 절은 온데간데없이 사라졌다.

땅이 함몰된 뒤 신이 원광에게 나타나 물었다.

"법사가 보시기에 어떠했습니까?"

"매우 놀랍고 두려웠습니다."

신이 다시 말했다.

"나의 나이가 이미 3천살이며 신비에 가까운 술법이 더할 수 없습니다. 이런 것쯤이야 작은 것이니 놀랄 것이 없습니다. 나는 장래의 일도 모르는 것이 없고 천하의 일도 통달하지 않은 것이 없습니다.

법사께서는 이곳에 머무르면 자리(自利)의 행은 이루시겠으나 이타(利他)의 공덕은 이루지 못하겠소이다. 어서 빨리 더 넓은 중국으로 가서 불법을 구하여 중생을 제도하십시오."

원광은 신이 일러준대로 중국 구법길에 올라 11년간 구법행을 마치고 귀국해 자신의 중국길을 열어준 삼기산 신인에게 감사의 뜻을 전하기 위해 삼기산을 다시 찾는다.

그날 밤, 삼기산의 신은 "바다와 육지의 먼길을 잘 다녀오셨습니까" 하고 물었다.

"신의 은혜를 입어 잘 다녀왔습니다. 신의 참모습을 한 번만이라도 볼 수가 있겠습니까?"

"법사께서 나의 모습을 보시고자 한다면 내일 아침 동쪽 하늘 끝을 한번 바라보십시오"

다음 날 아침 동쪽 하늘을 쳐다보니 커다란 팔뚝 하나가 구름을 뚫고 하늘 끝에 닿아 있었다.

그날 밤, 신이 다시 나타났다.

"법사는 나의 팔을 보았습니까?"

"매우 기이했습니다."

"제가 비록 하늘을 덮을 만큼 큰 몸을 가지고 있었지만 덧없는 세월의 윤회고를 면할 수 없습니다. 얼마 뒤 고개 위에 내 몸을 버릴 것이니 법사께서 오셔서 멀리 떠나는 나의 영혼을 전송해 주십시오."

신인이 가르쳐준 날에 고개에 가보니 늙은 여우 한 마리가 죽어 있었다. 삼기산의 여우가 원광에게 서학

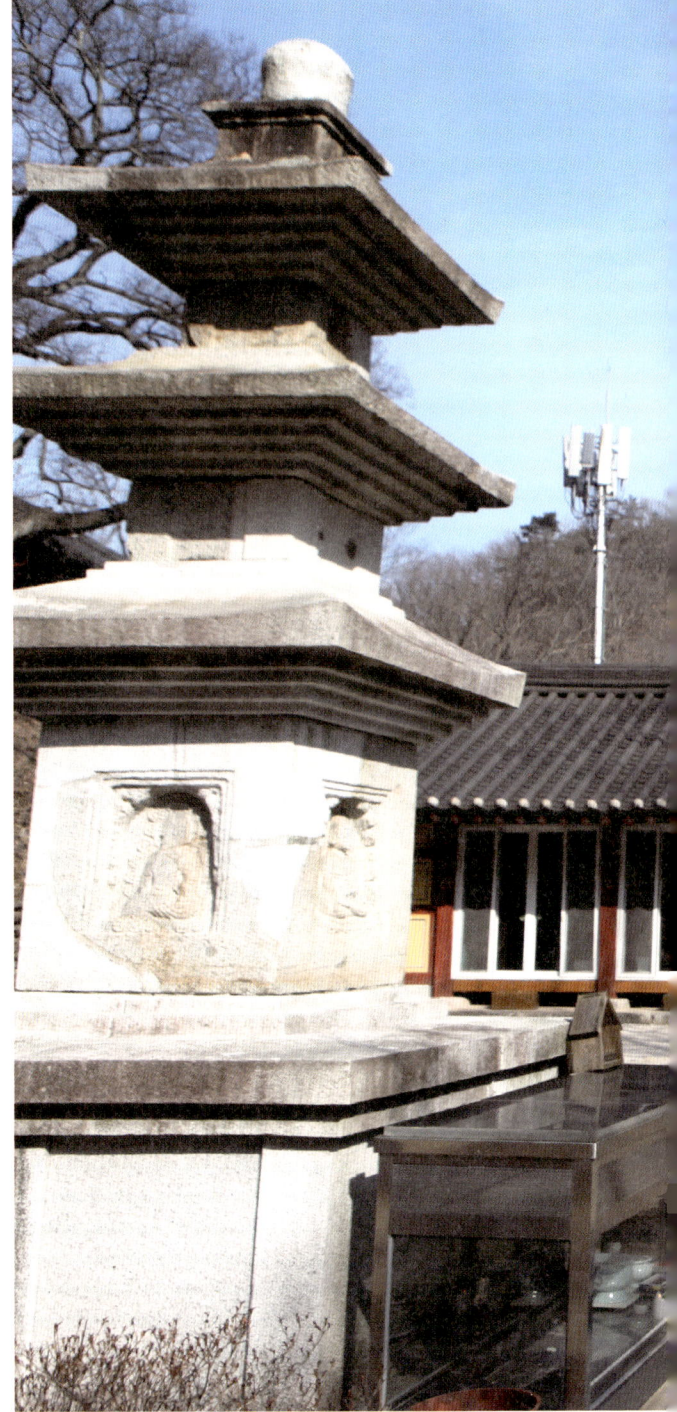

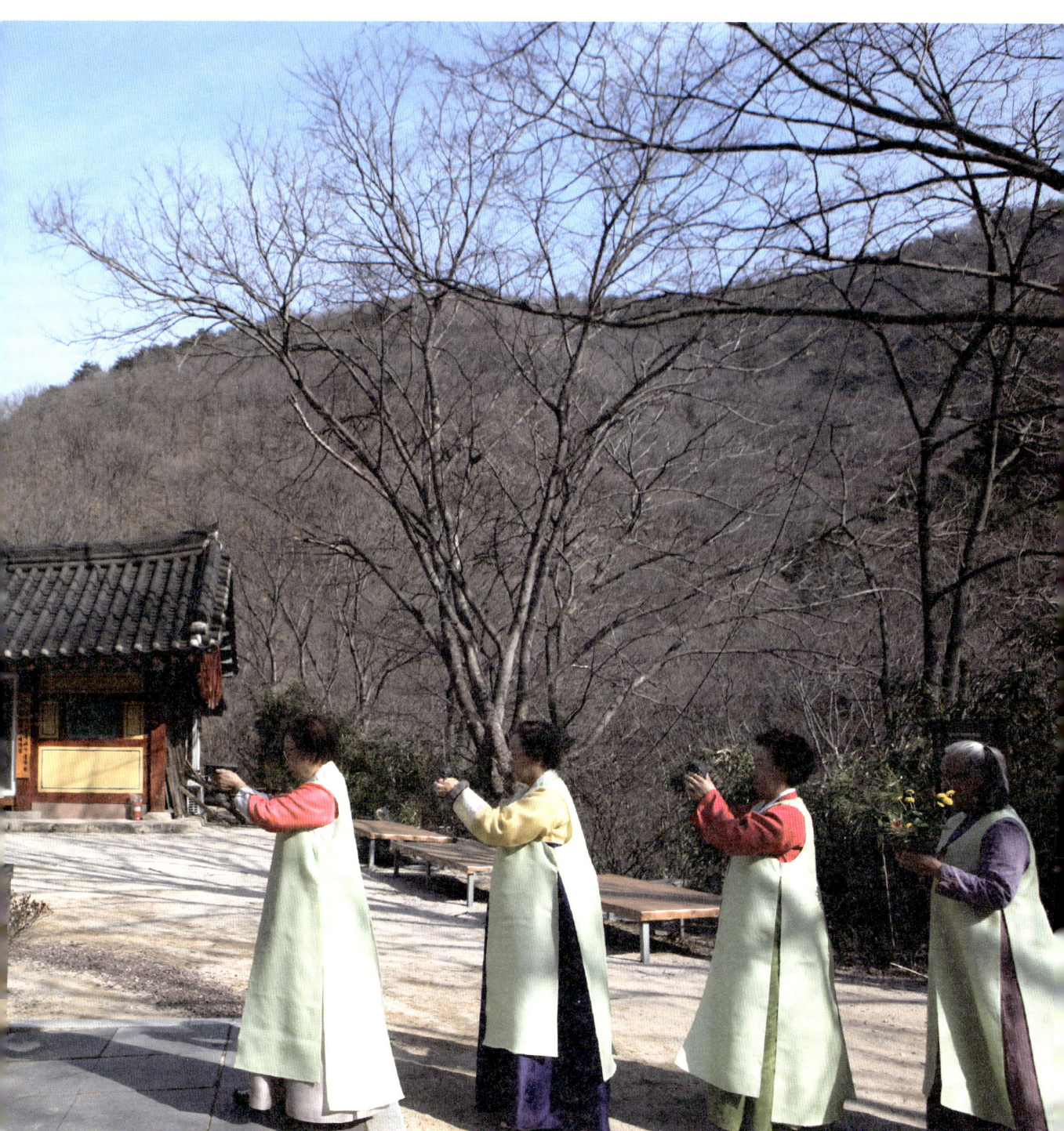
경주의 황경심인당다도회가 금곡산 금곡사를 찾아가 원광법사에게 차, 향과 꽃을 공양하고 있다.

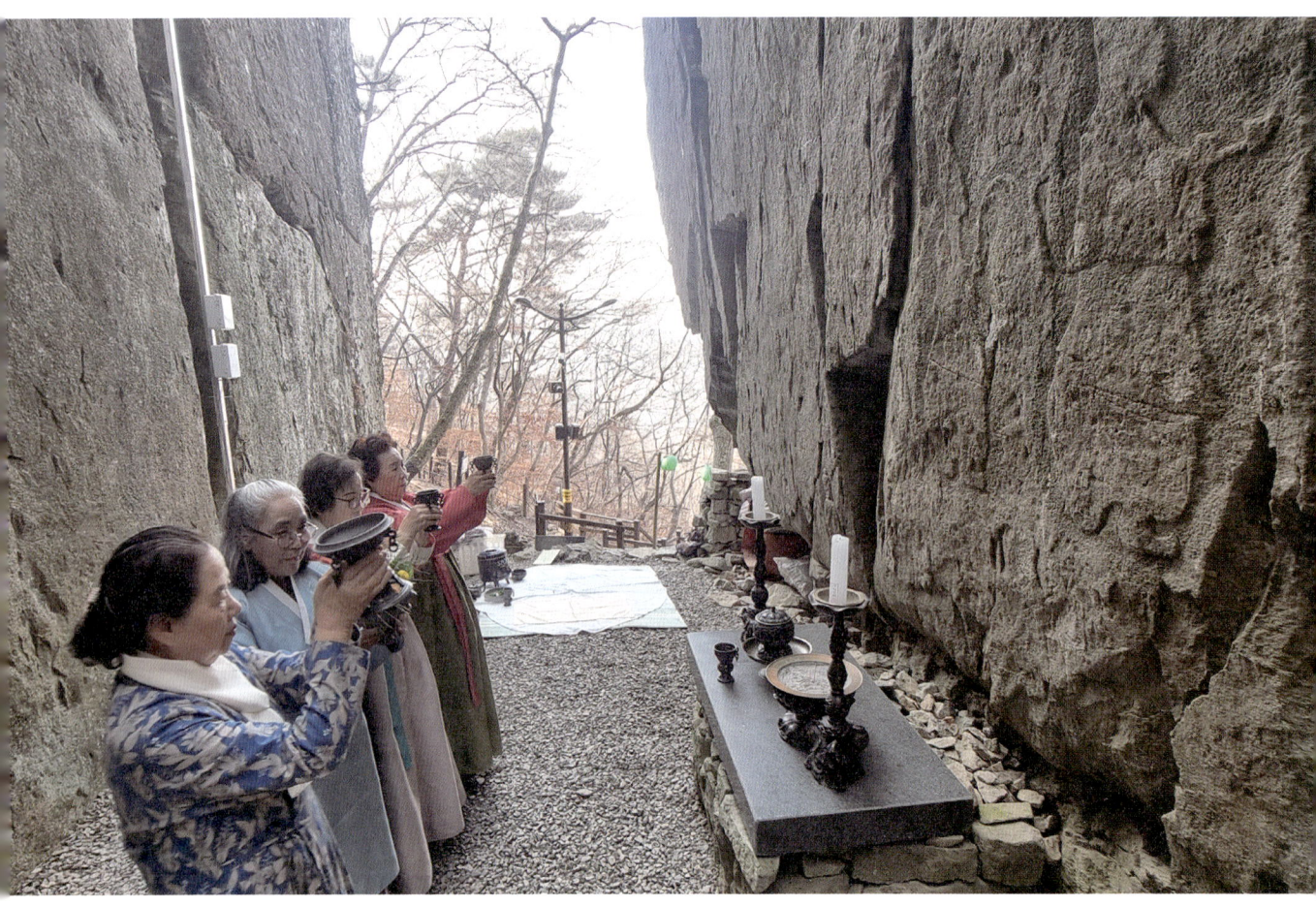

경주 예다원과 황경심인당이 단석산 화랑도의 공양상 병향로 앞에 차를 올리고 있다.

의 길을 열어준 인연으로 그의 3천생 여우몸을 벗어던지고 극락왕생에 이르렀다.

이 같은 내용은 《삼국유사》의 〈원광서학전〉에 기술된 내용이다.

화랑도에게 세속오계를 전해준 원광 법사를 잊고 있다가 단석산 신선사 마애불 아래 화랑도가 병향로를 들고 공양하는 장면이 드러났다. 그 같은 암각 속의 화랑들을 살펴보고 천 년 전 신라의 화랑도가 향, 꽃과 차를 부처님께 올렸던 향도문화가 발달되었음이 드러났다. 병향로의 중요성을 인식한 눈밝은 차인들이 앞을 다투어 단석산 마애불을 찾아가 향과 꽃과 차를 공양했다.

화랑도가 부처님께 다가가 차와 꽃과 향을 올리다

신라 진평왕(眞平王) 때 원광 법사(圓光法師)가 화랑에게 다섯 가지 계율인 세속오계를 전했다. 충(忠)으로써 임금을 섬기라는 사군이충(事君以忠), 효로써 부모를 섬기라는 사친이효(事親以孝), 믿음으로써 부모를 섬기라는 교우이신(交友以信), 싸움에 있어서 물러남이 없도록 하라는 임전무퇴(臨戰無退), 생명을 죽임에는 가림이 있어야 한다는 살생유택(殺生有擇)을 화랑도들에게 전승했다. 원광이 화랑도에게 전승한 세속오계는 뒤에 화랑도의 신조가 되어 화랑도의 발전과 삼국통일의 기초를 이룩하게 하였다. 김유신 장군과 화랑도들이 수련장으로 사용했다는 단석산 정상의 바위를 신검으로 갈라놓았다는 바위가 있다. 이 바위가 갈라지면서 삼국이 통일되었다. 그 아래의 단석산 신선사의 마애불상 아래에 화랑들이 향로를 들고 그 뒤의 화랑도가 버드나무 가지를 붙잡고 부처님께 헌다 공양의식이 선연하게 새겨졌다. 이 같은 장면은 자장 율사의 제자 잠주선사가 조성한 화랑도의 헌다공양상이다.

이 같은 공양상을 살펴볼 때 당시 화랑도들이 부처님께 다가가 차와 향과 꽃을 신앙적으로 공양했던 사실을 알 수 있다.

단석산 마애불상앞에
차와 향을 올리다

안강의 삼기산 금곡사(金谷寺)의 원광법사 부도탑 앞에 헌다공양을 올린 경주 예다원과 황경 심인당다도회가 곧바로 단석산 신선사를 찾아갔다. 신선사를 찾아간 까닭은 원광 법사가 화랑도에게 세속오계를 전한 이래 화랑도에게 차의 정신을 전해준 그 역사적 현장인 단석산 마애불상 아래 화랑도가 병향로와 버드나무를 들고 향도의식을 올리고 있는 장면이 묘사된 화랑도가 들고 있는 병향로 앞에 후학들이 차를 공양하기 위해서였다.

경주 남산의 단석산 마애불상군이 자리한 신선사에는 본존인 여래입상의 둥

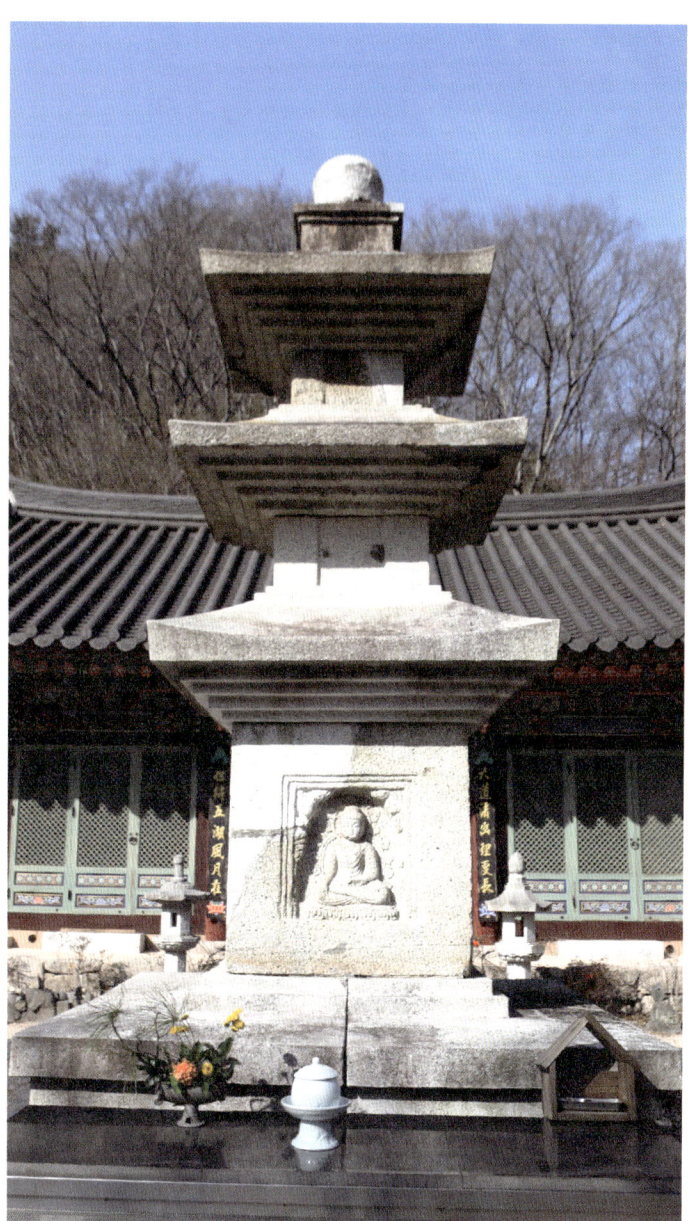

경주 안강의 금곡사지에 자리한 원광법사 부도

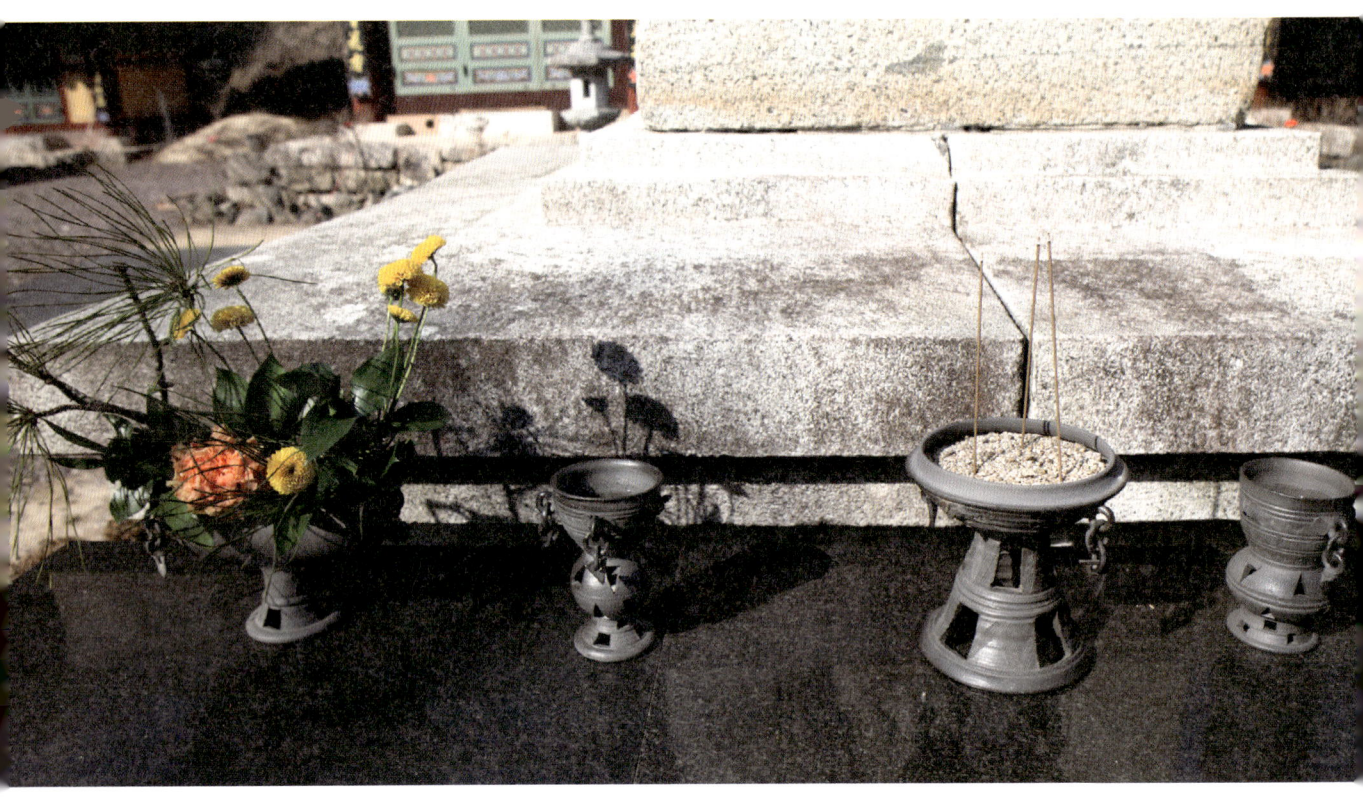

원광법사 부도앞에 차와 꽃과 향을 올렸다.

큰 얼굴에 고졸한 미소가 가득하며, 머리 위에는 2단의 작은 육계(肉髻)가 솟아 있고 법의는 통견(通肩)이며 U자형으로 트인 가슴 사이로 군의(裙衣)의 띠 매듭이 노출되어 있다. 북쪽 바위 2개 중 구석 바위에는 거대한 여래상을 본존으로 하였고, 동쪽 바위에는 보살상을, 남쪽 바위에는 보살상과 명문(銘文)을 조각하여 3존(三尊)의 형식을 이루었다.

그런데 단석산 마애불 중 병향로를 주목하게 된 까닭은 손잡이형 병향로가 7세기에 조성된 데다가 손잡이형 병향로를 들고 있는 화랑도의 뒤를 따르는 화랑이 들고 있는 다화가 정병에 꽂는 버드나무 가지였기 때문이다. 단석산 관세음보살 입상 아래에 정병을 든 장면이 있어 신라시대 차문화가 활발했음을 보여준다. 경주 남산의 보리사 불상 앞에 새겨진 병향로와 성덕 대왕 범종에서도 향로를 들고 있는 장면들이 보인다. 신라의 향도문화가 오랜 기간 동안 발전해 왔음을 보여주는 대목이다.

단석산의 가파른 계단을 올라가 마애불상 앞에 이르렀다. 마애불상(磨崖佛像) 아래에 손잡이가 달린 향로를 잡고 공양하는 화랑도의 석각을 발견한 헌다의식에 참가한 참가자들은 모두가 감격했다. 참가자들에게 필자는 병향로를 들고 있는 화랑도을 설명했다.

"여기 보세요. 천 년 전 화랑도가 손잡이 달린 병향로를 들고 있어요. 그 아래는 고려(高麗)때 수월관음도에 버드나무 가지를 꺾어서 정병에 꽂았는데 바로 화랑도가 버드나무 가지를 들고 병향로를 들고 있는 화랑도를 뒤따르고 있어요. 그 같은 장면은 모두가 담석산 신선사 마애불을 모티브로 형성되었다고 볼 수 있어요."

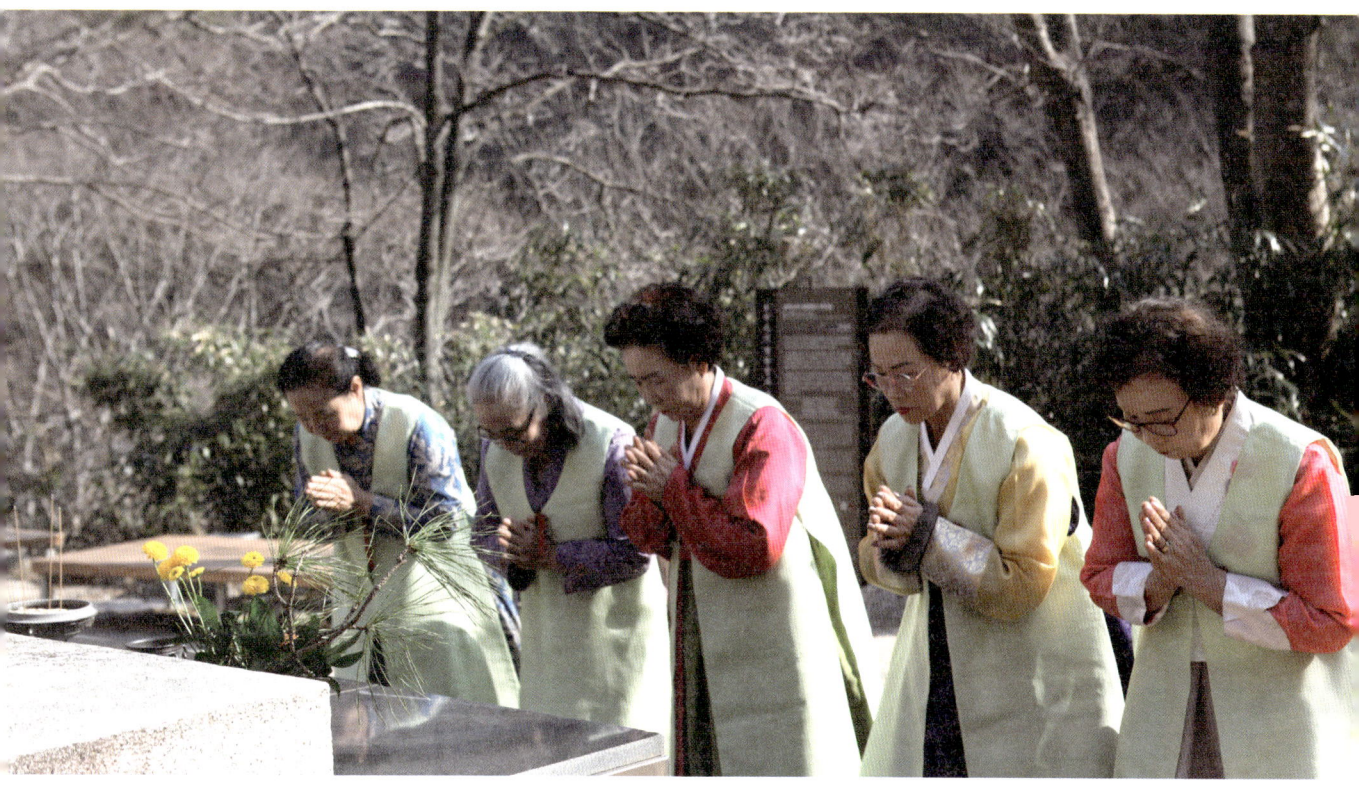

원광법사 부도 앞에 차를 공양한 경주예다원, 경주황경심인당다도회 회원들

그 같은 이야기를 듣고 있던 경주의 차인들은 공감이 가는 듯 감격했다.

이어 단석산 마애불상 아래를 청정하게 한후 먼저 손잡이 달린 병향로 앞에 향과 꽃과 차를 공양하여 천 년 전 차문화를 이끌어온 화랑에게 차를 올렸다. 단석산 화랑도앞에 향 공양을 올린뒤 마애불 앞에 헌다의식을 올렸다. 이렇게 천 년 전 우리 차문화를 이끌어온 화랑도에게 차를 올린 것은 처음 있는 일로 신라의 차문화를 다시 쓰게 된 일대사건이라고 말할 수 있겠다.

이 같은 헌다의식은 원광 법사가 세속오계를 화랑에게 전하여 주었기에 가능했다. 경주 예다원의 서태선 원장은 "원광 법사의 부도를 찾아 헌다공양을 올리게 되어 너무나 감격스럽습니다. 게다가 단석산(斷石山) 마애불(磨崖佛) 아래 화랑도가 들고 있는 병향로가 원광 법사로부터 비롯되었다는 사실을 처음 접하고 화랑도를 다시 탐구해야겠다는 생각을 갖게 되었습니다"라고 감격했다.

이번 헌다의식은 원광 법사 부도탑 앞에서 헌다의식과 단석산 마애불 헌다의식을 계기로 화랑도의 향도문회기 발전될 것으로 내다보고 있다.

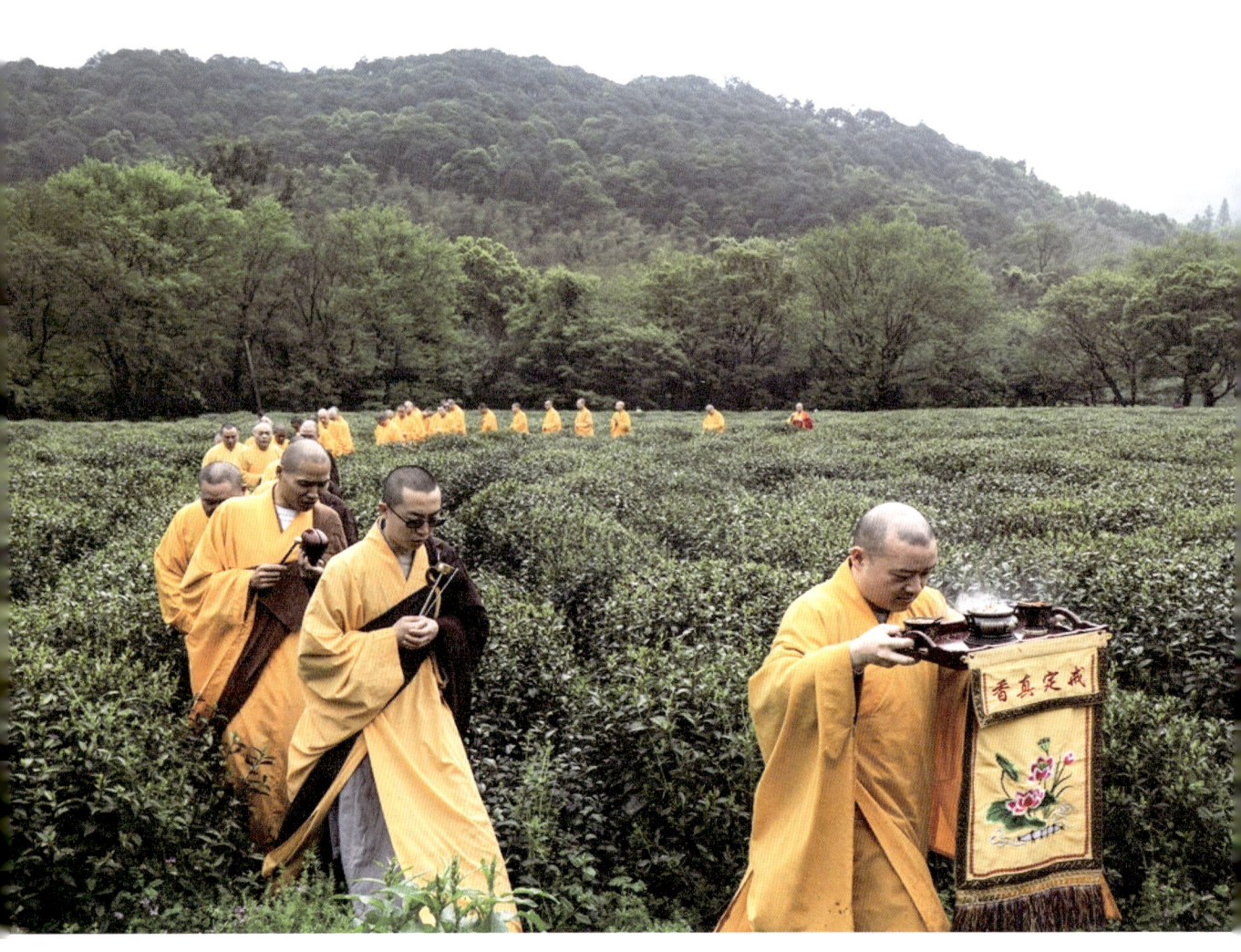
찻잎을 채취하기전 토지신에게 제사를 지낸 이후 차를 채취한다.

3. 선종사원의 채다(採茶)의식

오랜 기간 동안 한국의 선가에 전통처럼 이루어져왔던 차문화가 조선후기로 접어들면서 쇠퇴해갈 무렵 날마다 부처님께 올린 차가 물로 대신했음이 다게송에 나타났다.

我今淸淨水	내 이제 깨끗한 물을 올리니
變爲甘露茶	감로수로 변하여지오니
奉獻三寶前	삼보 앞에 봉헌하고자 하나이다
願垂哀納受	자비로이 거두어 주소서

이렇게 분명하게 드러났다.

2016년 후베이 황매산의 오조사에서 열린 제 11차 선차대회에 참가한 일본 저명학자인 쿠라사와 교수께서 "한국의 선차는 대체 무엇입니까"라고 여쭈어 오면서 한국의 사원다례 의식이 공론화되었다. 쿠라사와 교수는 한국의 사원을 갈 때마다 사원 다례의식을 접할 기회가 없었다고 질문을 던졌다.

쿠라사와 교수의 생각을 떠올리며 사원다례의 실체를 들여다 보았다.

차나무가 세상에 모습을 드러낸 이래 많은 사람들은 차를 잇게 한 토지신(土地神)에게 먼저 의식을 치른 이후에 차를 채다한다.

중국은 차를 법제(法製)하기 직전 토지신에게 채다의식을 치른 이후에 차를 채다하는 풍습이 오랜 기간 동안 지속되있다.

선차의 고향 중국의 경산사(徑山寺), 법정사(法定寺)에서 해마다 채다의식이 열리는데 스님들이 향을 사르고 차밭에서 염불을 외운 뒤에 차를 채다한다. 그리고 차를 완성한뒤 해마다 개차절(開茶節)에 사원 다례의식이 열렸다. 해마다 차를 채다할 때 토지신에게 제사를 지낸뒤 차를 채다하고 정성껏 가마솥에 차를 덖은 뒤에 먼저 차나무나 차를 잇게 한 다신에게 차를 올린 이후에 차를 품

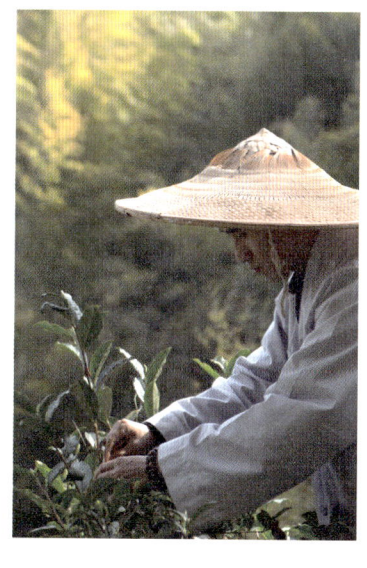

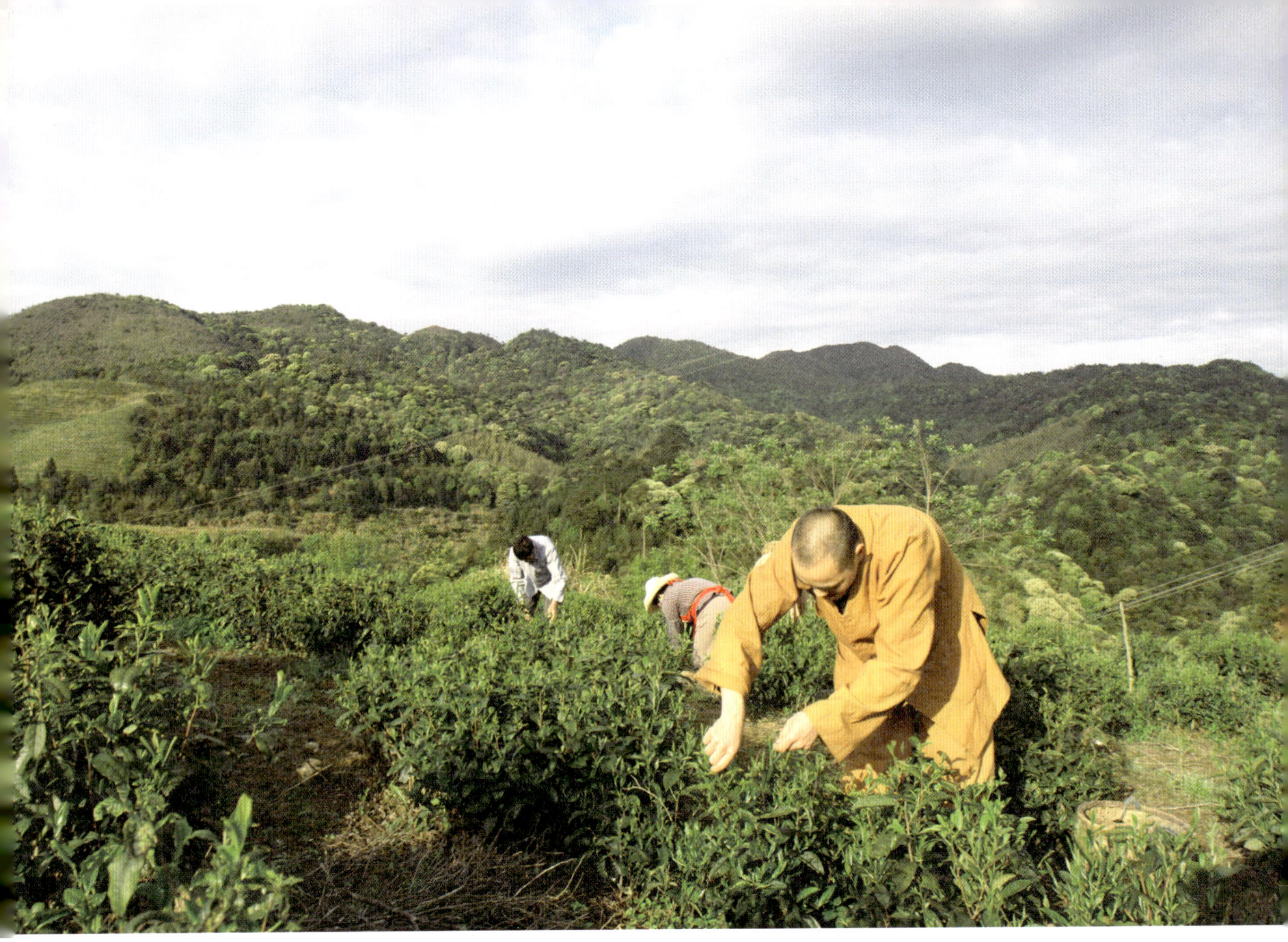

토지신에게 올리는 다제의식이 치러진뒤 찻잎을 채취한다. 사진은 푸젠 화엄사 채다 장면

차를 채취한 뒤 가마솥에 넣고 차를 덖는 장면.
사진 좌측은 채다과정, 가마솥에 찻잎을 덖은 뒤 공굴리듯 덖는다. 우측의 사진은 푸젠 화엄사 제다법이다.

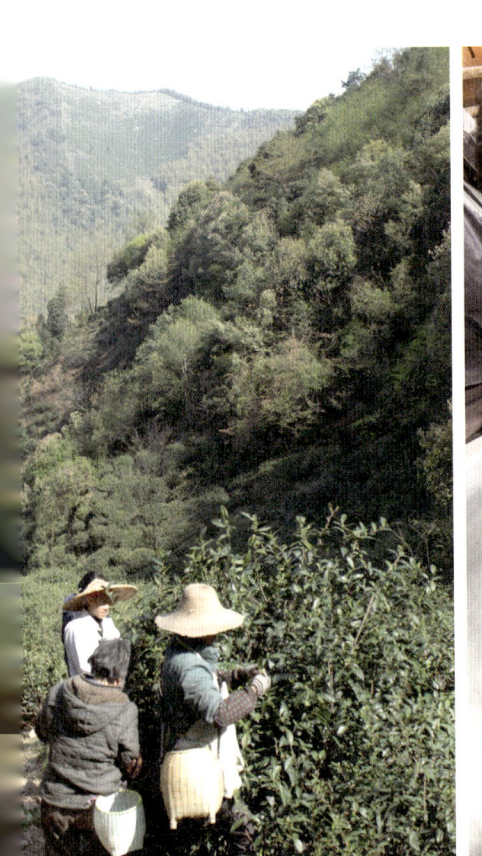
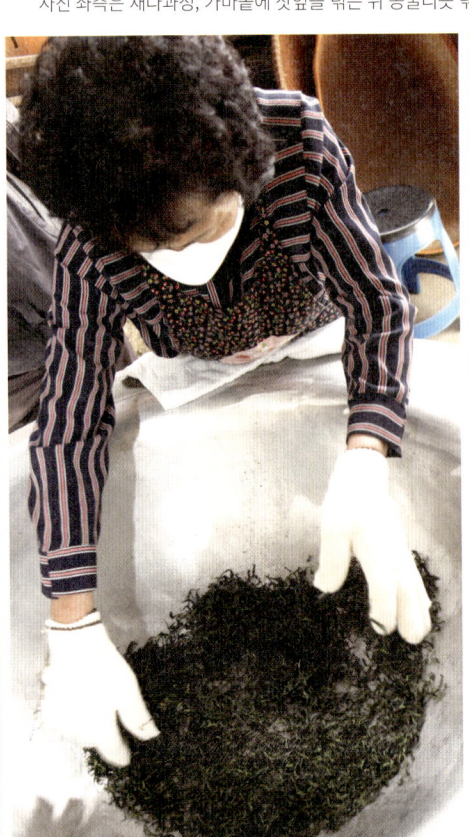
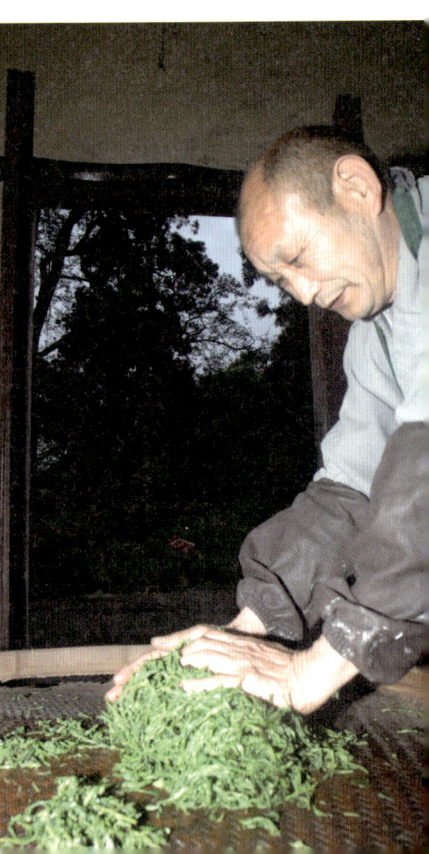

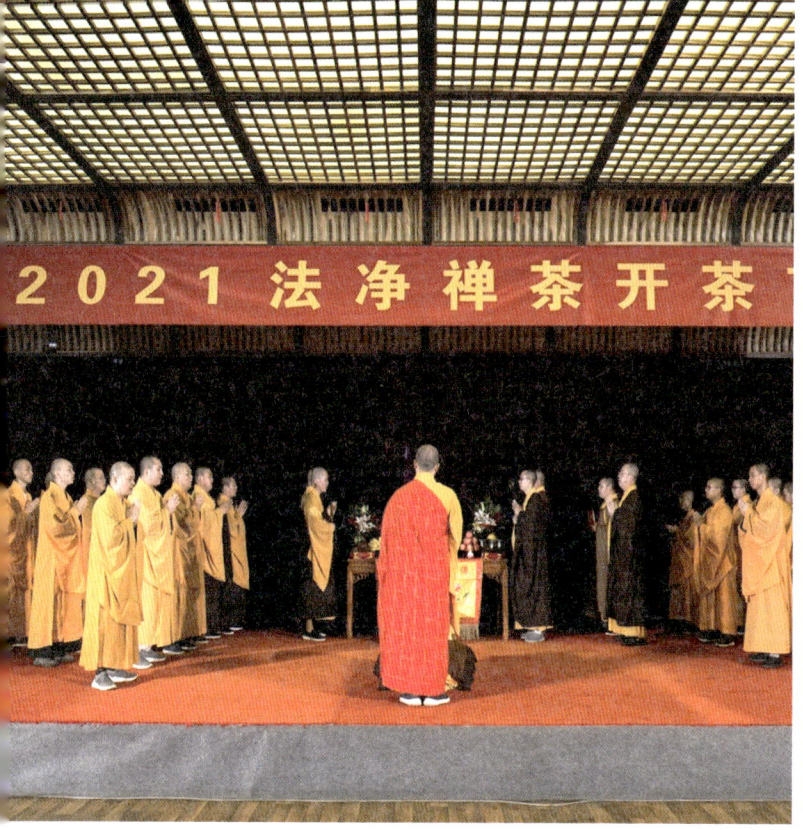
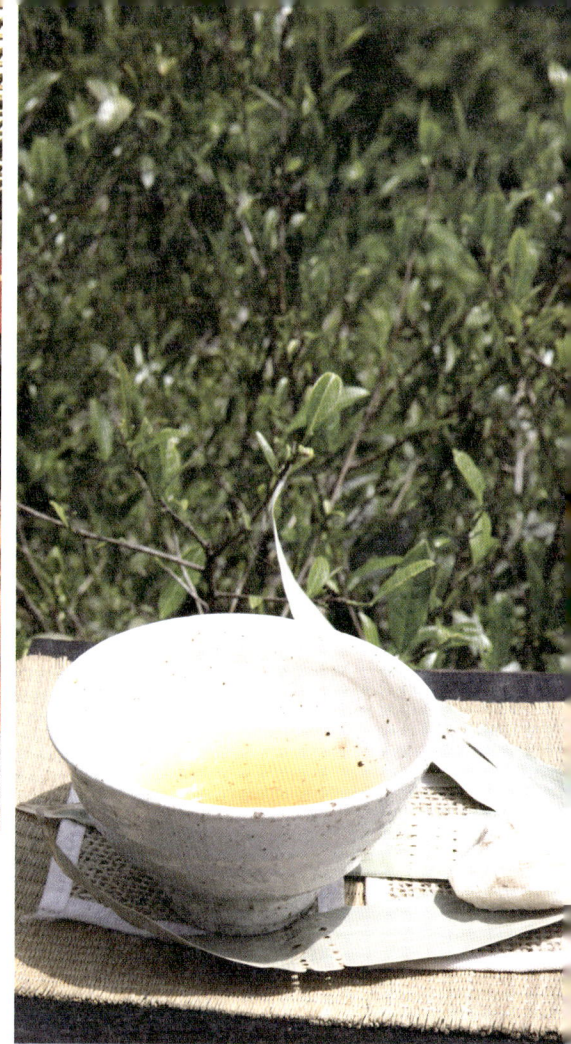

해마다 중국 법정선사에서 개차절을 열고
차를 올리는 의식을 거행한다.
아래는 햇차가 나올때마다 지리산에서 다신에게
차를 올리는 의식을 거행했다.

미했다. 그 같은 전통이 천여 년간 이어져오면서 오늘에 이르렀다.

2024년 청명, 곡우를 지나 햇차가 나올 때 다신에게 차를 올리는 의식부터 해야 될 것 같다.

오래전 지리산 피아골의 단주차(한 그루의 차나무에서 딴 차)로 차를 법제하여 차나무에 차를 올린 기억이 새삼스럽게 떠올랐다. 청파노인이 손수 심은 차나무에서 단주차를 채취하여 그에게 햇차를 공양하게 됨은 화개차를 잇게 한 청파노인에 대한 후학의 도리라고 생각한다.

해마다 중국에서는 개차절이 열리듯 한국에서 채다의식을 복원하여 선가의 진통을 되살려야 할 것 같다. 그래야만이 천 년간 이어져간 선차의 맥이 도도하게 흘러가고 있다고 말할 수 있겠다.

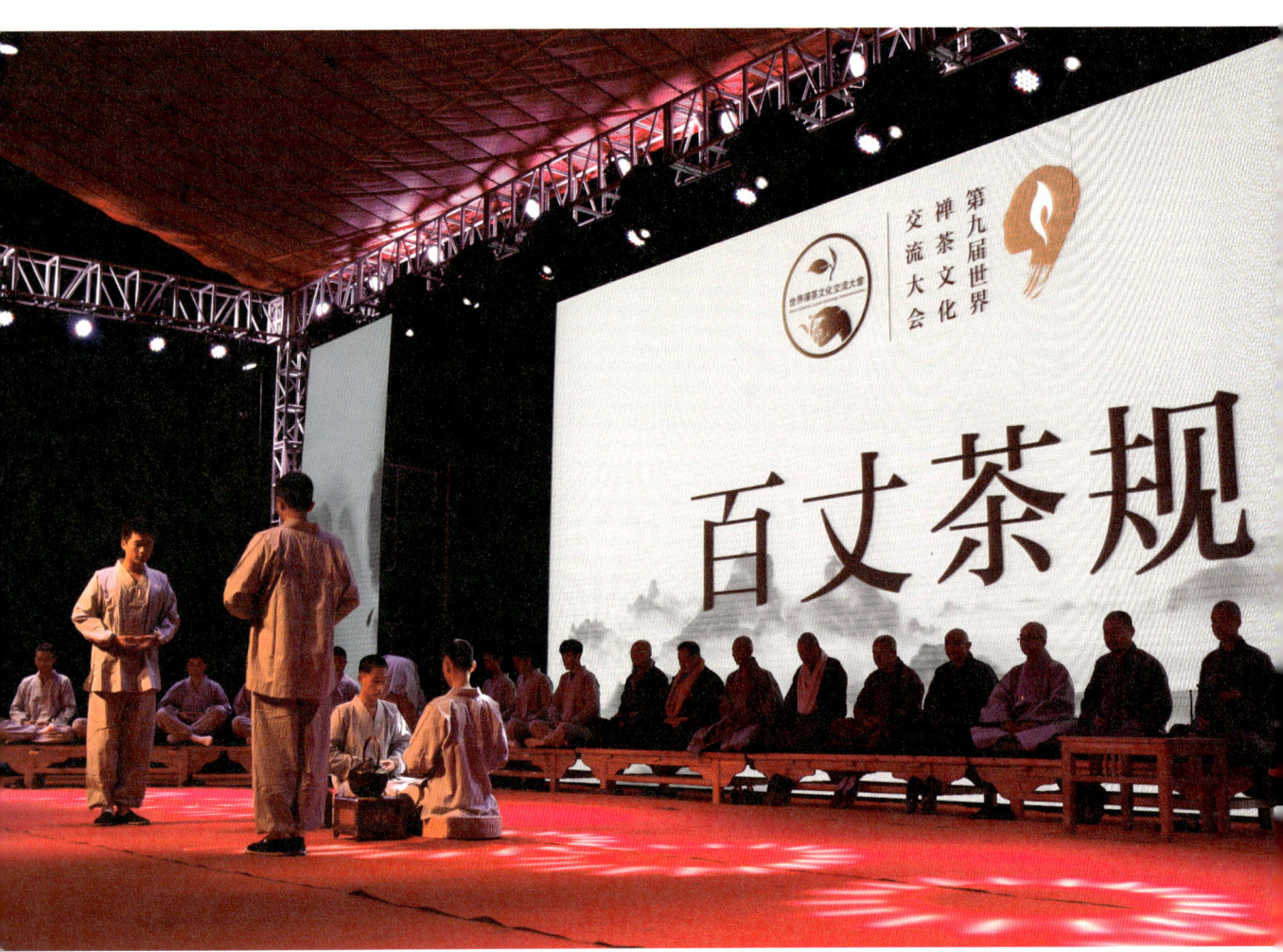

백장회해의 청규가 백장차규로 탄생했다.

4. 백장청규(百丈淸規)의 정신 계승한 백장차규(百丈茶規)

8세기경 백장회해(百丈懷海) 선사가 청규정신(淸規精神)을 들고 나온 이래 대하(大河)가 되고 강물이 되어 천여 년간 흘러갔다.

백장 선사는 나이 60이 되어서도 괭이를 들고 승려들의 보청에 앞장섰다. 제자들은 스승에게 논밭 일을 하는 노동은 그만하시라고 거듭 간청했다. 그러나 백장을 들은 척도 하지 않고 승려들의 공동작업 시간에 맨 앞에 나서서 논밭으로 나갔다. 그러던 어느 날 한 제자가 더 이상 일을 못하게 연장을 감췄다. 백장은 연장이 없어 더 이상 나가지 못했다. 제자들은 공양을 스승에게 올리자 일체 입을 내지 않았다. 백장은 며칠동안 단식을 했다. 제자들이 왜 음식을 입에 대지 않느냐고 여쭈었다. 그러자 백장은 말하였다. "나는 본래 아무런 덕도 없는 사람이다. 그저 노동이나 열심히 하는 사람에 불과하다. 그런 사람인데 가만히 앉아 놀면서 뭘 성취하겠느냐. 그래서 일을 하지 않는 날에는 먹지 않는다[一日不作 一日不食]." 이 유명한 공안은 선가의 가풍이 되었다. 그의 정신은 황벽(黃檗), 위산영우(爲山靈祐), 앙산혜적(仰山惠寂) 선사가 이어갔고 백장회해의 청규정신이 한국으로 건너와 근세의 고승 학명(鶴鳴, 1867-1929) 선사가 반농반선(半農半禪)을 들고 나와 조선후기까지 청규는 선가의 가풍이 되어갔다. 백장 선사 정신이 담긴 '칙수 백장청규(勅修 百丈淸規)' 정신 중 다례(茶禮), 향례(香禮), 탕례(湯禮)의식은 오늘날 선원청규(禪院淸規)의 모범이 되고 있다. 1999년 1월 25일 장시성 봉신현에 있는 백장사(百丈寺)를 처음 찾아갔을 때 바둑판처럼 펼쳐진 논길을 지나 백장사에 이르렀을 때 복원을 위해 수복위원회 간판이 반기고 다 쓰러질 듯한 요사채 한 동만 옛 흔적을 느낄 수 있었다. 옛 자취를 찾아 독좌대웅봉의 산정에 천하청규(天下淸規)가 새겨진 대웅봉(大雄峰) 바윗돌을 보는순간 백장회해 선사가 일으킨 청규정신이 다가왔다. 당시 백장사 복원이 시작되었을 쯤 이 절의 주지와 만났다. 그를 만나자마자 백장 선사의 자취를 좇아 바다를 건너 한국에서 왔노라고 말하자 백장사 주지는 감격한 듯 우리를 객당으로 안내하여 차를 대접해주었다.

14년(2013) 만에 백장사를 찾아간 까닭은 2014년 11월 백장사에서 열린 제

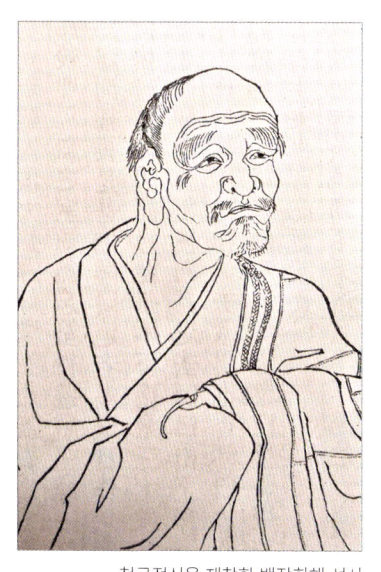

청규정신을 제창한 백장회해 선사

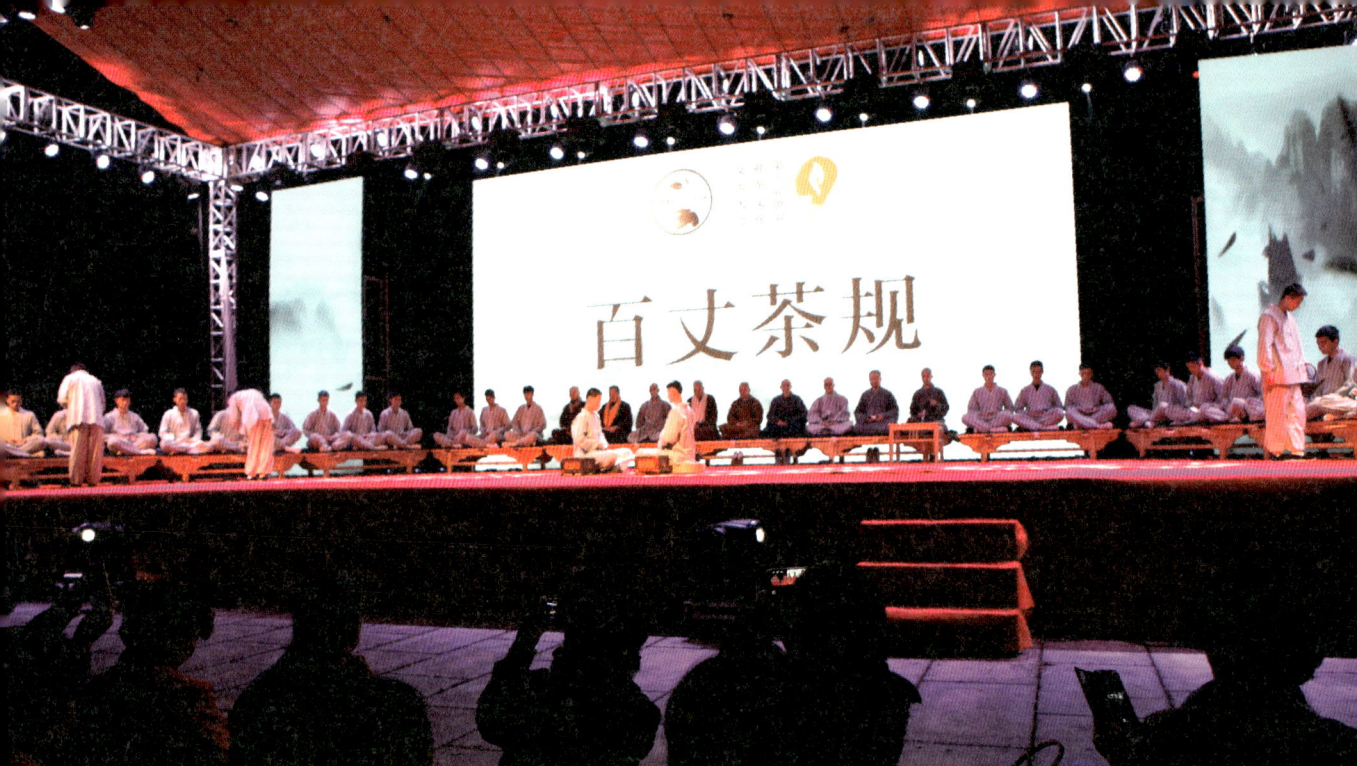

제9차 선차대회에 처음으로 등장한 백장차규

9차 세계선차문화교류대회를 위해 다시 찾아갔다. 백장사에 이르렀을 때 이 절의 주지인 둔시웅(頓雄) 스님이 반겼다. 의춘시의 지지로 이루어진 이번 대회에 스님은 각별한 관심을 보이며 백장사에서 선차대회를 유치하게 되어 기쁜 마음을 보였다. 백장사 주지 스님과 도량을 걷다가 백장회해의 독좌대웅봉 공안을 꺼내었다.

"무엇이 신통한 일입니까?"
"대웅산에 홀로 앉아 있을 뿐입니다."
그 스님이 절을 하고 일어서려는 순간 백장 선사가 수좌를 후려쳤다는 이야기이다.

옛 기억이 떠올라 선당 좌측에 천왕전을 찾아갔다. 옛 모습 그대로였다. 한국과 달리 복원을 하더라도 허물지 않고 그대로 보존하는 중국의 기질을 느끼게 했다. 천왕전을 빠져나와 도량을 걷다가 염불시수(念佛是誰)란 글이 벽면에 걸려있는 것을 보았다. '염불하는 이분이 누구인가'라는 뜻으로 현대중국불교를 중흥시킨 허운(虛雲) 대사가 제창한 말인데 중국 선종을 떠받치는 선어가 되었다. 독좌대웅봉(獨坐大雄峰)아래에 야호암(野狐庵)이 있다. 한국선가에 자주 등장하는 이 야호암에 대한 이야기는 백장회해의 일화 중 하나인데 다음과 같이 전개되었다.

백장 스님이 설법을 할 때는 노인이 이 법을 듣고 대중과 함께 흩어져 가다가 하루는 가지 않으므로 스님께서 물었다.
"서 있는 사람은 무엇 하는 사람인가?"
노인은 말하였다.
"저는 과거 가섭불(迦葉佛)시대에 이 산에 살았습니다. 그때 한 학인이 묻기를, '수행을 많이 한 사람도 인과에 떨어집니까' 하기에 '인과에 떨어지지 않는다'라고 대답하여 여우 몸을 받았습니다. 지금 스님께서 대신 이 몸을 바꿀 만한 한 마디를 해주십시오."

"그럼 질문해 보게."

"많이 수행한 사람도 인과(仁果)에 떨어집니까?"

"인과에 어둡지 않다[不昧]."

노인은 말 끝에 크게 깨닫고 스님께 하직을 고하면서 말하였다.

"제가 이제는 여우몸을 벗고 산 뒤에 있을 것입니다. 불법대로 화장해 주시기 바랍니다."

스님께서는 유나(維那)에게 종[白槌]을 쳐서 대중에게 점심뒤에 대중운력으로 죽은 스님을 장사지내겠다고 알리게 하였더니 대중들은 자세한 내막을 몰랐다. 스님께서는 대중을 거느리고 산 뒤 바위 아래로 가서 죽은 여우 한 마리를 지팡이로 휘저어 꺼내더니 법도대로 화장하였다.

만참(晩參) 법문 때 스님께서 앞의 인연을 거론했더니, 황벽 스님이 대뜸 물었다.

"옛사람은 깨닫게 해주는 한 마디[一轉語]를 잘못 대꾸하였기 때문에 여우몸에 떨어져 있었습니다. 오늘 한 마디 한 마디 어긋나지 않으면 어떻습니까?"

"가까이 오게. 그대에게 말해주겠네."

황벽(黃檗, ?-850) 스님이 앞으로 다가가 스님의 따귀를 한 대 치자 스님께서는 박수를 치고 웃으면서 말하였다.

"오랑캐의 수염이 붉다 하려 하였더니 여기도 붉은 수염 난 오랑캐가 있었구나."

《오등회원(五燈會元)》에 나오는 이 야호암에 대한 이야기는 백장사지(百丈寺志)에도 등장하고 있다. 그처럼 백장은 드라마틱한 일화들이 있다. 백장사 주지 돈웅 스님과 백장사 뜰을 거닐다가 백장회해의 여러 가지 일화들을 들려주면서 천하청규가 농선병중으로 이어져 중국 선종의 수행의 가풍이 되었다고 말했다.

천하청규가 발상지에서 되살아난 청규정신

마조열반 도량인 보봉사 중창에 앞장서온 보봉사방장 이청(一誠) 스님은 "의춘은 선종의 성지"라고 말한 바 있다. 임제종의 48대 계승자인 타이완의 싱운(星雲) 대사 또한 의춘은 선도(禪道)가 될 만한 곳이라고 말했다. 의춘은 마조도일 선사의 열반도량 정안현(靜安縣)의 보봉사(寶峰寺), 봉신현(奉新縣) 백장사(百丈寺)를 일러 삼대조정이라고 알려졌다. 임제 위앙 조동이 여기서부터 출발했기 때문이다. 역사적으로 살펴보면 마조도일 선사는 의춘 각 지역으로 퍼져나갔다. 백장청규를 제정한 백장회해 선사는 누구인가. 송의 양억(楊億)의 《고청규서》에 백장의 생애을 다음과 같이 말하고 있다.

낭(唐)의 석회해(釋懷海)는 속성은 왕(王)이고 푸저우(福州)의 장락인(長樂人)이다. 어린 나이에 집이 빈곤하여 서산(西山) 혜조(慧照)를 의지하여 낙발(落髮)하고, 형산(衡山)의 법조(法朝)로부터 구족계를 받았으며, 강서(江西)에서 마조도일(馬祖道一)로부터 법당을 수립하였다. 이로써 마음을 기울여서 배우게 되었다.

처음에는 석문(石門)에 기거하였으며, 사람의 무리가 날로 늘어나 드디어 종장(宗匠)을 이루었다. 후에 단월신도(檀越信徒)의 청을 받아 홍주(洪州, 현재 장시 난창)의 신오계(新吳界) 대웅산(大雄山)에 기거하게 되었다. 물은 맑으면 산이 빼어나고 또 지극히 준엄하야 천척(千尺)이나 우뚝하게 솟아 '백장(百丈)'이라 불렸다. 장경원년(長慶元年, 821)에 칙령으로 시호를 '대지 선사(大智 禪師)'라 내렸고, 탑(塔)은 '대보승륜(大寶勝輪)'이라 하였다.

백장회해 선사가 백장사에서 청규을 들고나온 이래 잊혀져 가다가 승려에게 근세중국선불교의 중흥조인 허운 대사에 의해 농선으로 발전되어갔다.

1959년 9월 허운 화상이 운거산 초막에서 입적하자 허운 화상의 유지를 받들어 백장회해 조사가 제창한 농선병중으로 발전해갔다. 문화대혁명이 끝나고 1978년 중국 공산당 제11계 삼중전회(三中全會)가 열리고 난 다음, 1981년에 이르러 종교정책이 확정됨으로써 운거산 진여선사는 다시 종교활동의 장소가 되었다. 같은 해 연말에 사찰의 승려들은 연명으로 영수현(永修縣) 인민정부에 '진여선사 승가농장'의 재건을 청구했다. 1981년 12월 25일 영수현 인민정부 판공실은 문건 '영정판발(1981) 제38호'를 보내 진여선사 승가농장의 재건을 승인하고 독립채산제를 운영하여 스스로 수지를 책임지도록 하였다.

농선병중의 정신이 다선일미(茶禪一味) 정신으로 이어져 백장의 청규정신이 되살아나는 계기가 되었다.

백장청규에 담긴 차의 정신

사실 《백장청규(百丈淸規)》는 회창법난 시기에 사라져버렸다. 그러다가 원나라 순제가 동양덕휘에게 칙명을 내려 《칙수백장청규(勅修百丈淸規)》를 기록하여 오늘날 청규의 지침서가 되기도 했다. 《칙수백장청규》에는 차에 대해 25항의 부분으로 소개되고 있다. 방장의 전접, 큰 방의 전법, 차에 대한 감사 등 방장식에서 소임자나 원로에게 시자가 차를 권하는 내용이 일목요연하게 적혀있다. 그중 몇 가지를 간추려 보면 결제 해제 등 중요할 때 방장 스님을 모시고 전 대중이 큰 방에서 다례를 행한다. 보차(普茶)의식에 대해 허운 대사의 《참선요지》에 "우리는 본시 차를 매일 마시고 있는데 왜 보차를 마신다고 합니까. 그것은 여러분들을 깨우치기 위해서입니다"라고 허운 대사는 분명히 말하고 있다. 《칙수백장청규》에는 차에 대한 여러 항목이 나와 있는데 그중 새로 임명된 주지가 대중을 위해 다탕을 행했다. 그리고 방장실에서 새로운 수좌에게 차를 내는 장면도 보인다. 《칙수백장청규》에는 총림에서 행하는 다례를 여러 곳에서 살필 수 있다. 양억의 고청규서에도 "부노의 도는 탄생하여 고화를 펴고자 함에 있어 훗날까지 끊어 없어지지 않기를 바란다"고 했다. 백장은 "내가 종으로 삼는 것은 대 소승에 국한된 것이 아니고 대소승과 다른 것도 아니다. 응당 넓은 것과 간략한 것을 절충하여 재법을 베풀면서 그 마땅함에 힘써야 한다. 그리하여 별도의 선원을 세워 거(居)할 것을 창의하였다." 자세히 살펴보건대 총림의 규격을 갖추게 된 것은 백장회해 시대에 처음으로 이루어졌다.

백장회해가 제창한 청규는 천하청규로 그 맥이 이어지고 있다. 백장산에서 오솔길을 따라 산 중간에 백장회해 선사가 찬하였다는 국화문양의 바윗돌이 있는데 국화문양 옆에 유공권(柳公權)의 친필이라고 전해지는 '천하청규'란 글이 보인다. 최근 간행한 백장사지에 양억의 《고청규서》, 송녕년간에 편찬한 《숭녕청규서(崇寧淸規序)》, 《함순청규서(咸淳淸規序)》, 원나라 덕휘(德輝)가 원 순제의 으로 쓴 《칙수백장청규서》 등 청규와 관련이 있는 글을 남겼다. 그중 백장산 대지각조 홍종묘행(百丈山大智覺照弘宗妙行) 선사의 청규 9장 서(序)가 눈길을 끈다. 그리고 청나라 의간(義間)이 쓴 《백장청규중의》 등이 있다. 황벽희운(黃檗希運)이 주석했던 황벽사에는 천하양황벽(天下兩黃檗)이란 말이 전해온다. 백장과 황벽, 스승과 제자에 의해 천하라는 말이 유행하면서 천하청규는 선가에 유행케 되었으리라

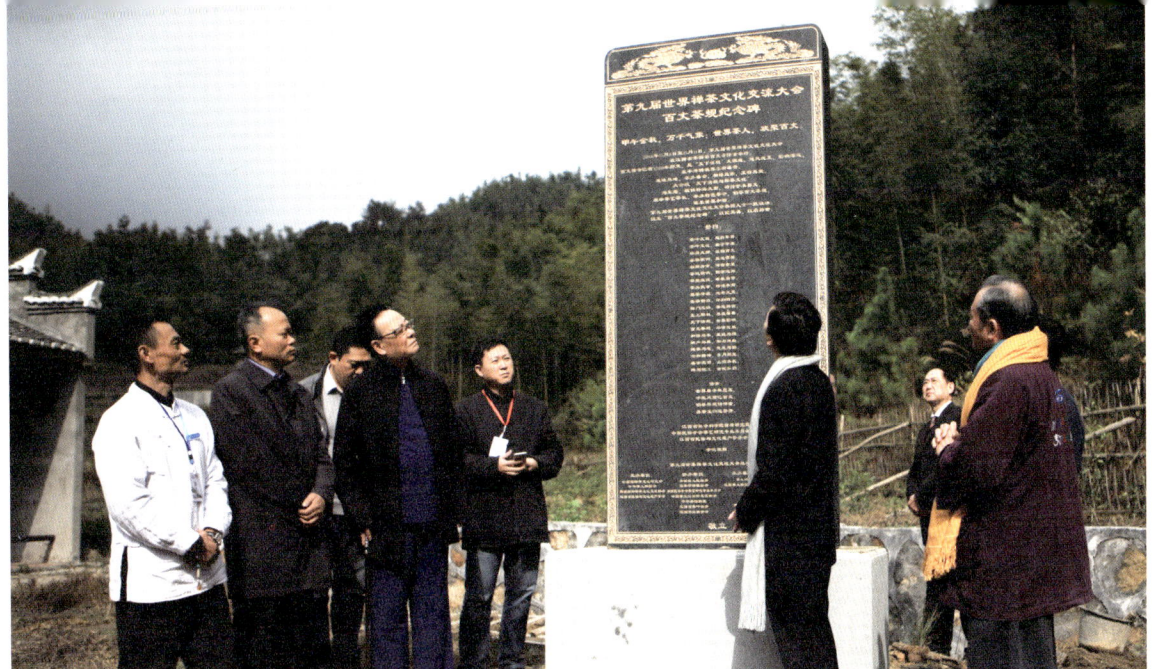

2014년 백장선사에 건립한 백장차규 기념비

고 생각해본다. 백장의 화두는 당(唐)에서만 머물지 않고 백장야호나 독좌대웅봉, 백장청규가 유행하게 된 데는 백장의 일일부작, 일일부식의 정신이 현대로 관통되었기 때문이라고 여겨진다.

'백장차규' 기념비 백장사 경내에 세우다

8세기경 백장회해(百丈懷海) 선사가 하루 일하지 않으면 하루 먹지 않겠다(一日不作 一日不食)는 청규(淸規) 정신을 들고 나온 이래 대하(大河)가 되고 강물이 되어 천여 년간 흘러갔다. 2014년 11월 백장 선사에서 제9차 세계선차문화교류대회를 개최하면서 백장청규가 세상에 드러나기 시작했다. 더 나가 백장사에 한·중 공동으로 백장차규(百丈茶規) 기념비를 세워 상징적 의미를 더했다.

《칙수백장청규》에는 차에 관한 기록이 있다. 특별히 방장이 새 수좌를 위한 차회를 열었다.

"아침 일찍 향을 사르고 시자는 주지에게 아뢰어 쟁반, 보자기, 향로, 촛대, 향합을 갖추게 하고 손님을 청하고 시자를 차의 방문을 적는다. 이어 객선당으로 사람이 모이면 향을 사르고 한 번 절하고 아뢰기를, "당두화상이시여, 공양을 물러나시면 구름집에 나아가서 특별한 분을 위하여 차를 달이오니 엎드려 바라옵건데 정중하게 드시옵서서"라는 구절이 나온다. 이를 살펴보면 선차의 의식 때 반드시 향과 차가 절집의 하나의 풍습으로 따랐음을 알 수 있다.

천하청규를 발전시킨 백장차규를 제정하여 세계 평화를 추구했다. '백장차규기념비'의 시어(詩語)에는 다음과 같이 쓰여 있다.

世界盛會舞霓裳　세계에 성회에 예상이 춤을 추고
千載風雨憶百丈　천 년의 비바람을 지나 백장을 기억하네
倡導茶規鑄偉世　차규를 제창하고 넓은 세상에 갈고 다듬어
喜看五洲遍芬芳　세계 각지에서 좋아하니 향이 널리 퍼지는구나

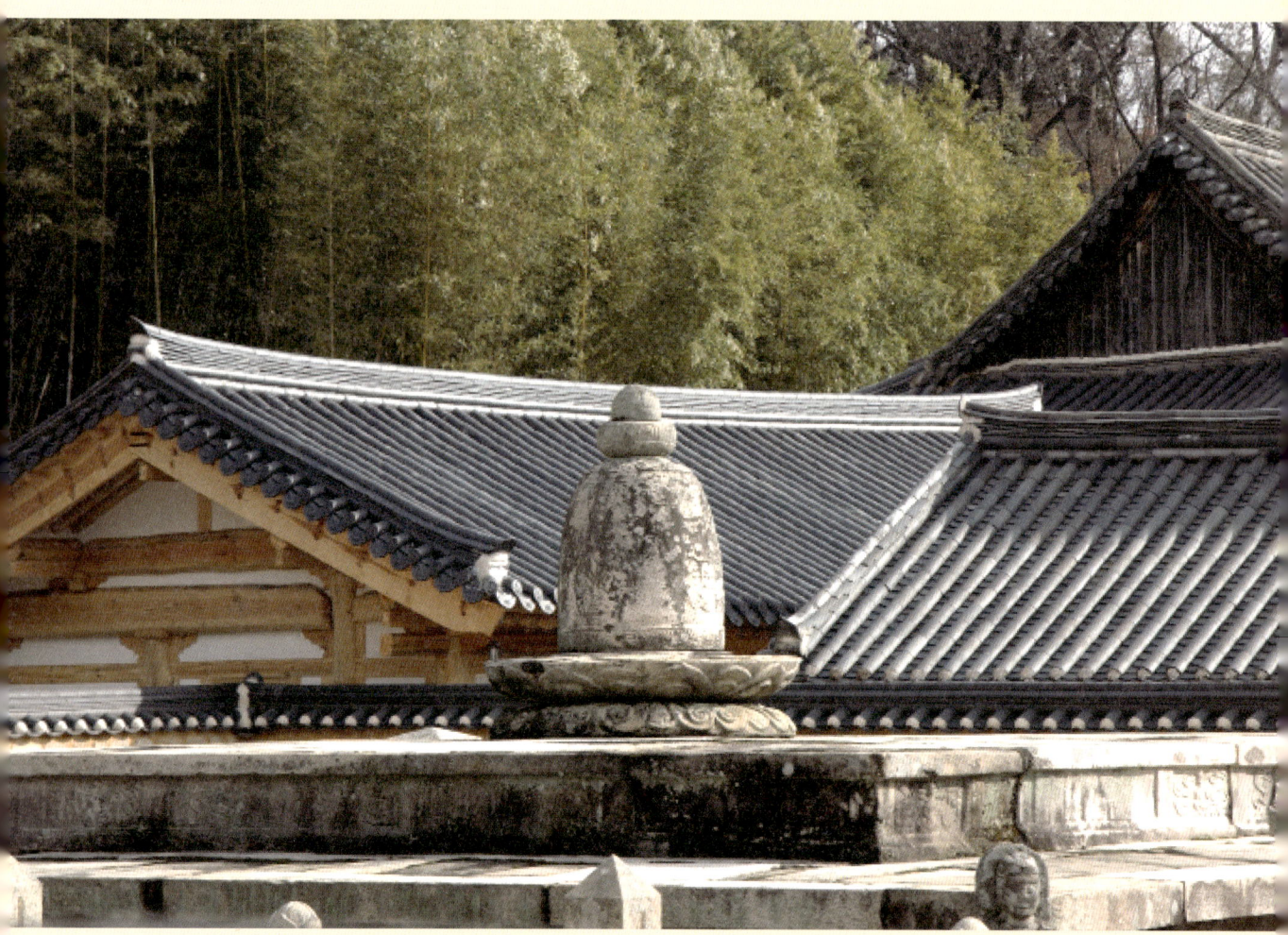

통도사 적멸보궁

5. 불지종찰(佛之宗刹) 통도사(通度寺)의 차맥

영축산 통도사는 신라 제27대 선덕여왕 15년(646)에 자장 율사(慈藏律師)가 창건(創建)하여 적멸보궁(寂滅寶宮)에 불사리(佛舍利)를 봉안(奉安)하고 금강계단을 개설하여 부처의 법(法)이 꺼지지 않게 이어준 불보종찰(佛寶宗刹) 국지대찰(國之大刹)로 천여 년간 선차(禪茶)의 맥이 살아 있는 곳이다.

일찍이 자장 율사는 선덕여왕 3년(636) 당(唐)나라에 유학(留學)하여 문수보살(文殊菩薩)이 머물렀던 산시성(山西省) 우타이산(五臺山) 태화지(太和池)의 석상(石像)이 있는 바위 앞에서 7일간 지성으로 기도하다가 꿈속에 대성(大聖)이 나타나 이마를 만지며 게송(偈頌)을 설(說)하여 주었는데 깨어나보니 꿈이 선명하였다.

그런데 자장 율사는 꿈속에 대성으로부터 받은 게송이 모두 범어(梵語)로서 그 뜻을 이해할 수 없었다. 이튿날 태화지에서 발을 씻고 있는 노승(老僧)을 만났는데 그 게송을 해석해주고 가사(袈裟)와 발우(鉢盂) 한 벌과 부처님 정골사리 등을 주면서 말하길 "이것은 부처님의 신물(信物)이니 잘 간직하시고 당신의 나라 명주(溟洲)경계에 오대산(五臺山)이 있는데 1만의 문수보살이 항상 머물고 있으니 어서 가서 뵙도록 하시오"라고 말한 뒤 사라져버렸다.

자장 율사는 선덕여왕12년(643)에 해동(海東)으로 돌아와 강원도 오대산 월정사를 창건하고 사리를 나누어 모신 뒤 선덕여왕 15년(646) 양산 영축산 통도사를 창건하여 우타이산에서 모셔온 사리로 불사리탑을 세워 봉안하고 금강계단 담벼락에 차 씨(茶種)를 심고 물을 길어 적멸보궁에 차를 공양했다.

자장 율사가 통도사를 개산할 때 차와 향을 전하다

원래 영축산은 석가모니가 법화경을 설했던 무대로 그에 연원(淵源)하여 붙여진 이름인데, 산의 모습이 인도의 영축산의 모습과 흡사하다는 의미에서 붙여졌다는 설도 있다. 통도사는 부처님의 진신사리를 모심으로써 경배(敬拜)의

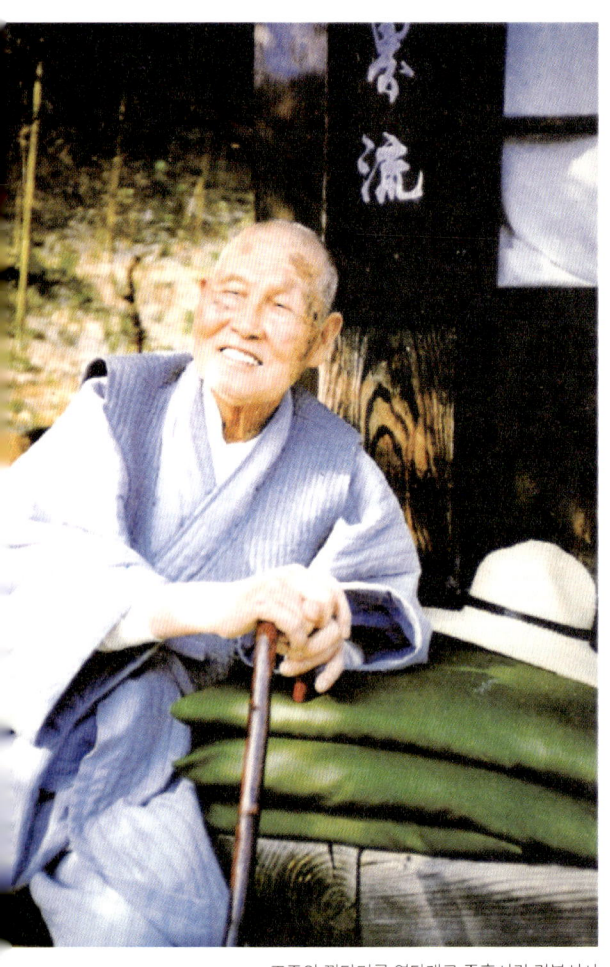

조주의 끽다거를 염다래로 중흥시킨 경봉선사

대상이 되었으며, 통도사 대웅전에는 설법상(說法床)은 있지만 불상은 없다. 까닭은 대웅전 바로 뒤에 불사리(佛舍利)를 봉안한 금강계단이 있기 때문이다. 새벽 3시 30분 스님들의 하루의 일과는 다게로 시작한다. 50년 전까지만 해도 차로 부처님께 올렸는데 지금은 맑고 투명한 청정수로 부처님께 물(水)을 올리면서 하루를 시작한다.

천 년 고찰 통도사의 선차의 맥은 자장 율사로부터 시작된다. 자장 율사는 636년 당나라로 들어간다. 자장은 오대산으로 들어가 문수보살 앞에서 지극한 마음으로 기도하여 꿈에 문수보살을 친견하게 된다. 이튿날 아침 이상한 스님이 나타나 계를 주면서 말하길, "비록 만교(萬敎)를 배운다 하더라도 이 글보다 나은 것이 없소"라고 말하며 가사와 사리를 주고 사라진다. 자장은 오대산 북대(北臺)에서 내려와 태화지를 거쳐 시안(西安) 종남산(終南山) 운제사(雲際寺) 등에서 수행하다가 643년 귀국선에 오른다.

자장 율사는 오대산에 머물면서 그곳의 의식을 배워오는데, 백장(百丈) 선사 이후 면면히 이어져온 선종의 선차를 배워 신라에 전하겠다는 서원을 세우게 된다. 오대산은 문수도량으로 알려진 바와 같이 온전히 살아 있는 곳으로 오늘에도 오대산의 선차의식이 중국 전역으로 퍼져 선차문화의 꽃을 피워온다. 그곳에서 자장 율사가 선차의 정신을 배워와 통도사에 전하니 오늘날 통도사의 의식과 차승이 많이 배출된 점도 우연은 아니다.

643년 자장 율사가 귀국선에 오른 뒤 신라 선덕여왕 15년(646)에 자장 율사에 의해 통도사를 창건하게 된다. 자장 율사가 귀국하자 온 나라는 환영하였다. 황룡사에서 보살계를 강의하자 하늘에서 단비가 내리니, 율사는 나라 최고의 승직인 대국통(大國統)에 임명되었다.

이어 자장은 통도사를 계율의 근본 도량으로 삼고 계율을 청정하게 지키려면 선차의 정신을 병행해야 됨을 깨닫는다. 이후 금강계단 주변에 차나무부터 심고 선차의 정신을 꽃피운다. 지금도 그 차나무는 적멸보궁 주변에 자리 잡아 자장의 정신을 살필 수가 있다. 통도사 사적기(事蹟記)를 보면 '다소촌'이 있을 정도로 통도사는 차와의 깊은 인연이 있는 곳이다.

금강계단 주변의 차수(茶樹)들은 자장 율사가 금강계단을 만들 때 심었다는 구전(口傳)이 지금도 전해온다. 통도사의 기록은 흥덕왕(興德王) 3년(838)보다 180년이 앞서니 신라 땅에 이미 차문화가 사찰 주변에서부터 일어나고 있었다는 반증(反證)이다.

천 년을 이어져온 통도사 적멸보궁에 올려진 헌다(獻茶)공양의식

2001년 통도사를 찾아갔을 때 적멸보궁 담벼락에 차나무가 우뚝 서 있었다. 오래된 차나무를 바라보면서 통도사가 계율의 근본 도량으로써 계율을 청정하게 지키려면 선차의 정신을 병행해야 됨을 깨닫는다. 이후 금강계단 주변에 차나무부터 심고 선차의 정신을 꽃피웠다. 지금도 그 차나무는 적멸보궁 주변에 자리 잡아 자장의 정신을 살필 수가 있다. 통도사 사적기를 보면 '다소촌'이 있을 정도로 통도사는 차와의 깊은 인연이 있는 곳이다.

금강계단 주변의 차수들은 자장 율사가 금강계단을 만들 때 심었다는 구전이 지금도 전해온다. 통도사의 기록은 흥덕왕(興德王) 3년(838)보다 180년이 앞서니 신라 땅에 이미 차문화가 사찰 주변에서부터 일어나고 있었다는 반증이다.

통도사 경내에 봉발탑(奉鉢塔)이 있는데 이 봉발탑은 돌기둥을 기단 위에 세우고 그 위에 받침대를 얹은 후에 마치 밥그릇 같은 모양의 석물(石物)을 올려놓았다. 이 상단의 석물은 미륵불을 상징한다. 이러한 특이한 형태의 탑은 불경에 가섭존자가 석가(釋迦)의 발우와 가사를 미래불인 미륵불에게 바치기 위하여 인도 계족산(鷄足山)에서 멸진정에 들어 기다리고 있으며, 그 내용을 담은 것이 봉발탑이라 한다. 통도

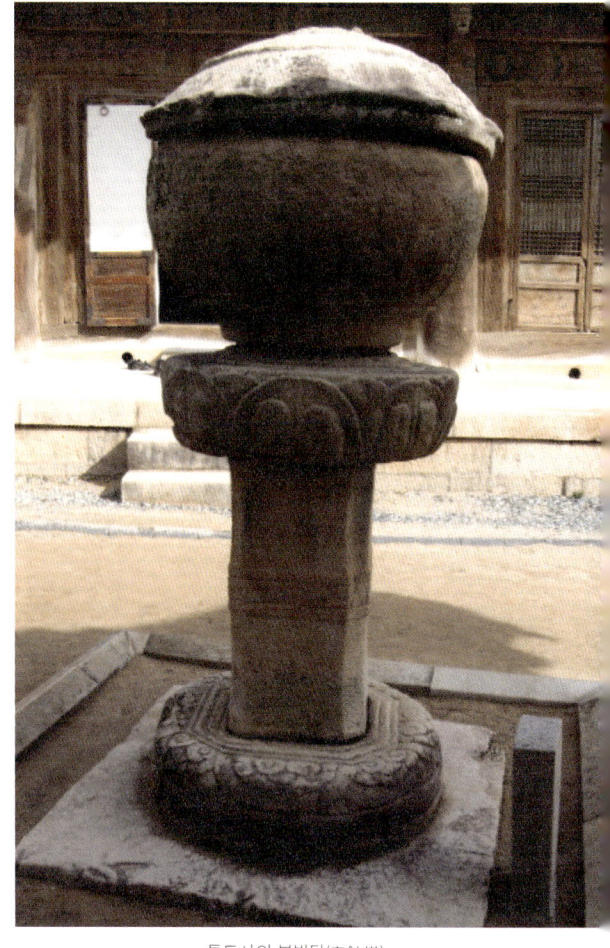

통도사의 봉발탑(奉鉢塔)

사 봉발탑은 용화전 창건 당시로까지 거슬러 올라가는데 1369년이므로 630년이 넘은 유물이다. 전체 높이는 230센티미터이고 네모난 지대석(地臺石) 위에 둥근 받침석을 놓았으며, 그 위에 네 귀퉁이를 깎아내어 사각의 기둥을 세웠고, 기둥 위에 앙련(仰蓮)이 새겨진 둥근 연화대를 올려놓고 뚜껑이 덮인 발우형태이다. 용화전을 지날 때마다 봉발탑을 바라보면서 해마다 〈통도사 개산대제〉 때 부도헌다제(浮圖獻茶齋)를 봉행하여 적멸보궁에게 차와 향 꽃을 공양하여 통도사가 다선(茶禪)의 맥이 천 년을 이어져오고 있다.

통도사의 다맥(茶脈)은 근세로 오면서 구하(九河) 스님이 이어왔고 극락암 경봉 스님과의 일본 오사카 김우치 문사의 대화에서도 확연히 드러난다. 경봉은 밥 먹고 차 마시는 것이 바로 선이라고 설파(說破)했다.

통도사 다맥 근현대로 이어준 경봉(鏡峰) 선사

천 년간 이어져온 통도사 선차(禪茶)의 맥은 경봉(1892-1982) 선사가 통도사 극락암 삼소굴(三笑窟)에 머물면서 승속을 가릴 것 없이 찾아오는 사람에게 선다일미를 실천해오면서 전승되었다고 해도 과언이 아니다. 경봉 선사는 자

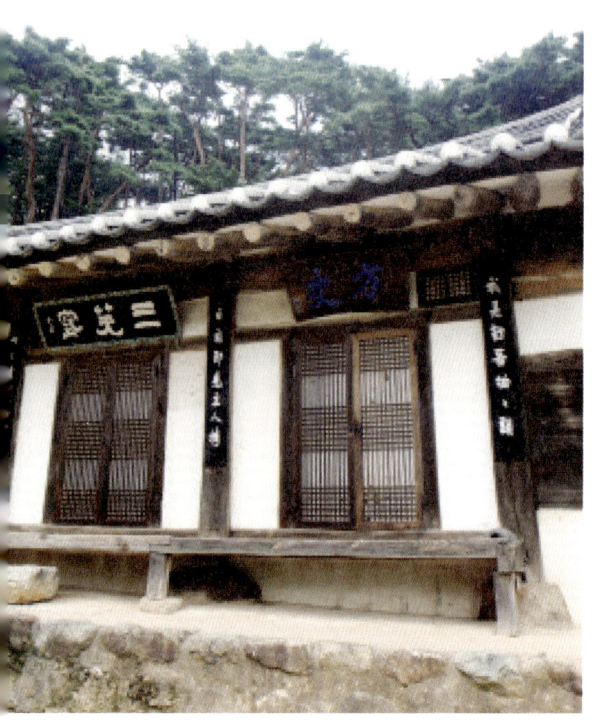

경봉선사가 주석했던 극락암 삼소굴

장 율사 이후 계승된 통도사 차맥(茶脈)을 조주의 다풍으로 이어준 선승(禪僧)으로 알려져 있다.

경봉 선사는, 수많은 차인들과 교류하면서 '자네 차 몇 잔 마셨나'가 화두가 되어버린 경봉 선사는 고려의 다풍을 유일하게 이어온 선승으로도 각인(刻印)된다. 경봉의 다법(茶法)은 조선 찻사발에 말차 대신 잎차를 우려 마셨다. 그 가풍을 극락선원장인 명정 스님이 이어 농차(濃茶)식 차를 계승해오고 있었다.

경봉 선사는 1982년 7월 17일 '야반삼경에 대문 빗장을 만져보거라'라는 열반송(涅槃頌)을 남기고 적멸에 들었다. 그때가 1982년 7월 17일이었다. 임종이 가까워 왔음을 느낀 시자 명정(明正) 스님은 "스님 가시고 나면 스님의 모습을 어떻게 뵙겠습니까?"하고 물었다. 잠시 침묵이 흐른 뒤 스님은 좌우로 돌아본 뒤 "야반삼경(夜半三更)에 대문 빗장을 만져 보거라"는 임종게를 남기고 그날 오후 4시 25분에 열반의 세계에 들었다. 그로부터 5일 뒤인 7월 21일 통도사 다비장인 연화대에는 10만 인파가 모여 스님의 마지막 가는 길을 지켜보았다. 그런데 스님의 연화대에 점화한 지 2시간가량이 지난 4시 35분 갑자기 영축산에 캄캄한 먹구름이 일더니 하늘에서 물을 쏟아붓기 시작했다. 그런데 어찌 된 일인지 연화대 주변만 물을 퍼붓지 않고 영축산은 온통 비에 젖었다.

당시 필자는 그 광경을 지켜보고 있었다. 그로부터 24년 뒤인 2006년 12월 13일 겨울 극락암 삼소굴(三笑窟) 옆 원광재(圓光齋)에서 명정 스님과 마주 앉았다. 경봉 스님으로부터 "자네 차 몇 잔 마셨나?"라는 화두를 받은 숙우회 강수길 씨와 필자가 함께 원광재에서 스님을 만났다. 그때가 2시였다. 방문을 열자 명정(明正) 스님이 우리를 반겼다.

이내 우리를 보더니 방문 안으로 들어가려고 했다. 1시간 늦었으니 3시간 후에 만나자는 얘기였다. 그런데 경봉 선사의 다풍을 들으러온 몇몇 차인들의 간절한 표정을 살핀 명정 스님은 선다실의 좌복 위로 앉더니 스님은 차호(茶壺)를 열더니 찻잎을 한 웅큼 넣는다. 식힌 사발에 물을 한 대접 붓고 물이 반쯤 식자 능숙한 솜씨로 차호 위로 물을 붓고 차를 우려낸다는데 차향이 방안 가득 풍겨 나왔다. 차호를 살피니 차가 가득 담겨 있다. 그만의 독특한 음다법(飮茶法)이다.

"왜 차를 많이 넣습니까?"

"차의 진한 엑기스를 마시기 위함이지요."

"이런 방법은 경봉 선사의 가풍인가요."

"경봉 선사께서는 늘 큰 다완에 차를 한 사발씩 드셨습니다."

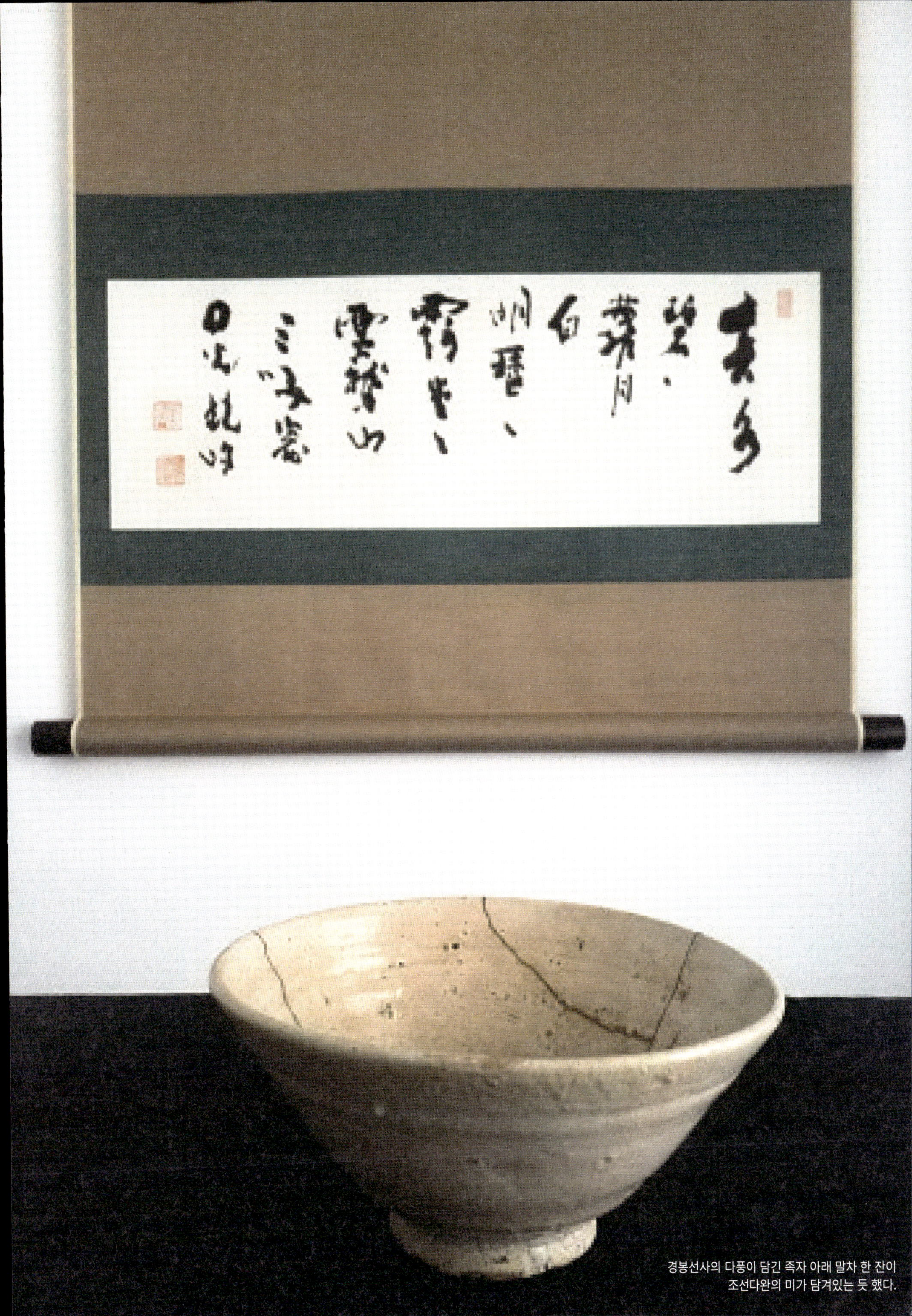

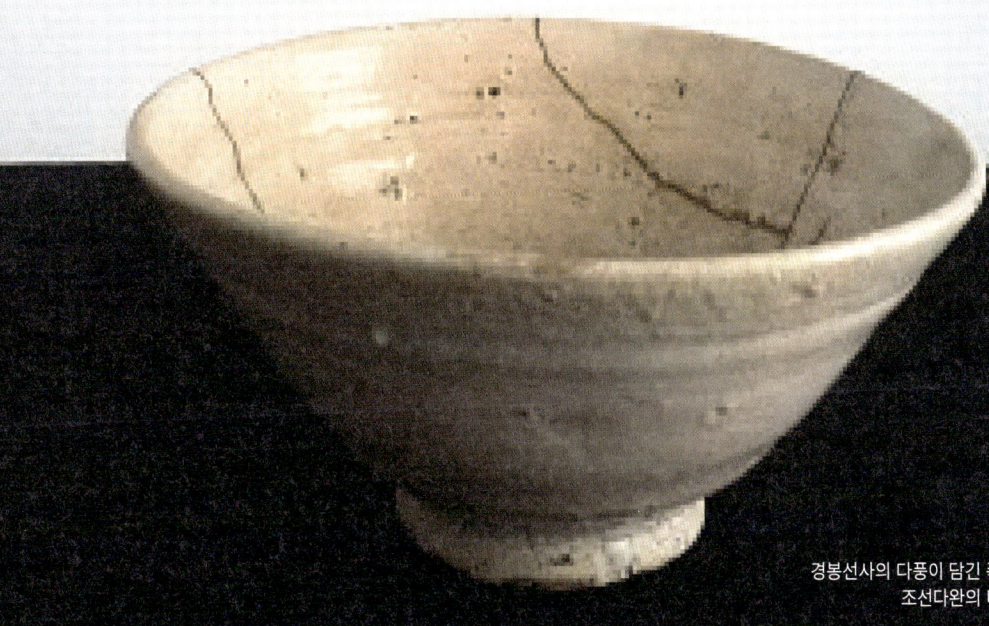

경봉선사의 다풍이 담긴 족자 아래 말차 한 잔이
조선다완의 미가 담겨있는 듯 했다.

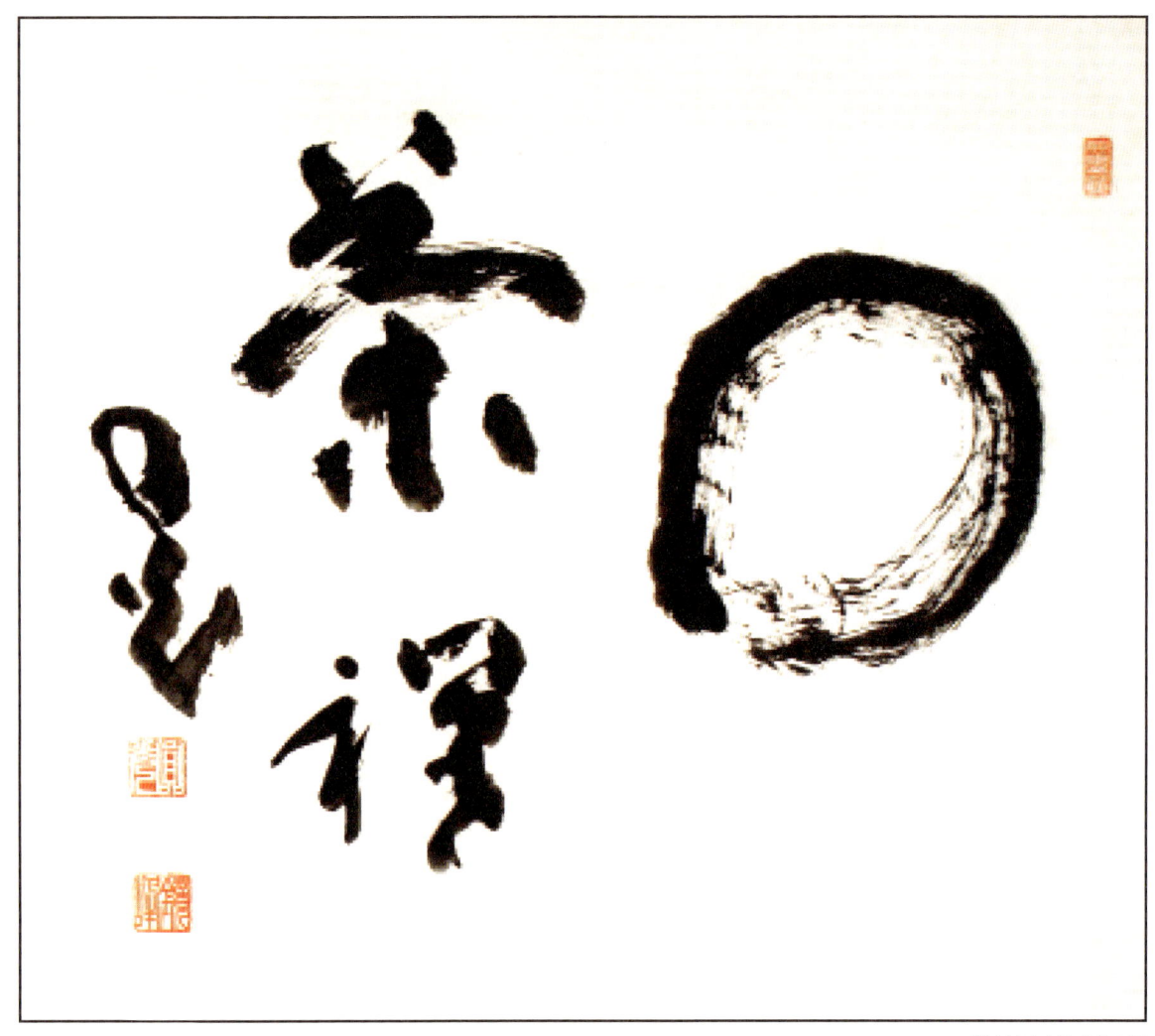

경봉선사가 즐겨 쓴 다선

끊어져 버린 줄만 알았던 고려의 다풍이 경봉 선사로부터 회생(回生)되었다는 것을 알고 매우 놀랐다. 조주(趙州) 다풍을 계승해 온 한국 선종의 큰 봉우리였던 경봉 선사를 통해 끽다거(喫茶去)가 염다래(拈茶來)로 거듭나면서 선가의 살림살이가 되어버렸다. 명정 스님을 통해 듣는 경봉 선사의 다선(茶禪)의 정신세계는 우리 차계에 던지는 신선한 충격이 아닐 수 없었다. 경봉 선사는 늘 다완(찻그릇)으로 음다(飮茶)를 했다. 그 풍습이 아직도 이어졌다. 명정식 농차법(濃茶法)은 지금도 극락암에서 만날 수 있다. 다구(茶具)에 배가 터질 듯 차를 가득 채워 차의 엑기스를 우려 마신다는 그 다법은 말차(沫茶)에서 행해지는 농차법이다.

모처럼 명정 스님이 경봉 선사가 즐겨 사용했던 고려다완을 첫 공개했다. 그 찻그릇에 차를 우려낸 뒤 삼소굴 마루에 올려놓았다. 삼소굴 앞에 핀 산다화를 찻잔 사이에 올려놓자 감로차 향기가 극락에 와 닿는다.

경봉 선사는 감로차를 마시며 선을 이야기했고 차시와 선필로 다선일미(茶禪一味)의 경지를 제창해 나갔다.

萬水千江盡入海	모든 물과 강은 바다로 흘러가고
群山總付須彌峰	온갖 산들은 전부 수미봉에 이르니
海是法海 峰是道峰	바다는 법의 바다요 봉우리는 도의 봉우리로다
海兮峰兮	바다여 봉우리여
是者海耶 是者峰耶	이것이 바다냐 이것이 봉우리냐
者麽者麽	뭣고 뭣고
石鼎乾坤水	돌솥에 하늘과 땅의 물로
盡成一椀茶	한 잔의 차를 달이니
喫茶喫茶	차 한 잔 들게나, 차 한 잔 들게나

석정(石鼎) 스님에게 써준 차시였다. 우주 삼라만상 차 한 잔에 비유해 노래했다.

茶茶 這個茶一味	차, 차 이 한 잔 차맛에는
宇宙萬像之眞理	우주 만상의 진리가 여기에 있으니
在此難可示	이 맛은 어떻다고 보이기도 어려우며
難可說 阿剌剌 呵呵笑	말하기도 어렵구나 아자자 가가소
頌曰	송왈
萬山楓葉景	온 산의 단풍경치는
勝於二月花	이월의 매화보다 곱구나
微笑	미소 짓는다

경봉의 수많은 차시 중 우주 법계를 차 한 잔으로 담아 보려는 스님의 살림살이를 엿볼 수 있었다. 경봉 선사는 뜻이 통(通)하고 말귀를 알아듣는 이가 찾아오면 "시자야 염다래"하라고 말한 뒤 차 한잔씩 나누어 주고 시자에게 먹을 갈게하고 눈이 열린 이에게 다게(茶偈)를 써주었다. 경봉 선사의 다게 중 "조주의 청차(淸茶)와 운문의 호병(胡餠)"이란 선묵(禪墨)은 지금도 화두가 되고 있다

당대의 조주 선사는 "끽다거" 운문선사 "호병"으로 대중을 제접했다면 경봉 선사는 옷 입고 밥먹고 차 마시는 일을 모두가 다반사로 말해왔다 경봉의 다선(茶禪)은 조주나 운문의 경계를 뛰어넘어 그만이 독창적으로 이끌어냈다.

통도사 다풍을 진작시킨 경봉 선사에 의해 자장 율사로 이어진 통도사 다맥을 계승발전시켜 조주 선사가 주창한 "차나 한잔 드시게(喫茶去)"를, 경봉 선사는 "시자야 차 달여오라"(염다래)를 통해 다선일미 정신을 실천해갔다.

1982년 열반에 든 경봉 선사의 다맥(茶脈)은 극락암의 명정(古園明正,1943-2019) 스님이 이어왔다 그의 제자 종원 스님은 해마다 영축산 자락에서 찻잎을 채취하여 전통차 제조법으로 법제한 햇차로 해마다 명정 스님의 뒤를 이어 간 종원(宗元), 관행(觀行), 반산(盤山), 혜원(惠遠), 정관(靜觀) 등에 의해 적멸보궁과 선대조사에게 차를 공양하고 있다. 또한 스승인 명정 스님의 차 정신을 계승·발전시키면서 오늘까지 경봉 선사의 다풍을 이어가고 있다.

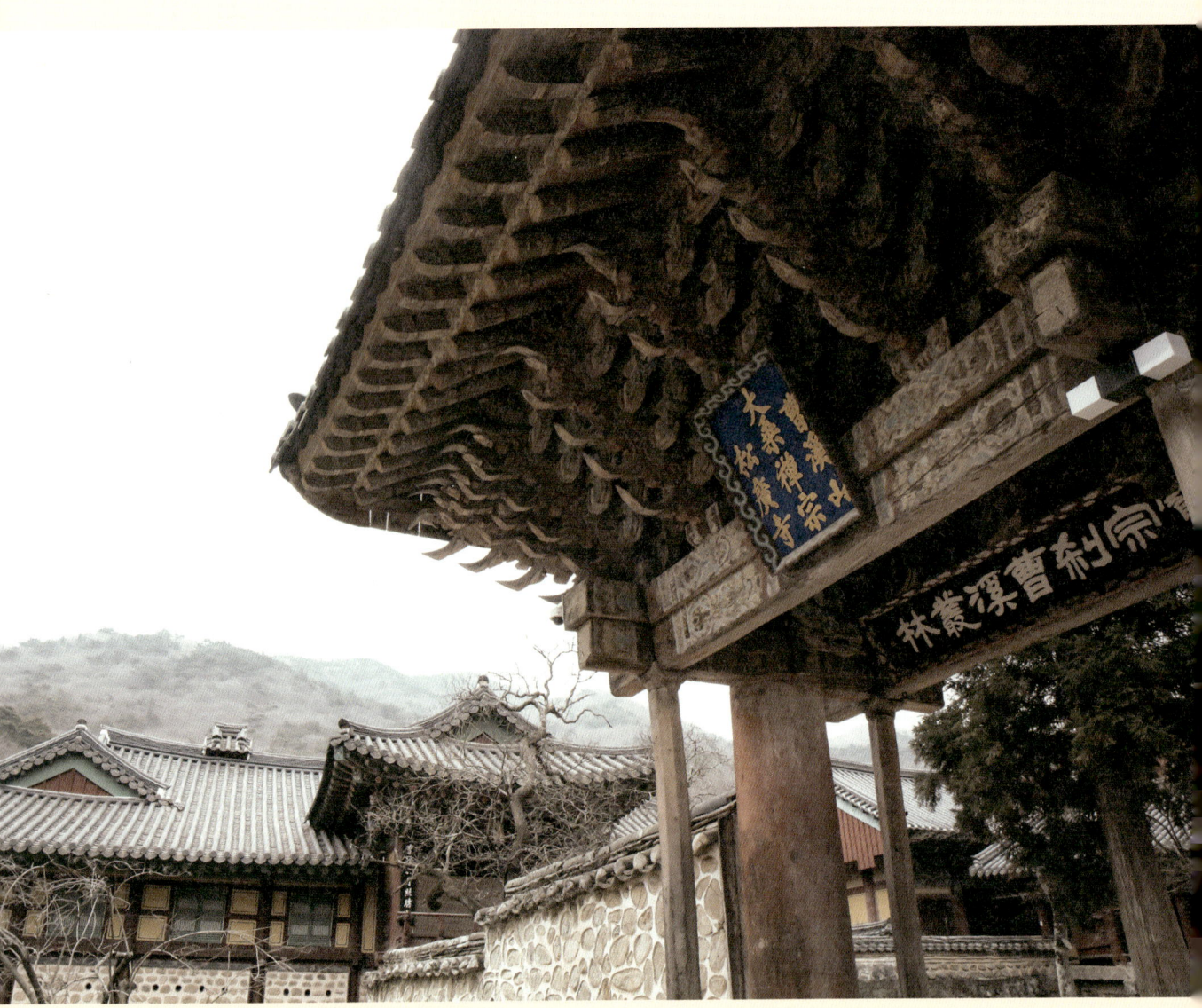

대대로 다맥이 이어져온 승보종찰 송광사

6. 승보종찰 송광사에 대대로 이어져온 차맥

땅에서 쓰러지면 땅을 밟고 일어서라

승보종찰(僧寶宗刹) 송광사(松廣寺)의 다맥(茶脈)은 보조지눌(普照知訥, 1158-1210) 이후 진각국사(眞覺國師) 혜심(惠諶, 1178-1234)과 원감 국사(圓鑑國師, 1226-1293) 충지(沖止)를 거쳐 조선말기(朝鮮末期) 송광사를 중흥시킨 초의다맥(草衣茶脈)의 계승자(繼承者), 다송자(茶頌子) 금명보정(錦溟寶鼎, 1861-1930) 선사로 이어졌다. 때마침 금명보정 선사 탄신(誕辰) 160주년을 맞아 2021년(辛丑) 3월 2일 송광사 부도전(浮屠殿)에서 금명보정 선사 부도탑 제막식이 거행되었다. 금명보정 선사 부도 앞에 헌다례를 시작으로 30여 기(基)의 송광사 부도 앞에 산중(山中)의 대중들이 엄숙하게 올린 헌다의식(獻茶儀式)은 송광사에서 대대로 차맥(茶脈)이 면면이 전승되어왔음 실감했다. 헌다의식이 거행되던 날 송광사 대중스님들이 보조지눌 국사의 감로탑 앞에서 여법하게 헌다의식을 올려 16국사 가운데 제1세 조사로 정혜결사를 일으킨 주인공에 대해 예를 다했다. 송광사는 신라말 혜린대사(慧璘大師)가 높은 뜻을 세우고 개산(開山)했다. 고려 인종(仁宗) 3년(1125)에 석조(釋照)가 대찰(大刹)을 세울 뜻을 품은 채 세상을 뜨자, 1197년(명종 27) 보조국사(普照國師) 지눌(知訥)의 제자 수우(守愚)가 사우(寺宇)의 건축을 시작하여 3년이 지난 뒤 정혜사(定慧社)를 이곳으로 옮겨와 수선사(修禪社)라 칭하고, 도(道)와 선(禪)을 닦기 시작하면서, 고려불교를 중흥하였다. 이 사찰을 품고 있는 조계산을 송광산이라 불렸는데, 보조국사 이후 조계종의 중흥도량(中興道場)이 되면서부터 조계산이라고 고쳐 불렀다. 송광사를 떠올릴 때마다 보조지눌이 수선사를 결성할 때 지은《정혜결사문(定慧結社文)》첫머리에

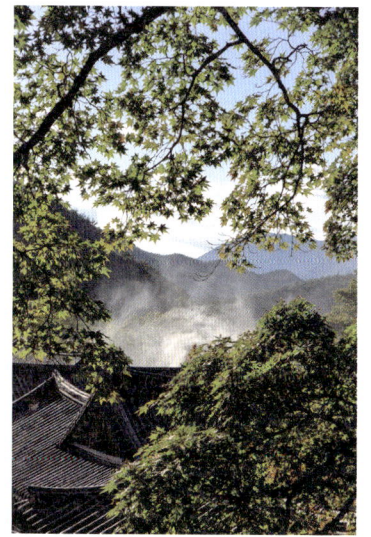

"공손히 들으니 '땅에서 넘어진 사람은 땅을 의지해 일어난다.' 했으니 땅을 떠나서 일어나기를 바라는 것은 있을 수 없는 일이다. 한마음이 미하여 끝없는 번뇌

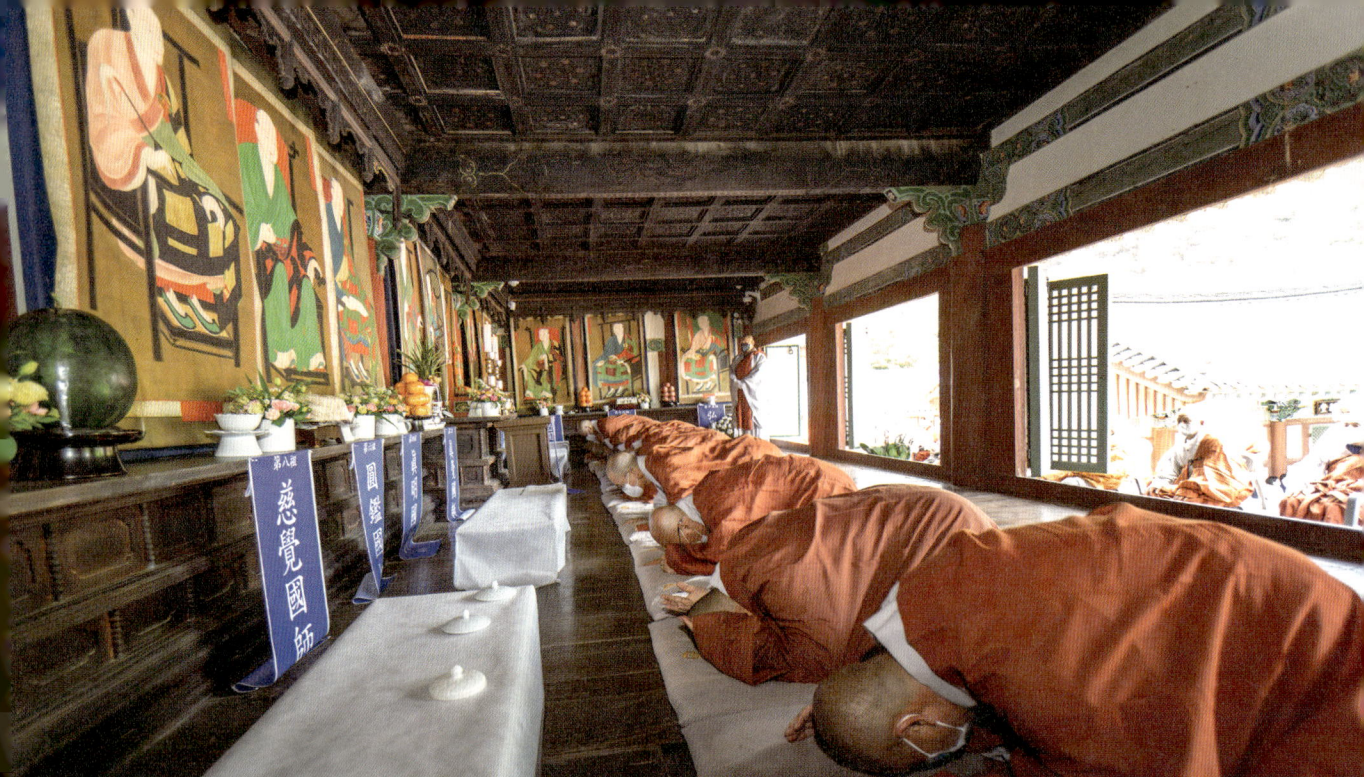

16국사 영정앞에 차를 올리고 있는 송광사 스님들.

를 일으키는 것이 중생이고, 한마음을 깨달아 끝없는 묘법을 일으키는 이가 곧 부처님이시다."이다

보조국사는 선정(禪定)과 지혜(智慧)를 함께 닦는 정혜쌍수(定慧雙修)를 주장하여 선(禪)과 교(敎) 어느 하나에만 치우치는 것을 경계하였다. 선차의 출발은 달마 대사(達摩大師)가 눈꺼풀을 던져 차나무로 탄생했듯이 차와 선은 숙명적 만남이 이루어졌다. 보조지눌은 땅에서 쓰러지면 땅을 밟고 일어서라는 의미심장한 말을 남겼다. 그 같은 법어는 차나무의 탄생과 직결된다. 차나무가 땅을 밟고 소생하듯이 찻잎이 열매를 맺어 꽃이 피고 지는 적멸의 순간을 보여준다. 보조의 법손들은 차나무의 탄생을 화두처럼 받들어 목우가풍을 이어 가면서 다선불이(茶禪不二) 정신을 수행의 가풍으로 이어갔다.

북두의 은하수의 물을 길어 차를 올리다

진각국사 혜심은 속성이 최 씨로 차의 고장인 화순 남산 아래서 태어났다. 그의 탄생을 기려 고향에는 진각국사 비를 새로 세우기도 했다. 진각국사 비명에 국사의 휘는 혜심이고 자는 영을(永乙)이며 스스로 무의자(無衣子)라고 했다. 속성은 최 씨요, 이름은 식(寔)으로 나주 화순현 사람이다. 고려 20대 신종4년(1201)에 사마시(司馬試)에 급제하여 태학(太學)에 들어갔다. 얼마 후 어머니의 병환 소식을 듣고 고향에 돌아와 간병을 하다 어머니가 별세하자 송광사의 보조지눌 선사를 찾아 출가했다.

을축년(乙丑年, 1205) 가을 억보산(億寶山, 광양 백운암)의 스승을 찾아갈 때 보조국사가 시자 부르는 소리를 듣고 단박에 게송을 지었다.

呼兒響落松蘿霧	아이를 찾는 소리는 송라의 안갯속에 들리고
煮茗香傳石徑風	차 달이는 향기는 산길 따라 바람에 풍겨 온다
僅入白雲山下路	백운산 아랫길에 겨우 들어섰는데
已參庵內老師翁	암자 안의 스승님을 벌써 찾아뵈었네

스승과 차로 이어지는 이 한 편의 게송을 통해 혜심의 다선일미(茶禪一味)의 진면목이 드러난다. 혜심은 스승인 보조 지눌에게 절하고 위의 게송을 바치니 스승은 매우 기뻐했다. 그리고 스승이 혜심에게 부채를 주었는데 제자는 스승에게 게송을 지어 올렸다.

昔在師翁手裏	예전에는 스승님의 손에 있더니
今來弟子掌中	지금은 제자의 손바닥 안에 있네
若遇熱忙狂走	무더위에 허덕일 때 만나게 되면
不妨打起淸風	맑은 바람 일으킨들 방해 않으리

1205년 가을 혜심 스님이 백운암(白雲庵)에서 스승인 보조지눌을 만난 이후 지은 〈인월대(隣月臺)〉라는 차시를 통해 혜심의 다풍을 음미할 수 있다.

巖叢屹屹知幾尋	우뚝 솟은 바위산은 몇 길인지 알 수 없고
上有高臺接天際	그 위의 높은 누대(樓臺)는 하늘 끝에 닿았네
斗酌星河煮夜茶	북두로 은하수를 길어다가 끓이는 밤차를 달이는데
茶煙冷鎖月中桂	차 달이는 연기 싸늘하게 달 속의 계수나무를 감싸누나

북두로 은하수를 길러 차를 달인다는 진각국사 혜심의 차시를 통해 보조지눌의 차의 정신을 이어갔다. 혜심 스님의 후학들이 진각국사 부도가 있는 광원암의 진각국사 원조탑 앞에 모여 차 한 잔을 올리며 진각국사의 차의 정신을 이으려 했다. 여순반란사건 이후 폐허가 된 이후, 1992년 광원암을 다시 중창한 현봉 스님에 의해 진각국사의 종제일(宗齋日)이 되면 다례제를 올려 혜심 스님의 차의 정신을 선양해오고 있다.

원감 국사 부도탑 앞에 차를 올리다

진각국사의 정신세계를 계승한 원감 국사 부도 앞에 차를 올리게 됨은 선대(先代) 조사(祖師)를 추모하는 후학(後學)의 도리라고 여겨졌다. 4월 4일 청명을 앞두고 송광사 율원장, 대경 스님의 인도(引導)로 송광사 부도전에서 오솔길을 따라 원감 국사 부도전을 찾아 나섰다. 오솔길을 따라 조계산을 오르니 송광사 3대 조사인 청진국사(淸眞國師)의 부도가 반겼다. 부도 앞에 차 한잔을 올린 뒤 원감 국사의 부도를 찾아 조계산 계곡을 따라 산등성에 올랐다. 40여 분간 산길을 따라 오르니 빗방울이 잦아들면서 원감 국사의 부도탑이 드러났다. 부도탑 앞에서 바라보니 모후

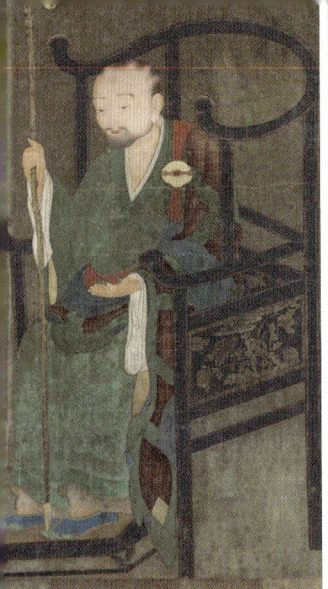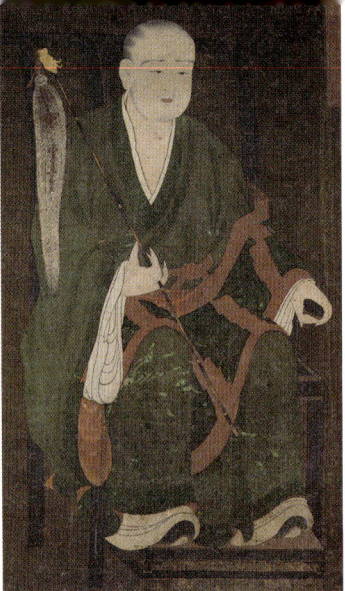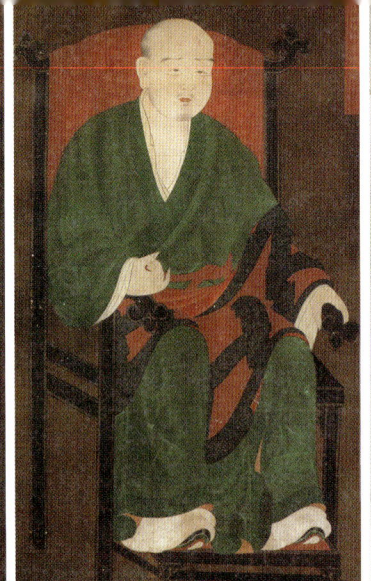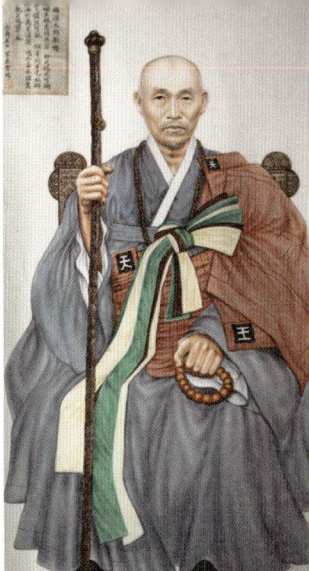

좌측부터 보조지눌, 진각국사 혜심, 원감국사 충지, 다송자 보정선사.

산이 한눈에 다가온다. 대경 스님은 원감 국사가 좋아한 석창포(石菖蒲)와 다식을 부도 앞에 올리고 원감 국사 부도 앞에 독차 헌다를 올렸다.

향기로운 차향이 조계산에 퍼져나갈 즈음 부도탑 아래에 장흥 위씨 종친회가 세운 돌비에는 이렇게 쓰여있다.

"1993년 2월 장흥 위씨 후손 10여 명이 대경 스님, 고경 스님의 안내를 받아 원감국사탑을 참배했는데 너무나도 긴 세월 700년 전에 세워진 묘탑을 참배하니 뭉클한 가슴을 달래며 작은 돌비를 새겨둔다."라고 밝히고 있다.

예전에 원감 국사의 후손인 장흥 위씨 10여 명이 송광사를 찾아와 후손으로서 원감 국사부도를 참배하겠다고 간곡하게 말했다. 후손으로서 그 뜻이 깊어 송광사 박물관장 고경 스님과 율원장 대경 스님이 앞장서서 부도지를 안내했다. 그런 의미깊은 원감 국사 부도 앞에서 대경 스님의 헌다는 각별난 의미가 있다고 하겠다.

선차일여(禪茶一如)를 실천(實踐)한 원감 국사

원감 국사 충지(沖止, 1226-1293)는 고종 13년(1226)에 전남 장흥 정안에서 태어났다. 속성은 장흥 위씨로 29세 때 원오 국사를 의지하여 출가했다. 일대시교를 이수한 스님은 제방선원을 다니며 선수행을 닦았다. 그러던 어느 날 모처럼 김해에 있는 신어산(神魚山) 감로사(甘露寺) 주지로 있을 때 한 선덕의 요청으로 모처럼 붓을 잡고 시를 써 내려갔다.

봄날 계원중에 꽃이 피니
그윽한 향기 소림풍에 둥실 떠 있네
오늘 아침 과일 익어 감로의 맛이니
무한한 인천이 한결같은 맛이로다

이 시(詩)가 세상에 알려지면서 원감의 명성이 널리 알려졌다. 원감은 무엇보다도 차로 일가를 이루었다. 송광사 6대 조사로 20수에 이르는 차시(茶詩)에서도 볼 수 있듯이 원감은 벽돌화로를 갖추고 돌솥에 물을 끓이며 한 잔의 차를 달여 마셨다.

날마다 시자가 달여오는 차를 마시며 차 삼매(三昧)에 빠져들었다. 그처럼 원감은 차를 사랑한 다승이었음이 분명하며 송광사 다맥을 거론할 때 빼놓을 수 없는 인물이다. 선경(仙境)과 선기(禪機)가 충만했다.

擎來日遣滋吾渴	찻잔 들어 날마다 나의 갈증 달래고
過飯時教療我飢	밥 먹으며 때로 내 요기를 하네
若謂山僧無指示	만일 산승이 가르쳐 준 바 없다고 말한다면
知君辜負老婆慈	그대는 대자비의 노파심을 저버리는 일

차선일치(茶禪一致)를 실천한 원감은 조계산 방장실에 있을 때 지난해에 산다화(山茶花) 꽃이 피지 않는데 다음 해 꽃이 만발하여 감동하여 시어를 남겼다. 또한 어느 날, 중국 최고 명차인 자순차(紫筍茶)를 맛보고 기뻐한 일 돌솥에 물을 끓이며 이내 차를 달여 마셨다. 그처럼 원감은 차를 사랑한 다승이다. 금장선사(金藏禪師)가 원감 국사에서 햇차를 선물 받고 기뻐했던 시도 있다.

| 平生只見膏油面 | 평생에 해묵은 차만 보았더니 |
| 喜得曾坑一掬春 | 봄날 증갱차를 얻은 것을 기뻐하네 |

진정 국사《호산록(湖山錄)》에도 만덕산(萬德山) 백련사(白蓮寺)의 진정 국사(鎭靜國師)는 금장선사를 높이 평하면서 '무의자 진각국사로부터 훈도(訓導)를 받았고 도(道)의 기풍이 무극(無極)에 전하여 명성이 만세에 떨쳤다.'라고 극찬했다. 송광사 다맥은 차를 사랑한 원감 국사 충지와 금장선사가 교류하면서 강진, 장흥 등 호남 전 지역으로 확대되어갔다. 장흥의 금장사에는 오래된 차나무가 많다. 그런데 장흥사람들은 금장선사가 금장사에 주석했던 것으로 오인하고 있다. 원감이 장흥 출신인 데다가 금장선사의 이름을 딴 금장사에 오래된 차나무 군락을 이루고 있어 주목받고 있다. 원감은 송광사에 머물다가 1284년 상무주암(上無住庵)으로 옮겼고, 1286년 2월에 원오 국사가 왕에게 원감 국사를 수선사 조실로 추천하고 입적하자, 그해 6월에 수선사의 제6세 조사가 되었다. 고려 충렬왕 12년에 입적한 원감 국사는 송광사 다맥을 일으킨 다승으로 높이 평가하고 있다고 말할 수 있겠다.

초의(草衣)다맥 이어간 금명보정(錦溟寶鼎) 선사에 의해 송광사 다맥 되살아나

보조지눌을 1대로 하여 16대 고봉 법장(高峰 法藏) 스님까지 250여 년간 승보종찰 송광사는 목우가풍이 면면이 이어져갔다. 그 후 조선후기로 접어들면서 다송자 금명보정 선사가 초의 다맥의 계승자로 등장하면서 250년간 이어진 묵우가풍의 정신을 계승한 선차의 고향으로 자리매김 되어갔다. 송광사 다맥을 논함에 있어 그간 다송자 보정 선사는 널리 알려지지 않았다. 그러다가 송광사 박물관에 보관되어왔던《백열록(栢悅錄)》이 발견되어 금명보정 신사의 실체가 드러났다. 2000년대 초 당시 송광사 주지로 있던 현봉 스님이 다송자 차시 80수를 번역하면서 세상에 드러났다. 현봉 스님이 다음과 같이 말한 바 있다.

"금명보정 선사는 조선말기 송광사에 출가하여 주석했던 대종사이다. 선사의 속성(俗姓)은 김씨 이름은 첨화(添

華), 법휘(法諱)는 보정(寶鼎)이요. 호는 금명(錦溟)이며 스스로 호를 다송자(茶松子)라고 하였다. 근세의 송광사 역사에서 다송자 금명 스님은 그 어느 누구보다도 가장 큰 업적을 남긴 분이다."

오늘날 송광사가 승보종찰로, 조계산문으로, 조계종의 근본도량으로 당당하게 자리매김할 수 있게 된 것은 금명보정 선사의 공로라고 말할 수 있다.

다송자 금명보정 선사는 80여 수의 차시를 남겼음에도 2001년 이전까지만 해도 차계에 드러나지 않은 인물이었다. 《한국불교전서》 10책, 《다송시고》가 있는데도 그간 연구가 미진했다. 다송자가 열반에 든지 80여 년 전인데도 제대로 연구가 이루어지지 않았다.

1960년대부터 우리나라 차민요를 수집하던 진주산업대학교의 김기원 교수는 송광사를 방문하여 구산 스님으로부터 다송자에 대해 듣고 일주문 앞에 있는 비석을 참관하고는 같은 김해 김씨임을 알았고 그분에 대해 깊은 관심을 지니게 되었다. 그러다가 1996년에 발행된 《한국불교전서》 제12책 보유편에서 《다송시고》에 있는 다송자의 차시 80여 수를 발췌하여 정리하였다. 그리고 2000년 봄에 당시 송광사 주지 현봉 스님을 찾아가 다송자 차시를 번역해 주기를 청하였다. 그리하여 현봉 스님에 의해 80여 수의 차시가 처음으로 번역되었다.

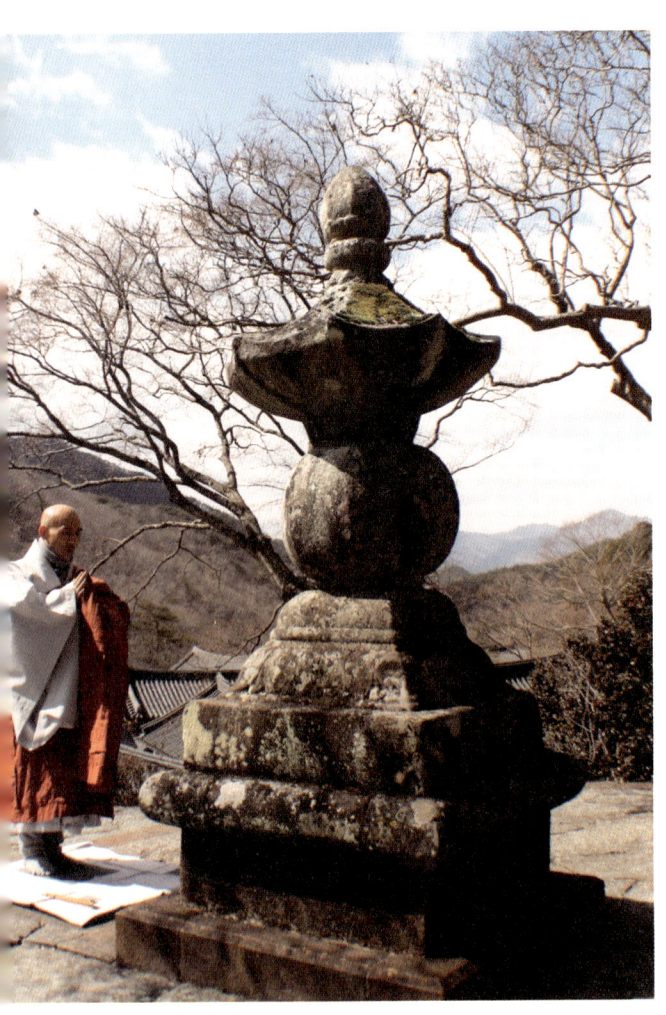

송광사 율원장인 대경스님이
보조지눌 부도 앞에서 헌다의식을 거행하고 있다.

예전에 서울 약수선원 현문스님의 인연으로 현봉 스님을 만난 필자는 2001년 여름에 문화관광부의 '이달의 문화인물'에 선정된 보조국사를 기리는 송광사의 학술세미나에 참석하였다. 그 자리에서 현봉 스님으로부터 번역된 차시 80수를 넘겨받은 뒤 다송자 학술회의를 제안하였더니, 송광사 측에서 흔쾌히 동의하였다.

현봉 스님의 촉탁으로 필자가 논문 발표자를 섭외하여 선정하였고 세미나를 진행하게 되었다. 2001년 10월 14일 마침내 다송자를 재조명하는 학술 세미나가 이루어졌다. 그날 다송자를 기리는 다송원 현판식이 열려 그야말로 금명보정 선사가 세상에 드러나는 순간이었다. 이같이 금명보정 선사가 세상에 드러나게 된 데는 송광사 방장 보성 스님의 안목과 당시 주지 현봉 스님의 원력으로 다송자 학술회의가 이루어졌다.

보성 스님의 법어에서 "불일보조 국사가 이곳의 수선사에서 선차의 세계를 드러낸 지 800여 년 동안 수많은 선승들을 배출하면서 차와 선을 이야기해 왔습니다. 다송자를 기리는 학술대회를 계기로 송광사의 다풍이 살아 있음이 세상에 드러나는 순간이라고 말할 수 있습니다."라고 했다. 학술회의는 동국대 김영태 교수의 '다송자 확립의 조계산 선세계', 범어사 전강주 백운 스님의 '조계고승전과 동사열전의 비교연구', 이종찬 동국대 교수의 '다송의 저술', 천병식 아주대 교수의 '금명보정의 차시세계' 등을 처음으로 재조명하는 학술대회였다.

토론자 중에 "왜 이토록 귀중한 자료가 세상에 알려지지 않았느냐."는 질문에, 현봉 스님은 "송광사가 예전의 부휴(浮休) 문중에서 효봉(曉峰) 문중으로 새롭게 바뀌어 아직도 제대로 자리 잡지 못하여, 예전의 문중 선사들에 대한 관심과 연구가 미흡하여 본의 아니게 소홀했던 때문."이라고 지적했다.

다송자 금명보정 선사가 주석했던 송광사에서는 학술대회가 개최된 것은 일대 사건이 아닐 수 없었다. 초의 다맥이 지금까지 대흥사로만 국한해서 조망되었는데 대흥사와 또 다른 갈래인 송광사의 다맥은 초의–범해각안–금명보정으로 이어지는 또 다른 갈래의 다맥이 밝혀졌던 것이다. 이는 당시 송광사 주지를 지낸 현봉 스님이 적극 수용하면서 이루어진 것으로, 금명보정 선사 사후 70여 년 만의 일대 쾌거라 할 것이다. 다송자는 대흥사에서 초의의 법맥과 다풍을 잇기도 했지만, 당시에 차승으로 널리 알려진 송광사의 허주(虛舟, 1805-1888) 선사와 이봉낙현(离峰樂玹, 1804-1890) 선사와 그리고 백파(白坡)의 선문수경(禪文手鏡)을 논박한 《선문증정록(禪門證正錄)》을 지은 우담홍기(優曇洪基, 1822-1881)의 다풍을 이어받아 조선말의 다풍을 총망라하여 모두 익히고 집대성한 분이기도 하다.

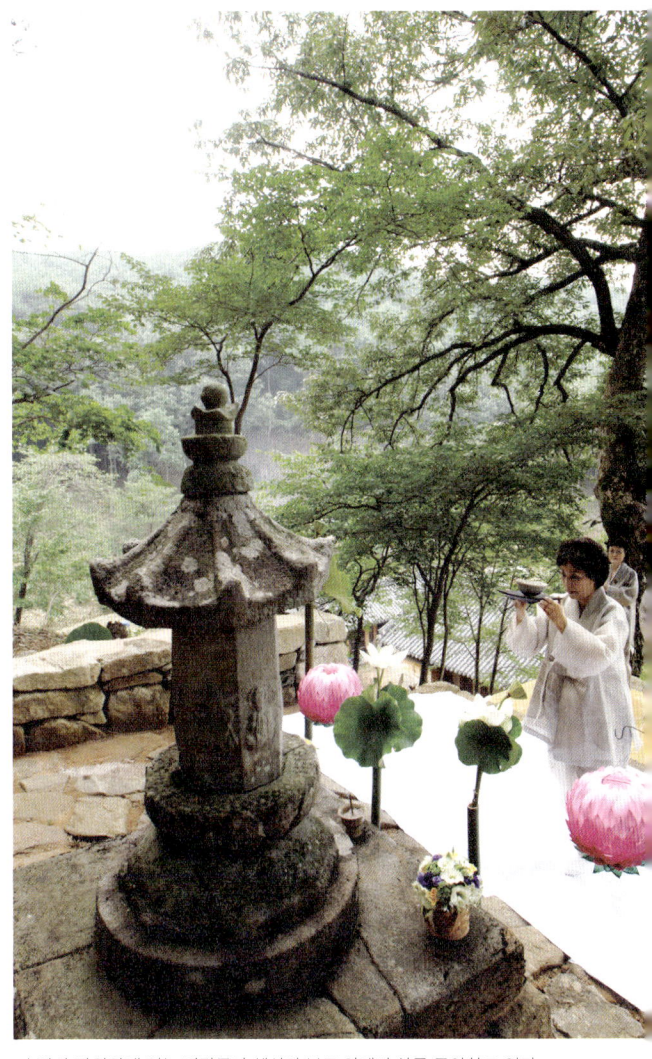

송광사 광원암에 있는 진각국사 혜심의 부도 앞에서 차를 공양하고 있다.

송광사가 다송자 현창 20년 만에 2021년 3월 2일 송광사 부도전에서 다송자 탄신 160주년 만에 금명보정 선사 부도탑이 제막되면서 송광사 차맥이 새롭게 정립되었다.

금명보정 선사가 다승의 면모를 갖추고 자리매김된 것은 송광사 방장 현봉 스님의 원력으로 20년 만에 결실을 맺게 되었다. 송광사 부도전에 모신 30여 기의 조사 부도 앞에 산중스님들이 차를 올리고 새로 조성한 금명보정 선사 부도 앞에 여법하게 헌다익식을 지냄으로 인해 16국사를 배출하고 250년간 이어진 목우가풍이 송광사가 선차의 고향으로 다시 회복되는 감격의 순간이었다.

근·현대로 이어진 송광사 다풍

고려의 보조지눌은 "땅에서 쓰러지면 땅을 짚고 일어서라"는 정혜결사문을 들고 나와 승가의 가풍으로 이끌어갔

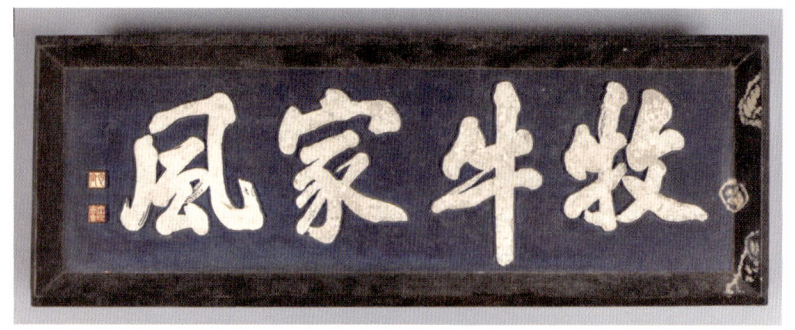

보조지눌 이후 대대로 이어져온 목우가풍을 염재 송태희의 서법을 서각으로 남겼다.

다. 또한 지눌은 교(敎)와 선(禪)을 따로 나누어 보지 말고, 부처와 조사의 말씀과 가르침을 바로 이해하여 참선하는 정혜쌍수(定慧雙修)가 필요하며, 계율의 실천 또한 게을리하지 말아야 한다고 가르쳤다. 송광사는 목우가풍의 그 정신을 면면이 이어왔다. 송광사 방장실에 염재 송태회 선생이 쓴 '목우가풍'은 이를 말해주고 있다. 송광사의 목우가풍이 근세에 이르러 그 정신은 효봉선사와 구산선사로 이어졌다.

젊은 시절 송광사에서 수행하며 많은 차시를 남긴 용악 혜견(龍岳 慧堅, 1830-1908)의 법손인 효봉 스님은 한 평(坪)도 못 되는 좁은 토굴에서 두문불출 용맹정진한 끝에 유명한 오도송을 남겼는데 근세 선차(禪茶)시의 백미이다.

바다 밑 제비집에 사슴이 알을 품고
불난 거미집 소에서 물고기가 차 달이네.
이 집의 소식을 뉘라서 알겠는가?
흰구름은 서쪽으로 달은 동쪽으로 가는구나.

송광사를 여법하게 중창불사한 구산 스님은 1909년 전북 남원에서 태어난 효봉(曉峰) 스님을 은사로 출가했다. 법명은 수련(秀蓮), 법호는 구산(九山), 별호는 석사자(石獅子)이다.

구산 스님은 목우가풍의 정신을 계승하겠다는 사명감을 갖고 조계산문의 선풍을 중흥시키면서 또한 보조지눌 이후 계승되어온 다선(茶禪)일여 정신을 되살리려고 노력했다.

1971년 상당법어(上堂法語)에서 드러난다.

조주(趙州) 선사가 어떤 스님에게 묻기를 '여기에 와 보았던가?' 하니 스님이 답하기를 '와본 적이 있습니다.'라고 하자 선사는 말하기를 '차나 한 잔 마시게.'라고 하였다. 또 다른 스님에게 묻되 '여기에 와 보았던가?'라고 하니 그 스님이 '와 보지 못했습니다.'라고 하자 선사는 '차나 한 잔 마시게'라고 하였다.

원주(院主)가 묻기를 '어찌하여 여기에 와 보았다 해도, 차나 한 잔 마시라.'라고 하고, 와 보지 못했다고 해도 '차나 한 잔 마시라고 하십니까?'라고 하니, 선사가 '원주여!'라고 하고 부르자 원주가 대답을 하거늘, 선사는 '차나 한 잔 마시게'라고 하였다.

천복 일(薦福逸)이 이에 송(頌)하였다.

총림(叢林)의 종장(宗匠)으로 더할 나위 없으니
일을 당해 무슨 차별을 두겠는가.
새로 오는 사람이나 살았던 사람이나
한 잔의 차만을 은근히 권하였네.

법진 일(法眞一)이 이에 송(頌)하였다.

사람들이 찾아와 조주(趙州)에게 물으면
차나 한 잔 마시라는 그 말만 하는구나.
영문 모른 원주(院主)는 어리둥절하였으니
다시 한 잔 차를 주어 깨닫게 하였다네.

이상의 두 노숙(老宿)은 향상일로(向上一路)만 알았지 전신(轉身)할 곳을 모른다. 그러나 지금 나(九山)는 그렇지 않다.

게송을 읊으시되,

제방(諸方)의 납자에게 왔던가를 물어보되
옥로(玉露)의 맑은 바람 말하지 않는다네.
밤은 깊어 고요한데 진품(珍品)이 없어도
한잔 차에 은근히 한 맛[一味]이 새롭구나.
한 맛이 새로움이여! 그것을 알겠는가
밝은 거울은 원래부터 흔적이 없는 것이라네.

법상에서 내려오시다.

조주의 끽다거(喫茶去) 화두는 신라-고려-조선-근현대로 이어져오면서 선가의 가풍처럼 여겼다. 초의(草衣) 선사의 《차신전(茶神傳)》에 '승당(僧堂)에 조주(趙州)의 가풍(家風)이 있으나 다도를 알지 못해 베껴 쓴다.'라고 말한 바 있다. 근세의 고승인 경봉(鏡峰) 선사는 '시자야 차 달여오라(拈茶來).', 금당(金堂) 최규용(崔圭用)은 '끽다래(喫茶來)' 등 다양한 해석이 뒤따랐다. 그중 구산(九山) 스님은 '차 한잔에 은근히 한 맛이 새롭다[一碗慇懃一味新].'라는 선어를 남기면서 조주의 끽다거는 대중 가까이 다가섰다.

송광사 선차의 맥은 보조국사 지눌-진각국사 혜심-원감 국사 충지를 거쳐 다송자 금명보정 선사가 다선(茶禪)의 맥을 중창시켰으며, 근·현대로 이어진 송광사 다맥은 목우가풍(牧牛家風)정신을 계승한 구산 스님에 의해 차와 선이 흐르는 물처럼 천 여 년간 승보종찰에 이어져왔다.

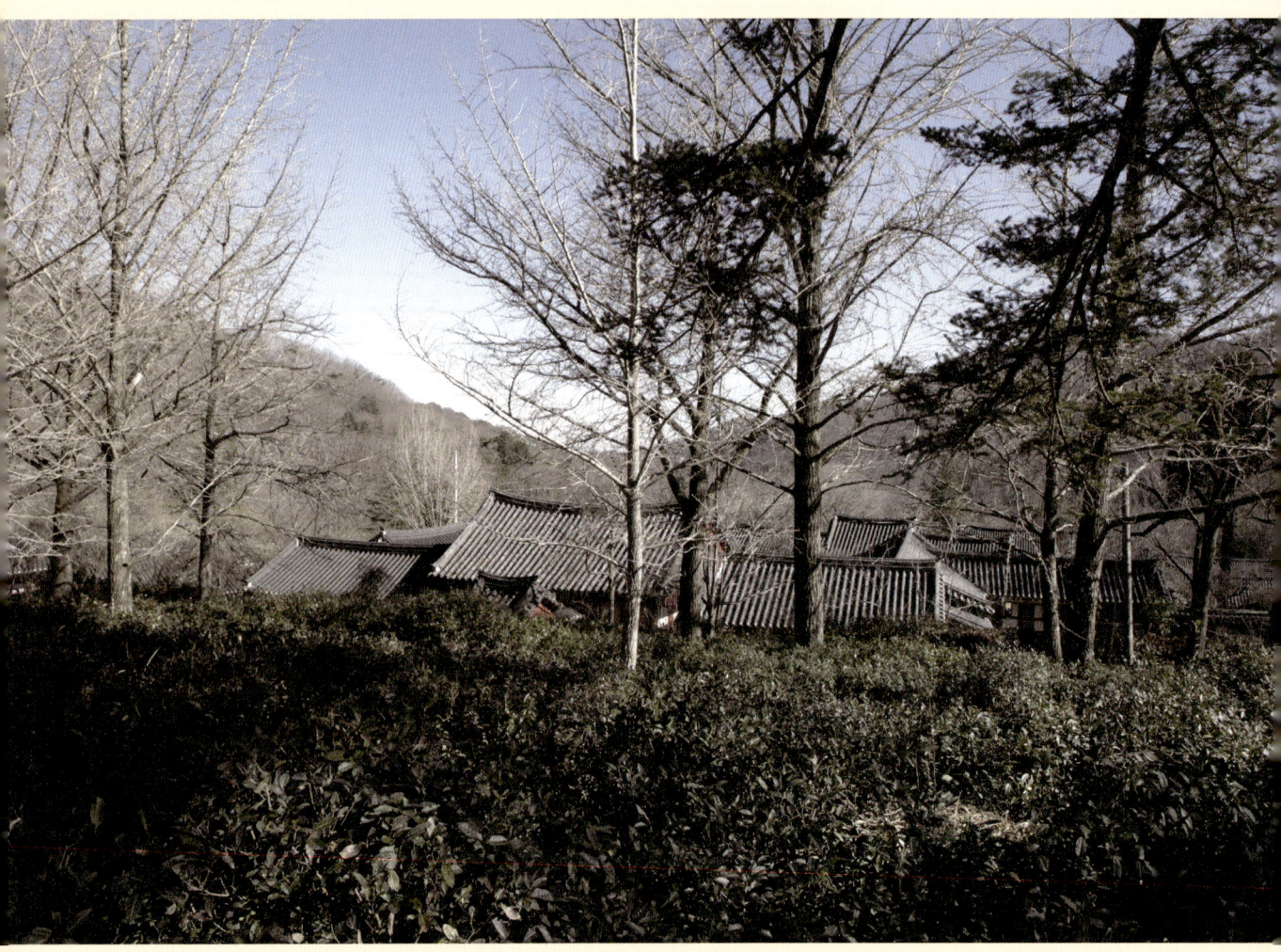

조계산 선암사 차밭

7. 조계산 선암사의 다풍

천 년의 차향이 살아 있는 선차 종가 선암사

조계산(曹溪山) 남쪽 기슭에 자리 잡고 있는 선암사(仙巖寺)의 차맥이 1,500여 년간 흐르는 물결같이 이어져갔다. 오랜 세월의 차의 향기만큼이나 차향이 배어 있는 선암사(仙巖寺)는 백제 성왕 7년(529) 아도화상(阿道和尙)이 창건하여 도선국사(道詵國師, 827-898)를 거쳐 고려 선종(宣宗) 9년(1092)에 대각 국사가 삼창(三創)한 뒤 침굉현변(枕肱懸辯)과 묵암최눌(黙庵最訥)의 법인(法印)을 이어받은 석전령(釋展翎)과 호남의 7고붕(七高朋) 중 마지막 다승인 초의의순(草衣意恂)이 선암사 다풍을 이어갔었다. 선암사가 주목받고 있는 까닭은 고려의 대각 국사 의천(義天)이 선암사를 중창한 이래 고려왕의 공차인 뇌원차(腦原茶)의 유력한 산지로 알려지며 선암사는 고려 차문화 부흥에 일정 부분 영향을 끼쳤다고 볼 수 있겠다.

의천(義天)이 삼창(三創)한 선암사의 다풍

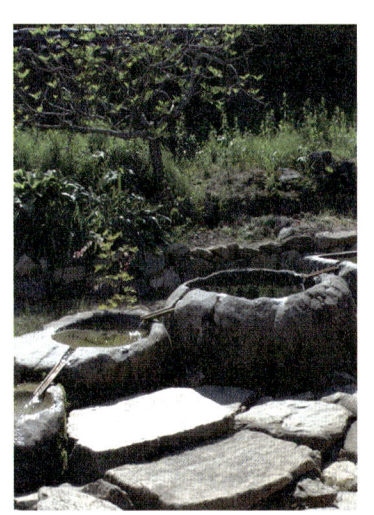

고려중기 대각 국사가 대각암에 주석하면서 선암사를 중창하였다. 대각 국사는 천태종을 널리 전파하였고 선암사는 호남의 중심사찰이 발전시켜 나갔다. 고려시대에 선암사는 법당 13, 전각 12, 요사26, 산암 19개 소등의 방대한 규모로 이루어졌음을 알 수 있다. 박전지(朴全之)의 《용암사 중창기(龍巖寺 重創記)》에 이런 말이 있다. 만일 삼암사(三庵寺)를 창건하면 산하이 합하여 한 나라가 되고 전쟁이 저절로 종식될 것이라고 하여 3암사의 창건이 이루어졌다.

운암사(雲巖寺)·용암사(龍巖寺)와 더불어 선암사를 호남 3암사로 불렸다.

선암사 차맥에 밝은 태고종 종정을 지낸 지혀 스님은 "대각 국사가 차를 요나라에 보냈는데 그 차가 뇌원차였다"고 말한 바 있다. 뇌원차가 전남지역에

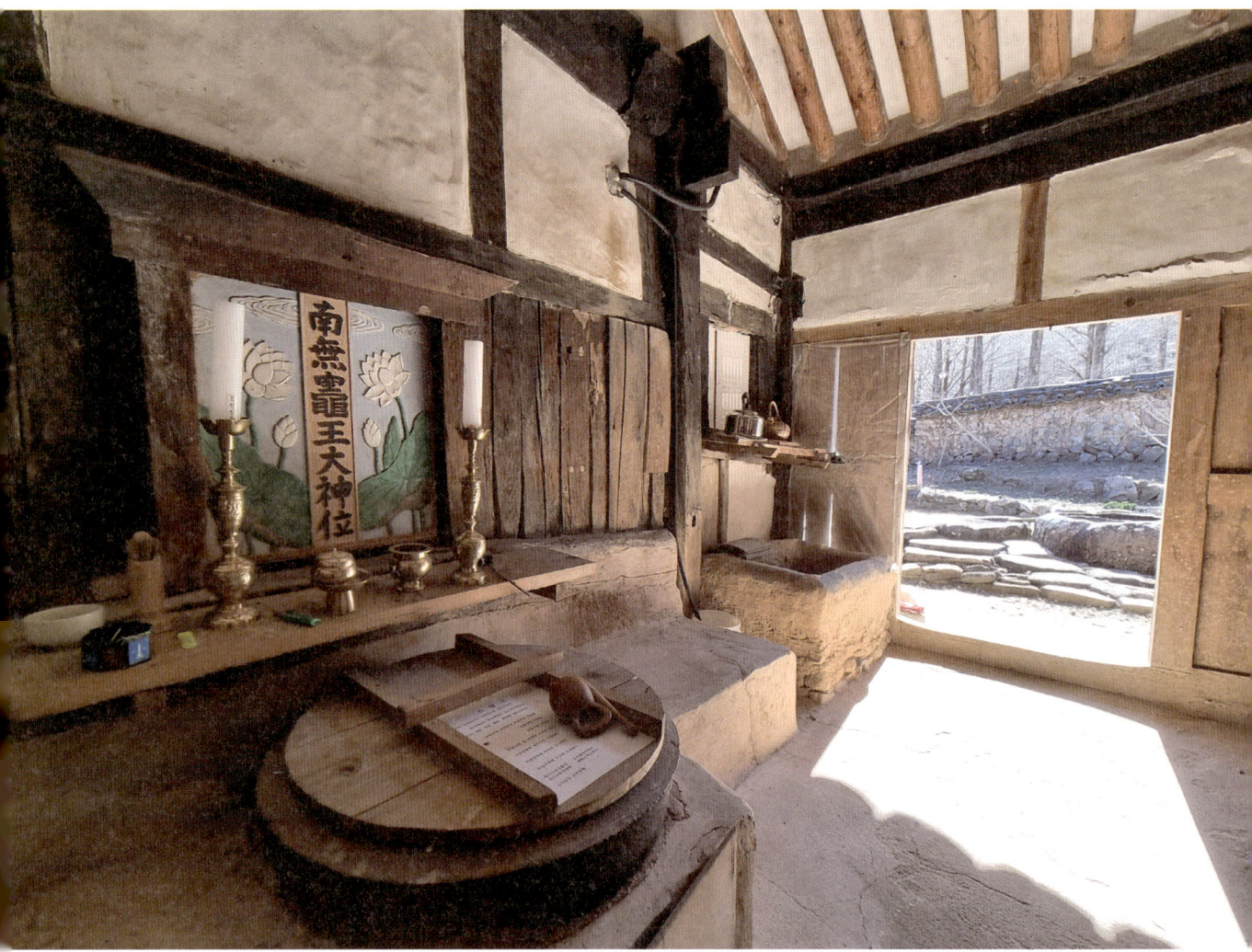

칠전선원의 부뚜막 앞의 조왕신을 모신 곳은 선암사가 유일하다 그 옆에는 차부뚜막이 마련되었고 삼탕수와 차밭이 연결되고 있다

서 생산되었던 것을 볼 때 선암사 차밭에서 법제 했을 가능성이 크다. 당시 송의 용봉단차가 고려로 수입되고 고려의 뇌원차가 송에 수출되는 등 의천(義天)이 차문화 교류에 끼친 영향은 매우 크다고 보인다. 의천이 활동했던 고려시대에 차문화는 하나의 정신문화로 자리 잡는다. 이때 왕이 신하에게 내리는 하사품 중에 차는 귀중한 선물이었다. 의천은 왕실로부터 어차(御茶) 20각과 약 1은합을 하사받는다. 산암사 산내암자인 대각암은 의천이 말년에 주석했던 곳으로 의천의 부도가 있는 곳이다. 또한 차인들에게는 의천의 차향을 느낄 수 있는 마음의 고향이다.

선암사의 차맥이 살아 있는 달마전 뒤에 응진전에 조왕신을 모신 차 부뚜막이있는데 돌로 깎아 만든 상탕, 중탕, 하탕의 물이 흘러내려 갔다. 대대로 선암사 스님들은 대각 국사 제일날 삼탕수의 물로 차를 달여 대각암의 대각 국사 부도 앞에 차를 올렸다.

우리가 선암사를 주목하게 된 까닭은 선암사의 세번째 중창주인 대각 국사 의천의 부도 및 금란가사, 진영이 보존되어 있어 국사의 자취와 향기를 느낄 수 있는 곳이기 때문이다.

의천은 송나라로부터 《대장경(大藏經)》 천 권을 가지고 들어와 《속대장경(續大藏經)》 간행에 앞장섰다. 이 시기 의천은 용봉단차를 함께 가지고 돌아왔을 것으로 추측된다. 뇌원차는 송으로 가지고 들어가고, 송의 용봉단차를 가져옴으로 인해 용단 승설차 등이 고려로 퍼져 나가는 계기가 되었다. 그 중심의 가교 역할을 바로 대각 국사 의천이 했을 것으로 짐작할 수 있다.

또 하나의 사실은 의천이 송나라에서 귀국했을 때 가람 형태를 도입했을 가능성이 크다는 것이다. 지금도 선암사의 건물들이 입 '구(口)'자 형태인 것은 다관 형태의 가람을 도입했기 때문입니다. 선암사는 육방살림을 하여 각방마다 차를 음용했습니다. 공양 시간마다 차를 우려 마신 풍습이 있었는데 선암사만이 특유의입 구(口)자 형태의 가람으로 전해내려왔고, 전각 주변의 천연 차밭도 이런 형태와 상관관계에 있다고 볼 수 있다.

대각 국사 의천, 침굉현변, 경운원기 선사로 이어져간 선암사 다맥

선암사 다맥이 주목받게 된 계기는 경운원기 선사가 선암사 설선당 공루에 걸린 석옥청공의 칠언절구(七言絶句) 중 차운시를 보고 차운시를 남기면서 선맥사 차맥이 역사 밖으로 걸어 나왔다.

석옥청공의 어록의 칠언절구 중 다음과 같은 시가 있다.

滿山筍蕨滿園茶	산에는 죽순과 고사리가 가득하고 동산에는 차가 가득하도다.
一樹紅花間白花	온 나무에 붉은 꽃이요 사이사이 흰 꽃일세.
大抵四時春最好	대개는 사철 중 봄이 가장 좋다고 하지만
就中猶好是山家	그 가운데 가장 좋은 것은 산에 사는 사람일세

위의 시를 보고 경운원기 선사는 다음과 같은 차운시를 남겼다.

紙囊乏舊年茶	종이 봉지에 남은 묵은 차 아까워
又煮江南橘柚花	또 강남(순천)의 귤꽃 유자꽃을 달이는데
一樓香煙藏不得	한줄기 향기마저 얻지 못하게
松風吹落野人家	솔바람 불어 들사람 집으로 돌아갔네

이 한 편의 시는 선암사 설선낭 공루에 지금도 목판으로 남아 있다. 1974년 지허 스님이 우연히 설선당 공루의 현판(懸板)을 보다가 석옥청공 차시를 차운한 시를 발견하고 며칠이나 가슴이 떨리는 감동을 받았다고 경운원기 선사의 《산고집》에 기술했다. 이렇게 선암사 다맥은 석옥청공을 거슬러 올라가면 대각 국사 의천(義天)과 경운원기 선사에게 닿으면서 선암사 차맥이 되살아 나는 계기가 되었다.

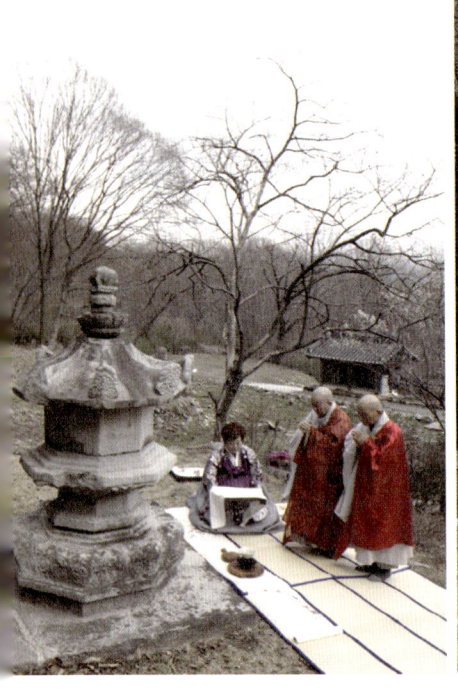 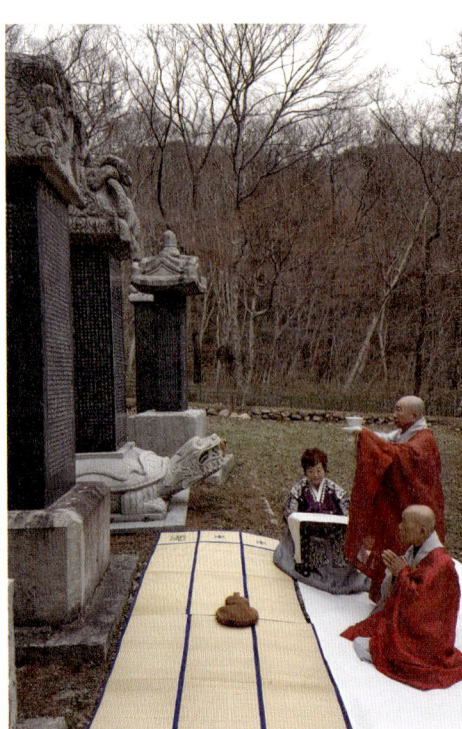 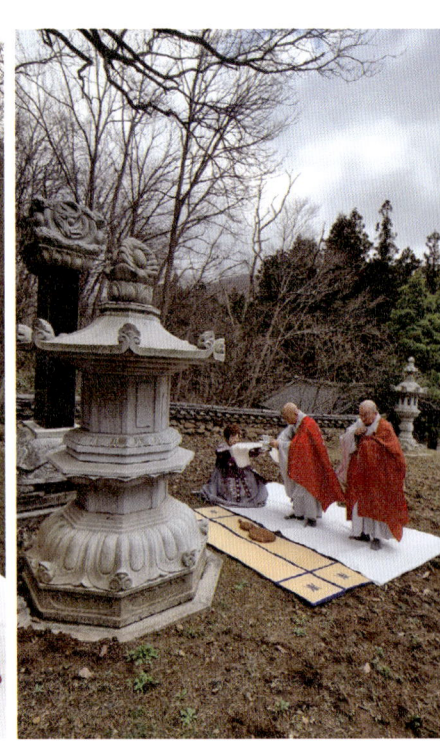

대각국사 경운원기 태허스님의 부도 앞에 차를 올리는 관음종 총무원장 홍파스님과 선암사 방장 지암스님

묵암최눌이 다시 일으킨 선암사 다풍

조선 광해군 때에는 침굉현변이 나와 차와 선을 일으켰다. 고산(孤山) 윤선도(尹善道)에게 침굉현변에 대한 어떤 영향을 끼쳤는지는 알 수 없으나 침굉현변의 정신이 고산에게 이어졌을 가능성은 매우 크다. 이처럼 선암사의 다풍은 한국 다선(茶禪)의 면모와 밀접한 관련이 있다.

《호남인물지(湖南人物志)》에는 해붕전령(海鵬展翎)이 등장하는데, 그는 호남 7고붕 중의 한 사람으로 벽암문파 묵암최눌(默庵最訥)의 법인(法印)을 얻은 다승으로 알려졌다. 해붕전령은 선암사 출신으로 초의의순과 도반처럼 지냈던 분이었다. 그는 순천 태생으로 자는 천유(天遊)요, 해붕은 법명이다. 그는 선암사에 출가하여 묵암최눌에게서 법인을 얻고 이름이 높아 호남의 7고붕으로 일컬어졌다.

천성이 호방하여 매양 인사를 만나면 모두 너라 하였다. 어느 날 추사 김정희가 여러 벗들과 강상(江上)에 모여 시를 짓는데 해붕이 보고 말하길 "너희들의 시는 썩은 냄새가 난다. 나의 시를 보라"하고 다음과 같은 시를 읊었다.

萬里黃金國	만 리의 황금 나라에
千層白玉樓	천층의 백옥루로다
混世界歌舞	큰 세계가 노래하고 춤추니
盡大地風流	온 대지에 멋스러운 운치로다

순조(純祖) 때 경사에게 축제를 베풀고 10법사를 맞아 설법하는데 해붕이 등좌하여 말씀하길 "크도다 법계여, 현현하고도 묘하구나"라고 하좌(下座)했다. 뒤에 순조가 해붕의 법문을 전해 들은 뒤 크게 감동하여 선암사를 중창하는 데 일익을 담당했다고 한다. 당시 호남의 7고붕으로 첫째는 함양의 여질(盧質), 둘째는 남원의 이학전(李學傳), 셋째는 함양의 김각(金玨), 넷째는 곡성의 심두영(沈斗永), 다섯째는 창암(蒼岩)의 이삼만(李三萬), 여섯째는 선암사의 석전령, 일곱째는 대둔사의 석의순(釋意恂) 등이다. 이를 보아 초의는 석전령과 가까이 지내면서 다선일미(茶禪一味)를 실천해 나갔던 것을 알 수 있다.

분규 속에서도 눈물로 지켜온 선암사의 차맥

조계종과 태고종의 분규 속에서도 눈물로 지켜낸 차부뚜막과 삼탕수가 유일하게 온전히 보존되어 있다. 태고총림 선암사는 육방살림을 하여 각 방마다 차를 음용(飮用)하였다. 공양 시간마다 차를 우려 마신 풍습이 있었는데 선암사만이 특유의 입구[口]자 형태의 가람으로 전해 내려왔고 전각 주변의 천 년 차밭도 이런 형태와 상관관계가 있다고 볼 수 있다.

선암사는 칠전, 무우전, 청파당, 심검당, 설선당, 무량수각 등의 전각에서 별개의 원(院, 房)의 기능을 했다. 오래 전 선암사를 찾았을 때 무쇠솥을 걸어놓고 각 전각이 독립되어 있어 수시로 차를 마실 수 있었다. 그처럼 오랜 분규 속에서도 다맥을 지켜온 선차의 본향으로 자리매김 되고 있다고 말할 수 있겠다.

태고총림 선암사가 차종가의 명문을 세상 밖으로 전한 것은 10여 년 전 호남의 7고붕 중 석전령이 밝혀진후 경운원기 선사의 다맥이 드러나면서 천 년 차종가의 향기가 되살아나면서 부터이다.

선암사 주지 시각 스님은 "선암사는 대각 국사 의천, 침굉현변의 다맥을 이어간 경운원기 선사가 나와 선암사 다맥을 되살렸고 지금도 고소한 작설의 맛을 지니고 있는 선암사 작설차는 천 년간 이어진 선차의 맥을 이어 그 어느 때 보다 자부심을 느끼게 합니다."라고 말했다. 천 년 선차의 명맥을 지켜온 선암사는 《세종실록지(世宗實錄地理志)》의 기록에서 조계산(曹溪山) 차가 으뜸이라고 극찬(極讚)했다.

선암사의 다풍이 도도히 흘러간 까닭은 선암사가 1,500년간 부처와 조사에게 차를 공양하듯 조사(祖師)의 유훈(遺訓)을 받든 결과라고 말할 수 있겠다.

칠전선원 삼탕수에서 물 끓는 소리를 듣다

선암사는 태고종의 본산으로, 조계종과의 오랜 분규 속에서도 다맥을 지켜왔다. 선암사 칠전선원은 선 수행도량으로 일반인의 출입이 엄격이 금지된 곳이다 호남제일선원인 칠전선원 산문에 '세계일화조정육엽(世界一花祖宗六葉)'이란 추사의 글이 반긴다 추사가 친히 선암사를 찾아와 내린 글 이라고 전해온다. 응진전 옆이 바로 칠전선원이다. 달마전을 따라 응진전 뒤의 조왕신을 모신 차 부뚜막을 따라 밖에 이르며 돌로 깎아 만든 상탕, 중탕, 하탕의 물이 흘러내려 간다. 그 물을 길어 날마다 차부뚜막에서 무쇠 주전자의 물이 마르기 전에 다각에 물을 부어 칠전선원 수좌들이 언제든지 차를 마시게 했다. 이른바 점다법이 불가에서 오랜 기간 전승되어왔다고 볼 수 있겠다. 칠전

선원에서 선암사 다맥에 밝은 전 선암사 총무 승범 스님과의 다담이 오고 갔다.

삼탕수의 물을 길어 차부뚜막의 무쇠 주전자의 물이 끓어오르자 승범 스님은 주전자에 물이끓자 작설차를 적당히 다기에 넣고 차를 우려냈다. 고소한 차향이 입안 가득 퍼져나갈 즈음 승범 스님은 이야기를 꺼냈다.

"선암사는 차밭 아래 삼탕수, 조왕신을 모신 차부뚜막과 선원이 연결된 유일한 곳입니다. 절집의 차 생활은 밥 먹는 일만큼 흔한 일입니다. 밥을 더 많이 먹었더라면 반다사라 말했을 것입니다. 차밭과 삼탕수, 차부뚜막을 완벽하게 갖춘 선암사는 한국 선차의 정신을 잇고 있다고 말할 수 있습니다."

"선암사는 대각 국사 이래 선차의 맥이 살아 있는 곳입니다. 선가에서는 차 마시고 밥 먹는 일을 다반사라고 말하지 않습니까?"

"예, 선가에서는 일상다반사라는 말이 있어요. 차를 만나면 차를 마시고 밥을 만나면 밥을 먹는다라는 말이 전승되었듯이 사찰 내에 다각을 두어 차를 마시게 했어요. 선암사의 칠전선원은 완벽하게 삼탕수와 차부뚜막을 갖추어 수행자들이 언제나 차를 마실 수 있게 했어요."

승범 스님은 선암사에서 지허 스님을 모시고 다각소임을 맡으면서 차 시중을 들었던 옛 추억을 회상했다. "전통을 지키고 가꾸는 일은 소중하지만 쉽지 않다."라고 힘주어 말했다.

선암사 칠전선원을 지키고 있는 차부뚜막의 불씨가 꺼지지 않으며 차맥이 끊어지지 않고 이어져왔다고 말할 수 있겠다.

대각 국사 의천의 부도가 있는 대각암에서 헌다의식

선암사의 차맥을 이어온 대각 국사 의천의 자취를 찾아 2022년 3월 19일 청명을 전후하여 선암사를 찾아가 선암사 대각암의 대각 국사 부도 앞에서 여법하게 헌다의식이 거행되었다. 선암사 총무를 지낸 승범 스님과 대각암 주지 스님이 참여하고 세계홍차연구소 이강자 전문위원이 고려의 말차를 대각 국사 부도앞에 올렸다.

대각 국사의 정신을 기리고자 선암사 삼탕수의 물을 길어 대각 국사 부도전으로 가져갔다. 매화로 다화를 꽂고 말차를 우려내 대각 국사 승탑에 올려졌다.

이 같은 소식은 서울까지 전해져 관음종 총무원장 홍파 스님이 3월 26일 선암사로 내려와 선암사 방장 지암 스님과 대각 국사 부도 앞에서 재차 헌다의식이 이루어졌다.

헌다식에 참가한 관음종총무원장 홍파 스님은 "한국에 천태 지의 대사의 오시팔교(五時八敎)정신을 이어와 천태 사상을 빛낸 대각 국사 부도앞에 차를 공양하게 되어 감회가 새롭다"고 말했다.

선암사 방장 지암 스님은 "해마다 선암사에서 대각 국사 탄신 다례재를 봉행해왔는데 이번에 대각 국사 헌다의식은 어느 때 보다 의미가 새롭다"고 말했다.

헌다의식이 끝난 이후 대각 국사 의천의 승탑을 살펴보았다. 이 승탑은 대각 국사의 유골을 모신 것이라고 한다. 대각 국사는 1086년(선종 3)에 해인사에 머물면서 선암사의 암자에도 주석하였으므로, 국사가 머물렀던 암자를 대각암이라고 불렀다. 대각암 부도전에 의천의 승탑을 모시고 있는데 승탑을 찬찬히 살펴보니 승탑의 받침돌 위에 몸돌을 놓고서 상륜을 올린 모습이다. 바닥돌은 단면이 4각이지만, 그 위의 각 부재는 8각으로 이루어져, 전형적인 8

각 원당형(圓堂形)의 양식을 갖추고 있다. 바닥돌 윗면에는 8각의 굄이 높직하게 돋을새김되었는데, 각 면마다 안상(眼象)이 1구씩 새겨져 있다. 받침돌은 단면이 8각인 아래받침돌, 가운데받침돌, 윗받침돌로 이루어졌다. 아래받침돌은 아랫부분에 굽이 둘러져 있고, 옆면에는 구름 무늬가 장식되었으며, 윗면의 가운데 부분에는 2단의 굄이 마련되어 있다. 가운데받침돌은 아랫부분에 제법 튀어나온 8각의 굄을 새겼고, 그 위에는 위로 갈수록 너비가 좁아드는 각 면마다 안상 1구씩을 조각하였다. 윗받침돌에는 밑면에 2단 받침과 함께 꽃잎이 위로 솟은 앙련(仰蓮)의 연꽃 무늬 8개를 둘러 돋을새김하였으며, 윗면에는 3단의 각진 굄을 두었다.

8각의 몸돌에는 각 면마다 모서리 기둥이 조각되었고, 앞면과 뒷면에는 문비(門扉)와 자물쇠를 각각 새겼다. 지붕돌은 평박(平薄)한 편으로, 윗면인 낙수면에는 굵직한 내림마루인 우동(隅棟)이 표현되었으며, 각 모서리의 전각에는 큼직한 귀꽃이 장식되었다. 머리장식인 상륜부에는 앙화(仰花), 보륜(寶輪), 보주(寶珠) 등이 차례로 놓여 있었다.

대각 국사의 정신을 잇기 위해 해마다 대각 국사 탄신일에 선암사는 다례재를 봉행해 왔다.

선암사 방장 지암 스님은 "1500년의 역사를 이어온 선암사는 세계문화유산으로 등재된 만큼 선조사스님에게 차를 올려 조사의 정신을 계승 발전시켜 나가야겠다"고 말씀하셨다. 대각 국사의 부도가 있는 선암사 대각암은 의천의 천태선차정신이 담겨져 있는 곳이다.

올해(2022) 의천 탄신 967년 만에 선암사 삼탕수 물을 길어 선암사 방장 지암 스님과 관음종 종정 홍파 스님이 대각 국사 당시의 고려의 말차로 대각 국사 승탑 앞에서 헌다의식을 거행하여 대각 국사의 차의 정신을 잇는 역사적 의미가 담겨 있다고 말할 수 있겠다.

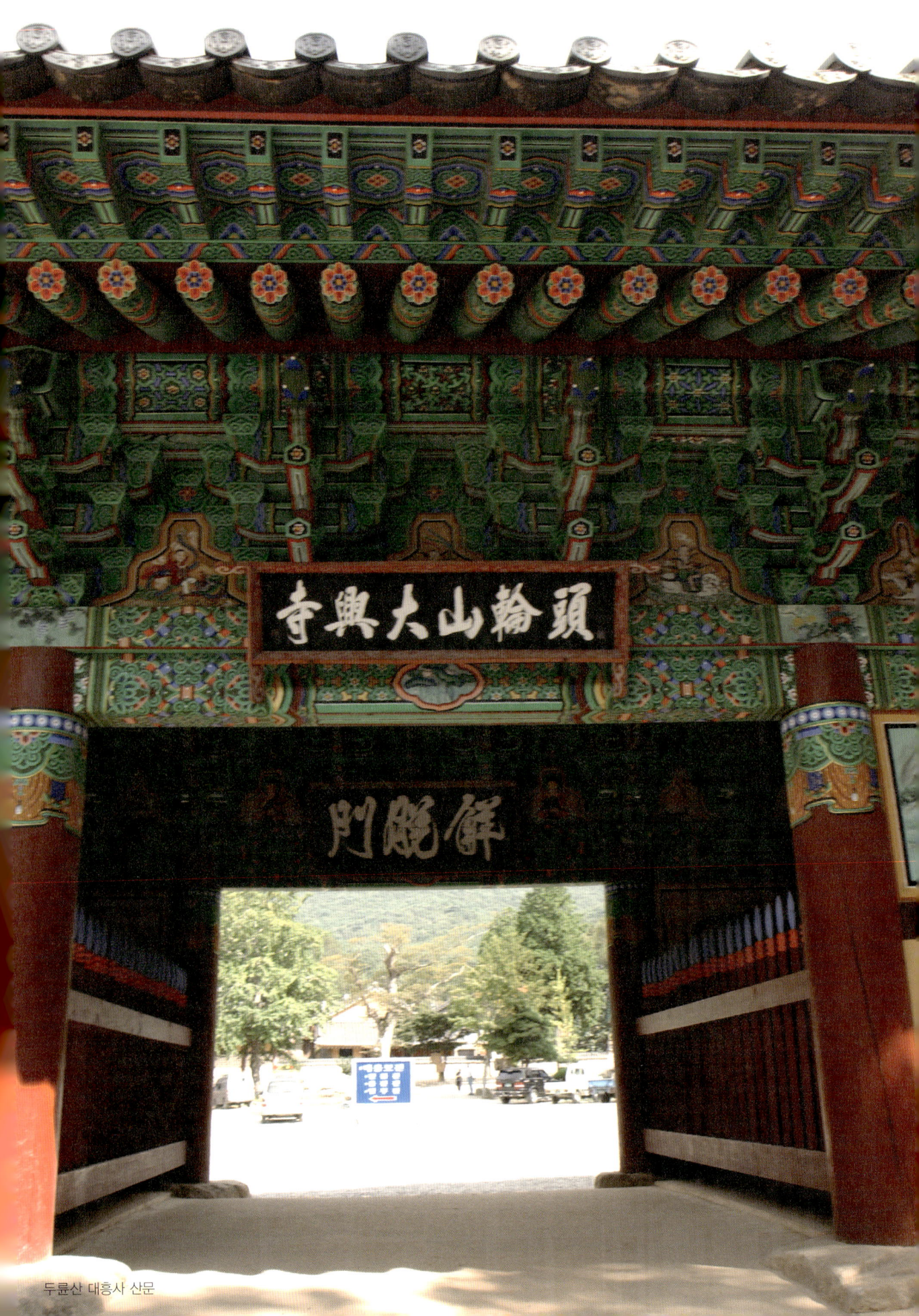

두륜산 대흥사 산문

8. 근현대로 이어져간 대흥사(大興寺) 다풍

13대 종사와 강사를 배출한 대흥사

전남(全南) 해남군(海南郡) 삼산면 구림리에 있는 두륜산(頭輪山) 대흥사(大興寺)는 13대 종사(宗師)와 13대 강사(講師)를 배출하여 선풍이 물 흐르듯 이어져왔다.

서산문도(西山門徒) 중 가장 번창한 소요태능계(逍遙太能系)와 편양언기계(鞭羊彦機系)가 함께 살면서 서산문풍(西山文風)을 드높였던 곳이다.

한국 다선(茶禪)의 원류는 마조(馬祖) 문하에서 백장(百丈)-황벽(黃檗)-임제의현(臨濟義玄)이 임제종을 개창하여 임제(臨濟) 문하에 황룡(黃龍)-양기(楊岐)-백운수단(白雲守端)-원오극근(圓悟克勤)-호구소륭(虎丘紹隆)을 거쳐 석옥청공(石屋淸珙)-태고보우로 이어져왔고, 그 뒤 서산문도로 이어져 편양언기(鞭羊彦機)-풍담의심(楓潭義諶)-월담(月潭)-환성지안(喚醒志安)-호암체정(虎巖體淨)-연담유일(蓮潭有一)을 거쳐 완호윤우(玩虎尹佑)-초의의순(草衣意恂)으로 대흥사(大興寺)의 다풍이 면면히 이어져왔다.

청허휴정(淸虛休靜, 1520-1604)의 법맥을 계승한 제자만도 천여 명에 이르고 있으니 한국불교계 모든 승도(僧徒)가 청허(淸虛) 법손이라고 말하는 것도 우연은 아니다. 청허의 적손은 사명유정(四溟惟政)-편양언기(鞭羊彦機, 1581-1644)-소요태능(逍遙太能)-정관일선(靜觀一禪)으로 이어졌다. 대흥사는 편양언기에서 연담유일(蓮潭有, 1720-1799)을 거쳐 한국 차문화의 중흥조인 초의의순(草衣意恂)의 다맥을 이은 아암혜장(兒菴惠藏), 범해각안(梵海覺岸, 1820-1896) 등 유난히도 많은 다승을 배출했다.

한국에도 다도가 있는가

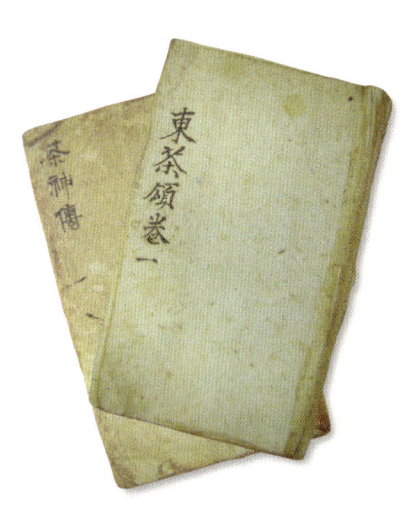

70년대 말 한국 차문화가 싹을 틔우기 직전 일본 NHK 기자가 당시 조계종 종정(宗正)인 서옹(西翁) 선사가 주석하고 있던 대흥사로 찾아와 "한국에 다도

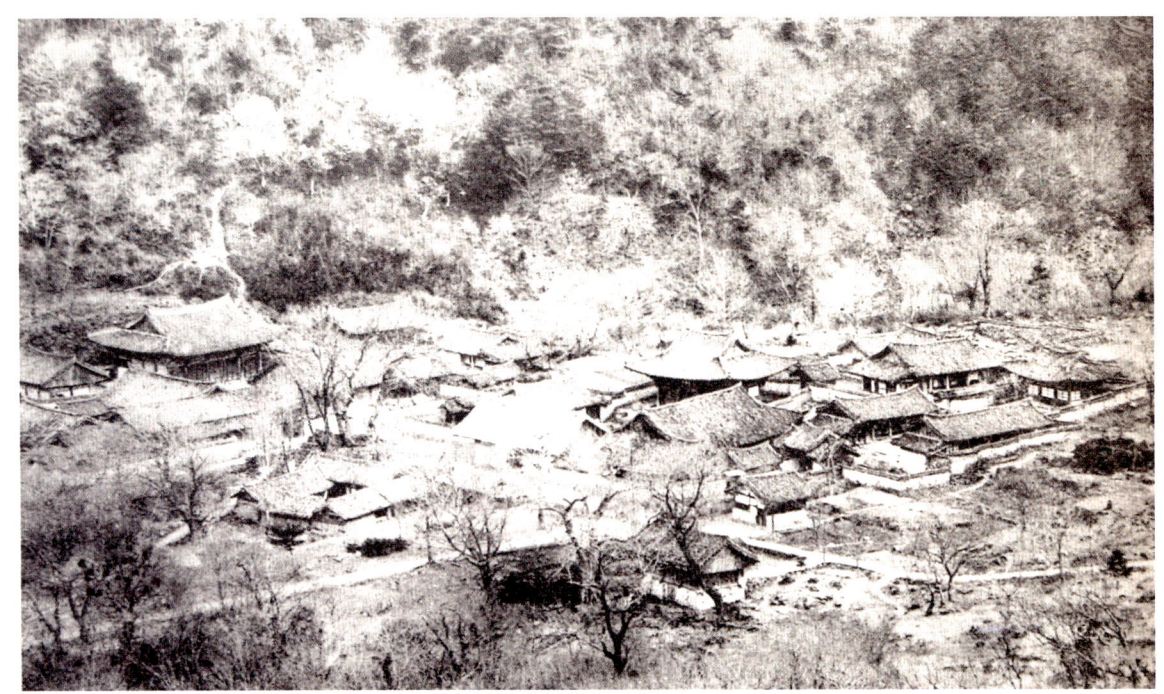

1920년대의 대흥사(대둔사) 전경

(茶道)가 있습니까?"라고 물었다. 이때 스님은 한 마디로 "없다(無)"고 대답했다.

그러나 물러설 수 없다는 듯 일본의 기자는 "150년 전 초의스님이 전개했던 다도는 어디가고 서옹스님께서는 없다고 말씀하십니까?"라고 여쭈었다. 물러날 기미를 보이지 않은 기자를 찬찬히 훑어보더니 다시 말했다.

"다도를 있다고 생각하는 사람에겐 있어도 되나 없다고 생각하는 이에게는 없어도 무방한 것 아닌가"라고 재차 말했다."

다도라고 말하는 것은 오직 일본의 것 인양 그것을 확인하려 서옹스님을 찾아간 일본의 기자는 첫 관문에서 이미 완패를 당해버렸다. 서옹스님은 일본 기자의 표정을 읽은 뒤 "차를 돌려 마시며 허구에 가득찬 일본의 다도을 꿰뚫어 본 뒤 "우리에게 너희들과 같은 다도는 없다"고 일 할(喝)을 했다. 그리고 한동안 침묵이 흐른 뒤 다음과 같이 말했다.

"한국전통 다도는 그 양식이나 추구하는 경지가 중국이나 일본에 비해 월등이 이채롭습니다. 우선 선방의 차회의 양식을 볼 것 같으면 벽면에 달마 대사의 조상를 걸고 그 앞에 투박한 찻상위로 상보를 깐 다음 향로와 다기와 쌍 촛불을 밝히고 참선에 들어갑니다. 그리고 옆자리에 지필목과 사군자(四君子) 다화를 놓았으며 꽃은 너무 화려하다 하여 기피하였습니다. 다동(茶童)이 차를 달여서 찻잔과 차완을 가지고 들어와 바치면 이를 마시며 다선일미(茶禪一味)의 경지에 빠져들어갑니다."고 말했다. 그러자 일본의 NHK 방송기자는 두 무릎을 치면서 서옹스님에게 합장하고 물러났다.

옛 기억을 떠올려 내가 상도동 백운암으로 서옹선사를 찾아가 1073년 대흥사조실로 주석하고있을 때 당시 NHK기자 가 스님을 찾아와 인터뷰했을 때 왜 큰스님께서는 '왜 한국의 다도는 없다'고 말했는지 기억을 되살려 여쭈어보았다.

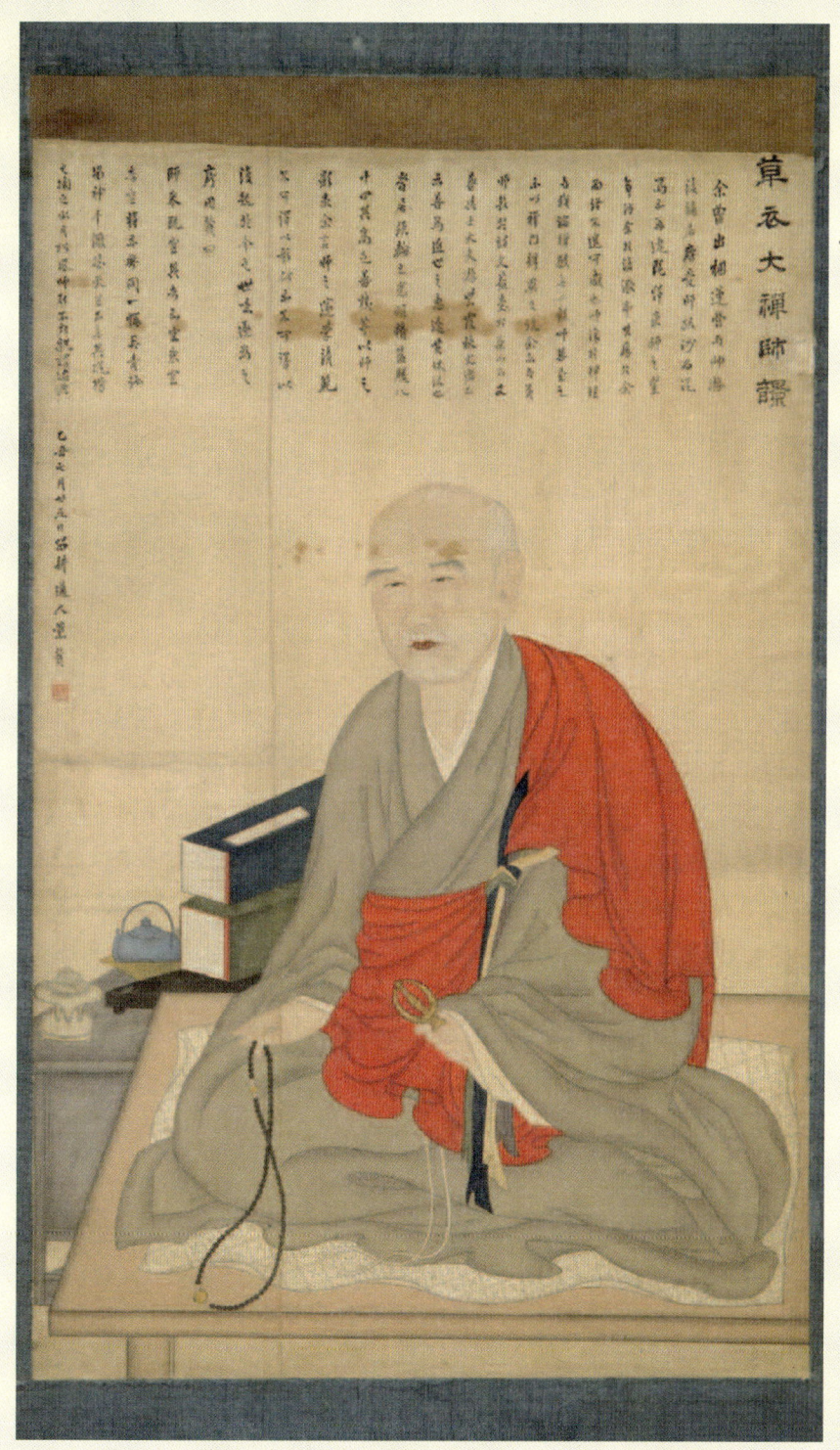

소치가 그린 초의선사

서옹 선사는 옛 기억을 회상하며 당시 일본 기자의 의도를 꿰뚫어보고 다도가 일본의 것이라고 망상에 가득 찬 그들을 꼬집은 뒤 "일본의 다도는 차와 물을 잘 가리는 방법을 가르치는 다도가 아니다. 오직 차를 돌려 마시면서 허구에 가득 찬 인사치레를 하는 것이 일본의 다도"라고 질타했고, "우리들에게 너희들 같은 다도는 없다"고 일할 했던 기억을 생생하게 기억해냈다.

조선후기(朝鮮後期) 한국 차문화를 중흥시킨 초의 선사

조선후기의 한국의 음다(飮茶)의 풍습이 쇠퇴했으나 서산(西山)문도를 중심으로 차문화는 꺼지지 않고 이어져갔다. 그 시기 다성(茶聖)으로 불리는 초의의순(艸衣意恂, 1786-1866)과 금석학(金石學)의 최고봉인 추사 김정희(秋史 金正喜, 17861856), 다산 정약용(茶山 丁若鏞, 1762-1836)가 교유하면서 조선시대 차문화의 하나의 틀이 형성되어갔다.

'초의대종사탑비(艸衣大宗師塔碑名)'에

"다산승지(茶山承旨)로부터 유서(儒書)를 받고 시도(詩道)를 배워 교리에 정통하였고 크게 선경을 얻어 마침내 운유의 멋을 지었다."고 기록하고 있다.

초의는 다산의 아들 유산(酉山) 정학연(丁學淵, 1783-1859)의 소개로 추사를 만나 차문화를 형성했다. 초의는 제주도에 귀양 간 추사에게 해마다 차를 선물했는데 추사가 1840년 제주에서 유배생활을 하던 중 초의 선사가 차를 보내준 것에 대한 고마움을 전하고자 명선(茗禪)'을 선물했다. 명선의 우측에 이렇게 쓰여있다.

초의가 손수 만든 차를 보내왔다. 이 차는 몽정차(蒙頂茶)나 노아차(露芽茶)와 비교해 맛과 효능 면에서 조금도 손색이 없도다. 그 글을 써서 성의에 보답하고자 하오니 '백석신군비' 필의로 쓴다. 병거사가 예서(隸書)로 쓰다.
[草衣寄來 白製茗 不減蒙頂露芽 書此爲 報用白石神君碑意 病居士隸]

그간 추사가 초의에게 대련으로 써준 명선의 실체를 놓고 의견이 분분하였으나 허베이성 봉룡산을 찾아가 한비당에서 백석신군비(白石神君碑)원석을 발견하여 세상에 공개하면서 일단락되었다.

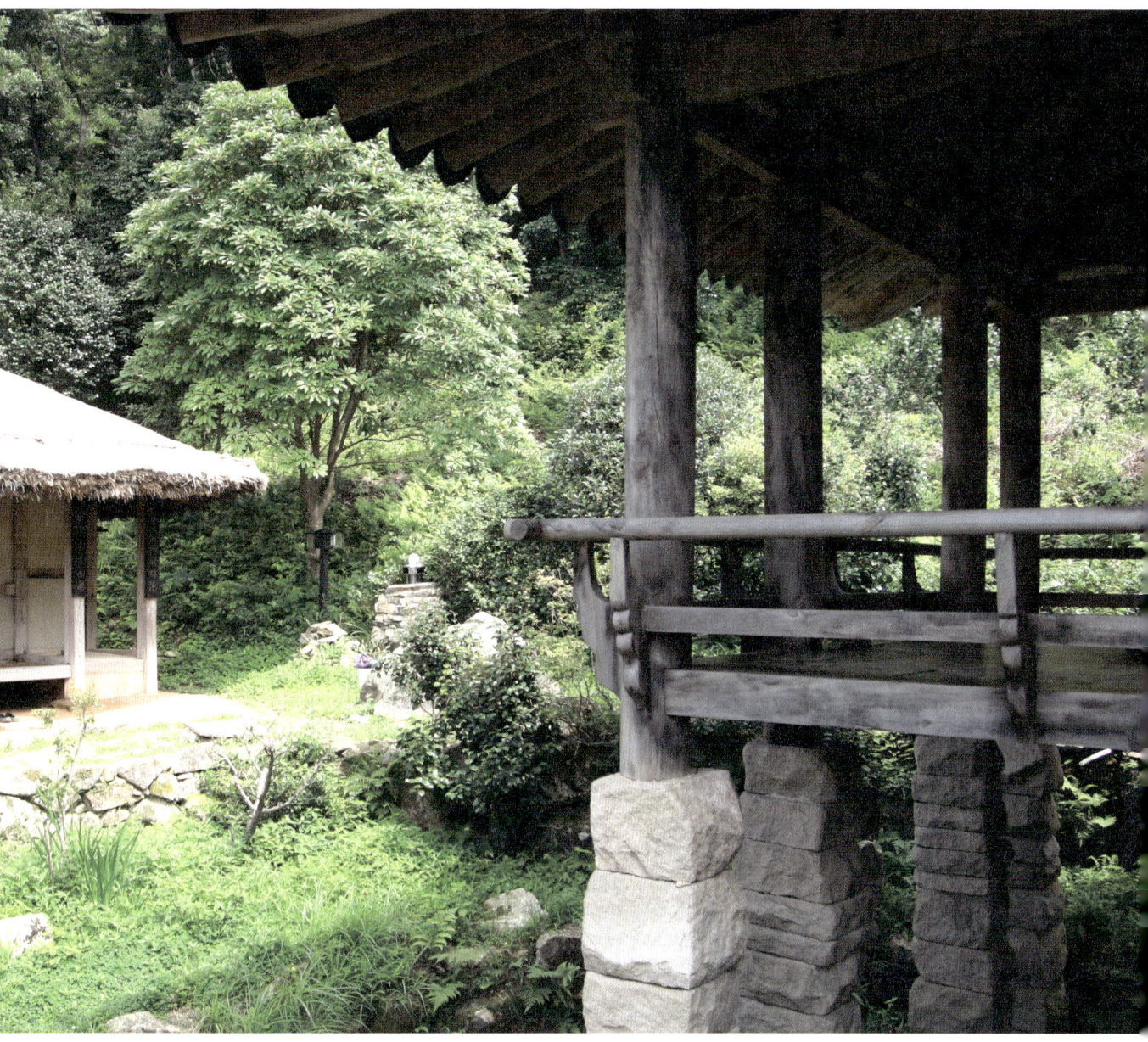

1980년 일지암이 복원되면서 한국의 차문화가 중흥되었다.

　초의 선사의 다도관을 정립하는 데 결정적인 영향을 미친 이가 정조대왕(正祖大王)의 사위인 홍현주(洪顯周, 1793-1865)다. 초의가 홍현주의 부탁을 받고 지은 《동다송(東茶頌)》에 머리글에" 해거도인께서 차를 만드는 법을 물으시기에 삼가 《동다송》 한편을 지어 올렸다고 쓰여있다. 초의 선사에게 영향을 받은 차인으로는 자하신위(紫霞申緯, 1769-1847)가 있다. 신위는 초의 선사의 부탁으로 스승인 완호윤우(玩虎尹佑, 1758-1826)의 탑명과 서문을 써준 인연으로 초의와 가까웠다. 〈신위록〉에는 이런 구절이 있다. "초의 선사가 손수 만든 차를 받아 달여 마시면서 시흥(始興)의 자하신위의 서재(書齋)에게 그의 시를 받으러 오는 제자나 시화(詩畵)를 나누려고 찾아오는 선배들은 끊이지

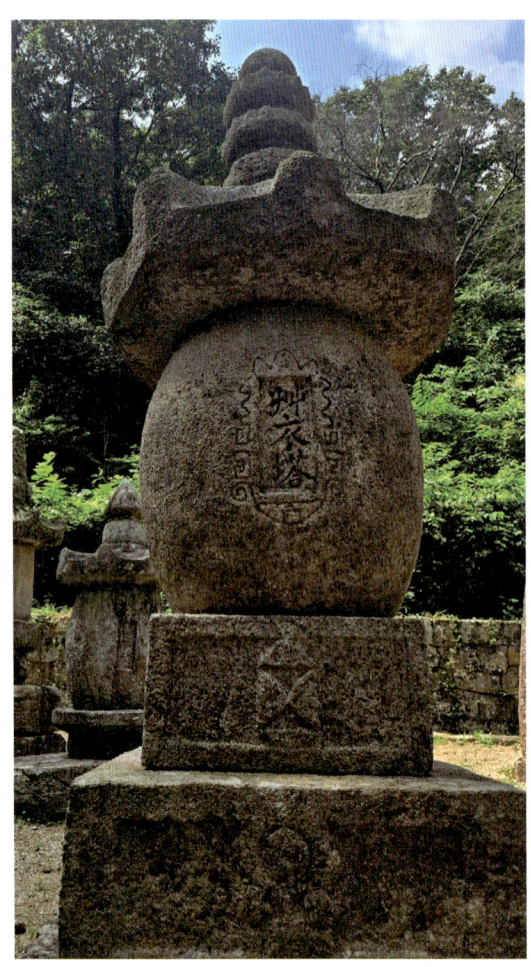

대흥사에 봉안된 초의선사 부도

않았다." 초의 선사 시대에는 초의·다산·추사와 다산을 만나 차문화의 르네상스 시대을 열어갔다. 남종화(南宗畵)를 개척한 소치는 초의를 만나면서 새로운 그림 세계를 개척한다. 또한 정조대왕(正祖大王)의 사위인 홍현주(洪顯周)는 초의가 새로운 차세계를 여는 계기가 되기도 했다.

1866년 초의의순이 열반에 들자 그의 제자인 선기(善機)와 법운(法雲) 등이 당시 병조판사 신헌(申櫶)을 찾아가 선사의 비문을 부탁했다. 10년간 교섭 끝에 신헌이 쓴 초의 선사 탑비명은 지금도 대흥사 경내에 초의 선사 비 좌측 부도와 함께 자리하고 있다. 신헌의 초의대종사탑비명에 "두륜산의 우거진 숲속에 한 작은 암자를 지었으니 곧 일지암이다. 거기에 홀로 지관(止觀)을 닦으면서 초의는 사십여 년간 머물렀다고 했다"고 되어 있다.

소치 허련(許鍊, 1807-1893)은 1835년 초의 스님과 대면한 후 남긴 글에서 일지암을 자세히 묘사했다. 을미년(1835)에 대둔사 한산전으로 들어가 초의를 방문했다. 스님은 정성스레 차를 대접하고 침상을 내주며 머무르게 하였다. 몇 해를 왕래하며 기미(氣味)가 서로 같아 늙도록 변하지 않았다. 초의 스님은 두륜산 꼭대기에서 소나무가 빽빽하고 대나무가 무성한 곳에 몇 간의 초가를 엮어 두고 지내고 있었다. 버들이 드리워 처마에 하늘을 내고 연꽃들이 섬 가득히 서로 어우러진 곳이었다.

뜰 가운데 아래위로 노을이 피고 추녀 끝에도 크고 작은 전구를 놓아두었다. 스스로 지은 시에 '뭍을 파고 허공 달빛 해맑게 깃들이고 대롱을 이어 구름 샘을 저 멀리서 끌어왔어'라고 했다. 또 시야를 막는 꽃가지를 잘라 엮어서 석양 지는 멋진 산이 또렷이 눈에 들어오게 했다.

대흥사는 초의의 다풍을 이어간 범해각안(梵海覺岸)과 금명보정(錦溟寶鼎) 선사가 배출된다. 그중 범해각안 선사는 초의의 다도를 계승했다. 범해각안은 초의가 돌아간 지 12년이 되던 해 〈초의차(艸衣茶)〉란 시를 지었다.

| 穀雨初晴日 | 곡우절 맑은 날 |
| 黃芽葉未開 | 노란싹 잎은 아직 피지 않았네 |

空鐺精炒出	빈솥에서 세심하게 잘 볶아내어
密室好乾來	밀실에서 잘 말리었구나
栢斗方圓印	모나거나 둥근차 찍어내고
竹皮苞裹載	죽순 껍질로 포장하여
嚴藏防外氣	바깥바람 들지 않게 간수하니
一椀滿香回	한 사발에 향기 가득하네

범해각안은 대흥사의 13대 강사의 한 분으로 추앙될 만큼 학문적 명성을 드날리기도 했다. 초의 선사의 다풍을 이어간 선사로 다송자 금명보정(錦溟寶鼎) 선사를 들 수 있다. 그는 다송자(茶松子)로 알려졌는데 차시 80여 수를 남겼고 초의 선사가 쓴 《동다송》을 필사해냈다. 금명 스님은 범해 스님으로부터 감화받아 초의 선사 다풍에 많은 영향을 끼쳤다. 그래서 그가 편찬한 《백열록(栢悅錄)》에 초의 선사의 《동다송》과 범해(梵海)의 《다약설(茶藥說)》을 직접 수사(手寫)하여 넣었던 것이다. 그의 '전다(煎茶)'라는 차시를 살펴보자.

차를 달이다(煎茶)

有僧來叩趙州扃	스님네가 찾아와서 조주문을 두드리면
自愧茶名就後庭	다송자 이름값에 후원으로 나간다
曾觀海外草翁頌	해남의 초의 선사 《동다송》을 진작 읽고
更考唐中陸子經	당나라 육우의 《다경》도 살피었네
養精宜點驚雷笑	정신을 깨우려면 경뢰소(驚雷笑)가 알맞겠고
待客須傾紫茸馨	손님을 맞을 때는 자용형(姿茸馨)이 제격이니
土竈銅瓶松雨寂	질화로 동병 속에 솔바람 멎고 나면
一鍾离舌勝醍靈	한 잔의 작설차는 제호보다 신령하다

이렇듯 대흥사의 다풍은 면면히 이어져오늘에 이르고 있다.

근세 대흥사의 다풍

근·현대로 이어져간 대흥사(大興寺) 다풍을 말할 때 초의의순을 거론한다 초의는 나주 운흥사에서 벽봉민성스님에게 출가하여 서산대사(西山大師)의 법맥(法脈)을 이어온 대흥사의 13대 종사의 한 분인 완호윤우(玩虎倫佑, 1758-1826) 스님 에게 구족계를 받고 연담유일(蓮潭有一, 1720-1799) 선사의 가르침을 받아 아암혜장(兒庵惠藏, 1772-11811)의 차의 정신을 이어갔다. 그의 다맥을 이어 간 인물로는 세 갈래로 구분된다.

초의다맥의 정맥은 초의 선사로부터 대흥사에 주석했던 비구니가 이어갔는데 비구니로부터 다맥을 이어온 불회사 주지를 지낸 이학치(李學致) 스님이 이어갔다. 학치스님은 1935년 대흥사에 주석하고 있을 때 대흥사 비구니로

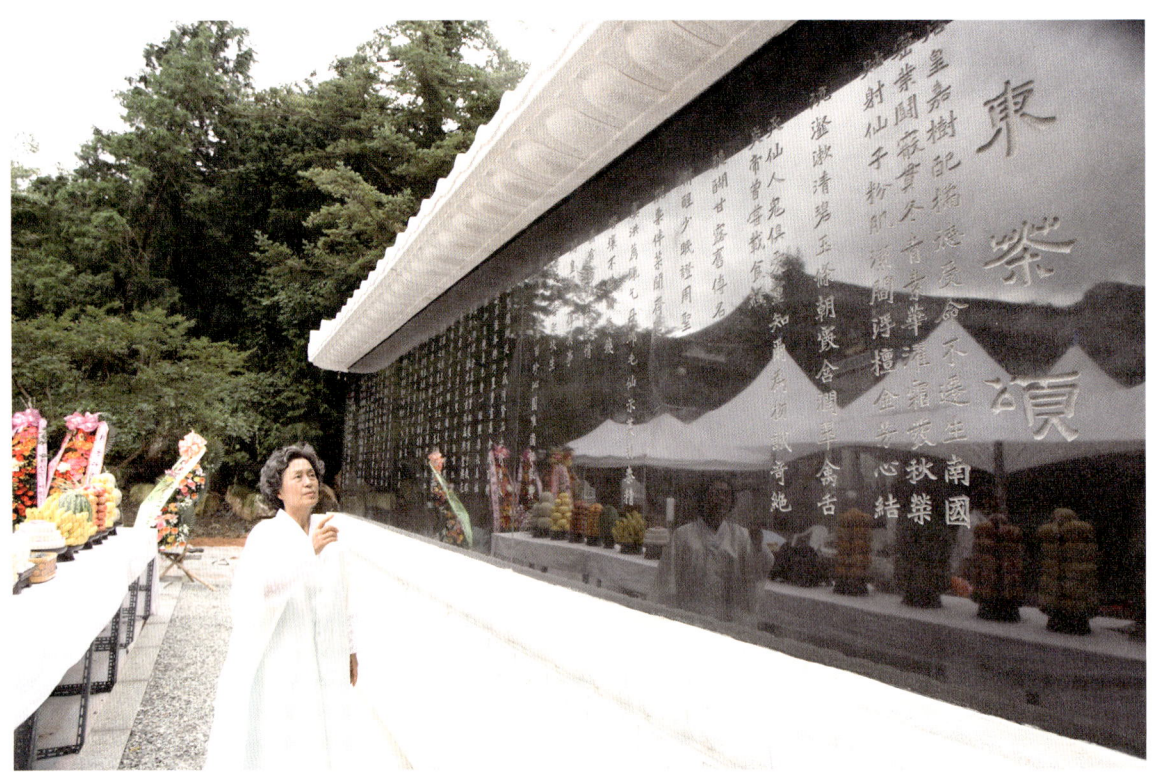
대흥사에 건립한 동다송 기념비를 살피고 있는 김의정 이사장

부터 돈차 만드는 방법을 배워 불회사 주지로있을 때 돈차를 만들었다. 이 같은 기록은 일본인 모로오까 다모스(諸岡存, 1897-1946)가 쓴《조선의차와 선》에 기록을 남겼다.

두 번째 갈래는 송광사로 이어진 범해각안(梵海覺岸)과 금명보정(錦溟寶鼎, 1861-1930) 선사와 연해적전 선사로 이어져간 송광사다맥을 들 수 있다.

세 번째 갈래는 근세로 이어져간 초의 선사의 법손으로 초의가 살았던 대광명전(大光明殿)을 지키며 초의 선사의 다풍을 이어간 화중지산(化仲芝山, 1898-1963)이다. 응송 스님의 그늘에 가려 빛을 보지 못했으나 초의 선사의 정통 맥이 화중 스님이라는 설이 지배적이다. 예용해의 '차를 찾아서'에 '화중은 초의 법손으로 대광명전을 지키고 초의 선사가 생전에 쓰던 손때문은 유품들을 어루만지며 조의 다풍을 이어갔다'고 분명하게 밝히고 있다.

마지막으로 거론되는 인물은 근.현대의 대흥사 다맥 전승의 문제로 전면에 부각된 응송 박영희(應松 朴暎熙, 1892-1990)를 거론한다. 응송 스님은 1893년 전남 완도에서 태어나 18세에 연파계의 취운화상을 은사로 득도, 대흥사에 머물면서 초의의 차정신을 이어갔다는 견해가 있다. 그러나 응송은 초의의 정맥이 아닌 방계로 드러났다.

일지암 복원과 근세 차문화의 중흥 시작되다

대흥사의 다맥이 잊혀져 갈 즈음 1971년 2월 성균관대의 이우성 교수가 이끄는 학술조사단이 강진과 해남 일대를 조사하고 돌아와서 다산학(茶山學)의 새로운 면모를 보여주는 자료를 공개했다. 그중 다산의 저작과 대흥사에 보관되었던 여덟 폭 병풍이 다산의 유작이라는 사실이 공개되면서 초의와 다산이 세상에 모습을 드러내기 시작했다. 근세 차문화를 중흥시킨 초의 선사의 존재가 세상 밖으로 알려지자 1979년 1월 20일 김봉호, 김제현, 박종한, 김미희 여사가 주축이 되어 서울무역회관 12층에서 첫 모임을 갖고 한국차인회가 태동했고, 일지암(一枝庵) 복원사업의 시작으로 첫 출발을 했다.

일지암 터를 찾는 일 또한 여간 어려운 일이 아니었다. 초의 선사의 제자가 쓴 《몽화편》에 일지암의 위치가 비교적 상세히 그려져 이를 참고로 일지암 터를 찾기 시작했다. 명원 김미희 선생은 일지암 복원터를 찾기 위해 버선발로 오르셨다는 것은 원로 다인들 사이에 미담으로 전해오고 있다. 또한 박종한 선생이 90이 넘은 응송 스님을 업고 다니며 일지암 터를 확인해야만 했다. 1979년 3월, 아인 박종한, 응송 박영희, 우록 김봉호 등이 응송 스님을 업고 두륜산 자락에 있는 일지암 터를 확인하면서 일지암 복원은 시작되었다. 그러나 일지암 복원에 필요한 예산 확보가 난관에 부딪히자 명원 김미희 선생이 앞장서면서 비로소 일지암 복원이 이루어졌다. 우록 김봉호의 육필원고에는 그때의 상황을 다음과 같이 드러나 있다.

"모두 입을 다물고 있으면 어쩌자는 겁니까. 중도 하차하겠다는 것입니까. 속담에 '중이 셋이라도 절은 짓고야 말겠다' 라는 말이 있습니다. 우선 내가 500만 원을 더 낼 것이고 그 견적서의 끄트머리 75만 원도 더 감당할 것이니 십시일반으로 동참합시다. 나 또한 아이들에게 용돈을 타 쓰는 처지입니다. 치마 두른 내가 이러는데 여러분이 어쩔 겁니까."

우여곡절 끝에 일지암 복원이 마무리될 무렵에 김미희 선생이 현장을 둘러보겠다고 찾아왔다. 명원은 대둔사 입구의 유선여관에 여장을 풀고 산행을 하자고 했다. 한복 차림에 삼복의 더위, 더구나 일지암까지의 산세는 지금과는 달리 조금도 다듬어지지 않은 가파른 가시밭길이었다. 거기다가 선생의 건강이 좋지 않을 때여서 극구 말렸지만 고집을 꺾을 수는 없었다. '우록은 등산화 두 켤레가 닳도록 다녔다는데 내가 한 번쯤 못 오를까' 하던 그때가 석양이 질 때였다. 땀을 닦고 누마루에 앉아서 멀리 가섭봉(迦葉峰)을 바라보는 선생의 모습은 흡사 보살상 그 자체였다. 우여곡절 끝에 차인들의 정성으로 일지암이 복원되면서 한국다도계는 자존심을 세우게 되었다. 일지암 초당은 에밀레박물관 조자용(趙子庸) 선생이 설계를 맡아 6.5평 자리 모실 한 채와 1.5평짜리 초의모정와가(草衣茅亭瓦家) 한 채 3평짜리 부속 건물과 연못들을 옛 모습 그대로 복원했다. 비로소 일지암이 한국다도의 조성으로 자리 잡아갔고 다시 한국차의 일번지가 되었다. 중국이나 일본의 다도계에서는 '조선의 차문화에는 초의가 있고, 초의의 차문화에는 일지암이 있다'고 공공연하게 말해왔다. 그리고 해외의 차인들은 기회가 있을 때마다 일지암을 찾아 초의의 차향에 흠뻑 빠져들곤 했다.

일지암이 건립된 뒤 김미희 선생은 명원민속관 내에 일지암과 동일한 형태의 초당을 건립했으며 순천국세정원박람회(2013년 4월 20-21일)에 일지암과 동일한 초당을 짓고 연구 보존케 했다. 김의정 이사장은 2007년 해남 대흥사에 길이 8미터, 높이 3미터, 너비 113미터의 웅장한 규모를 자랑하는 《동다송》 31송의 원문과 비석 건립 의미를 새겨 2대에 걸쳐 초의 선사 현창에 앞장섰다.

초의 선사가 일으켰던 동국의 차문화는 그의 사후 100년 만에 일지암이 복원되면서 싹트기 시작했고 다시 한국의 차문화는 세계로 뻗어 나가고 있다. 초의는 조선의 차문화를 중흥시킨 공적으로 한국의 다성으로 여전히 높이 평가되고 있다.

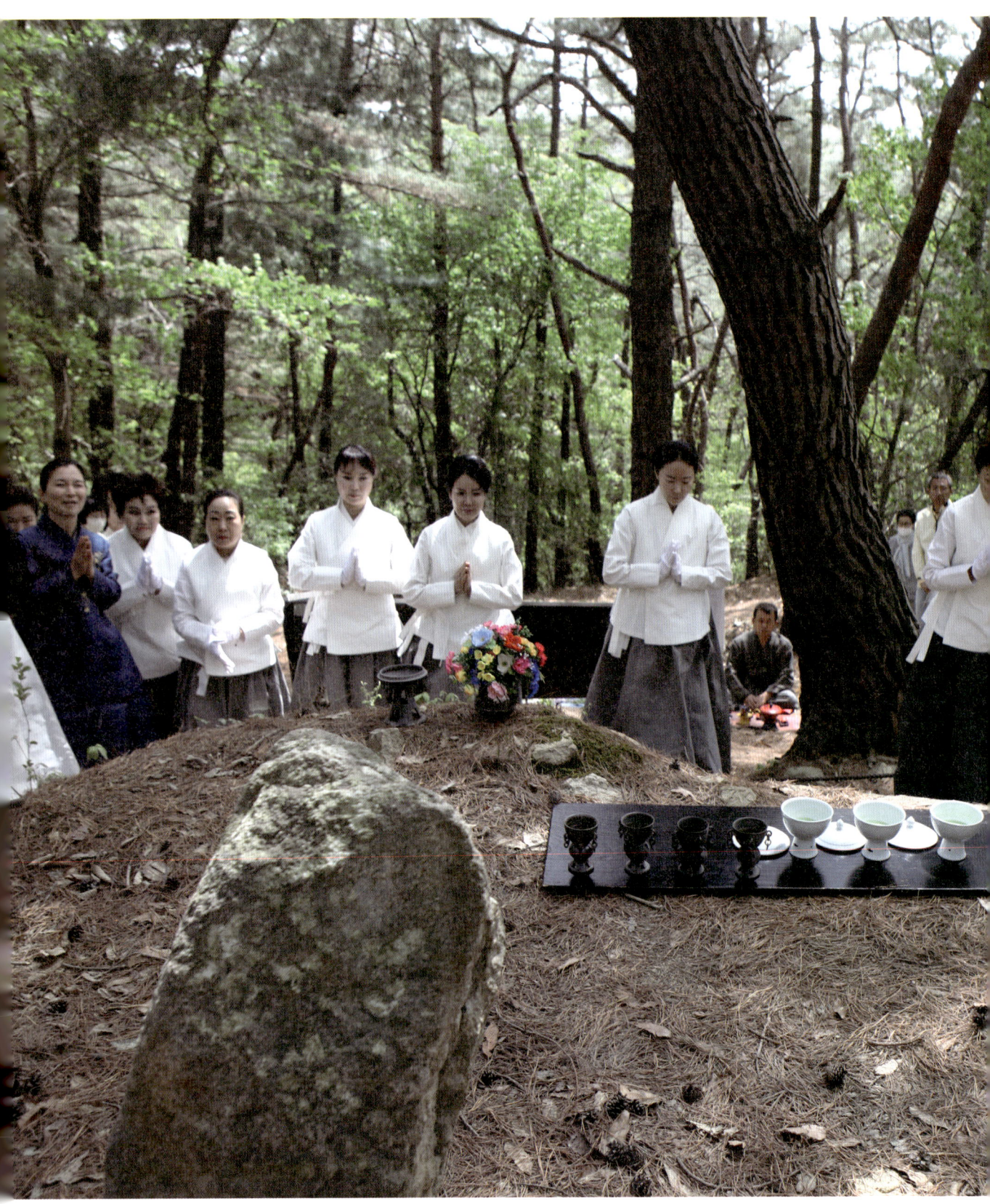

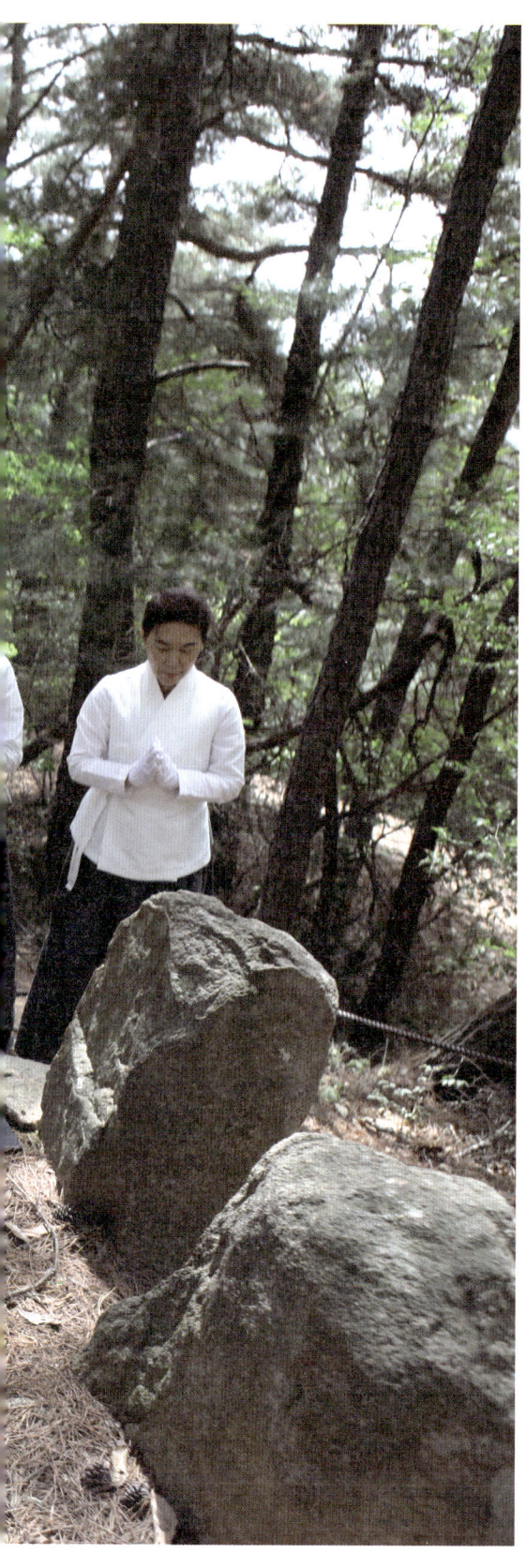

5장
[선종다례 의식]

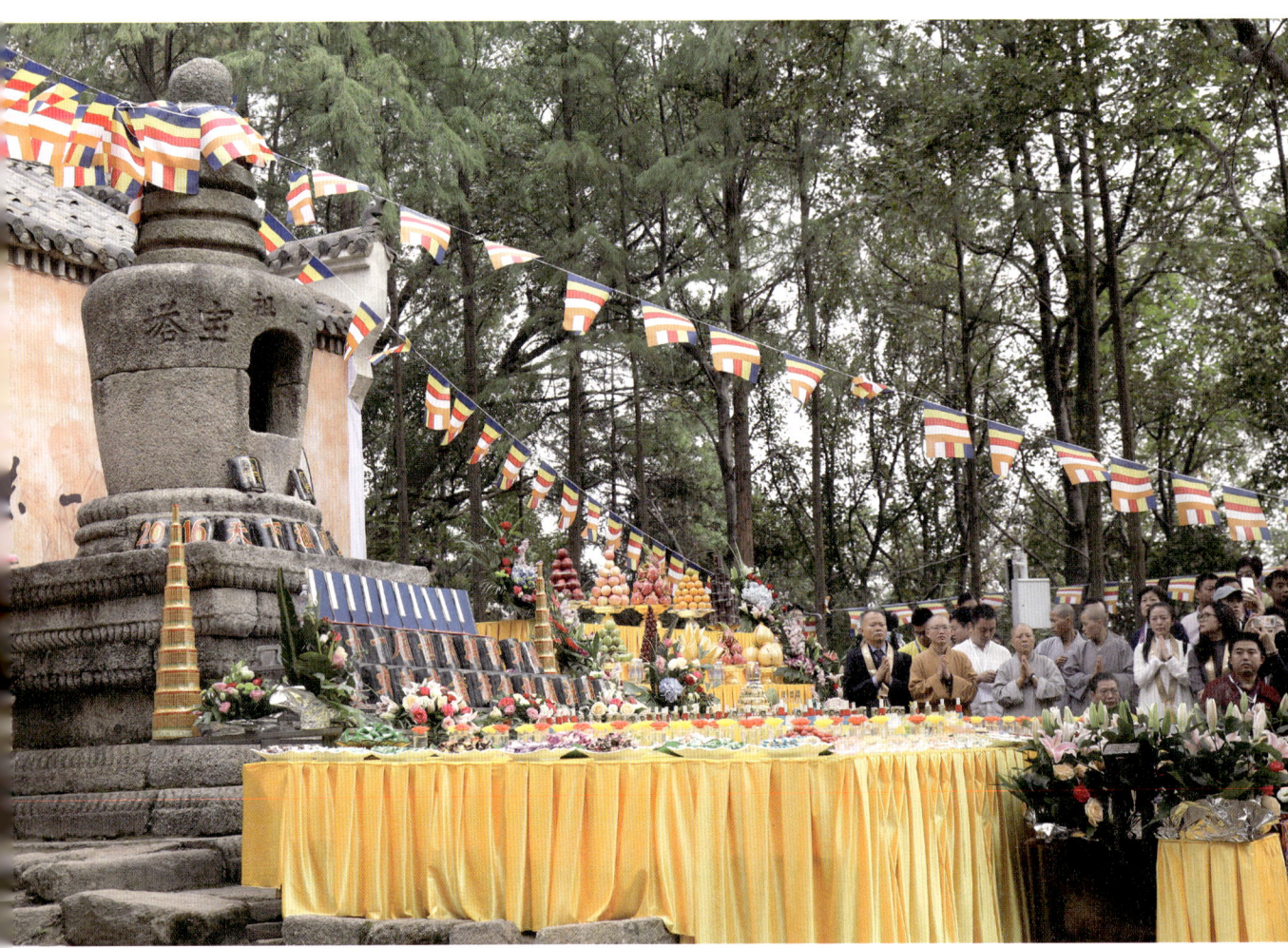
황매산 자락에 있는 오조홍인 선사의 대만보탑

1. 황매산 홍인 선사 대만보탑 앞에 올려진 세계평화의다례

2016년 황매산 오조사의 오조 홍인 선사의 대만보탑 앞에서 다공기복법회(茶供祈福法會)를 개최하게 되었다. 기복이란 독특한 이름으로 오조사에서 처음으로 열렸다. 오조사가 제11차 세계선차대회를 유치하고 300여명의 대중들이 동시에 오조홍인 선사에게 차공의식을 올리게 된 것은 매우 인상적이었다.

차공기복법회가 열리기 전 전날 긴급회의를 거쳐 한·중.일 삼국의 대표를 선정하여 먼저 차공의식을 올리고 그 뒤를 일반 참가인이 따라가 대만보탑 앞에 헌다의식을 올리는 것이 좋을 것 같다고 제안하자 공식 통과되었다.

다공기복 헌다의식을 올리다

다음 날 다공기복법회에 참가한 노란색 옷을 입은 많은 신도들이 통천문을 지나 대밭 사이로 가파른 돌계단을 올라갔다. 황매의 정상에 이르니 신도들이 염불을 외우며 반겼다. 그 중앙에 대만보탑 앞에 제단을 마련하고 옷갖 꽃들이 장엄되어 있었다.

대만보탑에 장엄한 예불의식이 진행되었다 염불소리 가 끝날 즈음 수많은 대중들이 오조선사에게 올리는 차.향과 꽃을 올리는 장엄한 헌다의식이 진행 되었다. 한·중.삼국의 대표가 맨 앞에 서서 차를 올렸다. 중국 오조사 스님과 한국은 관음종 총무원장 홍파 스님.일본은 구라사와 유키히로 교수가 먼저 대만보탑에 차를 올렸다. 그 뒤를 많은 사람들이 향을 들고 가서 헌향하고 이어서 그 뒤을 많은 사람들이 찻잔을 들고 대만보탑에 차를 공양했다.이처럼 모든 대중들이 향과 꽃과 차를 올린 것은 장엄했다. 이 같은 다공기복 헌다의식은 세계평화를 위한 다례제라고 말할 수 있겠다.

한국에서는 다례제를 올릴 때 몇몇 분들이 올렸는데 동참한 모든 대중들이 평등하게 차를 올리게 됨은 그야말로 차를 들고 세계평화를 위한

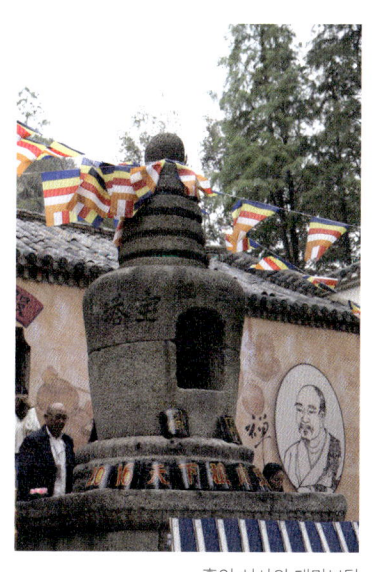

홍인 선사의 대만보탑

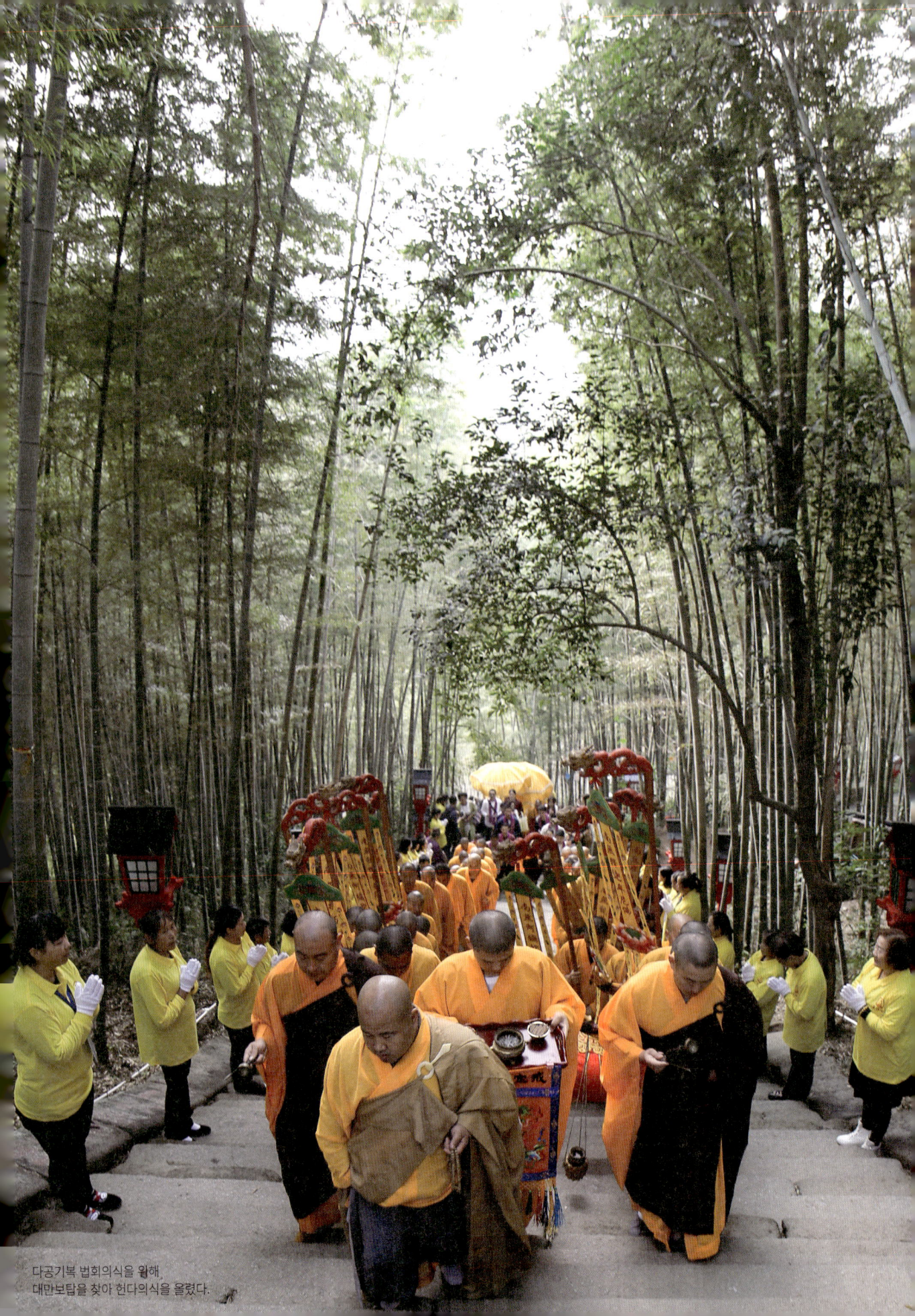

다공기복 법회의식을 위해,
대만보탑을 찾아 헌다의식을 올렸다.

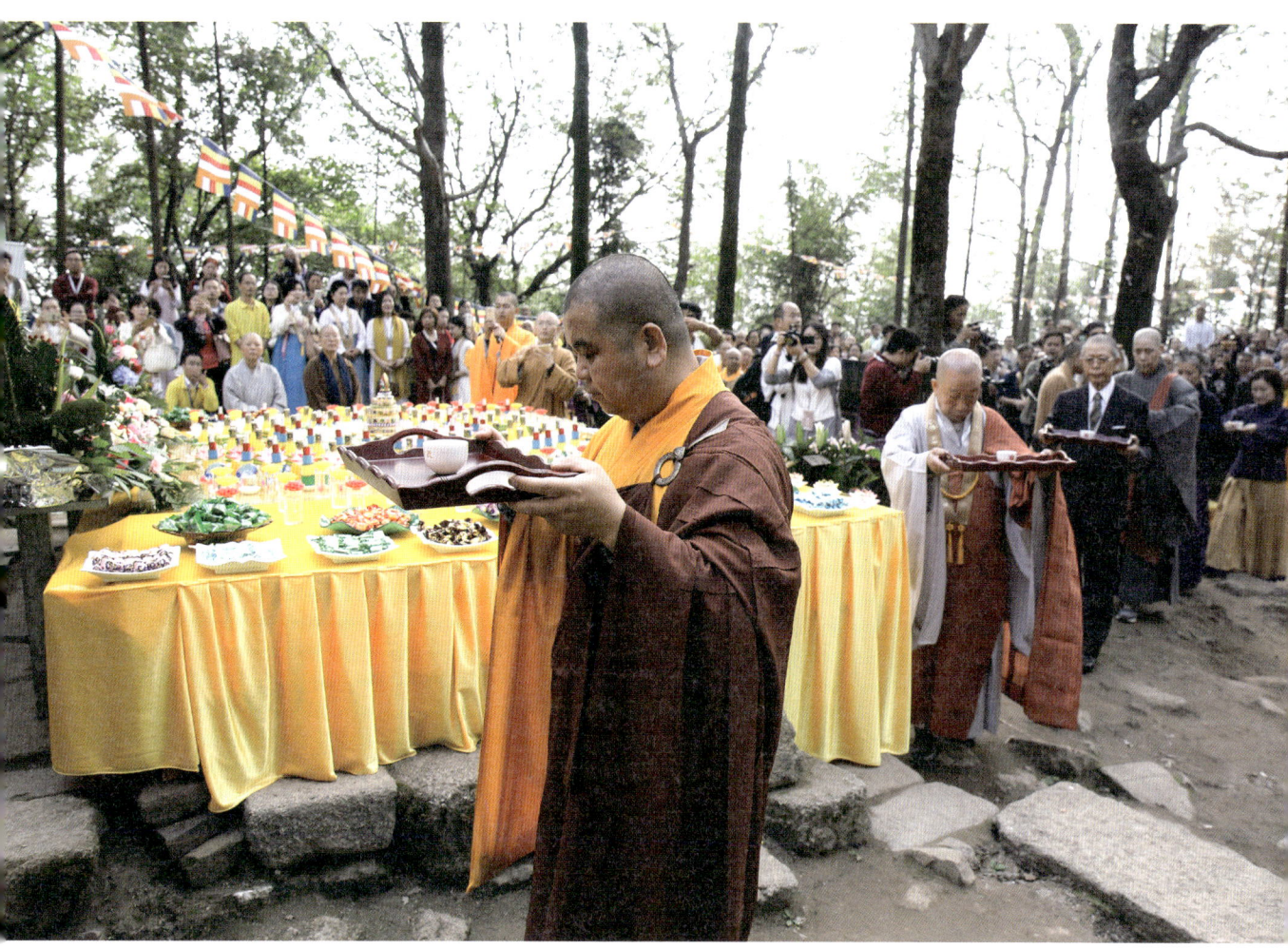

제11차 세계선차대회에서 한.중.일이 공동으로 오조홍인선사 대만보탑앞에 차를 올린 뒤 천여명이 공차의식이 거행되었다.

첫걸음이었다.

황매산 정상에 자리한 홍인의 대만보탑은 홍인의 동산법문이 오조로부터 나왔고 홍인의 사리탑은 달마-혜가-도신-홍인으로 이어져간 선종 법맥의 상징이라고 말할 수 있다.

이 탑은 1927년 병화로 오조 진신탑이 훼멸되어 사리를 수습하고 매장하고 대만 보탑을 다시 조성했다. 선차의 부활로 대만 보탑은 세계 평화의 상징으로 다가왔다.

평화의 상징으로 다가선 대만 홍인선사사리탑

2016년 대만 홍인선사사리탑 앞에서 헌다의식이 개최된 뒤 2024년 두 번째로 열린 헌다의식은 부산 홍법사 주지 심산 스님이 홍법사 선다회를 이끌고 동산 신차대회에 참가하여 대만보탑 앞에서 헌다의식은 두 번째이다. 동산 선차대회는 2016년 동산사에서 처음으로 선과 차를 논하는 선차대회를 개최한 이후 그 맥을 계승 했다고 보여진

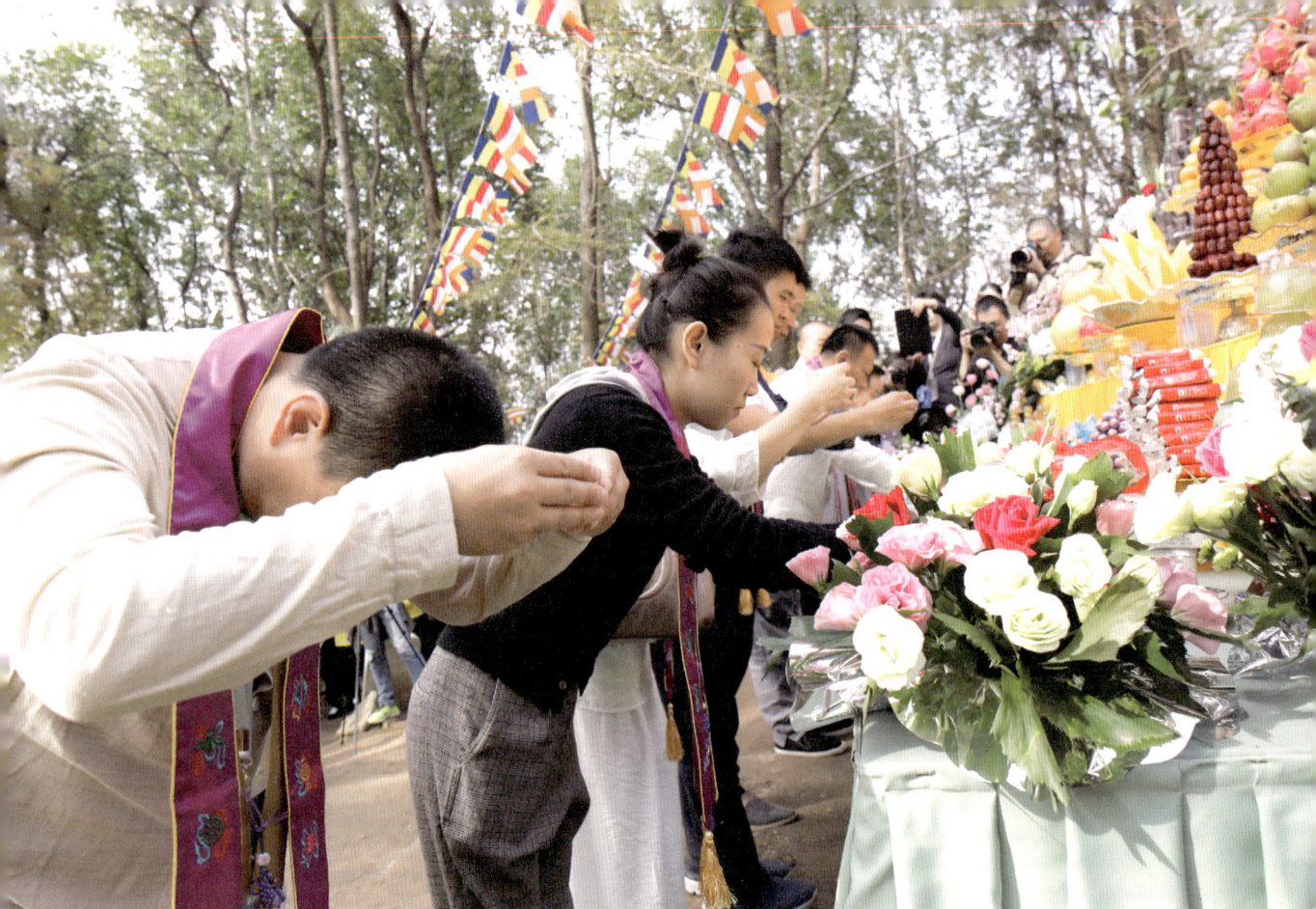

차와 꽃과 향을 올리는 헌다의식

다. 오조사는 오조 홍인 선사 황매산에서 동산법문을 열었던 곳으로 혜능(惠能)의 남종선, 신수(神秀)의 북종선 지선(智詵)의 검남종을 열렸던 역사적 성지이다.

오조사(五祖寺)는 원래 명칭은 동산사(東山寺)이며 동선사(東禪寺)라고도 하였다. 대별산(大別山) 앞 기슭에 위치하고 있으며 황매현(黃梅縣) 13k미터 떨어져 있다. 불교 선종 오조 홍인 대사가 설법한 도량이며 육조 혜능 대사가 의발을 얻은 곳이다. 불교사에서 중요한 위치를 가지고 있으며 국제적으로 특히 일본, 인도 등 동남아시아 국가들에게 명성을 얻고 있으며 유명한 여행지이다.

동산(東山) 또는 빙무산(憑茂山)이라고도 하며 해발 800미터이다. 기후가 사람에게 맞아 웅장하고 찬란한 사찰이 조성되어 있다. 사찰은 오조사로 홍인 대사가 직접 당(唐) 영휘(永徽) 5년(654)에 창건하였다. 오조사는 당나라부터 청나라까지 매우 흥성하였으며 특히 당송시절에 매우 흥성하였다. 전당이 천여 곳에 이르렀으며 승려는 1,300여 명에 이르렀고 백여 명의 고승이 배출되었다. 매년 참묘객이 셀 수 없을 정도였으며 적지 않은 문인들이 찾아와 많은 아름다운 시구를 남겼다. 당 대종(代宗) 홍인 대사에게 '대만(大滿) 선사'로 봉하였으며 남당에는 '광화(廣化)'를 더해 하사하였다. 당 선종(宣宗)의 명으로 대동산사(大東山寺)를 건설하였고 송(宋) 진종(眞宗)이 '진혜선사(眞慧禪寺)'라고 이름을 바꿨고 송나라 영종(英宗)은 '천하조정(天下祖庭)'이라는 어서(御書)를 내렸다. 원나라 문종(文宗)은 홍인 대사에게 '묘원보각(妙圓普覺) 선사'라는 법호를 내렸고 사찰 이름을 '동산오조사(東山五祖寺)'로 바꿨다. 간략하게

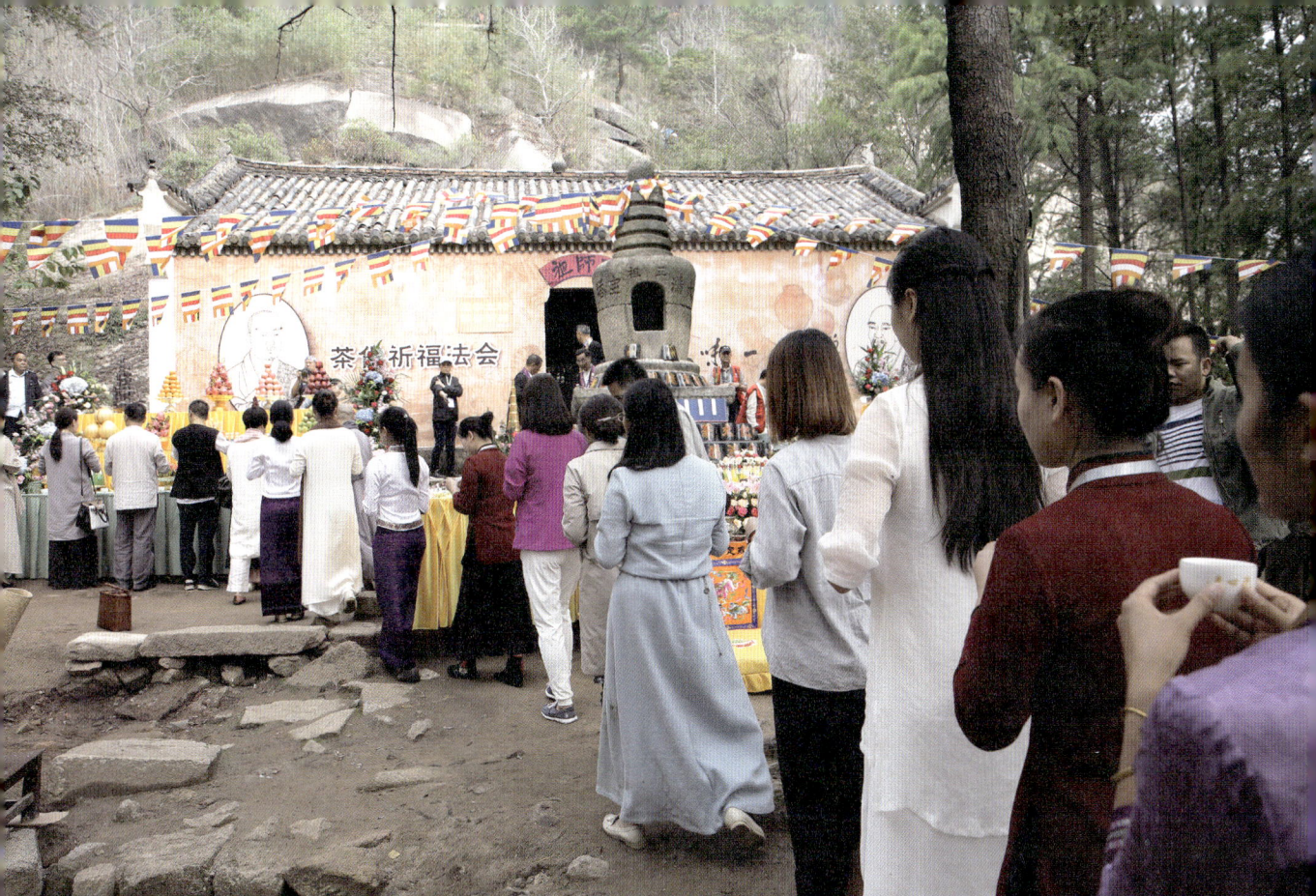

수많은 순례인파가 대만보탑에 차공의식을 올리고 있다.

'오조사'라고 부르며 이 이름이 지금까지 사용되고 있다.

오조사는 당나라 때 창건된 이래 많은 변화를 겪으며 복건되었다. 쇠퇴하기를 반복하였다. 현재 보존되고 있는 청대 목각판도(木刻板圖) 〈오조선산성경전도(五祖仙山盛景全圖)〉와 사찰 유적지를 보면 옛 사찰의 찬란함을 볼 수 있다. 모든 사찰 건축은 산을 따라 건축되어 있으며 상중하 3대(大) 부분으로 조성되어 있다.

기록에 의하면 오조 홍인 대사는 사조사(四祖寺) 도신(道信) 대사를 따라 쌍봉산(雙峰山)에서 20여 년 공부를 하여 도신 대사의 의발을 계승받고 동산에 이르러 빙무노인(憑茂老人)에게 산을 빌려 절을 짓고 선을 홍양하였다고 한다. 전국에서 산에 들어와 공부를 하고가 하는 사람이 하루에 수백 명에 이르렀고 한 달에는 수천에 이르렀다. 오조의 선법을 일러 '동산법문(東山法門)'이라고 불렀고 문도는 1,300여 명에 이르렀으며 전당의 수는 천 곳이 넘었다. 당시 황매 민간에는 "벽돌과 기와가 동산으로 가고 길이 없으면 스님을 만날 수 없다"라는 말이 있었는데 당시 동산에 선을 공부하러 오는 사람이 많았다는 것을 알 수 있다.

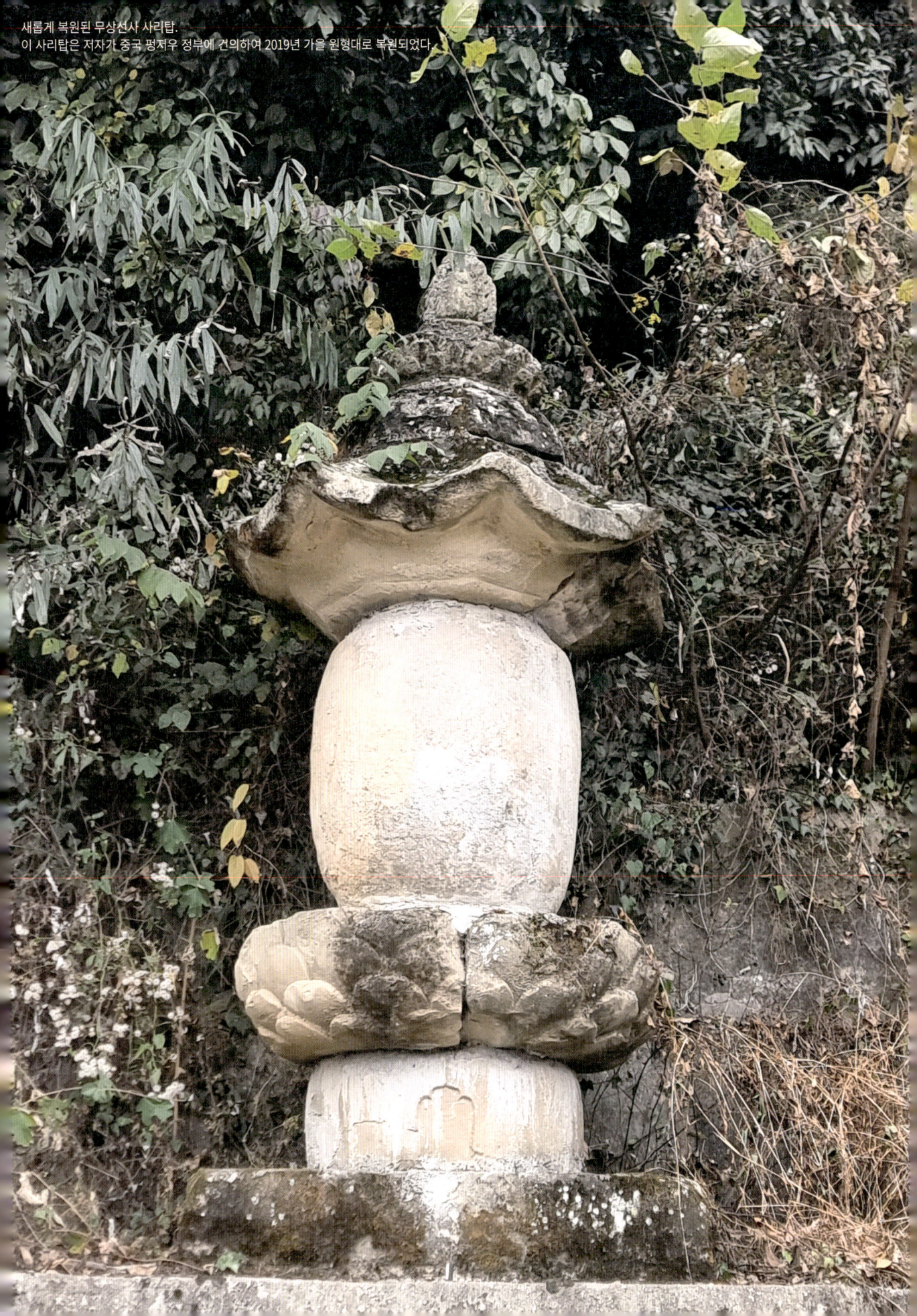

새롭게 복원된 무상선사 사리탑.
이 사리탑은 저자가 중국 펑저우 정부에 건의하여 2019년 가을 원형대로 복원되었다.

2. 1200년 만에 드러난 무상선사사리탑에 최초로 올려진 헌다의식

신라 왕자인 무상 선사는 누구인가

　중국의 구법승 중 오백나한에 오른 무상 선사를 2001년 처음 발견하기 이전까지만 해도 무상 선사는 주목을 받지 못했다. 그러다가 달마로 내려온 목면가사(木棉袈裟)가 무상 선사에게 전승 되었다. 또한 무상 선사는 중국 선종을 중흥시킨 마조도일(馬祖道一) 선사의 스승으로 존경을 받아왔다. 2001년 백림선사(栢林禪師)에 세워진 〈조주고불선차기념비(趙州古佛禪茶記念碑)〉에 "정중 무상 선사가 일찍이 촉나라(四川省 지칭)의 주인이 되어 문하에 마조도일(馬祖道一)을 두었다[淨衆無相曾主蜀度門下高徒馬祖道一]."라는 기록을 남기면서 마조가 무상의 제자로 공식화 되었다. 또한 무상 선사는 선차지법(禪茶之法)의 비조로 드러나면서 선차의 중심 인물로 떠올랐다.

　만당(晚唐)의 시인 이상은(李商隱)이 찬한 '당 재주 혜의정사 남선원 사증당비(唐 梓州 慧義精舍 南禪院 四證堂碑'에 "나는 아노라. 대대로 인물이 있었다는 것을… 무상대사는 머언 해외의 나라 진한(辰韓)의 귀족이시다. 처음 그는 어려서부터 진기(真機)가 빼어났다. 황금 부처를 현몽하여 잉태하였고 보배 칼로 얼굴을 다치셨다. 대사께서는 상행(上行)을 얻으심으로 인하여, 크게 혼미한 도를 깨치셨다."라고 무상 선사를 높이 평가하였다. 그런데 돈황출토(燉煌出土) 문서가 발견되기 전에는 무상 선사의 존재는 작은 점(點)에 불과했다. 그러다가 내가 2001년 중국 오백나한 중 455번째 조사에 오른 무상공존자(無相空尊者, 무상 선사를 말함)가 발견된 이후 재평가가 시작되었다. 1200년간 중국 선종사에 영향을 끼진 무상의 존재는 쓰촨을 중심으로 다시 부흥되면서 무상은 동아시아 선종사에 중심 인물로 자리매김되었다.

이제야 햇빛을 본 무상선사사리탑

2019년 새해 첫날 무상선사사리탑을 확인하게 된 것은 우연하게 이루어졌

중국 오백나한중 455번째 조사에 오른
신라의 무상선사

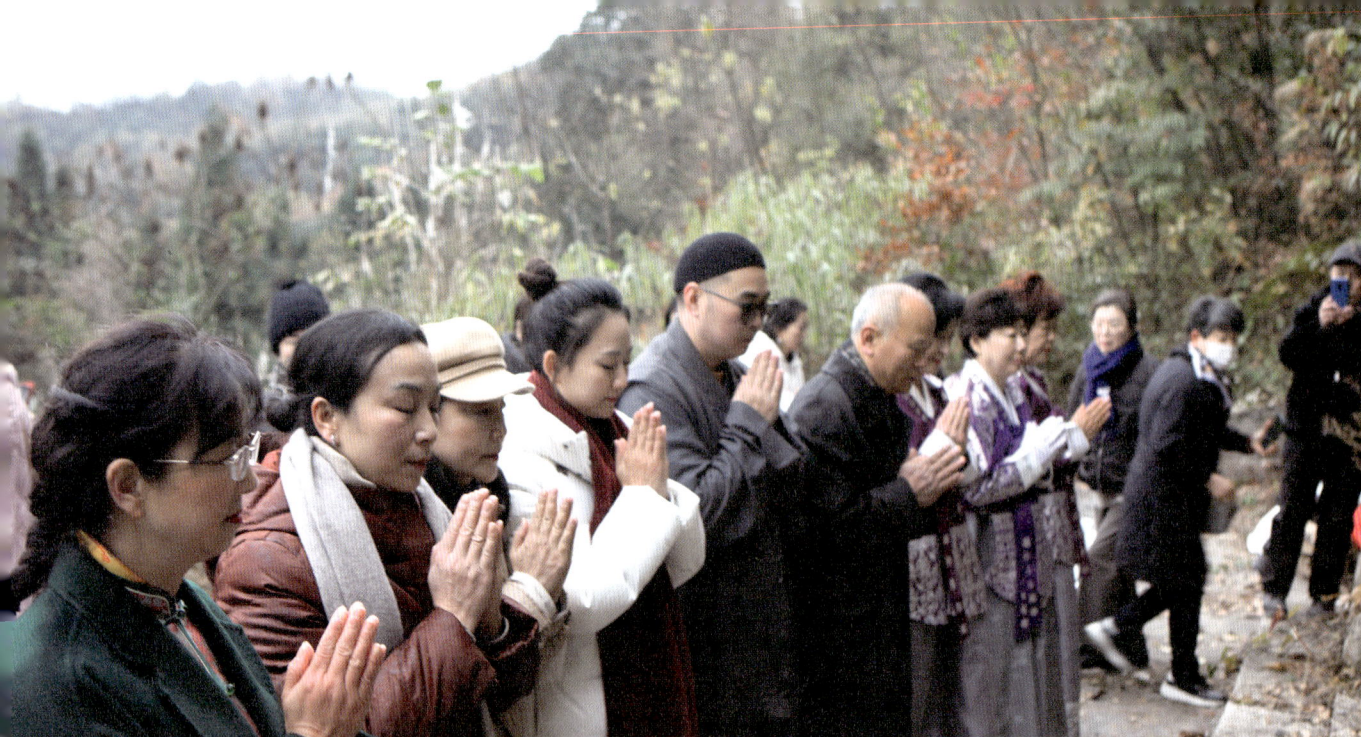

2023년 12월 16일 쓰촨성 펑저우 금화사의 김두타원의 '사리탑림'에서
2019년 훼손된 사리탑이 복원된 이래 처음으로 한국국제선차문화연구회와 중국 쓰촨성차문화협회가
공동으로 무상선사 사리탑 앞에서 헌다의식이 거행되었다.

다. 펑저우의 보산차 박물관(寶山茶 博物館)에서 쉬스홍(徐世洪) 관장과 차를 앞에 놓고 이야기를 나누다가 다음과 같이 말했다 "펑저우에는 세명의 다신이 있어요. 팽조와 원오극근, 한 사람은 신라에서 건너온 스님입니다"라고 이야기를 꺼냈다. 그의 말을 듣는 순간 무상 선사가 스쳐갔다. 3개월이 지난뒤 다시 펑저우를 찾아가 김두타가 신라의 무상 선사임을 밝혀내면서 무상 선사의 열반 이후 사리탑의 실체가 처음으로 밝혀졌다. 그해 펑저우시 민종국은 무상 선사사리탑의 중요성을 인식하고 2019년 가을 무상 선사사리탑을 복원하고 국가사적으로 지정했다.

 2023년 12월 16일 무상선사사리탑 앞에서 헌다의식은 선차의 역사를 새롭게 쓰게 된 날 이었다. 지금까지 잊고 있던 선차의 비조인 무상선사사리탑이 발견된 이후 처음으로 거행된 세계평화의 다례의식은 차의 역사를 새롭게 쓰게 된 쾌거였다. 펑저우를 출발한 제23차 세계선차아회 순례단은 개막의식에 앞서 선대조사인 무상선사사리탑에 헌다의식을 올린 뒤 선차아회를 개최하기로 했다. 코로나로 3년을 기다린 끝에 무상선사사리탑 앞에서 헌다의식은 각별했다. 순례단은 단징산 금화사를 찾아가 새롭게 소임을 맞은 금화사 주지 이예(一葉) 스님을 금화사에서 만나 무상선사사리탑 헌다의식의 중요성을 말했다. 금화사 주지는 단박에 무상 선사 헌다 의식에 참가하게 된 것을 후학으로서 영광스럽게 생각했다. 금화사에서 김두타원(金頭陀園)까지는 오솔길을 따라 고행하듯 김두타원을 찾아갔다. 김두타원에 도착하여 단징산 자락에 있는 사리탑원을 살피니 아련히 신라의 무상 선사의 사리탑이 드러났다. 2019년 봄 김두타원의 훼손된 사리탑을 찾았을 때 앞이 캄캄했는데 원형대로 보존된 모습을 보니 참으로 감격스러웠다. 무상 선사의 사리탑은 단징산 사리탑림(舍利塔林)의 정상에 보존되어 있었다. 펑저우시가 사리탑림을 국가사적으로 지정하여 외부인의 출입을 엄격하게 금지하고 있다. 무상선사사리탑림은 펑저우시가 펑저우시 불가이동문물(彭州市 不可移動文物) 보호구역으로 2021년 7월 16일 지정했다. 그처럼 펑저우시는 김두타의 사리탑의 중요성을 인식했다.

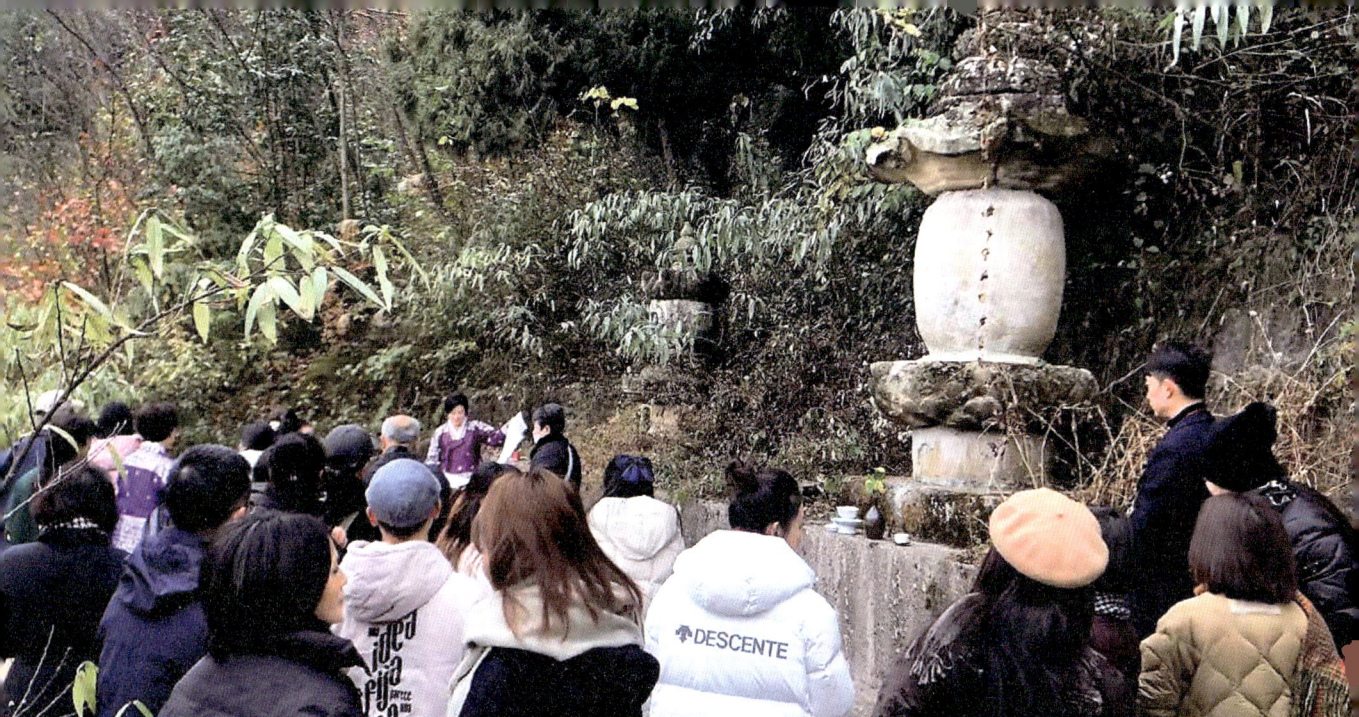

많은 인파들이 무상선사 사리탑 앞에서 거행된 헌다의식에 참가했다.

단징산 무상선사사리탑 앞에서 올려진 최초의 헌다의식

단징산(丹景山)의 김두타원에서 무상선사사리탑을 바라다볼 때 가시덤불 속에 아련히 드러난 무상 선사사리탑을 찾아가는 길은 그야말로 순례의 길이었다. 순례단은 무거운 가방을 짊어지고 고행하듯 사리탑림에 이르렀다. 탑림에 이르니 중앙에 무상 선사의 사리탑이 온전하게 복원되었다. 경내를 청결하게 하고 사리탑 앞을 깨끗하게 정리한 뒤 향을 먼저 피워 도량을 청정하게 한뒤 헌다의식이 거행되었다. 먼저 무상 선사가 신라에서 가져간 모란을 무상선사사리탑 앞에 올렸다. 무상 선사가 신라에서 구법할 때 목단씨(한국에서는 목단을 모란이라고 말한다)를 갖고 펑저우로 들어가 단징산에 목단 꽃을 심은 뒤 자라나 단징산이 목단의 발원지가 된 것은 신라의 무상 선사의 공덕이라고 말할 수 있겠다. 이번 헌다식에 참가한 세계홍차연구소(소장 김영애)가 한국에서 가져간 목단화를 무상 선사의 영혼 앞에 올렸다. 헌다의식은 중국·한국 대표가 무상선사사리탑 앞에 차공의식을 올리면서 시작되었다. 중국측은 금화사 주지와 한국측에서는 최석환 한국국제선차문화연구회 회장이 무상선사사리탑 앞에 고려에서 유행한 말차로 헌다의식이 거행되었다. 이어 중국측과 한국측이 차를 공양했다. 차를 공양한뒤 참가한 전 대중이 무상선사사리탑 앞에서 두손으로 합장하고 예를 다했다.

이번 헌다식에는 쓰촨성차문화협회와 세계홍차연구소, 경주예다원이 참가하여 여법하게 거행되었다. 중국 측에서는 금화사 주지 이에 스님, 쓰촨 차문화협회 짱징(張景) 회장, 중국다도잡지 객원 편집위원 첸용광(陳勇光) 등 30여 명이 참가했다.

새롭게 드러난 단징산과 무상연구

2001년 가을 중국 오백나한에 오른 무상 선사를 발견하면서부터 운명적으로 무상 선사와의 만남이 이루어졌다.

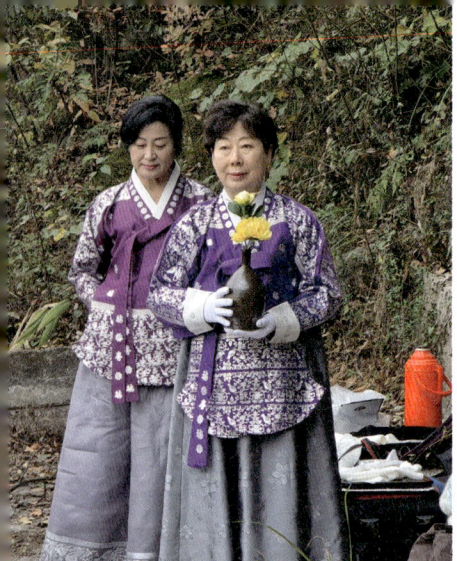
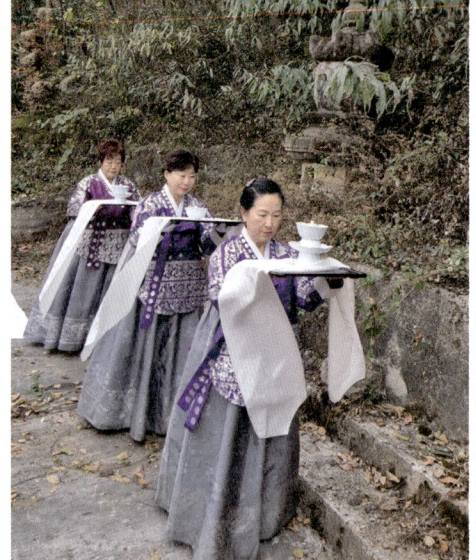
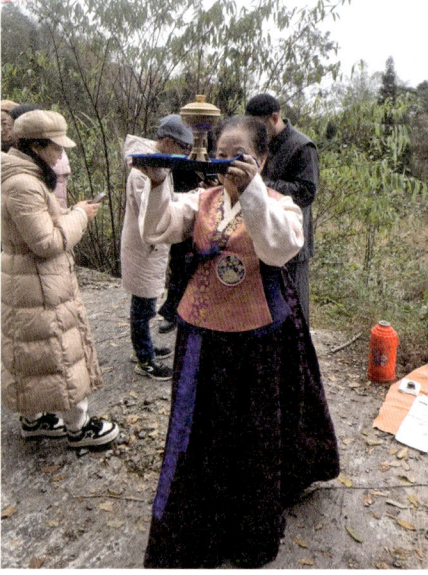
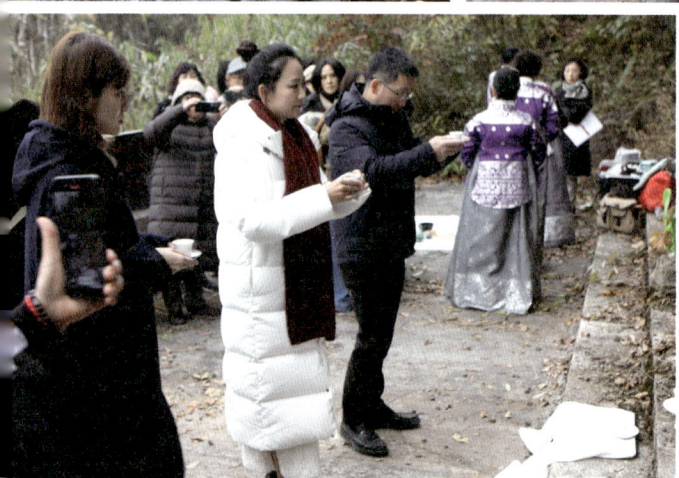
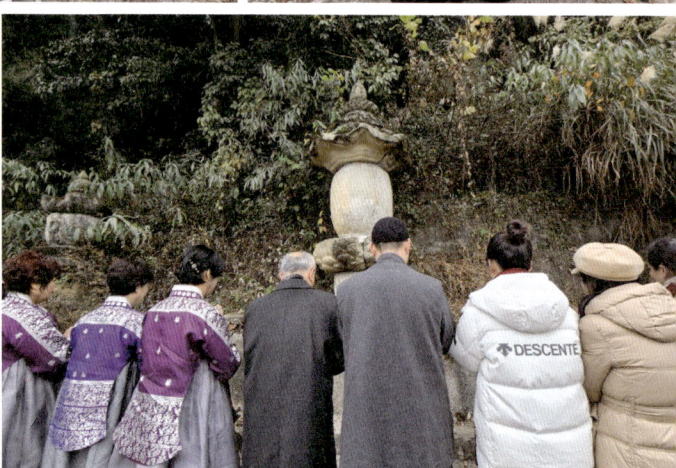

헌다의식을 올리고 있는 한·중 차인들

그 후 18년이 지난뒤 2019년 무상선사사리탑을 발견하여 무상 신드롬을 일으키는데 적지 않은 기여를 해왔다.

2019년 3월 쓰촨성불교협회 부회장인 따이은(大恩) 스님을 대동하고 단징산으로 찾아가 김두타가 무상 선사라는 사실을 확인한 이후 그 중요성을 역설했다.

그 후 펑저우시 민종국이 작성한 문건에 의하면 무상선사사리탑을 원형대로 복원하겠다고 말했다. 전문을 살펴본다.

"2019년 3월 24일 쓰촨성(四川省) 인민대표대회(人民代表大會) 대표, 쓰촨성 불교협회 부회장, 청두(成都) 대자사 방장 따이은 스님은 한국 국제선차문화연구회 회장 최석환 선생 등의 사람들을 특별히 동반하여 펑저우 단징산 금화사에서 당대(唐代) 조사, 김두타(무상 선사)의 사리석탑에 제사를 지냈다.

뒤이어 펑저우와 관련 부문과 차문화인 쉬스홍(徐世洪) 선생 등 10여 명이 함께 한·중 차문화 연원을 연구토론하였다. 서로의 교류를 통해 생각에 일치를 보았다. 올 9월에 펑저우 단징산 금화사에서 한·중 무상선차문화연토회를 열고, 한·중 양국의 선차문화 관광활동을 촉진하기로 하였다. 전통문화를 힘껏 확대발전시키고 단징산 역사문화유적지를 회복하고, 단징산 여유경구문화(旅遊景區文化)의 품위를 더욱 높인다고 기록했다."

2019년 가을 펑저우 단징산 금화사의 김두타원에 원형대로 복원했다.

무상 연구가인 탕젠(唐建)의 '무상 선사 신라 왕자의 청두 고승의 신 발견'이라는 논고에서 이렇게 말했다.

탕젠은 청두 대자사와 단징산 대승사는 무상 선사와 아주 깊은 관계가 있다고 본다. 북송 때 대자사 고승 계서(繼舒)가 세상을 떠나자 그 사리탑을 대승사에 세웠던 것도 그 하나다. 영녕원은 대승사의 부속 사원인데 이곳에서 송 말에 황룡원숙(黃龍元肅)의 법제자 신전(信詮)이 임제종을 강설하였다. 탕젠에 의하면 단경산 위에는 고대 스님 사리탑이 23기 남아 있으며 5열로 나눠 약 8백 평방미터에 걸쳐 있다고 한다. 인근에 금화사 김두타원(金頭陀園)이 있어 의미가 깊다고 보고 있다. 이처럼 중국의 무상연구가인 탕젠이 소상히 무상을 밝히고 있다. 한국의 학계는 아직 중국처럼 무상연구가 활발하게 연구되지 않은 실정이다.

탕젠은 한국인 최석환이 2019년 3월 무상 선사의 사리탑을 발견하고 금화사 김두타원을 참방(參訪)하여 김두타가 무상선사사리탑임을 밝혀내어 한·중 교류사의 이정표를 세웠다고 말했다. 그 후 펑저우시(彭州市) 민종국(民宗局)이 무상선사사리탑의 중요성을 인식하고 2019년 가을 원형대로 복원하여 중국 선종사를 새롭게 쓰게 된 쾌거를 이루었다.

무상 선사 현창 운동 중국 땅에서 다시 일어난다

2023년 12월16일 한·중의 차계 대표단이 펑저우를 찾아가 무상선사사리탑 앞에서 헌다의식이 거행되면서 그 날따라 하늘까지 청명하여 무상 선사의 영혼까지 감동을 주었다. 1,200년 만에 처음으로 무상선사사리탑 앞에 올려진 헌다의식은 참가한 사람들에게 감동을 안겨 주었다. 헌다식에 참가한 금화사 주지 이예 스님은 다례의식을 지켜보고 회상하길 "중국 쓰촨 차문화협회와 한국국제선차문화연구회 최석환 회장 일행이 단징산 금화사의 무상 선사 사리탑 앞에서 분향하고 봉차의식을 거행하였다. 1200년 전 신라땅에서 만리장천(萬里長天)의 뱃길로 당나라로 건너와 법을 구했던 김화상(무상 선사를 가르킴)의 후예들이 천여 년 전 무상 선사의 발자취를 따라 선차순례로 단징산의 무상선사사리탑 앞에 다례의식은 중국인 들이 귀감이 될만한 일이라고 말했다. 무상 선사와 단징산과 관련된 이야기들은 다음과 같이 전해온다.

김두타 사리탑은 펑저우 단징산(丹景山) 금화사(金華寺) 목단원(牡丹園)과 목단평(牡丹坪) 사이의 김두타원에 위치하고 있다. 김두타는 당나라 신라국 태자로 김두타(無相禪師)라 이름하였다.

안사(安史)의 난 때 당나라 현종이 촉(蜀)으로 향하여, 금화(金華) 공주가 그곳에 "금화행궁(金華行宮)"을 건설하였는데 사료에는 다음과 같이 기록하고 있다. "대딩(大唐) 김두타가 옛것을 새롭게 보수하여 행궁에서 대승(大乘)을 시작하였다." 김두타는 후에 금화행궁을 금화사로 바꿨다. 김두타는 금화사 개산조사(開山祖師)로 금화사에 머무는 기간 단징산에 차나무와 모란을 심고, 선차일미(禪茶一味) 등 문화이념을 제창하였다.

10여 년 전 훼손된 채 방치된 20여 기 사리탑 중 무상 선사의 사리탑을 원형대로 복원한 이후 처음으로 무상 선사의 사리탑 앞에서 한·중이 공동으로 헌다의식을 올리게 된 것은 무상 선사가 다시 세상 밖으로 걸어 나와 동아시아 선종사를 새롭게 쓰게 된 쾌거라고 말할 수 있겠다.

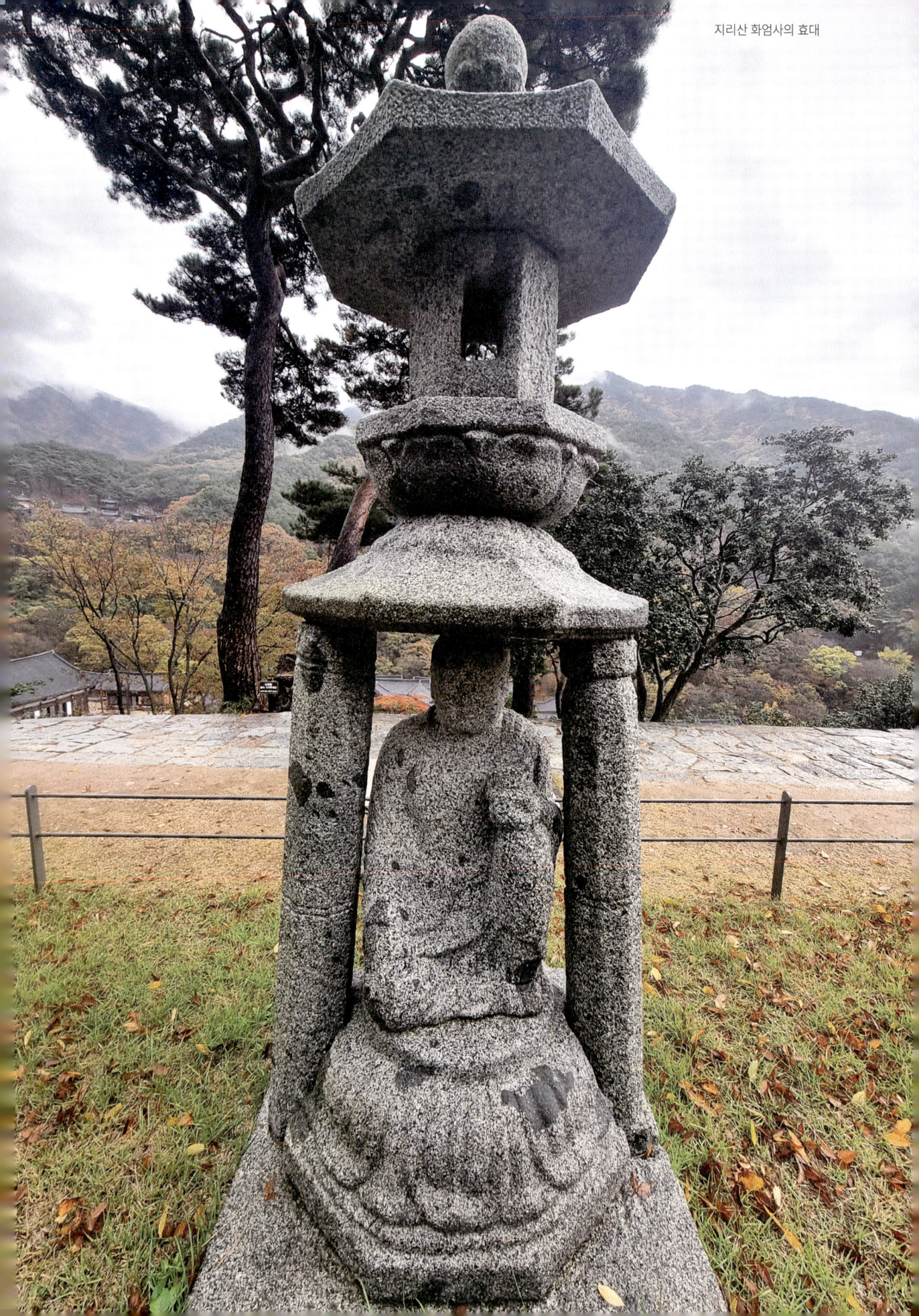

지리산 화엄사의 효대

3. 지리산 화엄사 사사자석탑 앞에서 연기 조사 어머니에게 차를 올리다

섬진강의 흘러내리는 물결을 따라 지리산에 이르며 오산(鰲山)과 맞닥뜨린다. 오산 정상에 올라가 섬진강을 내려다보며 물결이 도도하게 흘러간다. 사성암을 중심으로 풍월대, 망풍대, 배석대, 낙조대, 신선대 등 12비경이 펼쳐진다.

오산에서 섬진강을 내려다보며 도도하게 물결이 흘러간다. 오산에서 멀리 천황봉을 바라다보며 그 아래에 화엄사가 아련하게 들어온다.

국보 제35호인 화엄사 사사자석탑이 눈길을 끌고 있다. 8세기 중엽 건립한 사사자석탑은 네 마리의 사자가 상부를 떠받치고 있는 형상이다. 그 옆에 효대가 조성되어 있는데 연기 조사가 어머니의 명복을 빌기 위해 찻잔을 들고 있는 장면은 연기 조사 사후 100년 뒤 자장 율사가 조성했다고 전한다.

이렇게 보면 선덕여왕(善德女王) 시대에 머물렀던 한국의 차문화의 역사를 1,400년 전으로 끌어오리게되는 쾌거가 아닐 수 없겠다.

한국의 선차의 원류를 밝히다가 화엄사 효대에 연기 조사의 어머니가 찻잔을 들고 있는 장면이 떠올랐다. 그간 화엄사 효대의 중요성을 인식하지 않고 있었는데 연기 조사의 어머니 명복을 빌기위해 조성한 효대의 차 공양상은 한국 선차의 근원을 밝히는 중요한 유적이라고 말할 수 있겠다. 그간 잊혀져온 화엄사 효대의 중요성을 인식한 부산 홍법사 주지 심산 스님이 2024년 새해 화엄사 효대의 자장 율사의 묘친에게 차를 올려 한국선차의 여명을 밝혔다.

연기 조사의 효대와 만나다

화엄사가 주목하는 까닭은 544년(신라 진흥왕 5, 백제 성왕 22) 인도의 승려인 연기 조사(緣起祖師)가 창건했다 582년에는 구례의 오산에 사성암을 건립했나. 연기 조사가 신라에 대승 불교를 도입했으며 진흥왕의 총애를 받았던 승려였다.

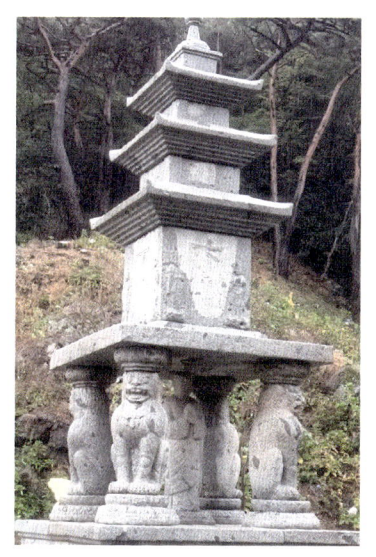

화엄사 사사자석탑

《구례속지(求禮續誌)》에는 "진흥왕 4년에 연기 조사가 세웠으며, 백제 법왕이 3,000명의 승려를 주석하게 하였다"고 부연하고 있다. 화엄사의 중건에 대해서도, "신라 선덕왕 때에 자장(慈藏)이 증축하고, 문무왕 때에 의상(義湘)이 장륙전(丈六殿)을 건립하였다"는 등의 기록이 있다. 김운학 스님의 한국의 차문화에 연기 조사의 효대을 구체적으로 언급했다.

구례 화엄사는 신라 진흥왕4년 연기 조사가 창건했는데 각황전 뒤의 잔등에 국보35호로 지정된 사사자 삼층석탑(四獅子三層石塔)이 있다. 그 옆에 연기 조사의 효대가 찻잔을 들고 사이탑을 받들고 있다. 이것은 연기 조사가 그 어머니의 명복을 빌기 위하여 찻잔을 들고 있는 것은 연기 조사 사후 100년뒤에 자장 율사가 연기 조사를 기리기위해 만든 것이다.

이것은 화엄사를 창건할 때부터 차를 올리는 습성이 있었음을 말해준다.

김운학 스님의 〈한국 차문화〉에서 한국의 차문화는 신라 선덕여왕(632-647)시기보다 차문화가 1400년 전으로 거슬러 올라갔음을 말해준다.

신라 성덕왕의 세 번째 아들인 무상 선사도 736년 당나라로 들어가 정중종을 일으켜 오백나한 중 반열레 올랐는데도 한국에서는 추모열기가 찾아볼 수 없다. 반면 무상 선사가 정중종을 일으킨 쓰촨성에서는 무상 선사가 2001년 중국 오백나한에 오른 사실이 발견된 뒤 쓰촨성의 가는 곳마다 무상 선사 현창 운동이 일어나고 있다. 그런데 한국에서는 인도 출신인 연기 조사가 부모에 대한 효심을 차문화로 일으키려는 연기 조사를 높이 받드는 것이 후학의 도리라고 생각된다.

연기 조사의 어머니에게 차를 올리다

화엄사를 창건한 연기 조사의 뒤을 이어 자장 율사가 효성이 지극했던 연기 조사를 추모하기 위해 세존 사리탑으로 조성했다.

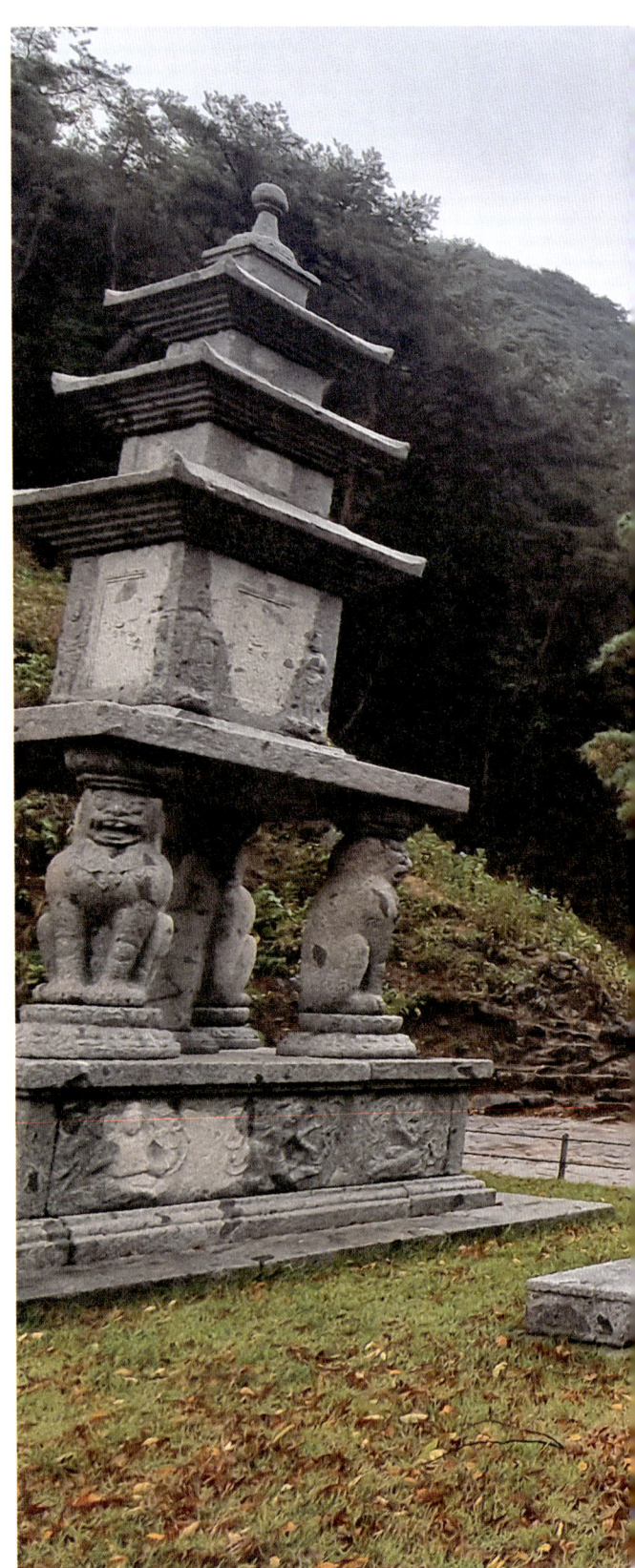

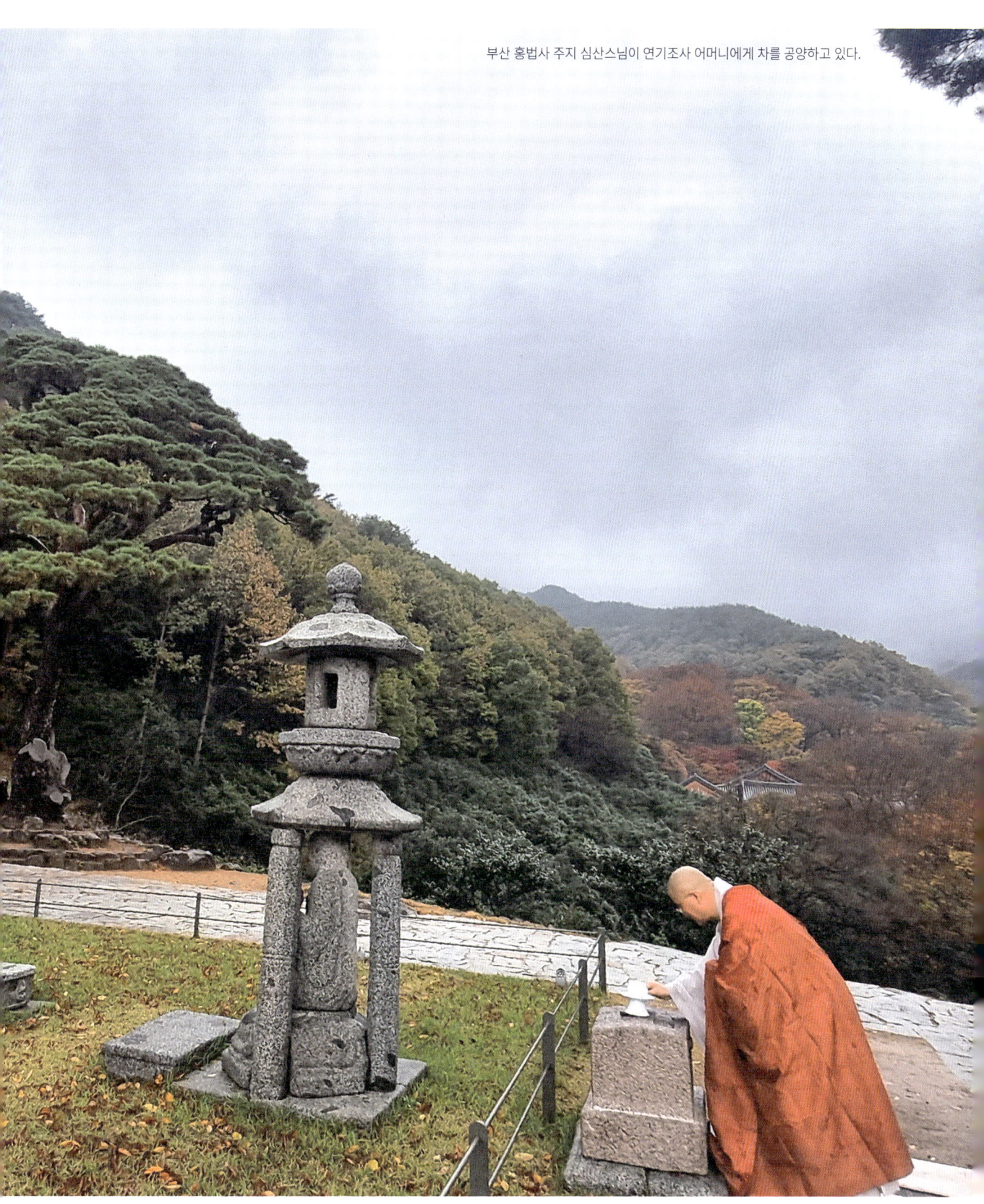

부산 홍법사 주지 심산스님이 연기조사 어머니에게 차를 공양하고 있다.

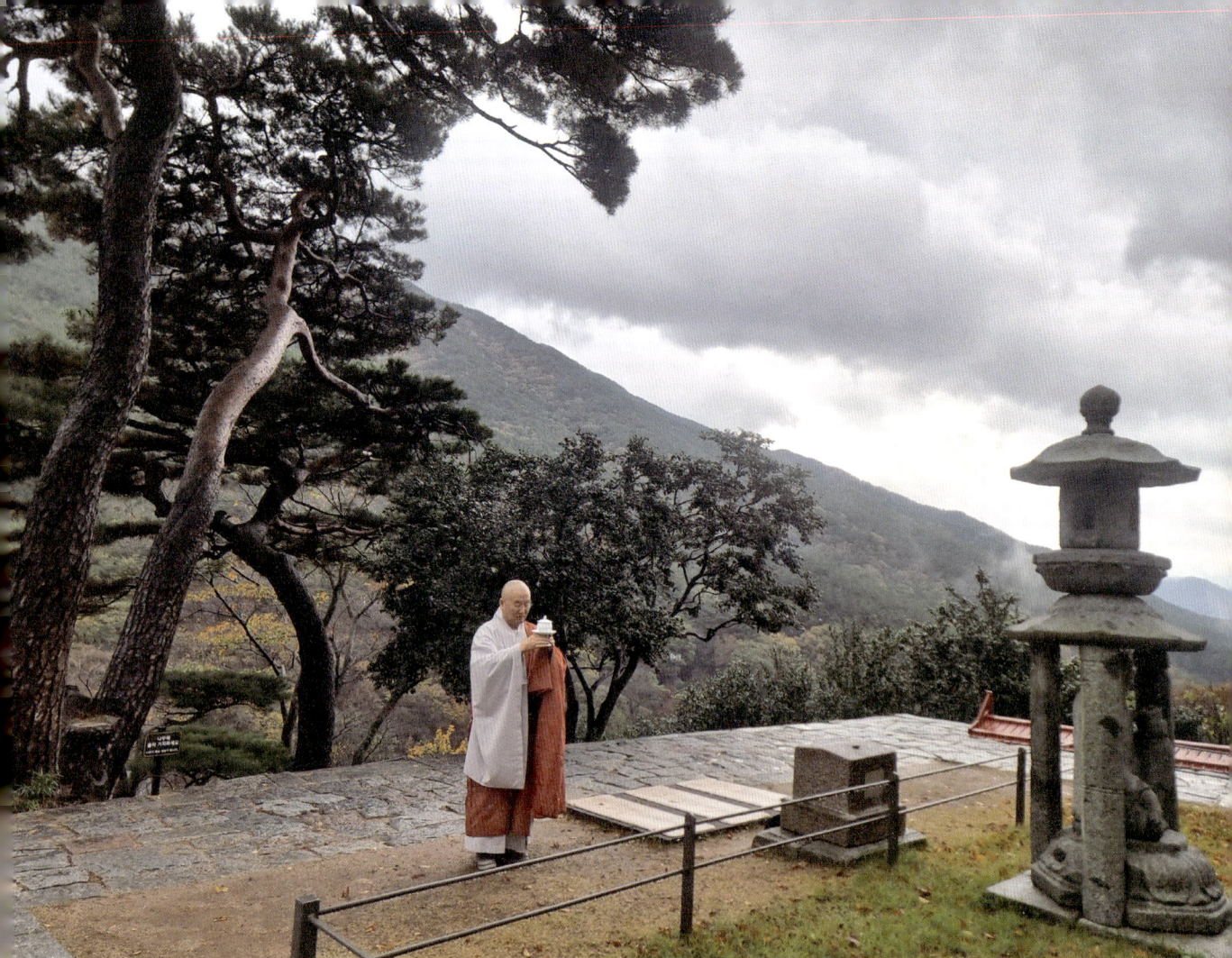

홍법사 주지 심산스님이 연기조사의 효대에 올린 차공의식

　사사자석탑을 바라보다가 깜짝 놀랐다. 석탑 앞 네 사자 가운데 두 손으로 감싸 안은 듯이 서 있는 모습이 바로 연기 조사 어머니였다. 그 옆에 효대가 서 있는데 석등 아래에 무릎을 꿇고 한 손에 찻잔을 공손이 들고 석탑을 향해 공양(供養)하는 모습의 상(像)이 배치되어 있다. 이상은 화엄사를 창건했다는 연기 조사라 불리고 있다.

　법의를 입고 있는 공양상의 오른발은 무릎을 꿇고, 왼발을 무릎을 세웠다. 아울러 오른손은 꿇은 무릎 위에 놓고, 왼손은 왼발의 무릎 위에 받치고 지물(持物)을 들고 있는 형상이다. 상호(相好)는 둥근 형태로 눈·코·입·귀의 조각이 뚜렷하다.

　이처럼 어머니를 위해 차를 공양하는 모습은 일찍이 보지 못했던 명장면이다.

　이 같은 모습은 일찍이 김운학 스님이 쓴 〈한국의차문화〉에 연기 조사 사후 100년 뒤 자장 율사가 연기 조사가 어머니에게 바치는 효심을 길이 보존 하기 위해 효대에 연기 조사가 어머니에게 차를 공양하는 모습을 세우게 되었다고 밝혔다.

　2023년 가을이었다. 부산 홍법사 주지 심산 스님과 이야기를 나누다가 지리산 화엄사 사사다석탑 앞에 연기 조

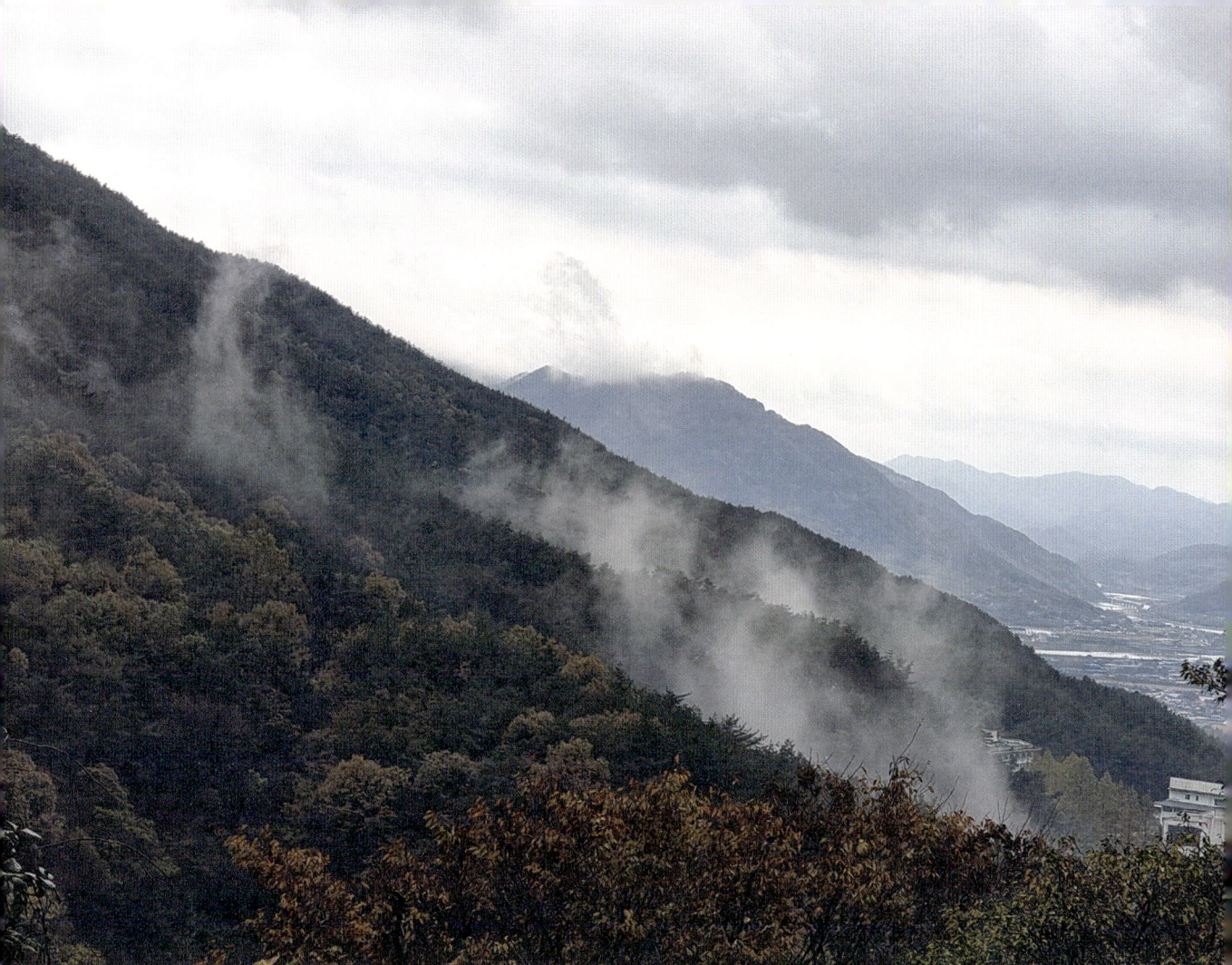

운무속에 빠진 지리산 화엄사의 풍광

사가 두 무릎을 끊고 앉아 부모님께 차를 공양하는 모습이 새겨진 효대가 있는데 차인들은 사사자석등과 효대의 의미를 잘 모르는 것 같다고 말씀드리자 수행자로서 귀감이 되고자 연기 조사 어머니에게 차 공양을 올리고 싶다고 말했다. 그렇게 화엄사와 다연이맺어져 화엄사 효대앞에서 헌다 공양의식이 이루어졌다.

  2023년 가을날 지리산 화엄사의 사자자석탑을 찾아갔을 때 지리산을 감싸 안듯이 한 폭의 수채화처럼 푸른 구름이 시시각각 변화되어갔다.

  108계단의 언덕배기에 사사자석탑에 이르렀다. 효대 앞에 공손하게 차를 공양했다. 연기 조사의 효심일까? 심산 스님이 공양한 한잔의 차는 순간 차향이 바람에 실려 지리산으로 퍼져나갔다. 이렇게 효대 앞에서 차를 공양하게 된 것은 연기 조사의 차의 인연으로 1,400년간 잊혀져간 화엄선차가 되살아났다.

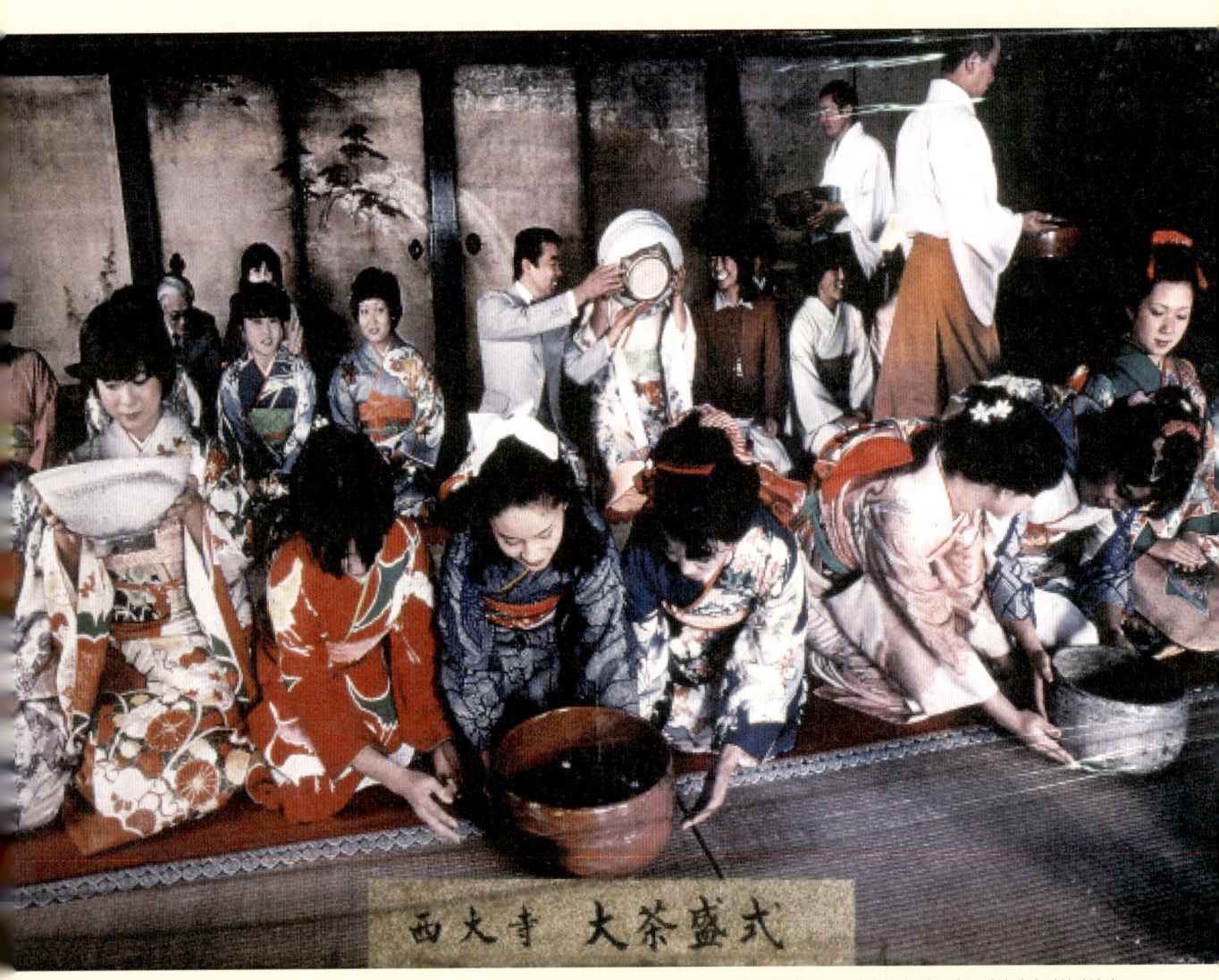

일본 세이다이사 대차의식. 원효의 무애차에서 연원되었다.

4. 세이다이사(西大寺) 대차의식 원효 무애차로부터 비롯되었다

　무애인(無碍人)으로 우리에게 알려진 원효(元曉, 617-686)는 한국뿐 아니라 일본에도 잘 알려져 있다. 그만큼 원효는 동아시아 사상의 한 축을 이루고 있다. 원효의 화쟁사상은 대각 국사로 이어져 신라와 고려를 거쳐 원융회통사상으로 이어진다. 그뿐 아니라 원효의 무애행이 일본 전역에 옮겨가 무애무(無碍舞)와 무애차(無碍茶)로 발전되고 있으니 참으로 놀라운 사실이다. 원효의 다도관은 이미 이규보의 《동국이상국집(東國李相國集)》의 《남행월일기(南行月日記)》에 등장한다. 그러나 정작 원효는 잊혀지고 신라 흥덕왕(興德王) 3년(828)에 대렴공이 당나라에 가져온 차 종자를 왕명에 의해 지리산에 심은 이후부터 차문화가 흥성했다고 기록하고 있다.

　한국의 차문화를 말할 때 다신(茶神)으로 추앙받고 있는 신농(神農)과 《다경(茶經)》을 저술한 육우(陸羽)를 거론하면서 차의 기원을 말하고 있다. 그런데 정작 견당사 대렴이 중국으로부터 차 씨를 가져온 연대보다 거의 80년이 앞선 지장 법사(696-794)의 금지차(金地茶)와 원효의 무애차는 거론조차 하지 않은 것이다. 그러나 일본에서는 재빨리 원효의 무애행에 힌트를 얻어 무애차를 일본 땅에 전파시켰다.

　일본 교토에 있는 세이다이사가 바로 그곳이다. 2년 전 일본 땅에 남겨진 원효의 자취를 취재하던 중 뜻밖에 무애차를 접했다. 세이다이사는 매년 봄 대다기를 통해 차계루기 행사를 하고 있는데 그 의식은 오늘까지 이어져오고 있다. 이 의식은 지름이 30센티미터를 넘는 큰 찻그릇으로 참가자가 모두 돌려가면서 마신다는 것이 특징이다. 세이다이사는 764년 무라카미 천황이 진호국가와 평화기원을 발원, 동대사와 함께 창건했는데, 그 역사만큼이나 많은 일화들을 간직해오고 있다. 그곳에 뜻밖에 원효다법이 남아 있다는 것은 매우 의미가 깊다고 하겠다.

　이 큰 찻그릇의 유래는 무라카미 천황(村上 天皇)이 병으로 고생할 때 구우야 상인(空也上人, 903-972)이 육바라밀의 십일면관음상에 의한 영험한 꿈에 따라

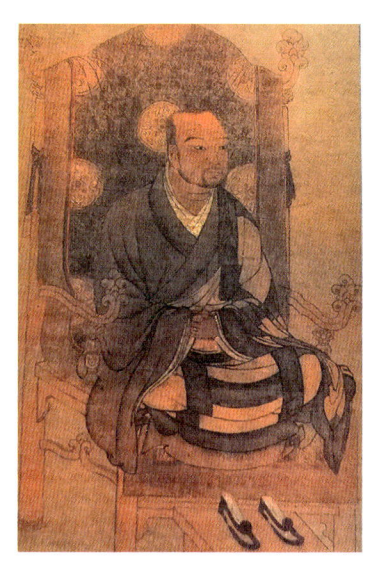

일본 고산사에 보존된 원효대사 영정

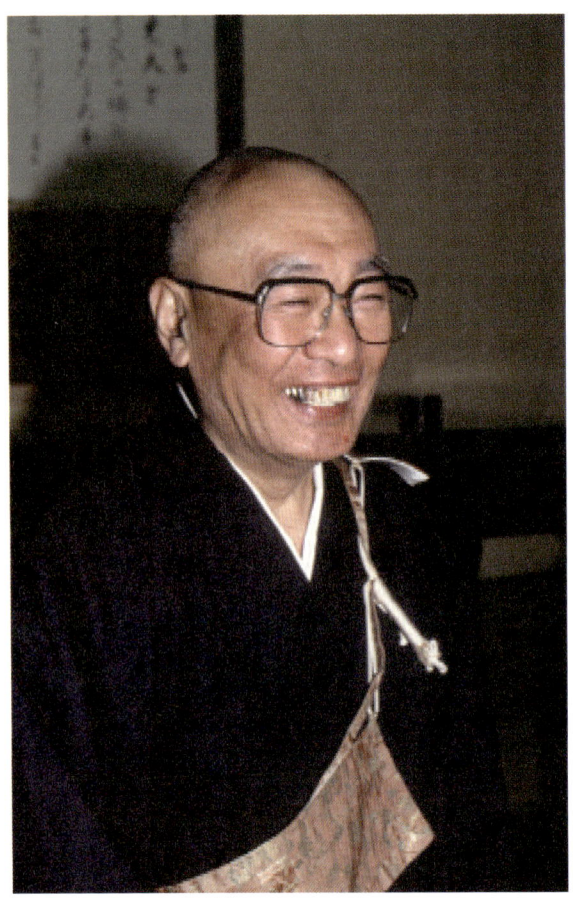

1990년대 세이다이사 관장을 만났을때 세이다이사 관장이
세이다이사 대차의식은 조선에서 건너왔다고
증언한 바 있다.

서 차를 바쳤더니 당장에 완쾌되어 후에 정월 초하루에 그 절에 차를 음다토록 했다고 한다.

2년 전 그 찻사발에 대해 세이다이사 관장을 만난 자리에서 얘기를 나눴다. 관장은 벽에 걸린 찻사발 사진에 대해 "이 찻사발은 이 절의 오랜 풍습입니다. 매년 두 차례 다회를 하는데 이 큰 사발로 차를 돌려 먹습니다"라고 하였다.

관장은 차를 돌려먹는 풍습이 일본 풍습으로는 없지만 서민들에게 전해진 풍습으로 원효의 무애행에서 시작된 것으로 본다며 찻사발의 이름은 오우부꾸 찻사발이라고도 하고 일설에는 무애 찻사발이라고도 전한다고 말했다. 세이다이사의 자료에 따르면 대차의식은 매년 1월 15일과 4월 둘째 일요일에 진수신인 하찌만궁(八中番宮)에게 올린 차를 대중이 돌려가면서 마시게 한다. 이 대차와 찻그릇으로 남녀노소가 신다일미(信茶一味)의 묘미를 터득하였을 뿐 아니라 세이다이사의 가풍으로 굳어졌다.

원효의 무애행 무애차로 이어져

일본 땅에 무애다법을 전파시킨 원효에 대해 정작 우리나라에서는 소중한 차승으로서의 그의 자취를 살피지 않고 있다.

원효가 무애인으로 살게 된 까닭은 《삼국유사(三國遺事)》에 전하는 바와 같이 우연히 광대들이 큰 박을 뒤짚어쓰고 노는 모습을 보고 무애인으로 살기를 서원했다고 한다. 그리고 "일체무애인(一切無碍人) 일도출생사(一道出生死)"를 외치며 대중불교에 나섰다. 원효가 부른 무애가는 《화엄경》에 "모든 것에 걸림이 없는 사람은 단번에 생사에서 벗어나리로다"라는 어록의 문구를 따서 스스로 소성 거사로 낮추어 마을 촌락을 다니며 무애가를 통해 대중교화에 나섰다.

그의 그러한 사상적 흐름을 일본인이 재빨리 터득해 무애다법으로 대중들을 교화한 것이다. 에이사이(榮

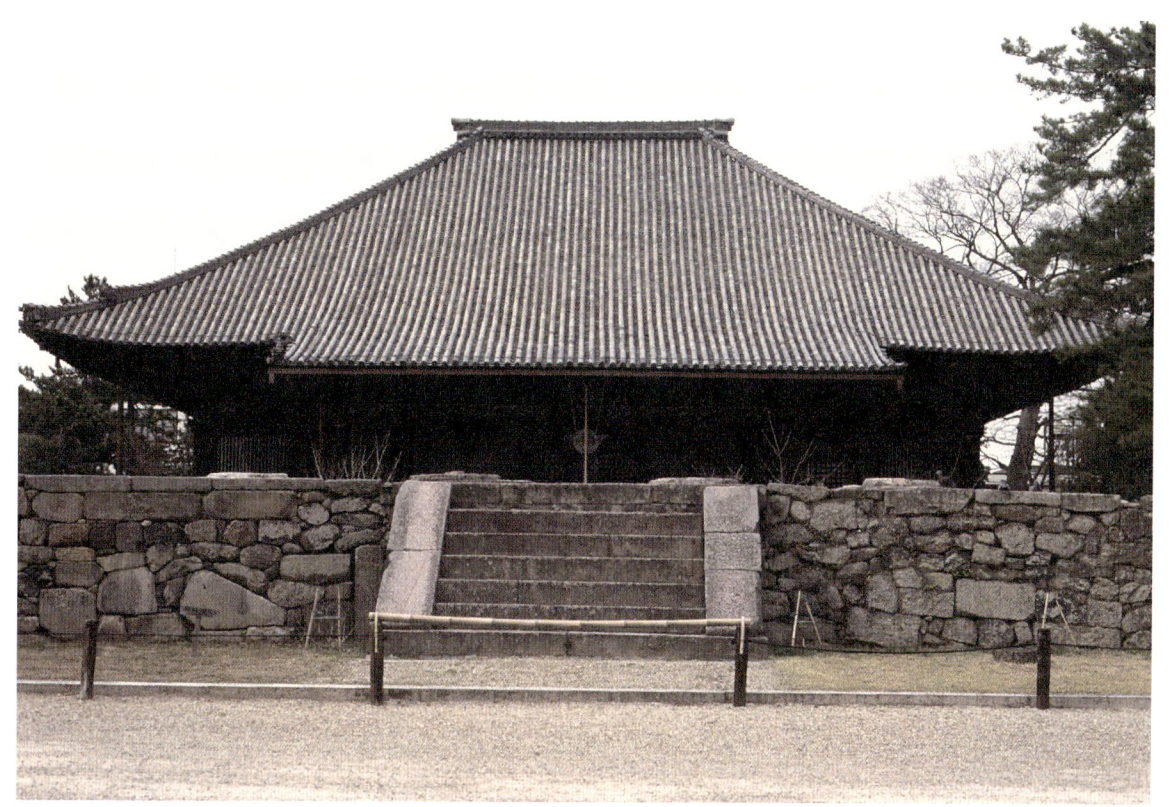

원효의 무애차가 전승된 세이다이사

西) 선사가 5백나한전에 매일 차 공양을 한 뒤 《끽다양생기(喫茶養生記)》를 저술한 연원이 신라 도육의 다법에서 비롯된 것과 같이 신라 사회에서는 원효가 파계승으로만 비쳐지고 있을 때 이미 일본에서는 그의 무애행을 차와 접목시킨 것이다.

고려 때 이규보는 원효의 다선(茶禪)정신을 안타깝게 여겨 《동국이상국집》〈남행월일기〉에 원효방에서의 차생활을 남겼다.

원효가 있었던 원효방에 오르려면 나무사다리를 타고 올라야 했다. 높이가 수십 길이나 되는데 후들후들 떨면서 그 사다리를 타고 올라가면 마치 정계(庭階)와 창호(窓戶)가 숲속에 솟아나 보였다.

특히 기록에서 중요시되는 대목은 원효의 차생활이다. 전히는 바에 의하면 원효가 원효방에 와서 살자 사포 스님이 따라와 원효를 시봉했는데 암자 주변에 샘물이 없어 사포승이 안타까워하고 있을 때 갑자기 바위 밑에 샘물이 솟아나 그 샘물로 원효 스님에게 차를 공양했었다는 기록이 남아 있다.

고려 때에도 고승대덕들이 즐겨 찾아 그 물맛 좋은 바위 속의 감천으로 차를 끓여 마셨던 원효방은 지금도 남아 있다. 전북 부안군 상서면 감교리 능가산 개암사 뒤쪽 울금바위굴 세 개 중 원효가 차생활을 즐겨 했던 원효방은 오른쪽 깎아지른 절벽 위에 있었다.

원효의 무애무가 우리 땅에서보다 일본 땅에 전해진 사실은 우리의 마음을 아프게 한다. 잘 알다시피 차는 중국으로부터 한국을 거쳐 일본으로 건너갔다. 그러나 오늘날 우리의 차문화를 살필 때 오히려 일본에서 찾아야 할 형편이다. 그나마 원효의 무애다법이 남아 있어 그 사상을 복원할 수 있으니 얼마나 다행스러운 일인가. 일본 정토종의 창시자인 법연상인(法然上人, 1133-1212)은 원효의 《유심안락도》를 정토종의 종지로 삼기도 했다.

명신으로 받들어지고 있는 원효

원효는 일본 초암차의 비조일 뿐만 아니라 명신(明神)으로까지 받들어지고 있다. 명신이란 부처님과 동격한 신을 말한다.

명혜는 화엄종 승려인데 원효의 사상을 흠모 《화엄연기회권(華嚴緣起繪卷)》을 그려 일본 교토의 고산사(高山寺)에 모셨다. 현재 교토박물관에 소장된 《화엄연기회권》은 모두 6권으로 되어 있다. 그중에서 2권에 원효와 의상의 행적을 담았다.

원효의 행적을 찾던 중 나는 2년 전에 교토의 세이다이사에서 무애차를 발견했는데, 이제 원효사상이 고스란히 남아 있는 고산사에서 원효에 관련된 유적들을 찾게 되니 벅찬 감격에 젖을 수밖에 없었다. 교토 외곽에 자리해 있는 고산사를 찾으니 60세 정도 되어 보이는 고산사의 산주인 오가와지에 씨가 반겼다.

묘우에 상인이 거처했던 석수원에 들어가 원효와 관련된 이런저런 얘기들을 나누고 원효, 의상의 인물화 뒤쪽에 쓰여진 〈보수기〉의 사본까지 확인했다.

〈보수기〉에는 "이번에 양대 명신의 진영을 유심(有深) 등의 지원에 의해 보수했다. 후대를 위해 이를 기록한다"라고 적고 있다.

묘우에 상인은 명문귀족 출신으로 8세 때 어머니가 병사하고 아버지는 당시 일본 최강자 요리모토와 싸우다 전사했다. 9살에 동대사에서 출가했으며 그는 화엄학에 몰두하다가 원효라는 신라 성인을 알게 된 뒤부터 원효사상을 흠모, 원효 성사를 두루마리에 남기게 되는 계기가 되었다.

묘우에 는 일본 다도문화의 창시자가 되기도 했다. 헤이안시대(744-1192) 교토를 중심으로 일어난 문화이자 그 차의 시조가 묘우에 상인이었다. 오가와지씨에게 헤이안 시대 최초의 다원이 고산사에 있다는 말을 듣고 눈이 번쩍 뜨였다. 그리고 그 다원을 찾았다. 다원은 약 1천 평 정도로 일본 제1의 다원이며 국가보호 다원이라고 적고 있었다.

도가노산(梅尾山) 아래 위치한 이 다원에 대해 〈고산사기〉는 이렇게 적고 있다.

"고사에 전하길 묘우에 상인은 헤이안시대 차의 시조이다. 도가노산은 차의 발상지이며 가마꾸라(鎌倉) 초기 에이사이(榮西禪師)가 송에 유학, 양생의 선약과 연명의 묘술을 터득해 오기 이전까지만 해도 이 다원이 유일하다."

묘우에 상인은 석수원 다원에서 차를 재배, 선원차의 시원이 되기도 했다.
우치차 또한 고산사에서 그 종자를 가져가 퍼트린 이후에 일본 전역으로 발전되었다고 한다. 특히 가마꾸라와 무로마찌(室町田丁)시대를 관통하는 도가노산의 고산사 다원은 일본차의 발상지적인 의미가 크다. 매년 천황에게 이 차를 헌다한 것으로 볼 때 묘우에 상인은 일본 차문화를 일으키는 데 많은 영향을 끼쳤다.

끽다의 기원설에 대해 여러 설이 있으나 대체적으로 헤이안 이전인 것으로 알려지고 있으며 구체적 논증이 없다. 다만 쇼우무천황 때 차 베풀기 의식이 행해졌다는 기록과 그 무렵 행기(行基)가 차나무를 심었다는 기록 등이 《동대사요록(東大寺要錄)》에 보인다. 또한 당으로 유학간 최징이나 공해 등이 중국으로부터 차 씨를 가져 왔다는 설도 있다. 대부분 명승들에 의해 일본으로 차가 전파되었다고 한다. 그 무렵 최징은 히에이산(比叡山)에 차 씨를 심었고 묘우에 상인에 의해 우지군 도가노오산에 차 씨를 심어 널리 퍼졌다. 이때가 실질적으로 원효의 무애행이 일본을 뜨겁게 달구었던 시기인 것 같다. 묘우에 상인은 원효의 차정신이 일본 정신의 뿌리라고 생각하고 전파했다.

초암차는 원효의 무애차로 이어졌다

일본차의 정신을 말할 때 단연 초암차부터 거론한다. 초암차는 지금까지 매월당과 무라타 슈코(村田珠光, 1422-1502)에 의해 이루어진 것으로만 알려졌다. 그러나 그 원류는 원효의 무애차로부터 시작되었다. 그러한 까닭에 우리는 원효의 차 정신을 먼저 살펴야 한다.

천 년의 시공을 간통하여 오늘까지 원효의 무애차를 일본차의 정신으로 떠받들고 있는 까닭도 그의 서민적인 차의 정신에서 찾는다. 격식 있는 다도관이 아니라 소박한 차정신에서 원효라는 큰 인물을 만나게 된다.

원효는 신라 진평왕 39년에 담날의 아들로 태어났다. 속성은 설씨요, 이름은 서당(誓撞)이요, 압량의 남부(지금의 경산) 불지촌 북쪽에서 태어났다. 그가 자신의 이름을 스스로 원효라고 한 것은 모든 불일(佛日)을 처음으로 빛나게 하였다는 뜻이다. 원효는 그의 이름만큼이나 부애인으로 살았다. 세인들은 요석공주와의 일화를 들먹이기도 한다. 그러나 그의 궁극적 목표는 깨달음이었다. 그리고 그 깨달음을 대중을 위해 펼친다.

원효는 화쟁사상의 틀 속에서 한국불교의 큰 틀을 그리려 했다. 그는 다선(茶禪)으로부터 대중과 더불어 사는 삶을 추구했다. 원효의 무애차는 일본 다도의 기초를 닦았던 무라타 슈코와 일휴(一休)로 이어졌고 다시 센 리큐(千利休, 1522-1591)로 이어져 거의 400년간 무사도(武士道)정신으로 이어져 오늘에 이른 것이다.

일본차가 원효의 무애정신에 그 뿌리를 두고 있다는 사실은 천 년이 지난 오늘 원효를 더욱 빛나게 한다.

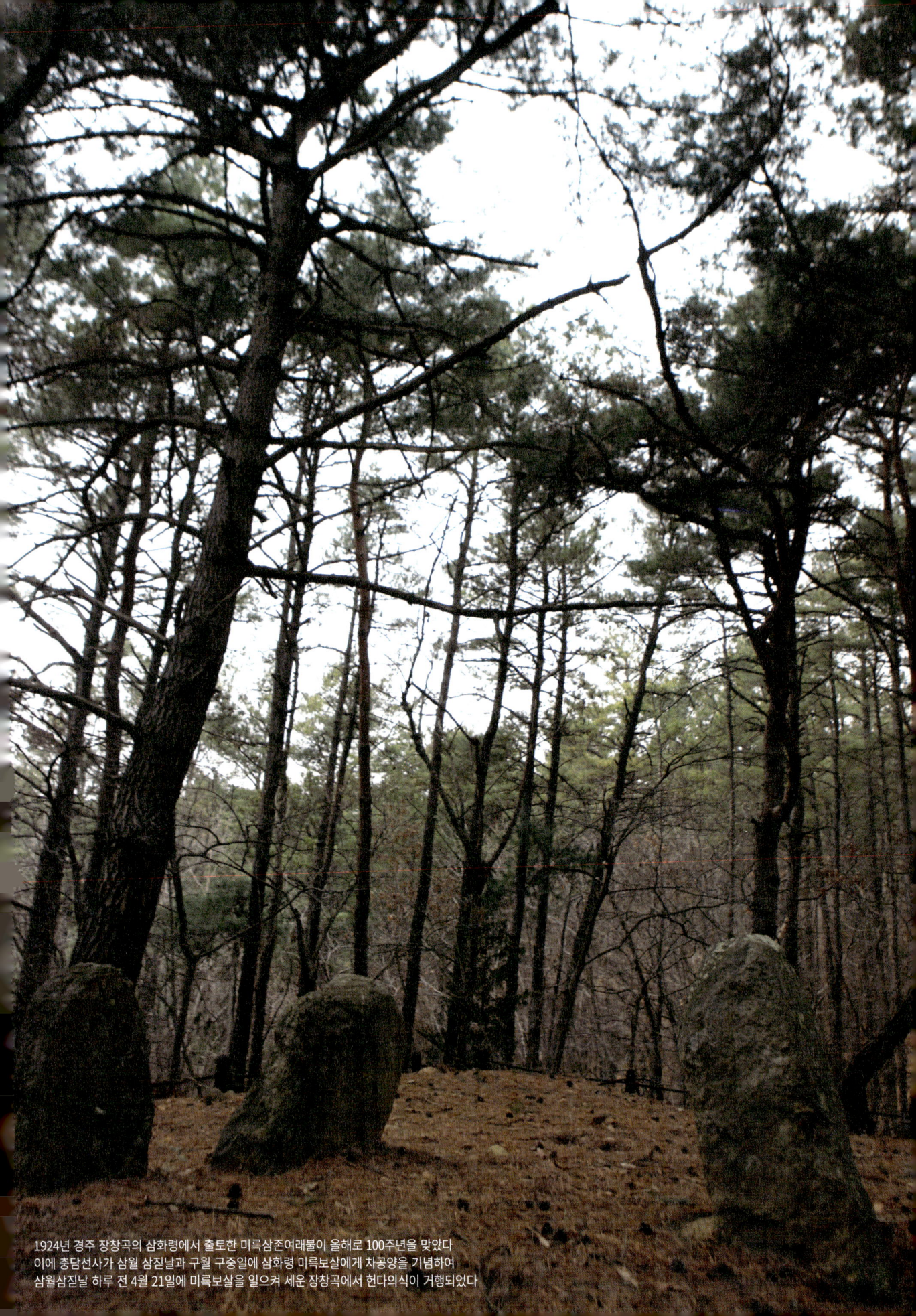

1924년 경주 장창곡의 삼화령에서 출토한 미륵삼존여래불이 올해로 100주년을 맞았다
이에 충담선사가 삼월 삼짇날과 구월 구중일에 삼화령 미륵보살에게 차공양을 기념하여
삼월삼짇날 하루 전 4월 21일에 미륵보살을 일으켜 세운 장창곡에서 헌다의식이 거행되었다

5. 삼화령의 석조 미륵삼존불 앞에서 헌다의식

왜 삼화령 미륵보살에게 헌다해야 하는가

1924년 10월 조선총독부 시절 경주 남산 장창곡에서 석조미륵여래삼존상(慶州 南山 長倉谷 石造彌勒如來三尊像)이 발견되면서 미륵신앙이 되살아났다. 이 석조미륵보살은 해마다 삼월 삼짇날과 구월 구중일에 충담 선사가 차를 공양하여 신라시대 차문화가 전성기를 맞이했다. 해마다 삼월 삼짇날에 경주 남산의 장창곡이 아닌 경주 남산의 연화대좌 앞에서 헌다의식이 거행되었다. 이번에 전 삼화령에서 헌다의식이 처음 열리게 되면서 차계에 충격을 던져 주었다.

잊혀져간 경주 남산의 장창곡에 자리한 전 삼화령(三花嶺)을 찾아가 충담 선사(忠談禪師)로 회상하며 삼화령 옛터에서 차를 올렸다.

올해로 대한민국이 독립을 선언한 지 105년이요 장창곡에서 미륵보살이 발견된 지 100년 만의 경사이다. 이 뜻깊은 날에 해마다 충담 선사가 삼월 삼짇날과 구월 구중일에 삼화령 미륵보살(彌勒菩薩)에게 차를 올렸던 그의 정신을 기리기 위해 충담이 걸었던 길을 따라 거행한 헌다식은 의미가 깊다.

전 삼화령에서 처음으로 헌다소식을 듣고 헌다식에 참가하게 된 울산 백양사 주지 지은 산옹 스님은 "오랫동안 신라 차문화의 자취를 추적해 왔는데 뜻밖에도 이번에 전 삼화령에서 충담 선사의 뜻을 기리는 헌다의식을 개최 한다기에 기쁜 마음으로 참가하게 되었습니다. 장창곡에서 미륵 삼존불이 발견된 이후 100년 만에 열리게 되어 의미가 새롭습니다. 이번 헌다식을 계기로 경주의 차문화가 더욱 발전되길 바랍니다"고 말했다.

그간 전 삼화령은 잊혀지고 경주 남산 연화좌대가 삼화령으로 알려지면서 차인들이 앞을 다투어 연화좌대 앞에 헌다의식을 거행했다. 그 실마리를 하나씩 풀어본다.

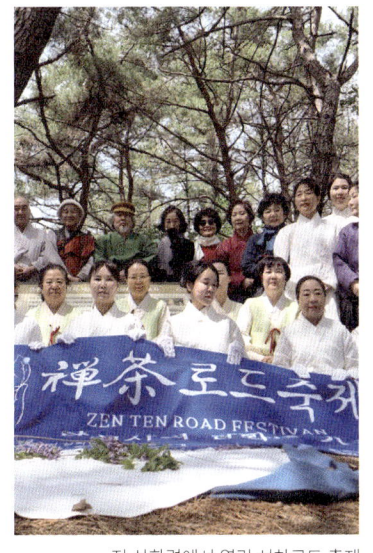

전 삼화령에서 열린 선차로드 축제

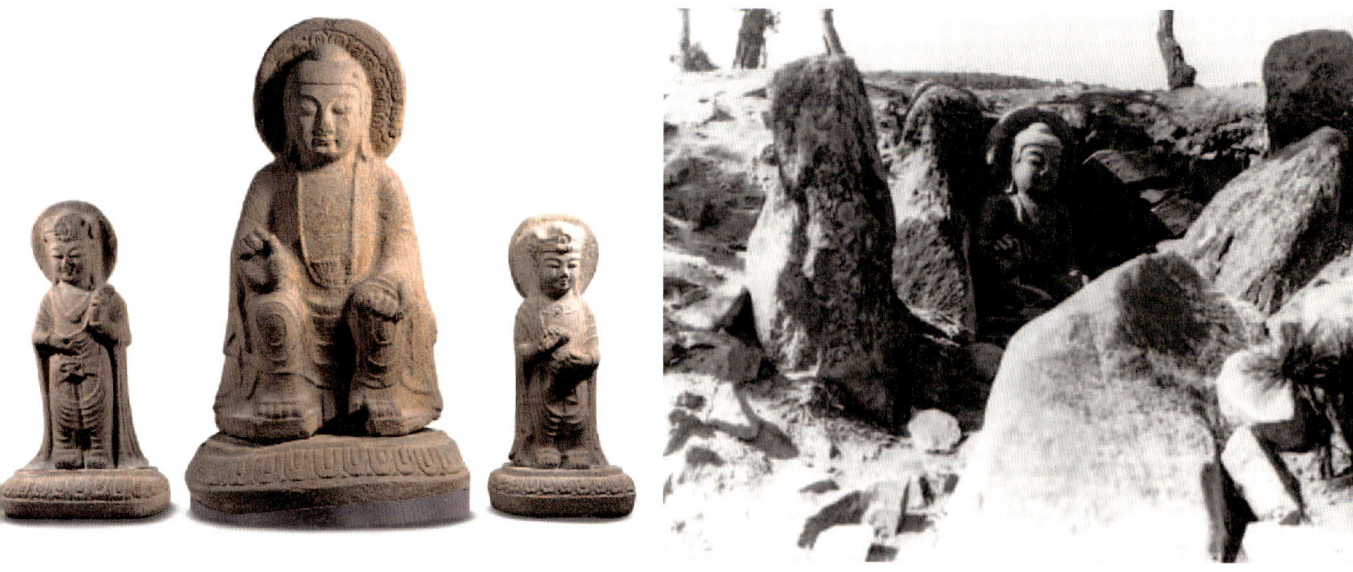

(왼쪽) 장창곡에서 발굴된 미륵삼존불이다 국보로 지정되어 현재 국립경주박물관에있다 ⓒ국립경주박물관
(오른쪽) 1924년 장창곡에서 발굴당시의 미륵여래불 ⓒ국립경주박물관

경주 남산 장창곡 전 삼화령 왜 잊고 있나

경주남산 장창곡의 삼화령을 찾아가 헌다의식을 올렸다. 지금까지 경주남산의 연화좌대가 있는 그곳이 삼화령으로 알려졌다. 해마다 차인들이 연화좌대 앞에 차공양을 올렸다. 이번에 충담 선사의 차의 정신을 기리기 위해 울산 백양사 선다회 · 숙우회 · 경주예다원 정향회가 참여하여 전 삼화령 터에서 헌다의식을 올렸다.

삼화령을 두고 의견이 분분한데 장창곡의 전 삼화령을 충담 선사가 미륵보살 앞에 차공양 했던 현장으로 입증된 것은 1925년 국립경주박물관으로 옮겨진 석조삼존불상(石造三尊佛像)이 출토되면서였다. 삼화령을 놓고 고(故) 황수영 박사와 향토사학자인 고(故) 윤경렬 선생의 주장이 엇갈렸다. 황수영 박사는 장창곡을 충담 선사가 미륵보살에게 차를 공양했던 곳이라고 주장했다. 윤경렬 선생은 남산 미륵좌대가 있는 그곳을 삼화령으로 보아왔다.

황수영 박사는 장창곡에서 발견된 석조삼존불상이 바로 《삼국유사》의 '생의사 석미륵'에 등장하는 석불상이라고 주장해왔다. "선덕여왕재위(632-647) 때 생의(生義)라는 스님이 도중사(道中寺)에 거주하였다. 하루는 꿈에 한 스님이 그를 데리고 남산으로 올라가 풀을 묶어서 표시를 하게 하고, 산의 남쪽 마을에 이르러서 말하길, "내가 이곳에 묻혀있으니, 꺼내어 고개 위에 안치해주시오."라고 하였다.

잠에서 깬 후 산에 올라 표시해 둔 곳을 찾아 땅을 파보니 돌로 만든 미륵[石彌勒]이 나왔으므로, 삼화령 위에 안치하였다. 이후 그곳에 절을 짓고 생의사生義寺라 이름하였다. 또 경덕왕재위(742-765) 때 충담사(忠談師)가 3월 3일과 9월 9일에 삼화령의 미륵세존(彌勒世尊)에게 차 공양을 올렸다고 한다.

1925년 국립경주박물관으로 옮겨진 석조미륵삼존불이 발견된 장창곡의 석실일 것이라는 주장이다. 따라서 장창

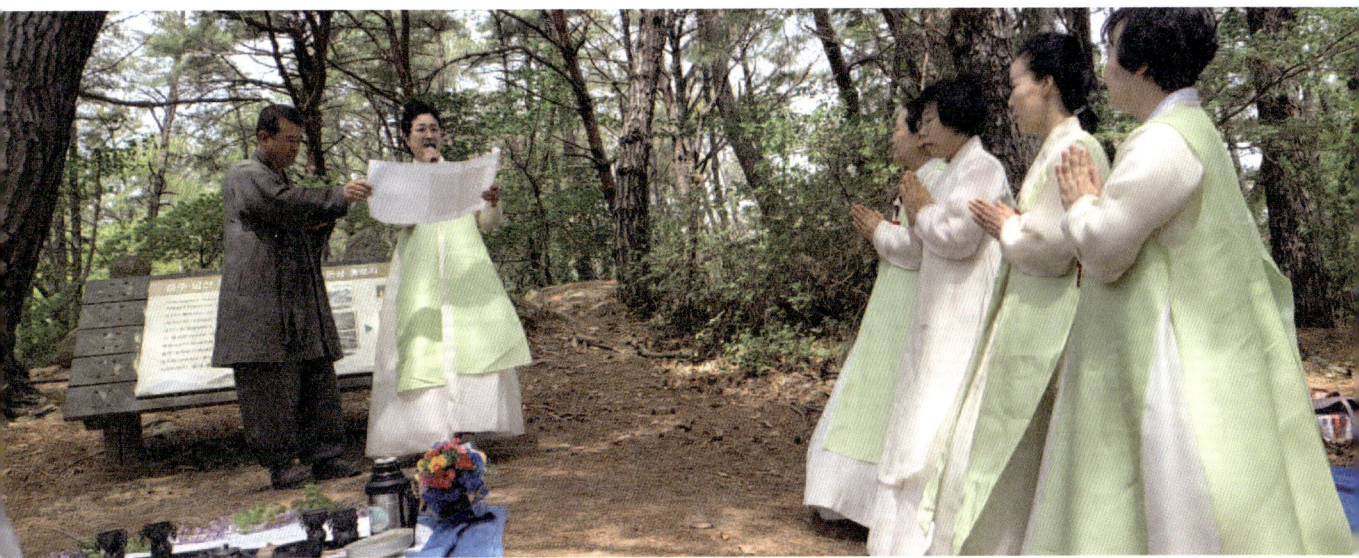

남산 장창곡에서 충담선사가 남긴 안민가를 경주 예다원에서 읽고 있다.

곡의 원래 이름은 삼화령이었고, 생의가 발견한 불상이 미륵불이었으므로 삼화령 미륵불로 불러야 한다고 주장했다. 향토사학자인 고청(古靑) 윤경렬(尹京烈, 1916-1999) 선생님은 남산의 연화좌대를 삼화령으로 보고 있다. "남산의 연화좌대가 있는 그곳의 산줄기 셋이 뻗어 있으니 꽃잎 셋[三花]에 비유한 것이고, 그 등성이는 영령 또는 수리 述인 삼화령(三花嶺)인데, 가장 중요한 것은《삼국유사(三國遺事)》에 기록된 미륵(彌勒) 부처를 파낸 곳이 남산(南山) 남쪽 골짜기란 거다. 남산의 남쪽 골짜기가 바로 이 마루의 남쪽 골짜기가 아니고 어디란 말인가?" 그러나 동국대(東國大) 총장(總長)을 지낸 황수영(1918-2011) 박사는 남산의 북쪽, 남산신성(南山新城)의 북쪽을 삼화령이라고 주장했다. 무엇보다도 지금 경주박물관(慶州博物館)에 모셔져 있는 삼존불이 이곳에서 발견되었기 때문이라고 말했다. 남산의 연화좌대(蓮花座臺)는 오늘도 침묵하고 있다.

황수영 박사가 주장한 장창곡은 묻혀버리고 윤경렬 선생이 주장한 남산의 연화좌대가 무게를 싣고 있다.

충담 선사가 미륵보살에게 차를 올린 삼화령에서 차를 공양하다

지난 21일 경주 장창곡의 전 삼화령에서 뜻깊은 헌다의식이 거행되었다 지난해 시작된 선차로드 축제는 경주 첨성대(瞻星臺)에서 시작된 매월당 초암차도의 길에 이어 경주에서 두 번째로 열리는 충담 선사의 삼화령가는 길은 1924년 장창곡에서 발견된 석조미륵삼존불이 발견된 이후 100년 만에 열린 뜻깊은 행사로 신라 천 년의 숨결이 깃든 상창곡에서 충담 선사 삼화령 가는길을 열며 역사적 헌다 의식이 거행 되었다. 전 삼화령에서 처음으로 열린 헌다식에 참가하기 위해 전국 각지에서 찾아온 차인들의 발길이 경주시 교동 산에 자리한 장장곡으로 이어졌다. 11시가 되자 헌다의식이 시작되었다.

장창곡 석조미륵보살이 발견된 앞에서 충담 선사의 안민가를 올리면서 헌다의식이 시작되었다. 이어서 이번 장

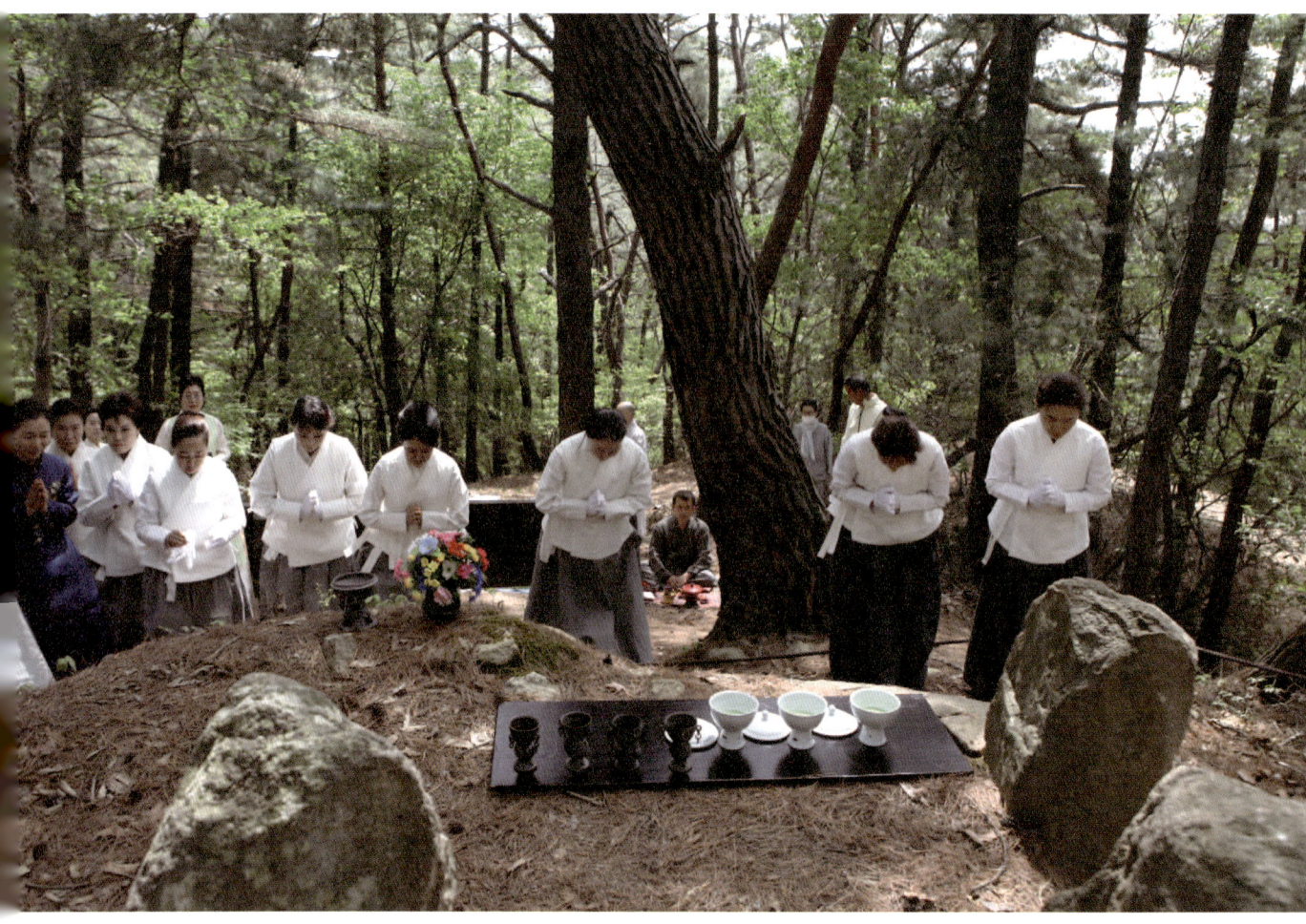

장창곡의 미륵여래삼존불이 출토된 전 삼화령에서 헌다의식을 거행하고 있다.

창곡에서 헌다의식이 개최된 배경을 한국국제선차문화연구회 최석환 회장이 말했다.

"오늘 삼월 삼짇날 하루 전에 유서 깊은 장창곡에서 충담 선사의 차 정신을 기리는 헌다식을 열게 되어 의미가 새롭습니다. 1924년 장창곡에서 석조 미륵 삼존불이 발견된 이래 100년 만에 열리게 되어 어느 때보다 헌다의 미가 새롭습니다. 지금까지 삼화령을 경주 남산의 연화좌대가 있는 삼화령으로 알려져 왔는데 이번에 남산의 장창곡의 석조미륵여래불이 출토된 장창곡에서 충담 선사를 기리는 헌다의식을 거행하여 충담 선사의 차의 정신을 기리고자 합니다."

이어 축사에 울산 백양사 주지 산옹 스님의 축사를 울산 태화문화차인회 권옥희 회장이 대독했다. 정향회 김시남 교수와 경주 예다원 서태선 고문에 이어 승려시인인 진관 스님의 시 낭송이 이어졌다.

충담 다승이여 하늘 북 울리소서

진관 시인

충담 다승은 도솔천에서 매일매일 슬퍼하며
충담 다승이 미륵불 앞에 차를 올리던 삼화령
차 공양 올리는 의식 장소를 기다렸는데
언제 부터 인지 삼화령 고개가 아닌 바위에
차 공양을 올렸던 고개라고 차 공양을 올려왔네
제발 본래 삼화령 고개에 차를 올린 미륵 불 앞에
차 공양을 올리는 날을 기다리고 있으니
신라에 원효 법사도 의상 법사도 눈물 흘리고
삼화령 미륵 불 앞에 엎드려 있음이다
충담 다승이 도솔천에서 그 모습을 내려 보니
삼화령 고개에 차 공양을 올리는 바위를 부수어
잡초 우거진 숲으로 황토 흙을 뿌리고 있어
소낙비를 내리는 슬픈 날 피눈물을 흘리었다.
신라의 위대한 충담 다승이 차 공양 올리는 차인
삼짇날 중앙 절에 차 공양을 올리는 단원을 기다려
충담 다승이 삼화령에서 차 공양 올린 의식을
기다리고 있다는 것을 다인 들이여 알게나
아 언제부터인가 삼화령에서 차 공양을
올리는 의식이 소멸 되었는지 아는가
그 이유를 지금부터 설명하려니 바르게 알게나
아 너무도 슬프고 참을 수 없는 아픔이여
신라가 당나라에 아첨하여 백제를 멸하고
신라가 당나라와 연합하여 고구려를 멸하고
신라의 마지막 의자왕이 신생 고려에 넘긴 이후
신라 땅에서 차인들이 차를 올리는 행을 중단하였고
신라에 충담 다승이 삼화령에 차를 올린 기단을
모조리 모조리 흔적도 없이 파괴해버리고 말았네!
신라는 당나라를 등에 엎고 다니면서 삼화령
신라 땅에서 미륵 님을 찬양하는 남산에 도량을
남김 없이 파괴하여 신라의 정신을 소멸하게 하니

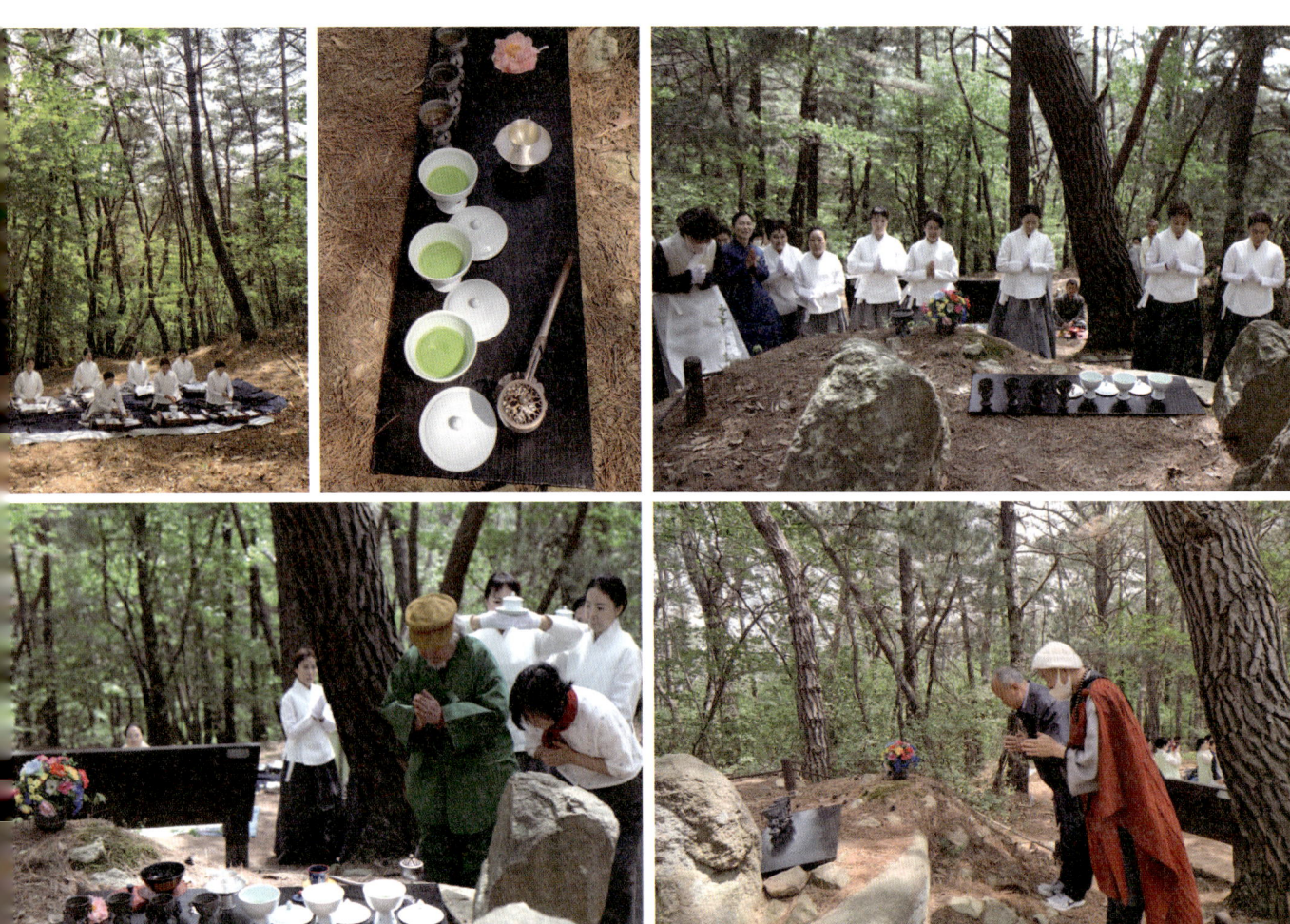

전 삼화령에서 열린 장엄한 헌다의식

금관가야의 후예장수 김유신은 당나라 소정방을
신라국의 변방 상주에 유인하여 주살을 하였네!

고려도 신라국 터 삼화령 미륵 님께 차 공양하는 행위를
그 흔적을 지우려고 당나라처럼 자행하였던 슬픈 역사
고려 국도 신라 땅 경주에서 삼화령에서 삼짇날 중양절
민중들이 차 공양 올리는 행위를 중단하였네!
아 아 그날의 위대한 미륵 세존 신라에 충담 다승이 차를 올린
신라의 본래 삼화령 고개의 흔적을 찾았으니 충담 다승이여
이제야 삼화령 고개에 충담 다승이 차 공양을 올린
도솔천 미륵 세존님 삼화령 고개에서 차 공양을 올리니

충담 다승이여 도솔천 미륵 세손 앞에서 하늘 북 울리고
하늘 북을 힘차게 원효 법사 의상 법사 모시고
삼화령 고대에 내려오시여 차 공양받으소서

진관 스님에 이어 포항 대성사 주지인 운봉 스님이 충담 선사의 안민가를 노래로 불린 뒤 자신의 노래 상사초를 불렀다.

개막의식이 끝난 뒤 헌다의식은 각 다회가 올렸다. 먼저 경주 예다원이 차와 향과 꽃을 올리는 의식이 거행된 뒤 최석환 회장과 진관 스님이 헌다를 올렸다. 이어 울산 백양사 선다회가 여법하게 말차로 헌다의식이 거행되었다.

숙우회의 서하당에서 천처 차행법이 펼쳐졌다. 차와 향과 꽃을 올리는 헌다의식이 엄숙하게 거행되었다. 숙우회에 이어 정향회의 김시남 교수가 지리산 자락에서 법제한 올해의 햇차로 차공의식이 거행되면서 대미를 장식했다.

헌다의식이 끝난 뒤 참가 대중들은 스님이 앞장서고 목탁 소리에 따라 합장하며 도량을 세 바퀴를 돌고 돌아 헌다의식이 끝났다.

헌다의식이 끝난 뒤 귀정문으로 향했다 귀정문은 장창곡에서 20여 분 거리로 오릉에 인접해있다 거리로 살펴볼 때 충담 선사가 경덕왕을 만났던 곳으로 확실해졌다.

참가 대중들이 귀정문을 찾아가 충담 선사가 경덕왕을 만난 역사적 현장을 찾아갔다. 구귀정문에서 남산을 내려다본즉 충담 선사가 앵통을 짊어지고 걸어갔다. 충담을 보고 왕은 기뻐하며 맞이했다.

"그대는 누구요"
"충담입니다"
"어디서 오는 길이요"
"제가 삼월 삼진날과 구월 구중일에 미륵보살에게 차공양을 올립니다. 오늘 마침 차공양을 올리고 오는 길입니다."
"나에게도 한잔 줄 수 있겠소"

충담이 왕에게 차를 달여 드리니 차의 맛이 그윽하여 사발향에 이상한 향기가 풍겼다.

"내가 들으니 스님은 찬기파랑가를 찬미한 사뇌가가 그 뜻이 깊다고 들었소."
"그렇습니다."
"그렇다면 백성을 편안하게 다스릴 수 있는 노래를 지어주오."

충담은 직명(勅命)을 받들어 임금답게 신하답게 백성답게 살아가면 나라가 태평하리라는 안민가를 지어 올렸다.

그 안민가 중 사람답게라는 그 말은 시공을 뛰어넘어 오늘날까지 회자되고 있다.

충담(忠談)과 경덕왕(景德王)이 만난 귀징문에서 청사 안광석(安光碩)옹이 만든 앵통을 제자인 김시남 교수가 재현한 앵통을 펼쳐 찻 자리를 열면서 충담의 차의 정신을 기렸다. 그렇게 선차로드를 찻잔에 담아 시공을 뛰어넘어 차의 길로 이어져가고 있다.

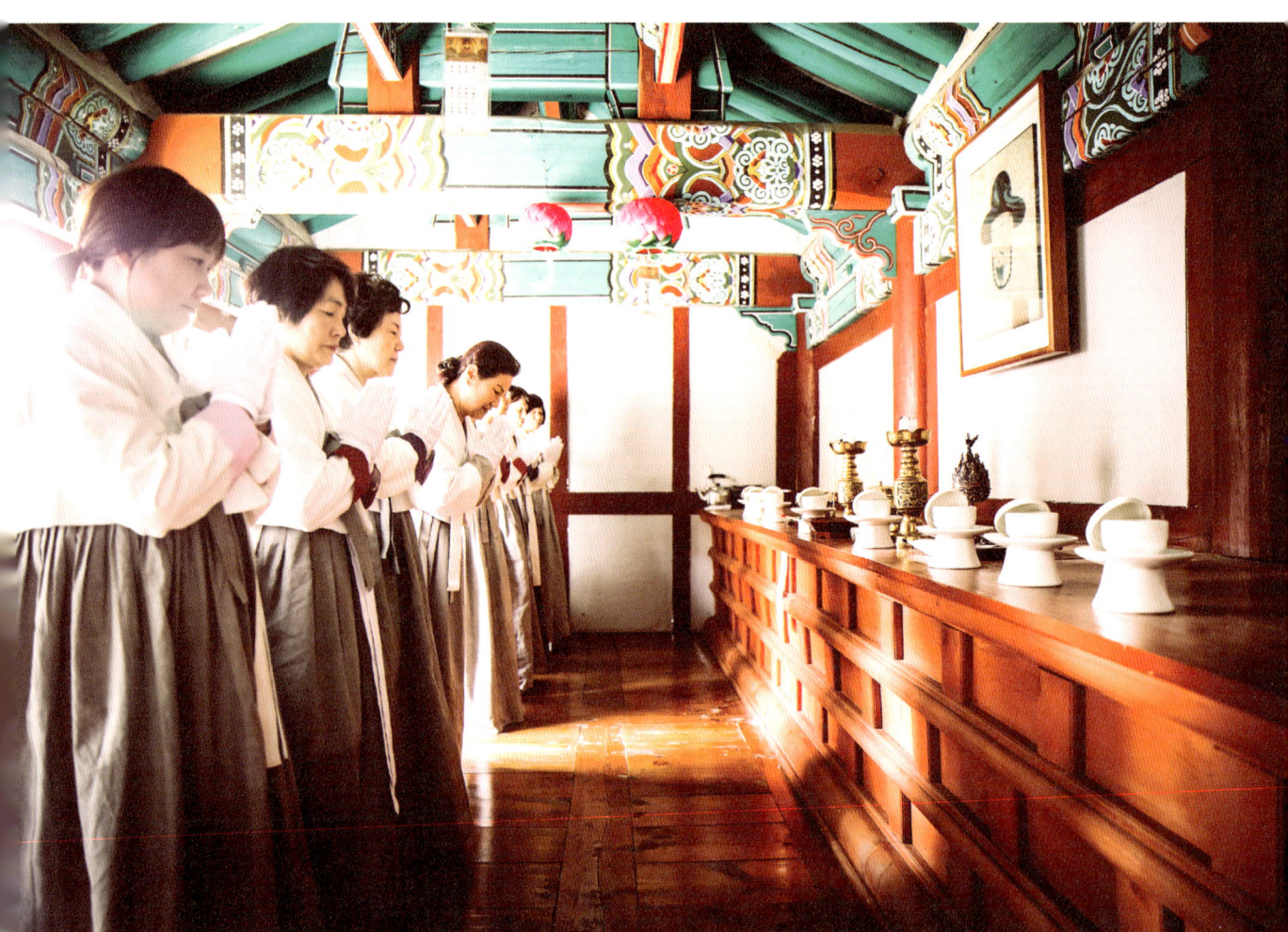

부여 무량사 매월당 김시습 영당 앞에서 헌다 의식을 거행하고 있는 공주 백제차예절원의 이효천 원장과 회원들

6. 500년간 묻혀버린 설잠 선사를 차로 깨우다

매월당 김시습(梅月堂 金時習, 1435-1493)은 생육신(生六臣)의 한 사람이다. 21세 때 중흥사(重興寺)에서 공부하던 중 세조가 단종을 폐위하고 왕위를 찬탈했다는 소식을 듣고 분개하여 4일간 뒷간에서 나오지 않고 있다가 읽고 있던 책을 모두 불살라 버리고 불문(佛門)에 귀의하여 한평생 방랑의 세월을 보냈다. 그는 《금오신화》라는 역작을 남겼고 일연 선사가 저술한 《중편조동오위(中編曹洞五位)》의 요해를 남겼다. 그밖에도 전국을 유람하면서 남긴 시편들은 《매월당집》에 수록되었다.

김시습의 법명은 설잠(雪岑)으로, 그의 자취는 철원 매월대 매월폭포를 시작으로 《금오신화》의 현장 용장사터, 일본인 준 장로를 만나 일본에 초암차를 전승한 현장인 울산 연포연성의 불일암터에서 찾을 수 있다. 그리고 말년을 보낸 부여의 만수산 무량사(無量寺)에서 설잠 스님은 1493년 59세로 영면에 들면서 자신을 화장하지 말고 저 뒤에 묻어 달라고 했다. 3년이 지난 뒤에 무량사 스님들이 무덤을 파 보니 얼굴이 살아 있는 것과 같았다고 한다. 제자들은 스님을 화장하여 부도를 세웠다. 무량사 산문 부도전에 있는 김시습 부도가 그것이다.

조선후기로 접어들면서 매월당의 자취는 잊혀 갔다. 그러다가 일제 강점 시기에 폭풍우로 나무가 무너지면서 승탑이 넘어지는 바람에 사리 1과(顆)가 발견되어 현재 국립공주박물관에 보존되어 있다. 또한 후손들에 의해 부여 무량사와 기림사에 매월당 영당이 세워졌다. 그리고 강릉 청간사(淸簡祠)와 강릉 성산면 보광리의 매월당 기념관에 김시습 영정이 봉안되었다.

2006년 9월에 설잠 선사가 준 장로를 만났던 울산의 불일암 옛터가 처음으로 드러나면서 초암차의 실체가 수면 위로 떠올랐다. 그 뒤 초암차의 비밀이 하나씩 밝혀졌다. 병신년 첫 급수봉다 수행의 현장인 기림사가 한국 최고 차의 성지로 드러나면서 매월당 영당이 있는 기림사의 설잠 선사가 자연스럽게 연결되어 세상의 이목이 집중되었다.

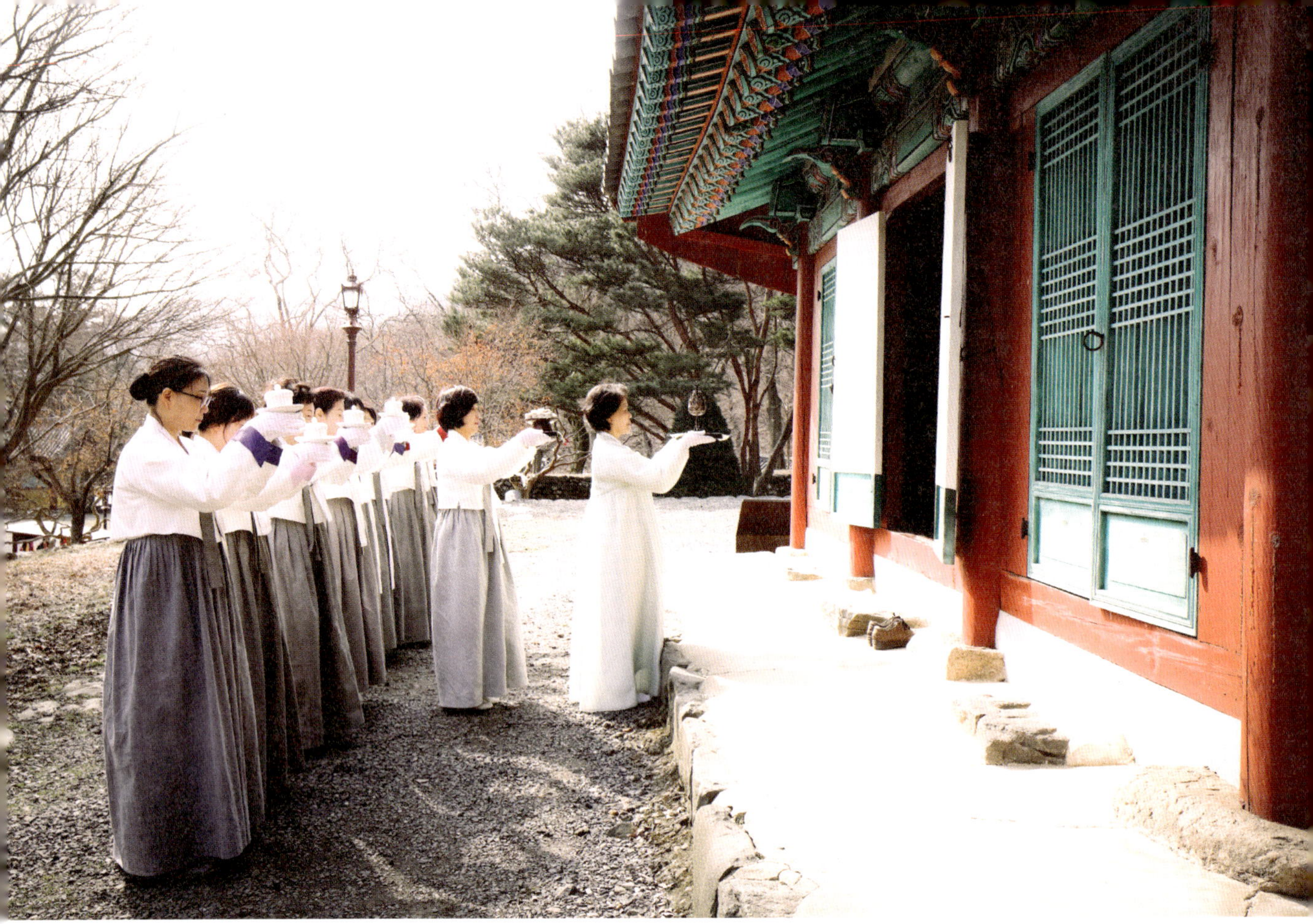

공주의 백제차예절원이 매월당 영당에 차를 올리는 헌다의식

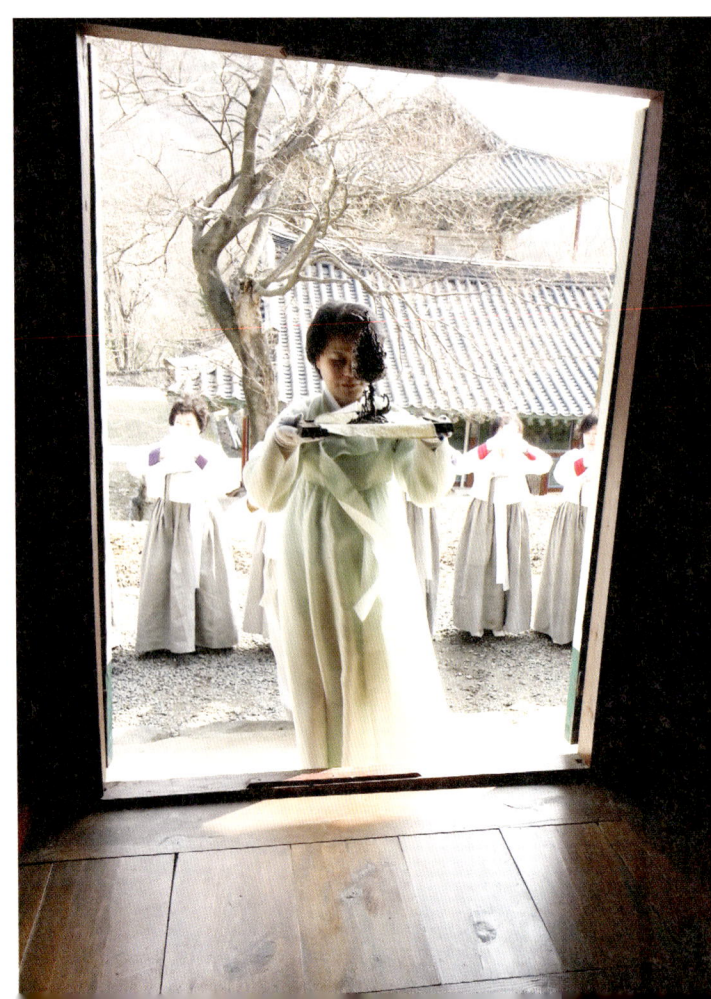

어느 날 공주의 백제차예절원의 이효천 원장은 기림사 급수봉다 수행에 대한 글을 읽고 오래전 무량사의 매월당 영당에 헌다 의식을 올렸던 기억이 떠올라 감격했다면서 백제차예절원 회원들과 함께 무량사 매월당 영당에서 헌다의식을 올리길 소망했다. 그렇게 무량사에서 지난 19일 헌다의식이 극적으로 이루어졌다. 헌다식이 시작되기 직전 적묵당(寂默堂)에서 이 절의 주지인 제민 스님과 마주 앉았다. 김시습 영당에서 헌다식을 올리기 위해 왔노라고 말씀드렸다. 그 순간 제민 스님은 미소를 지으며 말을 꺼냈다.

"산문 앞에 김시습 부도라고 쓰여 있는데 이름부터 바꿔야 합니다. 김시습은 출가 이전의 이름이니 법명인 설잠 스님으로 고쳐야 합니다. 출가

부여박물관에 보관 중인 매월당 김시습의 사리 ⓒ부여 박물관

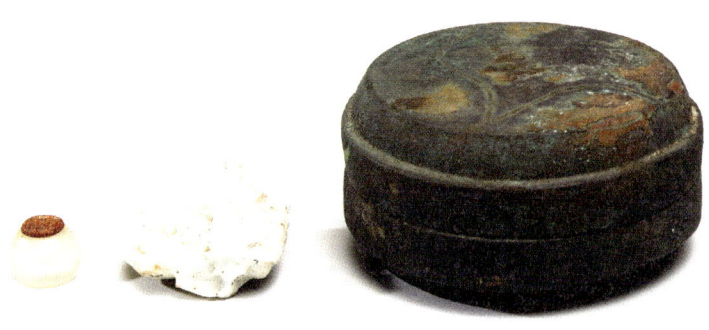

전의 이름이 아직까지 쓰여 있는 것은 잘못입니다. 그리고 부여 박물관이 소장하고 있는 설잠 스님의 사리는 원래 자리로 돌려주어야 한다고 생각합니다."

제민 스님은 더 나아가 매월당 문학관을 세우고 매월당 문학상을 만들어 널리 현창케 할 것이라고 포부를 밝혔다. 스님은 3년 전 무량사 주지로 취임한 이래 매월당 사당에서 처음으로 헌다의식이 열리게 된 것을 뜻깊게 생각한다고 말씀했다.

매월당 자화상 앞에서 헌다의식

이른 아침 공주의 한옥촌의 뜰을 걷다가 고려 현종의 기념비를 보았다. 현종이 경남 사천의 와

부여 무량사에 있는 매월당 김시습의 부도. 일제강점기에 탑이 허물어지면서 사리가 나왔는데 사리는 현재 부여박물관에 보존되어 있다.

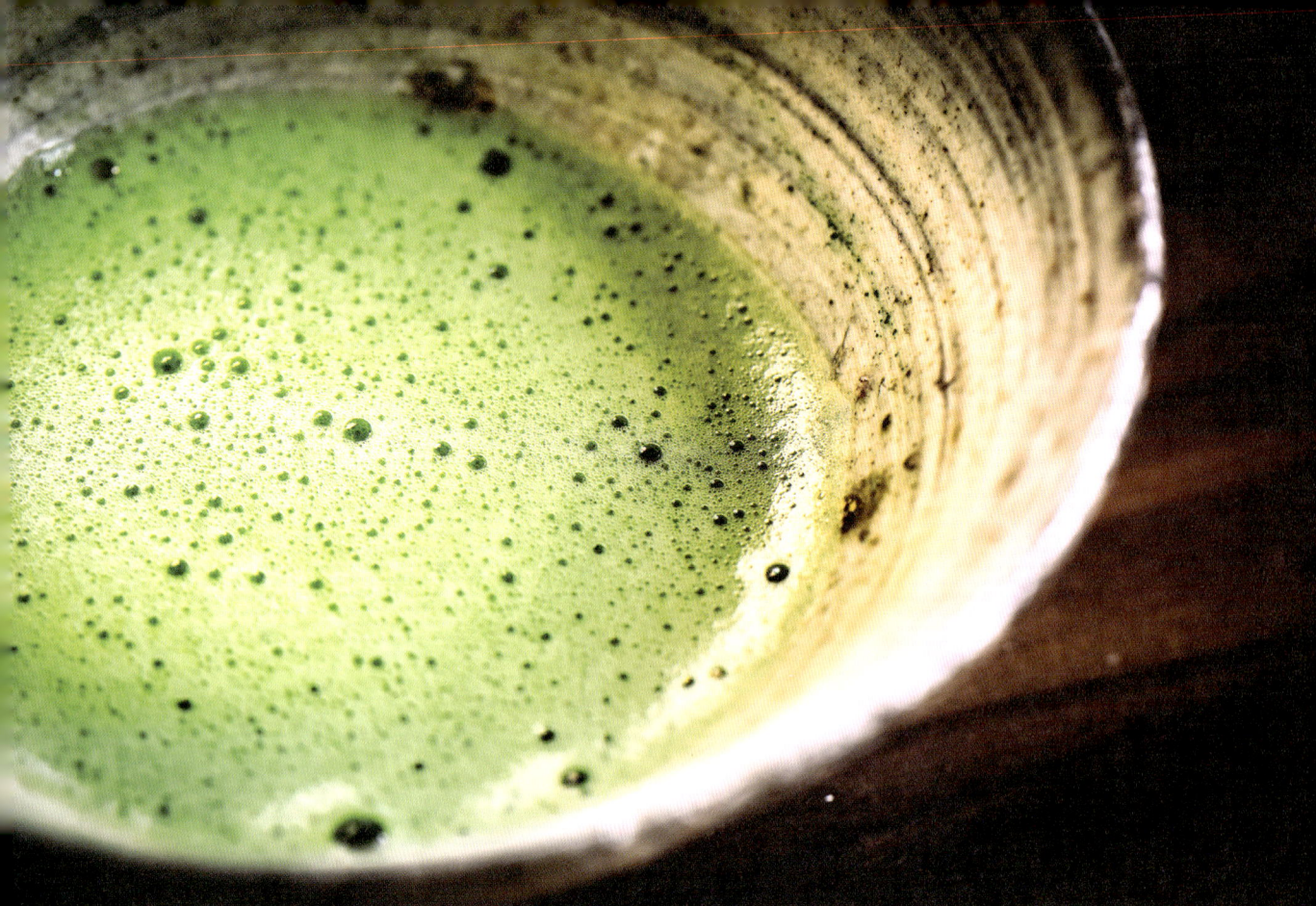

500년 전 매월당이 즐겼던 점다(말차)법이 제민 스님에 의해 되살아났다.

용산에 머무를 때 백초차를 마셨다는 사실을 떠올리면서 부여 무량사를 찾아갔다. 이효천 원장은 미리 출발하여 무량사 산문 앞에서 우리를 기다리고 있었다. 이 원장의 차를 따라 산문 앞에 이르니 5층 석탑이 보였다. 절집 예절을 좇아 극락전에서 삼배를 올렸다. 무량사 스님의 예불 소리에 따라 일사불란하게 움직였다. 예불이 끝날 즈음 미리 준비한 차와 향과 꽃과 과일 등을 육법공양의식에 따라 부처님 전에 올렸다. 극락전에서의 헌다의식이 끝난 뒤 영산전 좌측에 있는 매월당 자화상을 모신 영당 앞에서 헌다의식을 거행했다. 부여 능산리 절터에서 출토된 백제 금동대향로를 재현한 향로가 이효천 원장에 의해 매월당 영당에 올려지고 그 뒤를 이어 10여 명의 회원들이 육법공양의식에 따라 차를 올렸다.

무량사는 매월당 김시습이 설잠 선사로서 말년을 보낸 뒤 부도와 영당이 세워진 중요한 곳이다. 이러한 곳에서 헌다의식이 거행될 수 있도록 마음을 일으킨 이효천 원장은 "20여 년 전 일본에서 일본 다도를 연구하던 중 일본의 초암차가 매월당 김시습으로부터 전승되었다는 사실을 알고 곧바로 귀국해 무량사 매월당 영당에 헌다를 올린 일이 있다. 그로부터 19년 만에 다시 헌다를 올리니 기쁜 마음 금할 수 없다"고 말했다.

만수만에 다시 피어난 차향

적묵당(寂默堂) 마루 앞에서 제민 스님과 마주 앉았다. 스님은 두 손으로 다완을 붙잡고 말차를 음미하면서 말씀했다. 바로 이 말차가 500년 전 설잠 스님께서 즐겼던 그 차가 아니던가! 500년을 뛰어넘어 다시 김시습(설잠 스님)이 일으킨 초암 다도가 무량사 주지 제민 스님에 의해 되살아나는 것 같았다.

제민 스님과 말차를 마시다가 문득 김시습이 손수 차나무를 키우며 점다를 했던 '양다'라는 시가 스쳐갔다.

차나무를 기르며[養茶]

年年茶樹長新枝 해마다 차나무에 새 가지가 자라는데
蔭養編籬謹護持 그늘에 키우느라 울을 엮어 보호하네.
陸羽經中論色味 육우의 다경 속엔 빛과 맛을 논했는데
官家榷處取槍旗 관가에서 도거리할 적엔 창기만을 취한다네.
春風未展芽先抽 봄바람 아직 불지 않아도 싹이 먼저 터 나오고
穀雨初回葉半披 곡우 때가 돌아오면 잎이 반쯤 피어나네.
好向小園閒暖地 작은 동산 한난한 곳을 좋아해 뻗어나가면
不妨因雨着瓊蕤 비 때문에 옥 같은 꽃 드리워도 무방하리라

이 시를 떠올리면 매월당 김시습이 손수 차나무를 가꾸어 점다법으로 차를 내놓던 모습이 그대로 눈앞에 펼쳐지는 것 같다.

3년 전 제민 스님은 초파일을 한 달 앞두고 무량사 주지로 임명되어왔다. 무량사의 첫인상은 황량함 그 자체였고 그날부터 무량사를 일으키기 위해 산사음악회를 여는 등 궁리를 해 오다가 옛 기록 속 매월당 김시습에게 매력을 느끼고 그 브랜드 가치를 높여야겠다는 생각을 하게 되었다고 한다.

"저쪽 산신각 앞에 보면 청한당이라고 써 있는데 그게 김시습이 손수 쓴 글씨라고 해요. 그런데 그 한자가 뒤집혀서 써 있어요. 김시습이라고 하는 사람이 바라본 그 시대가 바로 그랬다는 것이죠. 어찌 이 사람들은 이렇게 어지럽게 살았는지를 고민하게 되었지요. 아마도 설잠 스님께서는 그렇게 시대에 야합하지 않고 차에 몰입하면서 살았던 것 같아요."

스님과 다담을 나누다가 설잠 선사가 일으킨 초암차가 일본에까지 전해져 일본 와비차의 정신적인 축이 되었다고 말씀드리자 매우 놀라워하며 매월당 김시습이 준 장로를 통해 일으킨 초암 다도를 점다법으로 되살려 무량사에서 일으켜 보았으면 하는 바람을 내보였다. 적묵당 앞에 쏟아지는 햇살이 다완에 눈부시게 비치더니 푸른 빛깔의 말차가 화사한 봄날처럼 향기를 머금고 빛났다.

설잠 선사가 말년을 보낸 만수산 무량사는 신라 말기 범일 국사가 창건한 이래 많은 고승들이 거쳐간 곳이다. 조선 시기에는 매월당 김시습이 관동 지방을 정처없이 떠돌아다니다가 산수가 아름다운 충남 부여군 외산면 만수리 만수산에 들어와 이곳에서 말년을 보냈다. 조선 중기 진묵 대사가 아미타불을 접안하고 나무열매로 술을 빚어서 마시면서 시심을 펼치기도 했다. 이제 초암차의 인연으로 인해 무량사는 매월당 김시습의 뜻을 이어 가는 곳으로 자리매김할 전망이다. 또한 무량사가 초암차 전승 의지를 표명하면서 초암차는 한국 차문화를 되살리는 근원이 될 것으로 보인다. 만수산 무량사에 차향이 세상 밖으로 퍼져나가는 기쁨을 안고 내려왔다.

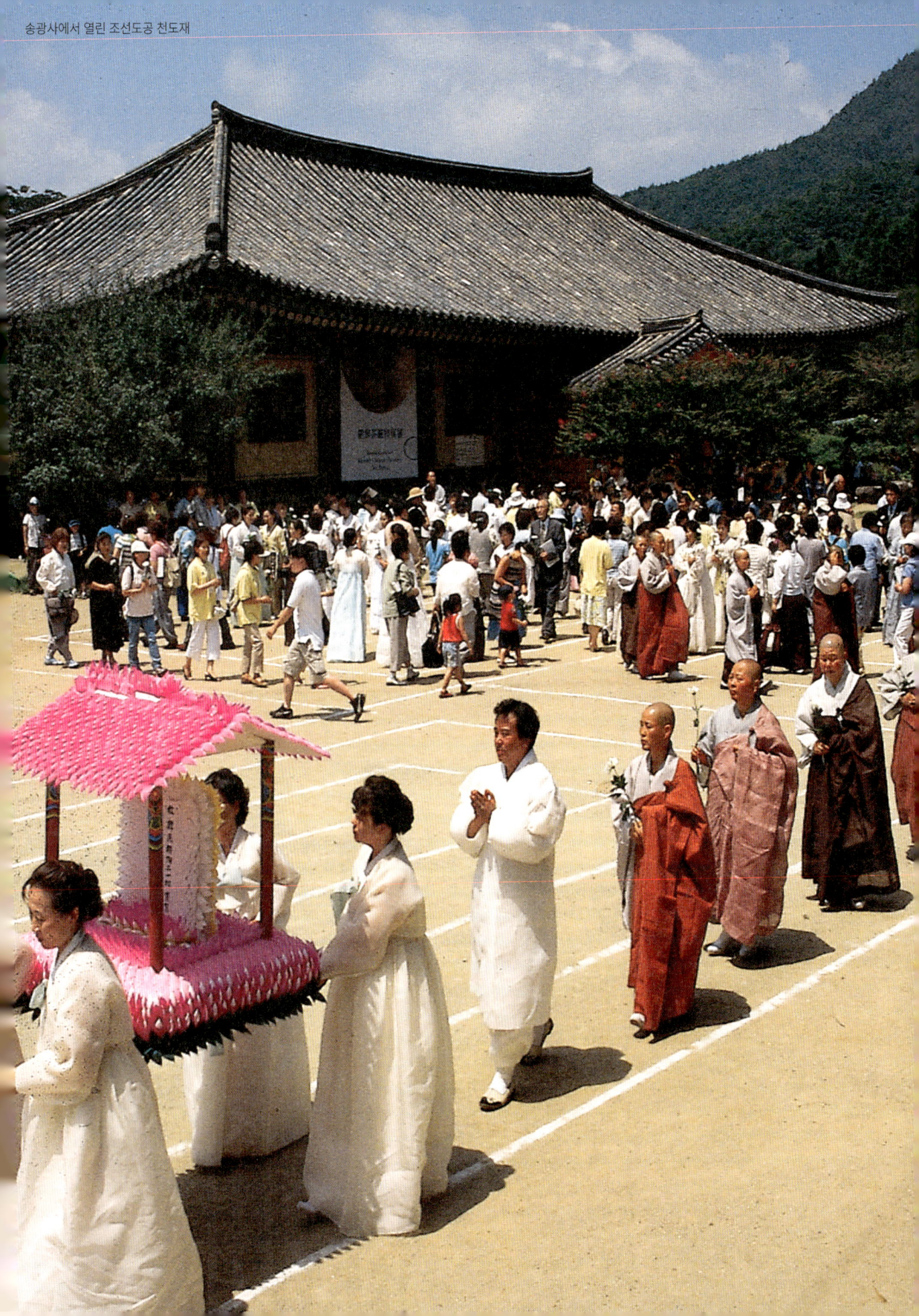

송광사에서 열린 조선도공 천도재

7. 조선도공의 영가들을 위한 추모 천도재

일본에서 국보로 받들고 있는 기자에몬 이도(喜左衛門 井戶)다완이 이름 없는 조선도공이 만들어 낸 찻사발이다. 그간 막사발로 한국 땅에서 그다지 존중받지 못했던 조선의 찻사발을 승보종찰 송광사에서 2003년 5월 '조선사발 특별전'을 개최하면서 주목받기 시작했다. 조선사발 수십 점이 조선사발 특별전에 전시되자 많은 사람들이 감탄하였다.

조선에서 막사발로 쓰여져 온 찻사발이 일본으로 건너가 국보로 받들어온 기자에몬 이도가 바로 그 찻사발이다. 이도다완에 대한 관심이 국내외적으로 높아지자 '조선사발특별전' 회향(回向, 8월8일)식 날 조선도공의 영가들을 추모 하기위해 추모 천도재을 열었다

천도재가 열리던 날 영가들에게 바치는 서원을 낭독한 추모송이 지금도 잊혀지지 않았다.

"(…) 도공의 영가들이시여! 저희들이 독송하는 부처님 말씀 따라 이승에서 못다 이룬 온갖 미련과 정한(情恨)은 모두 다 텅 비워버리시고 부처님의 품 안에서 귀천이 없고 생사가 둘이 아닌 도리를 깨달으소서. 서방정토 극락세계 부처님께서 오늘 당신들을 맞이하시니 열반의 큰 기쁨을 오래오래 누리옵소서."

'조선국'에 대한 당신들의 마음을 헤아려

조선 도공들이 천대 속에도 인고하며 빚어낸 이 찻사발은 일본의 도자 문화와 다도 문화를 일으킨 밑거름이 되었으며 오늘날 최고의 찬사를 받았다. 일본에서 극찬한 조선사발이 고국에서 존경받지 못했던 것은 조선에서 막사발로 치부하여 햇빛을 보지 못했다.

일본에서 천하제일의 명물로 존경받았던 조선의 찻사발이 조선 땅에서 존경받지 못한 것에 대해 야나기 무네요시가 1931년 잡지《공예(工藝)》에 분명하게 밝혔다.

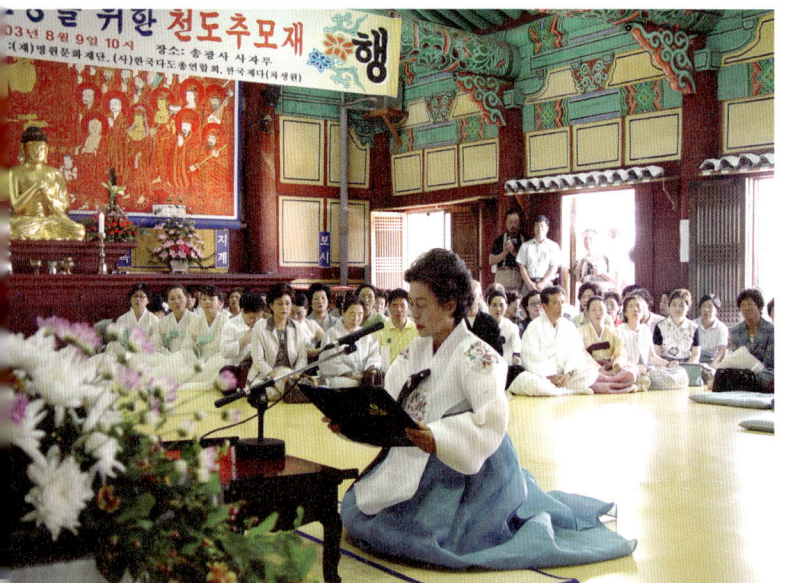

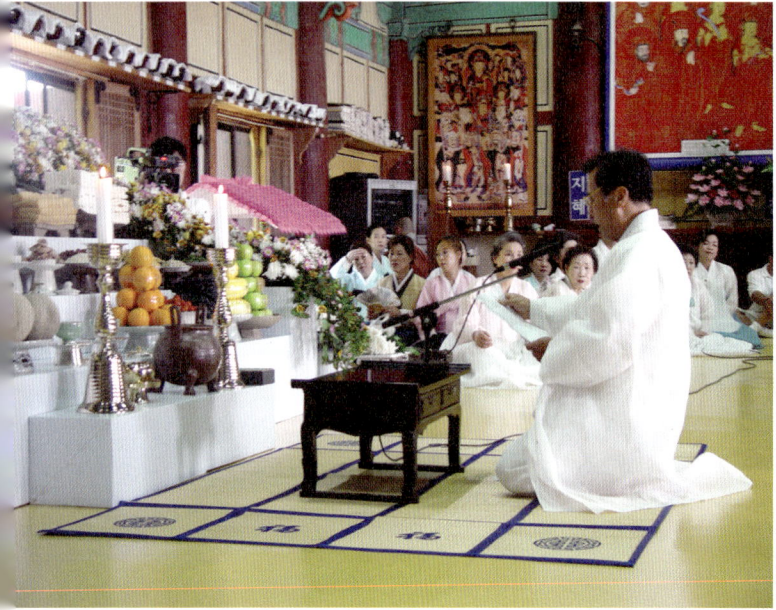

조선도공천도재에서 명원문화재단의 김의정 이사장의 조사와
무형문화재 김정옥 사기장이 조사를 읊고 있다.

기자에몬 오이도는 천하제일의 다완으로 일컬어진 오이도는 조선에서는 밥공기였다. 그것도 가난한 사람들이 보통 사용했던 공기이다. 완전히 조잡한 것이다. 전형적인 잡기(雜器)이다. 형편없이 싼 기물이다. 만든 자는 아무렇게나 만든 것이다. 개성 등을 자랑할 곳이 없다. 쓰는 사람이 막 다루었던 것이다. 자랑거리로 삼기 위해 산 물건이 아니다. 누구나 만들 수 있는 것, 누구나 만들었던 것, 그 지방 어디에서나 구할 수 있는 것, 언제나 살 수 있는 것, 그것이 이 다완이 지니고 있는 성질 자체이다.

이렇게 오이도를 분명하게 조선의 밥공기라고 야나기 무네요시가 밝히면서 조선 땅에서 햇빛을 보지 못했다.

그러다가 1980년대 중반 한국에 차문화가 중흥되기 시작한 이후 조선 찻사발은 햇빛을 보게 되었다.

이 같은 조선사발특별전은 조선 사발을 최초로 선보인 자리로 2003년 송광사 성보 박물관에서 개막된 뒤 국내외의 많은 관심 속에 열렸다. 그런 만큼 천도재에는 스님들과 (사)한국다도총연합회, (재)명원문화재단 등 전국의 차인, 도공, 저명 인사 등 1천 여명이 함께 해 도공 영가들의 왕생극락을 빌었다. 송광사 사자루에서 관욕을 시작으로 추모재가 시작되었다. 송광사 방장 보성 스님 및 현봉 주지 스님을 비롯, 여연 스님, 명원문화재단 김의정 이사장, 전석홍 전 전남도지사, 이원홍 전 문공부장관, 도예가 김정옥 씨 등이 참석했으며, 다인들과 도공들이 숙연한 모습으로 좌정을 하고 있었다.

"사회대중들이여, 들으시오. 도공에혼 류방천추로다." 보성 방장 스님의 애틋한 법문이 청중들의 마음을 숙연하게 했다. 조선 도공의 후손들이 만든 화병을 연단에 올렸다. 이 화병에는 '조선국'이라는 글자가 새겨져 있다.

현봉 스님은 화병에 망향의 마음이 담겨 있다고 피력했다.

"'조선국'이라는 글자에는 조선 도공 후손들의 한이 실려 있습니다. 조선도공의 1세대, 2세대들이 할아버지와 아버지에게 배운 언문으로 고국에 대한 그리움을 문양 새기듯 써 놓은 것이지요. 그래서 이 화병을 상징적으로 올렸습니다."

화병을 연단에 올린 뒤 명원문화재단 장원정 궁중다례의식 전수자가 정성스레 우린 차로 헌다를 올렸다. 곧이어 울려 퍼지는 현봉 스님의 천혼 발원문이 이어졌다.

"부처님이시여! 오늘의 이 인연공덕으로 조선도공들의 영가들로 하여금 생전에 못다 이룬 온갖 미련과 정한을 다 놓아버리도록 보살펴 주시고, 조선 도공의 영가들이 생전에 지은 허물이 모두 소멸되어 온갖 공덕이 원만해져서 극락정토에 왕생하도록 이끌어 주옵소서"

모든 이들의 마음을 대신한 간절한 발원문이 도공들에게 새로운 길을 열어주는 듯 하다. 선배 도공을 기리는 김정옥(중요무형문화재 105호) 사기장의 추모사에는 선배들의 정신을 이어가겠다는 후배 도공들의 다짐이 담겨 있었다.

"이름도 모를 무명도공이 있음에 오늘날 이 땅에 사는 도공들이 극상의 예술가로, 국민들의 기림 속에 복된 나날을 누리고 있습니다. 흙이 되신 도공의 사리인 흙으로 도자기를 빚어 영원히 멸하지 않는 값진 예술품으로 선배 도공 임들을 부활케 하렵니다."

모든 시름 잊고 훨훨 날아가소서

이원홍 전 문공부 장관이 추모사에 이어 명원문화재단의 김의정 이사장이 헌공다례제문을 낭독했다.

"고귀하신 각영(覺靈)들이여! 이제라도 이 나라 다인들이 올리는 거룩한 헌공다례에 동참하시어 그동안 풀지 못한 원한을 풀고 극락왕생하시어 유원(悠遠)의 세월 속에 복록(福祿)을 만끽하여 주십시오."

참석자들의 헌화가 잇따랐고, 이어 하얀 모시한복을 입은 후인들의 손에 조선도공의 위패를 모신 영가대가 들려졌다. 국화꽃 한 송이를 손에 든 현봉 스님을 필두로 연꽃으로 감싼 영가대가 천천히 뒤따르고 그 뒤로 사람들이 손에 손에 국화꽃을 들고 대웅전 앞마당에 그려진 팔상법계도를 돌기 시작했다. 한 걸음씩 뗄 때마다 도공들의 삶의 자취를 더듬어 보듯, 걸음걸이마저 조심스러워 보이는 사람들. 그들의 얼굴은 숙연함 그 자체다.
행렬은 팔상법계도를 돌고 돌아 종고루를 지나며 법성도 요잡 의식을 봉행하고, 일주문 앞 봉송소대 의식을 끝으로 천도재는 막이 내렸다. 마지막 한 줌의 재까지도 멀리멀리 날아갈 때까지 그 뜨거운 뙤약볕 아래 영가대를 휘감은 불길은 활활 타올랐다. 법계를 떠돌던 도공들의 넋이 자유롭게 천상으로 가는 것이리라.
이렇게 송광사에서 거행된 조선도공천도재는 500년간 이름 없이 떠돌았던 영혼을 극락왕생으로 이끌어주었다.

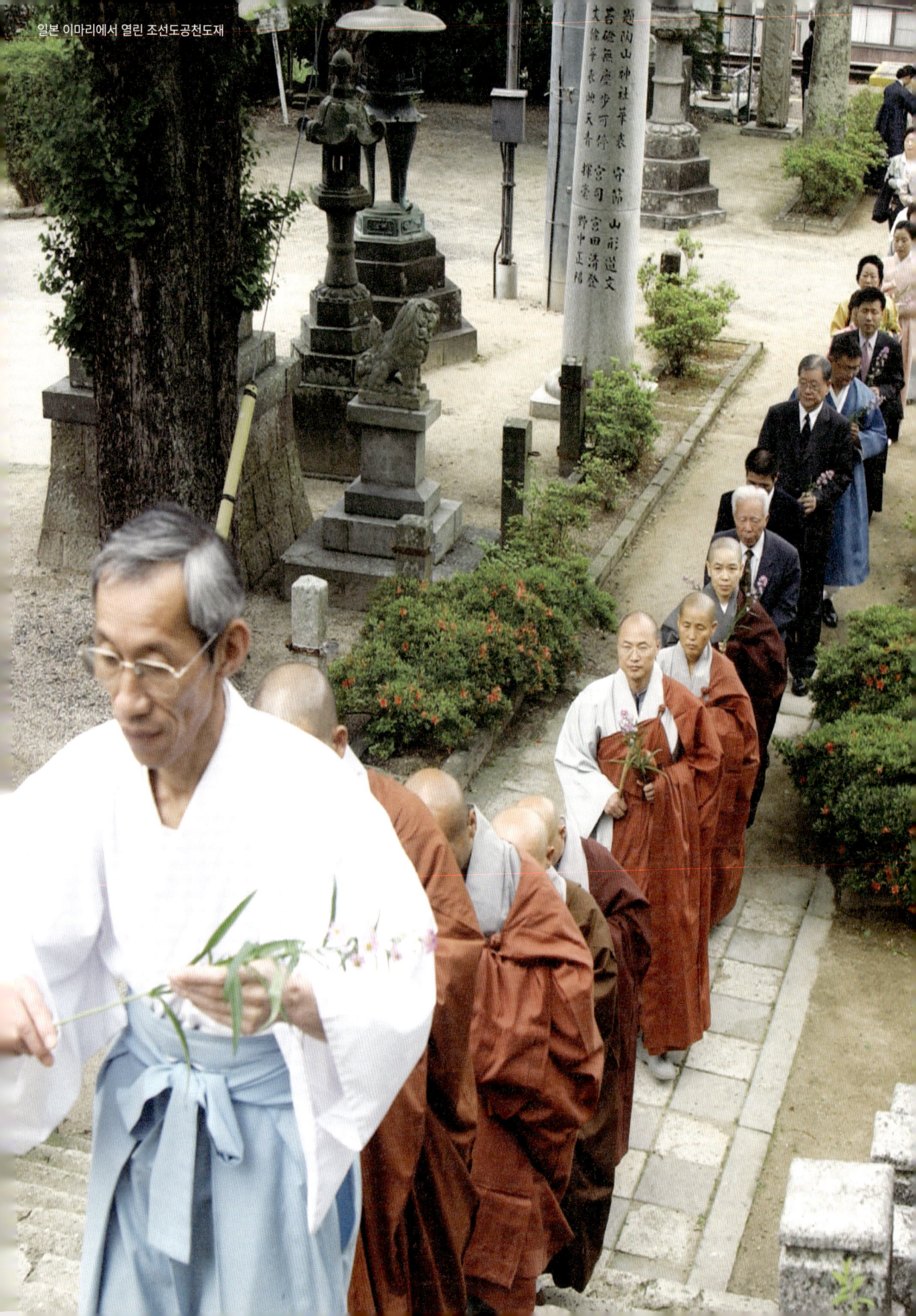

일본 이마리에서 열린 조선도공천도재

8. 일본으로 건너간 조선도공의 넋을 기리다

400년 전 도요토미 히데요시의 조선 출병으로 임진왜란이 일어났다. 그 시기 조선도공들은 무더기로 큐슈 지방 등지로 끌려가 도자기와 찻그릇을 생산하기 시작했다. 가라츠, 이마리, 아가노, 사츠마, 아리타 등으로 흩어져 조선 도자기를 만들었다.

조선에서 건너가 일본 국보가 된 이도다완, 쵸지로오(長次郞)가 만든 라쿠다완 모두가 조선 사기장이 만든 명품들이었다. 그런데 400년간 떠돌던 조선 무명 도공의 천도재가 아직 한 번도 올려지지 않았다.

2002년 겨울 중국 장시성(江西省)에서 개최된 한·중 선차문화 연토회에서 차인과 도예인, 스님들이 이런저런 이야기 끝에 조선 찻그릇을 한번 전시해 보자는 의견이 모아졌다. 그때 현봉 스님은 송광사 성보박물관에서 한번 전시해 보자고 제안했다. 2003년 5월 옛그릇 연구회가 개인 소장했던 그릇이 송광사에서 전시되었고, 그해 8월 9일 조선도공을 위한 천도추모재가 봉행되었다.

그 뒤 이원홍 전 문공부장관이 일본 이마리(伊万里)에서 천도재를 한번 올려보면 어떻겠느냐고 적극 제안해 왔다. 일본 아리다시와 이마리시의 담당관에게 의사타진을 했고 그들의 허가를 얻어 2003년 5월 20일 400년 만에 일본에서 처음으로 조선도공천도재를 봉행케 되었다.

조선 도공을 추모하러 이마리를 가다

2003년 5월 18일 부산항을 출발한 뱃길은 파도를 가로질러 후쿠오카의 히카타 항에 오후 3시가 되어서야 도착했다.

조선 도공추모순례단(단장 현봉 스님) 일행 45명(스님, 차인, 도예인으로 구성)은 곧바로 아리다도산신사(有田陶山神社)를 찾았다. 우리가 도착하자 13대 이산평과 14대가 될 가나가에 쇼헤이(金ヶ江省平)가 미리 기다리고 있었다. 이삼평 후손이 앞장을 서고 우리 일행은 그 뒤를 따르며 이마리 도예촌 무명 도공의

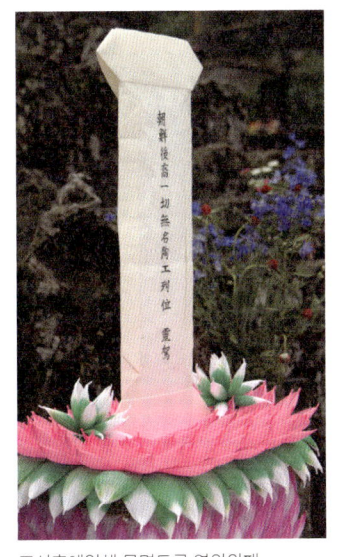

조선후예일체 무명도공 영위위패

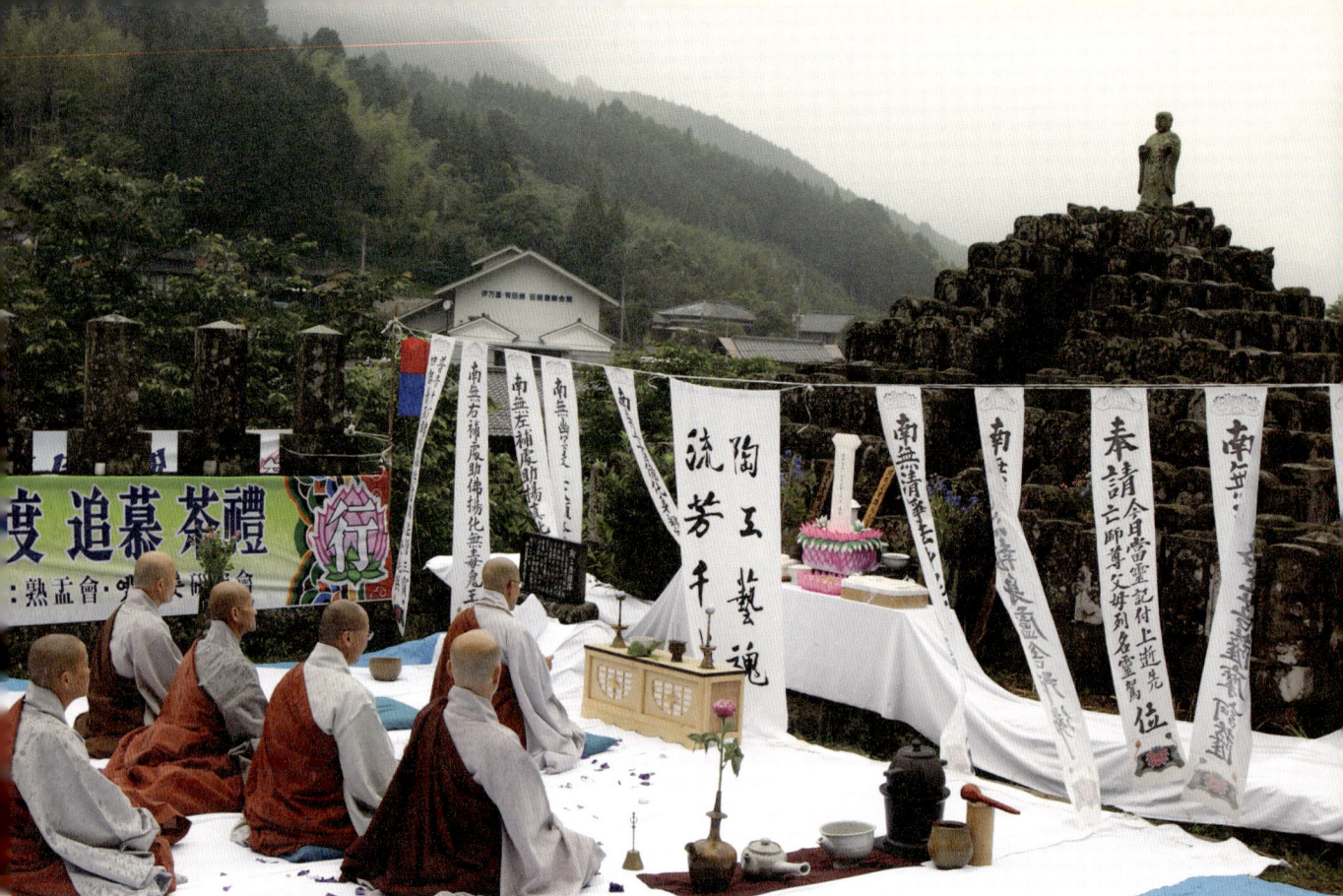

송광사 현봉스님과 스님들이 이마리를 찾아 무명도공들에게 극락왕생을 발원했다.

무덤 앞에 제단을 만들고 무명 도공의 천도재를 시작했다. 400년간 방치한 무명 도공의 넋을 조선 도공의 후예들이 천도하는 순간이었다. 전날 아리다의 사가신문(佐賀新聞)은 "도조(陶祖) 이삼평을 추모하다"라는 기획기사를 크게 실었다.

한국의 3대 사찰인 송광사의 승려와 도예인 차인 일행이 19일 아리다의 도산신사를 참배했다. 아리다원의 도조 이삼평의 영령전에 천도재를 올렸다. 이는 도요토미 히데요시가 조선 출병으로 411년 만에 처음으로 천도재를 지낸 점에서 상징성이 매우 크다. 시가현 관계자들은 일·한 우호의 친선 계기가 되었다고 적극 옹호했다.

천도재가 올려진 이마리는 조선 사발이었던 고키데완(吳器手)이 만들어졌던 곳으로 조선 도공이 가장 많이 집성촌을 이루었던 곳이다.
지세를 살펴보니 이곳의 산세가 문 하나만 지키면 절대로 밖으로 나갈 수 없는 지세였다. 자연 조선도공들은 이마리로 끌려와 도자기를 만들지 않았나 생각이 든다. 임진·정유재란(1592-1598) 시기 일본의 서남쪽인 규슈 여러 지방에서 조선 도공을 납치해 도자기 제작에 들어간다. 무명 조선 도공의 무덤에서 얼마나 많은 조선 도공이 끌려왔는지 짐작이 된다.
이번 천도재의 법주로 나온 13대 이삼평(83) 옹은 이렇게 증언했다.

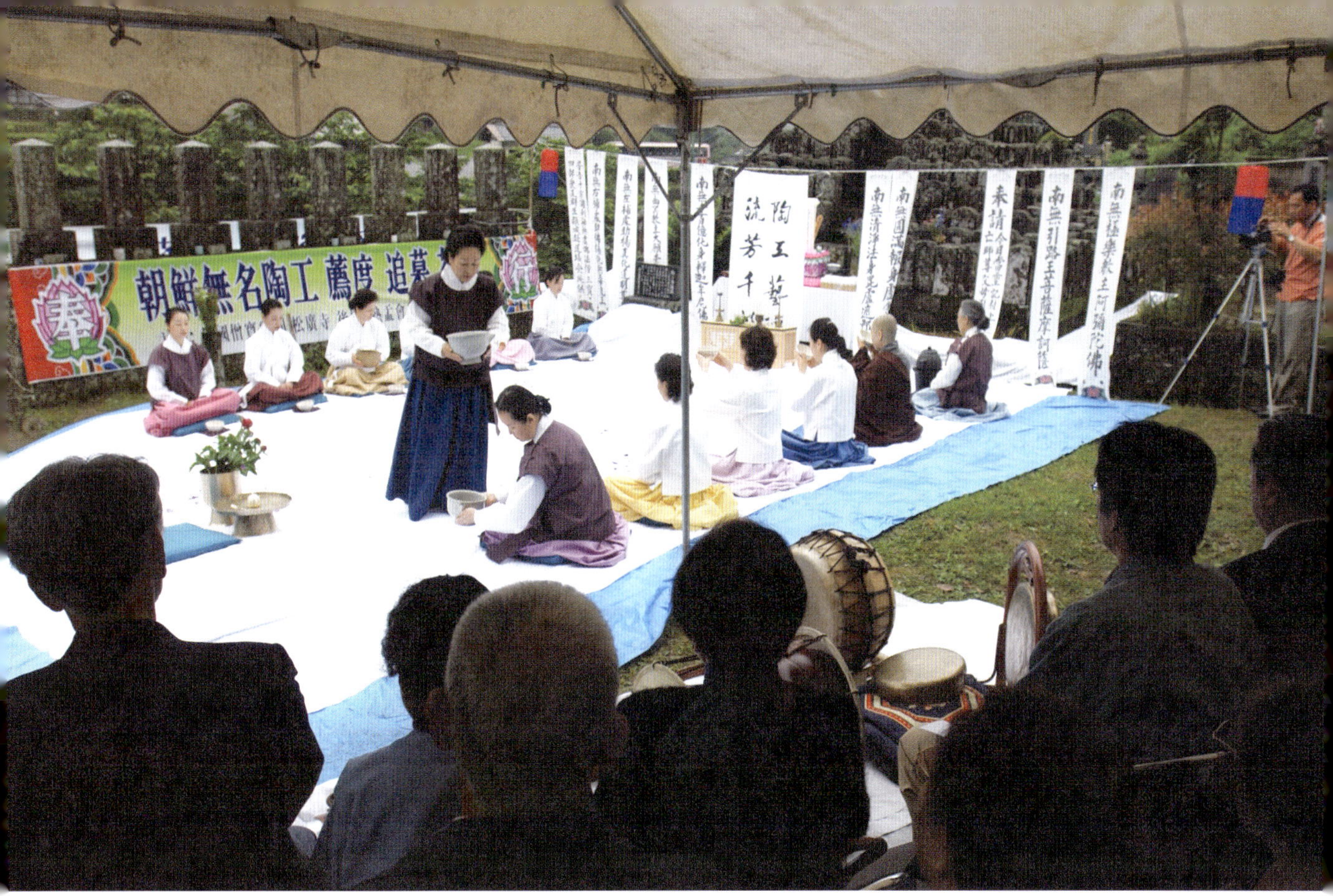

숙우회가 조선도공에게 올린 헌다의식

"임진·정유재란 시기 사가현의 영주인 나베시마 나오기게(鍋島直茂)에게 끌려간 선대 이삼평은 영주인 다쿠(多久)의 보호 아래 도우진고바에서 최초로 도기를 굽기 시작합니다. 그러나 결과가 좋지 않았습니다. 그 뒤 1616년 경 이즈미야마(泉山)에서 자기원료인 백자석(白磁石)을 발견하면서 백자의 새로운 장이 열리게 되었습니다."

그 뒤 이삼평 옹은 일본 자기의 발상지라고 불리는 가미시라가와 덴쿠다니에서 가마를 짓고 백자 생산을 시작, 아리다야기(有田)의 토대를 마련하게 된다.

조선도공 추모재를 올리다

다음 날 조선도공 추모재는 도산신사를 찾아 송광사 스님들과 2003년 5월 4일 개막식 때 헌다를 올린 숙우회 회원들이 조선도

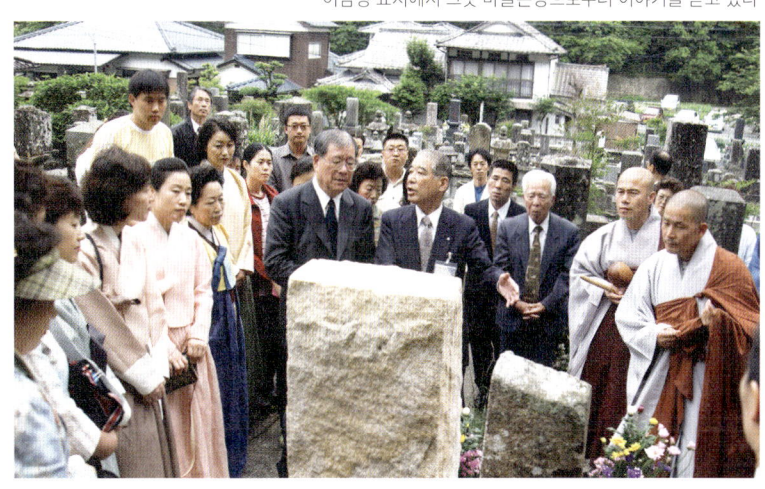

이삼평 묘지에서 그곳 마을촌장으로부터 이야기를 듣고 있다

제5장 선종다례 의식 | 325

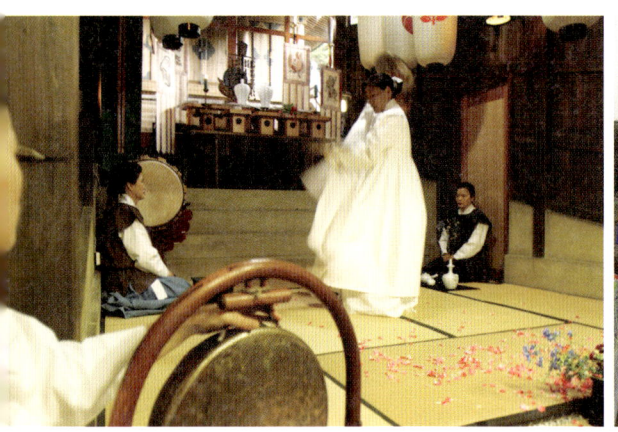
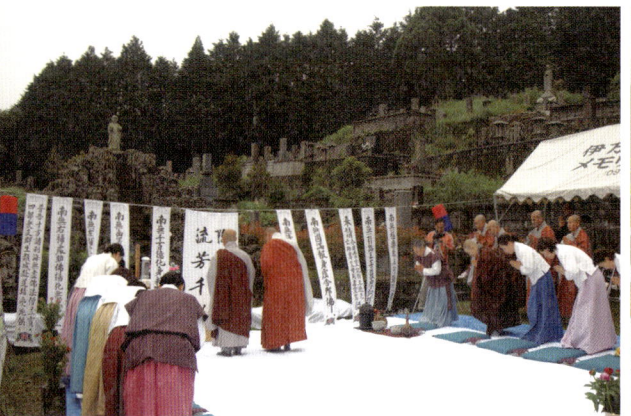
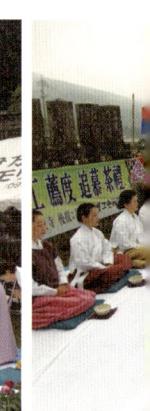

공들에게 정성스럽게 헌다를 올리면서 시작되었다. 아리타시 관계자들이 시종일관 지켜보았다. 비 내리는 폭우 속에 천도재를 지냈다. 그날따라 비는 조선도공의 눈물처럼 이마리 대지를 촉촉이 적시고 있었다. 하늘에서는 까마귀가 울부짖으며 무명 도공의 넋을 위로했다. 9시가 되자 현봉 스님의 천혼무명도공 발원문과 함께 천도재가 시작됐다.

"한민족의 후예 도공의 영가들이여! 진실한 법신은 자취가 없건만 인연 따라 나타났다 사라지는 거울 속의 그림자처럼 미묘한 변화가 한량없으니 붙잡혀 온 당신들이 일의 터전으로 삼으시다 잠드신 오늘의 이 도량에 잠시 강림하는데 무슨 거리낌이 있겠습니까. 거룩한 삼보의 위신력으로 오늘의 이 법석에 강림하시어 법의 공양을 받으소서."

참가한 대중들은 숨죽이고 그 광경을 지켜보았다. 도조 이삼평을 비롯 무명 도공들에게 천도재가 올려지는 순간이었다.

한국에서 온 송광사 스님들과 도예인, 다도인 등 46명과 이마리시 관계자 등 200여 명이 천도재 의식을 지켜보았다. 전날 사가신문에서 알려져서인지 외국인들도 참석했다.

송광사 방장 보성 스님이 쓴 도공예혼류방천추가 바람에 나부끼고 그 아래 조선도공영단이 마련되었고, 스님들이 좌정을 하고 한 스님이 목탁송에 맞춰 이국에서 망자로 떠도는 사자의 영혼을 극락으로 천도하는 의식을 시작으로 천도재는 장엄하게 진행되었다.

"지금 저희들의 일심으로 독송하는 부처님 말씀따라 이승에서 못다 이룬 온갖 미연과 정한은 모두 다 텅 비워버리시고 본래 귀천이 없는 생사가 둘 아닌 도리를 깨달으소서."

현봉 스님의 조선무명도공천원발원문에 이어 이원홍 전 문공부 장관이 이국땅에 묻힌 조선도공 영전에 올리는 추도사가 이어졌다.

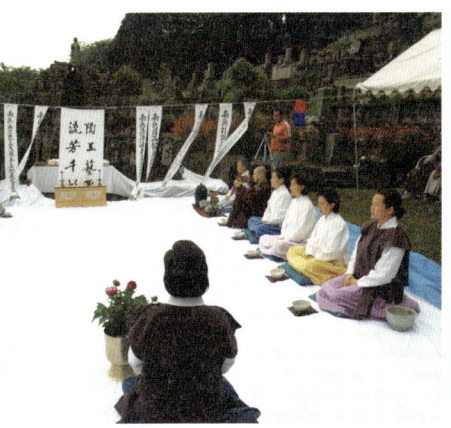 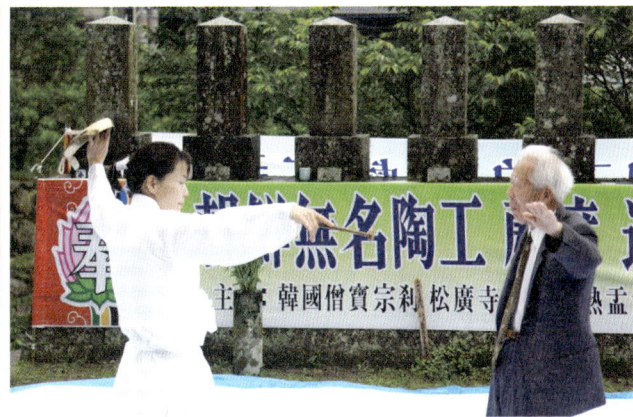

(왼쪽부터)
이삼평전에 헌다무를 올린 오영숙 씨

추모재 장면

추모 헌다례

이삼평의 13대손이 오영숙 씨와 함께 춤을 추며 대미를 장식했다

"이제 조선도공들은 역사가 되어 이 땅에 잠들고 있습니다. 이름 없는 무명의 도공들이 역사의 이기에 묻혀 여기 이 자리에 잠들어 있습니다. 우리는 선대의 영전에 머리 숙여 명복을 빕니다."
이어 이삼평(李參平)의 13대인 가나가에 산베이의 추도사가 이어졌다.

"이마리시 대천내산번요 공원에 있는 880위의 무명도공 탑전에 머리 숙여 기원합니다. 일본과 한국은 가까우면서 서로 먼 나라였으나 이 위령제를 계기로 금우에는 관계에 있어서도 거리만큼이나 가까운 나라가 되도록 염원합니다."

추도사가 끝난 뒤 부산에서 온 숙우회가 선차로 영혼을 천도하는 행다를 펼쳤다. 이어 정성스럽게 차 한 잔을 영단에 올리고 헌다 순으로 엄숙히 진행되었다.
떠나기 전 조선도공들에게 헌다무를 정성껏 올려 도공들을 천도하고 싶다고 말한 무용가 오영숙(오영숙전통무용예술원 원장) 씨가 헌다무로 도공천도의 대미를 장식했다. 오영숙 씨가 조선도공의 후예인 도조 이삼평 13대인 가나가에 산베이를 제단 앞으로 끌어들여 덩실덩실 춤을 추자, 모두들 얼굴에서 눈물이 흘러내렸다. 이어 참가 대중이 원을 그리며 무명도공의 영가를 천도를 기원했다.
하늘이 개면서 이마리시 880위의 대천리산번요공원에 있는 무명도공들의 영가가 극락으로 인도하는 듯했다. 400여 년 만에 귀천을 떠도는 무명도공의 영가를 극락으로 천도하는 순간이었다.

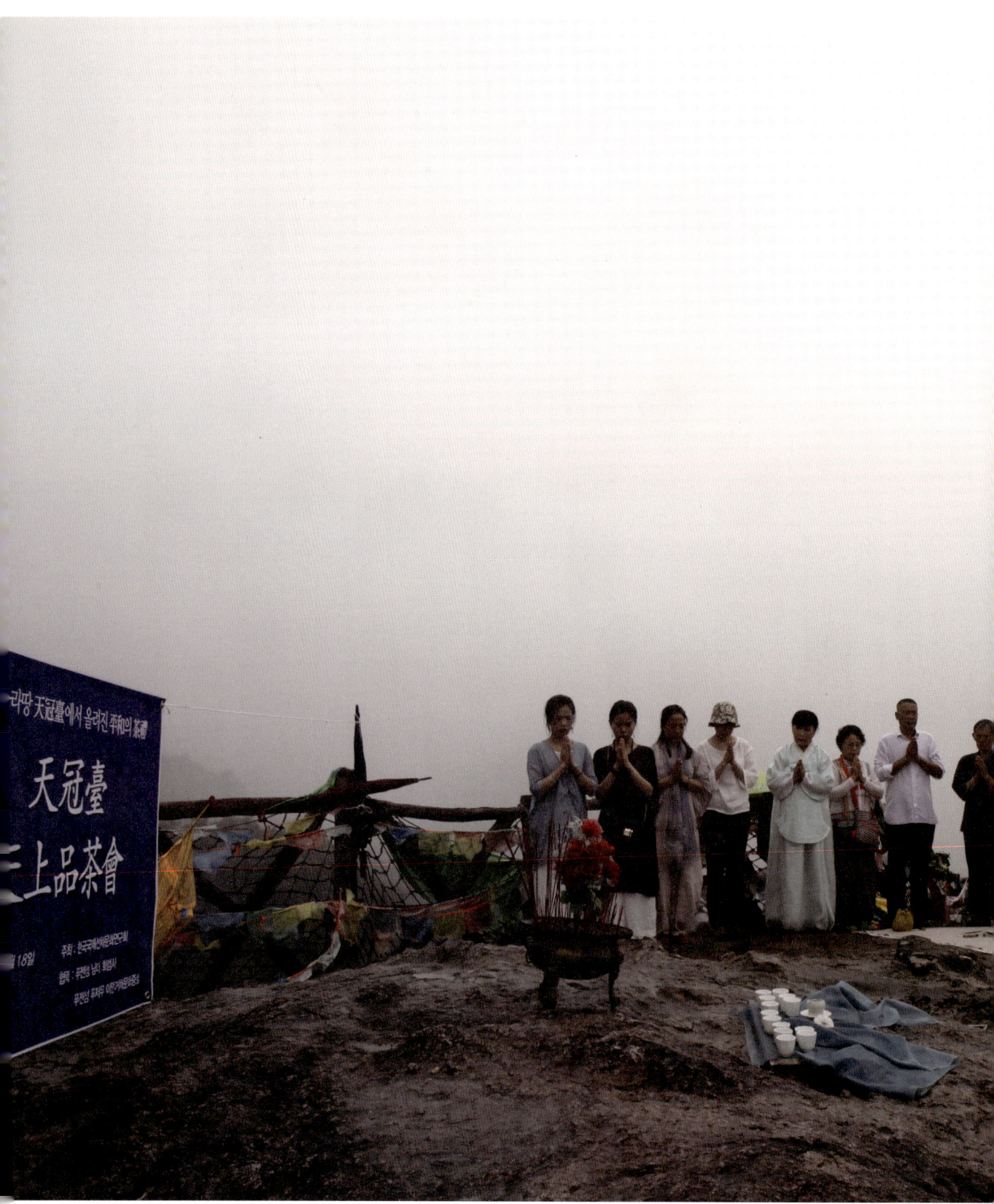

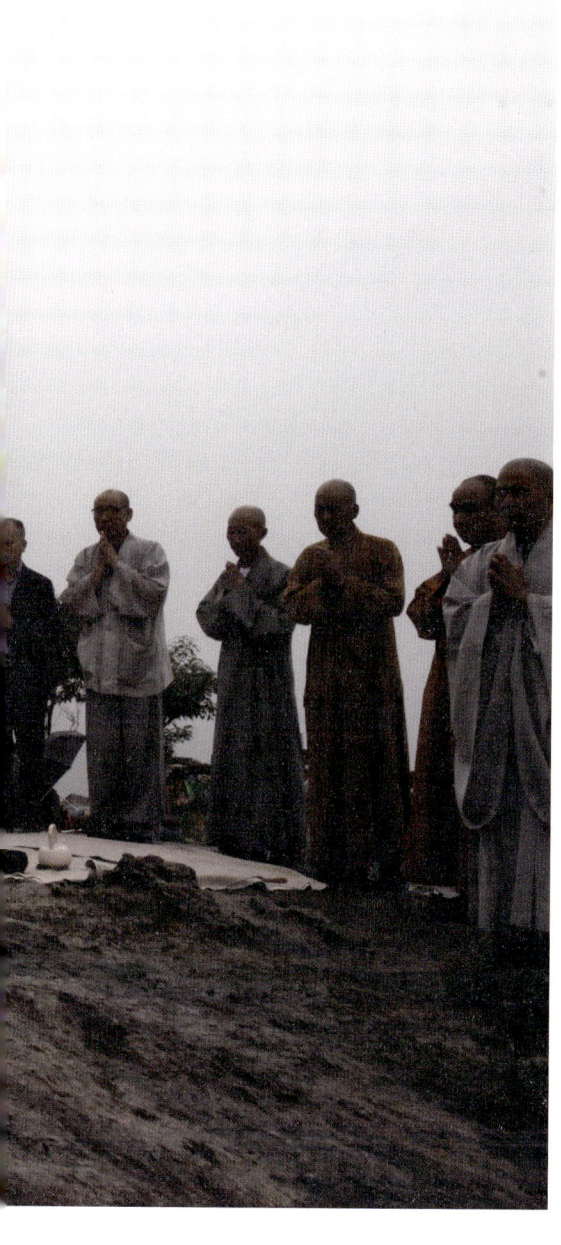

6장
선차의 한류

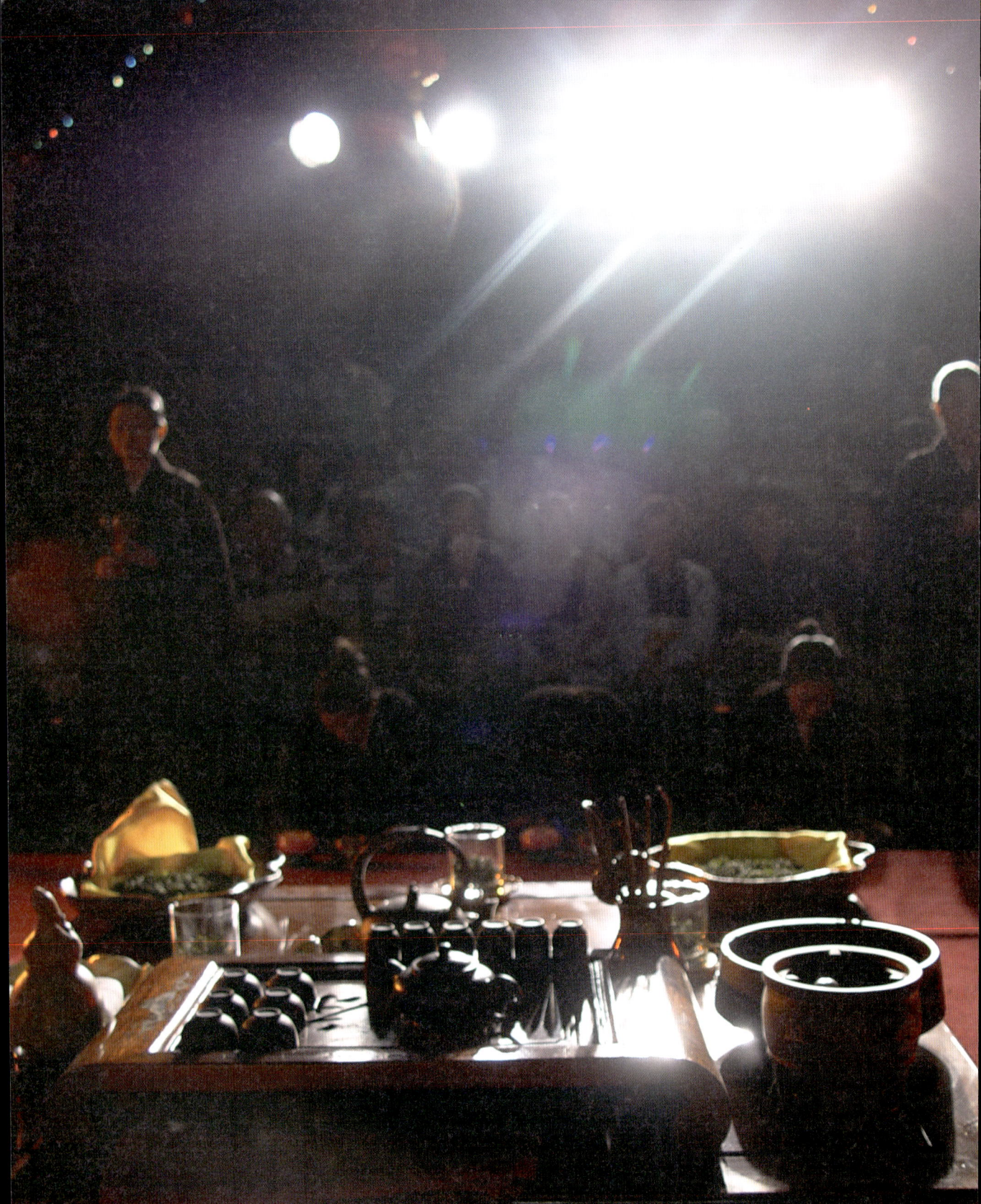

1. 연화불국 꽃피운 지장보살 차(茶)

지장보살로 추앙받고 있는 신라왕족 출신인 지장 법사(金地藏, 696-794)를 현창(顯彰)하는 추모행사가 한·중 수교(2002년 9월) 10주년을 맞아 중국 안후이성 구화산에서 지장 스님 탄신 1308주년과 열반 1209주년을 맞아 구화산에서 처음으로 거행했는데 지장보살을 추모하는 수십만 인파가 모여 지장보살의 성도를 찬탄해 맞이했다. 이번 행사는 구화산 불교문화연구회(회장 엽가신)와 월간 차의 세계(발행인 최석환)가 공동으로 차문화 학술교류를 가짐으로써 연화불국 구화산을 지장보살의 메카로 만들었다. 금지차(茶)로 명성을 얻게 된 데는 신라왕족 김지장이 신라에서 차종을 가지고 구화산으로 들어가 차 씨를 파종하여 오늘날 금지차가 되면서 명성을 얻고 있다. 그 내력을 살펴보면 찬녕(贊寧)이 쓴 《송고승전(宋高僧傳)》에 자세히 기록했다.

지덕(至德) 연간의 처음에 제갈절(諸葛節)이라는 이가 그 촌의 노인들을 데리고 산기슭으로부터 높은 데까지 올라가 보니 산이 워낙 깊고 험하여 사는 사람이 없고 오직 지장 한 사람이 초연하게 돌집에서 눈을 감고 앉아 참선하고 있으며 그의 방에는 다른 살림살이가 없고 다리 부러진 솥만이 있는데 흰 흙에 약간의 쌀을 섞어 삶아 먹으며 살고 있었다. 이를 본 그 촌의 늙은이들이 놀라고 감탄하면서 말하기를 "스님이 이렇게 고행(苦行)으로 도를 닦고 있는데 우리는 산 밑에서 편히 살고 있으니 얼마나 잘못된 일인가"하고 서로 힘을 모아서 지장 스님이 잘 수행할 수 있도록 절을 하나 지어주기로 하였다. 1년이 채 못 되어 어느 정도 규모를 갖춘 법당이 건립되자 대중이 늘어나게 되었다. 지장 스님의 제장이 승유(勝瑜)는 대중과 함께 황무지를 개간하고 밭을 일구어 파종을 했다. 신라에서 가져간 김지장차도 개간한 밭에 심었다.

오늘날 구화불차로 명성을 얻고 있는 금지차는 신라의 김지장이 구화산에 들어와 심은 차나무이다.

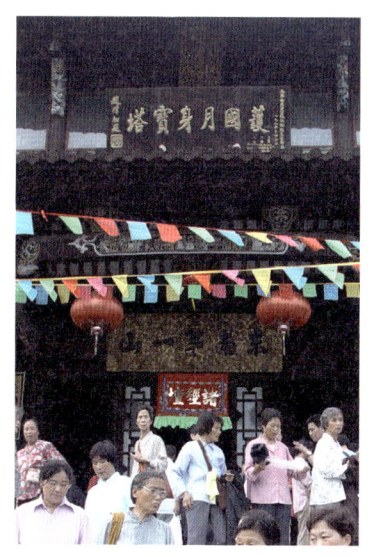

호국육신보전.
이곳에 김지장 육신불을 모시고 있다.

2004년 나의 노력으로 구화산 노호동 정상에서 노차수가 발견되어 지장 법사의 신라차종 전래설을 입증시켰다. 구화산이 지장보살의 성지가 된데는 신라 왕족 출신 고승 지장 법사가 99살에 열반, 지장보살의 화신이 된 이후 주목받기 시작했다. 김지장의 속성은 김씨(金氏)이고 이름은 교각(喬覺)이며 신라 35대 경문왕 김헌영(金憲英)의 가까운 친족 또는 신라 왕족이었다고 기록되어 있다. 《송고승전(宋高僧傳)》 18권에는 '지장의 속성은 김씨이며, 신라국 왕가의 지속이다[新羅國王之屬也]. 마음은 자비로우나 얼굴이 무섭게 생겼고 영오(穎悟)가 천연스럽다고 기록되어 있다[慈心而貌惡 穎悟天然]. 키는 칠척 구구였으며 머리에 특이할 정도로 뼈가 높이 솟았고 힘이 장사였으며[七尺成然 七尺成軀 頂聳奇], 항상 스스로 말씀하시길 시방세계 넓은 우주 안에 불성이 충만하여 조금도 빈 곳이 없다고 하였다'라고 적혀 있다. 김지장은 구화산에서 수행하다가 99세로 열반에 든 이후 지장왕보살의 화현이 되어 구화산 육신보전에 등신불로 봉안되어 있다.

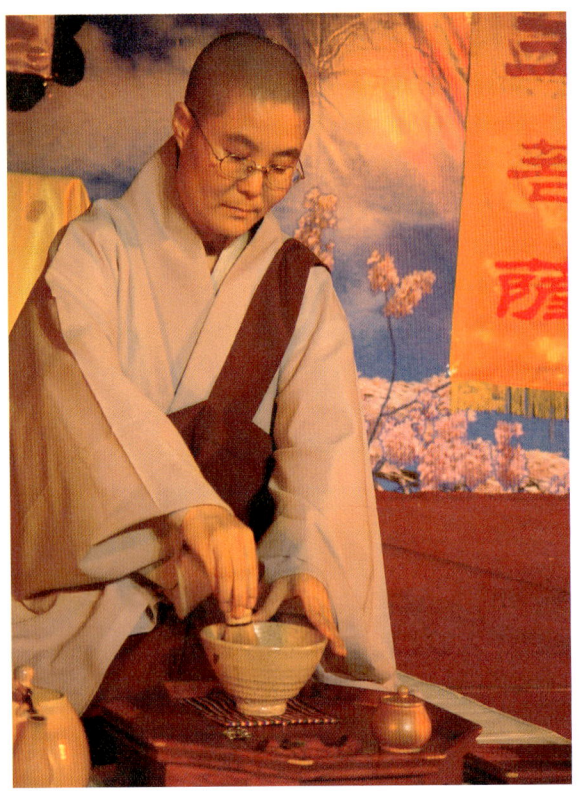

구미 보천사 지민스님이 육신보살이 된 김지장 스님에게
한국의 말차로 올린 헌다의식

지장사상 선양 위해 구화산에서 학술회의 열어

2002년 9월 4일부터 10일까지 열린 김지장 국제학술회의에 참관하기 위해 스님·학자·신도를 조직, 순례단을 이끌고 구화산을 찾았다. 9월 4일 인천공항을 출발, 상하이 공항에서 전용 버스로 장장 10시간 만에 안후이성 청양현을 거쳐 구화가에 도착한 것은 밤 10시가 되어서였지만 환영 나온 구화산 관리처의 양 부처장과 불교문화연구회의 엽가신 회장 등 중국 관리들이 대거 우리 일행을 맞았다. 성도일을 맞아 한국에서 종교계와 문화·예술계를 움직여 김지장성도 법회에 참가했다. 날이 밝아오자 구화산에는 하늘높이 '구화산 개립 20주년 지장성도 절' 이라는 오색 깃발들이 펄럭이며 수십만의 환영 인파 속에서 사람들의 마음이 하나로 모여 지장보살의 공덕을 찬탄했다. 이틀날 국제 학술회의가 학술발표회에 이어 취용빈관 대회의실에서 한·중 학자 12명과 200여 명이 참가한 가운데 열띤 토론이 있었다. 학술회의 개막식 전 우리 일행은 먼저 지장 스님의 육신을 김지장 스님에게 헌다를 올렸다.

개막식에서 츠저우시 정부 고위관리와 안후이성 정부에서 대거 참여, 학술회의의 무게를 더해 주었다. 먼저 츠저우시의 유(柳) 부시장은 축사에서 "올해는 한·중 양국이 수교한 지 10주년을 맞아 학술회의를 갖게 되어 매우 기쁘게 생각한다"고 말했다. 이어서 구화산 관리처의 왕 처장은 "구화산은 신라 고승 김교각의 연고로 한국과 깊은 불연(佛緣)을 지니고 있으며 성공적인 한·중 김지장 국제 학술회의 진행을 통해 양국이 더욱더 발전되길 기원한다"고 말했다. 이어서 한국측을 대표해서 최석환 차의 세계 발행인은 "김지장 국제 학술연구회를 통해 지장 스님의 사상이 좀더 넓게 전파되길 기원한다"고 말했다.

김지장 국제 학술연토회와 한·중 다도표연

한·중수교 이후 처음으로 구화산 야외 무대에서 1천 명을 헤아리는 청중이 한·중 다도 표연을 흥미롭게 지켜보았다. 그때가 2002년 9월 5일 저녁 전야제 때 화성사 앞 구화산 광장 특설 무대에서 한·중 다도표연은 김지장 사상을 세상 밖으로 끌어냈다.

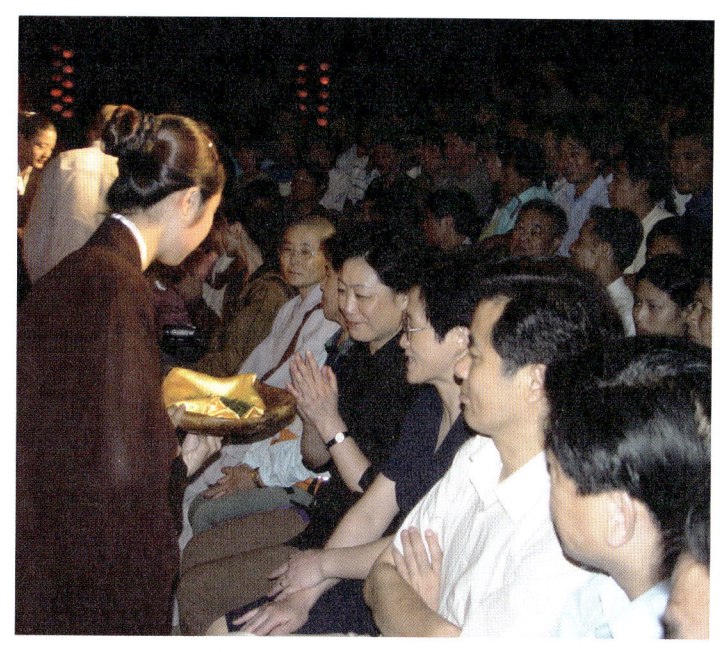

김지장이 신라에서 가져간 구화불차를 다예사가 청중에게 다가가 보여준다.

전야제 밤 금지차의 다도표연으로 대회를 장식했다. '금지차'의 다도표연이 시작되기 직전 마이크을 잡은 사회자가 "여러분들의 연화불국 구화산에 왕림하신 것을 환영합니다."라고 시작했다. 신라에서 가져왔다는 구화불차는 일찍이 당나라 시대에 승려들과 조야의 명인들이 즐겼고 특히 금지차는 1915년 파나마 만국박람회에서 금상을 차지하였다. 6명의 선다일미를 들고 입장하였고 분향 배려를 한 뒤 천천히 무대 중심에 다가갔다.

지장보살성도일에 다예의 핵심으로 등장한 지장선차의 표연이었다. 투다 입선을 시작으로 구지장 법사을 찬미하는 선다표을 선보여 주목을 끓었다. 다예가 끝난 뒤 무대 아래로 내려가 지장불차를 대표단에게 품다하였다. 한중다예표연은 중국 측에 이어 한국 측의 보천다회의 지민 스님이 고려 말차 시연이 있었는데 중국 사람들의 열광적 지지를 받았다. 츠저우시 부시장 등 중국 정부 관리 등이 대거 참여했는데 한국 말차도을 보고 오랜 전통을 이어져온 말차도에서 한국차의 진수를 보는 것 같다고 기뻐했다. 한중다예표연에 이어 이선옥 교수의 선무가 있었는데 수인법에 의해 동작 하나하나에 사물을 직관하는 흐름을 보였다.

전야 행사에 이어 성도 법회의 하이라이트는 지장찬 법회였다. 밤을 새워 가면서 지장찬을 외우는 중국 민중들의 표정 속에서 살아 있는 중국 민중의 신앙을 읽을 수 있었다. 이 의식은 구화가 100여 암자에서 다음 날 새벽 3시까지 이어진다고 한다. 고배경대의 석성명 스님에게 지장찬의 의미를 묻자 지장 스님을 차탁하는 의식으로 구화산이 개립된 지 20여 년 그 맥이 이어져왔다고 설명했다. 이 의식은 지장 법사의 열반 이후 줄곧 이어져왔다고 말한다. 새벽 3시가 되자 구화가는 대낮처럼 밝혀졌다. 3시가 바로 지장 스님 성도 법회의 시작인 것이다. 먼저 구화가의 산 아래 구화불학원에서 불학원의 스님 50여 명 이 불기를 들고 삼보일배로 육신보전을 하고 있었다. 기자 일행이 기원사 앞에 나왔을 때 불학원 스님들이 삼보일배로 앞의 기수가 깃발을 들고 나무지장왕 보살이 외치며 힘차게 삼보일배로 걷는다. 같은 시간 육신보전에는 자신의 키보다 큰 향을 허리에 짚어지고 육신보전으로 향하고 있었다.

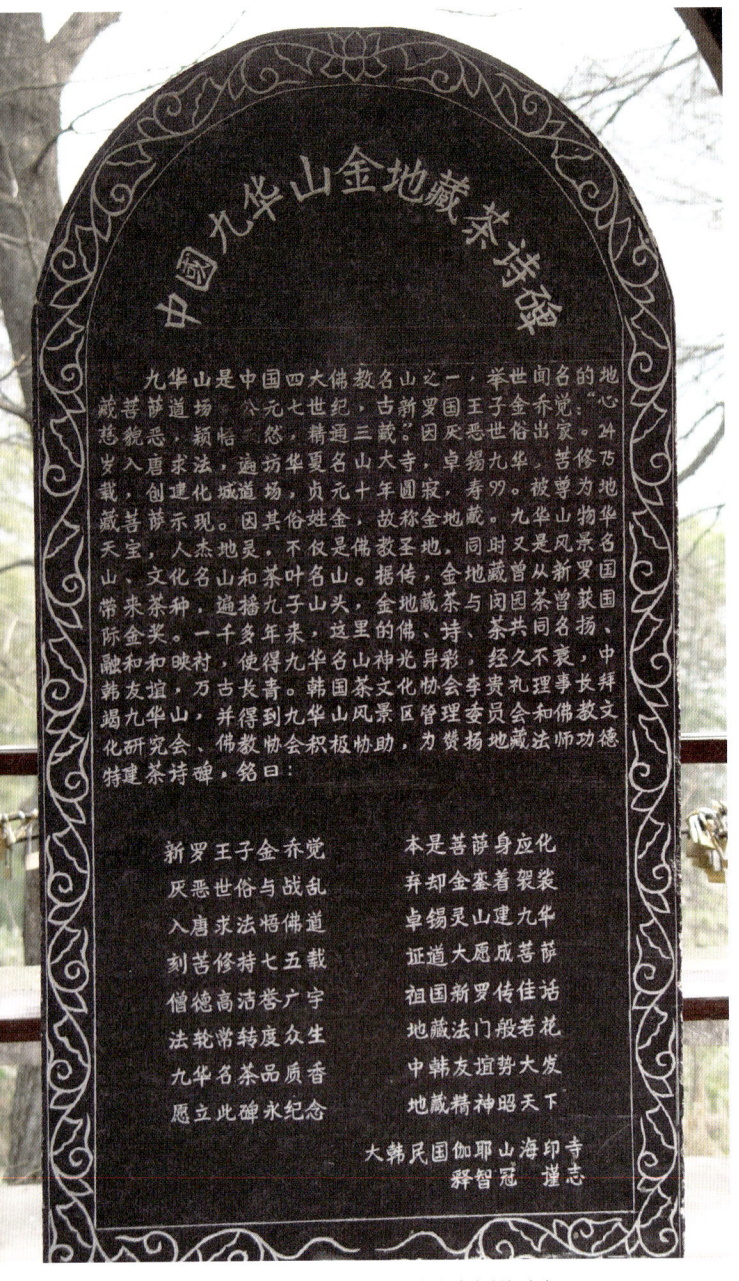

2002년 저자가 주도하여 구화산 경내에 세워진 김지장차 시비.
당시 한국 차문화협회가 적극 참여했다.

향을 짊어지고 가는 거사에게 "왜 이렇게 큰 향을 들고 가느냐"고 묻자, "오늘이 지장성도일 입니다. 이 향을 사르면 일 년 내내 좋은 일이 생깁니다. 매년 이렇게 해오고 있습니다. 이와 같은 의식은 관심처럼 굳어져 내렸습니다"라고 말한다.

지장 법사 1200주년 성도 법회를 기념하여 구화산에서 봉행 되던 그날 모두들 기쁨에 젖었다. 그것도 한·중 수교 10주년을 맞는 뜻깊은 의미에서 갖는 김지장 학술연토회와 한중 다도표연을 통해 지장신앙을 오늘에 재복원하고 중국과 손잡고 지장행적비를 구화산에 세워 그 깊은 뜻을 천하에 빛나게 되었음은 지장 스님의 후예들의 벅찬 감동 그 이상이었다. 연화불국 구화산은 온 천지가 광명 세계로 밝아오고 있다. 모두가 지장 스님의 큰 원력에서 시작된 깨달음의 메시지였다. 이번 행사는 구화산에서 열린 20차 성도 법회 공식 행사로 채택되어 츠저우(池州)시 정부에서도 주목하였다. 츠저우시 부시장은 다예표연을 유심히 관람한 후 차를 음다하면서 지장불차의 맛이 향기롭고 느낌이 좋다고 말했다.

구화산에 건립한 지장 법사 차시비

지장보살 성도일을 맞아 구화산에서 열린 다예교류와 학술회의 이후 가장 큰 수확은 한·중 합작 기념 지장 행적비를 세우는 문제를 공식 기론하여 합의를 이루어냈다는 점이다. 이번 행적비는 김지장의 입당구법 경로와 그의 출생의 비밀 등을 중국과 한국이 서로 합의점을 찾아 영구히 보존하는 데 의견을 모았다. 비석 건립 시기는 2003년 성도 법회를 전후해서 제막하기로 했다. 김지장 스님의 열풍은 그동안 그칠 줄 몰랐다.

신라에서 지장 법사가 금지차를 구화산으로 가져가 오늘날 금지차로 명성을 얻게 된 역사적 사실을 입증할 '김지장차시비'을 구화산 경내에 건립했다.

2002년 4월 20일에는 불교춘추사가 발의하여 한국 차문화협회(이사장 이귀례)와 연합으로 김지장 차시비를 구화산 경내에 세

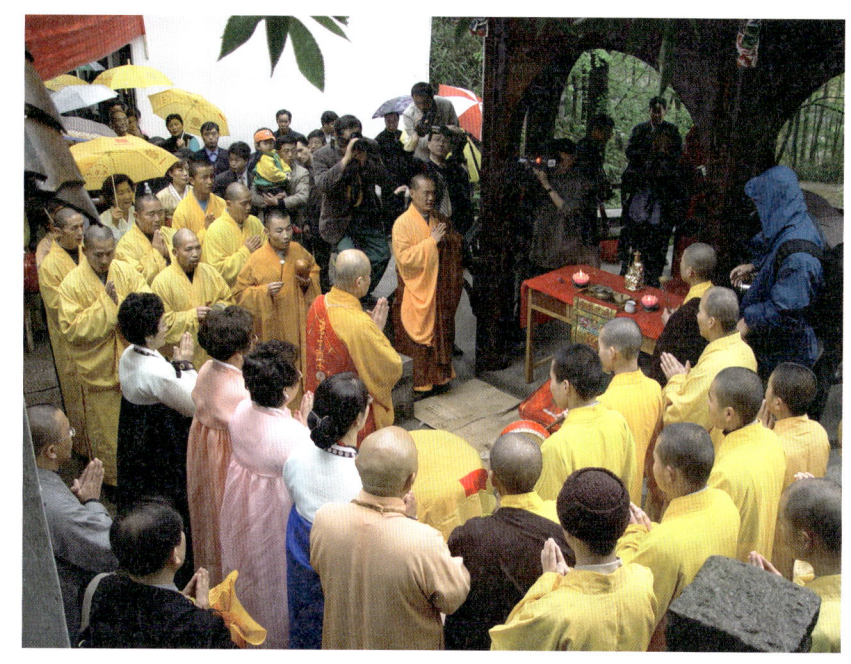

2002년 구화산에서 열린 김지장 차시비 제막식

웠다. 2002년 구화산에 김지장차시비가 건립되어 그간 지장 법사가 신라에서 가져간 차종이 김지장차시비의 건립으로 입증되었다.

《구화산지》의 기록에 따르면 서역에서 온 차(茶)라고 하였다. 민지원차, 쌍계 조아차, 서축 운무차, 구화불차 등으로 그 명성은 그치지 않고 이어져오고 있다.

비문은 동국대 총장을 역임한 지관스님이 찬한 '지장 법사 차시비'에 기록했다.

"지장 법사의 후신으로 칭송되어온 법사는 속성은 김씨요 휘는 교각이니 신라의 왕자이다.

조국 신라에서 가져온 차종을 구화산 산중에 광파(廣播)하니 금지차로 민원차와 함께 중국명차가되었다. 김지장 법사 차시비 송왈(頌曰),

新羅王子 金喬覺은　　　地藏菩薩化現일세
發弘誓願童眞出家　　　求法入唐尋師訪道
秀麗九峰十八景인　　　九華山中巖穴에서
數十星霜如救頭燃　　　成就大道具足神通
祖國新羅國咸宣揚　　　新羅茶로文化交流
世世生生不退正法　　　法輪常轉廣度衆生
貴禮佛子願力으로　　　於此勝地建茶詩碑
地藏法師遺德이여　　　金地茶와 永遠하리

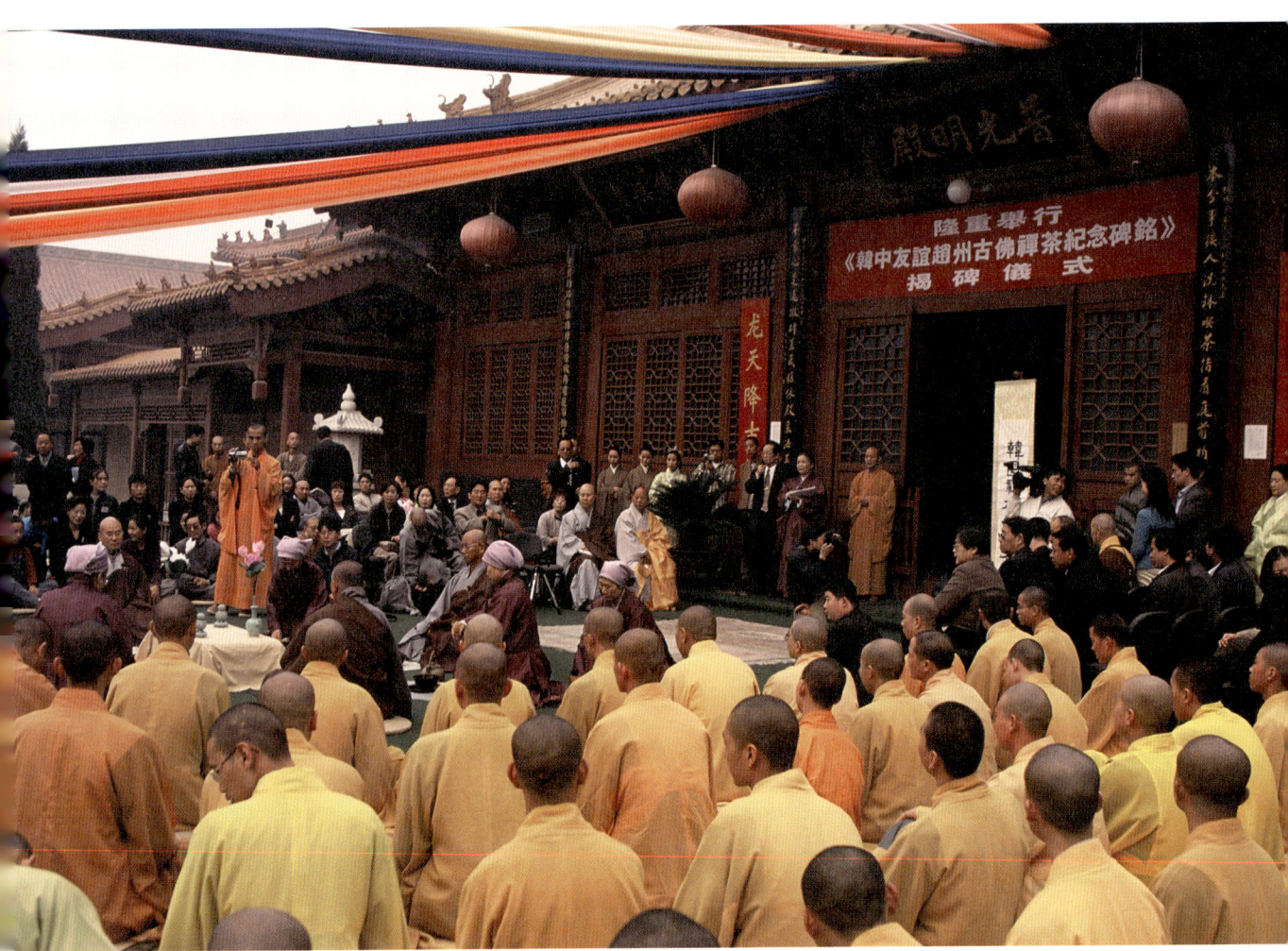

한중우의조주고불선차기념비 제막의식

2. 백림 선사에서 만난 명원 팔정선다도

'차(茶)나 한 잔 들고 가게'인 끽다거(喫茶去) 화두는 1천2백 년 전 당나라 조주(趙州, 778-897년) 선사가 읊었던 화두이다. 오늘날 한국 차인(茶人)들로부터 금과옥조처럼 회자되었다.

한국불교계가 뜻을 모아 옛 조주관음원이 자리 잡았던 허베이성 자오현 백림 선사에 건립된 선차념비는 한·중 간의 황금 우의를 돈독히 하였다. 잊혀진 중국 선종의 핵심인물이었던 무상 선사(無相禪師)의 법맥을 중국으로부터 공식적으로 인정받는 계기가 되었다. 선다일미(禪茶一味)의 연원이 되었던 역사적 성지인 백림 선사에서 한국의 명원문화재단이 팔정 선다도를 선보여 주목을 받았다.

무상법맥 공식화하는 순간

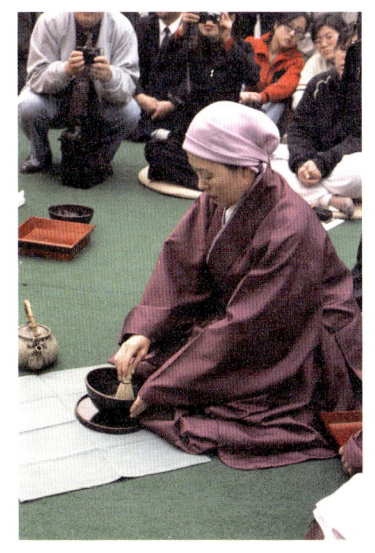

허베이성(河北省) 석가장시(石家庄市) 자오현(趙縣)의 백림 선사(柏林禪師) 경내에 세워진 조주고불 선차기념비(높이 2미터, 700자 규모)는 한·중 불교계가 뜻을 합쳐 백림 선사조주탑 앞에 드러났다. 고불총림 방장 서옹스님과 동화사 조실 진제스님, 선문화 회장 동광스님, 차문화계를 대표해서 명원문화재단 김의정 이사장께서 동참하여 이루어지게 되었다. 조주고불기념비는 비석은 한국의 불교춘추사가 경립했다. 한·중 공동으로 건립한 이 기념비의 비문에는 신라 왕자 출신의 고승 무상의 법맥을 복원함으로써 한국선맥 법계도에도 상당한 영향을 미칠 것으로 내다보고 있다. '조주선차비'에는 이렇게 적고 있다.

정중무상은 일찍이 서촉 땅의 주인이 되시고 문하에 고족으로 마조도일이 있다 [淨衆無相曾主蜀度門下高徒馬祖道一].

이로써 무상이 달마로부터 마조도일로 이어지는 중국 선종 역사의 중심에 있음을 공식화했다.

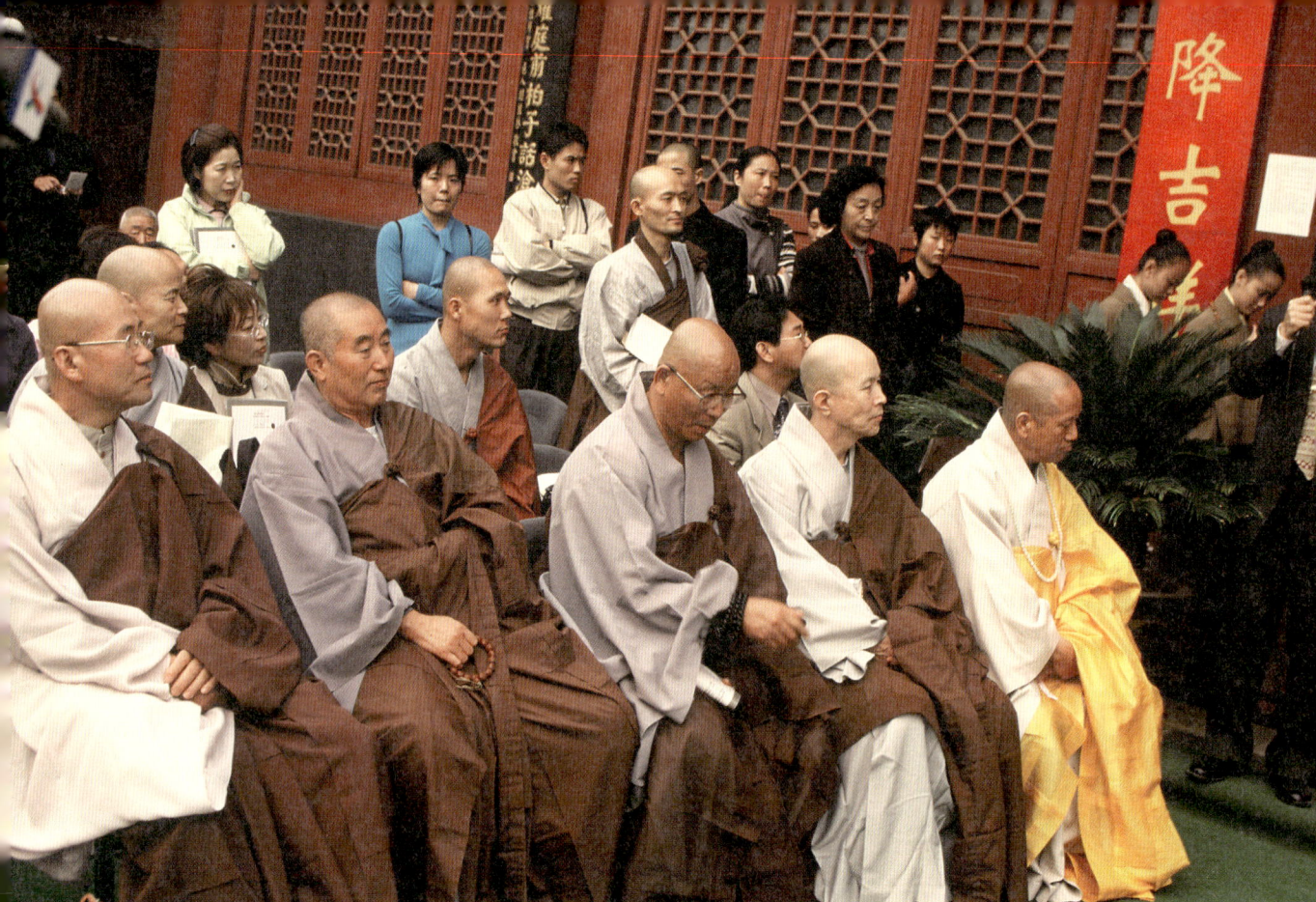

조주고불제막식에서 선보인 명원팔정선다를 참관한 한국의 큰스님들.

한·중 다도표현이 갖는 의미와 명원팔정선다도 선보여

2001년 10월 19일 명원문화재단(茗園文化財團)과 불교춘추사가 공동 주최로 중국 허베이성 백림 선사에서 〈한·중우의 조주고불 선사선차기념비〉 개막식이 열리던 날 백림 선사 개산 이래 처음으로 보광명전에서 한·중 다도표현이 있었다. 한국(명원문화재단)과 중국(강서성 남창 여자직업학교)이 제각기 선다일미의 다도 표현 경연 대결을 벌였다.

먼저 한국에서 백운 스님, 지완 스님, 일선 스과 명원문화재단 발표자 17명이 팔정도에 근거하여 팔정선다법(八正禪茶法)을 선보여 청중들의 박수갈채를 받았다.

팔정선다도는 선정(禪定)에 들어 진아(眞我)를 찾아 반야(般若)의 지혜를 배우려면 먼저 자비심을 일으켜 큰 서원을 발하여야 한다. 자신의 해탈만 구하지 말고 자타가 없는 동체 대비의 마음으로 지금까지 이루어진 모든 선악(善惡)의 인연을 한 생각을 일으켜 흩어 버려야 한다. 공허한 마음으로 만사를 내려놓는다. 몸과 마음을 하나로 집성하여 움직임과 고요함을 중정(中正)하게 해야 한다. 과거의 잡된 생각과 쌓였던 원한을 모두 다 벗어버리고 마음의 미소를 반복하여 마음의 평화가 이루어진 다음에 아래와 같은 동작을 취하여야 좌선(禪)에 들어가서 대반야(大般若)를

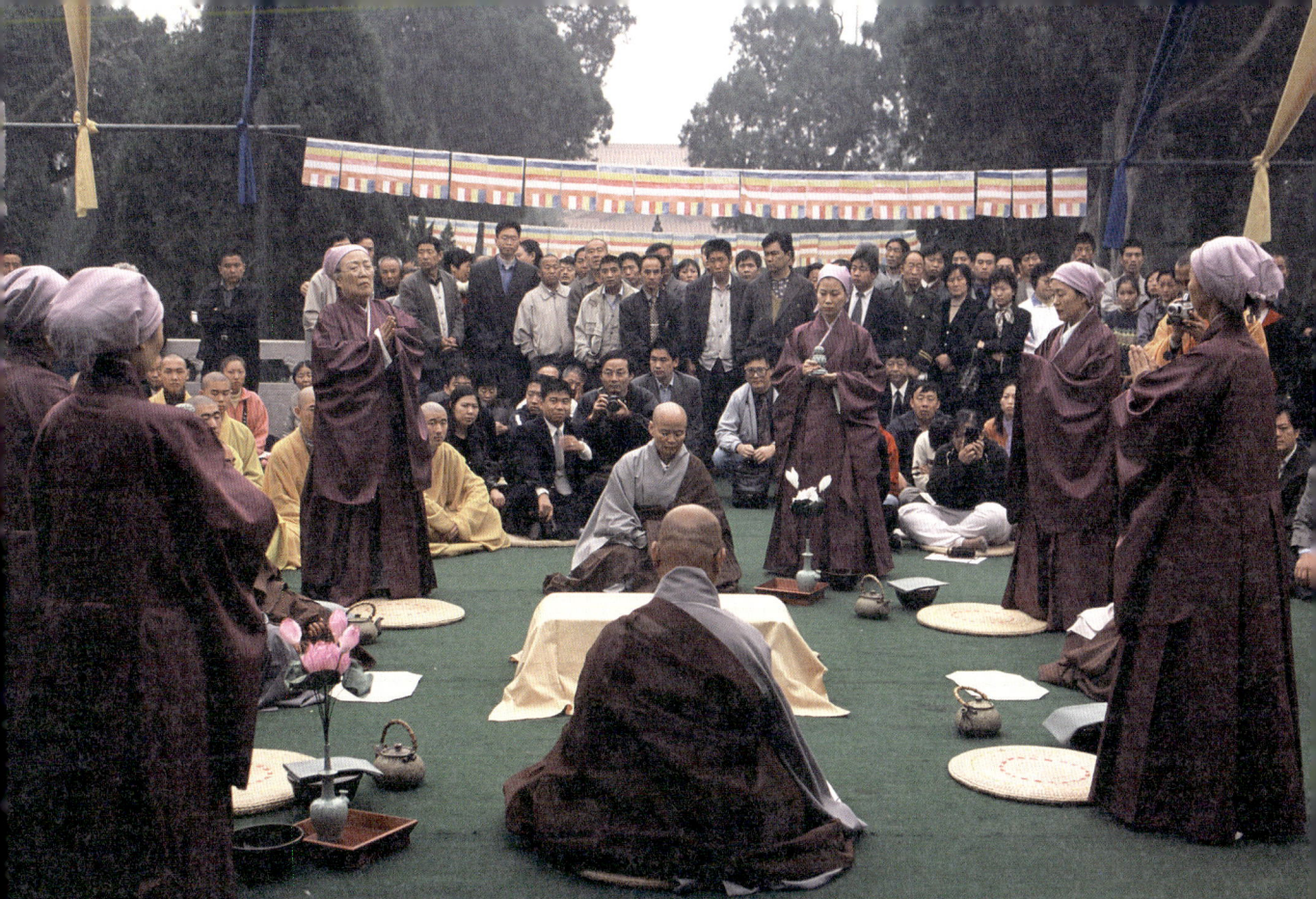

명원문화재단이 조주고불선차기념비 제막의식에서 선보인 팔정선다

얻을 수 있다. 이 같은 불교의 진리인 팔정도를 중심으로 입장(入場), 상견(相見), 착석(着席), 삼조(三調), 분향정기(焚香淨氣), 염화미소(拈華微笑), 정법안장(正法眼藏), 방선(放禪), 기지개법(氣智開法), 행선다례(行禪茶禮)등 10개 절목으로 구성되었다.

한 · 중 다도표현이 끝난 뒤 이어 중국 최초로 선다일미 학술대회가 백림 선사 강당에서 중국에서 3명, 한국에서 3명의 발표자로 참여하여 학술대회가 열렸다. 그 자리에서 저자는 조주 선사의 끽다거(喫茶去)는 당나라에서만 유행하지 않고 한국에서도 유행했다고 밝혔다. 고려시대 진각국사 혜심의 조주선을 시험해 본다를 시작으로 고려말의 태고보우―조선시대로 접어들며 서산대사, 초의 선사, 추사김정희등 많은 인물들이 조주의 끽다거(喫茶去)를 말해왔다고 밝혔다. 학술회의가 끝나자 정혜스님은 다음과 같은 사자후로서 선다일미를 한마디로 압축했다.

秋風陳陳凉	가을바람 청량하게 불어오는데
古柏今新香	옛 측백나무는 지금도 푸르구나
一味禪茶意	선다일미의 뜻
悠悠萬里江	만리의 강에 오래오래 흐르기를

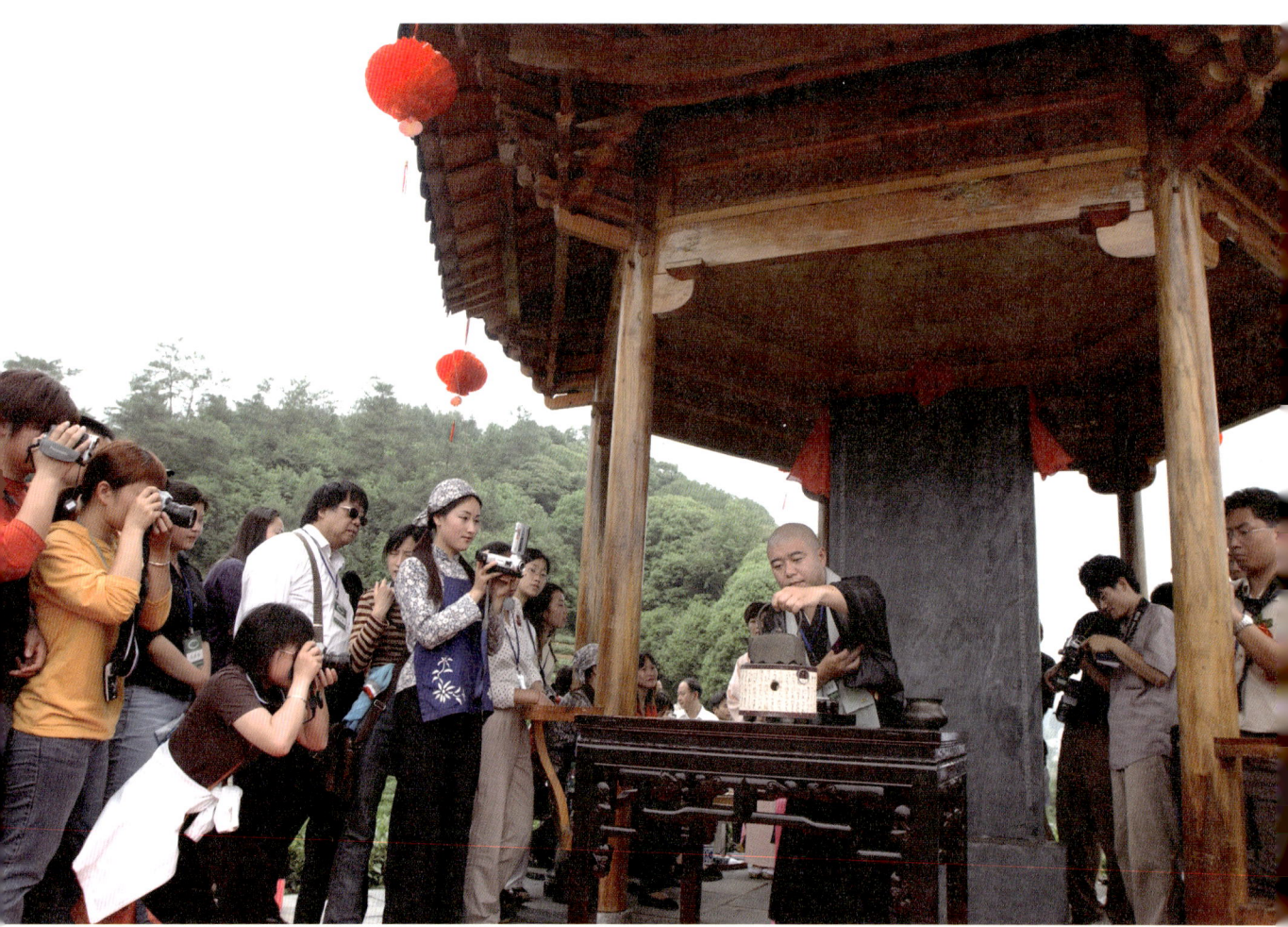
중국 장시성 무원에서 열린 국제차문화교류회에 등장한 일본의 말차도.

3. 녹차미정(綠茶味精)으로 깨어난 무원의 차문화

세계가 차문화 열풍에 휩싸이고 있다. 500년 간 차문화를 선점해 온 일본을 중국과 한국이 바짝 뒤쫓고 있다. 2004년 4월 12일부터 15일까지 중국 장시성 무원에서 개최된 차문화절 행사는 우리의 눈을 의심하게 했다. 세계 어느 차 국가에서도 시도하지 않았던 차밭에서 차문화 행사를 한 점과 그 동안 대만의 전유물처럼 여겨왔던 무아차회(無我茶會)를 중국이 주도한 점, 한·일 간의 치열한 선차논쟁의 불씨가 일고 있는 가운데 중국이 한국의 선차도를 보완, 새로 발달시킨 점에서 주목된다. 이런 국제적 차행사를 통해 21세기 한국차의 발전전략을 모색했다. 덩샤오핑(鄧小平)이 닫혀버린 중국 다관의 문을 열었다면 장쩌민(江澤民)주석이 그의 고향 무원의 최대의 차밭인 대장산(大長山)을 방문, 찻잎을 채취하는 장면이 중국 전역을 소개된 이후 발빠르게 무원이 국제차문화절을 개최하여 주목을 끌었다.

'중국녹차미정(中國綠茶味精)' 무원녹차

일찍이 육우도 『다경(茶經)』에서 무원녹차를 형주(衡州)의 차와 같다고 밝힌 바 있다. 그뿐만 아니라 무원은 송대 주자학을 완성시킨 주희(朱熹), 청대 저명한 학자 강영(江永), 근대 걸출한 철의 전문가 첨천우(詹天佑)가 태어난 고향이기도 하다. 휘주문화(徽州文化)의 빼어난 특색을 지니고 무원은 중국에서 생태환경이 가장 잘 보존된 도시로 중국에서 처음으로 녹색식품 AA급 증서를 부여받은 산차의 산지로 알려졌다.

그런 역사적 배경을 바탕으로 무원 녹차 알리기에 나선 무원 현 인민정부의 여화생(呂和生)부현장(副見長)은 무원의 자랑인 생태미(生態美), 고촌미(古村美), 풍물미(風物美)를 보태 녹차미정(綠茶味精) 무원(婺源)을 세계에 알리는 계기를 만들고자 국제무원차문화절을 개막했다.

무원녹차는 송대(宋代)에는 차품을 겨루는 명차로 불렸고 명.청대에는 공품

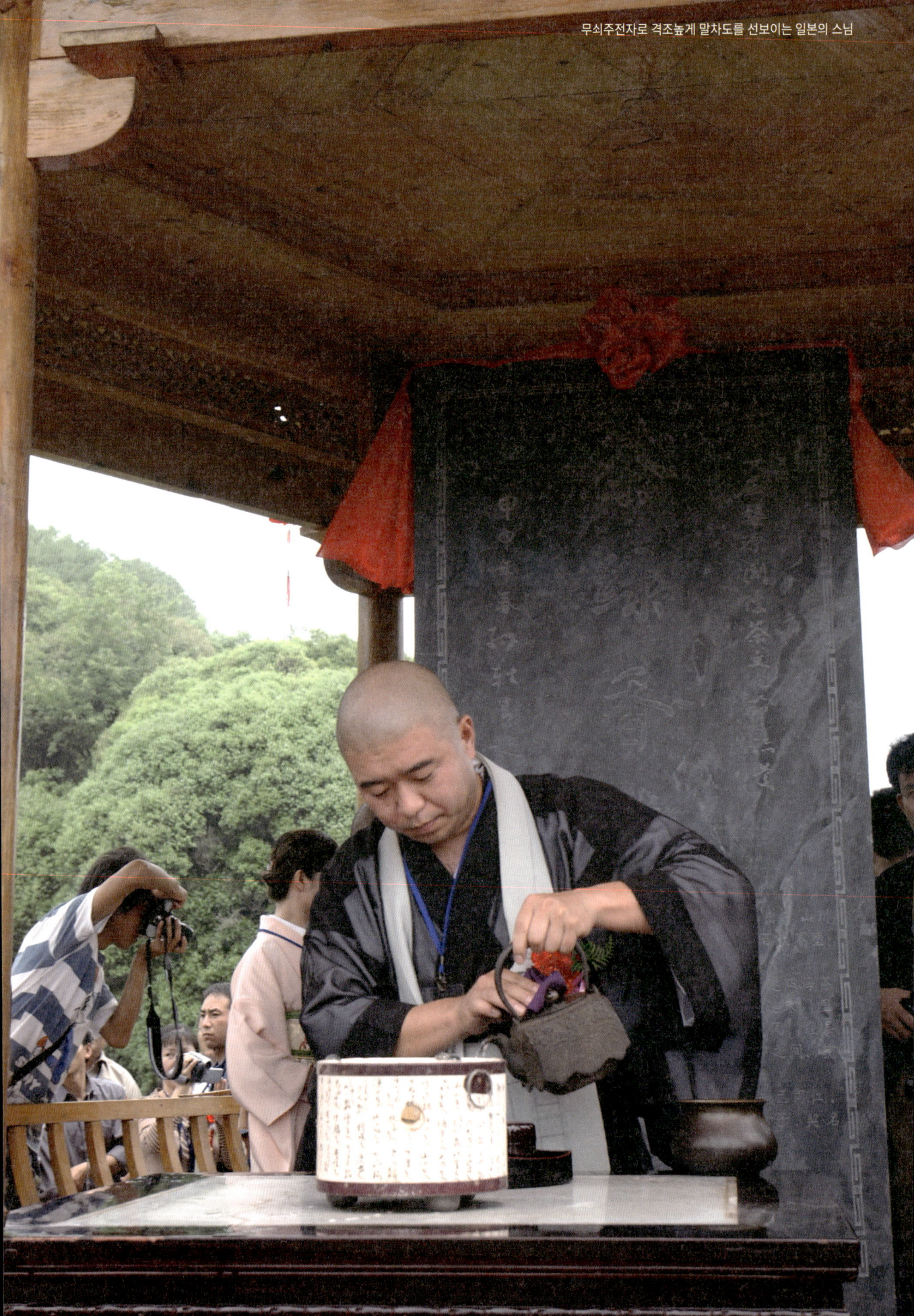

무쇠주전자로 격조높게 말차도를 선보이는 일본의 스님

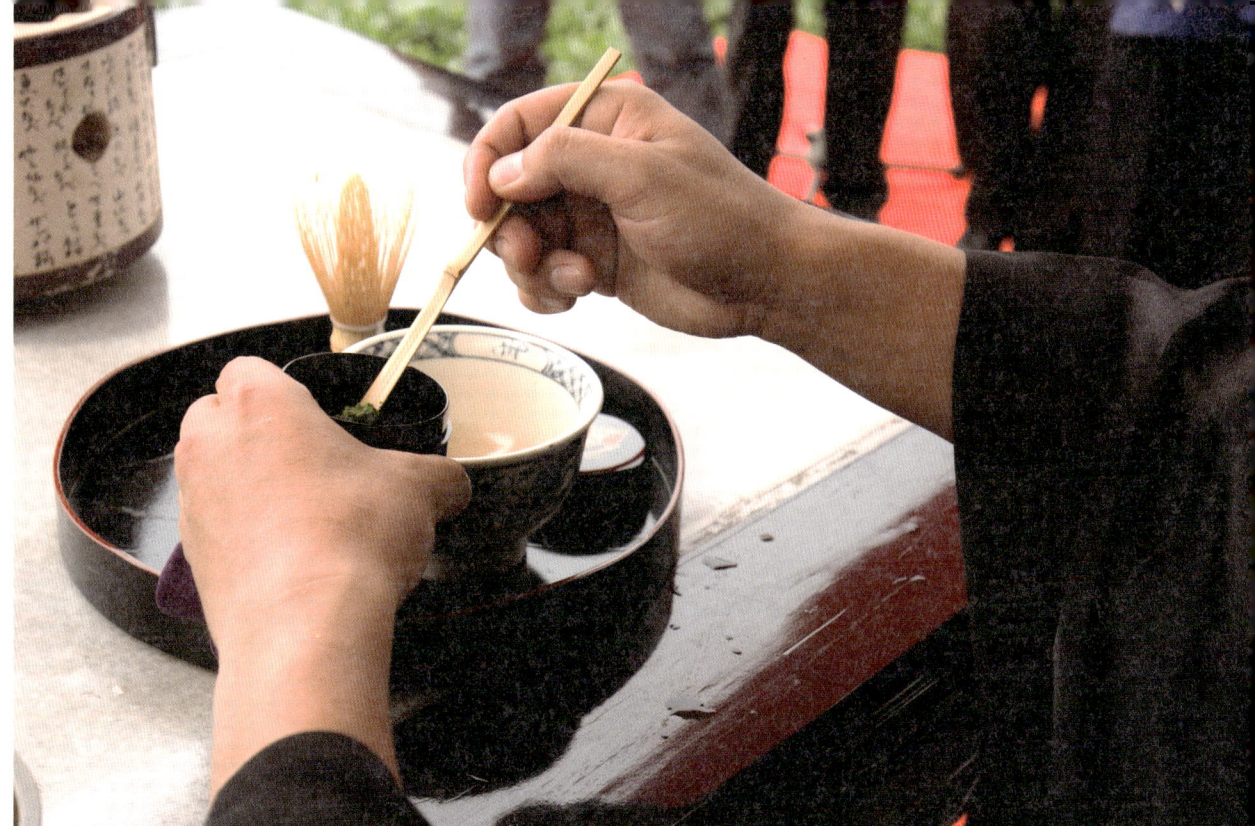

가루차를 차선으로 적당하게 다완에 넣는다. 이같은 장면을 처음 접한 중국의 차인들은 연신 카메라를 찍고 있다. 그후 송,명대에 유행한 중국의 점다법이 서서히 모습을 드러냈다.

으로 나라에 받쳐졌다. 무원녹차의 특징은 활(活)·감(甘)·청(淸)·향(香)으로, '중국녹차미정(中國綠茶味精)'이라는 미명을 얻게 되었다. 이처럼 역사적 의미가 있는 무원녹차가 그 동안 잊혀져 오다가 짱저민이 중국국가 주석으로 무원현이 그의 고향인 연고로 단박에 옛 명성을 되찾게 되었다.

차밭에서 가진 무원차문화절

장시성 무원현 인민정부와 강서성 차문화연구중심이 주최한 '2004 제1차 무원국제차문화절'행사에 6개국이 참가한 가운데 성대히 거행되었다. 무원차문화절 개막식에 참가 하기위해 무원현 천우로(天右路) 금산다원에 이르렀을 때 각 국의 참가자들이 금산다원 정상의 비석 앞으로 모여들었다. 떵소우화(鄧少華) 무원현 서기, 무원현장과 부현장 등의 얼굴이 보이고 장시성 차문화연구중심 첸웬화(陳文華), 위웨(余悅) 교수 등이 내빈을 맞고 있었다. 순챈(孫前, 쓰촨성 야안시(雅安市) 부시장과 떵명초우(燈夢朝, 중국국제차문화연구회 부회장) 등 거물급 인사가 참가했고 이 밖에도 홍콩, 말레이시아, 일본, 한국 등에서도 참가했다.

한국 측에서는 한국국제선차문화연구회 최석환 회장 과 명원문화재단 유양석 고문 등이 공식 초청을 받아 참가했다. 이번 행사를 준비한 장시성 차문화연구중심 첸웬화 주임은 한국 측 대표단을 소개하면서 중국인은 한국인의 열정을 배워야 한다고 역설했다.

개막행사는 금산다원이 있는 대장산에서 펼쳐졌다. 중국에서 차문화절 행사를 차밭에서 개최하게된 것은 이번이 처음이었다. 행사는 기념비게송(記念碑偈頌) 의식을 시작으로 한·중·일 다예표연, 무아차회, 학술연토회 순으로

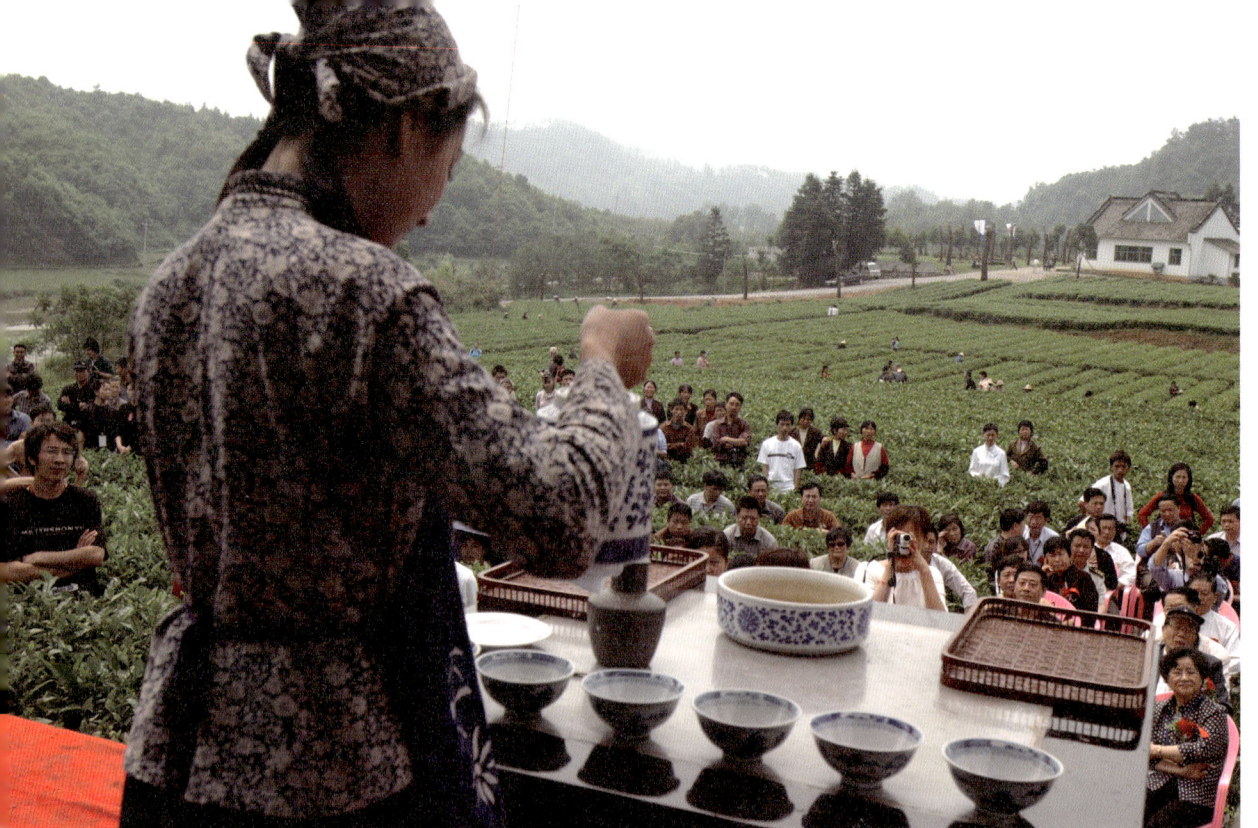

경덕진 청화백자로 녹차를 팽다하는 중국의 다예사

진행되었다.

"무녹표향의 계절에 녹색의 차향이 물씬 풍기는 5월의 무원의 아름답기 그지없습니다. 아름다운 녹색의 무원에서 국내외 차인과 다우들이 제1차무원국제차문화절에 참가함을 열렬히 환영합니다"

이어 무원현장과 중국차문화연구회 부회장의 축사가 이어졌고, 일본에 이어 한국측에서는 최석환 한국국제선차문화연구회 회장의 축하인사를 했다. 축하 인사말이 끝나자 참가단은 기념비송제막 자리로 모였다. 비석을 가리고 있던 붉은 천을 걷자 '다녹향표(茶綠香瓢)'라고 새겨져 있고, 뒷면에는 대표단과 참가인의 이름이 새겨졌다. 이 비석은 천고(千古)에 이름을 남기며 산하와 같이 빛날 것이라고 비석글에 새겨두었다.

무원차밭에 등장한 일본의 말차도

차밭에 마련된 무대위로 무원 녹차 다예표연이 시작되었다. 무대 중앙에 청대 찻잔 5개를 가지런히 올려놓고 무대 위 에서 행다가 펼쳐졌다. 모두를 숨죽이고 그 광경을 지켜보았다. 이어 무목을 끓었던 일본에서 온 오모테센게 유파가 일본의 말차도가 선보였다 20년전 의 중국에서 말차도는 상상할수 없을 때 였다. 중국의 참가인들은 한순간도 놓치지않고 카메라에담았다.

송 휘종이 쓴 《대관다론(大觀茶論)》에 차선으로 격불한 뒤 다완위로 산수화를 그려냈던 팽다법이 잊혀져 갔는데 소이의 십육탕품에 등장한 옥차법(沃茶法) 유행 하리라는 것은 당시 상상할수 없을 때 였다.

마지막으로 중국의 남창직업학교 학생들이 선차표연을 선보였다. 선차는 각각 4명씩 두 줄로, 결과부좌한 자세로 선차를 표연했다. 중국에서 의좌가 아닌 앉은 좌세로 행다는 상상할수없었다. 서투른 몸 동작에서 앞으로 중국의 좌식다도의 바람을 예고했다.

행다가 끝난뒤 오후에 천우로 노천무대에서 펼쳐진 무아차회(無我茶會)가 무원에서 선보임으로써 중국화 된 무아차회의 첫신호였다. 각자 차도구를 들고 나와 원을 그려 빙둘러 앉아서 선보였는데 팽주와 다우가 한 호흡으로 차의 맛을 느끼는 그런 차회가 펼쳐졌다.

취재 중 무원현의 CCTV기자가 나에게 다가와 인터뷰를 요청했다. 이번 차회에 참가한 동기를 물었다. "삼국의 차문화는 서로 융합되어 가고 있으며 이곳의 무원이 생태미와 차문화가 어우러지며 더 큰 발전을 이룰것이라고" 라고 답했다. 이어 무원차문화절을 보고 느낀 점을 묻자 "삼국의 차문화가 하나로 뭉칠 수 있다는 희망적인 느낌을 받았다"고 말했다.

무아차회는 대장산 노천무대에서 펼쳐졌다. 하늘에 무아차회의 깃발이 펄럭이고, 그 아래 200여 명의 다우가 앉아 찻자리를 펼쳤다. 각자 차도구를 들고 나온 다우 앞에 가서 차 한 잔을 맛본다.

무아차회에 참가한 한 다우에게 어디서 왔냐고 물으니 장쑤성 양주에서 왔다고 말했다. 그는 무아차회에 참가한 느낌이 매우 좋다고 말한 뒤 "앞으로 이런 차회를 종종 참가할 생각"이라고 답했다. 행사에 참가한 유양석 고문은 저런 아름다운 찻자리를 우리 차에도 도입하면 좋겠다고 말했다.

무아차회가 끝나자 일행들은 서둘러 주자의 고향으로 향했다. 가는 길에 펼쳐진 차밭은 한 폭의 무녹표향을 보는 듯했다. 이번 행사를 준비한 강서성 차문화연구중심의 위웨교수는 "드디어 무원에 차향이 되살아나는 것 같다"고 말했다.

무원의 차, 세계로

'신세기의 다예'라는 주제 아래 무원에서 국제차문화학술연토회가 열렸다. 학술연토회는 무원국제차문화절 행사의 하이라이트로 개최했다. 학술회의 좌장은 위웨 교수가 맡았다. 위웨 교수는 무원녹차를 학문적으로 정립하기 위해 이번 학술연토회를 개최하게 되었다고 했다.

학술연토회는 '21세기 무원녹차가 세계녹차시장에 어떤 영향을 끼칠 것인가' 라는 것이 핵심 내용이었다. 중국 측 논문들은 무원명차(婺源名茶), 향표오주(香瓢五州), 무원다업적 현황, 천연문화 무원다업 발전 등 주로 무원차의 과거와 현재에 대해 발표되었다. 한국 측에서는 최석환 한국국제선차문화연구회장이 '강남명차의 한국과 연관 관계'를 발표했고 유양석 고문은 '고려도경을 통해 살펴 본 송과 고려의 차문화'를 발표했으며, 말레이시아에서는 말레이시아 녹차산업에 대해 발표했다.

학술회의가 끝나고 각계 전문가가 모인 특별좌담이 열렸다. 그 자리에서 무원현 부현장은 총평에서 "중국녹차미명이라는 미명을 가지고 있는 무원녹차가 무원지역에서만 국한되지 않고 세계로 나아갈 것을 기대한다"고 말했다.

무녹향표의 계절에 녹색다원에서 히얀구름 아래 군산의 품속에서 샘물소리를 들으며 무원녹차를 맛본다. 무원차만이 지닌 독특한 활(活)·감(甘)·청(淸)·향(香)이 느껴진다. 대장산의 온 산하가 은은하고 맑은 차향에 젖어들었다.

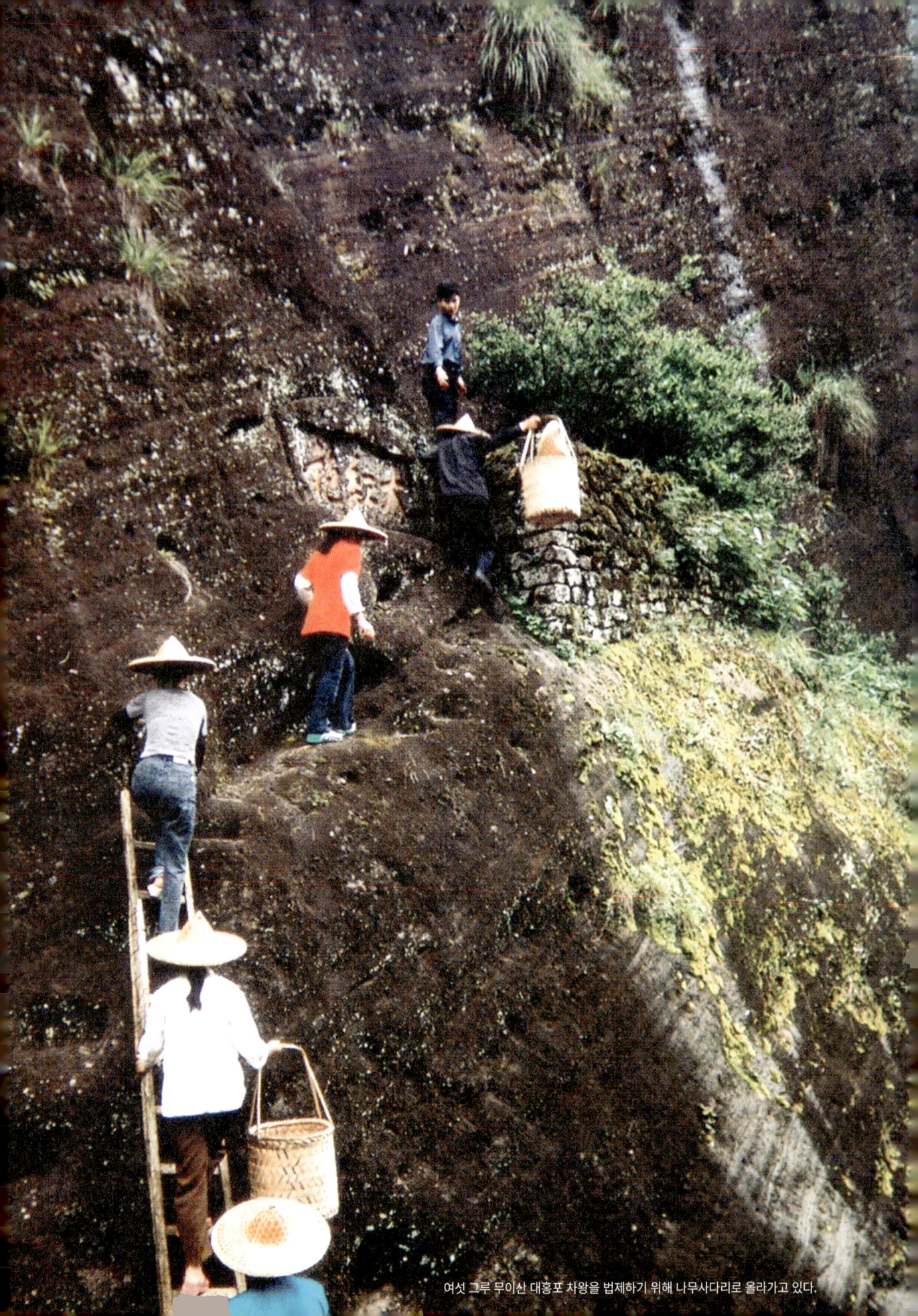

여섯 그루 무이산 대홍포 차왕을 법제하기 위해 나무사다리로 올라가고 있다.

4. 500년간 이어온 황제의 차, 대홍포

천하제일의 명차

500년 이어져간 차왕(茶王)의 자리를 지켜온 대홍포는 중국 푸젠성 무이산(武夷山)에서 생산되는 무이암차가 원류이기도 하다. 대홍포가 생산되는 5월이 다가오며 설레이는 마음으로 무이산을 찾아가 대홍포로 개차절에 참가하길 갈망한다. 올해(2024) 개차절을 맞아 무이성공사에서 열리는 개차절에 한국의 승설재의 김영숙 원장이 헌다의식에 참가하여 황제의 차로 불린 대홍포 차나무 앞에 헌다를 올렸다.

세계문화유산에 등재된 복건성의 무이산은 주자학의 고향과 빼어난 절경으로 인해 사람들의 이목이 집중되고 있다. 그 무이산이 유명하게 된 것은 차 중의 왕으로 불리는 대홍포(大紅袍)라는 차가 명성을 얻게 되면서부터였다.

'차의 왕'으로 불리는 구룡과의 여섯 그루밖에 없는 대홍포라는 차나무에서 찻잎은 연간 500그램밖에 생산되지 않는 까닭으로 일찍부터 세상의 이목이 집중되었다. 지난해 경매에서도 상하이(上海)에서 부동산업을 하는 한 홍콩 여성 기업가가 20그램을 2500만 원에 사들인 예만 보더라도 대홍포의 희소가치는 뛰어났다.

예부터 무이산은 천연진미(天然眞味)를 가지고 있으며 암골화향(岩骨花香)의 암운(岩韻)으로 찻잎이 바위의 골수를 머금고 자라고 있어 차를 마시면 입안에 향기가 가득하고 오랫동안 그 향기가 입안에 맴돈다 하여 차의 왕의 자리를 내어 준 적이 없었다.

베일 벗은 무이암차의 신비

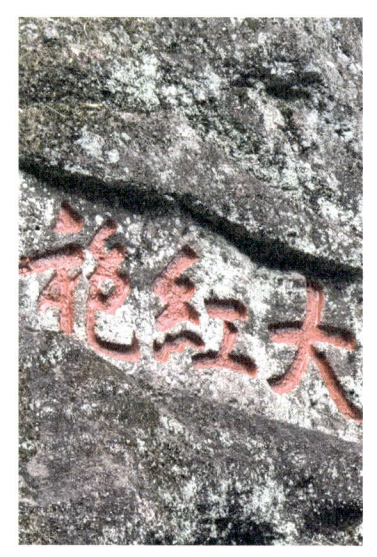

매년 찻잎이 솟아나는 4월 초 엄격한 심사를 거친 6명의 대홍포 제작기예 전승인이 여섯 그루밖에 없는 대홍포 차수로 사다리를 타고 올라가 정성껏 찻잎을 채취한다. 고작해야 500그램밖에 안 되는 찻잎을 따서 그 전승인의 손끝으

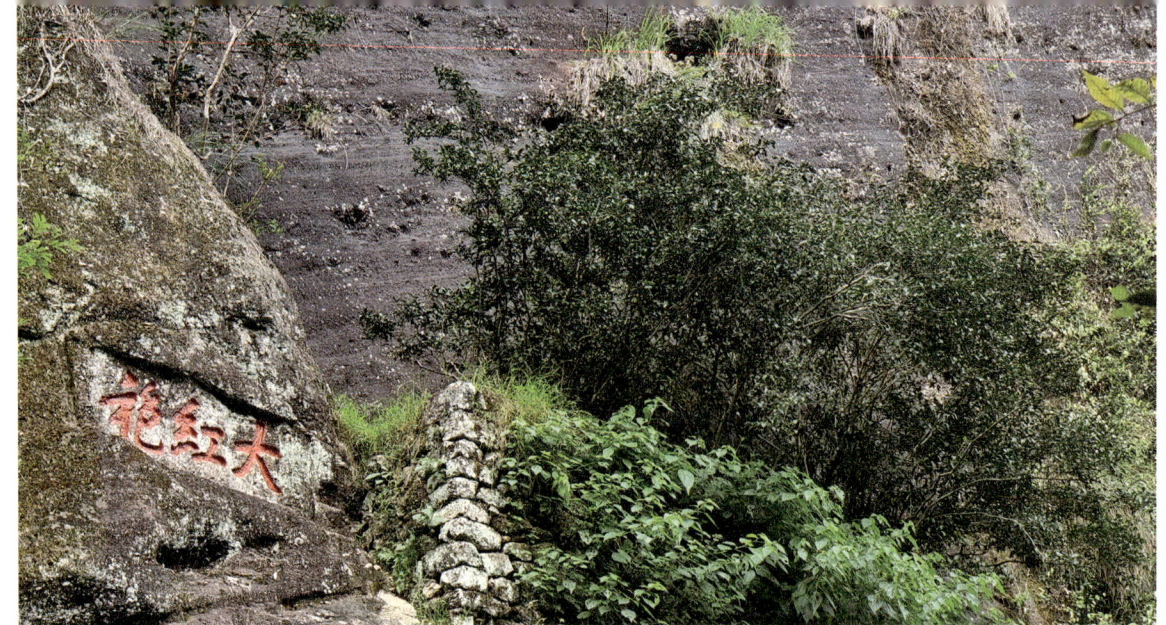

무이산 대홍포 차수

로 정성껏 법제한 뒤 무이산시로 이관하여 경매에 붙여진다. 지난해에는 20그램이 우리 돈으로 2500만 원에 팔려 나간 바 있다. 그처럼 명품차로 명성을 얻고 있는 대홍포는 2007년부터 차나무의 보호를 위해 찻잎을 채취하지 않는다는 빅뉴스를 접했다.

최근 대홍포 차수 주변을 정비했는데 대홍포 다관 운영자를 엄격한 심사를 거친 뒤 경매를 거쳐 선정했다는 이야기를 들었다. 다관 운영자 심사는 첫째, 높은 경매가가 아니라 얼마나 대홍포를 홍보할 수 있느냐 하는 자격을 첫 번째로 꼽았다. 그래서 30대 후반의 다예를 겸비한 미모의 여인이 낙찰되었다고 한다. 인민폐 5만 원을 써낸 그 여인이 20만 원을 물리치고 운영권을 따냈다. 차계의 태두인 장천복 선생은 "대홍포의 희귀가치는 가격을 떠나 상징적 의미로 경매를 통해 이루어진다"고 말한다. 그 차의 가격보다 상징적 의미에 더 비중을 두고 있다는 이야기였다.

신비에 싸인 여섯 그루의 대홍포 차나무를 지금까지는 그저 눈으로만 즐겼다. 그런데 지난 5월 쪼오따앤(趙大炎) 고문의 도움으로 한국 차인으로서는 최초로 사다리를 타고 차나무 정상으로 올라가 차나무의 실체를 처음 국내에 보고한 바 있다. 그 차나무의 실체가 알려지자 국내의 중국차 연구가 중의 한 사람이 설왕설래의 논쟁을 벌였다. 그런데 그 차나무의 실체를 국내 첫 공개하게 되었다. 차나무가 힘차게 뻗어 올라왔고 찻잎에는 새순이 솟아올라 그 향기가 만 리를 가는 듯했다. 그 차나무를 세상에 전하기로는 무이산에서 여섯 그루밖에 없는 차나무라고 전해온다. 그리고 그 차나무의 품종이 3종류라는 충격적 사실을 접했다. 좌측부터 1, 5번 3, 4번 2, 6번 같은 품종이라는 새로운 사실도 밝혀졌다. 그처럼 중국 사람들은 차를 놓고 세상 사람들을 놀라게 하고 있었다.

무이산시를 찾게 되면 온통 암차의 세상에 온 느낌이다. 그처럼 대홍포의 명성이 천하 사람들의 마음을 사로잡은 결과였다. 이유인즉 "차를 마시고 나면 입안에 향이 가득하고 그윽한 향기가 멀리까지 간다[齒頰留香 香高而悠遠]"는 말이 실감나게 한다. 그 차향에 답이라도 하듯 자오푸추(趙樸初) 거사는 대홍포의 발원지인 천심암을 찾은 뒤 다음과 같은 글을 남겼는데 "만 마디, 천 마디 말이 차 한 잔 마시는 것보다 못하다[萬言五與 千言不如 喫茶去]"라는 명언을 남겼다. 그 글을 본 뒤 조대염은 그에 화답을 다음과 같이 보냈다.

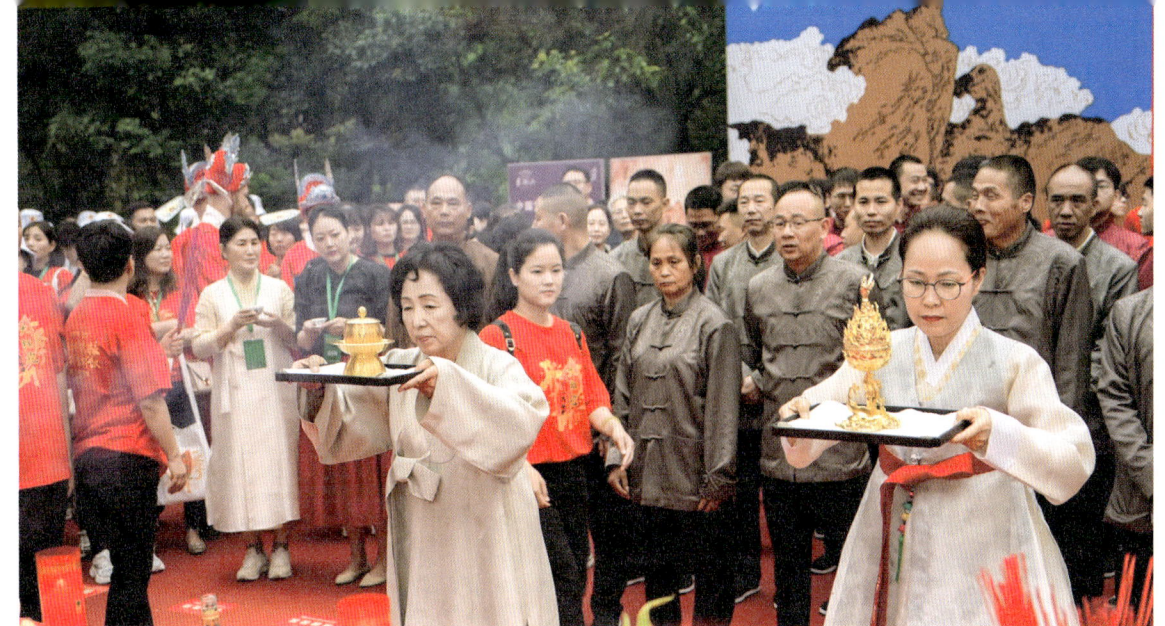

청명날 한국에서 가져간 차와 향을 올리는 승설재 김영숙 원장

古謂茶苦今稱茶	고인이 차를 쓰다고 말하자 지금도 차를 그렇다 하니
義同形殊理不差	뜻은 같고 모양은 다르나 진리는 다르지 않도다
趙州法語吃茶去	조주 스님이 '차를 마셔라'고 법어 하시니
三字千金百世誇	세 글자 천금 같아 백세토록 자랑스럽도다

그처럼 무이암차가 명성을 얻게 된 것은 독특한 차맛에서 비롯되었다고 장천복은 《복건 오룡차》에서 밝히고 있다. 장 선생은 다음 3가지의 조건을 들었다. 첫째, 자연환경이고 두 번째는 우량 차나무 품종, 세 번째는 정교한 제다기술을 들었다. 이와 같은 조건을 갖춘 무이암차가 동아시아권으로 널리 퍼지게 된 동기는 우수한 품질과 맛에서 비롯되었다고 밝히고 있다. 특히 무이암차를 한국인이 많이 찾는 까닭은 약리(藥里)효과가 뛰어나다는 사실이 우리에게 널리 알려졌기 때문이라고 생각한다.

대홍포의 명성은 건륭 황제가 우연히 무이산의 수려한 산세에 반해 대홍포 차로 잔병을 치유한 뒤 국가보호수로 지정하면서부터 세상에 알려지기 시작했다.

세상에 여섯 그루밖에 없는 대홍포 차나무는 연간 생산량이 500그램에 불과하다. 여기서 생산되는 차는 중국정부에서 귀중품으로 보관해오다 외국 귀빈이나 국가 원수들에게 선물한다고 한다.

대홍포을 오랫동안 법제해온 기명다엽연구소의 왕순명 씨가 100년 모수서 뽑아낸 차를 내놓으면서 "진품의 대홍포는 구룡섬 암벽에서 자라는 모수(母樹)에서 채다해서 매년 5월 17일 향불을 지피고 목욕 재개한 뒤에 채다하여 가공한다"고 설명한다.

무이암차가 오랜 세월을 내려오면서 쇠퇴하지 않고 역대공품이 될 수 있었던 것은 품질의 우수성 때문이었다. 당나라 때 벌써 산천의 정화와 영기의 모음이요 암골(岩骨)과 꽃향기의 결정을 지녔다라는 무임암차에 대한 찬사는 곳곳에 배어 있었다.

차 중의 왕으로 손꼽히는 대홍포 앞 차소에 앉아 찻잎을 다관에 넣고 물을 붓자 청아한 난향이 무이산에 은은히 퍼진다.

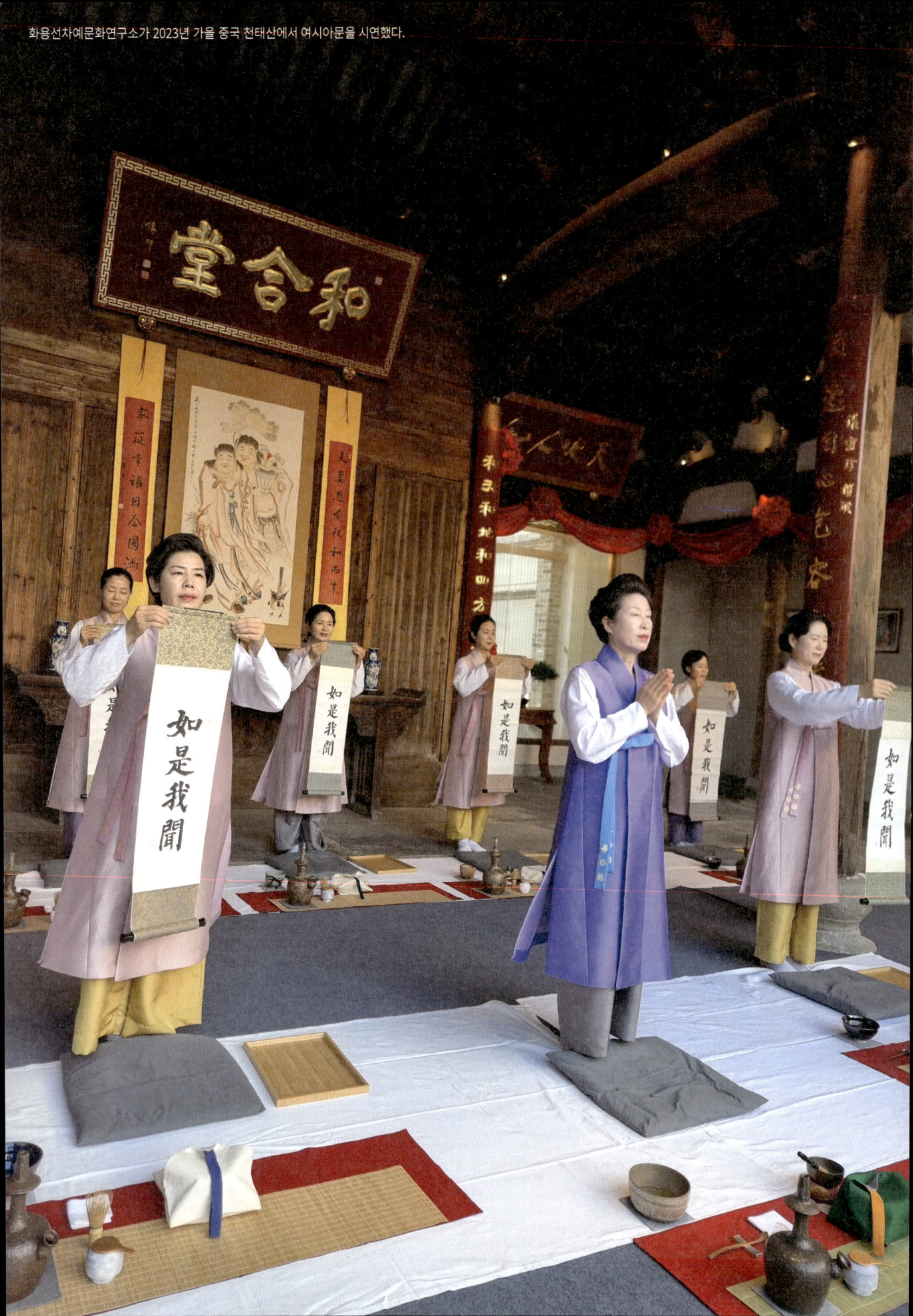

화용선차예문화연구소가 2023년 가을 중국 천태산에서 여시아문을 시연했다.

5. '나는 이렇게 들었다(如是我聞)' 선차행다로 만나다

아난존자가 세존에게 가르친 '나는 이렇게 들었다'를 행다로 걸어 나오다

석가세존(釋迦世尊)께서 재사위국 기수급고독원(기원정사로 알려짐)에 계실 때 아난다(阿難陀)에게 가르친 '나는 이렇게 들었다(如是我聞)'를 행다로 걸어 나오게 됨은 놀라운 일이다. 그간 우담바라(優曇鉢羅), 무문관(無門關), 청풍(淸風) 등 선어록(禪語錄)을 중심으로 행다가 탄생되었다. 여시아문은 그야말로 부처님이 설하신 가르침을 표현한 것이다.

여시아문과 견줄만 한 부처님 말씀 중에 세존염화(世尊拈花)가 있다. 세존께서 영산회상에서 꽃을 들어 대중에게 보였는데 대중은 그 뜻을 몰라 침묵했는데 가섭존자(迦葉尊者)가 미소로 답했다. 세존께서는 오직 나에게 정법안장(正法眼藏)을 가섭존자(迦葉尊者)에게 부촉(付囑) 한다고 했다. 그 가섭의 법맥은 아난존자에게 이어져 세존에게 가르침을 받은 아난존자에 의해 여시아문이 탄생했다.

그 법통은 28대 보리(菩提) 달마존자(達摩尊者)로 이어져 달마는 뱃길로 중원(中原, 옛 중국)을 건너와 숭산(嵩山) 소림사의 달마동에서 수행하던 중 졸음을 쫓을 수 없어 눈꺼풀을 던졌는데 다음 날 차나무로 자라나 선차가 탄생하게 되었다.

천태산 화합당(和合堂)에서 만난 여시아문

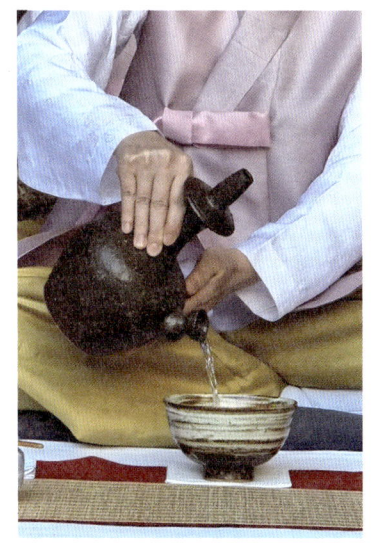

2023년 10월 22일 중국 저장성(浙江省) 천태산(天台山) 화합당에서 제21차 세계선차아회가 열리던 날 한국의 화용예문화연구소가 무대 위로 올라와 결가부좌 한 자세로 앉아 자선을 잡고 격불을 한뒤 엄숙한 자세로 차를 우려 냈다. 그 광경을 지켜본 참가자들은 한순간도 눈을 뗄수 없었다. 마치 세존께서 아난존자에게 법을 설했던 '여시아문'이 현대로 걸어 나와 우리 앞에 펼쳐 보이고 있

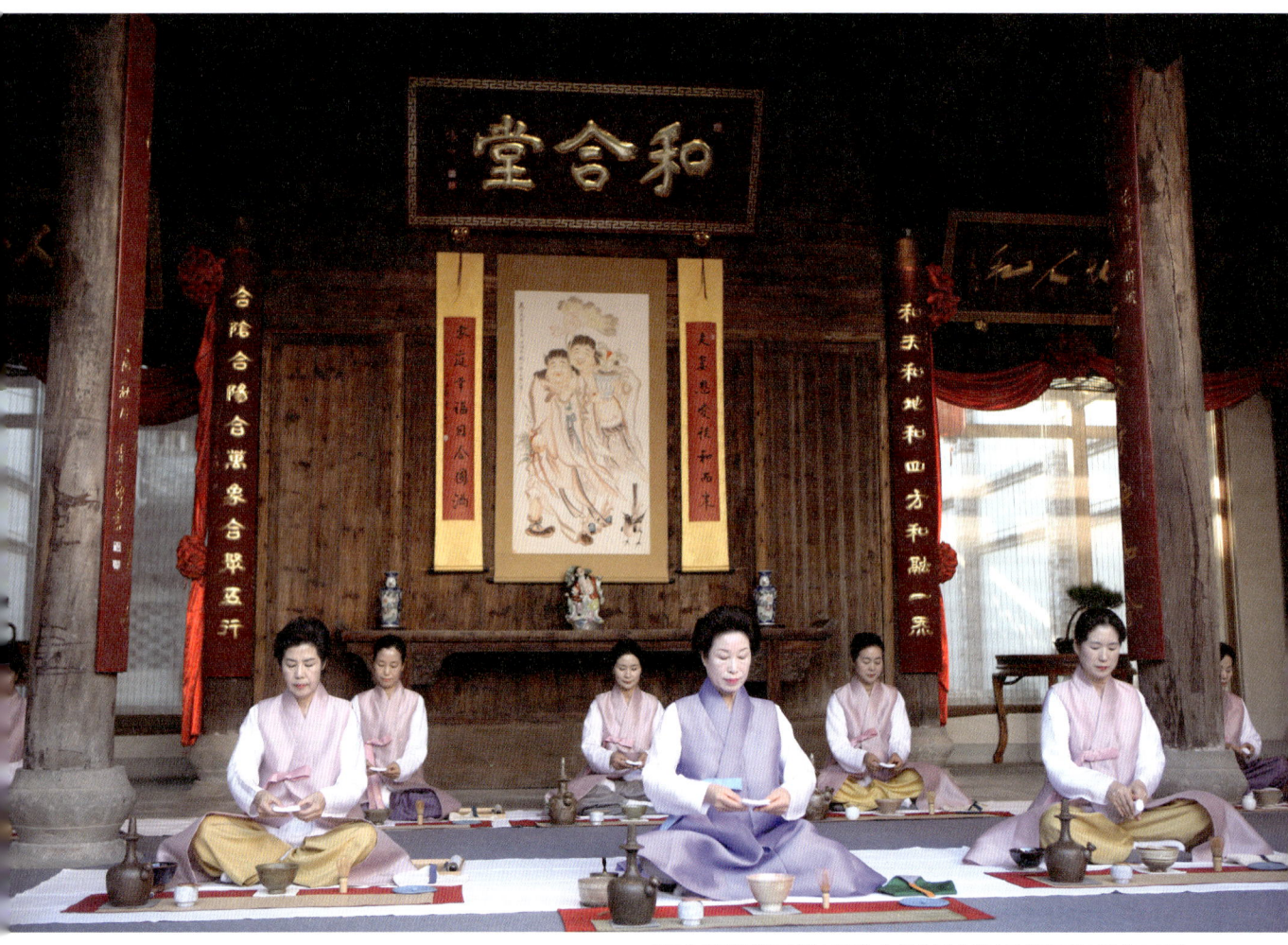

천태산 화정당에서 열린 제21차 세계선차아회에서 여시아문을 시연하고 있다.

는 것이 아니던가.

　이 같은 다법을 완성한 화용예문화연구소의 정화용 대표는 "부처가 열반한 후 긴 시간이 흘러 아난 존자의 기억처럼 사십여 년 전 나무계단을 오르내리던 그 시절이 어제 일처럼 떠올라 가슴이 뜨거워졌다"고 표현했다.

　"차를 다루는 사람들은 절제하고 평등심(平等心)을 유지하도록 힘씀이 곧 수행차인(修行茶人)의 기본이며 차를 하는 이유이기도 하다. 절대 평등은 절대 자유와 동일한 의미이니 동(動)과 정(靜)의 한 측면처럼 각각 독립된 경지가 아니다. 잘 법제된 차는 좋은 물과 불이 만나고 차를 우리는 수행차인(修行茶人)의 법도에 맞은 절제된 마음가짐을 통해 간 맞는 차를 우릴 수 있다"고 말했다.

평상심으로 다가온 차 한잔의 깨우침

　천태산 화합당을 가득 메운 청중들 앞에 무대 위로 올라와 결과 부좌한 자세로 앉아 손에는 정병(淨甁)을 잡고 다

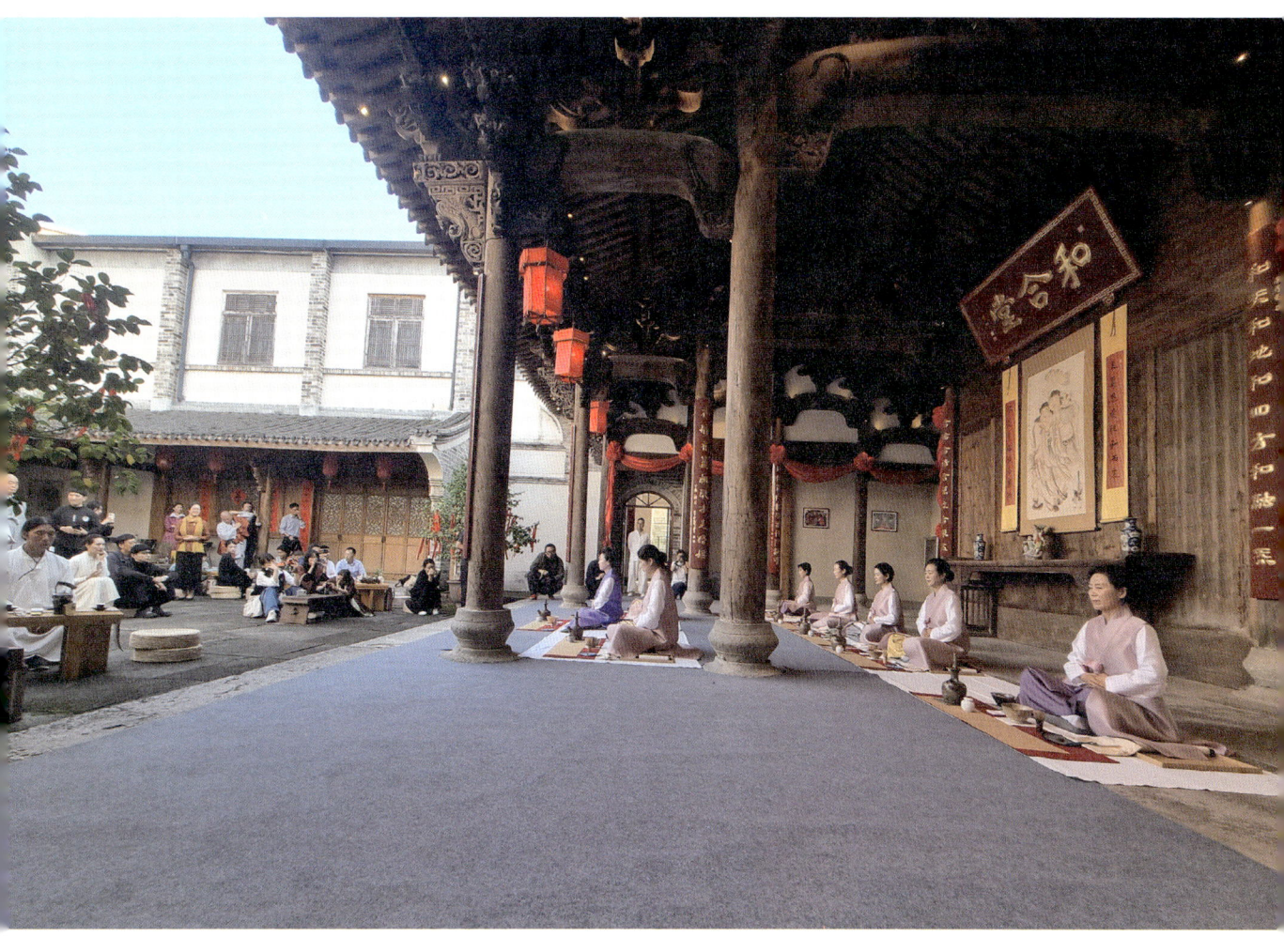

완 위로 찻물을 적당하게 붓고 차선을 잡더니 격불하기 시작했다. 그 순간을 놓치지 않고 참가자들은 선차행다로 걸어 나온 여시아문을 한순간도 놓치지 않고 바라보며 선미(禪味)에 빠져들어갔다. 무대 위에선 여시아문의 시연자들이 격불을 한뒤 두 손으로 다완을 잡고 차를 마시기 시작했다. 차를 마신 뒤 화합당의 무대 위에서 일어나 족자를 펼쳤보였다. 족자 위로 여시아문이 드러났다.

《금강경(金剛經)》첫머리에 나오는 여시아문은 세존이 열반한 지 6개월 만에 제자들이 불경을 편찬했는데 다문제일로 알려진 아난다(阿難陀) 존자가 세존에게 친히 들었던 여시아문을 불경에 새기면서 세상에 드러났다.

이 같은 나법(茶法)은 세존(世尊)이 아난(阿難) 존자에게 가르친 여시아문이 행다로 세상 밖으로 걸어 나오게 되어 행다를 지켜본 한·중 차인들은 석존의 가르침을 마음에 담아갔다.

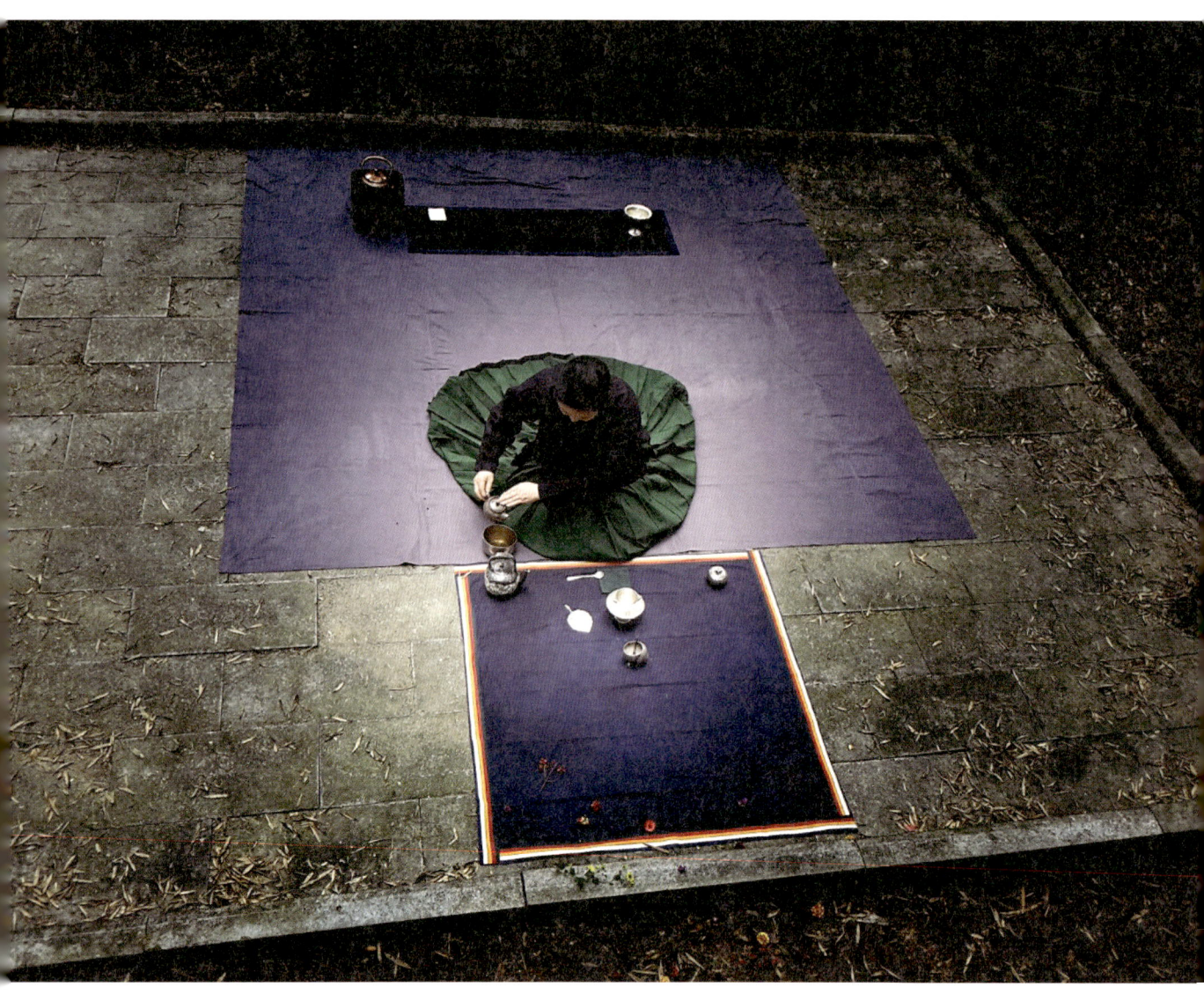

독좌대웅봉에서 숙우회 차행법 독좌차행법을 시연하는 성설당 김순진 원장

6. 독좌대웅봉 아래에서 펼쳐진
독좌(獨坐)차행법

위풍당당하게 높은 백장회해(百丈懷海) 선사의 차규(茶規)가 천 년을 누린 것처럼 천하청규(天下淸規)가 일미를 풍미하게 된 것은 백장 선사가 제창한 백장청규의 영향이라고 볼 수 있다. 중국 장시(江西) 펑신(奉新) 현에 있는 백장사는 천하청규의 발생지로 백장회해 선사의 공안 독좌대웅봉(獨坐大雄峰)으로 널리 알려진 곳이다.

2014년 가을 제9차 세계선차문화교류대회가 백장 선사에서 개최되었을 때 백장 선사가 제정했던 백장차규에 밀려 백장 선사의 공안 독좌대웅봉을 지나쳤다. 그러나 한국 선차계는 그렇지 않았다. 대웅봉이 높이 솟은 그 아래 천하청규를 마음에 두고 한·중·일의 독좌를 한 무대 위에서 보여주려는 시도였지만 공연이 시작되기 전날 열린 토론 끝에 백장차규 의식에 밀려 독좌대웅봉을 주제로 한 공연은 빠질 수밖에 없었다. 그러나 이번 대회의 핵심인 독좌대웅봉을 주제로 한 독좌차행법을 준비해 온 한국의 대표적인 차 단체 숙우회는 물러설 수 없었다. 백장 선사가 홀로 대웅봉에 앉았던 것처럼 천하청규석 앞에서 독좌차행법을 보여주길 염원했다. 그때 시간을 쪼개 공연이 시작되기 직전 백장산 산중턱으로 올라갔다. 천하청규석이 있는 대웅봉 아래 돌비 앞에서 숙우회는 독좌차행법을 단독으로 펼치겠다는 의지를 보이며 백장청규석 앞에서 대웅봉을 끌어안듯 독좌 헌다의식이 거행했다. 숙우회의 성설당(盛雪堂) 차행법회를 이끌고 있는 김순진 씨에 의해 독좌차행법이 펼쳐졌다. 차행법이 시작되기 직전 도량을 정화하고 천하청규석이 바라다 보이는 중앙에 앉아 엄숙한 차행법이 시작되었다. 우주의 축소판인 사각다포를 펼치자 꽃이 사방에 떨어져 내리는 것 같았다. 그리고 마침내 독좌차행법이 펼쳐졌다. 천하청규석에서 헌다의식을 올리기는 이번이 처음으로 기록될 것 같았다.

헌다의식이 시작할 즈음 천하청규석을 보려고 온 일본의 참가자들이 신기한 듯 한국에서 올리는 헌다의식을 바라보았다. 도량을 청정히 하기 위해 향을 올리고 한 잔의 차를 천하청규석에 올리기까지 정성을 다하는 동작 하나하나가

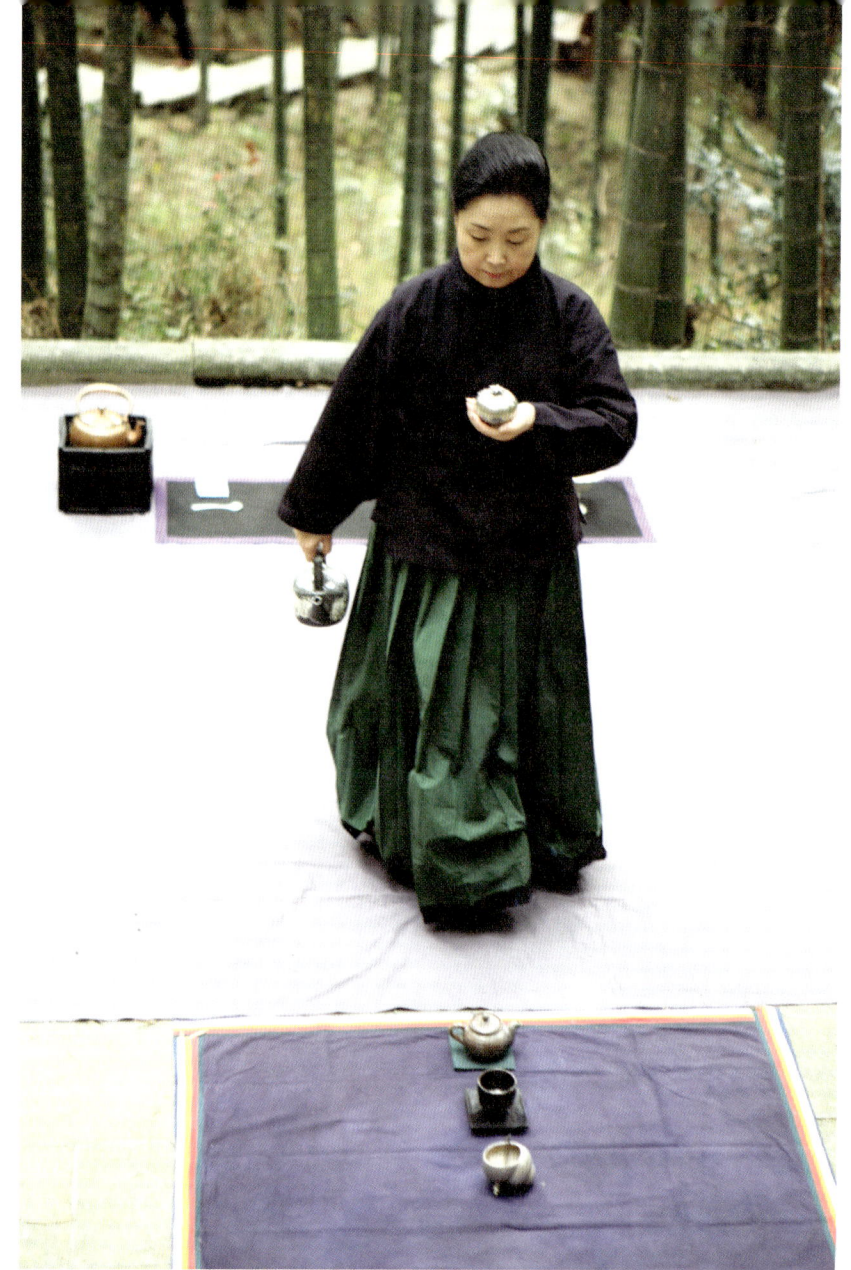

간절한 마음에서 우러나오는 것 같았다.

   천하청규석을 가만히 살피니 당나라 시기 천하의 명필인 유공권(柳公權)의 친필 휘호를 새긴 것이었다. 일찍이 백장사의 핵심은 바로 이 천하청규석으로 알려졌다. 천하청규석이 있는 산정 옆에는 백장이 백장청규를 집필하고 나서 붓을 던지자 붓이 돌로 변해 오늘까지 전해오고 있다는 필석(筆石)이 대나무숲속에 있고 백장 선사의 공안 '백장야호'굴도 천하청규석 인근에 있다. 그렇기에 이번 대회의 백미라고 할 수 있는 천하청규석 앞에서 숙우회가 독좌를 펼쳐보인 것은 큰 사건이 아닐 수 없었다.

   독좌대웅봉이란 공안은 《벽암록》 제26칙에 수록된 화두인데 그 화두를 찻 자리로 이끌어 낸 차인의 안목에 찬사

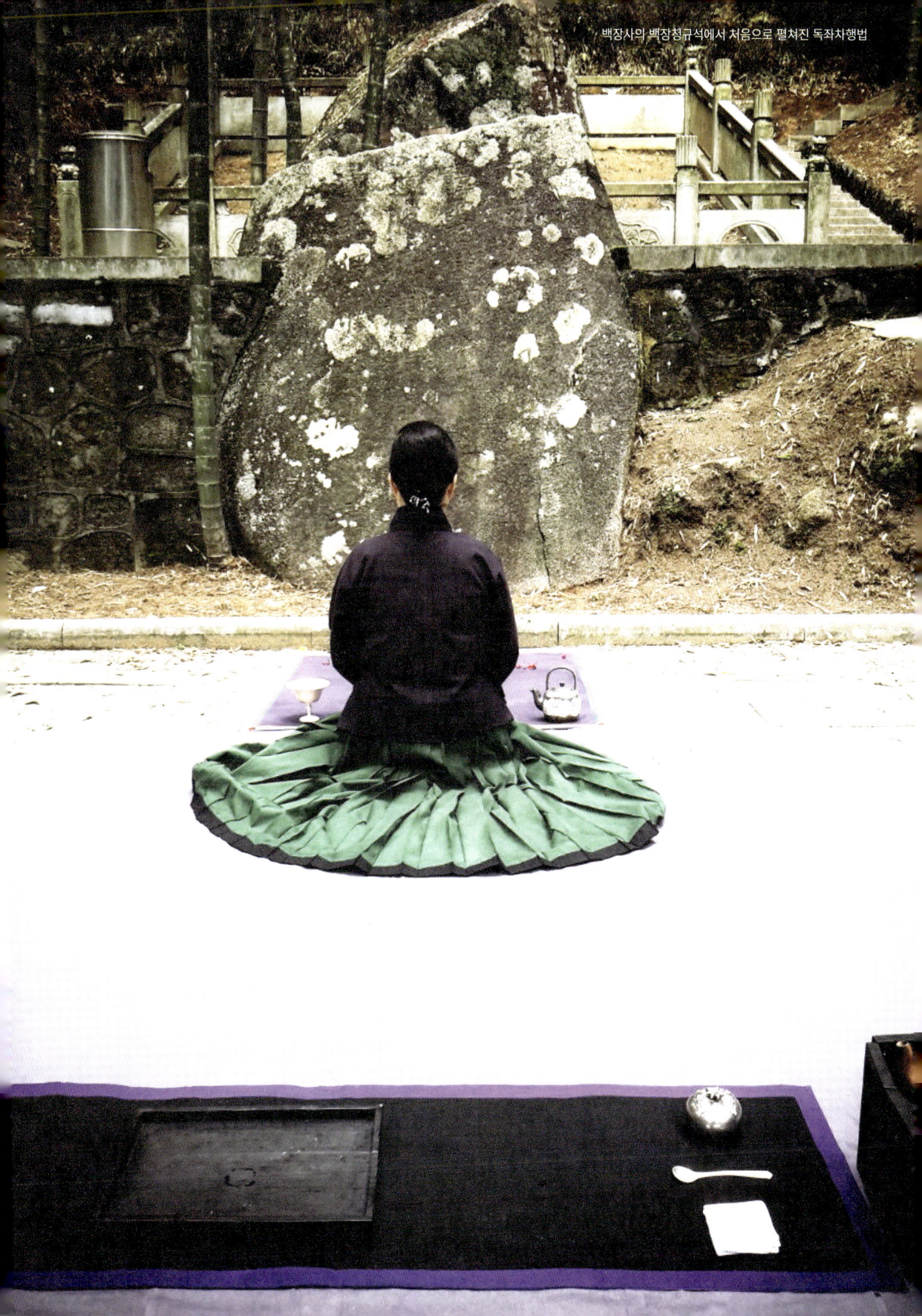
백장사의 백장청규석에서 처음으로 펼쳐진 독좌차행법

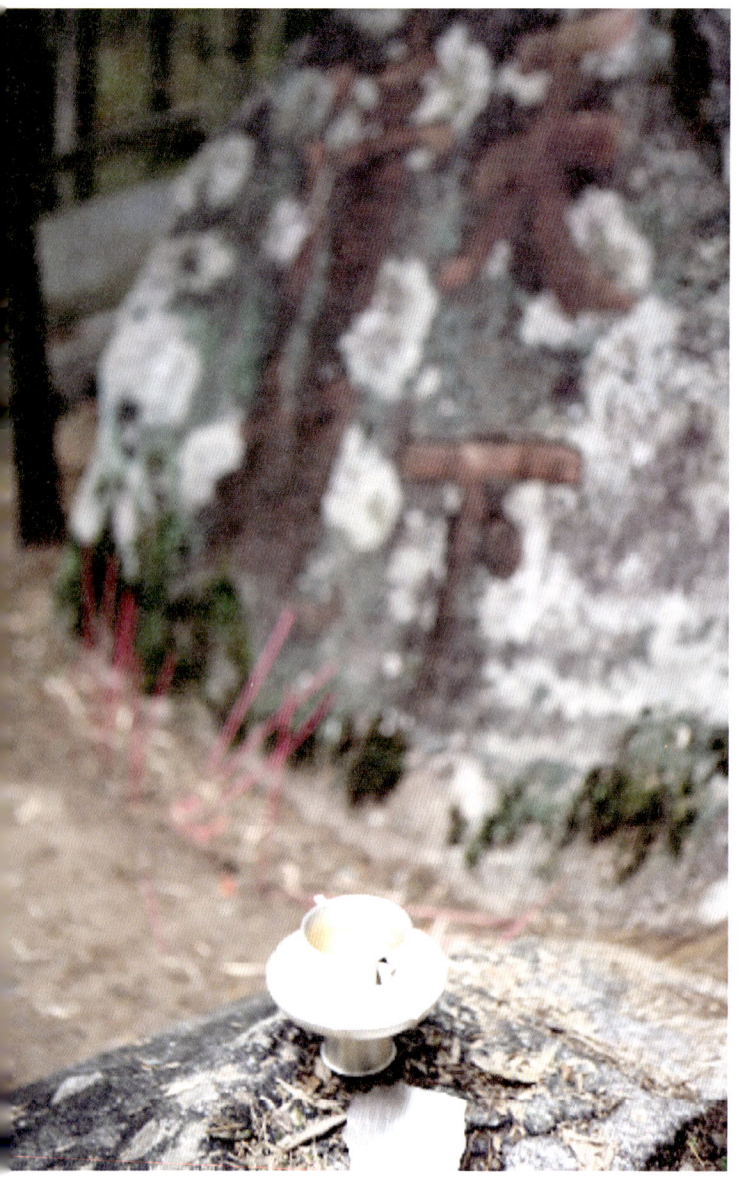

천하청규석에 올린 헌다의식

를 보낸다. 《벽암록》을 살펴본다.

어느 스님이 백장에게 "무엇이 기특한 일[奇特事]입니까" 하고 물었다. 이 기특함이란 어떤 특별한 영험이나 뛰어나고 깊은 뜻을 의미한다. 오묘한 선(禪)의 이치나 불법의 경지를 여쭤본 것이리라. 이 질문에 백장의 입에서 바로 "독좌대웅봉"이라는 대답이 나왔다. 홀로 대웅봉에 앉는다는 뜻인데, 대웅봉은 백장산의 한 봉우리이다.

"나는 지금 이 자리에 앉아 있다."

천상천하 유아독존(天上天下 唯我獨尊).

무한한 시간과 공간 속에서, 지금 이 순간 이 자리에 앉아 있는 것 말고 무슨 또 특별한 일이 있겠느냐는 의미이다.

처절할 정도로 '지금 이곳'에 집중하는 일이야말로 선자(禪者)가 할 일이라는 경구(警句)일 것이다.

숙우회의 강수길 대표는 독좌차행법을 독좌대웅봉 아래에서 펼쳐서 기쁜 마음을 금할 수 없다고 피력했다. 일찍이 마조 선사의 대기대용(大機大用)을 온전히 물려받은 이는 백장 한 사람뿐이라고 평가되고 있다.

백장의 유명한 화두 '백장야호'와 '하루 일하지 않으면 하루를 먹지 말라'는 화두를 실천한 이도 바로 백장 선사다. 천 년간 백장의 명성이 자자한 까닭은 천하청규를 남긴 공덕 덕분이라고 후세 사람들은 말하고 있다.

대웅봉아래에서 독좌차행법을 통해 천하청규석 앞에 차를 올리는 공덕은 한국차사의 한 페이지를 장식한 사건이 아닐 수 없다.

백장산을 두고 많은 시인들이 시를 남겼는데 '산세가 험하고 높은 봉우리를 우러러 보니

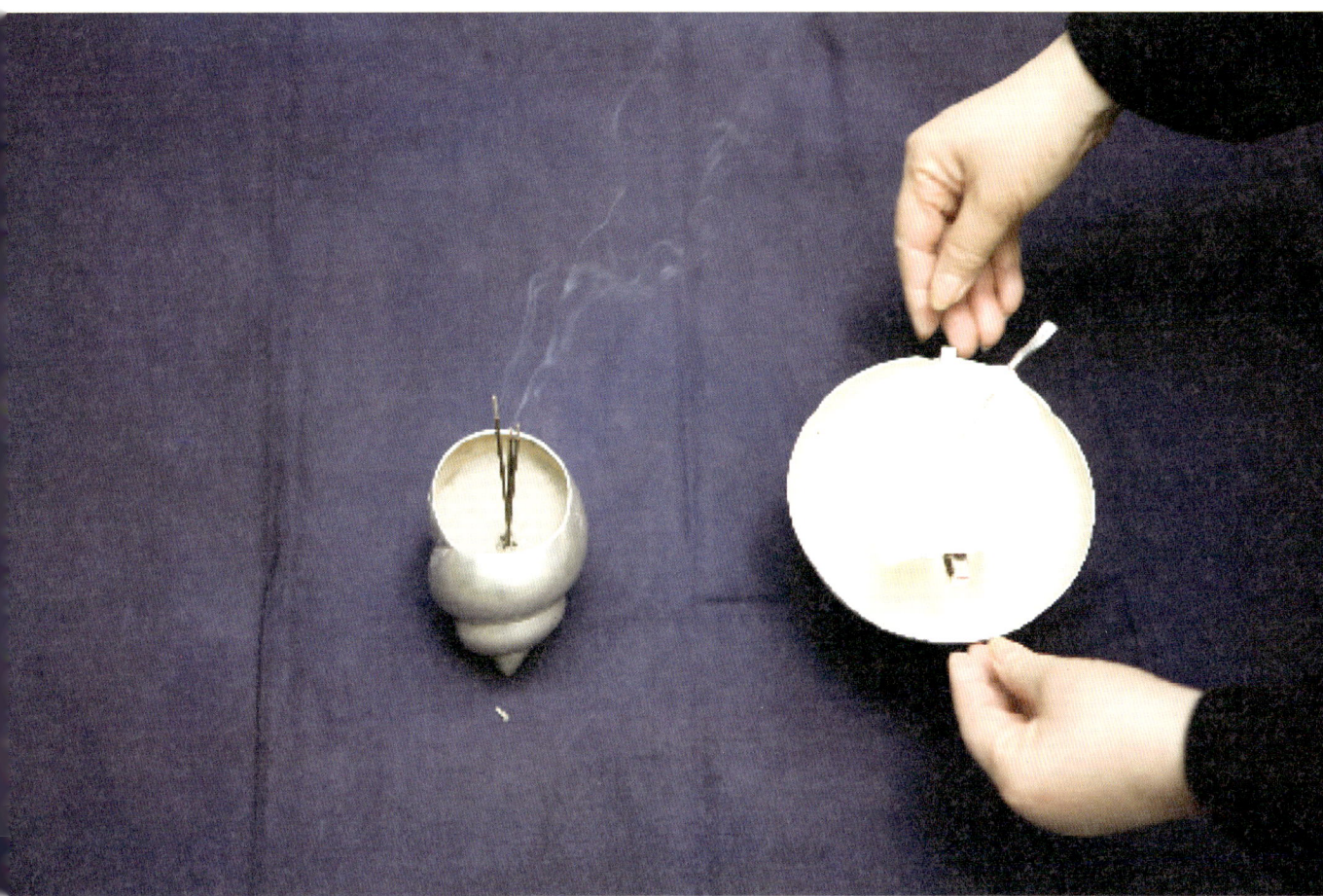

독좌대웅봉에서 향과 차를 올리다

구름이 푸른 하늘을 가리고 있네'라는 시를 보아도 그 모습은 천 년 전이나 지금이나 변함이 없는 듯하다. 천하청규 헌다의식을 마치고 대웅봉아래로 내려왔다. 백장사 광장에는 막 한·중·일 선차 공연이 펼쳐졌는데 원래 중-일-한 순의 공연을 시도하다가 나의 강권의 의해 중-한-일로 공연이 이루어졌다. 중국 차예단의 세심좌망(洗心坐忘)이 보여준 홀로 무대에 앉아 명상하듯 차를 우려내는 장면은 독좌대웅봉을 연상해서 만들어낸 다법이라고 했다. 선차 공연이 있기 전 천하청규석에서 펼쳐진 독좌 헌다의식을 뒤늦게 들은 중국과 일본의 차계는 긴장했다. 자신들이 미처 생각하지 못한 부분을 한국이 앞서가고 있다고 경악했다. 천하청규의 백미는 독좌헌다에 담겨 있으며 크나큰 백장회해의 독좌대웅봉을 그대로 옮겨놓은 다법이라고 독좌차행법을 지켜본 일본의 차학자들은 입을 모았다. 이렇듯 천 년의 백장청규는 세월을 뛰어넘어 독좌대 웅봉 아래서 독좌대웅봉을 차로 이끈 것은 처음 있는 일로 큰 감동을 안겨주었다.

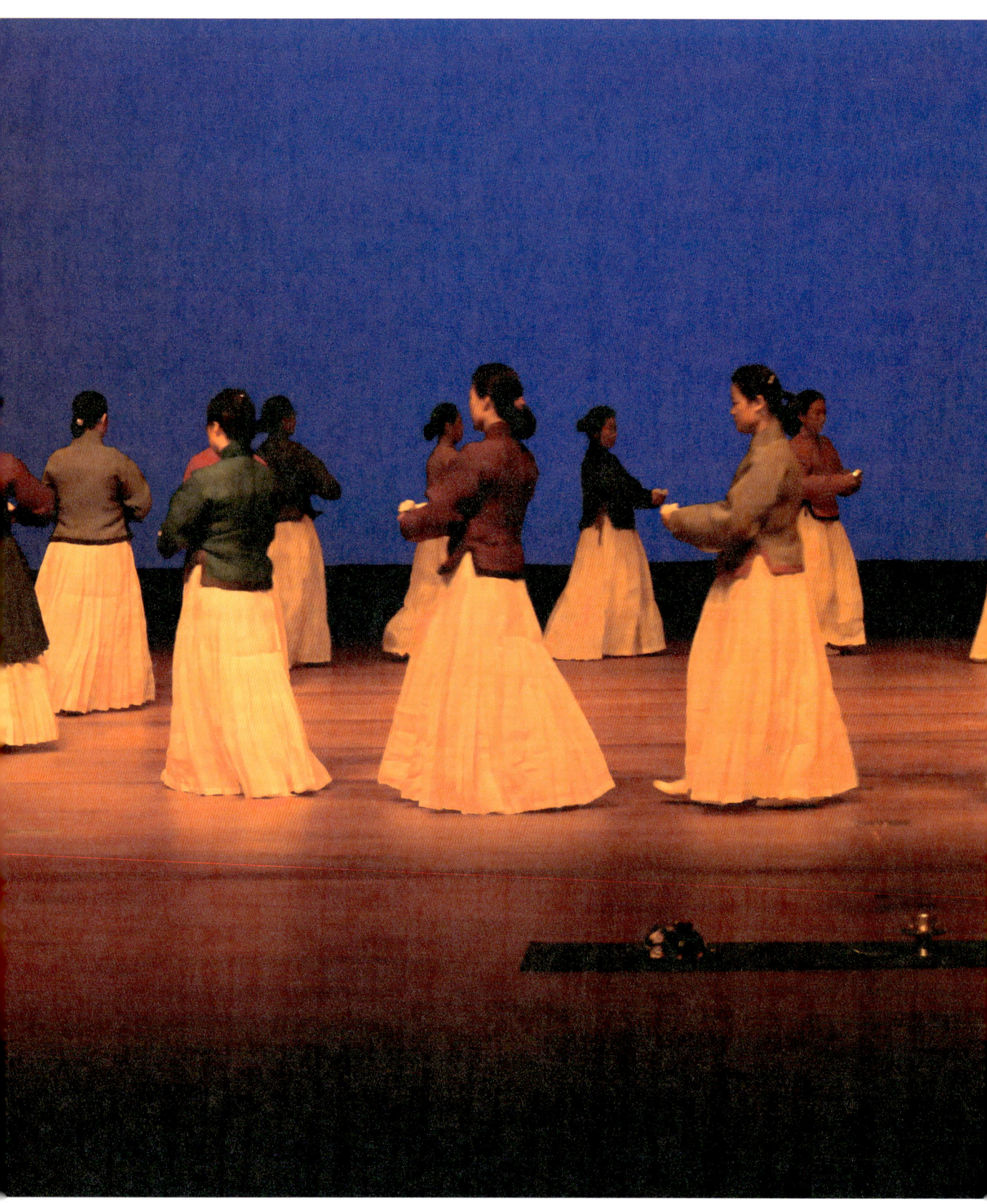

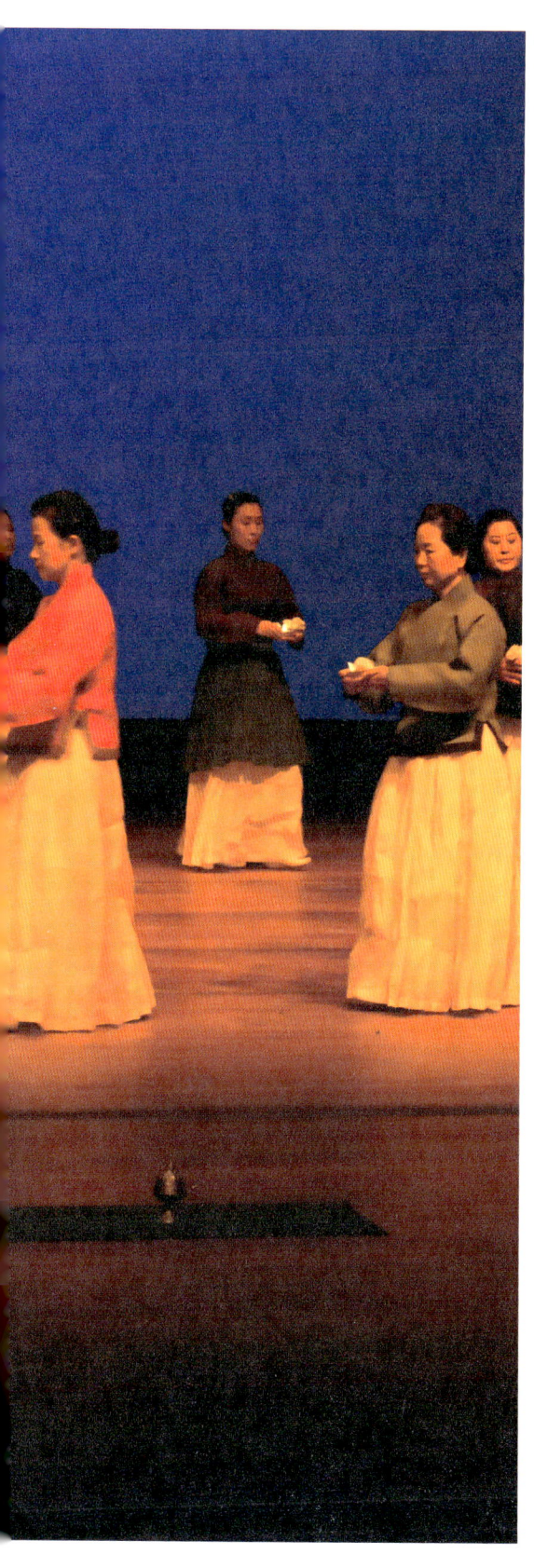

7장
선차행다의 미학

무상 선사가 창안해낸 '선차지법(禪茶之法)'을 석정 스님이 썼다.

1. 무상 선사의 선차지법(禪茶之法) 행다로 걸어 나오다

무상 선사의 무억(無億) · 무념(無念) · 막망(莫忘)에 담긴 삼구어(三句語)

 2005년 10월 15일 쓰촨성 청두(成都) 대자사(大慈寺) 경내에 무상 선사기념비가 건립되면서 중국 땅에서 무상 선사 현창운동이 일어나기 시작했다 이를 기념하여 대자사는 차와 선을 하나로 묶는 한·중다예교류가 시작되었다. 경내는 발 디딜 틈이 없을 정도로 사람들이 인산인해로 몰려들었다.
 스님 세 분이 무대 위의 차탁에 앉아 일체 말이 없는 가운데 차를 우려냈다. 이른바 무상 선사의 삼구어인 무억·무념·막망을 다예로 다가왔다 일체 말이 없는 가운데 무대 위에서 다예로 표현해냈다. 무상 선사의 삼구어(三句語)가 세상에 드러나는 순간이었다. 무대 위의 다예을 지켜보면서 문득 무상 선사가 내면의 소리로 인성염불을 대중 앞에 들어냈던 순간이 다예로 다가왔다. 무상 선사는 해마다 정월에 재가 출가자들에게 수계(受戒)하길 "엄숙하게 도량을 청정하게 한 다음 무상 선사는 소리를 죽이고 염불 소리가 끊어진 다음 상념이 다할 때 제자들에게 다음과 같이 말하였다.
 "과거의 기억에 집착하지 말며 미래사에 대해 근심하지 말며 항상 지혜롭게 살라. 마지막 구절을 무상 선사는 막망이라고 말했다 바깥의 일이 기억속에 남아 있지않고 마음속에 아무련 생각을 일으키지 않음으로써 모든 사람들은 집착에서 벗어 날 수 있다 이를 계·정·혜의 3원칙을 총시문이라고 말했다. 무상 선사의 삼구어를 바라다보면서 문득 스쳐 지나간 화두가 선차지법(禪茶之法)이라는 무상 선사가 창안한 화두였다.

선차지법(禪茶之法)이 세상 밖으로 걸어 나오다

 차에 담긴 수많은 차어 속에서 선차지법만큼이나 우리의 마음을 사로잡는 차

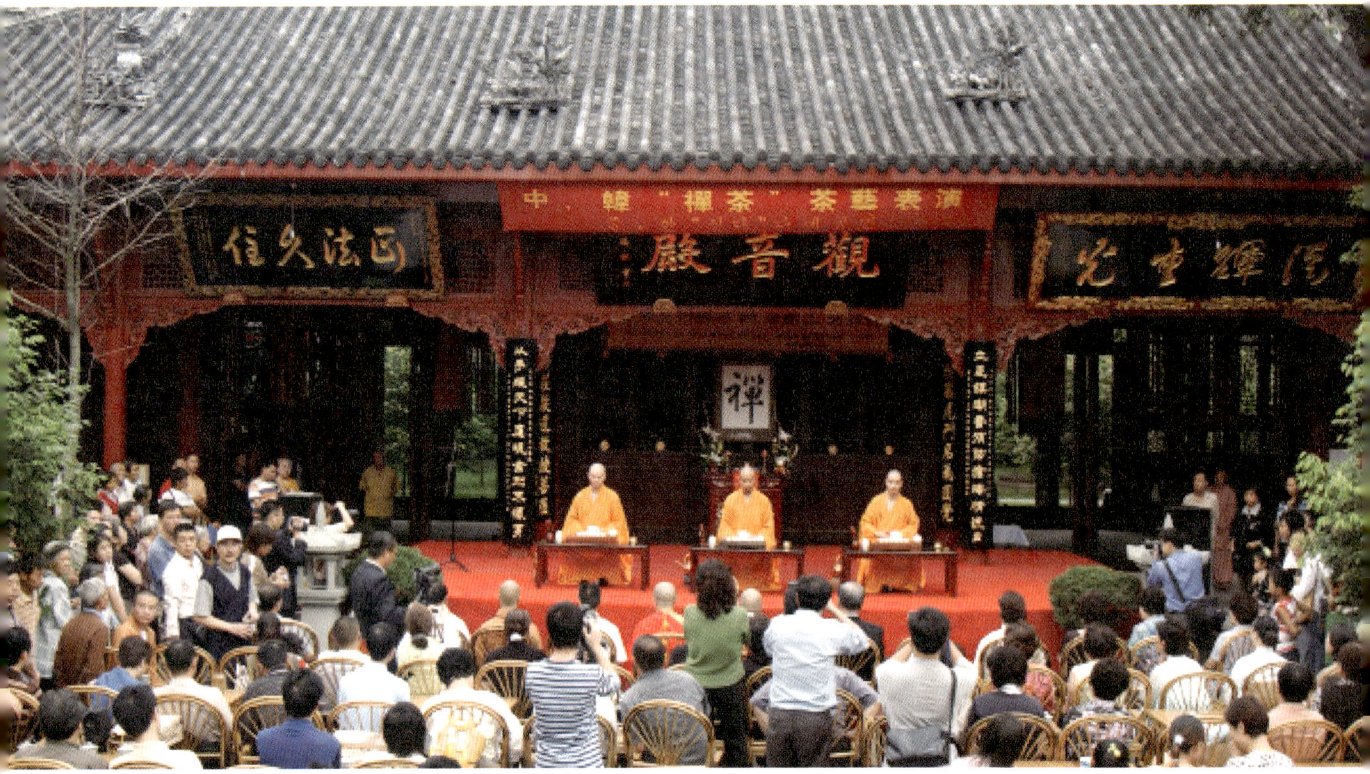

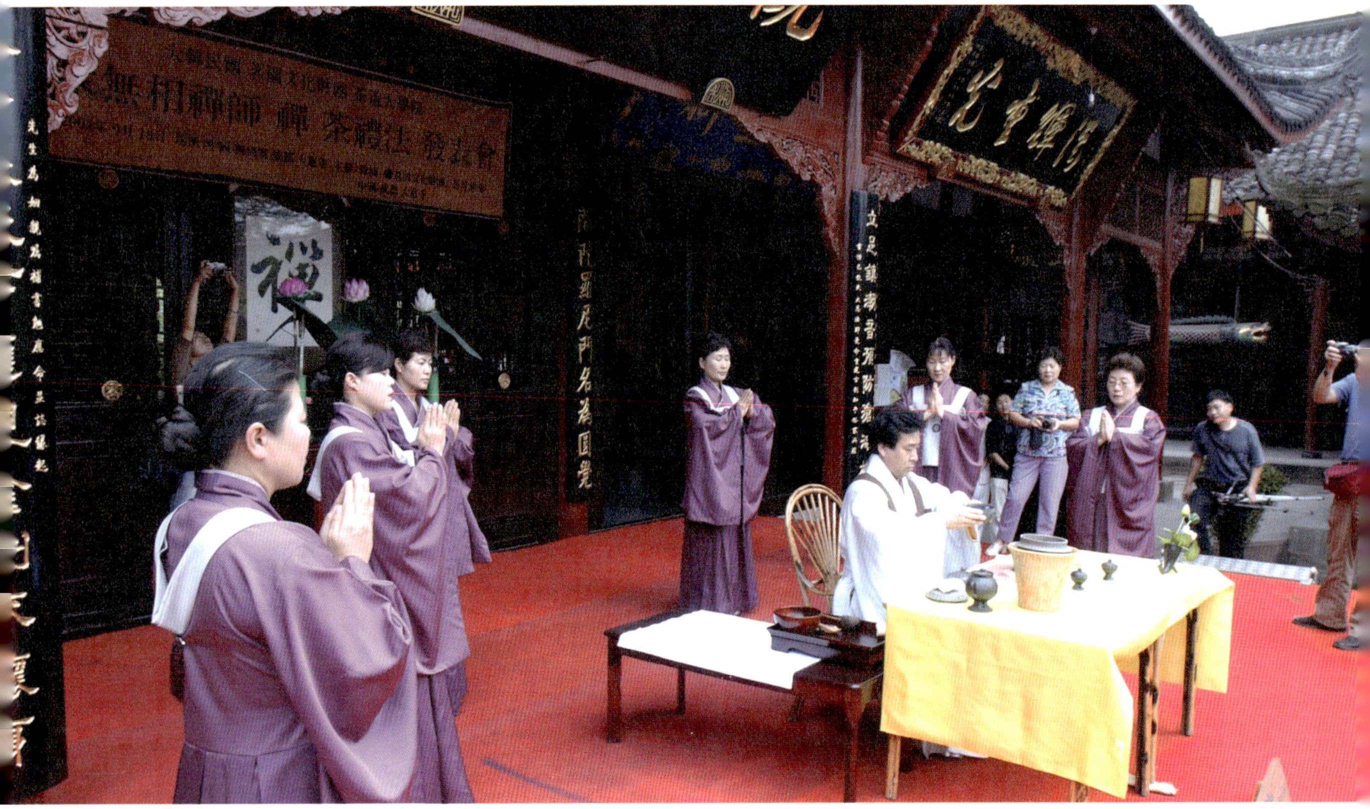

위) 2004년 중국 대자사 스님들이 처음으로 선보인 무상선차 표연. 아래) 무상선다례를 선보이는 명원문화재단의 유양석 고문

어(茶語)는 일찍이 보지 못했다. 이 말은 신라 말기 중국 쓰촨에 들어가 중국 오백나한에 오른 신라인 무상 선사가 창안한 말로 선차문화의 찬란한 여명을 밝혔다. 그럼에도 불구하고 우리에게는 잊혀 오다가 2001년 무상 선사가 오백나한에 오른 뒤 세상에 알려지기 시작했다. 그는 놀랍게도 선차문화의 창안자로 선차문화가 그로부터 발원되었음은 세상을 놀라게 했다.

원오극근(圓悟克勤)의 다선일미(茶禪一味)라는 차어들은 선차지법이 발원된 이후에 등장하여 강물처럼 흘러갔다.

《신선소각사지(新選昭覺寺志)》에는 품차(品茶)의 기나긴 과정을 거쳐서 무상 선사가 선차지법을 창안해서 선차문화에 공헌을 하였다고 전하고 있다.

찻 자리에 차어가 담긴 다괘를 걸고 차회를 하는 모습을 종종 보아왔다. 어느 날 범하 스님에게 선차지법을 개창한 무상의 차어가 있는데 다괘로 등장하면 신선하게 다가올 것이라고 말했다. 그러자 범하 스님은 선화로 이름을 떨치고 있는 석정 스님께 간청하여 한 폭의 선화로 탄생케 했다. 중국 수묵화(水墨畫)의 거장(巨匠)인 펑하림(馮鶴齡)이 선차지법을 선묵으로 그려내면서 무상 선사의 선차의 법은 널리 유행하게 되었다.

선차지법 다예로 탄생하다

2010년 4월 저장성 닝보시가 제5차 국제 차문화절을 맞아 다섯 번째를 맞는 세계선차문화교류대회를 유치했다 닝보시의 차 박람회장에 마련한 특설무대에서 한·중 선차 시연이 선보였다. 그 자리에서 한국의 고선재가 무

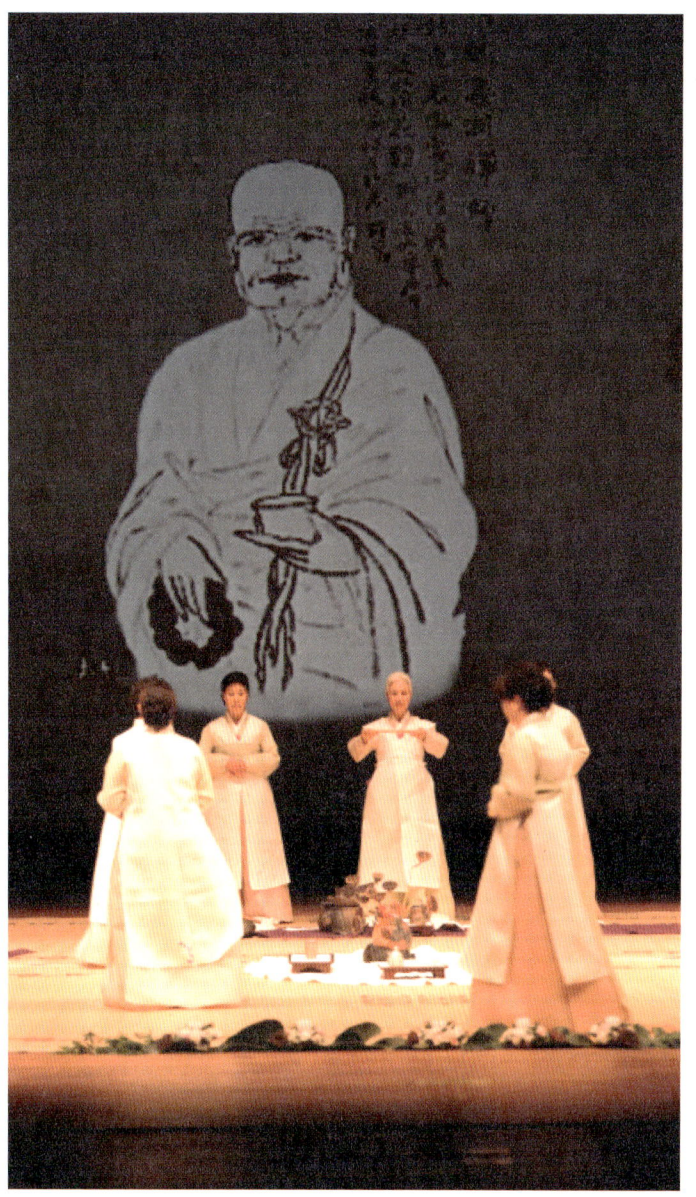

2012년 한국에서 처음 거행된 제7차 세계선차대회에서 고선다회가 무상선차도를 시연하고 있다.

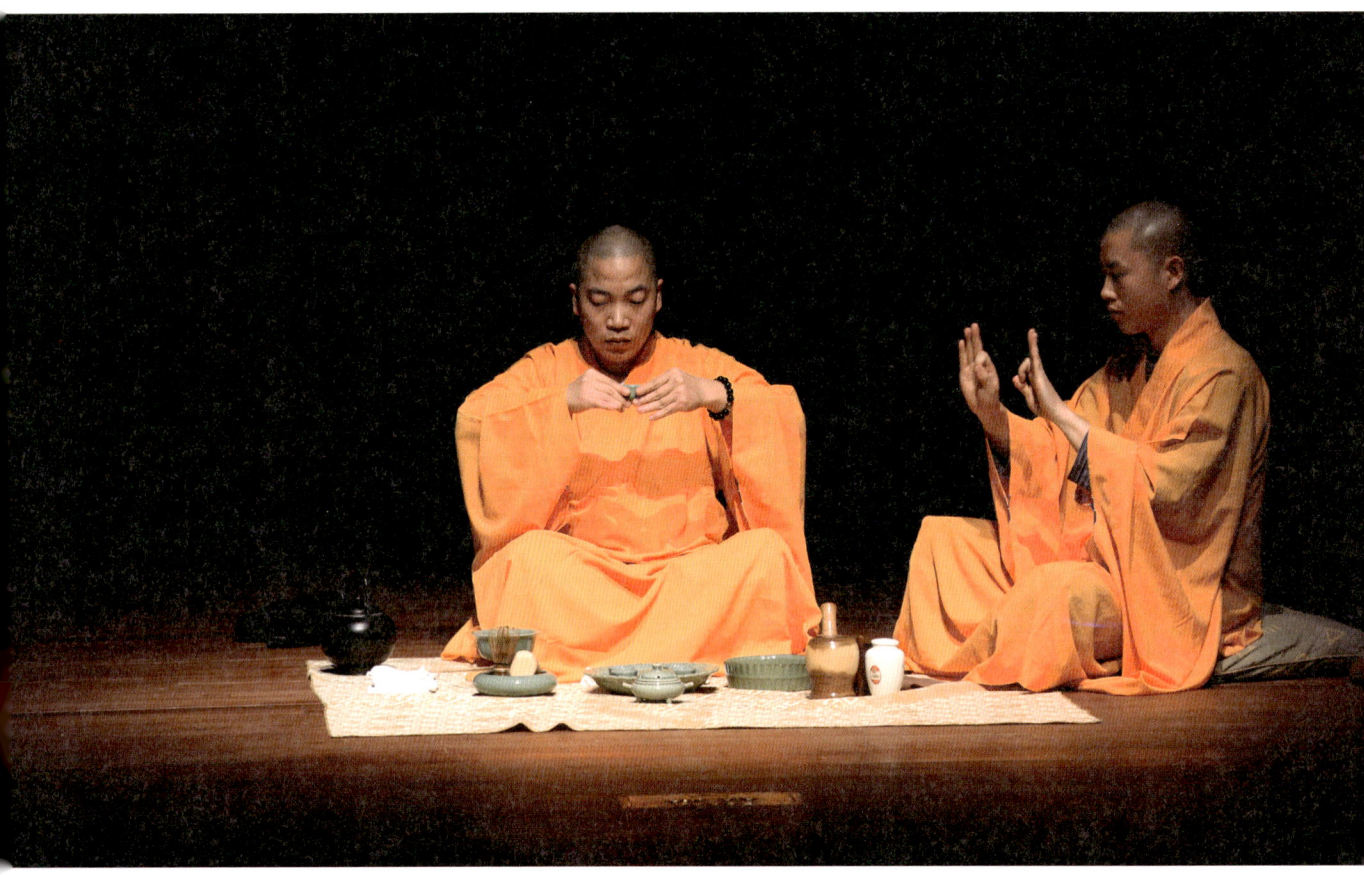

2012년 서울에서 열린 제7차 세계선차대회에서 쓰촨성 대자사 무상선차도 표연

상 선사의 영정을 걸고 무상 선사의 삼구(三句)사상을 행다로 선보이면서 무상 선사가 중국에서 영향을 끼치게 되었다 까닭은 무상선가 중국 오백나한 중 455번째의 조사의 반열에 오른 데다가 선차의 비조로 새롭게 밝혀지면서 한·중이 앞장서서 무상 현창에 나서게 되었다.

그 후 한국 불교의 총 본산격인 조계사 내의 한국불교역사문화기념관의 공연장에서 제7차 세계선차문화교류대회(2012년 10월 18일-20일)가 열리던 날 중국 쓰촨성(四川省) 대자사(大慈寺) 방장인 따이은(大恩) 스님이 단상위로 올라가 무상 선사는 조주 선사가 츠차취(喫茶去) 공안을 퍼트리기 이전부터 선차지법으로 대중을 이끌었다고 폭탄선언을 했다. 강당을 가득 메운 청중들은 처음에는 어리둥절해 했고 츠차취가 선차문화의 시작인 것으로 알아왔다. 하지만 신라 무상 선사의 선차지법을 거쳐 조주종심(趙州從諗, 778-899)의 츠차취가 송나라 때 원오극근(圓悟克勤)의 다선일미(茶禪一味)를 들고 나와 일본에까지 전파된 사실을 밝히자 청중들은 경악했다.

우리가 있고 있던 무상 선사를 중국의 쓰촨성 청두의 대자사 방장이 깨우면서 비로소 무상 선사는 세상 밖으로 걸어 나왔다.

다음 날(2012년 10월 19일) 국립국악원에서 열린 선차문화교류대회의 선차 공연에서 한·중이 동시에 무상 선사의 삼구사상을 중심으로 구성한 행을 선보여 무상 선사는 동아시아 선차의 비조로 자리매김되었다.

무상 선사가 중창한 쓰촨성 대자사에서 선보인 무상 선차에서는 두 스님이 무대 위로 올라와 결과 부좌한 자세로

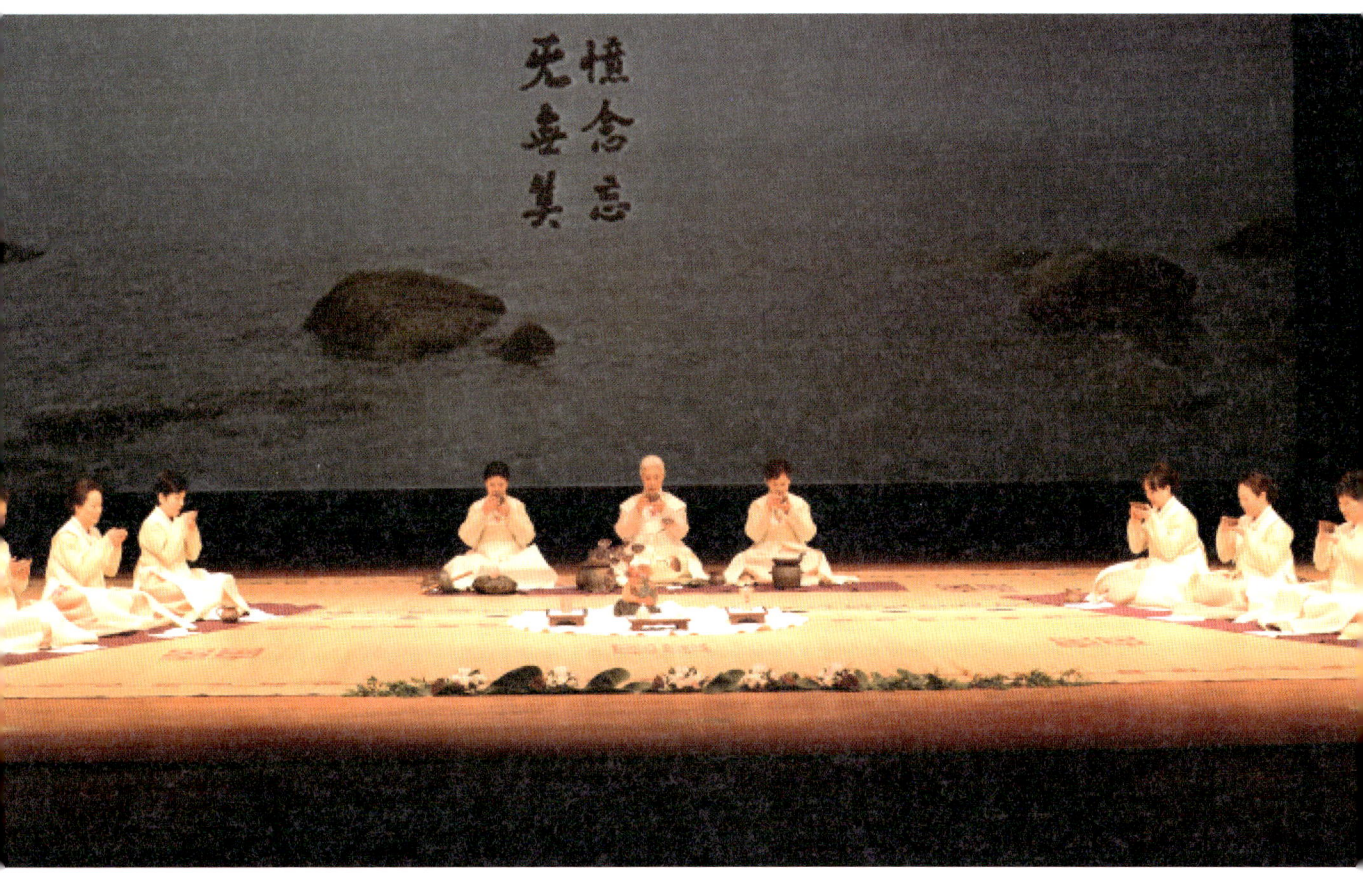

고선다회가 무상선사의 삼구공안을 행다로 시연했다.

무상의 다예를 펼쳤다. 송나라 때 유행한 청화 백자를 이용한 다법을 선보였는데 일본에서 유행한 말차도을 송대 점다도을 드러냈다. 맨 마지막 대중에게 다가가 차를 돌리면서 대미를 장식했다.

"마음은 영원히 살아 있고 부서지지 않으며 가지도 오지도 않으며 걸을 때나 앉아 있을 때나 향상삼매에 들었다." 이를 무념이라고 무상 선사는 말했다.

고선다회는 2010년 닝보에서 열린 제5차 선차대회에 이어 두 번째로 선보였는데 먼저 도량을 청정하게 하기 위해 향을 사르고 자리에 앉아 무억·무념·막망의 세계로 빠져들어갔다.

이렇게 무상 선사가 창안한 선차의 도는 후학들에 의해 계승 되어가고 있다. 신라의 무상 선사는 중국에 건너가 선차지법을 창안하여 말없이 흘려갔다 한줄기는 마조도일 선사에 의해 평상심으로 이어갔고 또 한줄기는 정중종을 계승한 보당 무주 선사가 선차의 도를 이어갔다.

무상 선사가 일으킨 선차의 법은 삼구어로 이어져갔다. 무상 선사는 "무억(일체를 기억하지 말 것), 무념(일체의 망념을 없이 할 것), 막망(망각하지 않도록 할 것)을 설하면서 무억이 바로 계(戒)요, 무념은 정(定)이며, 막망은 다름 아닌 혜(慧)이다. 이 삼구의 말은 비로 총지문(總指門) 이다."라고 말했다.

무상의 삼구어의 사상은 행다로 재현되면서 선차의 법은 세계로 펼쳐나갔다. 그것은 바로 무상 선사가 창안한 선차지법이 세계로 펼쳐져 나갔다고 볼 수 있겠다.

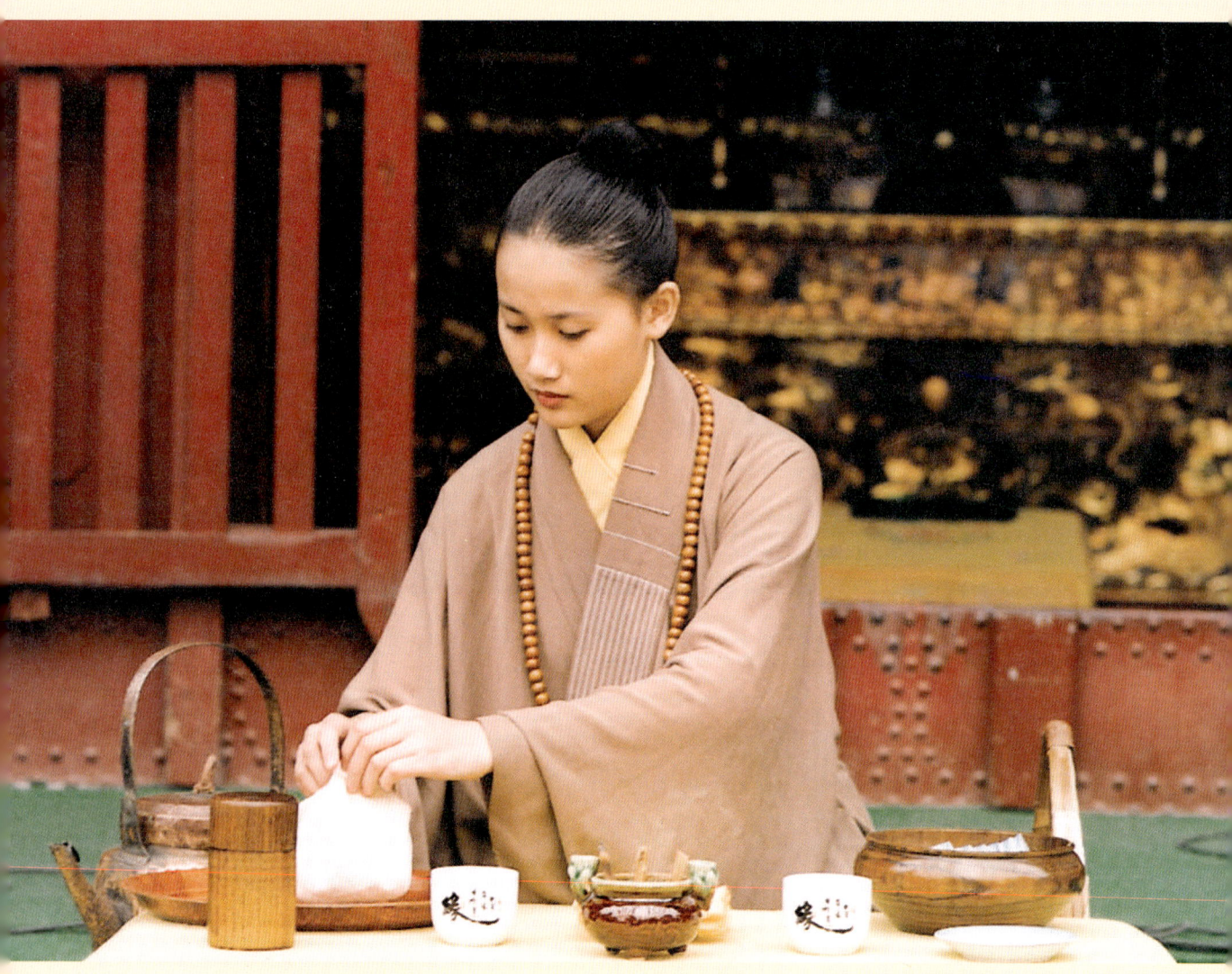

백림선사에서 선차표연을 하고 있는 제에궈웨

2. 중국의 선차표연(禪茶表演)

80년 후반부터 중국 대륙에 차문화 열풍이 일어나자 새로운 영역이 개척되기 시작했다. 그것이 바로 다예표연이라는 새로운 장르였다.

1991년 강서화보사의 천쇼오판(陣曉磻) 씨가 무원현(無原縣)에서 농가차와 문사차를 표연한 것을 시작으로 1993년 강서성 무도가협회의 쫑쌍춘(鄭湘純) 여사의 도움을 받아 강서성 한선당에서 발표를 했다. 이는 중국에 여러 종류의 선종다예표연이 등장하게 된 계기가 되었다.

이에 따라 다예의 필요성을 인식한 중국 정부는 첸웬화(陣文華)와 위웨 교수에게 다예사 편찬을 의뢰했고, 1만여 명에 육박하는 다예사가 배출되었다. 다예관에 근무하려면 반드시 다예사 자격을 취득해야만 가능하게 되는 제도적 장치를 마련한 셈이었다.

그 뒤 장시성에 다예사를 전문으로 양성하는 직업학교가 탄생한다. 남창직업학교가 그곳인데 3년 전 용모가 수려한 티베트족의 한 학생이 들어왔다.

제에귀웨(揭國偉)라는 그 학생은 들어오자마자 첸웬화와 위웨교수의 눈에 띄었고, 중국다예발표회에서 우수상을 여러 차례 수상하는 등 다예사의 꽃으로 인정받기 시작했다. 그는 백림 선사, 보봉사, 우민사 등 곳곳에서 선종다예표연의 중심에 서면서 선종다예표연의 주자로 등장했다.

무아의 경지에서 이루어지는 손놀림

남종선의 발상지인 난창에서 선종다예표연을 하기 위해 한중차문화연토회에 제에귀웨가 왔다. 그는 2001년 10월 19일 조주 백림 선사에서 첫 한·중선종다예표연을 한 뒤 남창 우민사 마조학술회의에도 참가했다. 그리고 절정을 이룬 것은 지난해 강서성 남창에서 개최된 한·중차문화학술연토회에서였다.

그에게 한·중다예표연의 특징에 대해 묻자 "중국 다예는 산사의 암자에서 수도승이 앉아 선정을 닦는 모습을 다예로 승화시킨 것"이라면서 "한국다예표

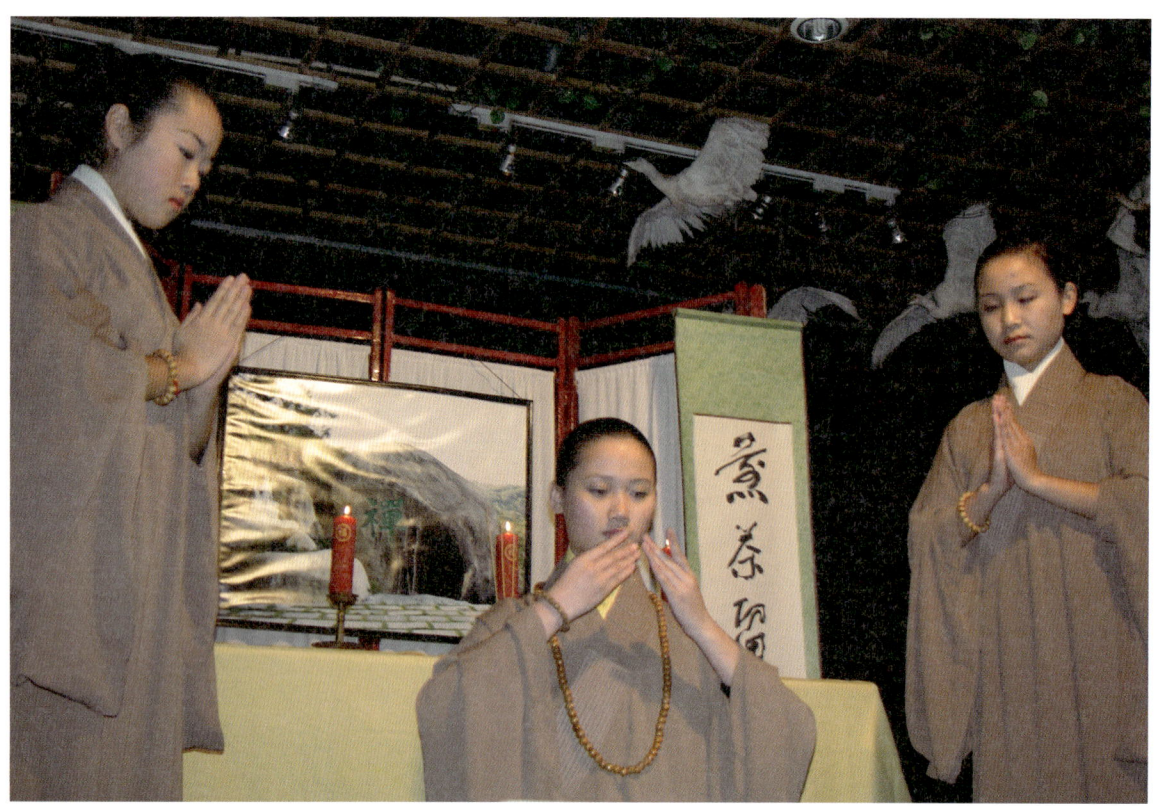

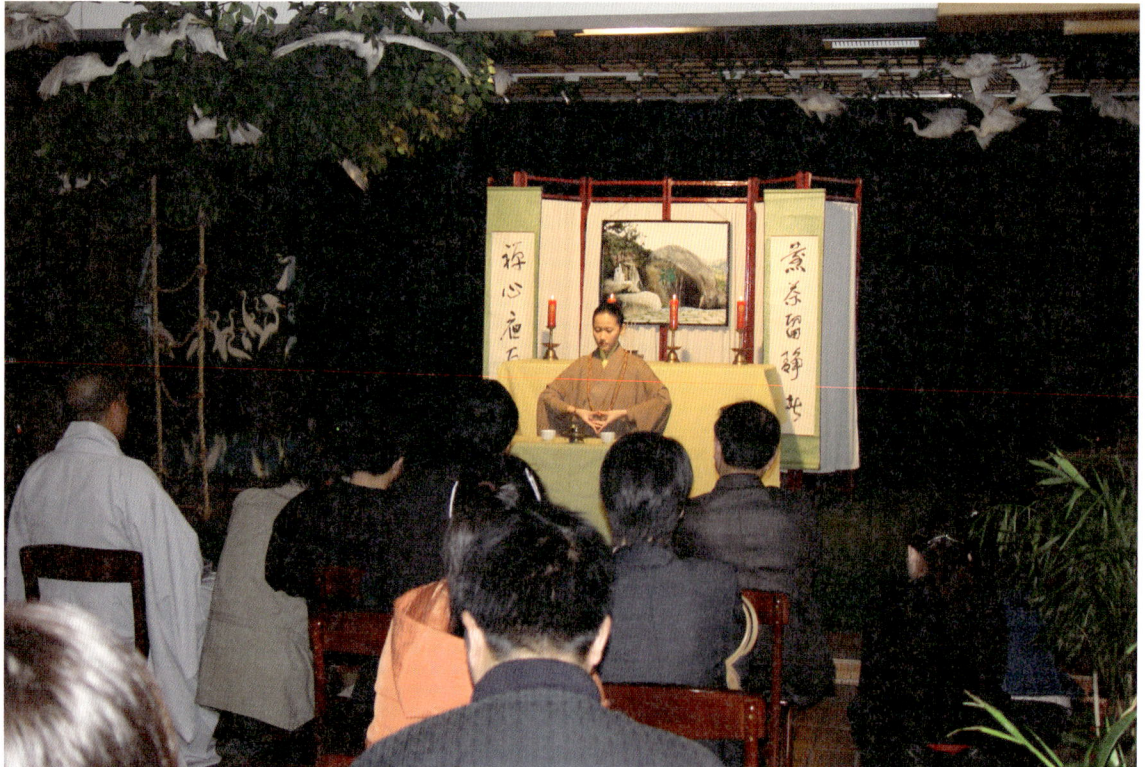

2002년 난창에서 열린 한·중 선차교류회에서 제에궈웨의 선차표연

연은 너무 엄격해 정적이라는 느낌이 강하게 난다"고 말했다.

제에궈웨가 선종다예표연의 중심에 선 데는 수려한 용모와 함께 손놀림이 예사롭지 않은데 있다. 그에게 어떻게 그런 모습이 나오느냐고 묻자 "평상시와 달리 도복을 입고 다예를 시작하면 나도 모르게 무아의 경지에 빠져든다"고 말했다. 참선을 해 본 적이 있냐고 묻자 중국 풍토에서 참선은 거의 불가능하지만, 다예 표연에 임할 때면 자신도 모르게 선정으로 빠져든다는 것이다. 그의 유연한 손놀림은 바로 자연과 하나됨을 의미했다.

차를 통해 선의(禪意)를 구현하니

제에궈웨가 주목받게 된 것이 앞서 말한 2001년 10월 19일 백림 선사 앞에서 열린 한·중선차표연에서였다. 한국 측에서는 4명의 스님과 6명의 재가인을 중심으로 10명의 표연단이 선차법을 선보였다. 이어 중국 측에서는 3명의 여대생이 선차를 펼쳤는데 제에궈웨가 정좌의 자세로 앉고 양옆에 시자가 도움을 주었다.

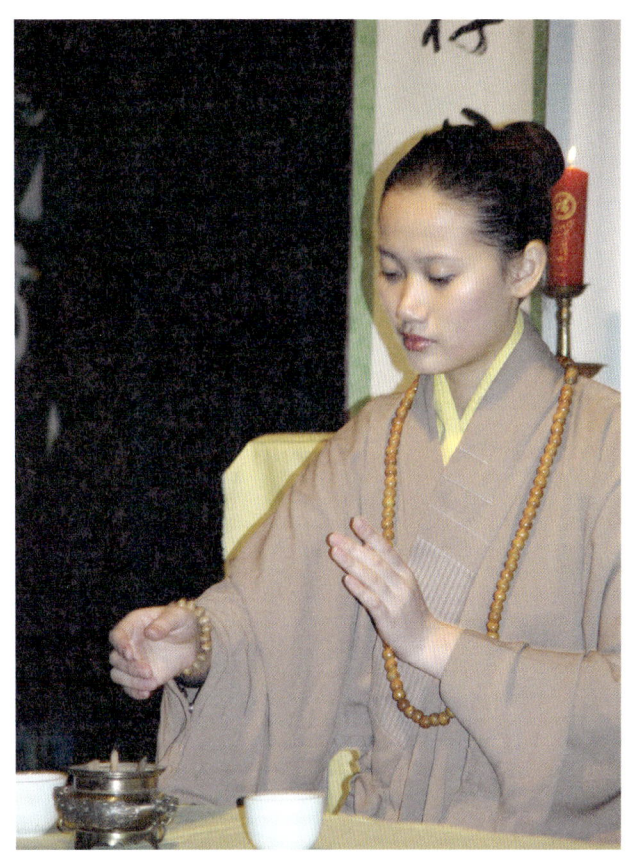

2002년 11월 30일 난창에서 열린 한중차문화연토회에서 선종다례표연을 하고 있는 제에궈웨 손놀림이 무아의 경지를 느끼게 한다.

제에궈웨의 손놀림 하나하나가 무아의 경지에서 나오는 듯했다. 선차의 의미를 묻자 "선차의 핵심은 다예를 통해 선의(禪意)를 구현하고 아울러 예술적 효과를 거두는 데 있다. 물은 세상에서 지극히 맑은 것이고 그 물로 차를 달여 마실 때 선열에 빠져드는 순간을 선차로 표현하는 것이다"고 말한다. 또한 "차는 수행을 도와주고 삶을 보양하는 방책일 뿐만 아니라 선을 깨달아 불법을 현양하는 도구가 된다"고 덧붙였다.

홀로 한 모금 마시노라면 감로가 가슴을 촉촉이 적셔주고, 타인과 마주하여 마시노라면 심심상인(心心相印), 즉 말없이 서로 마음으로 통하게 되는 것이 바로 선차 표연의 핵심이 아닌가.

제에궈웨는 선차표연을 할 때 가장 행복하다고 말했다. 하기에 그가 우려내는 선차는 진정한 깨달음의 차가 아니던가.

2013년 천관대에서 처음으로 거행된 숙우회 만다라 차행법

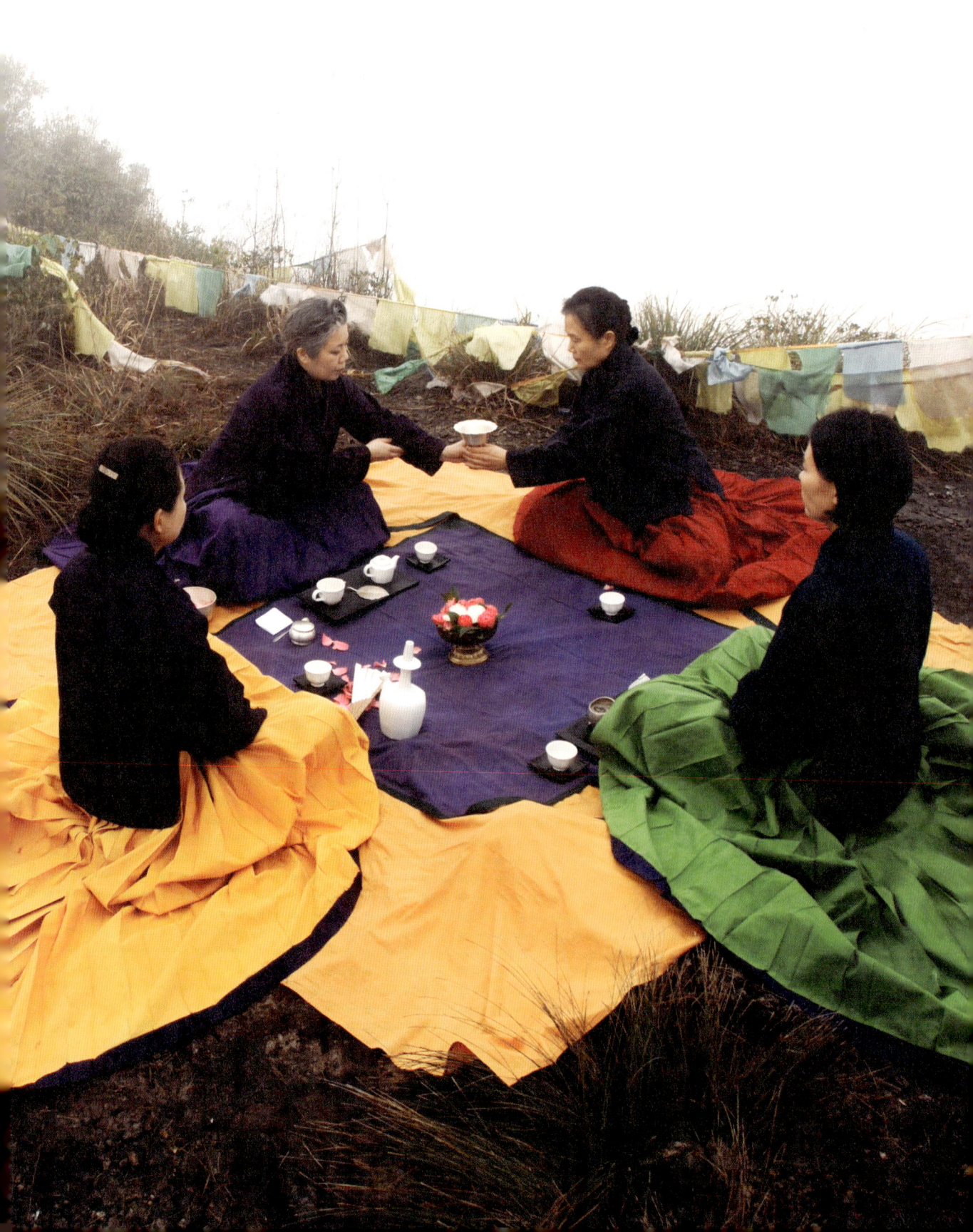

3. 천관(天冠) 설법대(說法臺)에서 최초로 숙우회 만다라 차행법으로 올린 헌다의식

천겹의 연꽃 속의 안긴 만다라 땅 천관설법대

만다라땅으로 알려진 중국 푸젠성 닝더의 지제산 천관설법대는 만다라의 땅으로 자리 잡게 되는데 "천송이 연꽃이 봉우리를 이루고 천관대를 둘러싸고 있어 만다라의 땅으로 불렸다.

지제산은 일찍이 천관 보살의 상주처로 알려지면서 유명해졌다.

《대방광불화엄경(大方廣佛華嚴經)》〈보살주처품(菩薩住處品)〉에 "동남방에 지제산이라는 곳이 있는데 예로부터 모든 보살이 모여 있었고 현재는 천관 보살과 현재는 그 권속 천명이 모여 천관대에서 설법을했다"고 말하고 있다. 이 산이 유명하게 되는데는 신라의 원표 대사가 천축으로 구법중 심왕보살이 원표 대사에게 "진단국(震旦國, 중국의 옛이름)의 동남쪽에 천관 보살의 영부를 가리키며 그곳으로 가서 수행하라고 말했다." 원표 대사는 80권 《화엄경(華嚴經)》을 짊어지고 곽동으로 건너와 수행했다.

그간 천관대는 잊혀져오다가 2012년 생사를 넘나드는 고통을 감수하고 밧줄에 의지하여 천관대에 올라가면서 천관 보살의 상주처인 천관대가 세상에 아려졌다. 다음 해(2013) 차행법 숙우회 강수길 대표에게 "생사를 넘나들면서까지 천관대에 올라갔는데 천관대에서 산세를 바라볼 때 천관대가 천송이 연꽃이 천관대를 감싸 앉은듯한 모습인데 그야말로 태장만다라 세계를 그대로 옮겨놓은 것 같았어요."

"정말 그렇게 밀교경전에 나오는 만다라의 땅이 있다는 사실에 놀랐습니다."

"만다라 땅인 천관대에서 숙우회 만다라로 헌다의식을 올려보면 좋은 듯합니다"

"기회가 닿으며 한번 가보고 싶네요"

1년을 기다린 끝에 2013년 2월 22일 천관 보살의 상주처로 알려진 천관대에서 역사의 한 페이지에 기록될 만한 사건이 일어났다. 숙우회의 강수길대표

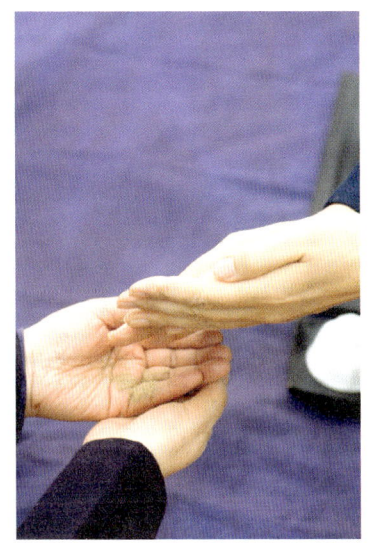

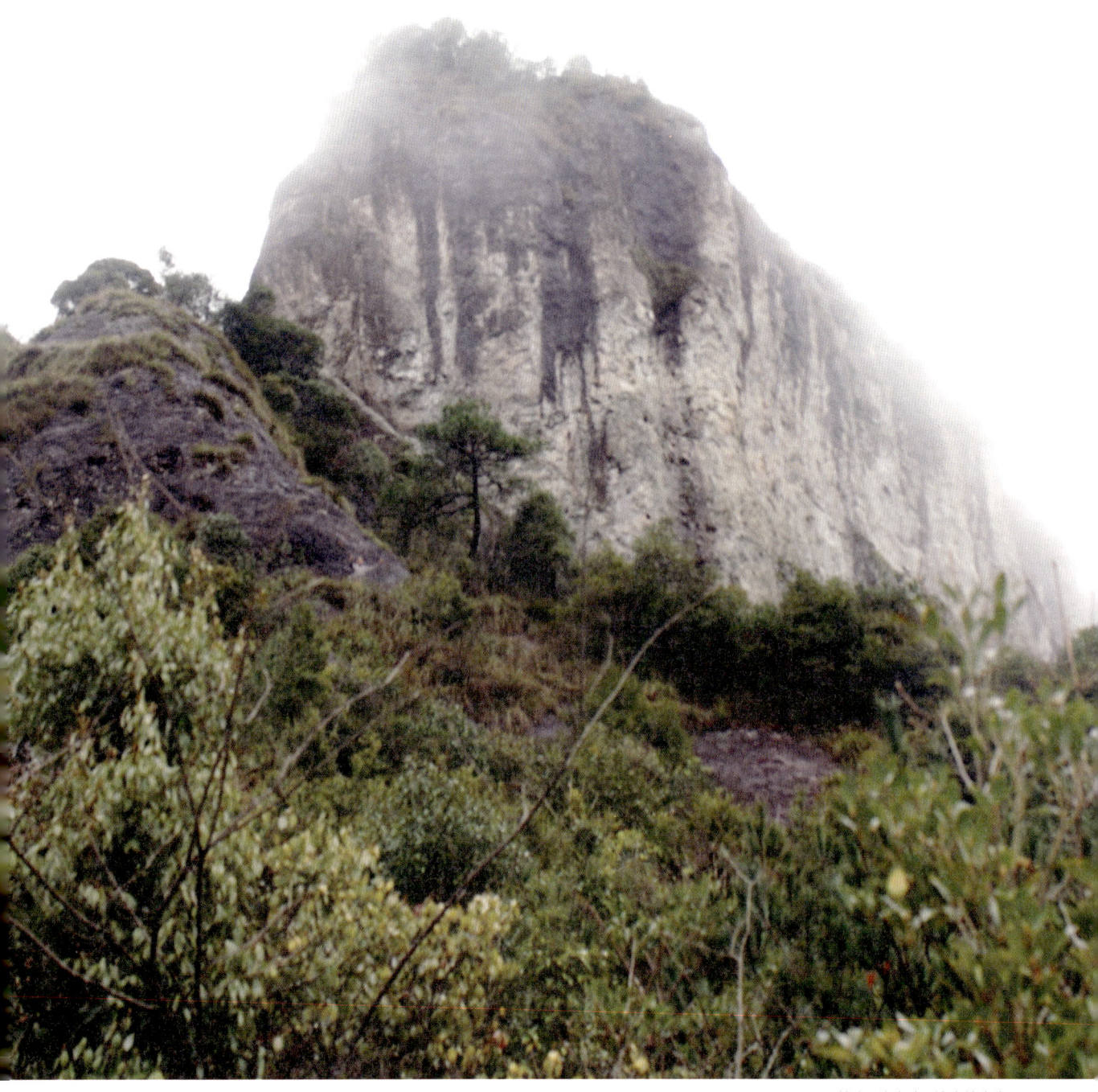

천관보살의 상주처인 천관대

가 제자들을 이끌고 천관대에 찾아가던날 뜻밖에도 닝더의 곽동(藿童) 지제산(支提山)에 비가 내린다는 일기예보가 있었다. 한 다우가 질문을 던졌다.

"천리 길이나 되는 천관대를 찾아왔는데 내일 비가 오면 갈 수 없지 않습니까?"

나는 그때 단호한 어조로 그 다우에게 말했다.

"하늘이 길을 열면 빗길도 비껴갈 것입니다."

한 다우가 또 말했다.

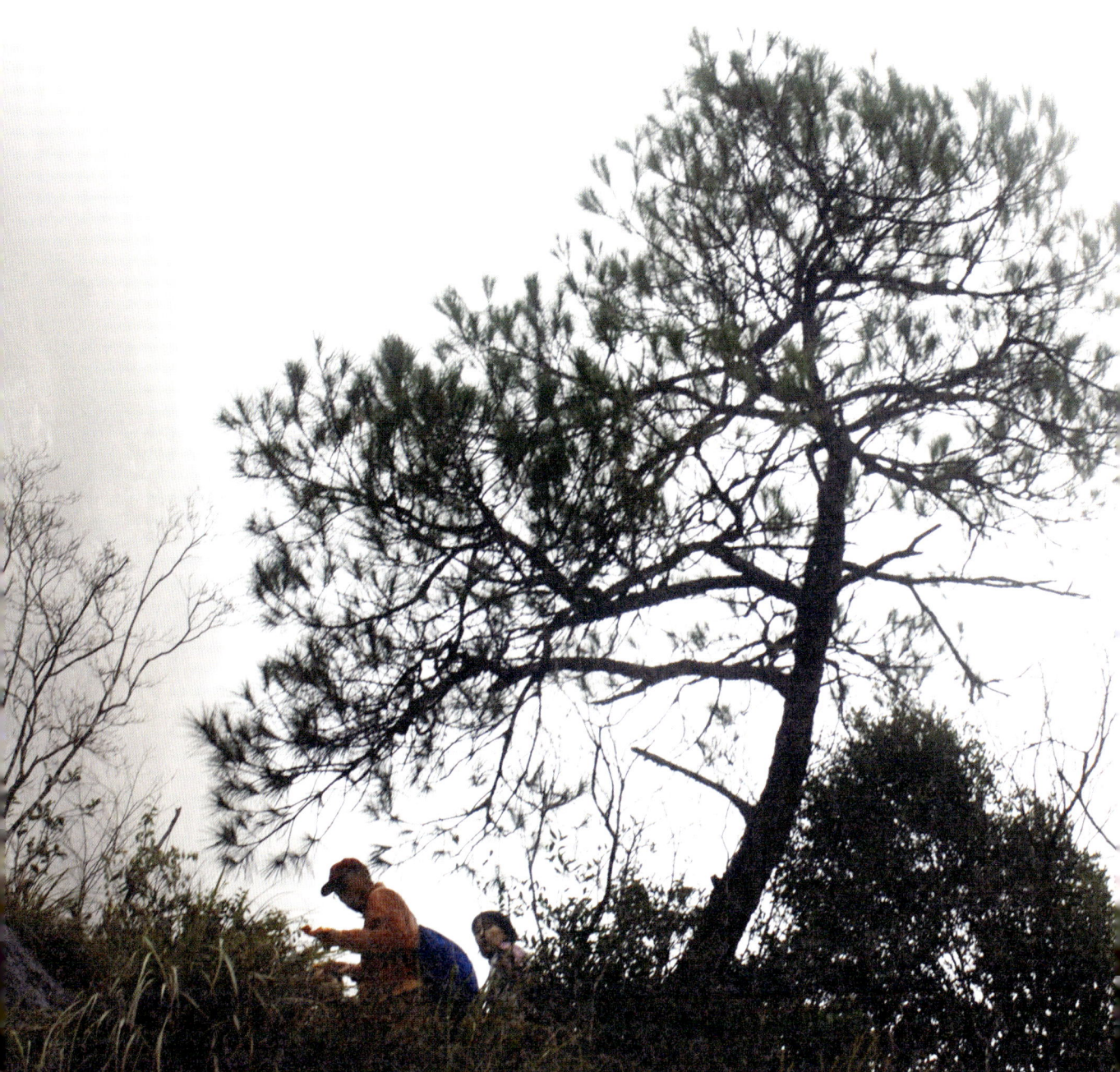

밧줄에 의지하여 천관대 가는 길

"내일 비가 오니 일정을 앞당겨 오늘 천관대로 가는 것이 어떻습니까?"

그때 화엄사 주지 후이징 스님으로부터 연락이 왔다. 먼저 화엄사로 올라오라는 전갈이었다. 우리는 천관대로 가지 않고 지제산 화엄사로 곧장 달려갔다. 화엄사 산문의 상징처럼 보이는 도솔내원(兜率內院)을 지나 후이징 스님을 찾아 선차실에 이를 즈음 공작새가 우리 일행을 반겼다. 공작새를 한참 동안 바라보다가 선차실로 발길을 옮겼다. 후이징 스님이 막 차를 우리고 있었다. 그리고 스님과 마주 앉아 천관대 이야기부터 꺼냈다.

"내일도 빗방울이 대지를 적실 것 같은데 걱정이 앞섭니다."

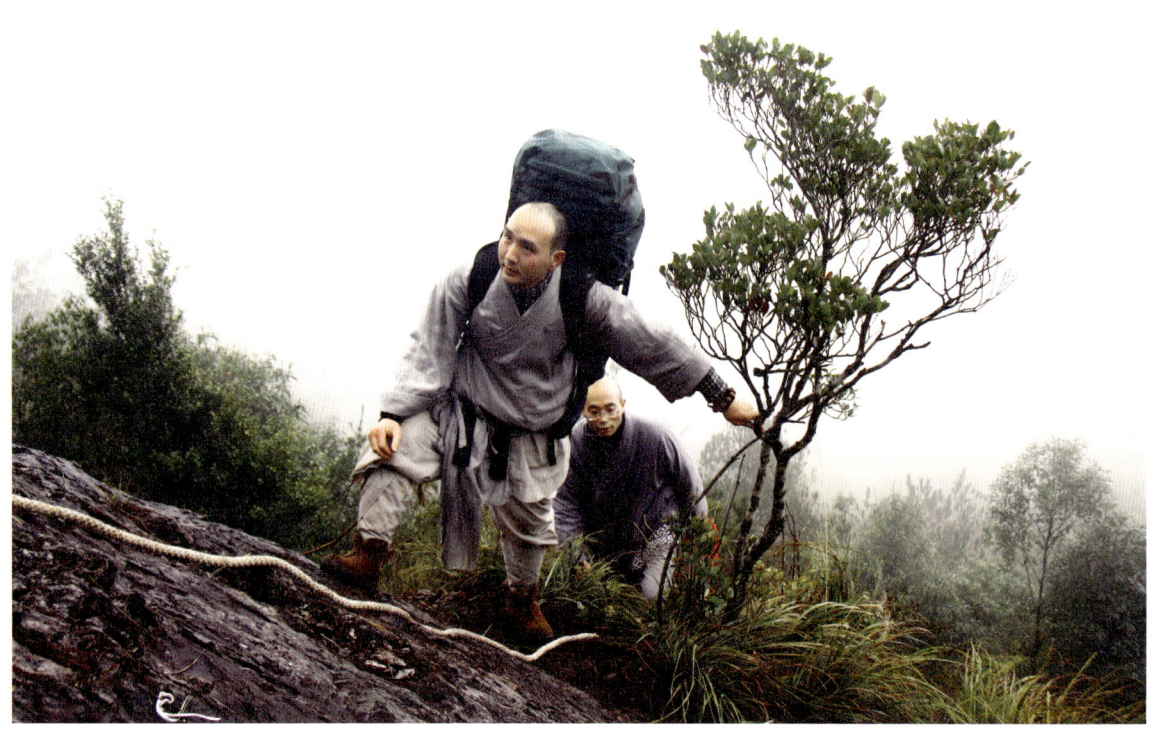

만다라 헌다의식을 위해 밧줄로 천관대를 찾아간 순례자들

"간절한 마음이 있으면 얼마든지 갈 수 있습니다." 그때 내가 "하늘이 길을 열면 갈 수 있습니다"라고 회답했다. 그리고 후이징 스님이 나를 보더니 미소를 지으며 말했다. "선생과는 천관대와 깊은 인연이 있어 하늘의 빛길을 열어 천관대에 오를 것입니다"라고 말했다.

다음 날 아침 8시 닝더를 출발한 우리 일행은 후이징 스님의 인도로 천관대를 찾아갔다. 닝더시에서 1시간 30분 만에 나라연 굴사를 지나 삼거리 마을에서 천관대를 가는 길은 진흙탕이었다. 닝더 곽동진의 통전부(統戰部) 양리앙후이(楊良揮) 부장이 마을 입구에서 기다리고 있었다. 그는 첫 마디부터 우리를 불안하게 했다. "가보시면 알겠지만 천관대는 길이 미끄러워 정 못 갈 것 같으면 원표 대사가 주석했던 나라연굴사에서 차 공양을 올리는 것이 좋을 듯합니다." 이에 "천리 길을 왔는데 꼭 천관대에서 차 공양을 올려야 천관 보살의 감응이 있을 것 같다"고 응수했다. 그러자 그는 "가보고 결정하자"고 말했다. 우리 일행은 진흙탕을 밟으며 천관대로 향했다. 도로공사로 길은 진흙탕이었다. 마치 구도자의 고도의 순례길 같았다.

천관대를 찾아 목숨을 걸고 사투를 벌이다

천관대 가는 길은 고행의 길이었다. 후이징 스님이 맨 앞에서 길을 이끌고 일행들이 그 뒤를 따랐다. 저 멀리 손에 잡힐 듯 천관대가 시야에 들어왔다. 정부 관리가 화엄사 주지 후이징 스님을 불렀다. 그러나 스님은 보이지 않

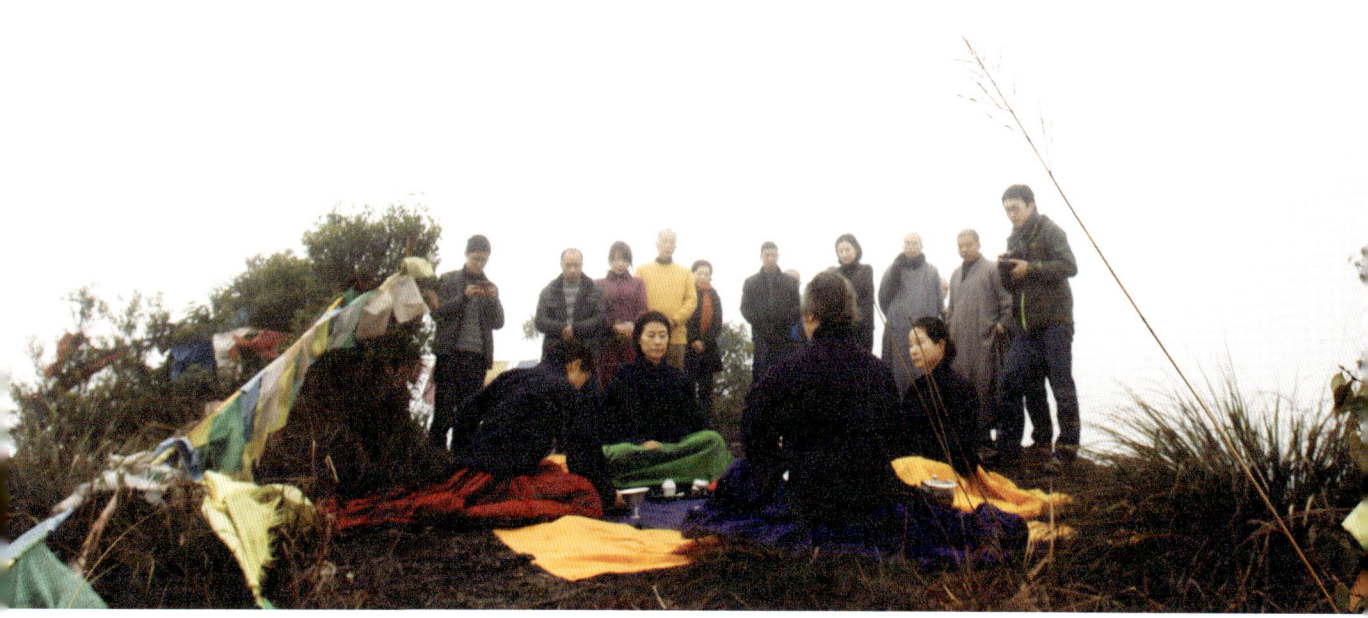

천관대에서 거행된 숙우회의 만다라 차행법

고 메아리 소리만 들릴 뿐이었다. 관리들은 우리들에게 천관대에 오르는 것을 포기하길 종용했다. 그리고 길이 막혔음을 알고 다시 왔던 길로 돌아갔다. 닝더시의 곽동진의 통전부 양 부장과 흙집 앞에까지 가다가 지난 해 왔던 바윗길로 한 번 시도해 보자고 제안했다. 양 부장은 나의 눈빛을 보더니 포기할 수 없음을 알고 바위 입구까지 가보자고 말했다. 가파른 오솔길을 따라 바위 가까이 다가섰다. 그때 바위 위에선 후이징 스님이 미리 와서 기다리고 있었다. 그러나 양 부장은 더 이상 갈 수 없다며 포기하기를 재차 권했다. 그러나 재빠르게 바위틈을 붙잡고 올라갔다. 그 뒤를 따라 다우들, 중국 기자와 관리 스님들이 연달아 올라갔다.

뒤에 들은 이야기지만 후이징 스님은 먼저 바윗길을 왔을 때 시도도 하지 못하고 포기할 것임을 간파하고 미리 길을 열었다는 후문을 들었다. 잠시 하늘이 개었다. '하늘의 길을 열며'라는 말이 실감나는 순간이었다. 바위를 바라본 일행 표정은 앞이 캄캄한 듯 어두워 보였다. 바위를 붙잡고 엎드려서 가야 오를 수 있다고 말하자 일행 몇몇이 바위틈을 붙잡고 올라갔다. 그의 손에는 우산이 들려 있고 먼저 시도해 보라고 재촉했으나 한사코 민류했다. 이런 저런 이야기기 오가는 동안 마을에서 준비한 밧줄을 가지고 올라갔다. 그 밧줄을 나무에 동여매고 밧줄을 잡고 하나씩 올라갔다. 뒤에서 이 광경을 지켜본 강수길 선생이 "저렇게 험한 곳을 겁도 없이 올라가는 스님과 차인들이 놀랍다"고 말했다. 그 순간 양 부장도 포기한 듯 맨 뒤에서 밧줄을 타고 올라왔다. 중간쯤 가다가 30킬로그램이나 되는 차 도구를 짊어진 짐이 보이지 않았다. 후이징 스님이 큰소리로 차 도구를 짊어진 짐을 찾았다. 이윽고 30여 분이 지난 뒤에야 아랫마을 흙집에서 짐이 올라왔다. 그것을 짊어지고 밧줄을 붙잡고 올라왔다. 맨몸으로 오르기도

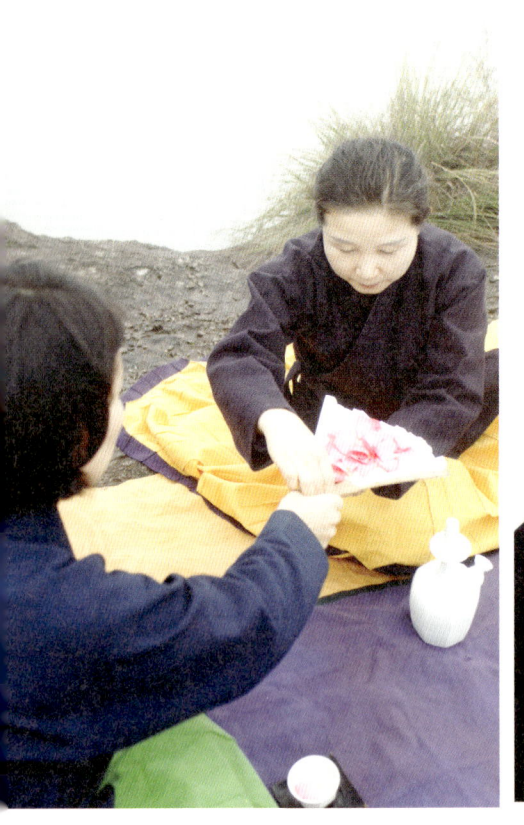
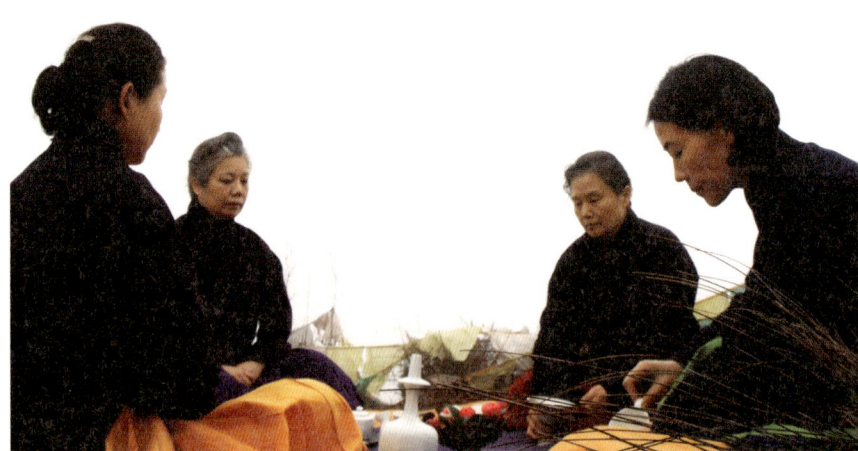

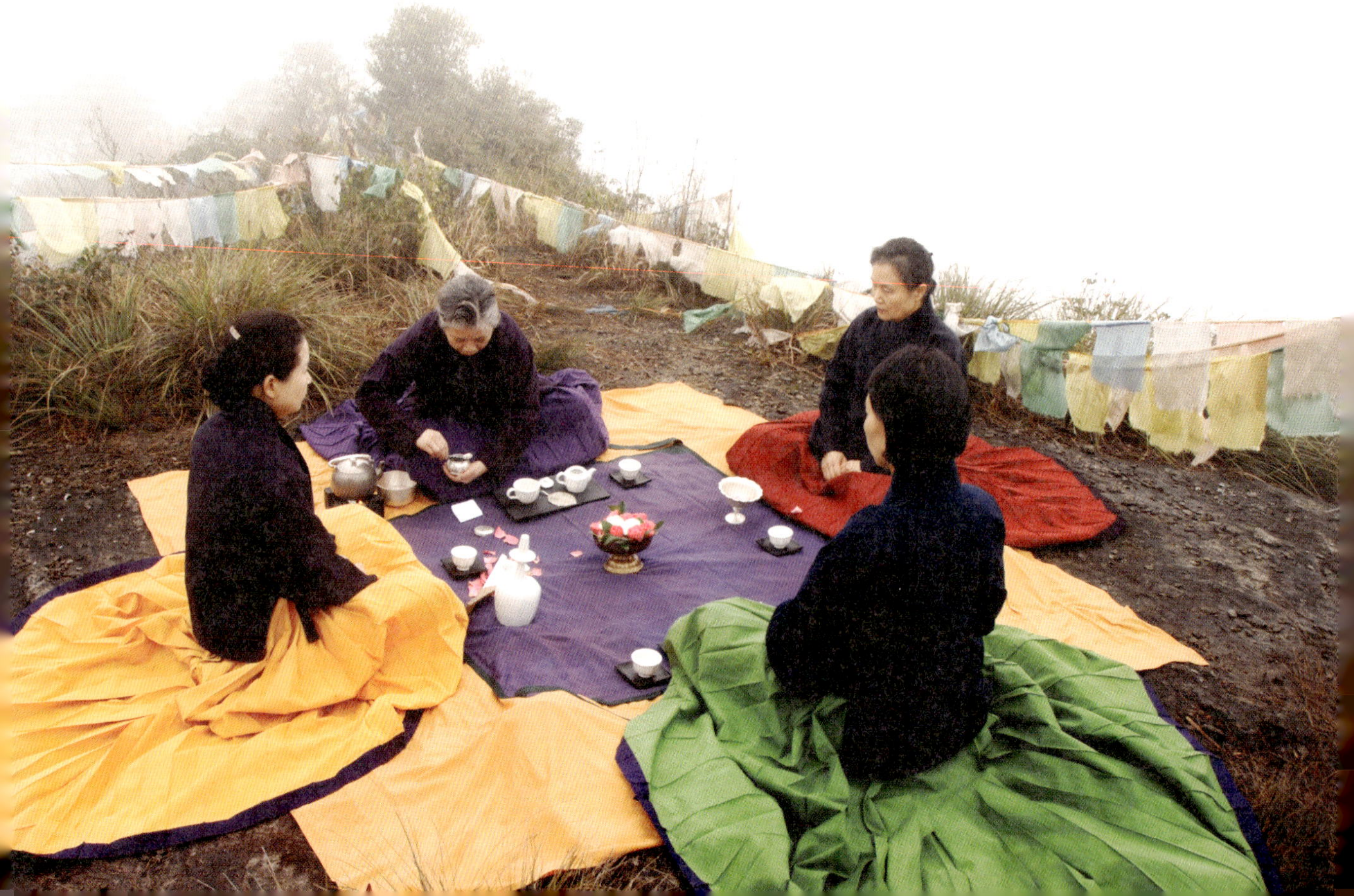

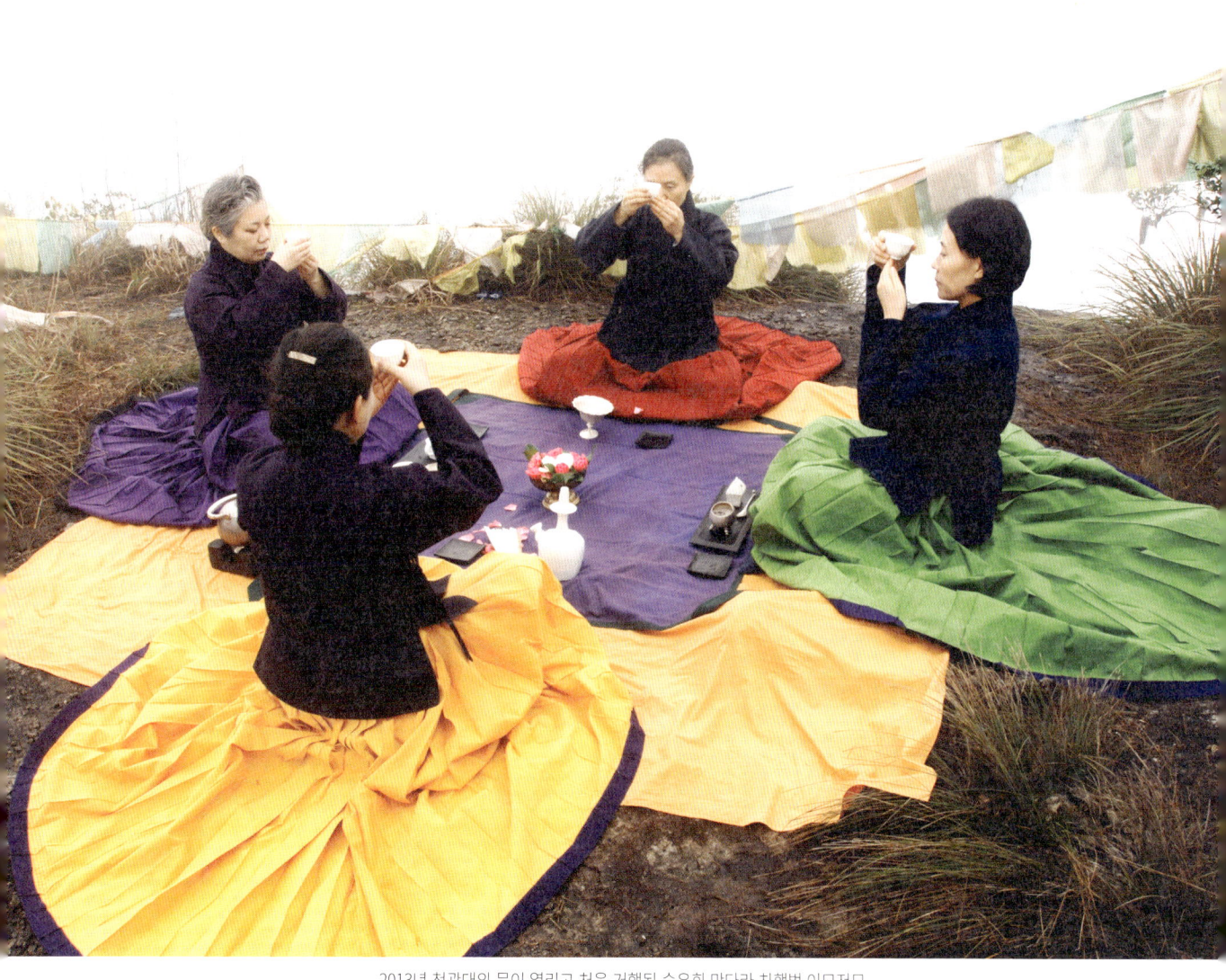

2013년 천관대의 문이 열리고 처음 거행된 숙우회 만다라 치행법 이모저모

어려운 길을 무거운 짐을 지고 오르기란 낙타가 바늘구멍을 뚫고 지나가는 것만큼 어려운 길이었다.

천관대 중간쯤 왔을 때 도저히 차 도구를 실은 짐을 옮길 수 없자 후이징 스님이 미소를 머금고 밧줄을 붙잡고 무거운 짐을 짊어지고 올라갔다. 발 한 번 잘못 디디면 천 길 낭떠러지로 떨어지는 목숨을 거는 코스였다. 마지막 관문은 20여 미터 밧줄로 타고 올라가야 천관대 정상에 이른다. 밧줄을 옮겨가며 천관대를 밟은 일행들은 이런 길은 두 번 다시 올라올 수 없을 거라고 입을 모았다. 모두가 천관 보살에 이끌려 올라오게 되었다고 말했다.

12시 30분이 지나서야 천관대 정상에 이른 일행은 천상의 세계가 따로 없다고 감격했다. 천관대에서 산세를 관망해 보면 겹겹이 둘러싸인 산봉우리 한가운데 우뚝 솟아오른 바위 하나가 서 있다. 그 바위가 바로 천관 보살이 1천 인에게 설법을 했던 《화엄경》〈보살주처품(菩薩住處品)〉에 나오는 천관대, 바로 여기다. 먹구름이 가득 끼어 앞을 분간할 수 없었으나, 2012년 처음 천관대를 올라갔을 때 맑은 하늘을 보았는데 연잎이 겹겹이 천관대를 감싸 안은 듯한 현상이었다. 하늘 위로 우뚝 솟아오른 천관대를 바라다볼 때 원효의 게송 중 '하늘을 바칠 기둥을 깎아 세우리다[爲斫支天柱]'라는 말이 연상되는 천관대는 만다라의 땅으로 각인된다. 천관대가 유명하게 된 데는 〈보살주처품〉에 '동남방에 보살이 사는 곳이 있는데 이름이 지견고(枝堅固)로 과거에 모든 보살이 살았고 현재는 천관 보살이라는 보살이 살면서 일천 권속을 두고 향상 그들을 위해 설법을 하였다'는 데에서 유래했다. 이 산이 한국인에게 깨달음의 성지로 다가온 까닭은 신라의 원표 대사와 관련이 있다. 원표가 인도를 순례하던 중 심왕(心王) 보살을 만나 천관 보살이 있는 푸젠 곽동진의 지제산 영부(靈府)를 찾아갈 것을 지시받았다. 원표는 종려나무에 새긴 《화엄경》을 짊어지고 지제산과 천관 보살에게 예를 올리고 지제석실(지금의 나라연굴사)에 머물고 살았다. 그 후 회창법란이 일어나 어디론지 종적을 감추어버리다가 내가 2009년 3월 5일 화엄사를 처음 찾았을 때 후이징 스님이 우린 차 한 잔이 마음을 움직였다. 그 차맛은 1990년 말 보림사 사하촌에서 맛본 차맛과 일치되면서 원표 대사가 수행했던 천관대가 세상에 드러났다.

천관대에서 펼쳐진 최초의 공차의식

천관대에 이른 한·중 순례단은 먼저 도량을 깨끗하게 정화한 뒤 향로에 향불을 먼저 붙였다. 이는 천관대 동행한 중국의 신바오(心寶) 스님에 따르면 '천관 보살이 굽어살펴 주시기에 향을 피워 도량을 깨끗하게 해주고 참가한 모든 이에게 복전을 주실 것'이라고 말했다. 30킬로그램이 넘는 무거운 짐을 옮겨온 후이징 스님이 아니었으면 이와 같은 천관 보살에게 올리는 공차의식은 상상할 수 없을 것이다.

만다라땅 천관대에서 올려진 숙우회의 사업만다라 차행법은 밀교 수행법 중의 하나로 만다라는 깨달음의 세계를 도상화시킨 밀교의 수행법을 말한다. 역사적 의미가 담긴 천관대에서 사업만다라로 차를 천관 보살에게 헌다하게 된 것은 의미가 새롭다고 말할 수 있겠다.

천관 설법대 정상에 티베트 범어를 새긴 깃발의 중앙에 다석을 만들고 우주를 상징하는 사각의 천을 바닥에 깔고 그 위에 만다라 사업 찻 자리를 폈다. 화엄사에서 공수해 온 동백꽃을 한가운데 놓고 찻 자리가 마련되었다. 맨 먼저 후이징 스님이 반야심경을 선창하자 일행이 따라 염송했다. 염송이 끝난 뒤 천관대 위에서 숙우회의 만다라 사업 차행법이 펼쳐졌다. 먼저 도량을 정화한 뒤 스님의 독경 소리에 맞추어 천관대 공차의식이 진행된 뒤 네 명이 앉아서 하는 만다라 사업 차행법이 이루어졌다. 중국 정부의 관리와 화엄사 스님들은 신비로운 듯 그 광경을 숨죽이고 지켜보았다. 등(燈), 꽃[花], 어가수(閼伽水, 물에 꽃을 띄운 향하수), 향(香), 차(茶), 향과(과자)의 여섯 가지 공양 거리를 경행(걷기, 명상 순으로), 네 명이 둘러앉아 만다라 잎차 다법을 행하는 동안 참가한 대중들도 함께 차 향기 속에 빠져들었다. 네 명의 다우가 자리에 앉아 손에 하늘의 기운을 불어넣은 뒤 손을 잡고 원을 그리며 꽃을 허공에 날렸다. 이윽고 한 다우가 정병으로 찻잔에 물을 붓고 차호에 한국에서 가져간 녹차를 넣자 또다른 다우는 향을 피우고 우주가 가득 돌 듯 차를 우려냈다. 네 명의 다우는 찻잔을 잡더니 갓 우린 차를 허공에 높이 들고 천관 보살에게 공양했다. 이 순간을 지켜본 숙우회 강수길 대표는 "자신이 고안해 낸 만다라 차행법이 만다라의 땅 천관대에서 이뤄질 줄을 예견치 못했는데 벅찬 감동의 순간"이라고 말했다. 20여 분간 펼쳐진 만다라 사엽 차행법은 참가한 모두가 우주와 자신이 하나임을 느끼게 했다.

차행법이 끝난 뒤 먼저 후이징 스님과 신바오 스님에게 올렸다. 한국의 차맛에 감격한 중국의 종교국 관리는 연신 향불 앞에 합장했다. 마음속으로 천관 보살이 굽어살펴 주실 것을 발원한 듯했다. 자리에 앉아 천관대에서 차맛을 음미했다. 그 맛은 무중유처럼 감미로웠다. 천관대 공차의식과 만다라 사엽 차행법이 끝난 뒤 깃발을 높이 들고 하늘을 향해 펼쳐지자 하늘까지 감동한 듯했다. 그렇게 만다라의 땅 천관대에서 최초의 헌다의식이 바람결에 나부꼈다. 밧줄을 타고 천관대를 빠져 나갈 때 함께 오른 사람들은 한결같이 기쁨이 넘쳤다. 발길을 옮길 때마다 천관 보살이 이끌어 주신 것 같다고 입을 모았다. 바람을 타고 차향이 허공을 퍼져나갈 때마다 천관 보살의 크신 가르침을 생각해봤다.

공차 의식이 끝난 뒤 천관대에서 마을 입구까지 하산하자 오후 3시가 가까워졌다. 천관대 아래 흙집에서 미리 준비한 흰죽을 먹었다. 점심시간을 넘긴 시간인데도 배고픈 줄 몰랐다. 그만큼 긴장된 시간이었다. 천관대 아래 단 한 채 뿐인 흙집의 주인 왕 씨에게 감사를 표했다.

다시 원표 대사가 주석한 나라연굴사로 이동해야 했다. 길을 가다가 여유국 한이치우(韓爾秋) 경리는 나에게 말을 걸어왔다.

"어찌 원표 대사를 알고 오셨습니까?"

"차의 공덕입니다. 4년 전 화엄사를 찾게 되었는데 그때 원표 대사가 수행 틈틈이 차를 마셨던 사실을 알게 되었고 그 인연을 좇아오게 되면서 천관 보살의 상주처인 천관대에 오르게 되었습니다."

"중국인도 평생 한 번 오르기 어려운 천관대를 죽음을 불사하면서까지 오르는 한국인들의 정신에 고개가 숙여집니다."

"모두가 원표 대사와의 인연이 아니겠습니까."

그 말에 한 경리는 감격했다. 그 뒤 양 부장은 천관대에 오르는 한국인의 정신을 보고 감격한 듯 "우리 힘을 합쳐 원표 대사를 현창하는 일에 앞장서보자"고 말했다. 양부장에게 "공동으로 노력하자"고 회답했다.

생사를 넘나들면서 천관대를 찾은 중국 화엄사 후이징 스님, 기자, 통점부, 여유국 관리, 성적을 좇아 온 한국의 다우 20명은 천관 보살의 인도로 무사히 회향케 되었다. 천 년 만에 천관대에서의 헌다의식이 최초로 이루어지면서 또 하나의 차 역사의 한 페이지를 쓰게 되었다.

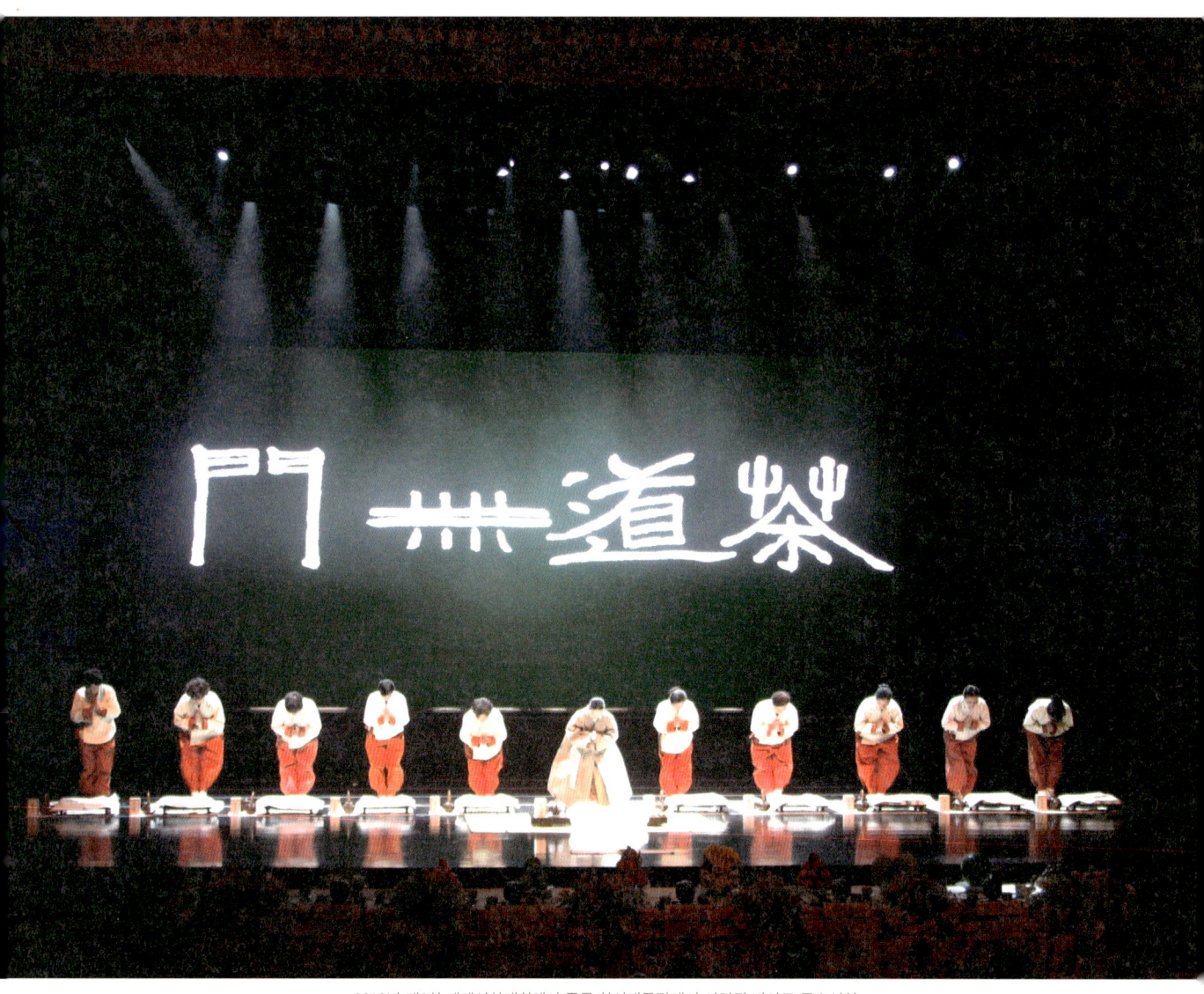
2013년 제8차 세계선차대회에서 중국 창신대극장에서 시연된 반야로 공수선차

4. 세계가 주목한 반야로 본가의 독수공수선차

세계가 주목한 공수선차

2013년 가을 제8차 선차문화교류대회가 거행된 중국 저장성 창싱 대극장에서 세계 각국의 선차 공연이 이루어지던 날 반야로 차도문화원(원장 채원화)에서 공수선차가 시연되었다. 50년 전 다솔사를 배경으로 무대 위로 사진이 드러나면서 효당의 차도무문이 선연하게 회상되었다. 반야로 문도가 무대 위로 올라와 결가부좌한 자세로 앉았다. 정 중앙에 채원화 선생이 앉아 죽비로 세 번 내려쳤다. 청중은 숨죽이듯이 공수선차에 빠져들어갔다. 물이 흐르듯이 스승과 제자가 정중동(靜中靜) 동중정(動中靜)의 세계에 빠져들어갔다. 반야로 차행법을 들여다보며 독수선차와 공수선차가 있다. 독수선차는 차실에 고요히 홀로 앉아 차를 우려내어 마시면서 정관(靜觀)을 통해 심신을 수련하는 행차법을 말하고 공수선차는 스승과 제자, 혹은 여러 문도가 함께 수련하는 행차법을 말한다.

공수선차 행차를 지켜본 중국의 중칭의 백록원의 쥐우소우원(周篠文) 대표는 중칭 차관에 당시 공연한 사진을 걸어놓고 있을 정도로 당시 감동을 받았던 분이다.

잘 아시다시피 반야로 본가의 행차법은 효당 최범술 스님의 일미평등(一味平等)의 정신에서 연원 되어 효당의 차도무문(茶道無門)의 정신을 계승한 단체로 해외에까지 나가 한국의 선차 선양에 앞장서왔다. 2002년 중국장시에서 열린 마조 선사 학술대회에 독수선차를 한 바 있다.

창신 대극장을 가득 매운 청중들은 공수선차를 바라보며 마치 물이 흐르듯 선차행차의 진면목을 바라보며 감격했다. 반야로 선차도는 차도무문과 차도용심(茶道用心)을 강조한다. 차도무문은 특별한 형식에 구애받음 없이 남녀노소 누구나 평등하게 차생활을 할 수 있음을 말하며, 차도용심은 차와 차기를 다루며 실제로 차생활을 함에 있어 몸가짐과 마음가짐을 때와 장소에 맞게 적절히 잘 다루는 것을 말한다. 차도용심의 강령은 자연성·검박성·중도성·안정성·융통성·보은성 등 여섯 가지를 강조하고 있다.

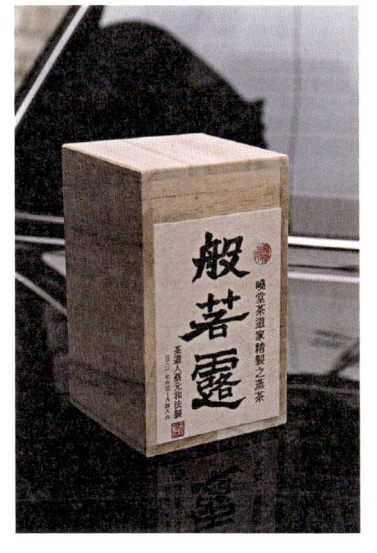

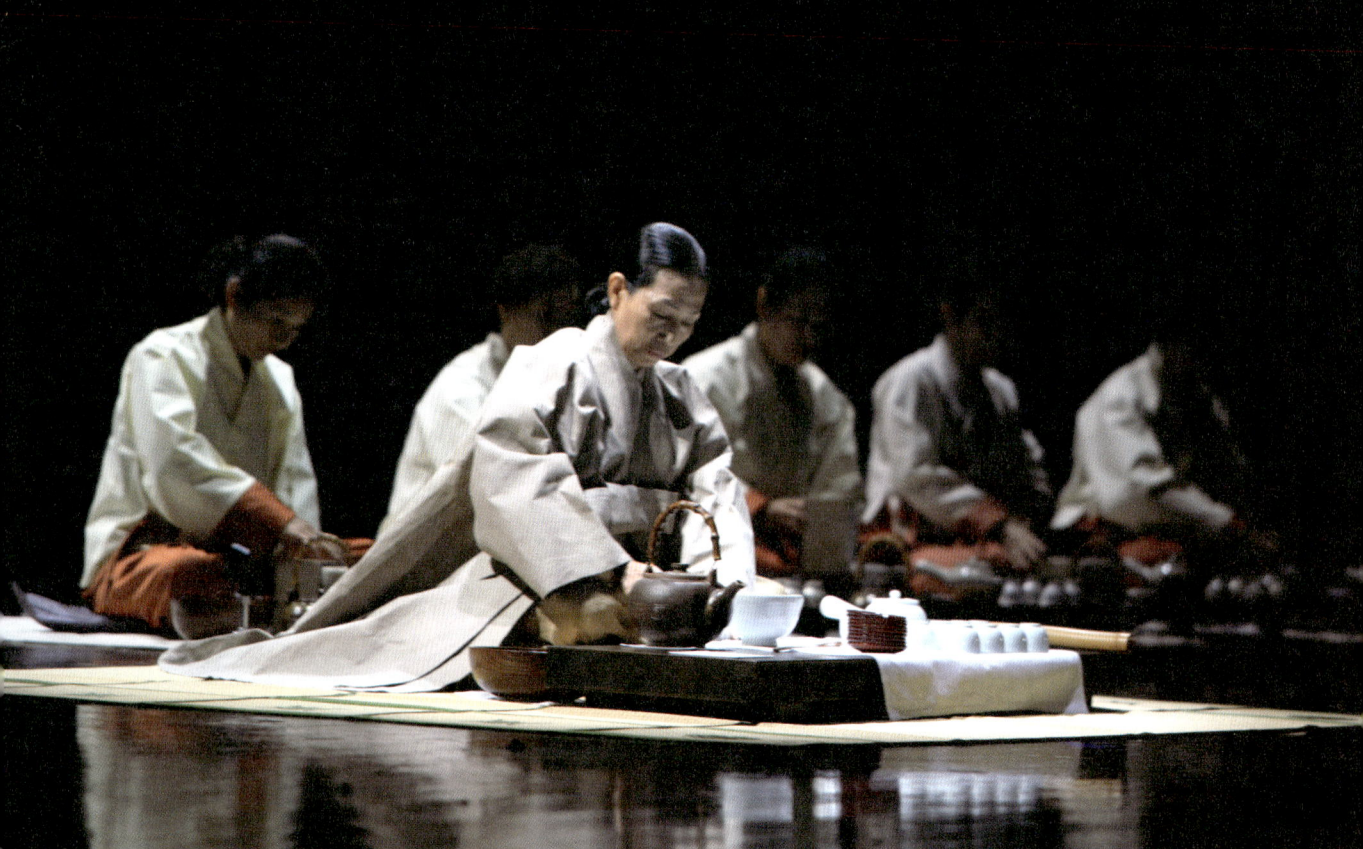

선정에 들며 선미에 빠져든 반야로 차도문화원 채원화 원장

선차 행차의 미학 제시한 차도의 길

효당 최범술의 차도무문에서 출발한 반야로 본가는 독수선차와 공수선차를 통해 국제무대에서 한국의 선차를 널리 선양하는 데 앞장서왔다.

효당 스님의 차의 정신을 이어간 채원화 선생은 '차도무문'을 다음과 같이 해석하였다.

"차도무문이란 글자 그대로 새기면 차도에 들어갈 문이 없다는 뜻이다. 문이란 들어갈 수도 있고 나올 수도 있으며 이쪽저쪽 아무 곳에나 어떤 모양으로도 만들 수 있어 가변성을 내포하고 있다. '무문(無門)', 즉 들락날락할 문이 없다는 것은 본질 그 자체라는 뜻이다. 다시 말하면 '차도무문'이란 차생활 그 자체가 삶의 양식의 본질에 속하며, 삶의 본질이기 때문에 때와 장소, 남녀노소, 신분, 직업에 관계 없이 누구나 차생활을 할 수 있음을 강조하는 말이다. 어느 누구든 문 없는 문을 통해 차도에 입문하여 차도용심을 잘하여 자신과 우주가 하나임을 깨닫고 그 깨달은 힘으로 자신의 삶을 온전하게 하고 나아가 더불어 얽혀 사는 이 세계를 다 함께 잘 살 수 있는 세상을 건설함이 차살림살이의 궁극적 목표이자 본지임을 밝힌 것이다. 따라서 차는 삶의 원천이요 보배로운 생명수인 것이다."

지금도 차실 벽면에 차도무문을 걸어놓고 차생활을 즐기는 차인들을 종종 보아왔다. 그러나 효당이 처음으로 만들어 사용한 신조어인 이 '차도무문'이라는 용어는 효당차도가를 상징하는 효당본가 반야로 차도 문화원의 정신을 담고 있다.

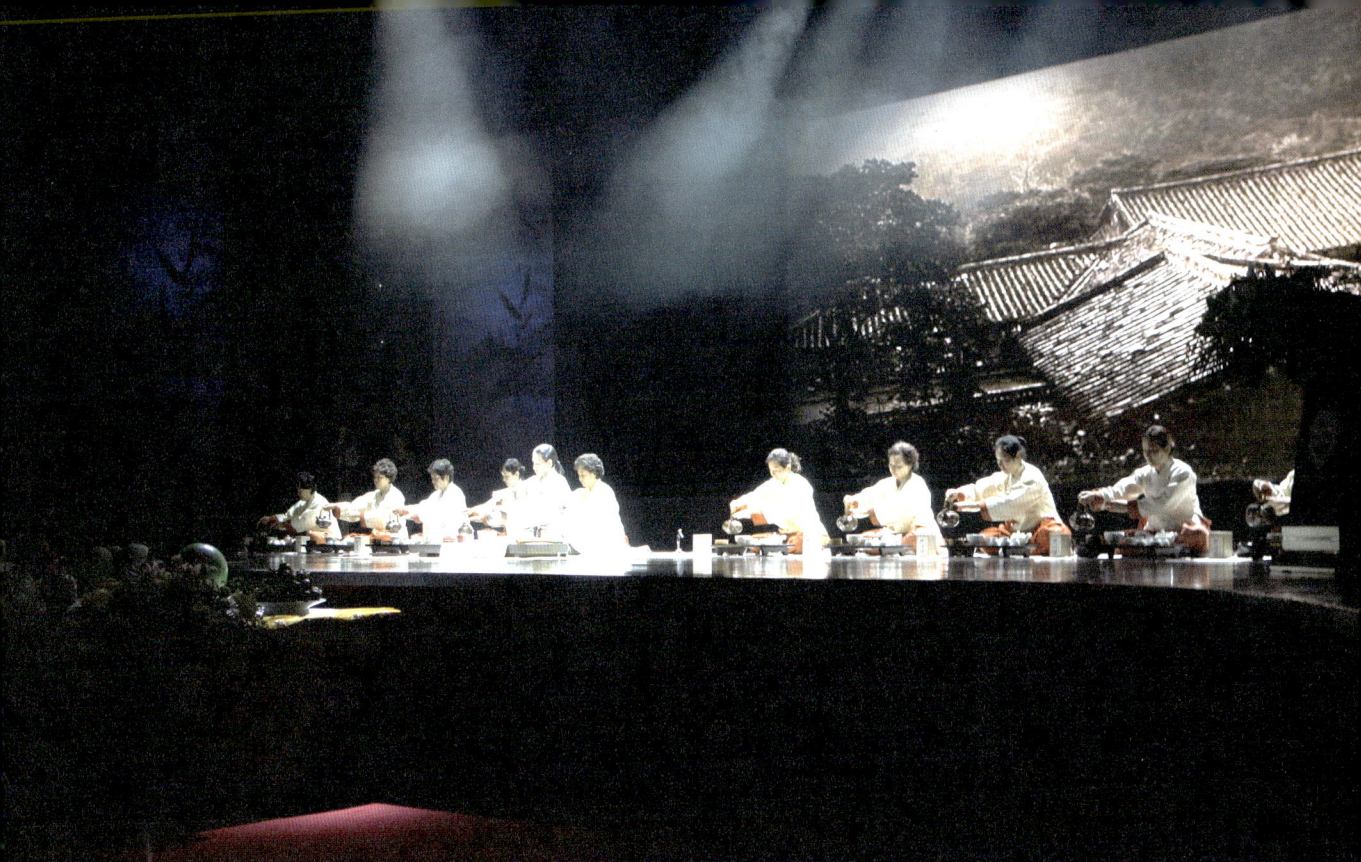

물이 흐르듯 공수선차를 시연하는 반야로 차도문화원의 문하생들

반야로의 선차의 정신을 무엇일까 채원장은 다음과 같이 말했다. '차선일미(茶禪一味)·차선일체(茶禪一體)라는 명제는 있었지만, 선차도(禪茶道)라는 행차법을 대중에게 선보인 사람은 없었습니다. 반야로 차도문화원에서 처음으로 선보였다고 밝힌 바 있다.

중정의 도 실천한 반야로 선차

초의 선사의 《동차송(東茶頌)》에 "차의 체(體)가 되는 탕수와 차의 정수(精髓)인 신(神)이 완전할지라도 중정(中正)의 도(道)를 넘어서는 안 된다. 이 '중정의 도'라 는 것은 차의 신기(神氣)와 참된 수성(水性)이 서로 잘 어울리고 융화된 것을 뜻한다."고 말했다.

공수선차를 시연한 장흥은 육우의 제 2의 고향으로 《다경(茶經)》의 발상지이기도 하다. 다경의 고향에서 여러 사람이 무대 위에서 한국의 차도를 시연한 것은 의미가 크다.
공연을 지켜본 청중들은 무대 위로 물이 흐르듯 선미에 빠져들어갔다.
"차는 성질상 쓰고 떫은 맛일지라도 목이나 잇몸 사이에 향기로운 맛이 난다"고 말해온 효당은 그를 찾아오는 차객에게 즐겨 붓으로 '茶道無門'을 써주었다. 즉 효당의 '차도무문'은 조주의 "차나 한 잔 하시게"란 말에 비유된다. 효당이 끼친 차살림은 반야로 본가의 채원화 선생이 이어가 효당의 차도용심의 세계를 선차도로 발전시켜 나갔다고 볼 수 있겠다.

수월관음도에 등장하는 정병으로 찻물을 우려내 서귀암 다법이 탄생했다.

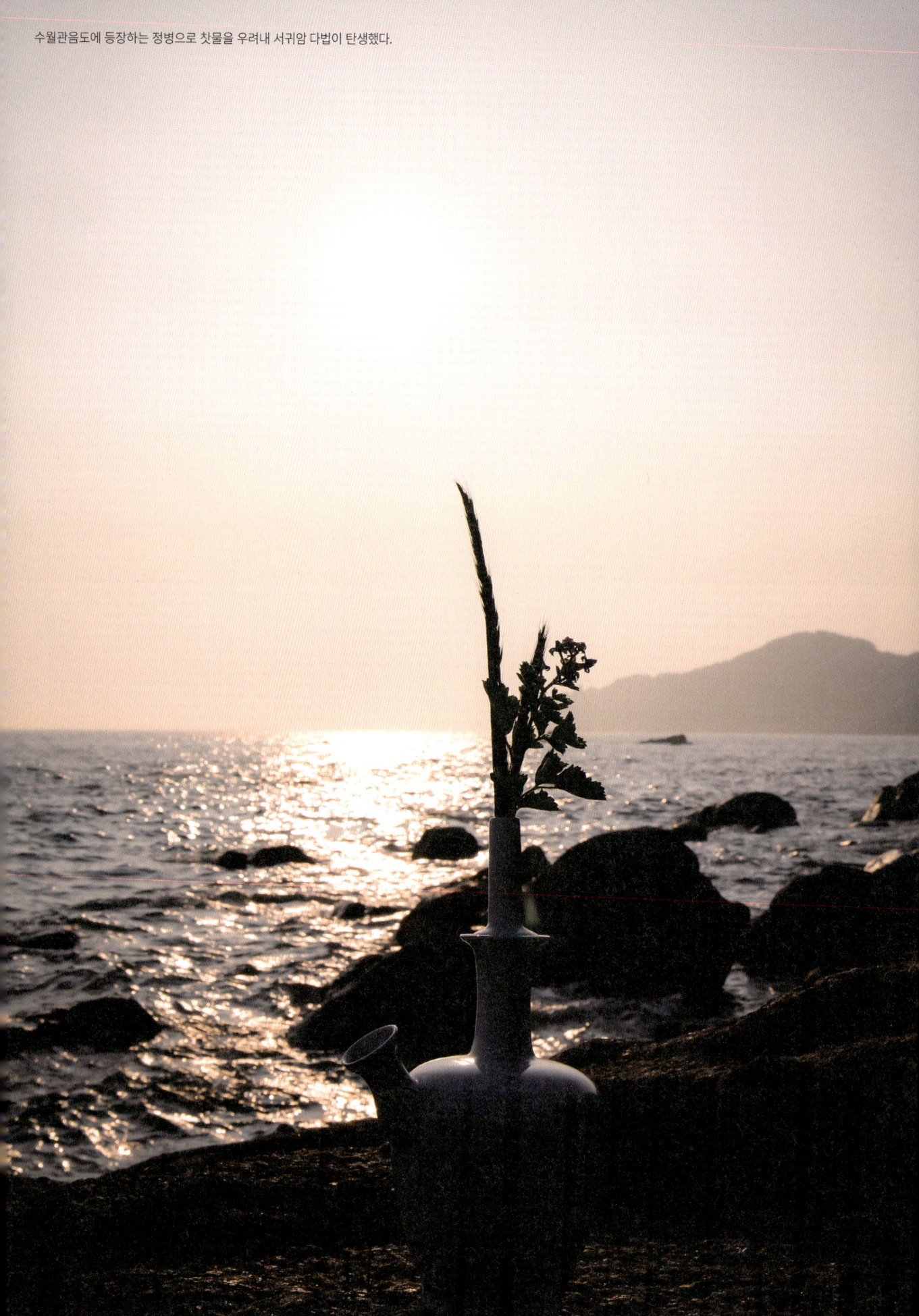

5. 염화미소에 담긴 서귀암 말차 행다법

세상 밖으로 걸어 나온 서귀암 다법

　2018년 가을 서울 역사박물관에서 제12차 세계선차문화교류대회 개막식 날 무대 위로 준혜헌의 송양희 원장이 올라와 평생 한 번뿐인 일기일회(一期一會)의 자세로 서귀암 다법을 펼쳐보였다. 청중들은 초암다법 속으로 빠져들어 갔다. 초암차법은 매월당 설잠(雪岑) 선사가 고안한 다법으로 한 평 반의 초암 차실에서 물을 끓이는 무쇠솥과 차를 마실 수 있는 주전자만 놓여 있고 불도 없는 첩첩산중에 봉창을 만들어 밖의 빛이 안을 훤히 밝히게 되어 있다. 간혹 촛불을 밝혔다. 펄펄 끓는 물에 우린 차 한 잔으로 일본승 월종준초(越宗俊超) 장로에게 말차(抹茶) 한 잔을 내놓았는데 그 말차도가 일본으로 건너가 초암차로 발전되어갔다.

　세월을 뛰어넘어 삼국(三國) 차인이 지켜보는 가운데 무대 위에서 서귀암 다법이 시연되었다.

　죽비를 세 번치고 합장한 뒤 정병위로 버들나무가지를 꽂았다. 양류관음보살도에 나오는 왼손 옆에 놓인 양류관음보살도의 한 장면을 선차행다로 걸어 나왔다.

　팽주는 무대 위에서 차칙을 들더니 적당히 말차를 다완위로 넣고 정병을 숙우로 사용하여 물을 적당이 다완위로 붓고 차선으로 격불시작했다. 그 순간 일도양단의 자세로 몰입해들어갔다. 격불한 순간 푸른 거품이 다완위로 비쳤다. 이어 말차 한 잔을 오롯한 마음으로 마셨다.

　그 순간을 〈일완다〉라는 시(詩)로 낭독했다.

　　한 잔의 차는 한 조각의 마음에서 나왔고
　　한 조각의 마음이 한 잔에서 나왔으니
　　의당 한잔의 차를 오리나니
　　한번 맛보시면 무량한 즐거움이 생기나니

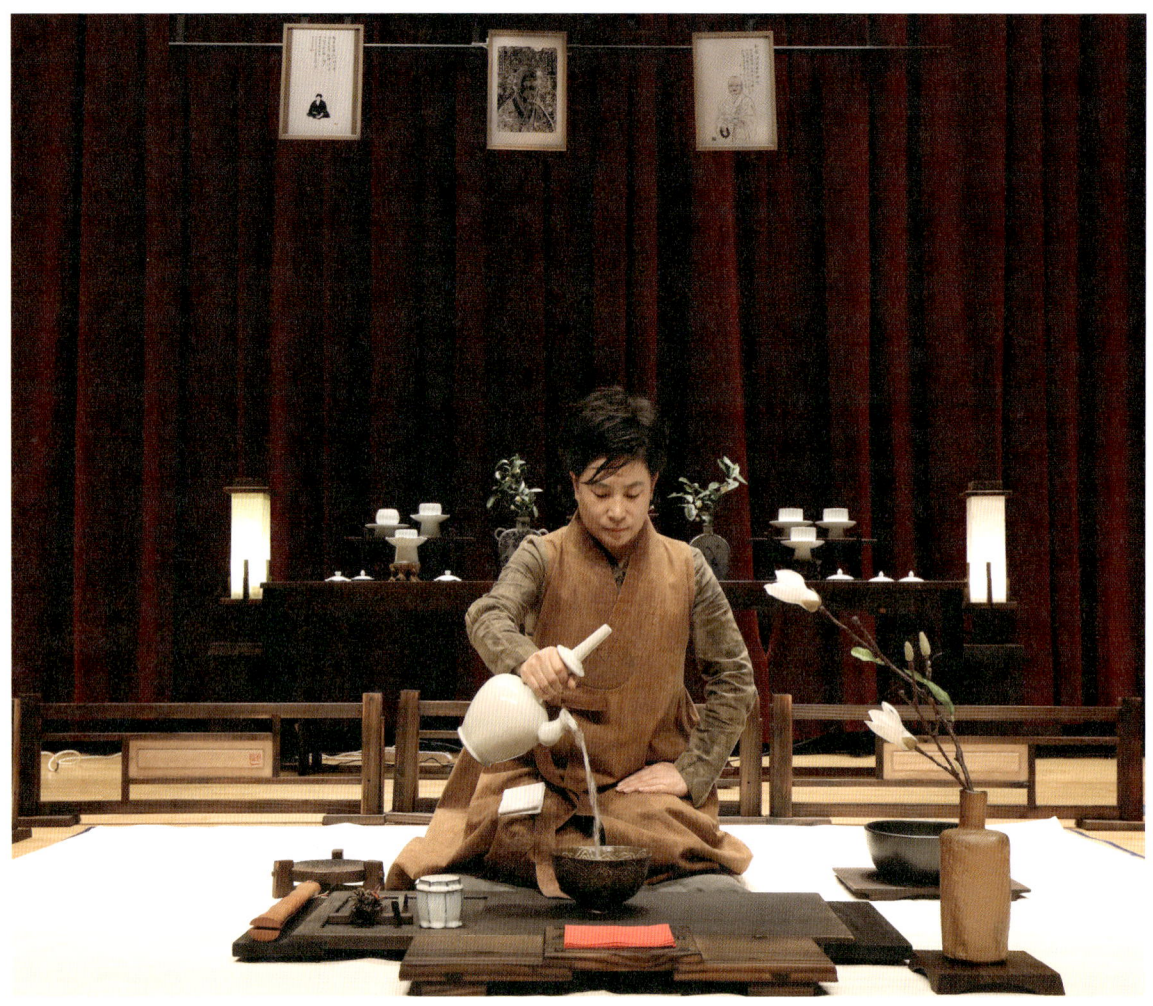

2018년 서울역사박물관에서 열린 제12차 세계선차문화교류대회 개막식에서 시연된 준혜헌 송양희 대표의 서귀암 다법

마치 수월관음도에 발아래 선재동자(善財童子, 구도(求道)의 보살)가 관음보살에게 간절하게 말차 한잔을 내려주시길 바라듯이 '양류수월관음도'을 행다로 걸어 나온 서귀암 다법은 생과멸 생과사를 행다로 표현해냈다.

행다를 시연하는 동안 어리석은 마음과 욕심내는 마음을 내려놓고 다완을 바라보면서 말차 한 잔의 공덕으로 인해 꽃을 들어 염화미소를 느끼게 했다.

준혜헌의 송양희 원장은 물가풍경을 양류관음도에 담아 행다로 걸어 나오게 되어 보람을 느끼게 되었다고 말했다.

행다로 이어져간 말차도의 세계

470년간 이어져온 고려왕조(高麗王祖)가 멸망(滅亡)하고 조선왕조로 교체되면서 고려의 문화는 깡그리 무너져버렸다. 이와 함께 고려에서 유행한 말차문화 또한 사라지게 되었다. 이성계(李成桂, 1392-1398)가 조선을 개국하면서 고려의 음다풍습인 찻잎을 가루 내어 마시는 말차도의 풍습을 찻잎에 뜨거운 물을 부어 마시는 잎차문화로 바꾸어

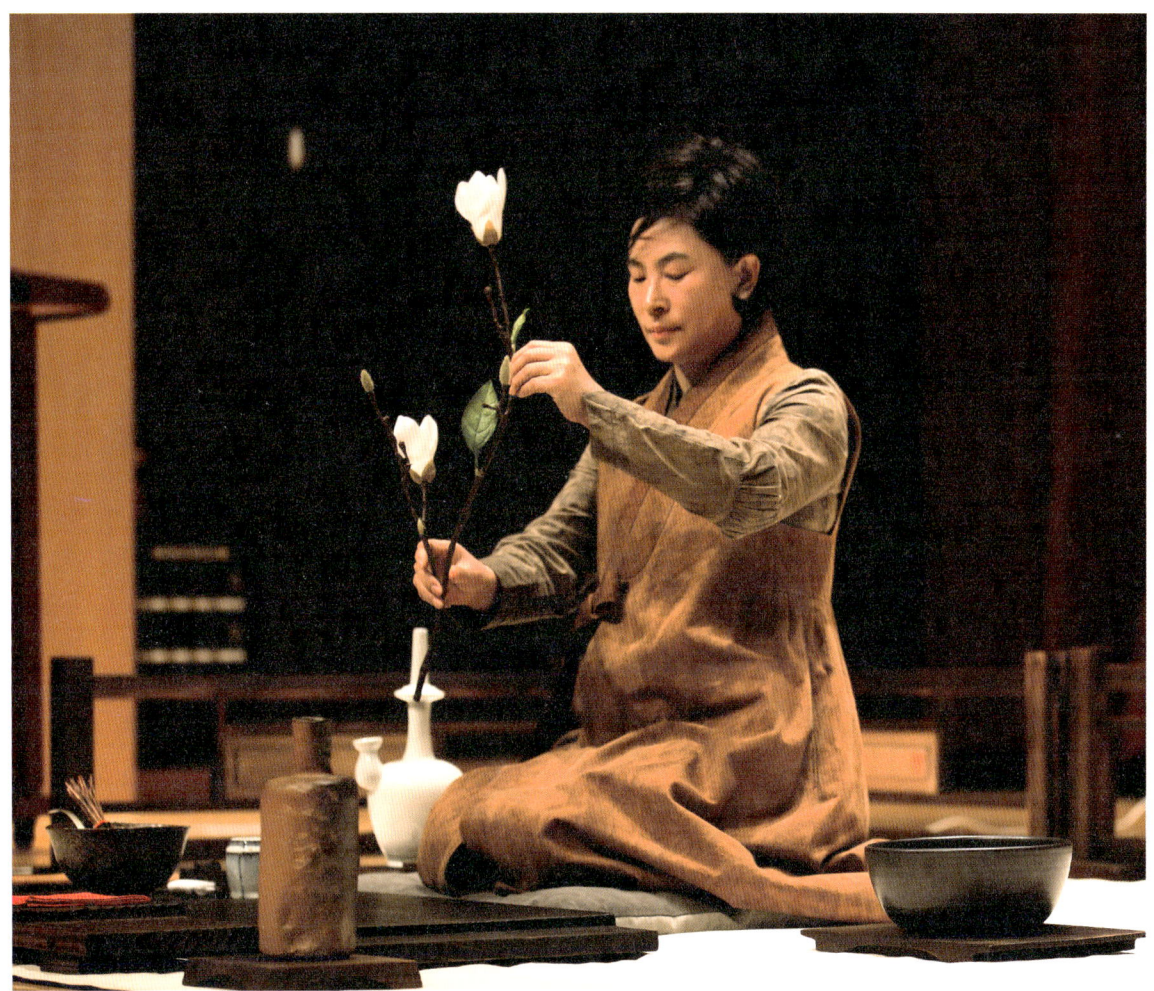

서귀암 다법 시연

버렸다. 그러다가 1980년대 중반 한국의 차문화가 중흥되어가면서 말차의 부활은 한국 차문화의 새로운 비젼이라고 볼 수 있겠다.

서귀암 다법으로 선보인 말차도는 양류관음도(楊柳觀音圖)의 관음보살 옆에 놓여 있는 정병(淨瓶)을 이용하여 정병에 다화를 꽂고 정병으로 숙우를 사용하여 서귀암 다법 시연은 삼국의 차인들에게 감동을 주었다.

이번 서울 역사박물관의 대강당에서 열린 제12차 세계선차대회에서 선보인 서귀암 다법은 삼국의 선차 비조인 한국의 무상 선사, 중국의 조주 선사, 일본의 무라다 슈코의 영정을 모시고 그 아래에서 펼쳐진 한국의 말차도는 의미가 깊다고 말할 수 있겠다.

서귀암 말차 다법은 송양희 원장이 돈수스님의 지도를 받아 태동한 다법으로 한국행다의 새로운 모습으로 다가왔다. '한 색깔 한 향기도 도(道) 아님이 없듯이 생과 사를 행다로 표현한 것은 중요한 의미가 있다고 말할 수 있겠다.

서귀암 다법의 마지막 백미는 행다를 시연하는 다우가 꽃을 높이 들어 보였다. 그 장면을 '부처님께서 설법을 하였을 때 연꽃 한 송이를 들자 마하가섭이 미소로 답했듯이 행다를 통해 진정한 깨달음에 이르는 길이 서귀암다법에 담겨 있다고 말할 수 있겠다.

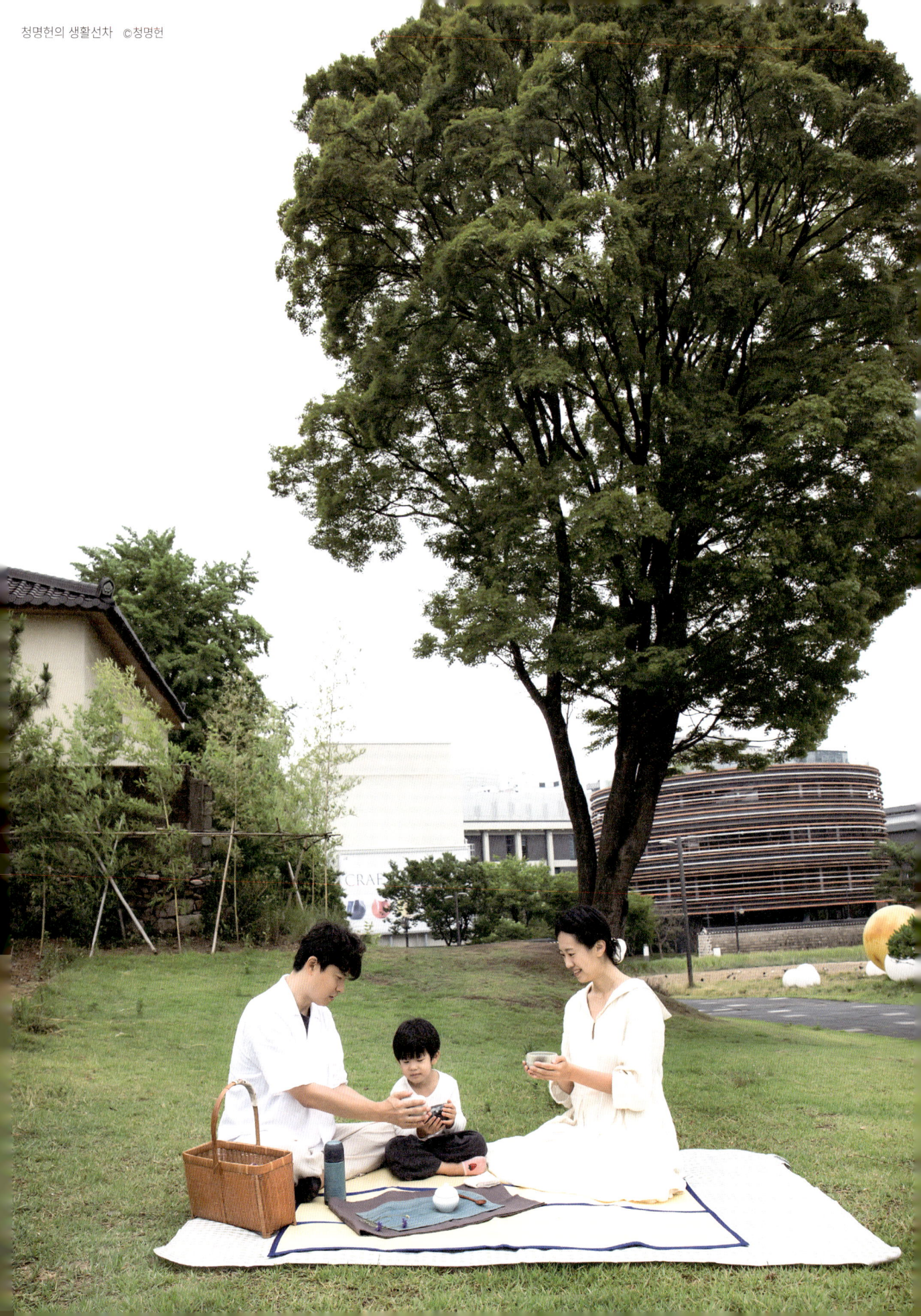

청명헌의 생활선차 ©청명헌

6. 청명헌 '일일다반사 생활선차' 매일매일 조금씩, 일상의 즐거운 차수행

청명헌(聽茗軒)은 '차의 소리를 듣는 집'이란 의미를 지닌 한옥 공간으로, 한국의 차와 차문화를 알리고 차명상과 선차를 연구하는 곳이다. 50여 년간 차와 함께하고 있으며 30여 년간 차 잡지 편집장을 역임한 김영희 원장이 주재하는 곳으로, 서울 도심 광화문네거리 가까운 열린송현공원에 위치하고 있다. '왜 차를 마시는가' 혹은 '우리는 어떻게 살아야 하는가' 등 보다 본질적인 성찰을 도모하는 찻 자리를 주제로 하고 있다.

그에 의하면 차는 두 가지 바탕으로 이루어졌는데, 맨 먼저 생긴 것이 약(藥)이 되는 성질이요 두 번째 생긴 것이 위파사나(Vipasyana)로 지관(止觀)이라 한다. 마음을 단련하여 온갖 바깥 일이나 어지러운 생각에 흔들리거나 움직이지 않고, 특정한 대상에 집중하는 것을 사마타(Samatha)라 하며, 그것으로 인해 바른 지혜를 끌어내어 대상의 실체를 꿰뚫어보는 것을 지관이라 한다.

선종의 지도자인 백장회해 선사께서 《백장청규》를 제정하면서 그 안에 '차 마시는 법'을 만들어 넣어두신 까닭이 다름 아닌 '지관'의 경지를 밥 먹듯이, 쉼 없이 닦기 위함이었다고 한다. 그 지관을 터득하고 닦는 차법이 바로 '선차(禪茶)'이다. 이는 때와 장소, 위와 아래를 살펴 질서를 지키며, 마음의 수행이 밖으로 드러난, 내 안에서 익어 나오는 자연스러운 아름다움을 마시는 것이다.

그 차법을 현대인의 일상에 맞게 재구성하여 생활 속에서 날마다 다반사로 쉽고 편하게 차를 마시며 동시에 수행법으로 삼는 차법이 '일일다반사 생활선차'이다. 차로 하는 생활 속 행자 수업이라 할 수 있다. 보다 즐겁고 행복하게 차를 즐기는 것은 물론, 나만이 아니라 가족·이웃·친지들과 함께 차를 우리고 마시는 일에 집중하고 그 모두를 통찰하는 것을 목표로 삼는다. 그리고 그 바탕에는 차와 사람에 대한 지극한 정성과 환대로 드러나는 자비심이 놓여 있다.

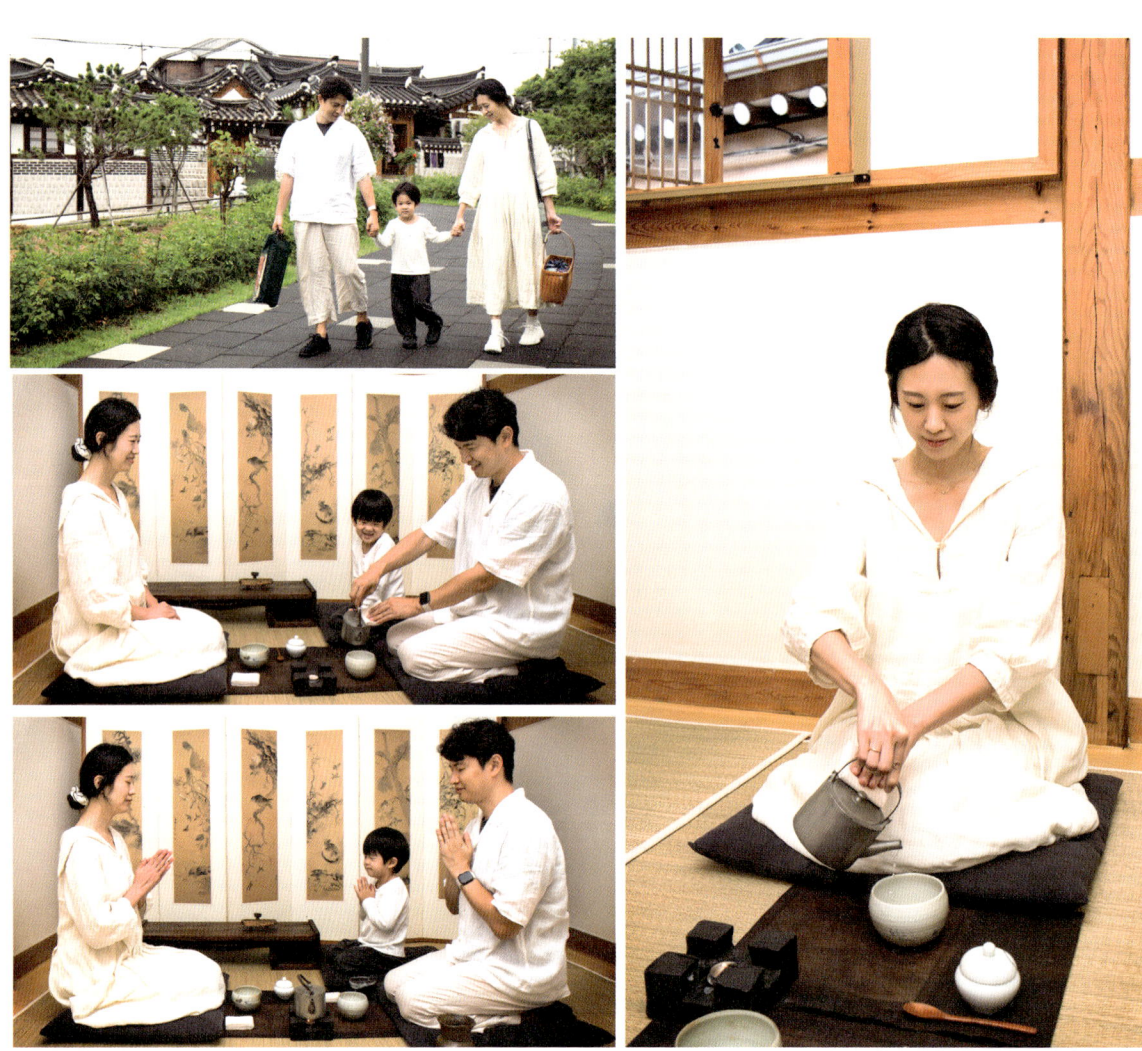

생활선차 시연

다도의 본심을 생각하다

차와 잔 하나 그리고 물만 있으면
내가 나에게, 내가 너에게
그리고 내가 우리에게 바치는 차 한잔으로
나와 네가 둘이 아닌 하나이며 나아가 우주와 하나임을 저절로 알게 된다.

이는 '일일다반사 생활차선'이 지향하는 차의 세계로, 육우와 센리큐의 차정신을 함축한 것이기도 하다.

차의 신이라 일컬어지는 신농이 지었다는《식경》에서 전하고 있다.
"차를 마시면 사람에게 힘이 생기고 뜻이 즐거워진다(茶茗久服 人有力悅志)."

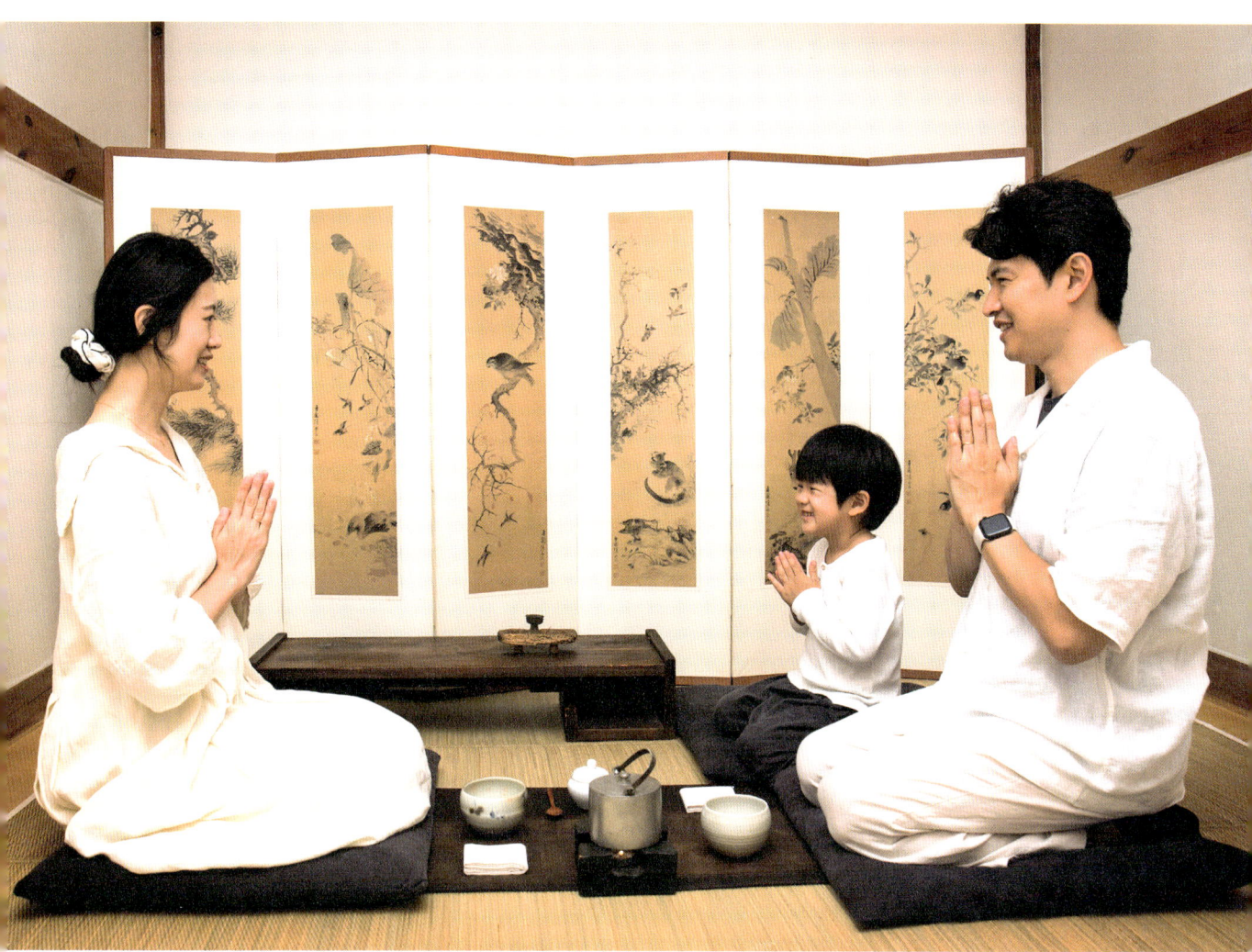

또한 육우는 《다경》 '육지음'에서 이렇게 말한다.

"차를 마시는 본뜻은 복잡한 현실 속에서 차 한잔 마시며 마음과 몸을 가다듬고, 그윽한 자연과 함께 호흡하며, 생의 참다운 보람을 얻는 것이다."

또 센리큐는 《남방록》 각서에서 이렇게 말한다.

"차는 먼저 불교의 가르침을 따라 수양하며, 깨달음을 얻으려는 것과 같다. 화려한 건물에서 진수성찬을 맛보는 것이 차의 즐거움이라고 여김은 속세의 일이다. 집은 비가 새지 않을 정도면 족하고, 허기를 면할 정도의 음식이

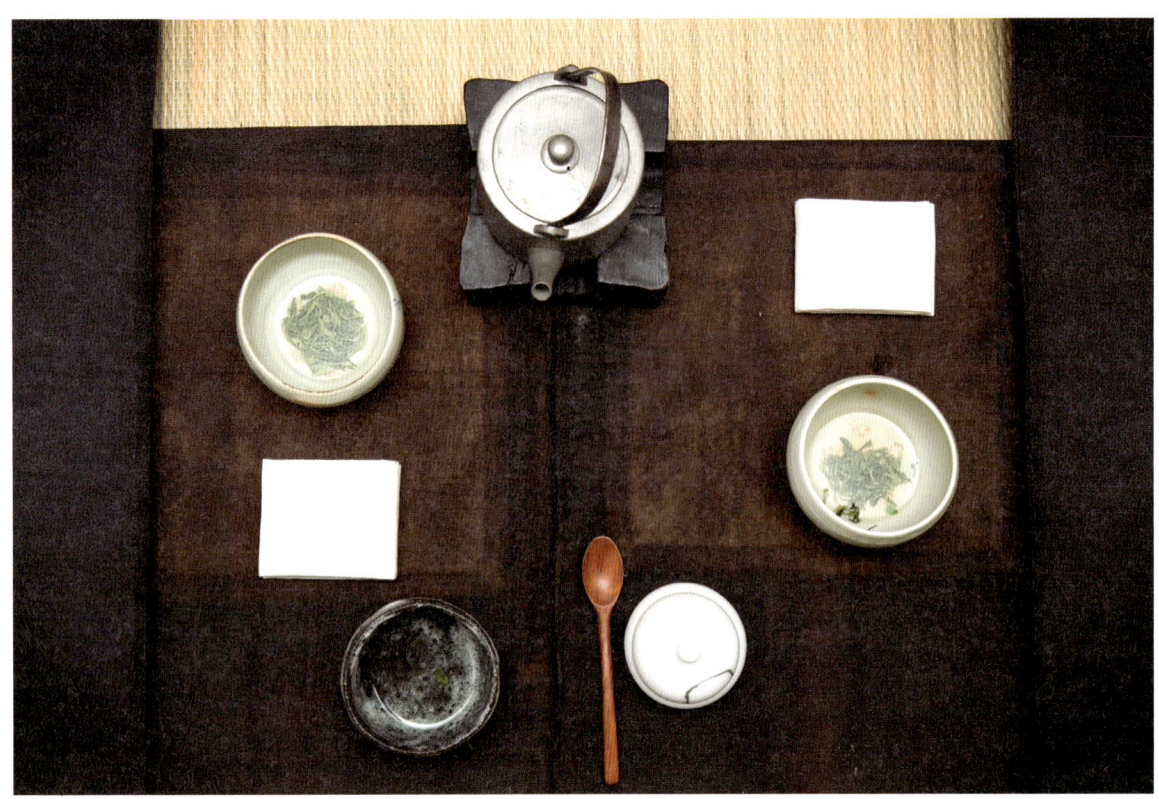

면 충분하다. 이런 마음가짐이야말로 부처님의 가르침이자 다도의 본심이라 하겠다. 그저 물을 길어다가 물을 끓이고, 차를 달여서, 부처님 전에 바치고, 이웃에게도 돌리고, 나도 한 잔 마신다."

그 어떤 찻 자리도 거룩한 장소다

정성을 다해 차를 마시는 그 한 행위를 통해 수행하는 길을 굳이 나누어보면 차선(茶禪)과 차명상(茶冥想)이라 한다. 차선은 내가 이미 부처의 성품을 갖춘 완전체임을 완벽하게 자각한 상태에서 차를 마시며 매일매일 부처의 삶을 행하는 것이라 하면, 차명상은 차를 마시거나 우려내는 행위를 통해 의식은 명료하고 몸은 이완된 그 자리에 멈추어서 내 몸과 마음에 일어나는 것을 아무 판단없이 깊게 바라보며 알아차림하고, 나아가 내가 누구이며 어떤 삶을 살아야 하는가를 깨달아가는 것이다.

차의 간을 맞춘다는 것은 인간인 내가 시간-지금, 공간-여기서 조화를 이루어 사는 것을 말한다. 무아인 내가 영원한 지금과 무한한 공간 속에서 어디에도 치우치지 않게 바르게 사는 것. 이것이 우리 차의 정신인 중정이고 이것을 생활 속에서 유지하도록 하자는 것 차수행이다.

차를 마시며 호흡을 고르고 마음을 고요히 가라앉히며, '나라고 할 것이 없으며(무아)', '만물은 모두 변화하고(제행무상)', '태어나서 죽음에 이르는 인생에서 일어나는 고통(고)의 근원을 알아' 탐진치에서 벗어나 바른 삶을 살아갈 지혜를 기르는 것이다.

그래서 찻 자리는 그곳이 어디이든 차를 마시는 그 잠깐의 시간마다 우리가 하나로 연결되어 있음을 깊게 느끼고 나와 연결된 모든 존재의 평화와 행복을 비는 마음의 거룩한 성소(聖所)이기도 하다.

손과 눈과 마음이 하나로

아침마다 부부가 일어나 먼저 차 마실 공간을 맑게 정화한다. 물 뿌려 청소하고 향 피워 주변을 맑히고, 계절의 꽃으로 단장한 후 다구를 정리한다.

다음으로 몸을 정화한다. 몸과 손을 깨끗이 하고, 때 낀 마음을 헹구어 내는 몸짓으로 입안을 세 번 헹구어낸다.

그리고 서로 공경하는 마음으로 맞절을 하고 찻 자리에 앉아 물을 끓인다. 물이 끓는 동안 물소리에 집중하며 잠시 눈을 감는다.

동작 하나하나마다 내가 무엇을 하고 있는지 인지하면서 손과 눈길을 맞추며 그 중심에 마음을 둔다.

부인이 먼저 찻잔에 뜨거운 탕수를 부어 찻잔을 데운 후 그 물을 마신다. 이른바 세심수(洗心水), 입안을 가시는 행위다.

그 후에 남편이 탕수로 찻잔을 데우는 사이 부인은 차를 찻잔에 넣어 차향을 맡는다. 그 후 남편이 차를 넣고 차향을 맡고, 부인은 탕수를 부어 차를 우리고 마시기를 세 번 정도 반복한다.

충분히 우러난 찻잎은 꼭꼭 씹어 삼킨다.

그 사이사이마다 눈을 감고 잠시 차가 내 몸으로 스며듦을 바라본다.

마지막으로 찻잔에 탕수를 부어 찻잔을 깨끗이 하고, 그 물로 입안을 가신 후, 다건으로 찻잔을 닦아 정리한다.

많은 기물이 필요 없으므로 간단히 다식을 챙겨 공원으로 나가 나무 아래서 차를 즐기며 차선을 행하여도 좋다.

언제 어디서나 쉽고 편하게 차와 내가 만나는 시간을 통해 나를 성찰하는 시간을 가질 수 있다. 아이와 함께 놀이처럼 즐길 수 있으며 그때마다 저절로 깨어있기가 되어가는 일상다반사의 생활 선차이다.

고려말 함허득통선사의 차시를 되뇌어본다.

一椀茶出 一片心(일완다출 일편심)　　　한 잔의 차 한 조각 마음에서 나오나니
一片心在 一椀茶(일편심재 일완다)　　　한 조각 마음 한 잔의 차에 있네
當用一椀 茶一嘗(당용일완 다일상)　　　마땅히 한 잔의 차 맛보면
一嘗應生 無量樂(일상응생 무량락)　　　한량없는 즐거움이 생기네

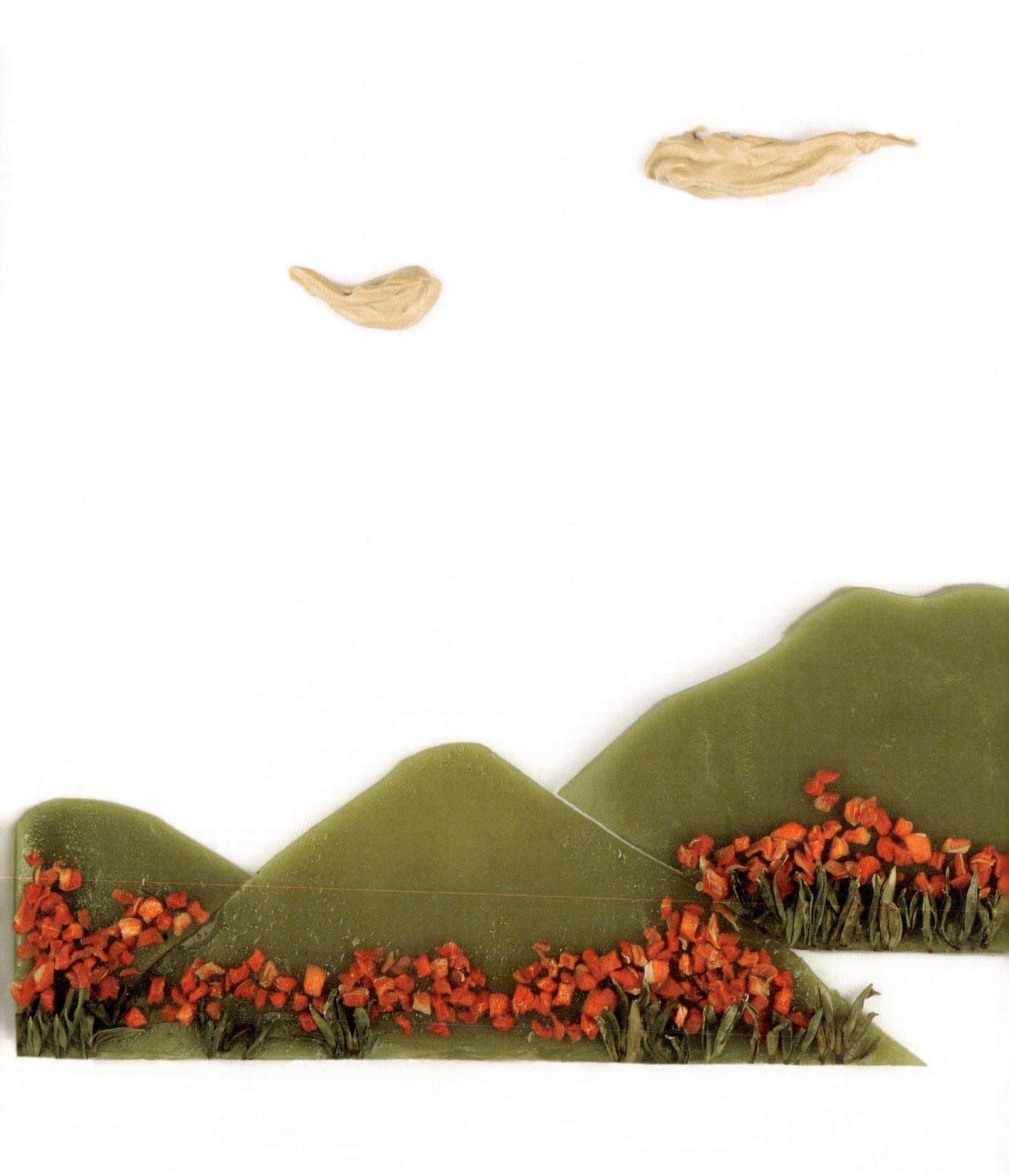

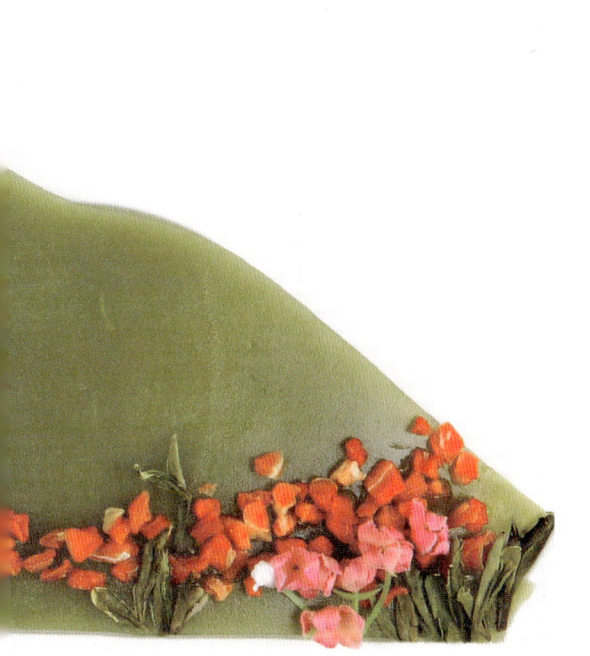

8장
[차와 음식의 만남]

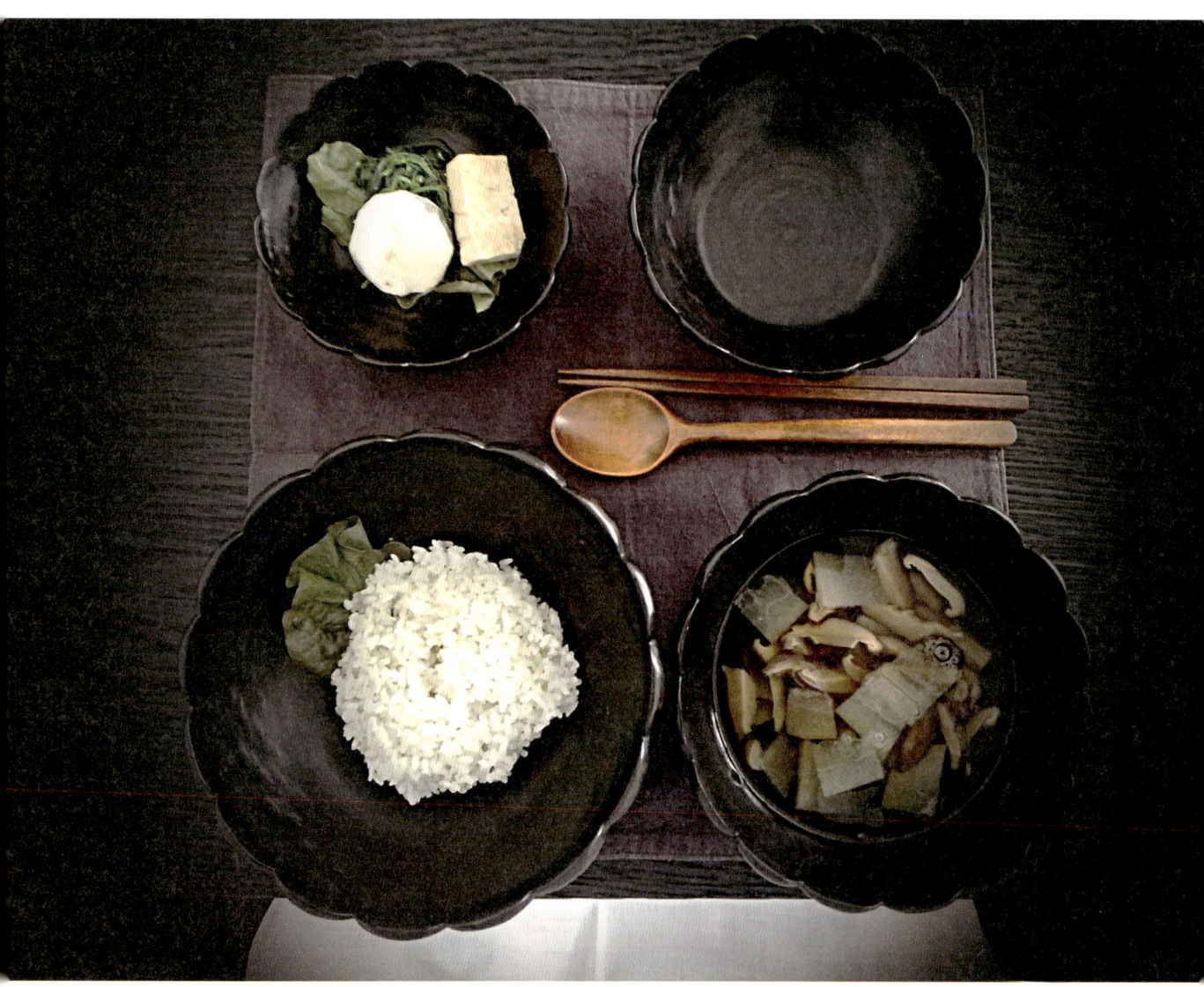

숙우회 발우공양 ⓒ숙우회 제공

1. 차를 만나면 차를 마시고 밥을 만나면 밥을 먹는다

달마가 눈꺼풀을 던져 차나무로 탄생한 이래 차와 선이 한배를 타고 오랜 기간 동안 발전되어갔다.

차의 맛이 선[一味]이라는 말이 유행하면서 선차인(禪茶人)들이 산사로 스님들을 찾아가 "무엇이 스님의 가풍입니까?"라고 여쭈어왔다.

그때 한 수행자가 "식후에 차 세잔(飯後三碗茶)이 스님의 가풍"이라고 답했다.

그 후 선가에 유행한 말 중에 "차를 만나며 차를 마시고 밥을 만나며 밥을 먹는다는 평상자연(平常自然)이라는 말이 일상다반사(日常茶飯事)가 되었다.

부처님 당시 걸식으로부터 출발했던 발우는 승려가 발우을 가지고 탁발하여 한점 남김없이 비운다.는 청빈의 정신에서 출가 수행자의 근원되어 수행자의 가풍이 되었다.

밥그릇 하나, 국그릇 하나, 물그릇 하나, 찬그릇 하나의 4합(四合)을 출가 수행자의 근본이 되었다. 이 가운데 가장 큰 밥그릇만이 발우라고 말했다 나머지는 크기에 따라 국그릇, 물그릇, 찬그릇으로 이 3개는 '분자'라고 하며, 이 분자들은 밥그릇인 발우 안에 포개져 하나를 이룬다. 보통 때는 이를 포개어 하나로 하고 식사 때는 넷을 정방형으로 펴 놓는다. 발우를 펴는 것을 종체기용(從體起用)이라 하고 다시 하나로 포개는 것을 섭용귀체(攝用歸體)라고 말한다.

차행법 숙우회가 오래전부터 발우공양법을 선차에 도입하여 다선(茶禪)수행의 하나로 이끌어왔다.

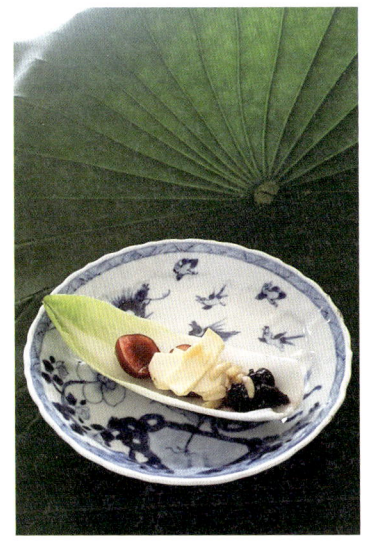

발우는 자기분수에 맞는 그릇으로 발우공양은 먹을 만큼만 덜어 먹으며 숭늉으로 그릇까지 씻어 먹어야한다. 이 같은 발우공양법은 탐욕을 제거하고 신체의 단정함을 익히고 버림이 없는 실천수행을 말한다.

차를 마신 뒤에 텅 빈 다완을 바라볼 때 비움의 미학은 발우공양법의 비움과 일맥상통 한다고 볼 수 있다.

차에 입문하는 차인들에게 발우공양은 나를 비우는 선차수련의 하나로 자리

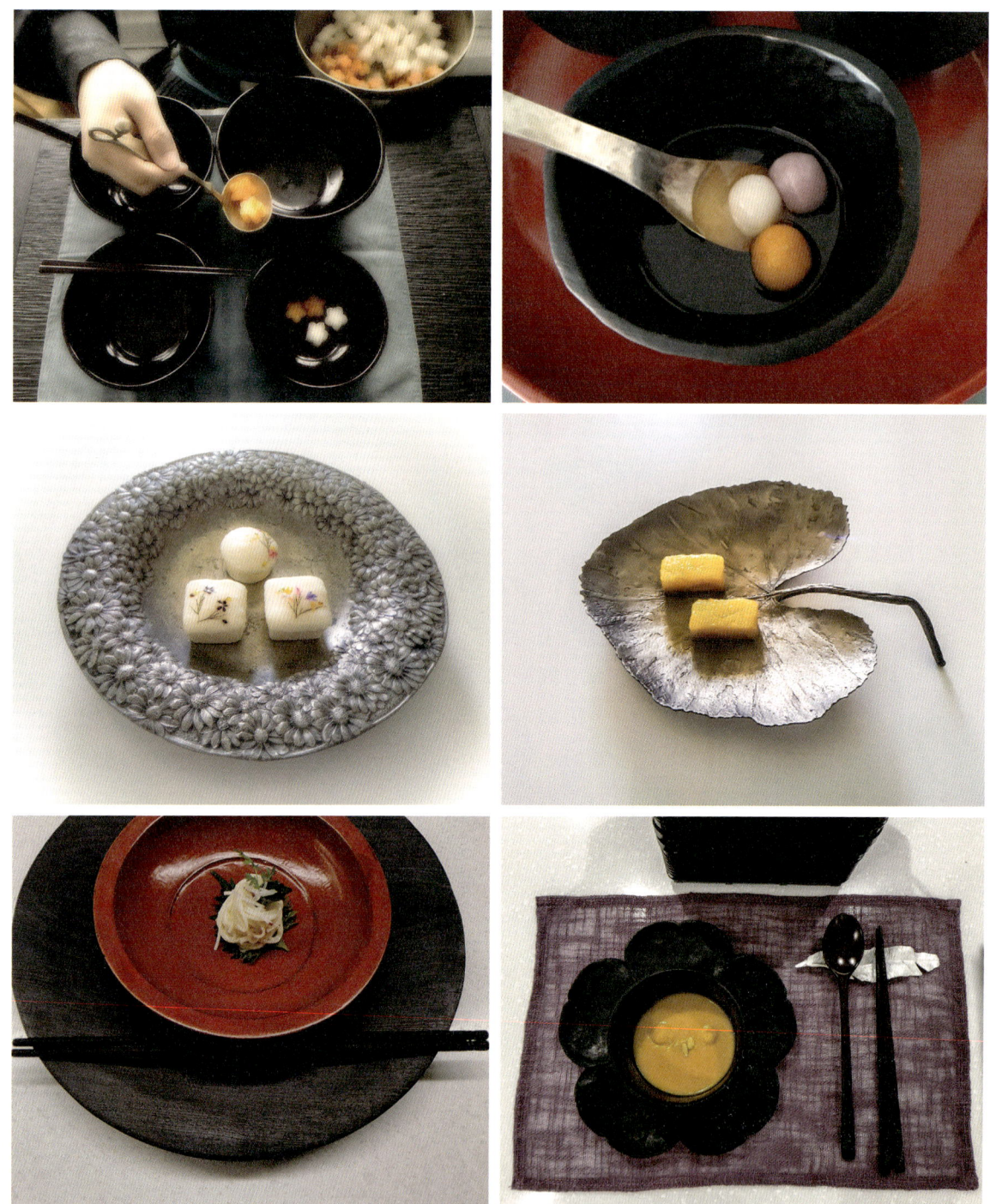

숙우회 발우공양에 등장하는 다식들. 간단명료하게 차를 마시며 비움의 미학을 실천한다.

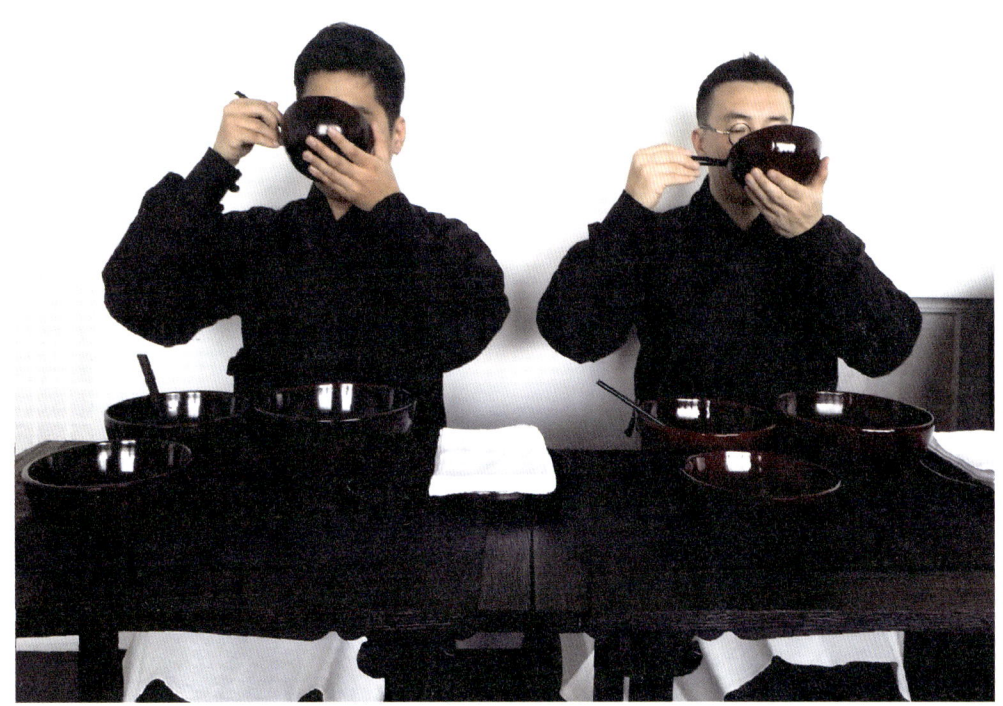

나를 비우는 숙우회의 발우공양법

잡아갔다. 백장청규를 제정한 백장 선사는 '하루 일하지 않으며 하루을 먹지 않는다' 청규정신이 오늘까지 전승되어 농선병중으로 발전되어갔다..

차를 마신 뒤에 남김없이 비움의 미학은 발우공양에서 출발 차를 전다(煎茶)로 발전되어갔다.

차선으로 격불한뒤 한잔의 차를마신 뒤 텅 빈 다완을 바라볼 때 우주와 내가 일미[一味]의 경지로 다가왔다.

숙우회 강수길 대표는 "수련하는 사람들은 자신이 먹를 만큼만 그릇에 담아 숭늉으로 그릇까지 씻어 마시는 과정을 통해 진정한 선차의 세계를 발견하게 된다"고 말했다.

야운(野雲) 스님의《자경문(自警文)》에는 "좋은 옷과 맛있는 음식은 마땅히 시은(施恩)이 무거워 도를 덜고 누더기 가사와 나물 반찬과 밥은 반드시 시은이 가벼워 음덕을 쌓는 것이니 금생에 마음을 밝히지 못하면 한 방울의 물도 소화하기 어려우니라"라고 하여 근검절약, 소식, 감사하는 마음을 강조하며 음식을 먹는 목적이 마음을 밝히는 데 있다고 하였다.

불가의 수행자들이 공양으로 사용되어온 발우공양법은 선차에 입문하는 차인들에게 세속을 탈출하여 참나를 깨닫는 차선 수행의 하나로 자리 잡을 전망이다.

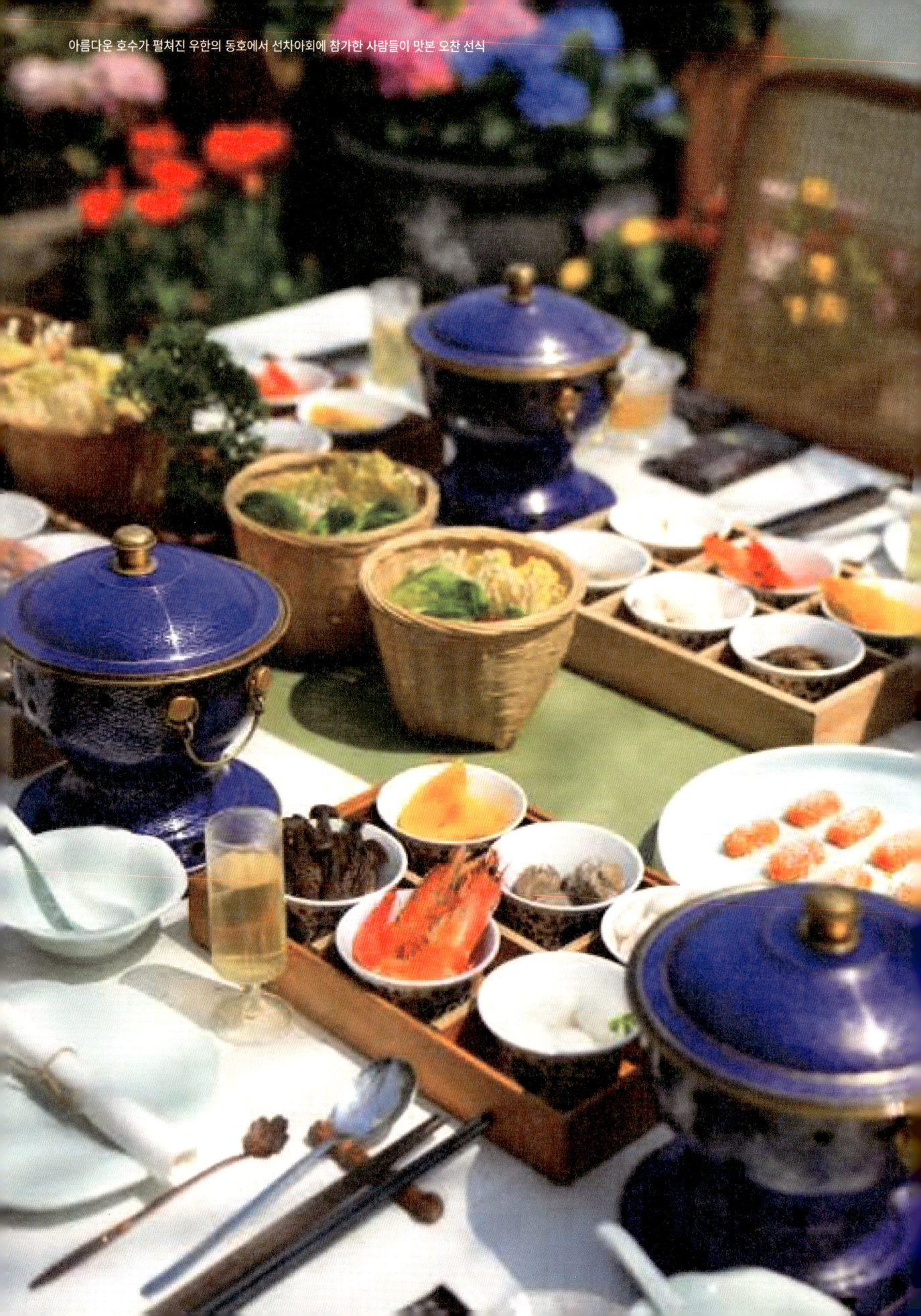

아름다운 호수가 펼쳐진 우한의 동호에서 선차아회에 참가한 사람들이 맛본 오찬 선식

2. 우한에서 만난 선식

　우한 동호의 아름다운 호수 앞에서 선차아회가 열리던 날 오찬(午餐) 시간이 다가왔을 때 호수앞에 특별한 만찬이 준비되었다. 전통 선식으로 나온 요리였다.

　행사에 참가한 대중들의 눈이 휘둥그레졌다. 해를 거듭할수록 선차아회는 주옥같은 프로그램으로 대중들의 인기를 끌었다. 백장 선사는 '하루 일하지 않으면 하루를 먹지 않는다'는 말이 있듯이 선가에서 음식은 중요시여겼다. 먼저 탕관에 뜨거운 물이 끓어오르자 자연과 어우러진 송이류와 죽순, 야채 과일 등 다양한 요리들이 나왔다.

　이 같은 선식을 준비한 혜심아사의 뢰위핑(雷雨萍) 여사는 고심 끝에 자연선식을 내놓았다고 말했다.

　한국은 선식(仙食), 중국은 소식(素食), 일본은 정진(精進)요리로 불리는 이 같은 요리는 선차아회의 품격을 높여 주었다. 선차아회에 참가한 차인들은 선식요리가 차와 잘 어울리는 것 같다고 여기저기서 이야기가 들려왔다. 우한의 최덕기 한인 회장은 우한에서 선차아회를 열게 되어 한국인으로서 기쁜 마음을 드러냈다.

　채식 만찬이 끝나갈 즈음 다양한 다석이 펼쳐졌다. 동호가 한눈에 펼쳐진 호수 앞에서 녹차, 백차, 대홍포를 마시면서 향기로운 차향에 깊이 빠져든다.

　이처럼 선식을 맛보면서 차향에 빠져든 것은 또 다른 세계라고 말할 수 있겠다.

　오찬(午餐)이 시작되기 전 동호의 호수 앞에서 선차아회가 개막되던 날 서법가가 무대 위로 올라와 '선차오도'라는 휘호를 써내려갔다. 한 끼의 음식에도 깨달음의 순간을 맛보는 것 같았다.

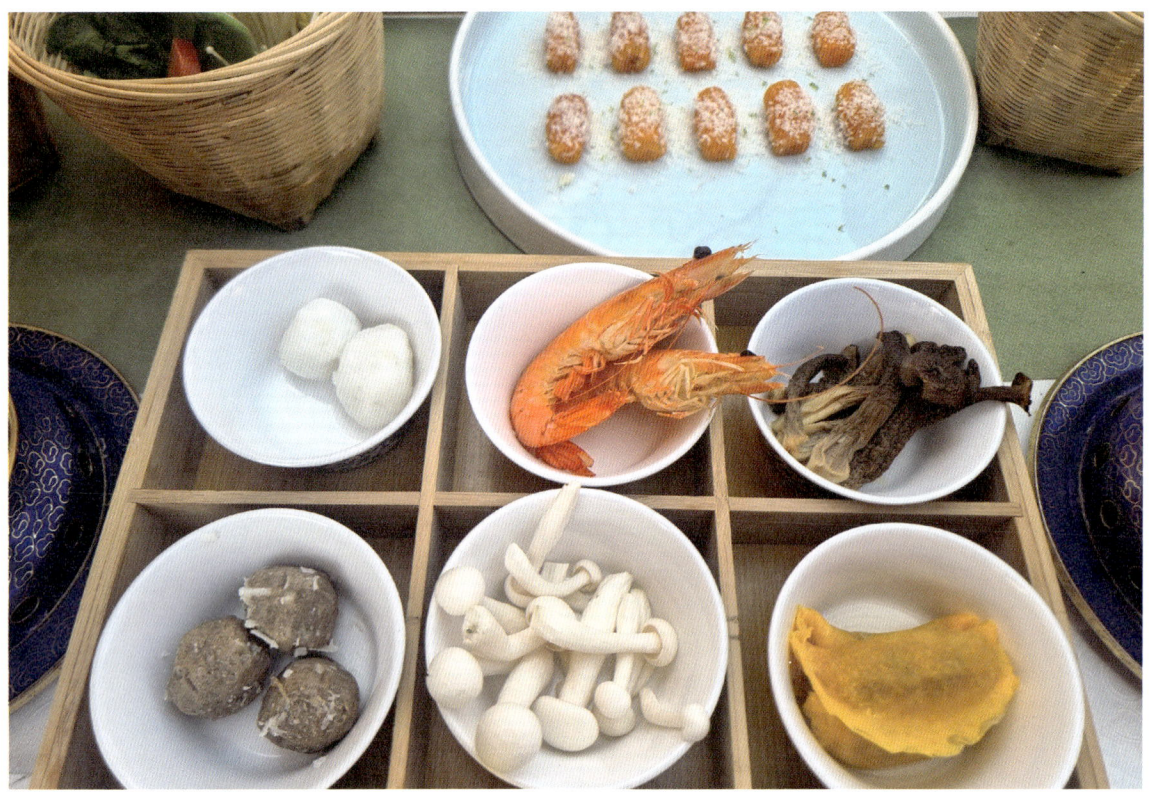

버섯 종류의 선식음식

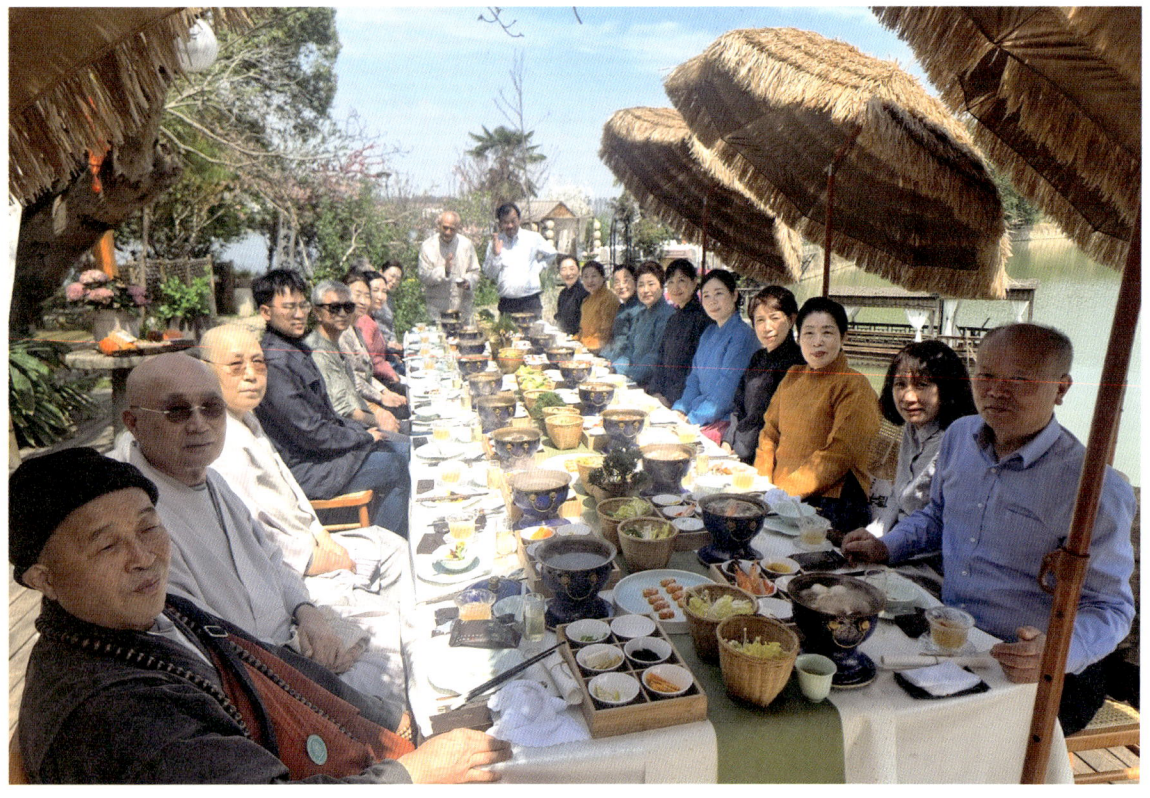

선식요리를 즐긴 선차아회에 참가한 차인들

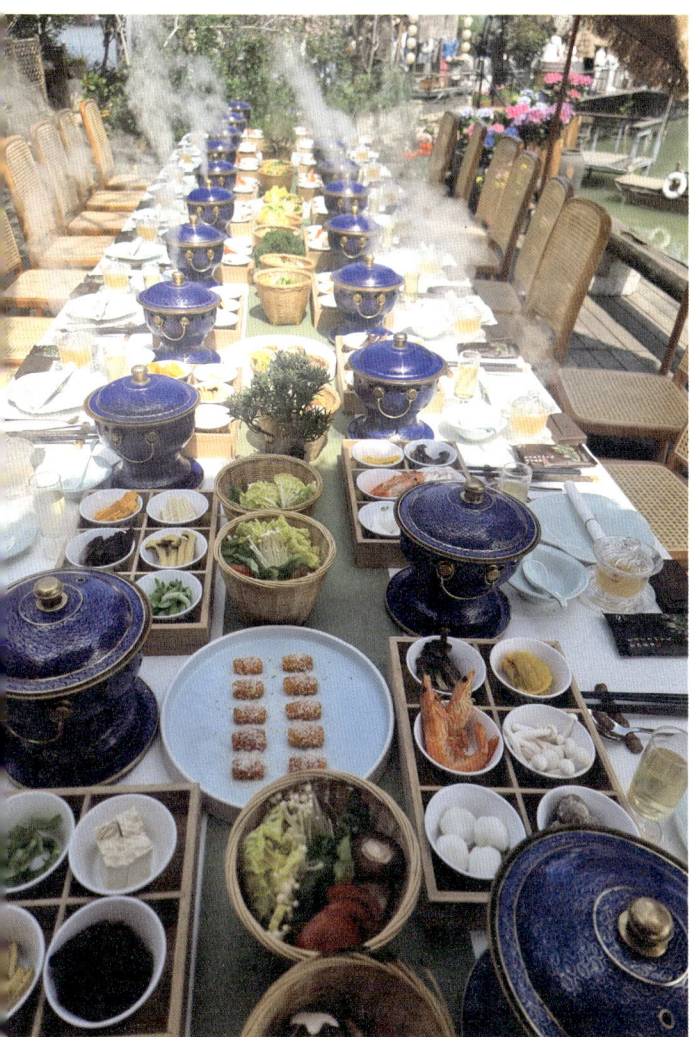
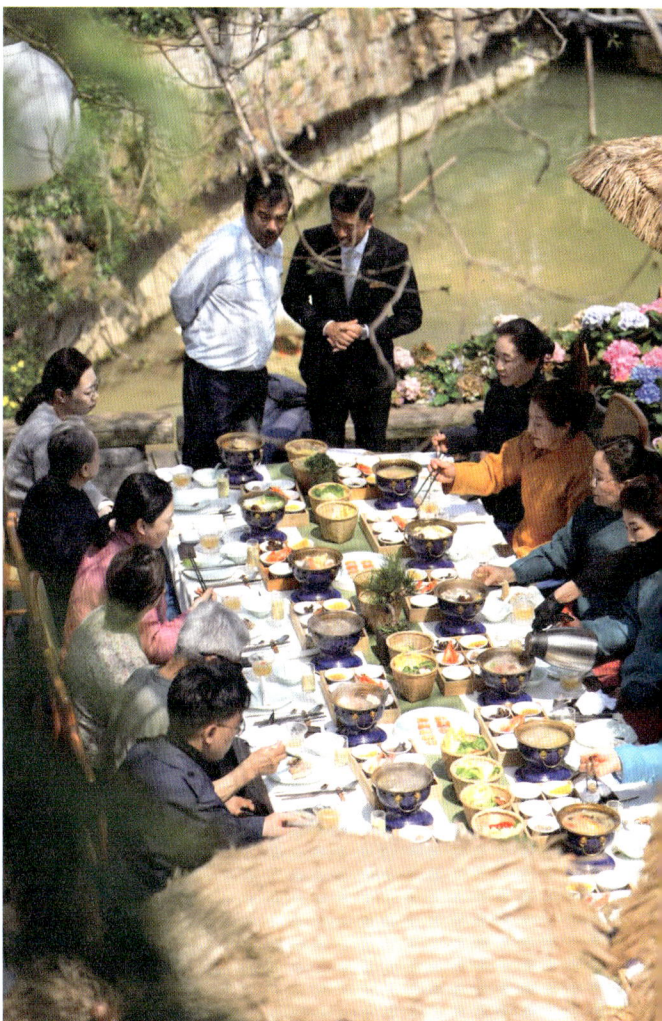

선차아회에서 주목을 끌었던 선식음식

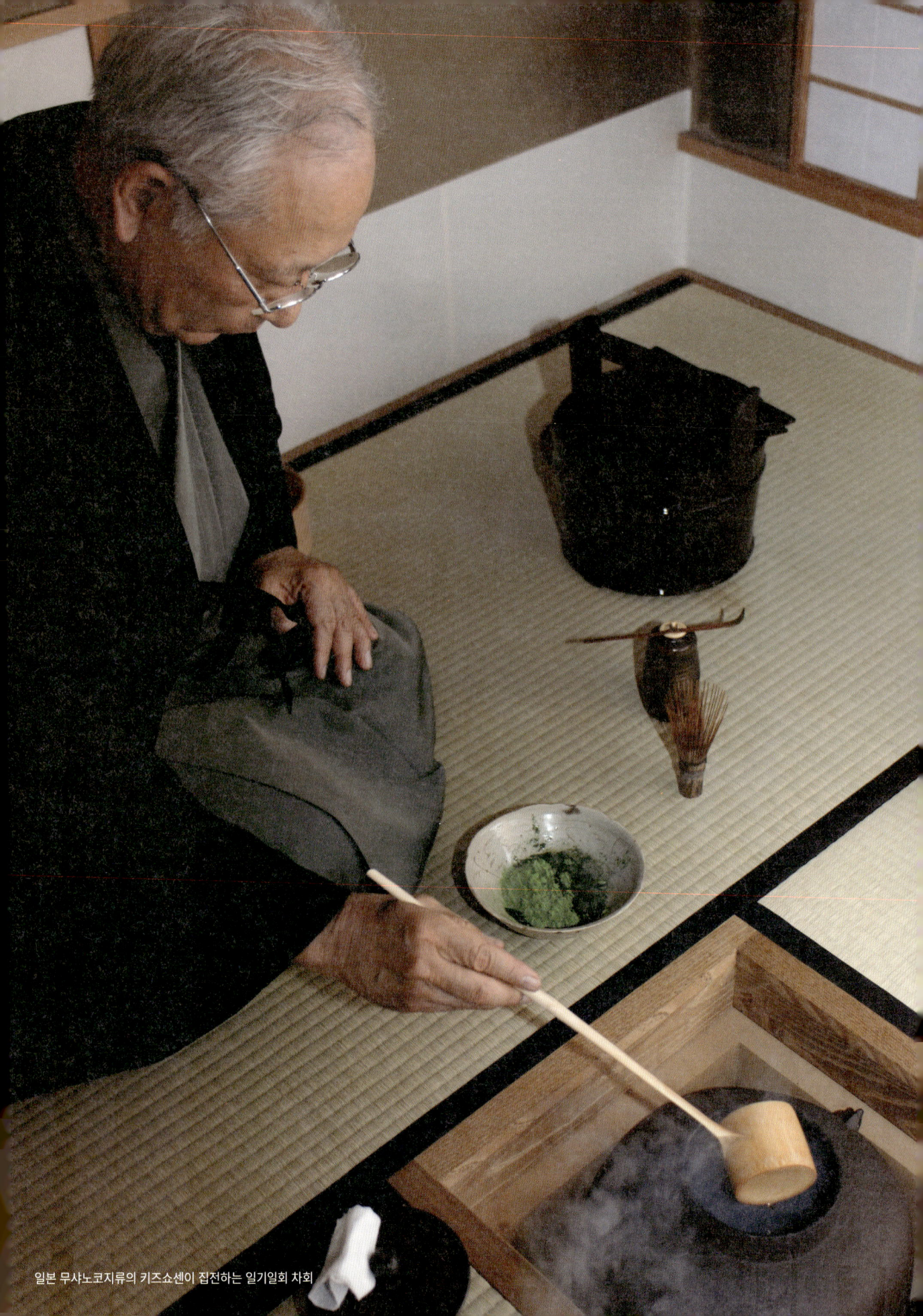

일본 무샤노코지류의 키즈쇼센이 집전하는 일기일회 차회

3. 일본 교토의 칸큐안에서 열린 일기일회 차회

고려 차사가 하나씩 밝혀지면서 일본 말차도에 관심이 높아지고 있다. 2011년 일본에 휘몰아친 원전사고 이후 차 생산의 70퍼센트를 차지하던 시즈오카에서 말차 생산이 중단되었다. 500년간 일본다도의 자존심을 지켜 오던 말차는 위기에 봉착함에 따라 중국에서 생잎을 공급받아 가공하게 되었다.

일본 차인들은 중국이나 한국에서 사라져버린 말차도가 일본에 남아 있음을 대단하게 여겼다. 필자는 한국인으로서는 처음으로 일본 센리큐가의 3대(우라센케, 오모테센케, 무샤노코지센케) 종장을 만나 단독 인터뷰를 한 바 있는데 그때의 경험으로 격조를 갖춘 말차 한잔을 대접받을 때마다 500년간 이어져온 센리큐 가문의 역사를 되새길 수 있었다.

그러던 중 2010년 가을 무샤노코지센케의 키즈쇼센(木津宗詮) 가문의 차회에 초대되어 5시간 동안 일기일회의 정신을 느꼈다. 그날의 감동을 살펴본다.

한 잔의 차를 마시기 위한 통과의례 같은 것이 있다. 먼저 쯔쿠바이(손을 씻는 나지막한 샘물)에서 대나무 국자로 손을 씻은 뒤 니지리구치(초암차실에 손님이 들어오는 입구)의 좁은 쪽문 사이로 주인이 먼저 수인사를 한다. 차회에 초대된 손님은 환대해 준 주인에게 감사 인사를 올리고 높이 67센티미, 폭 64센티미터의 좁은 니지리구치로 들어선다. 그러자 이 가문의 이에모토인 키즈쇼센 종장은 일행을 차실로 안내한다.

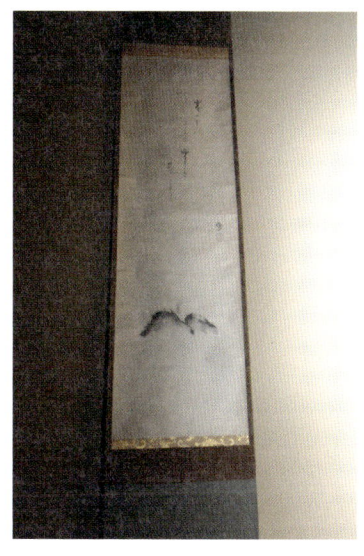

차실은 정원 속 가장 아늑한 곳에 자리 잡고 있었다. 건물 뒤부터 차실까지 이어진 정원은 청결했고 곳곳에 디딤돌이 깔려 있었으며 감, 배, 등자, 석류나무 등으로 울창한 숲을 이루고 있어 하늘이 보이지 않았다. 수풀 아래 작은 오솔길이 차실을 지나도록 조성되어 있었다.

3평 남짓한 차실 안에 3시간 동안 숯불을 피워 놓아 탕관에 물이 펄펄 끓고 있었다. 팽주는 두 무릎을 꿇고 앉아 일도양단의 자세로 차를 우려냈다. 강한 기운이 느껴지는 농차였다. 농차는 일본이 원조인 것처럼 비쳐지지만 원래 원효 대사의 무애다풍이 일본으로 가 발전된 것이다.

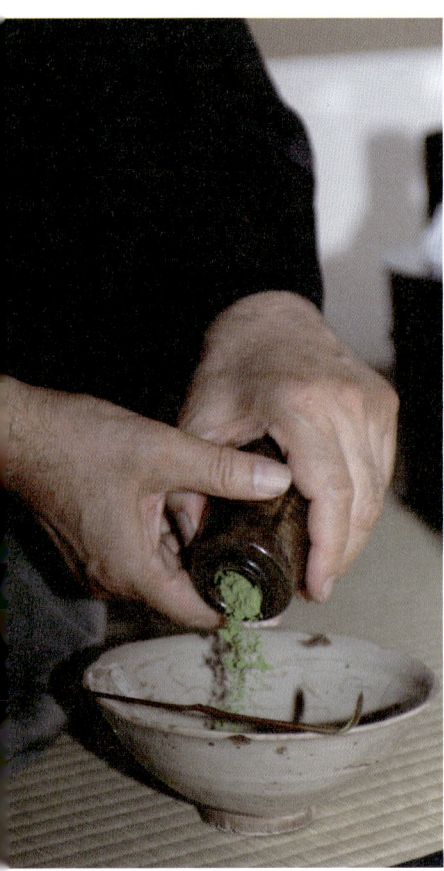 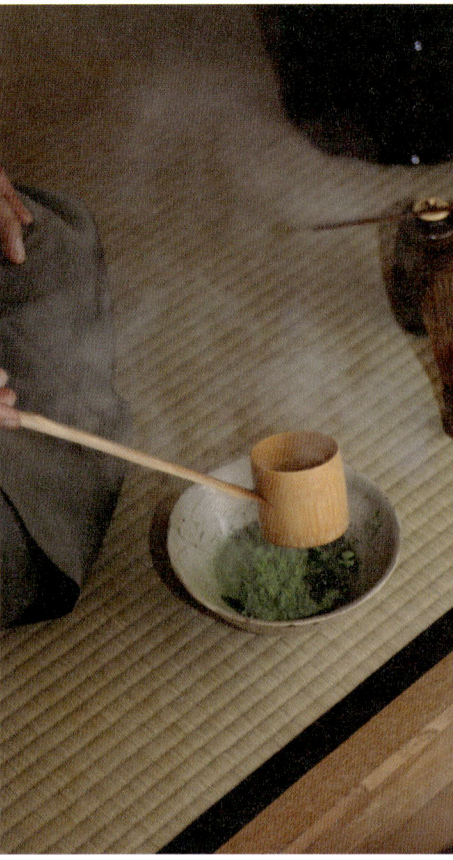 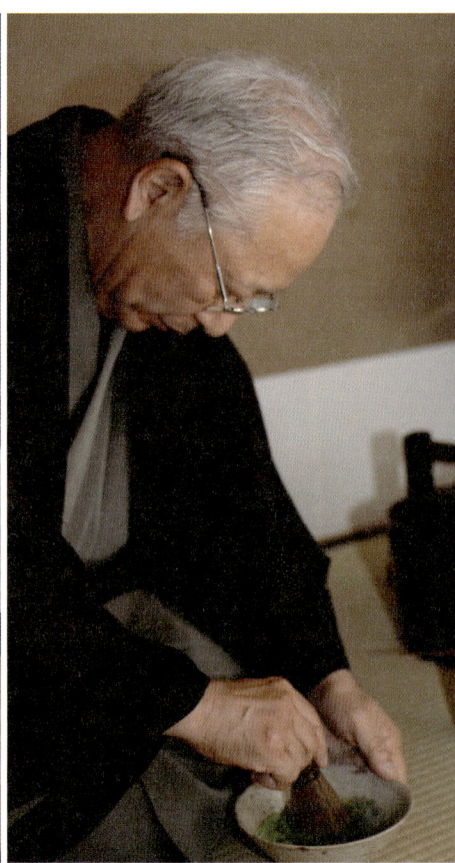

3시간동안 계속된 일기일회 차회 이모저모

다다미 네 장 반의 차실에 앉아 키즈 가문의 손때가 묻은 차도구들을 살필 수 있었다. 이번 차회는 각별했다. 이 가문의 가보들이 등장했는데 초암차실의 원형 또한 매월당 김시습의 초암차로부터 비롯되었음을 읽을 수 있었다. 차실 좌측에는 센리큐 가문의 2대손 쇼안(少庵)의 차시, 3대손 쇼탄(宗旦)의 차 도구 등이 진열되어 이 가문의 역사를 알 수 있게 해준다.

《산상종이기(山上宗二記)》에는 한 잎 한 잎 떠내는 꽃꽂이, 풀, 나무, 물이 생략되는 세키레이의 축소미학이 자연을 끌어들이는 집 자체의 내부에서도 실천되었다고 나와 있다. 1617년 조선통신사로 일본에 간 오윤겸(吳允謙)은 대마번주 소요시모리(宗義成)의 차실로 초대받았는데 그 인상기를 《동사상일록》에 남겼다.

조선통신사가 일본에 갔을 때 조선에서는 일상적으로 여기는 차통을 매우 소중히 다루는 것과 조선에 없어진 말차가 일본 다도의 주류가 된 모습을 보고 매우 놀랐다고 한다. 이 같은 말차도는 사실 고려 때 유행했는데 이성계가 조선을 건국하면서 고려의 말차는 역사 속으로 사라져 갔다.

우라센케의 이에모토인 센겐시츠(千玄室) 대종장은 기회가 있을 때마다 일본 말차도를 자랑스럽게 말해왔다. 중앙대 강연에서는 "한국에서도 최근 다도가 유행하고 있지만 한국에 유행하는 다도는 찻잎을 물에 우려 마시는 전차다. 일본 우라센케의 다도는 찻잎을 따서 말리고 맷돌에 곱게 갈아 그릇에 넣고 뜨거운 물을 부어 거품을 일게 하는

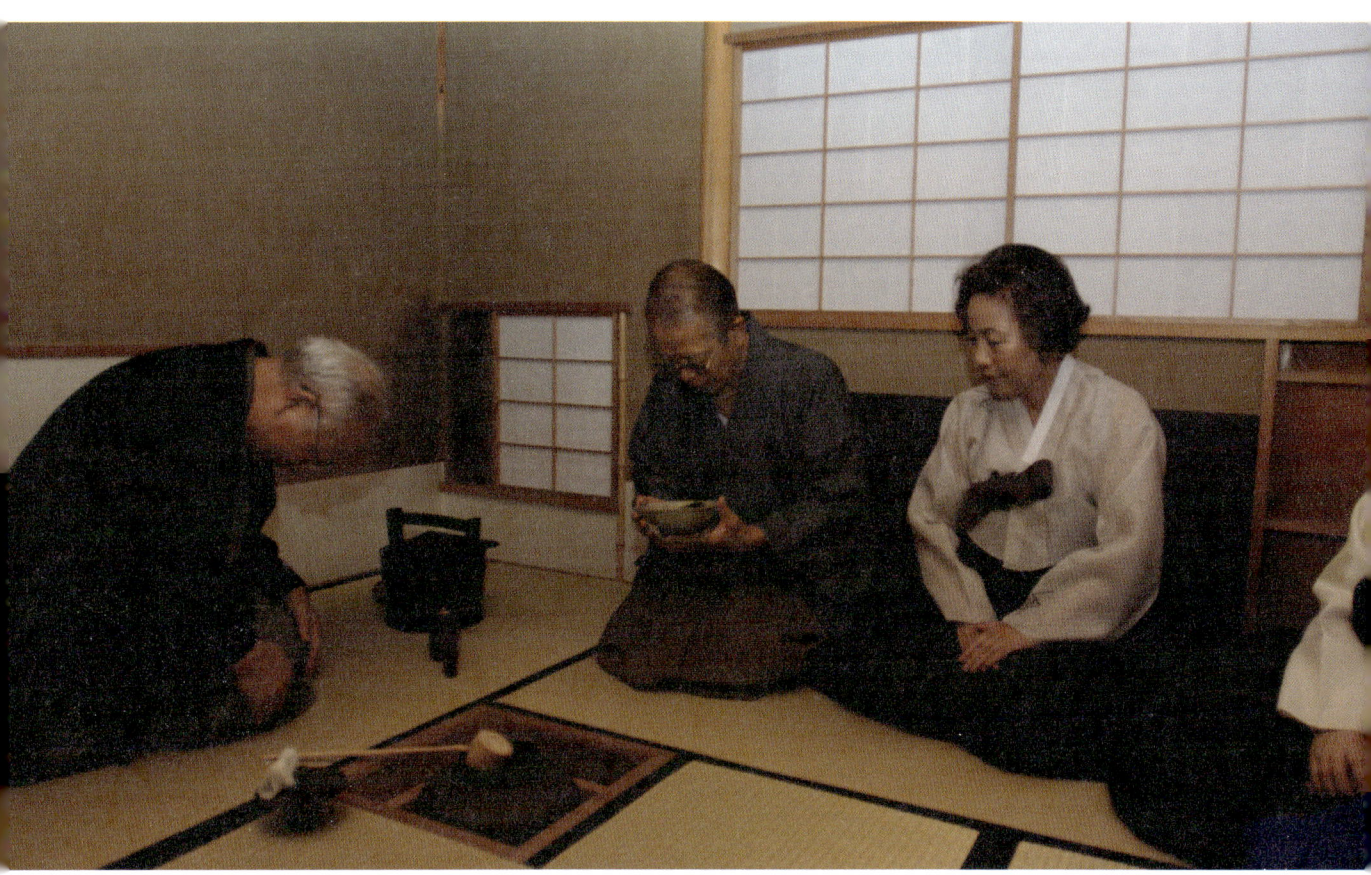

말차로 그것이야말로 진정한 다도"라고 한 바 있다.

70년 말 한국에서 차문화의 바람이 분 데 힘입어 가루차 복원 운동이 시작된 것은 1980년대 중반이었다. 석성우 스님은 "우리의 차사를 꽃피우려면 현재 많이 이용하는 녹차가 아니라 말차부터 부흥시켜야 한다"고 말했다.

그러나 30년이 지난 지금도 말차문화는 걸음마 단계에 머물고 있다. 지난 몇 년간 일본 말차도의 세계를 들여다 보면서 손님에게 차 한 잔을 내기 위해 숯불을 피우는 과정 속에서 수도승이 도를 닦듯 일기일회의 정신을 이어가는 일본의 차인(茶人)들에게 감동한 바 있다.

더욱이 일본에 흐르는 차노유(茶の湯)를 살펴보니 원효 대사의 무애차와 매월당의 초암차 정신이 흐르고 있다는 사실에 놀라지 않을 수 없었다.

일본 다도의 원조인 다다미 4조 반의 차실은 다케노조오(武野紹鴎), 무라다 슈코(村田珠光)를 통해 완성되었다. 지금에 이르러서 다다미 3조, 2조, 마침내 1조 반의 차실로 줄어들었다. 일본 차인들은 그것이 소우주를 상징하는 일본의 다도라고 말하고 있다.

말차도의 원형을 지키고 있는 일본다도의 세계를 들여다볼 때마다 태산 같은 정신을 느낄 수 있었다.

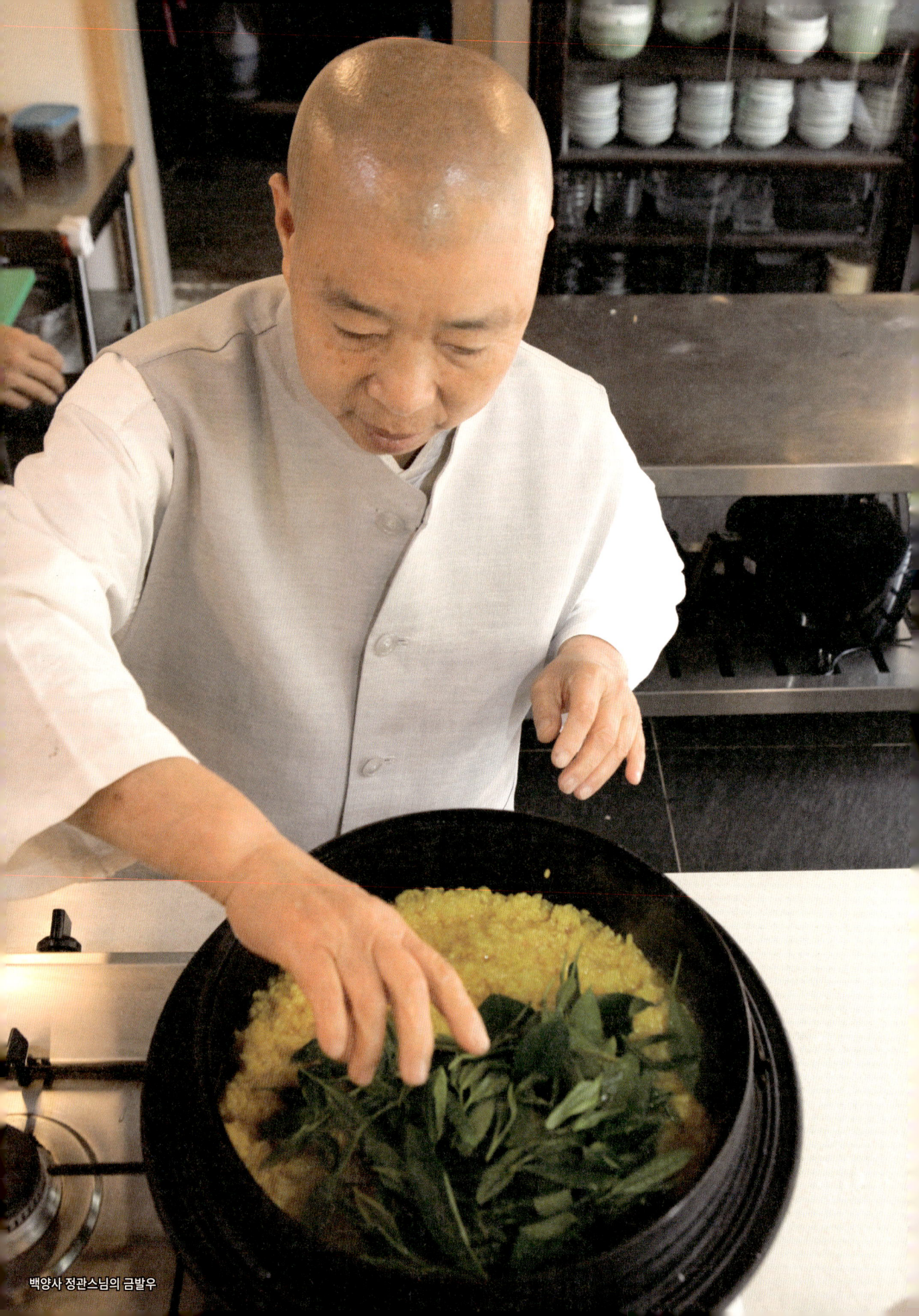

백양사 정관스님의 금발우

4. 백양사 정관 스님의 선음식

　백암산 백양사는 반농반선(半農半禪)을 주장해온 학명 선사의 선차의 맥을 이은 만암, 서옹, 수산스님으로 그 정통이 이어져갔다. 불가에서는 수행하는 이상으로 음식을 중요시 여겼다. 대대로 선차의 맥이 어어져온 백양사의 천진암 암주인 정관 스님은 집사부일체에 출연해 "채식은 내 몸을 살리는 음식"이라고 밝혀 한국의 사찰음식을 세계화에 알리는데 앞장서왔다. 열여덟에 출가한 스님은 대구 동화사 양진암에서 음식을 배우면서 자연스럽게 사찰음식을 접했다. 이후 대구·영암·장성 등 여러 곳에서 수행하면서 각 지역 음식문화를 접하고 사찰음식을 세계에 알렸다. 지난 6월에 조계종에서 정관 스님을 사찰음식 명장으로 지정했다. 사찰음식을 깨달음으로 연결하는 정관 스님은 "음식을 만듦에 있어 사람들이 자꾸 양념을 보태면서 맛이 변한다"면서 "사찰 음식은 화학 조미료를 넣지 않아 몸과 마음을 건강하게 정화시킨다"고 강조했다. 금 발우 선음식 아카데미 원장이기도 한 정관 스님을 천진암에서 만나 금 발우 공양의 의미를 깨달았다. "요리를 시작하기 전에 식재료의 본질을 온전히 이해해야 한다"는 정관 스님은 "식재료가 가지고 있는 특성을 제대로 이해하고, 정성을 다해야 한다. 자연을 보호해야만 좋은 음식을 만들 수 있다. 재료를 재배하는 일부터 음식을 만드는 일까지 모든 과정이 수행"이라고 강조했다.

　천진암을 찾아가 정관 스님의 금 발우공양법을 가까이 지켜보았다. 천진암 자락에 자생하고 있는 찻잎을 채취하여 발우공양을 만들었다.

　가마솥에 멥쌀과 찹쌀을 넣고 햇 찻잎과 치자물을 적당히 넣었다. 일정한 시간이 흐른 뒤 솥뚜껑을 열자 금 발우가 완성되었다. 성관 스님의 음식 만드는 과정을 바라보니 수행자가 수행을 하듯 음식을 완성해갔다.

　햇녹차를 이용한 금 발우와 찻잎을 넣은 우무냉채, 햇 녹차잎을 가미한 두부찜, 녹차잎을 가미한 오이가 탄생했다. 이 같은 발우 공양은 스님들의 선식으로 오랫동안 전승되어왔다.

　이 같은 발우공양은 모두 비우는 독특한 방법인데 차를 마신 뒤 찻잎까지 비

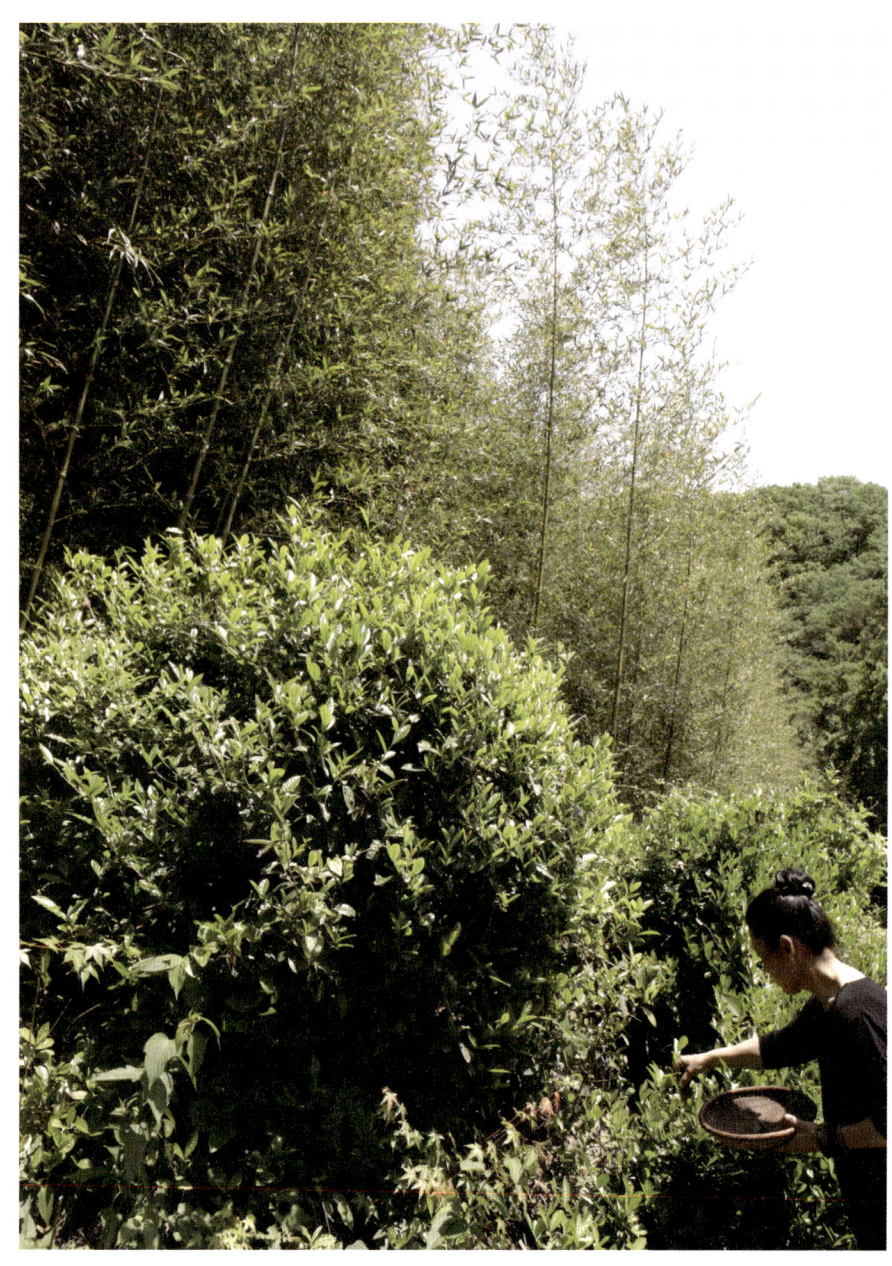

백양사 천진암의 찻잎을 채취하여 사찰 음식에 찻잎을 가미하여 발우공양 밥상을 완성한다.

우는 선차와 일맥상통하는 점에서 발우공양은 대대로 선가에 이어져온 식선 음식법이라고 말할 수 있겠다.

농선을 강조해온 학명 선사는 반농반선을 백양사의 가풍으로 전승시키면서 백양사가 백장청규의 정신을 계승해 왔다고 볼 수 있겠다. 정관 스님은 백양사 다풍 중 사찰음식을 이어가면서 "사찰 음식을 배우러 많은 셰프와 젊은이들이 천진암을 찾고 있다. 전 세계 사람들이 사찰음식과 한국 문화를 쉽게 접할 수 있는 환경이 조성됐으면 한다"고 말했다.

학명, 만암, 서옹, 수산 선사로 이어져간 백양사 다풍은 정관 스님의 사찰음식을 통해 한국의 사찰음식을 선차에 담아 세계로 전해져나갔다.

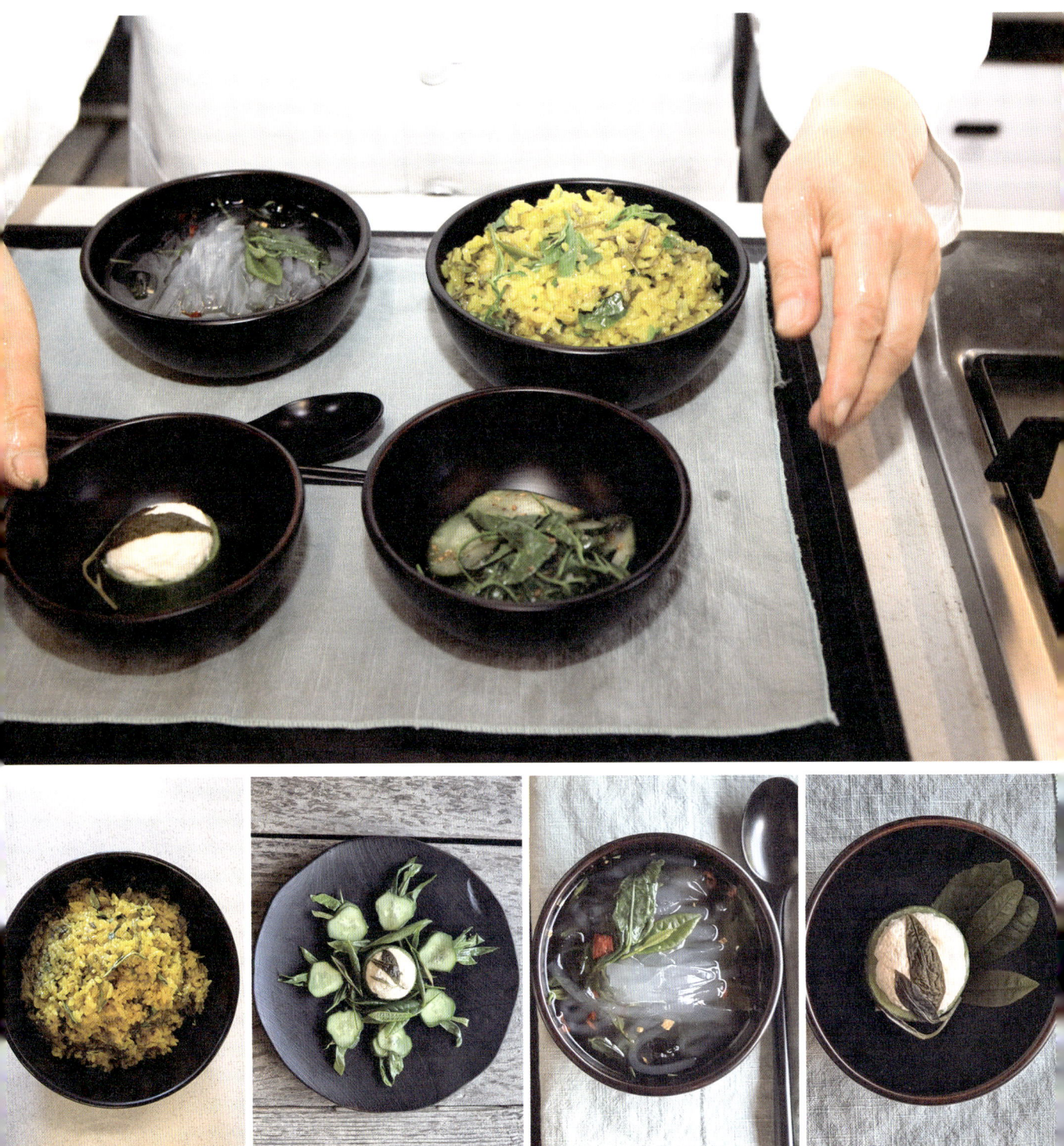

정관스님이 찻잎을 가미한 금 발우 밥상. 애호박 두부찜, 우무 냉채 등이 담긴 발우공양

부록

한국선종사원(韓國禪宗寺院)의 다풍(茶風)

의정(義正, 상원사 용문선원 선덕, 선탑차연회 이사장)

1. 선차시(禪茶詩)에 나타난 선사(禪師)들의 차생활(茶生活)

우리나라는 중국의 영향이 컸기 때문에 자체 청규가 없어 선차에 대한 기록을 찾아볼 수 없다.

고려 중엽 수선사(송광사 옛 사명)에서 결사운동을 벌였던 보조선사는 《선원청규(禪院淸規)》에서 중요 부분을 발췌하여 《계초심학인문(戒初心學人文)》을 짓고 수선사의 청규로 삼았던 기록이 있으며, 태고 보우 선사는 고려 말 선원에 〈칙수백장청규(勅修百丈淸規)〉를 들여와 그대로 시행했던 기록이 있는 것으로 봐서 선원다례(禪院茶禮)도 행해졌다고 볼 수 있다.

현재 남아 있는 기록으로 볼 수 있는 것은 선사들의 선다시(禪茶詩)에서 선생활(禪生活)을 엿볼 수 있고 의식(儀式)에 나타난 차를 볼 수 있다. 먼저 백운수단 선사(白雲守端 禪師, 다담선(茶湛禪)의 개창자)의 제자 원조종본 선사(圓照宗本禪師)에게 다담선을 배워 고려에 부(傅)한 의천 선사(義天禪師, 1055-1101)부터 근세의 경봉 선사(鏡峯禪師)까지 차시를 통해 한국선가(韓國禪家)의 차 생활을 살펴보도록 하겠다.

의천 선사는 중국 천태종을 깊이 배워 고려에 천태종을 개창했던 주인공으로 고려불교에 큰 영향을 끼쳤던 선사로 그의 선차시를 보면

北苑移新焙(북원이신배) 북쪽 동산에서 새로 만든 차를
東林贈送僧(동림증송승) 동쪽 숲에 사는 스님에게 보냈도다.
預知閑煮日(예지한자일) 한가로이 차 달일 날 미리 알고
泉脈冷敲氷(천맥냉고빙) 찬 얼음 깨고 샘 줄기를 찾는다

차를 새로 만들어 이웃 스님에게 보낸다는 내용에서 일상생활에서의 차 마시는 모습이 잘 표현되어 있다.

진정 선사(眞靜禪師, 1206-1294)는 강진 백련사에서 출가했으며 《백운결사문(白運結社文)》《호산록(湖山錄)집》《선문보장록(禪門寶臟錄)》 등의 저술이 있다.

貴茗承夢嶺(귀명승몽령) 귀한 차는 몽정산의 차 맛을 이었고
名泉汲惠山(명천급혜산) 샘물은 혜산천에서 길어온 것 같구나.
掃魔能却睡(소마능각수) 졸음을 쓸어내고 정신을 맑게 하니
對客更圖閑(대객경도한) 손님을 대하여 다시 여유가 있네

귀한 차는 중국의 몽정산 차를 이은 것 같고 물도 혜산천 이상이며, 졸음을 없애고 정신을 맑게 하니 그지없이 좋음을 노래하고 있다.

원감 선사(圓鑑禪師, 1226-1292)는 17세에 사마시(司馬試)에 합격하고 19세에 예부시(禮部試)에 장원으로 뽑혀 영가서기(永嘉書記)를 지냈다. 29세에 출가하였고, 44세에 삼중 대사, 53세에 대선사(大禪師)가 되었으며 61세에 선림(禪林)의 뜻에 따라 조계산 수선사 제 6세가 되었다.

寅獎飫一杓(인장어일표) 인시에 한 국자 미음을 먹고
午飯飽一盂(오반포일우) 오시에 한 발우 밥을 먹네.
渴來茶三椀(갈래차삼완) 갈증나면 세잔의 차를 마시고
不管會有無(불관회유무) 있느니 없느니 알 필요도 없다네

아침에 죽 한 그릇, 점심에 밥 한 발, 갈증나면 차 세 잔 마시고 모든 시비를 떠나 초연히 정진하는 납자의 삶을 읊었다.

백운 선사(白雲禪師, 1298-1374)는 출가하여 정진하다가 중국으로 건너가 석옥청공 선사(石屋淸洪 禪師)에게 수참(修參)하였고 귀국하여 성각사에서 대오(大悟)하였다. 저서인 《불조직지심체요절(佛祖直指心

體要節)》은 세계적으로 유명하다.

向上機關何足道(향상기관하족도) 향상의 기관을 어찌 말하랴.
困來閑臥渴卽茶(곤래한와갈즉다) 졸리면 편히 눕고 목마르면 차 마시네.
臨濟德山特地迷(임제덕산특지미) 임제나 덕산에서 남모르게 미혹됨을 알면은
枉用功夫施棒喝(왕용공부시봉갈) 방망이 들고 경책하고 잘못된 공부를 꾸짖네

졸음이 오면 눕고 목마르면 차 마시며 소요자재하나 미혹되어 있으면 방과 할로 경책함을 읊고 있다.

태고 선사(太古禪師, 1301-1382)는 13세에 출가하여 승과에 급제, 38세에 대오(大悟)하여 원나라 석옥청공 선사에게 인가받았다. 구산선문을 통합한 조계종의 중흥조이다.

雲門糊餠趙州茶(운문호병조주다) 운문의 호떡에 조주의 차 한잔
何以庵中無味食(하이암중무미식) 어찌 암자 내에 맛깔 나는 끼니가 없겠는가.
本來如此舊家風(본래여차구가풍) 본래부터 이런것이 옛 가풍 그대로인 것을
誰敢與君論奇特(수감여군논기특) 누가 감히 그대와 더불어 기특을 논하겠는가

운문의 호떡에 조주의 차 한 잔, 이런 것이 선문의 옛 가풍이니 누가 기특함을 말하겠는가 하고 운문과 조주의 가풍이 진가풍임을 읊고 있다.

나옹 선사(懶翁禪師, 1320-1376)는 20세에 출가한 후 원나라에 들어가 인도 108대 조사 지공선사(指空禪師) 문하에서 10여 년 수참하였다. 52세에 왕사로 책봉되었으며 무학의 스승이다. 지공, 나옹, 무학 삼화상으로 유명하다.

冬夏長被任自便(동하장피임자편) 춘하추동 긴 날에 입고 먹는 것을 생각하나.
隨時受用也宜然(수시수용야의연) 때가 되면 재 지내고 남은 음식 절로 먹는다.
納衣殘下何奇特(납의잔하하기특) 헤어진 가사 장삼 한 벌이면 족하고
饑食渴茶困則眠(기식갈다곤즉면) 밥 먹고 갈증 나면 차 한 잔 마시고 곤하면 잠잔다

정진함에 가사 장삼 한 벌이면 족하고, 수용은 인연에 맡기며, 배고프면 밥먹고, 목마르면 차 마시고, 곤하면 잠잔다는 납자의 삶을 읊고 있다.

설잠 선사(雪岑禪師, 1435-1493, 매월당 김시습)는 어린 시절에는 세종대왕의 총애를 받는 신동이었고 21세에 출가하여 승려로서 문학가, 걸인시인, 천민들과 생활하며 소외된 민중들의 정신적 지주가 되었다. 우리나라 최초의 한문소설《금오신화(金鰲新話)》를 지었으며 초암차의 원조로서도 유명하다.

山堂夜靜客團座(산당야정객단좌) 산당의 고요한 밤에 객들이 빙 둘러앉아
一茶雲乳雙眼明(일다운유쌍안명) 차 한 잔 마시면 두 눈이 밝아지네.
黨家淺斟彼粗人(당가천짐피조인) 당가에서 조금 맛보니 저인 촌사람인가.
那識雪茶如許淸(나실설다여허청) 어찌 알리! 雪茶가 그처럼 맑은 것을!

밤에 대중이 몇이 앉아 차 한 잔 하니 두 눈이 밝아져 설차(雪茶)가 맑은 것을 찬(讚)하고 있다.

서산 선사(西山 禪師, 1520-1604)는 영관 선사(靈觀 禪師)에게 맡겨져 행자 생활 6년 만에 출가하였고 용성(龍城)을 지나다가 낮닭 우는 소리에 크게 깨쳤다. 32세에 승과에 급제, 선(大選), 중덕(中德)을 거쳐 교종(敎宗), 선종(禪宗), 판사(判事)를 겸임했으나 본분이 아님을 알고 사직하고 제방에 다니며 정진하였다. 73세에 임진왜란이 일어나자 승병(僧兵) 오천 명을 이끌고 명나라 군사와 합세하여 한양 수복에 공을 세우고 난이 끝나자 사명 대사에게 맡기고 묘향산으로 들어가 원적암에서 여생을 보낸 조선조의 대표적이고 상징적인 대선사이며 선차시를 많이 남겼다.

納子一生業(납자일생업) 납자의 한평생 하는 일이란
烹茶獻趙州(팽다헌조주) 차를 달여 조주에게 올리는 것.
心灰髮己雪(심회발기설) 마음은 재가 되고 머리는 이미 희었나니
安得念南州(안득염남주) 어찌 다시 남주를 생각하리오

晝來一椀茶(주래일완다) 낮이면 한 잔의 차요

夜來一場睡(야래일장수) 밤이 되면 한바탕 잠일세.
青山與白雲(청산여백운) 청산과 백운이 함께
共說無生事(공설무생사) 무생을 이야기 하네

수행 납자의 평생 일은 조주의 청다풍(淸茶風)을 잇는 것이요, 정진 생활은 낮에는 차 한잔이며 밤 되면 잠자는 것이라. 청산과 백운은 무생(無生)의 일을 함께 설한다는 차와 함께 정진하는 수행 납자의 삶을 읊었다.

초의 선사(草衣禪師, 1786-1866)는 15세에 출가하여 24세에 연담 선사(蓮潭禪師)에게 건당·수참하였고, 32세에 석굴암에서 대오(大悟)하였다. 《동다송(東茶頌)》을 저술하여 한국의 다성으로 존경받고, 선시에 뛰어난 재능을 보여 다산 정약용, 추사 김정희, 신위, 홍현주 등 당대 최고의 사대부들과 교류하여 불교의 위상을 높였으며 일지암을 짓고 40여 년간 지관참선에 전력하였다.

明月爲燭兼爲友(명월위촉겸위우) 밝은 달은 촛불이며 벗이 되었고
白雲鋪席因作屛(백운포석인작병) 흰 구름은 방석이며 병풍이 되었네.
竹籟松濤俱簫凉(죽뢰송도구소량) 대나무 소리와 솔바람은 시원도 하여
淸寒瑩骨心肝惺(청한형골심간성) 맑은 기운이 뼈와 가슴속에 스미네.
惟許白雲明月爲二客(유허백운명월위이객) 오직 허락하노니 백운과 명월 두 손님뿐
道人座上此爲勝(도인좌상차위승) 도인의 앉은자리가 이보다 더 좋을소냐

밝은 달을 촛불 삼고 벗 삼으며 흰 구름을 방석 삼고 병풍 삼아 차 한잔 마시면서 화두 삼매에 드는 선정(禪定)이 최고의 수승한 자리임을 찬하는 시이다.

한암 선사(漢巖禪師, 1876-1951)는 금강산 장안사 행 름스님을 은사로 출가하여 34세에 평북 맹상군 우두암에서 오도(悟道)하고 경허선사의 법을 이었다. 1941년 조계종 종정으로 추대되었고 1948년 해방 후 제2대 교정으로 추대되었다.

碧松深谷坐無言(벽송심곡좌무언) 푸른 솔밭 깊은 골에 말없이 앉았으니
昨夜三更月滿天(작야삼경월만천) 어젯밤 삼경 달빛 하늘에 가득하네.

百千三昧何須要(백천삼매하수요) 백천삼매를 어디에 쓰랴.
渴則煎茶困卽眠(갈즉전다곤즉면) 목마르면 차 마시고 곤하면 눈붙이네

푸른 솔밭 달빛 깊은 골에 말없이 좌선하는데 목마르면 차 한잔, 곤하면 잠 한숨 자는 것이 백천삼매라고 읊고 있다.

경봉 선사(鏡峰禪師, 1892-1982)는 16세에 통도사 성해선사에게 출가하여 36세에 대오(大悟)하였다. 이후 통도사 강원 원장, 통도사 주지, 선학원 이사장, 극락암 조실을 역임하였다.

這箇茶一味(저개다일미) 이 한 잔 차 맛에는
宇宙萬象之眞理在此(우주만상지진리재차) 우주만상의 진리가 담겼으니
難可示(난가시) 이 맛은 어떻다고 보이기도 어려우며
難可說(난가설) 말하기도 어렵구나.
阿刺刺呵呵笑(아자자가가소) 아하하하
頌曰(송왈) 송하여 이르기를
滿山楓葉景(만산풍엽경) 온 산의 단풍경치
勝如二月花(승여이월화) 2월의 꽃보다 곱구나.

이 한 잔의 차에 우주만상의 진리가 다 들어 있다는 소식을 읊고 있다.

이상 열한 분의 사례를 선차시와 함께 살펴보았다. 하나같이 선과 차와 자연 이 하나인 경지에서 소요자재(逍遙自在)하게 선사들의 삶을 살았던 것을 엿볼 수 있다. 선차시마다 수행자의 높은 지조와 삶의 여유, 향기로운 찻잔의 모습이 한 폭의 동양화처럼 떠오른다. 한 잔의 차에 선의 일상과 자연이 녹아내려 담겨진 듯하다. 여기에서 선과 차와 다례를 분류하는 것은 무의미하다고 생각한다.

2. 의식(儀式)에 나타난 다례(茶禮)

선가에서 의식을 집전하는데 불전 예경의식과 시식(제사)과 특별의식 (영산재, 수륙재, 생전예수재, 점안

식, 이운식 등)이 있다.

모든 의식에 차를 올리는 다게가 있는데 이 다게를 살펴보면 의식에 차를 어떻게 사용했는지를 알 수 있다.

먼저 대웅전과 각 전각(영산전, 지장전, 관음전, 삼성각 등)의 예경 중 다게를 살펴보면

上壇茶偈(부처님전에 올리는 다게, 선원에서도 사시마지에 전 대중이 참여하여 칠정례와 축원을 한다)

我今淸淨水(아금청정수) 제가 이제 청정수를 올리오니
變爲甘露茶(변위감로다) 감로차로 변하여
奉獻三寶前(봉헌삼보전) 삼보전에 봉헌되어지이다.
願垂哀納受(원수애납수) 간절히 원하노니 받아들여주소서!
　　　　　　　　　　　　－《석문의범》

中壇茶偈(법당 좌측에 모신 신중단)

淸淨茗茶藥(청정명다약) 맑고 깨끗한 이 차가 약이 되어
能除病昏沈(능제병혼침) 병과 혼침을 능히 제거하소서.
唯冀擁護衆(유기옹호중) 신중단에 있는 호법신장들이 옹호하여 주소서.
願垂哀納受(원수애납수) 간절히 원하노니 받아들여 주소서!
　　　　　　　　　　　－《작법귀감》

라고 차를 올리며 예경하고 있다.

우리나라에서는 예로부터 약사여래신앙, 관음신앙, 지장신앙, 나한신앙 등이 전해 내려왔다.

법당 밖에 각 전각의 다게도 살펴보자.

藥師殿 茶偈(약사전 다게)

今將甘露茶(금장감로다) 이제 감로다를 받들어
奉獻藥師前(봉헌약사전) 약사여래께 올리나니
鑑察虔懇心(감찰건간심) 경건하고 간절한 마음을 살피시어
願垂哀納受(원수애납수) 간절히 원하노니 받아들여 주소서!
　　　　　　　　　　　　　　- 《상용제반집》

羅漢殿 茶偈(나한전 다게)

我今持此一椀茶(아금지차일완다) 제가 이제 한잔의 차를 가지고
變成無盡甘露味(변성무진감로미) 더할 수 없는 감로의 맛으로 만들어
奉獻十六羅漢前(봉헌십육나한전) 16나한님께 봉헌하나니
不捨慈悲哀納受(불사자비애납수) 버리지 마시고 대자대비한 마음으로 받아주소서!
　　　　　　　　　　　　　　- 《석문의범》

각 단의 의례에 속하는 산신, 칠성, 용왕, 조왕 등은 민중신앙을 불교로 교화하기 위하여 수용한 것이다.

그중 칠성청(七星請) 다게를 보면

露靄來自曹溪室(노애래자조계실) 이슬과 아지랑이 아련히 피어오르는 조계실에서
活水烹茶一味新(활수팽다일미신) 샘물로 차를 달이매 그 맛이 신선하구나.
今將奉獻星君衆(금장봉헌성군중) 이제 성군중에 봉헌하노니
願垂慈悲哀納受(원수자비애납수) 간절히 원하노니 대자대비한 마음으로 받아들여주소서!
　　　　　　　　　　　　　　- 《작법귀감》

두 번째로 시식이란 향(香), 차(茶), 미(米), 과(果), 법(法) 등 다섯 가지 공양물과 불조(佛祖)의 법문을 법식(法食) 삼아 영가에게 베풂으로써 생사가 본래 없는 진여의 도리를 깨닫게 하여 생사윤회를

벗어나 극락세계에 왕생케 하는 의식이다.

시식(施食)과 영반다갈(靈飯茶偈) 중 선교시식다게(禪敎施食茶偈)를 보면

親傳趙州名茶藥(친전조주명다약) 조주 선사가 친히 전한 이름난 차와 약을
聊表山僧一片誠(요표산승일편성) 애오라지 산승의 한가닥 정성으로 표하나니
覺破昏迷三界夢(각파혼미삼계몽) 혼미를 깨트리고 삼계가 꿈임을 깨달으시고
翻身直到法王城(번신직도법왕성) 몸을 바꾸어 바로 부처님 나라에 가시옵소서
— 《증수선교시식의문》

종사영반(宗師靈飯) 다게에는

無底鉢擎禪悅味(무저발경선열미) 밑없는 발우에 선열미를 받들고
穿心椀貯趙州茶(천심완저조주다) 가운데가 뚫린 잔에 조주차를 담아
慇懃奉勸禪陀客(은근봉권선타객) 은근히 선타객에게 받들어 권하노니
薦取南泉玩月華(천취남전완월화) 천혼시 조주차에 취한 남전 선사는 달빛을 보여 즐긴다네
— 《석문의범》

상용영반(常用靈飯) 다게에는

百草林中一味新(백초임중일미신) 온갖 풀과 나무 가운데 맛이 훌륭하고 새로워
趙州常勸幾千人(조주상권기천인) 조주 선사는 항상 수천 명에게 권하였고
烹將石鼎江心水(팽장석정강심수) 강 중심의 물로 돌솥에 달였사오니
願使亡靈歇苦輪(원사망령헐고륜) 원하나니 망령의 고통스런 윤회를 쉬소서
— 《상용제반집》

이와 같이 예경의식, 시식, 특별의식 중 다게를 살펴보았다.

한결같이 차가 선으로 승화된 조사의 가풍을 그대로 다게로 사용하였다.

조주청차(趙州淸茶)의 가풍을 비롯해 병과 혼침(昏沈)을 제거해주는 차의 효과와 계곡물과 강심수를 돌솥에 달이는 최고의 차맛과 밑 없는 발우에 선열미를 받들고 바닥 뚫린 잔에 조주차를 담는다는 등의 다게는 선차의 진수를 밝혀준다.

3. 한국 선가의 현재 차생활

선가의 선다례를 보면 조계종주이신 도의국사(道義國師)의 다례재는 조계종 총무원에서 주관하여 조계사에서 종정대종사, 원로큰스님들, 총무원장을 비롯한 내외빈 등 종단의 많은 분들이 참석한 가운데 규모 있는 다례재를 지낸다. 그리고 조계종의 증천조이신 보조국사(普照國師) 다례재는 승보종찰 송광사에서 방장 대종사, 종단 관계자 스님들, 송광사 본말사 스님들과 신도들이 함께 대웅전에 16국사 진영을 모시고 기념행사와 더불어 헌다식을 여법하게 행하고 있다.

현재 선가에서 행하고 있는 선다례를 살펴보면 다음과 같다.

1) 불전 헌공다례
불교의 4대 명절과 영산재, 팔관재 등 큰 행사에서는 육법공양(六法供養) 또는 헌공다례(獻供茶禮) 의식을 여법하게 행하고 있다.

2) 천도재 다례
수륙재, 생전예수재, 각종 천도다례재 등 행사에서도 헌공다례(獻供茶禮) 의식을 행하고 있다.

3) 조사 다례재
각 사암의 조사전에 모셔진 조사 스님들께 다례재를 올리고 있다. 1년에 한 번씩 정해진 날에 다례재를 지내며 창건주나 선은법사(先恩法師) 스님의 다례재는 따로 날을 정해서 지내고 있다.

4) 부도와 다례재
부도전에 모셔진 선사(先師) 스님들의 부도에 1년에 한 번 날을 정해 다례재를 지낸다. 예로부터 부도전 다례재에는 국수와 차를 올렸다.

5) 대중보차(大衆普茶)

안거시 용상방 소임을 짤 때, 자자를 행할 때, 소참법문을 할 때, 대중공사를 할 때, 납월 그믐날 대중보차(普茶)를 할 때 등 대중이 함께 모일 때 다각 스님은 차를 준비하여 보차를 행하고 있다.

6) 특위접견 다례

방장이나 조실, 수좌, 유나, 선원장 스님이 납자를 제접할 때, 또는 내·외빈을 접견할 때 다과를 접대하고 있다.

7) 다각실 다례

다각실은 선원 대중이 방선 후 차를 마시는 곳이기 때문에 조용하고 청결히 하고 있다. 다각 소임자는 다각실 분위기를 항상 선의 정신에 입각하여 정진하는 대중이 정해진 시간에 부담 없이 차를 마실 수 있도록 한다.

8) 일상다례

평상시 차를 마시는 일은 격에 맞되 번거롭지 않고 선다일여(禪茶一如)의 정신으로 수행생활의 연장에서 이루어진다. 따라서 다구를 준비하고 차 마시는 환경을 조성하는 것 등은 선의 정신에 맞게 조화롭게 행하고 있다.

이와 같이 한국선가의 현재 다례의식과 다생활을 살펴보았다. 고청규(古淸規)인 《선원청규(禪苑淸規)》나 《칙수백장청규(勅修百丈淸規)》와 같이 규모 있고 체계적인 다례는 아니더라도 상당 부분이 전통 그대로 남아 있는 것을 볼 수 있다. 지역적인 차이가 있기는 하지만 차문화가 발달된 곳에서는 규범 있게 다례가 행해지고 있다.

4. 결어(結語)

이상으로 고청규인 《선원청규》와 《칙수백장청규》에 나타나 있는 선다례를 살펴보고 한국선가에 내려오는 선다례를 고찰해보았으며, 현재 한국선가에서 행해지고 있는 선다례까지 살펴보았다.

중국의 고청규가 고려에서 직접 사용된 기록을 찾아볼 수 있으며 우리 나름대로의 선원다례(禪院

茶禮) 기록은 위에서 살펴본 것 외에는 찾아볼 수 없었다.

한국은 고유의 불교문화가 있어서 개개인의 정진생활(精進生活)은 차와 선 그리고 자연과 예술을 조화시킨 완벽에 가까운 삶을 살아간 것이 역력하고 의식에서도 조사선가풍(祖師禪家風)의 다게가 잘 전승되고 있으며 수행 속에 차가 있고, 차 속에 선도(禪道)가 있음을 알 수 있다.

근래에는 전통을 계승하려는 노력과 반성으로 종단과 교구본사급 사찰과 의식 있는 주지가 있는 많은 사찰 등에서 장엄하고 여법한 다례의식을 행하고 있다. 또한 개인적으로도 평상시에 차를 마시는 풍토가 되살아나 많은 스님들이 사찰에서 차생활을 하는 것을 흔히 볼 수 있다. 이는 선차에 대한 이해만 깊어진다면 한국선차가 무한히 발전할 수 있는 원동력이라 할 수 있겠다.

선다례는 조사선(祖師禪)이 남긴 귀중한 선문화이자 선종의 자산이며 이 시대에 꼭 부활시켜야 할 동선(動禪)이다. 최근에는 의학, 예술 스포츠, 경영, 일부 산업 등에서 선을 접목 활용하여 치료와 예방, 훈련, 교육, 승화, 직관 등등의 많은 성과를 올리고 있다.

선이 21세기 문명의 대안사상으로서의 역할을 다하려면 인간의 삶 전체, 즉 사회, 문화, 정치, 경제, 산업, 과학, 농업 등등 모든 분야에 실용화되어야 한다. 선다례는 노동선과 더불어 일상생활에 실용화된 최초의 사례로 이론적, 실천적으로 온전한 모습으로 전승되어왔다. 선차가 심화 연구되어 선다례가 복원되고 근선(勤禪)이 부활되어 간화선(看話禪)의 정체성이 회복되기를 기대해본다.

또한 선차가 선문화의 모범이 되어 인간 삶의 전체가 선으로 승화되고 선은 삶의 전 분야에 실용화되어 인류가 수선(修禪)을 통해 인간의 본성을 회복하여 현대 문명의 위기를 극복할 뿐만 아니라 불국선토(佛國禪土)를 이루는 기반이 되기를 바란다.

> 발 문

선차(禪茶), 마음과 마주하다

최석환 '선차' 출판에 부쳐

수만(舒曼, 허베이성 선차문화연구중심주임)

마음과 마음으로 이어져간 선차문화

　동아시아 선차문화 학자(禪茶文化 學者) 최석환(崔錫煥) 선생이 집필한 선차 저술을 출간하게 되어 축하를 드린다. 저자는 오랫동안 선차를 연구하여 생활선(生活禪)과 선차를 한 권으로 묶어낸 것은 선차문화 발전에 중요한 자료로 평가된다. 끽다(喫茶)는 오랜 역사 속에서 차를 마시며 선의(禪意)에 빠져들 듯 차와 선이 일여(一如)의 경지로 만나게 된다. 《선차》를 접하는 사람들로 하여금 자연스럽게 '차를 만나며 차를 마시고 밥을 만나며 밥을 먹는다는 평상자연(平常自然)을 느끼게 한다. 최 선생의 평상자연(平常自然)의 선차 생활을 중심으로 주옥같은 차어들을 《선차》에 담아냈다.

　이 책에는 수성경장옥액(优腥璟漿玉液)이라는 선어(禪語)가 말해주듯 신간 《선차》에 등장하는 내용들을 살펴보며 선차가 대중 가까이 다가서기 직전 최 선생은 조주 선사의 자취를 쫓아 끽다거의 발원지인 백림 선사(柏林禪師)를 찾아와 징후이(淨慧) 선사의 선차사덕(禪茶四德)의 유지를 받들어 한·중·일의 선차문화를 융합하여 중국 선종차문화를 발전시킬 영향을 끼쳤다.

　이 책은 주로 선종과 다맥의 전승과 세계선차문화교류대회 이후의 선차문화의 변화와 징후이선사가 《차의 세계》의 지대한 지지를 중심으로 조주 선사를 추앙하고 백림 선사에 세워진 '조주고불 선차기념비'를 중심으로 선차문화의 발전을 전개 시키면서 현대로 이어져간 백장차규와 신라의 무상(無相) 김지장, 상산혜각(常山慧覺), 원효대사(元表大師)를 기록하고 천 년간 이어져간 선차문화를 9장으로 나누어 중·한 양국의 선차문화교류와 역사를 저자가 선차를 중심으로 한 한국 차문화의 특색을 담고 있다. 어쩌면 '선차'는 역사상 수많은 발전과 이 책을 통해 선차의 역사성과 선종의 차문화를 만나볼 수 있는 순간이다.

　최 선생 선차에 대한 열정는 2001년 가을, 백림 선사에서 처음 열린 '선다일미 학술연토회'에서 끽다거(喫茶去) 공안이 탄생한 중국 백림 선사에서 국제선차학술대회을 처음으로 열고 다선일미(茶禪一味) 연원을 정립하는데 앞장섰다. 최 선생을 백림 선사에서 열린 조주고불선차기념비 제막식에 처음 만남은 "잊혀진선차'를 깨우고 '선차국제학술 세미나'를 개최하여 천년선도(千年禪道)를 이끌었던 조주 백림 선사에서 한·중 양국의 선차계가 참여하여 백림 선사의 조주탑 앞에서 '조주고불 선차기념비' 제막식에 치음 만나 오랜 기간 인연을 맺게 된 것은 잊을 수 없다.

　2001년 가을 최 선생과 백림 선사 방장 징후이 선사와 만남으로 인해 중국선차를 깨우는 데 앞장섰다. 그 후 2005년 가을 제1회 세계선차문화교류대회(당시 조주선차문화교류대회)를 중국 스좌장 인민회당에서 개막하여 '정(正)·청(淸)·화(和)·아(雅)'의 4덕과 '감응(感應), 포용(包容), 분향(焚香), 결연(決然)' 등 선차문화의 정신을 탄생했다.

　천 년간 이어져간 선차문화를 통해 사람과 사람의 만남의 순간은 최 선생의 이 책을 잊지 못할 것이다. 이번에 출간한 《선차》는 마음의 만남의 중요한 형태로 구성됐다. 즉 저자는 '차를 영혼'이라고 말했다. 저자는 이 책에서 선차문화의 홍양(洪陽)과 '선차'를 통해 사람들로 하여금 마음으로 친교(親交)를 맺고 선차아회 활동을 이어왔다. 선차의 책을 접하면서 자연스럽게 선종다도가 현대로 이어져 가고 있음을 발견할 수 있다. 그리고 이 책에서 중심을 이루고있는 선종도도 활동 체험은 최 선생 선차문화의 풍부한 경험을 바탕으로 선차인들을 조직하여 다양한 선차문화 활동을 전개하여 참여자들로부터 선차문화의 미래의 비전을 제시했다.

　최 선생은 이 책을 저술하게 된 것은 '선차는 마음의 문화'라는 점에서 '천년선종차문화'와 '선도차문화'의 관점에서 최 선생의 학술적 축적을 포함하며 수많은 자료를 수집하여 한 권으로 출간하게 되었다. 그는 "조주의 차의 맛이 선심(禪心)이고, 한잔의 차는 고금(古今)을 관통하는 것"이라고 볼 수 있다. 나는 최 선생과의 만남의 순간을 떠올리며 최 선생의 자유롭고 따뜻한 마음을 담아낸다는 점이다. 최 선생의 마음을 찾는 '선차'야말로 선차가 인류문명(人類文明)의 대안으로 많은 영향을 끼칠 것으로 내다보고 있다.

　이 책을 접하는 독자들에게 한국인의 눈에 비친 선차문화에 대한 존경심(尊敬心)과 선차를 접하는 독자들에게 청량한 거울이 될 것으로 믿는다.

　(저자 - 중국 국제차문화연구회 학술위원, 만리차문화연구센터 주석 허베이성 선차문화연구중심 주임)

발문

禅茶，与心灵的相遇时刻
—写在崔锡焕《禅茶》出版之际

舒 曼(河北省禅茶文化研究中心主任)

阅读是对心灵的守护，尤其是阅读禅茶文化。

《禅茶》是韩国禅茶文化学者崔锡焕先生的一本阅读随笔集，作者截取了他在生活禅与茶生活中的一些片段，非常自信地展示给读者看。喝茶，是"着意尝来淡"；参禅，是"随缘得处佳"。所以，阅读《禅茶》的最好的方式，并不是正襟危坐，而是用一种极其放松的方式随意地翻开，阅读它在崔先生平静的禅茶生活中流连。有言道，一书在握，犹胜琼浆玉液。新书《禅茶》的问世，定然为当下禅茶界所期。崔先生此举，除缅怀赵州禅师"吃茶去"、净慧长老禅茶"四德"的遗志之不息信念，更出于将中日韩禅茶文化，尤其是中国禅宗茶道发扬光大的可贵情怀。

这本书主要谈了"禅宗和茶是一脉的"、"唤醒被遗忘的吃茶去"、"世界禅茶大会之后禅茶的变化"、"净慧长老与《茶的世界》相遇以及赵州'禅茶一味'纪念碑唤醒了禅茶文化"、"走进现代的百丈茶规"、"新罗的无相、金地藏（金桥觉）、常山慧觉、元表大师对禅茶的贡献"、"传承千年的禅宗茶文化引领茶文化"等七个方面，颇能体现出他本人的禅茶趣味、学术路径、学者气质和精神追求。换言之，在这本书里，蓬勃的生命力在字里行间涌现，这七个方面就是禅茶与心灵相遇时刻，也是作者认为禅茶是韩国茶文化的精神底色，就是自由而高雅。

或许，《禅茶》可以归结为历史上无数个有趣的茶与禅宗心灵相遇的时刻。无论从怀海大师的禅门茶事清规到赵州禅师直指人心的"吃茶去"公案，还是从新罗时期的无相禅师、金桥觉禅师到常山慧觉禅师、元表大师的茶事因缘，构成了中韩两国禅茶文化交流有着悠久历史的依据，同时也印证了禅宗和茶是一脉的历史事实。

在所有这些禅茶与心灵的历史性相遇中，我认为，令崔先生感触最深的当然是在2001年秋季，一场国际性"禅茶一味"学术研讨在"吃茶去"公案的诞生地——中国柏林禅寺拉开了序幕，由是开启了世界禅茶文化学术交流之先河。以崔先生之见，这是一次"传承千年的禅宗茶文化引领茶文化"的举措。由于在东亚文化圈范畴内，均认为赵州"吃茶去"公案是"禅茶一味"抑或是"茶禅一味"之源，故中韩两国禅茶界在柏林禅寺特立"禅茶一味"纪念碑，以缅怀赵州从谂禅师的法乳深恩。以崔先生之见，这也是"唤醒被遗忘的'吃茶去'"，确切地说，这次"禅茶一味"学术研讨会唤醒了被尘封千年的"吃茶去！"

2001年秋季，是崔先生与时任柏林禅寺方丈净慧长老结交的季节，也是我和崔先生相识的日子。按照韩国禅茶界意愿，韩国方面一直在想通过一次与中日韩三国禅茶界共同活动契机，通过一次属心灵与心灵交流的聚汇，来确证中国是日韩禅茶寻根之愿。这样的机缘却在2005年金秋相遇——首届世界禅茶文化交流大会（天下赵州禅茶文化交流大会）在中国石家庄盛大启幕。这一年，世界禅茶文化"正清和雅"四德和"感恩、包容、分享、结缘"四大功能正式诞生，崔先生比以往与任何人的相遇都更加重要，因为世界禅茶文化的交流在净慧长老和崔先生"千载黄金新纽带，一杯清茗铸和平"的悲愿中终于看到了成果。

禅茶与心灵相遇的时刻，自然不能忘记崔先生写下这本书愿景。在这个意义上，《禅茶》本身即构成了心灵相遇的一种重要形式。换句话说，《禅茶》就是作者走入"吃茶去"灵魂深处的过程所得结果。在这一系列的对禅茶文化理解链条中，其实还隐藏了作者自己为弘扬和宣传禅茶文化四处奔波的身影。于是这个理解的链条，或者说"禅茶与心灵相遇的时刻"序列就一直延续到今天几十次的世界禅茶雅集活动，而《禅茶》的写作过程也就自然将其纳入到了与禅宗茶道的对话当中。《禅茶》一书中所勾勒出来的禅宗茶道活动体验，不仅仅是崔先生弘扬茶文化的经历选择，更是崔先生本人组织和带领韩国茶人参加各类禅茶活动自况。进一步讲，作为崔先生的挚友，我也的确能在书中找出他通过一杯茶与灵魂不断相遇时刻的细节性证据。比如，在中韩两国延续了十二届的世界禅茶文化交流大会：有中日韩的禅茶演示，有中日韩的学术论坛、有中日韩茶席交流等等，通过世界禅茶文化交流大会的举办和世界禅茶雅集的推进，使得具有社会化育功能的禅茶文化在东亚文化圈大兴。

崔先生在书写这本书的时候，很好地抓住并突出禅茶是心灵文化这一特点，即他笔下的这些相遇时刻，从来都不会拖泥带水，但却往往言有尽而意无穷。他提出"传承千年的禅宗茶文化引领茶文化"观点显然包含了崔先生多年的学术积累，当然也包含着他历经千辛万苦对材料的收集，令我对他敬佩有加。

净慧长老曾言："赵州茶味是禅心，一种平怀贯古今。"最后，回想起我每一次与崔先生"相遇"的时刻，都是缘起自一次次心灵相遇的时刻，而正是我和崔先生两个自由而不任性的有趣心灵的碰撞，才为我们呈现出了书中所写到的许多有趣的事情和坦诚的交流，以及我们彼此间的美妙合作。

找到属于崔先生心灵的"禅茶"，那是他拥有的内心安顿，当然，还是他获取心灵的一汪清泉。与我，亦如是！

（作者 - 中国国际茶文化研究会学术委员、万里茶道协作体副主席、河北省禅茶文化研究中心主任）

茶脈源流圖

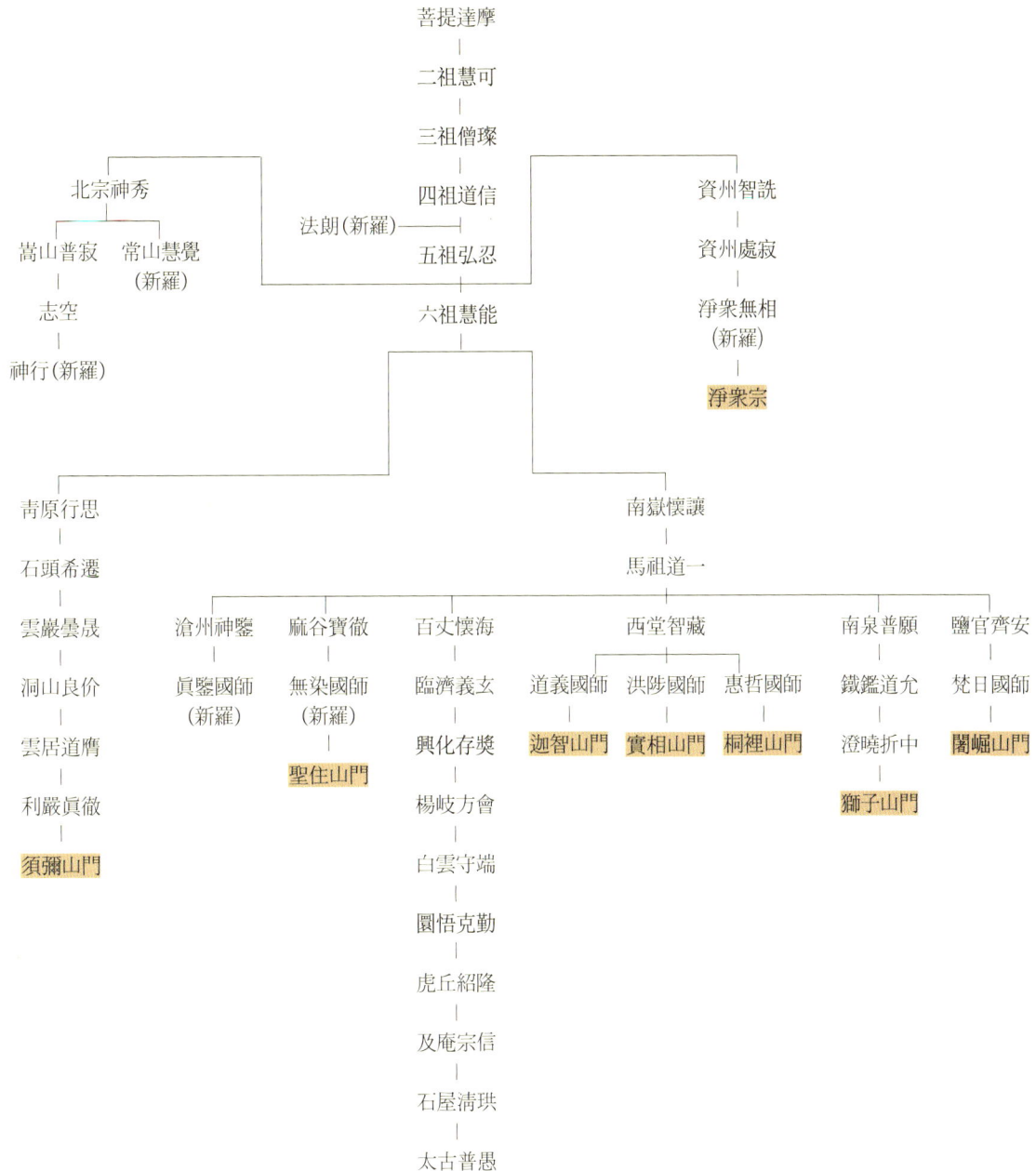

禪 茶

지은이 | 최석환
펴낸곳 | 월간〈차의 세계〉
펴낸이 | 최석환

2024년 9월 23일 초판 인쇄
2024년 9월 30일 초판 발행

등록 · 1993년 10월 23일 제 01-a1594호
주소 · 서울시 종로구 율곡로 6길 11번지 미래빌딩 4층
전화 · 02) 747-8076~7
팩스 · 02) 747-8079
ISBN 978-89-88417-87-4 03600

값 30,000원

※ 저자와 협의에 의해 인지를 생략합니다.
※ 파본은 본사나 구입하신 서점에서 교환하여 드립니다.